Debacher/Janczyk/Kretschmer/Dr. v. Suchodoletz

Linux im Windows-Netzwerk

FRANZIS
PROFESSIONAL SERIES

Debacher
Janczyk
Kretschmer
Dr. v. Suchodoletz

Linux
im Windows-Netzwerk

340 Abbildungen

Bibliografische Information der Deutschen Bibliothek
Die Deutsche Bibliothek verzeichnet diese Publikation in der Deutschen Nationalbibliografie; detaillierte Daten sind im Internet über **http://dnb.ddb.de** abrufbar.

Hinweis
Alle Angaben in diesem Buch wurden vom Autor mit größter Sorgfalt erarbeitet bzw. zusammengestellt und unter Einschaltung wirksamer Kontrollmaßnahmen reproduziert. Trotzdem sind Fehler nicht ganz auszuschließen. Der Verlag und der Autor sehen sich deshalb gezwungen, darauf hinzuweisen, dass sie weder eine Garantie noch die juristische Verantwortung oder irgendeine Haftung für Folgen, die auf fehlerhafte Angaben zurückgehen, übernehmen können. Für die Mitteilung etwaiger Fehler sind Verlag und Autor jederzeit dankbar. Internetadressen oder Versionsnummern stellen den bei Redaktionsschluss verfügbaren Informationsstand dar. Verlag und Autor übernehmen keinerlei Verantwortung oder Haftung für Veränderungen, die sich aus nicht von ihnen zu vertretenden Umständen ergeben. Evtl. beigefügte oder zum Download angebotene Dateien und Informationen dienen ausschließlich der nicht gewerblichen Nutzung. Eine gewerbliche Nutzung ist nur mit Zustimmung des Lizenzinhabers möglich.

Satz: DTP-Satz A. Kugge, München
art & design: www.ideehoch2.de
Druck: Bercker, 47623 Kevelaer
Printed in Germany

ISBN 978-3-7723-**7024-3**

Vorwort

Weltweit setzen immer mehr auf Sicherheit und Sparsamkeit ausgerichtete Unternehmen und öffentliche Einrichtungen auf die freie Unix-Version Linux. Linux-Server aller Größenklassen erfüllen im Intranet und Internet sehr sicher, stabil, wartungsarm und kostengünstig ihre Pflicht. Immer mehr zufriedene Anwender nutzen deren Dienste von Linux- statt von Windows-Endgeräten.

In dieser sechsten Auflage dieses Titels zu Linux-Serverdiensten geben wir Erfahrungen aus der Installation und Betreuung vieler hundert Linux-Server und aus dem Feedback zu den ersten fünf Auflagen an interessierte Systembetreuer weiter. Wir zeigen in diesem straffen Buch alte und neue Wege, Windows-PCs durch sichere, kostengünstige und stabile Linux-Dienste für Intranet- und Internetanwendungen zu unterstützen und Windows und Windows-Anwendungen durch virtuelle Umgebungen auf Linux-Servern und Linux-Clients auszurollen.

Alle Kapitel dieser neu bearbeiteten Auflage sowie Korrekturen und Ergänzungen finden Sie wie bisher auf der Website zum Buch `http://www.linuxbu.ch`. Wir danken unseren treuen Lesern der ersten fünf Auflagen für ihre aktive, außergewöhnlich harmonische und kooperative Mitarbeit und gegenseitige Unterstützung in der Mailingliste `diskussion@linuxbu.ch`.

Ihnen wünschen wir viel Freude und Arbeitserleichterung beim Einrichten und Betreiben stabiler Linux-Umgebungen. Ihre Tipps, Anregungen und Erfahrungen mit diesem Buch erreichen uns unter `autoren@linuxbu.ch`.

Uwe Debacher, Michael Janczyk, Bernd Kretschmer, Dr. Dirk von Suchodoletz und Carsten Thalheimer

November 2008

Inhaltsverzeichnis

1 Linux als Serverplattform im Windows-Netz

Auch diese sechste Auflage unseres Buchs wendet sich an Systemverwalter kleinerer Netze mit zwei bis mehreren hundert Windows-Arbeitsplätzen, die einem Unix-System auf der Basis der Linux-Distribution OpenSUSE vielfältige Aufgaben übertragen.

Herzlichen Glückwunsch zu Ihrer Entscheidung für diese Strategie! Sie bauen damit auf dem traditionsreichsten und stabilsten Betriebssystem auf, das viele Enthusiasten im bisher größten nichtkommerziellen Softwareprojekt der Menschheit entwickeln, pflegen und natürlich eifrig nutzen.

Da dieser Titel keine Unix- oder Windows-Grundlagen vermittelt, sollten Sie sich diese aneignen, bevor Sie anhand dieses Buchs auf Linux basierende Serverdienste einrichten.

1.1 Linux-Server und Linux-Desktops

Immer mehr Anwender nutzen in Büros und unterwegs neben den dominierenden Windows-Desktop-PCs und -Laptops heute Linux-Desktops und -Laptops sowie schlanke Endgeräte wie Thin Clients, Browser-Appliances, Handhelds und Mobiltelefone, um mit Menschen und Anwendungen zu kommunizieren. Auch bei Linux-Desktops brauchen sie nicht auf Windows-Anwendungen zu verzichten.

Unabhängig von der Wahl der Endgeräte benötigen Unternehmen und andere Organisationen spätestens ab dem zweiten Arbeitsplatz zahlreiche Serverdienste im Intranet und zur Kommunikation über das Internet. Obwohl das hervorragende Marketing von Microsoft noch viele Desktop-Endanwender bei der Windows-Stange hält, ist es nicht mehr strittig, dass Linux sowohl für Serverdienste als auch auf dem Desktop mindestens ebenso geeignet ist wie die aktuellen Windows-Varianten. Standardkonforme Linux-Server und Arbeitsplatzrechner erfüllen ihre Aufgaben sehr stabil und sicher bei insgesamt sehr wenig Stress und Ärger und sehr niedrigen Kosten für Software und Wartung.

Der Aufwand für das Einrichten der vielfältigen Dienste ist mit dem für kommerzielle Produkte vergleichbar. Dieses Buch und die Mailingliste zum Buch können Ihnen bei der Installation und Konfiguration helfen. Mittel- und langfristig profitieren Sie davon, dass kein Hersteller die hier beschriebenen Anwendungen künstlich altert und Ihnen nur aus Profitinteresse neue Versionen aufdrängt.

Im Intranet stellen Linux-Rechner sehr stabil Dateidienste per NFS, Samba, FTP und Webserver zur Verfügung und dienen als Boot-Server für plattenlose Desktop-PCs, als Gastgeber (Hosts) für virtuelle Umgebungen und als Anwendungsserver für Linux- und Windows-Anwendungen.

Als Sprungbrett ins Internet können Linux-Server die Datenströme routen und dabei ein ganzes Netz hinter einer einzigen Adresse verstecken, Webseiten zwischenspeichern, Mails transportieren und Domain-Namensdienste anbieten, dabei aber gleichzeitig das lokale Netz vor Angriffen aus dem Internet schützen. All das werden Sie in diesem Buch nachlesen und mit ihm nachvollziehen können.

1.2 Hardware-Tipps

Linux-Server sind bei der Hardware weniger anspruchsvoll als Windows-Server. Während in kleinen Netzen ein einziger Linux-Server mit nur einem Prozessor alle Serverdienste anbieten kann, werden Sie in größeren Netzen eher Mehrprozessor-Server wählen und/oder verschiedene Serverdienste auf mehrere Linux-PCs oder auf virtualisierte PCs verteilen.

- Informieren Sie sich bitte unbedingt *vor* dem Beschaffen von Hardware, ob es für die von Ihnen vorgesehenen Komponenten Linux-Treiber gibt und welche Erfahrungen andere Benutzer mit der Hardware und den Treibern gemacht haben.
- Falls Sie die CPU-Belastung nicht genau voraussagen können, wählen Sie ein um weitere Prozessoren erweiterbares Einsteigermodell einer Serverfamilie.
- Falls die Server zu viel Zeit mit dem Auslagern von Hauptspeicherseiten vergeuden, spendieren Sie ihnen mehr RAM.
- Achten Sie bei Dateiservern darauf, ein gesondertes Festplattensystem oder wenigstens eine gesonderte Partition für Benutzerdateien anzulegen, so dass diese in keinem Fall das *root*-Dateisystem überfüllen können.
- Richten Sie Disk-Quotas ein, damit undisziplinierte Benutzer ihre Heimatverzeichnisse nicht auf Kosten anderer Nutzer zu sehr füllen können.
- Nutzen Sie Hardware-RAID und Sicherungsmedien für Dateiserver mit geschäftskritischen Daten.

1.3 Software-Voraussetzungen

Dieses Buch verwendet als Basis die Distribution OpenSUSE 11.0, die alle hier beschriebenen Open-Source-Linux-Komponenten enthält. Sie bekommen das Softwarepaket in einer hellgrünen Verkaufsverpackung mit Handbüchern, der Linux-

Distribution auf DVD-Medien und Installationssupport im Fachhandel als Vollversion oder als Update von einem früheren SUSE-Linux auf OpenSUSE.

Von der Projekt-Webseite `http://download.opensuse.org/distribution/11.0/` und zahlreichen Spiegelservern können Sie verschiedene Versionen von OpenSUSE 11.0 laden.

Gute Erfahrungen macht die Redaktion bisher mit folgendem Quellserver:

`ftp://ftp.gwdg.de/pub/opensuse/distribution/11.0/`

Dort finden Sie die einzelnen Komponenten in Ordnern, die den Serien der CD-Version entsprechen. Dieses Buch nennt stets auch die Verzeichnisse und Dateinamen der jeweiligen Software. Aktuelle Updates finden Sie auch auf `http://download.opensuse.org/pub/opensuse/update/11.0/rpm/i586/`.

Für geschäftskritische Anwendungen liefert Novell allgemeine und spezialisierte Serverprodukte mit Supportleistungen wie den Linux Enterprise Server. Informieren Sie sich bitte auf den Webseiten von Novell über diese Angebote.

Linux-Server können Windows-Arbeitsplatz-PCs nicht nur unterstützen, sondern auch helfen, sie zu ersetzen. Hierzu gibt es inzwischen verschiedene Ansätze, die entweder

- Windows-Anwendungen direkt von einem Linux-Server aus liefern,
- ein virtuelles Windows auf einem Linux-Server einbetten und an Anwender liefern oder
- zwischen einem Windows-Anwendungsserver und Endgeräten vermitteln.

Strategien und Lösungen zum Ersetzen von Windows-PCs hat die Redaktion im völlig neu aufbereiteten zweiten Teil dieser sechsten Auflage gebündelt beschrieben. Sie wirft exemplarisch Blicke auf

- das Virtualisieren von Rechnern,
- den Transport von Anwendungen über Netze,
- schlanke und grüne Alternativen zu »fetten« Endgeräten (Fat Clients),
- Linux-basierte Lösungen, um Windows-Anwendungen übers Netz bereitzustellen und
- Lösungen, um ganze Windows-Desktops von Linux-Servern aus bereitzustellen.

1.4 Aufbau dieses Buchs

Der erste Teil des Buchs legt Grundlagen

Kapitel 2 zeigt grundsätzliche Konfigurationsmöglichkeiten einzelner Linux-Server und größerer Serverlandschaften und beschreibt das Installieren von OpenSUSE 11.0 für

Serverdienste, das Konfigurieren des Rechners einschließlich RAID, Netzwerk- und ISDN-Karte, DHCP-Server, Postfächern, Stromversorgung per USV, Virenbehandlung mit Antivir sowie das Sichern von Daten mit Streamern.

Die Benutzerverwaltung mit YaST, mit eigenen Tools oder mit LDAP wird Ihnen helfen, auch größere Umgebungen arbeitssparend zu administrieren und Benutzer durch Disk-Quotas dazu zu veranlassen, ökonomisch mit Plattenplatz umzugehen (Kapitel 3).

Das Grundlagen-Kapitel 4, »Vorgänge automatisch starten«, wendet sich an Leser mit geringen Linux-Vorkenntnissen; erfahrene Systemverwalter finden darin aktuelle Informationen zu neuen Runlevels und neuen Pfaden der Distributionsversion Open-SUSE 11.0.

Kapitel 5 kümmert sich um Benutzer-Endgeräte mit Windows-Varianten. Es beschreibt, wie Clients ihre IP-Adressen dynamisch vom DHCP-Server beziehen und Clients für Telnet, FTP, Browser und Mail einrichten.

Im Kapitel 6 können Sie mit den Autoren den Apache-Webserver einrichten. Leser, die Sicherheit ernst nehmen, finden Anregungen, wie man einigermaßen sichere Server aufsetzt und betreibt sowie Zugriffe auf das Netz protokolliert und geschickt auswertet. Zudem beschreiben die Autoren das Verwalten von Informationen mit der Suchmaschine `ht://Dig`.

Im Kapitel 7 erfahren Sie, wann und wie man Dateiarchive per FTP bereitstellt, Zugriffe protokolliert und auswertet.

Kapitel 8 beschreibt die Installation von NFS auf Linux-Servern, das Exportieren von Verzeichnissen an Linux-Clients und das Einhängen von Netzwerkverzeichnissen auf Clients. Auf kommerzielle NFS-Software für Windows geht es nicht ein, dafür aber auf zentrale Benutzerverwaltung mit NIS.

Kapitel 9 zeigt, wie man den Windows-Anwendern Ressourcen des Linux-Servers zur Verfügung stellt. Samba stellt Datei- und Druckdienste bereit und sorgt für Zugriffsschutz.

Im Kapitel 10 lesen Sie, wie Sie mit YaST und `smpppd` Wählverbindungen per Modem, ISDN und DSL einrichten und wie Sie den Verbindungsaufbau kontrollieren können. Der Abschnitt über dynamische Nameserver mit DynDNS ist aktualisiert.

Kapitel 11 zeigt, wie das Zwischenspeichern von Webseiten im Cache des Proxys funktioniert, wie man Squid installiert und konfiguriert und Browser passend konfiguriert. Detailliert geht es auf die Authentifizierung von Benutzern von Browsern per Squid ein, um Systemverwaltern zu helfen, in geschützten Umgebungen unerwünschte Web-Zugriffe einzuschränken.

Kapitel 12 erklärt die sichere Anbindung eines ganzen Netzes über eine einzige IP-Adresse. Es informiert über Routing und Masquerading und zeigt praktischen Zugriffsschutz durch `iptables`. Es berücksichtigt das neue Maske-Skript und Logging-Regeln.

Kapitel 13, das Sie ruhig schon etwas früher lesen können, demonstriert das Einrichten und Konfigurieren eines Name-Servers und zeigt auf, wozu er gebraucht wird.

Kapitel 14 beschreibt das Einrichten und Betreiben eines Mail-Servers einschließlich der Erstellung von Mailinglisten, Forwarding, Mail-Alias und der Automatisierung der Postverteilung sowie den Mailaustausch ganzer Domänen per UUCP. Es erklärt, wer UUCP braucht, wie man es installiert und konfiguriert. Es geht auf Mail-Relay mit sendmail und auf Virenvorsorge mit *Amavis* ein, welches zwischen *Sendmail* und einem Virenscanner vermittelt.

Im zweiten Teil des Buchs hilft der Linux-Server, die Windows-PCs durch leicht administrierbare Linux-Lösungen zu ersetzten

Sobald Linux-Serverdienste sichere Arbeitsgrundlagen für alle Anwender bieten, können Sie über Veränderungen Ihrer Clients nachdenken. Wenn Sie weiterhin Windows-Anwendungen benötigen, könnten Sie zumindest den Administrations- und Betreuungsaufwand, den PCs mit Windows-Varianten heute noch verursachen, durch die Kombination der in den nächsten Kapiteln beschriebenen Lösungen mehr als halbieren. Wenn Sie Windows-Anwendungen durch standardkonforme Web- oder Java-basierte Applikationen ersetzen, lassen sich die IT-Risiken und die Gesamtkosten voraussichtlich weiter senken sowie die Abhängigkeit Ihrer Organisation

- von proprietären, nicht dokumentierten Dokument-Formaten wie `.doc`,
- von Viren- und Wurmproblemen unsauber gestalteter und programmierter Windows-Anwendungen,
- von nicht quelloffenen Anwendungen und
- von nur vom Profitinteresse bestimmten Release-Zyklen und Kundenbindungspraktiken

reduzieren oder gar beenden.

Während der erste Teil dieses Buchs beschreibt, wie Linux Serverdienste in einem Netzwerk die Windows-PCs unterstützen können, will der zweite Teil helfen, mit Diensten auf Linux-Servern an den Benutzerarbeitsplätzen die Windows-PCs weitgehend zu ersetzen.

Unternehmen und andere Einrichtungen klagen, dass sie ihre Server- und Anwender-PCs nicht genug auslasten, nur aufwendig verwalten und sichern können und zu viel Energie für Speisung und Kühlung verbrauchen. Klassische Windows-PCs, die von ihrer lokalen Festplatte booten und Programme ausführen, können durch den hohen Arbeitsaufwand und die vielen Sicherheitsprobleme die Systemverwalter zur Verzweiflung bringen.

Gegen diese Probleme helfen u. a. folgende technische Entwicklungen:

- Der Ausbau der weltweiten IP-Netze erlaubt es, IT-Strukturen an beliebigen Orten der Welt einzurichten und an beliebigen anderen Orten zu nutzen. Dieses Überall-Computing heißt auch Ubiquitous Computing.
- Durch Virtualisierung kann man Server und Desktops von der PC-Hardware entkoppeln, Rechner besser ausnutzen und zentral betreuen. Damit kommen wir zur grünen Seite der Entwicklung.
- Verwaltungssoftware kann virtuelle Server und Anwender-PCs automatisch bereitstellen.

Rechenzentren kann man an sehr kalten Orten der Welt betreiben, um Kühlungsenergie zu sparen; virtuelle Server und virtuelle Desktops lassen sich auf wenigen physikalischen Rechnern zusammenfassen und Anwender kann man mit Anwendungen und ganzen Desktops aus dem Rechenzentren bedienen.

Der zweite Teil dieses Buchs lenkt den Blick auf systematischere Lösungen, mit denen die Administratoren wieder ruhig schlafen können.

Er geht auf einige Technologien näher ein, mit denen man Anwender von Linux-Servern aus mit Windows und Windows-Anwendungen versorgen kann.

Beim Desktop-Computing arbeiten Benutzer traditionell direkt an einem PC an ihrem Arbeitsplatz, beim Network Computing nutzen sie mit einem beliebigen Endgerät Anwendungen, die irgendwo in der vernetzten Welt auf irgendeinem Rechner laufen.

Unix-/Linux-Computing ist per se Network Computing. In der Unix-/Linux-Welt sind Anwendungsprogramme und ihre Darstellung auf Endgeräten zwei klar voneinander getrennte Vorgänge. Daher war es hier von Anfang an prinzipiell egal, ob Benutzer direkt an dem Rechner saßen, an dem Anwendungen gerade laufen, oder irgendwo weit entfernt an irgendeinem Endgerät, z. B. einem Grafikterminal. Und je leistungsstärker die Hardware des Unix-/Linux- Rechners war, desto mehr Anwender konnten gleichzeitig an ihm arbeiten. Und je breitbandiger die Verbindung, desto schneller reagierten auch Fernverbindungen.

Kein Windows kann das bisher so konsequent. Windows-Server, Windows-Desktops und Windows-Desktop-Anwendungen sind nicht grundsätzlich für Mehrbenutzer-Anwenderdienste und für Überall-Network-Computing konzipiert.

Es bedarf schon etlicher Tricks, um Windows-Anwendungen und ganze Windows-Desktops für Network-Computing bereitzustellen.

Zwei Ansätze von Microsoft für Netzwerk-Computing sind Terminaldienste und das Exportieren des Desktops übers Netz:

- Mit Multiwin-Technologien von Citrix hat Microsoft seit Windows NT 4 seine Server so aufgebohrt, dass sie als Terminalserver mehrere Benutzerdialoge gleichzeitig führen und übers Netz zu Endgeräten schicken können. Da Windows-Desktop-Anwendungen aber immer noch vorrangig Ein-Benutzer-Anwendungen sind, klappt das nicht bei Programmen, die direkt auf Hardware zugreifen und bei vielen Programmen müssen Systemingenieure etliche Klimmzüge machen, um sie mit Workarounds trickreich passend zu verbiegen.

- Seit Windows XP können Anwender ihren Desktop-PC nach außen öffnen, so dass sie von zu Hause aus daran weiterarbeiten können. Dieses Feature haben andere IT-Unternehmen derart erweitert, dass sie Desktop-PCs im Rechenzentrum automatisch in virtuellen Umgebungen bereitstellen und deren Dialoge ebenfalls übers Netz zu schlanken Endgeräten schicken können.

Diese beiden Ansätze sind zwar viel aufwendiger und umständlicher als die schlichte Trennung von Programmablauf und Programmdarstellung bei Unix/Linux oder direkt fürs Internet geschriebenen Dialoganwendungen, doch immer noch sicherer und leichter administrierbar als Desktop-PCs und Laptops, auf denen Benutzer unmittelbar arbeiten.

Eine große Rolle beim Bereitstellen von Windows-Anwendungen über Linux-Server spielen die aktuellen Virtualisierungstechnologien. Diese sind hier sowohl als Plattform für virtuelle Arbeitsplätze als auch für das Virtualisieren von Servern wichtig. Kapitel 15 gibt einen Überblick.

Zum Übertragen von Anwendungen zu Benutzern über das Netz dienen verschiedene Protokolle aus der Unix- und der Windows-Welt. Diese beschreibt das Kapitel 16. Es vermittelt daher die Wirkungsweise sowie die Herausforderungen des bewährten X.11-Protokolls und alternativ hierzu das Caching- und Komprimier-Verfahren NX von Nomachine. Außerdem geht es auf Microsofts Remote Desktop Protocol (RDP) und das Virtual Network Computing (VNC) ein.

Benutzer können Netzanwendungen über verschiedene schlanke Endgeräte beziehen. Das Kapitel 17, »Schlanke Endgeräte«, erklärt generelle Konzepte für Endgeräte, das Weiterverwenden von ausgedienten PCs, und das Prinzip plattenloser PCs. Außerdem stellt es zwei konkrete Verfahren vor, um Endgeräte über ein Netz von einem Linux-Server zu booten, statt von ihrer lokalen Festplatte. Hier lesen Sie Informationen über grundlegende Serverdienste und über das Linux-Terminalserver-Projekt (LTSP). LTSP unterstützt durch Terminaldienste vermittelte Remote-Anwendungen aus der Windows-, Linux/Unix- und Mainframe-Welt auf bescheiden ausgerüsteten PCs. Organisationen können auch ihre bisherigen PCs mit den Betriebssystemen Windows oder Linux weiterverwenden, aber geschäftskritische Anwendungen aus dem Netz beziehen, statt lokal auszuführen. Damit ist es möglich, defekte oder verkonfigurierte PCs unabhängig vom sonstigen Inhalt ihrer Festplatten einfach auszutauschen, damit Anwender sofort weiterarbeiten können.

Sollen Anwender nur Windows-Büroprogramme wie Microsoft Office, aber kein Windows-Betriebssystem auf Linux ausführen, können sie dies mit dem freien *Wine* oder dem preisgünstigen Crossover Linux, das auf *Wine* basiert, tun. Letzeres ist im Kapitel 18 beschrieben.

Das Kapitel 19, »Windows über Linux bereitstellen«, vermittelt das Prinzip und das praktische Arbeiten mit den virtuellen Umgebungen, mit denen man u. a. Windows-Betriebssysteme auf Linux-Plattformen ausführen kann. Lesen Sie hier über das Einrichten von Windows auf den im Kapitel 15 beschriebenen Virtualisierungsplattformen. Diese Lösungen bieten der Administration gut zentral verwaltbare Arbeitsplätze bei reduziertem Sicherheitsrisiko.

1.5 Die Autoren

Die IT-erfahrenen Autoren lernen gern auch nach Jahrzehnten Arbeit in der Datenverarbeitung noch viel dazu und freuen sich über Ihre E-Mail an `autoren@linuxbu.ch` mit Anregungen und Tipps für die nächste Auflage. Selbstverständlich bieten sie auch Individualschulungen und Installationsdienste an.

Uwe Debacher, Jg. 1955, `Uwe.Debacher@Linuxbu.ch`, trainiert, berät seit 1994 Linux-Administratoren, hat mehrere Hundert Linux-Server eingerichtet und schreibt im Netz und für Printmedien.

Bernd Kretschmer, Jg. 1949, `Bernd.Kretschmer@Linuxbu.ch`, trainiert seit 1980 Unix-Administratoren und Anwender, organisiert und gestaltet Unix/Linux-Bücher, -Artikel und -Workshops.

Michael Janczyk, Jg. 1979, Michael.Janczyk@Linuxbu.ch, studiert an der Albert-Ludwigs-Universität Freiburg Informatik. Dort arbeitet und entwickelt er an festplattenlosen Systemen und Virtualisierern.

Dr. Dirk von Suchodoletz, Jg. 1972, `Dirk.von.Suchodoletz@linuxbu.ch` konzipiert und realisiert große serverbasierte Linux-Landschaften, schreibt für Linux-Zeitschriften und spricht auf internationalen IT-Kongressen.

1.6 Stilelemente

Das einheitliche Layout wird Ihnen die Orientierung im Text erleichtern:

- Listings stehen in `LetterGothic` auf grauem Hintergrund.
- Befehle, die Sie auf Ihrem Computer eingeben, Webadressen und Dateinamen sind in `LetterGothic` gesetzt.
- Schaltflächen, Befehle, Dialoge und wichtige Begriffe sind durch *Kursivschrift* gekennzeichnet.
- Damit Sie Tipps und Anmerkungen schnell finden, sind diese ebenfalls in graue Textkästen gesetzt.

2 Linux optimal installieren und pflegen

OpenSUSE liefert wie alle erfolgreichen Linux-Distributionen sehr umfangreiche Dateiarchive und bietet eine sehr bequeme Installation.

Standardinstallationen können allerdings nicht alle denkbaren Einsatzfälle – vom Desktop-PC bis zum File- oder Webserver – vorhersehen und jede erdenkliche Hardware berücksichtigen.

Die Informationen dieses Kapitels sollen Ihnen vor, während und nach der Installation helfen, einen genau auf Ihre Bedürfnisse angepassten Linux-Server einzurichten:

- Hardware: Treiberverfügbarkeit prüfen vor dem Kauf (Kapitel 2.1). Dieser Abschnitt gibt Tipps, wie Sie vor dem Beschaffen von Hardware herausfinden, ob es für diese aktuelle Linux-Treiber gibt.
- Linux-Server planen (Kapitel 2.2): Linux-Server können kleinen und großen Netzen vielfältige Dienste anbieten. Während in kleinen Netzen vielleicht ein einfacher Ein-Prozessor-Server für alle Serverdienste ausreicht, wird man in größeren Netzen für jeden Dienst oder für Gruppen von Diensten getrennte oder gar redundante Linux-Server, vielleicht auch mit mehreren Prozessoren, benötigen. Dieser Abschnitt gibt Installationstipps für solche Fälle.
- Aufteilung der Festplatten planen und Partitionen einrichten (Kapitel 2.3).
- Linux für Serverdienste installieren (Kapitel 2.4) geht auf Strategien ein, schlanke Server einzurichten.
- Pakete nachinstallieren (Kapitel 2.5) zeigt Wege, für den Einsatzzweck notwendige Pakete von Quellen wie einer DVD oder aus dem Netz nachzuinstallieren.
- Adressen dynamisch verteilen (Kapitel 2.6): Statt jedem Gerät im Netz seine IP-Adresse per Hand zuzuweisen, kann man sie per Adressserver dynamisch verteilen. Der Abschnitt zeigt, wie Sie einen Server für das Dynamic Host Control Protocol (DHCP) einrichten.
- Postdienste konfigurieren (Kapitel 2.7): OpenSUSE hat eine Konfigurationsdatei vorbereitet, die auf Ihre Angaben wartet.
- Informationen über Sicherheitsprobleme (Kapitel 2.8): Beachten Sie beim Installieren von Servern verantwortungsvoll die aus heutiger Sicht erkennbaren Sicherheits-

risiken und entwickeln Sie flexible Strategien, diesen Risiken während der gesamten Betriebszeit der Server jeweils aktiv zu begegnen.

- Nur ein aktuelles System kann sicher sein. Lesen Sie daher dringend, wie Sie Programme und Systemdateien aktualisieren (Kapitel 2.9).
- Einbruchserkennung und Virenschutz (Kapitel 2.10),
- Sichern der Stromversorgung mit einer USV (Kapitel 2.11),
- Datensicherung auf Bandlaufwerken, die höhere Kapazitäten besitzen als DVD-Laufwerke (Kapitel 2.12).

2.1 Hardware: Treiberverfügbarkeit prüfen vor dem Kauf

Prüfen Sie bitte vor dem Kauf von Hardware in Hardware-Datenbanken (z. B. `http://de.opensuse.org/Hardware_Kompatibilitätsliste`), ob

- die jeweiligen Hardware-Hersteller oder
- freie Linux-Entwickler

Linux-Treiber für diese Hardware erstellt haben.

Weigern sich Hersteller, zum Programmieren erforderliche technische Spezifikationen zu veröffentlichen oder halten sie Standards nicht ein, um Bauteile zu sparen, können Sie deren Hardware mit Linux nicht betreiben. Sparen Sie sich die Enttäuschung, für solche Geräte Geld auszugeben, da Sie hierfür keine Treiber für Linux finden werden.

Bei Linux-Servern, die nicht unbedingt auf eine grafische Benutzeroberfläche angewiesen sind, sind die Netzwerkkarte und die ISDN-Karte kritisch, gelegentlich auch Festplatten-Controller (siehe 2.3.3). Bei Netzwerkkarten mit ganz neuen Chipsätzen kann es einige Wochen dauern, bis die aktuellen Linux-Distributionen ausgereifte Treiber enthalten. Preisgünstige Standardkarten mit den Chipsätzen von Realtek und Intel unterstützt Linux aber schon lange, natürlich auch für Gigabit-Ethernet.

In Regionen ohne DSL-Anbindung sind viele Anwender noch auf ISDN angewiesen. Statt mit alten ISA-Karten Zeit zu verlieren, sollten Sie lieber weit verbreitete PCI-Karten wie die Fritz!Card PCI von AVM verwenden.

2.2 Linux-Server planen

In heterogenen Netzarchitekturen größerer Firmen und Organisationen kommen auf einzelne Linux-Server andere Aufgaben zu als auf den einzigen Linux-Server in einem kleinen Netz für wenige Anwender.

Schon sehr früh vor dem Installieren sollte man planen, welche Aufgaben der jeweilige Server übernehmen soll.

Die Server für Anwendungen und jene für die Datenspeicherung sollte man komplett voneinander trennen. Soll ein Server sowohl Anwendungen ausführen als auch Benutzerdaten speichern, sollte man für statische Anwendungen und dynamische Daten zumindest getrennte Laufwerkssysteme oder getrennte Partitionen einrichten. So lässt sich verhindern, dass Benutzer die Root-Partition der Festplatte überschwemmen und damit das ganze System blockieren. Außerdem ist es so leichter, für Anwendungen und Daten verschiedene Sicherungsstrategien anzuwenden.

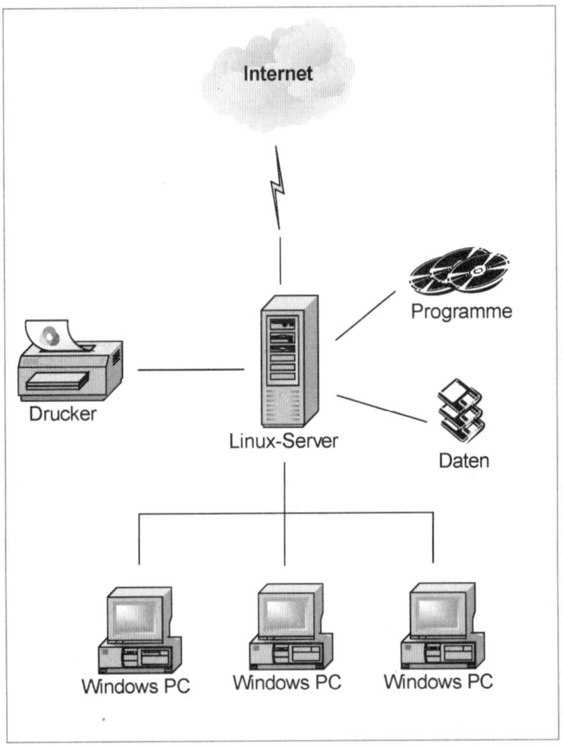

Abbildung 2.1: Linux-Einzelserver

Während der Plattenbedarf für Anwendungen leichter vorhersehbar ist, sollte man den Speicherplatz pro User durch sogenannte *Disk-Quotas* begrenzen (siehe Kapitel 3.3).

Die nächste Ausbaustufe könnte

- den Übergang vom Intranet zum Internet,
- das Speichern von Benutzerdaten und
- Anwendungen wie Internet- und Intranetdienste

auf drei Servern verteilen (Abbildung 2.2).

Bei diesen Konfigurationen braucht man nur die Datenträger der Dateiserver täglich zu sichern. Auch beim Dateiserver sollten Benutzerdaten und Betriebssystem unbedingt in getrennten Partitionen liegen.

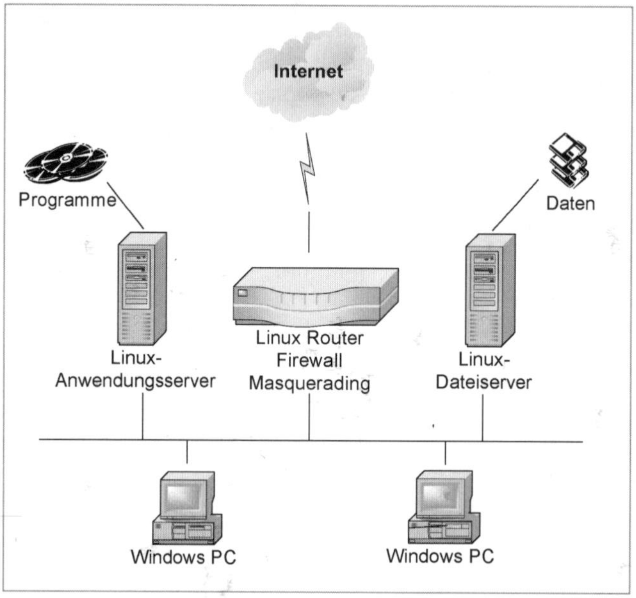

Abbildung 2.2: Verteilte Linux-Server

Vielen Unternehmen und Organisationen wachsen die laufenden Kosten der Betreuung von Windows-PCs über den Kopf. Sie starten deshalb Endgeräte von zentralen Bootservern oder verlagern ganze PCs und Anwendungen auf zentrale virtuelle PCs oder Anwendungsserver. An den Arbeitsplätzen nutzen sie dabei nur Anzeigegeräte (Thin-Clients) wie Windows-Terminals, Linux-Terminals, Diskless Linux oder Flash-ROM-Linux-PCs (siehe dazu den zweiten Teil dieses Buchs).

Sollen Anwender an Terminals sowohl X.11-Programme als auch Windows-Programme nutzen, benötigt man einen Anwendungsserver für X.11-Anwendungen und eine Lösung für Windows-Anwendungen (Abbildung 2.3).

Windows-Anwendungen können dabei u. a.

- auf virtuellen Windows-Maschinen in einer Virtualisierungslösung wie VMware,
- auf Windows-Servern mit Terminalserver-Funktion
- oder in einer Windows- Ablaufumgebung wie Crossover Office

betrieben werden. In den ersten beiden Fällen kommunizieren die Endgeräte mit den Servern über Microsofts proprietäres Remote Desktop Protocol (RDP).

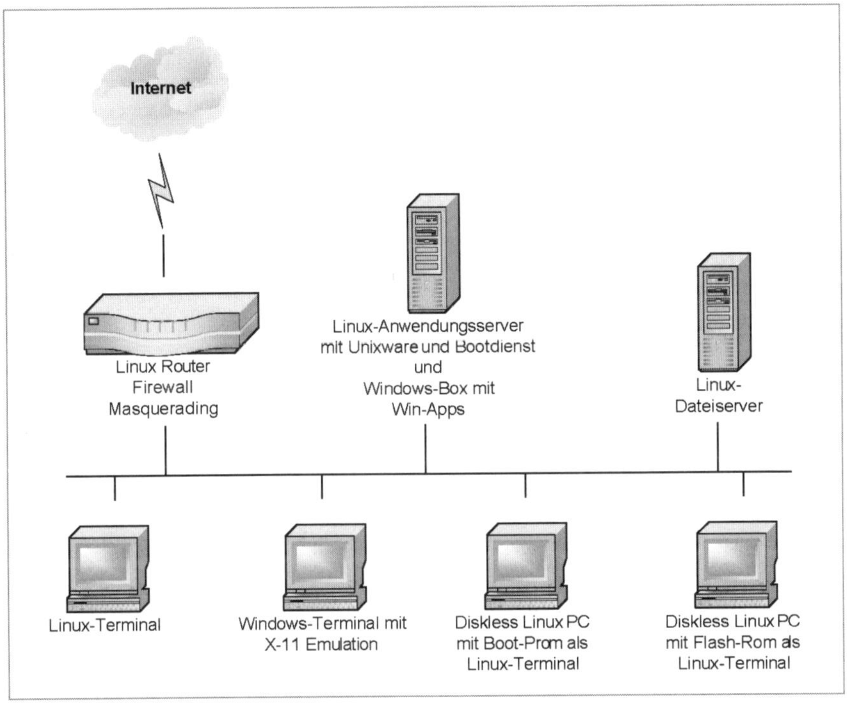

Abbildung 2.3: Windows-Anwendungen für Terminals

2.3 Festplatten vorbereiten

2.3.1 Dateisysteme

Bevor Sie Festplatten partitionieren, sollten Sie sich für geeignete Dateisysteme entscheiden. Während Windows-Server nur NTFS bieten, können Sie bei Linux-Rechnern zwischen verschiedenen Lösungen wählen, u. a.:

- `Ext2`
- `Ext3`
- `Reiserfs`
- `XFS`

Das Dateisystem `Ext2` war lange das klassische Linux-Dateisystem. Bei wachsender Festplattengröße dauern aber die Integritätstests immer länger, die nach einer bestimmten Betriebszeit oder nach ungeplantem Herunterfahren der Rechner erforderlich sind. Der Test kann leicht mehr als eine halbe Stunde dauern – selbst bei einer aus heutiger Sicht kleinen Festplattengröße von 40 GByte.

Dagegen pflegen Journaling-Dateisysteme wie `Ext3` und `Reiserfs` ein zusätzliches Journal mit den Veränderungen, um im Notfall anhand dieses Journals das Dateisystem sehr schnell wieder herstellen zu können.

OpenSUSE setzt bei der Standardinstallation auf `Ext3` und nicht mehr auf `Reiserfs`, das SUSE einst mit vorangetrieben hat.[1]

Ein großer Vorteil von `Ext3` besteht darin, dass es zu `Ext2` aufwärtskompatibel ist. Eine `Ext2`-Partition lässt sich ohne Datenverlust zu `Ext3` konvertieren, es muss nur nachträglich das Journal erzeugt und aktiviert werden. Notfalls lässt sich eine `Ext3`-Partition auch im `Ext2`-Modus einbinden, was das Starten von Rettungssystemen erleichtern kann. Außerdem gibt es deutlich mehr Tools für das Sichern und Wiederherstellen von `Ext2` als für `Reiserfs`.

Sehr gute Kritiken gibt es seit einiger Zeit für das Dateisystem `XFS` der Firma SGI.

Sie können aber in jedem Fall bedenkenlos den Vorschlägen von YaST folgen und auf das Dateisystem `Ext3` setzen.

2.3.2 Partitionieren der Festplatte

Vor dem Installieren sollten Sie die Aufteilung der Festplatten detailliert planen, weil diese u. a. für die Sicherheit Ihrer Server von Bedeutung ist und sich später nur mühsam ändern lässt.

Die Standardinstallation von OpenSUSE teilt Festplatten z. B. folgendermaßen auf, wobei die Kapazitätsangaben von der Größe Ihrer Festplatte abhängen und die Kapazität der Swap-Partition vom Umfang des Hauptspeichers. Die Angaben beziehen sich auf eine IDE-Festplatte; für ein SCSI-System steht statt `hda` jeweils `sda`:

Device-Name	*Kapazität*	*Mount-Point*	*Bedeutung*
`/dev/hda2`	restliche Kapazität	/	Root-Partition (Reiserfs)
`/dev/hda1`	1 GB		Swap-Partition

Tabelle 2.1: Partitionen der Festplatte

Auf reinen Linux-Servern werden Sie kaum Windows-Partitionen wie FAT oder NTFS benötigen. Sollten Sie auf einem Linux-Server dennoch eine Windows-Partition eingerichtet haben, so verschieben sich dadurch die Nummern der Linux-Partitionen hinter die Windows-Partitionen.

Die eigentliche Linux-Installation befindet sich bei der Standardaufteilung in der Partition `/dev/hda2`. Während dies für Desktop-Rechner unproblematisch ist, müssen Sie auf Serversystemen mit vielen Benutzern damit rechnen, dass die Benutzer große Daten-

[1] Die Zukunft des Reiser-Dateisystems ist zunehmend fraglich, da dessen Schöpfer Hans Reiser wegen der Tötung seiner Ex-Frau eine langjährige Haftstrafe in den USA verbüßt.

mengen in ihren Home-Verzeichnissen ablegen. Haben Sie bei einem Server, der alle Serverdienste anbietet, nur eine einzige Partition angelegt, geht dem Linux-System der Speicherplatz aus, sobald Benutzer ihre Home-Verzeichnisse zu sehr füllen. Wenn der Speicherplatz vollkommen erschöpft ist, können einzelne Dienste oder das ganze System ausfallen.

Aus Sicherheitsgründen sollte man die Festplatte in mehrere Partitionen unterteilen, auch wenn man getrennte Anwendungs- und Dateiserver betreibt.

Systembetreuer können beim Installieren von OpenSUSE über den Menüpunkt *Erweiterte Einstellungen • manuelles Partitionieren* die Aufteilung der Festplatten selbst steuern.

Wenn Sie von Hand partitionieren wollen, so sollten Sie das mit YaST oder mit dem Programm `fdisk` aus einem Rettungssystem heraus machen. Eine Empfehlung für das Partitionieren ist:

Partition	*Beschreibung*
Erweiterte Partition mit der restlichen Kapazität der Festplatte	Auf einer Festplatte kann man nur vier primäre (oder erweiterte) Partitionen anlegen. Das ist für diese Aufteilung nicht genug. Will man weitere Partitionen einrichten, so kann man diese innerhalb einer erweiterten Partition als logische Partition anlegen. Die Nummerierung der logischen Partitionen beginnt mit `/dev/hda5`.
Swap-Partition 1 GB, bzw. das Doppelte des vorhandenen Hauptspeichers (logisch `/dev/hda5`)	Die Swap-Partition dient als virtueller Arbeitsspeicher. Wenn Sie viele speicherhungrige Anwendungen parallel laufen lassen, dann kann Linux hierher Speicherinhalt auslagern. Auf eine Swap-Partition sollte man daher auch bei umfangreichem Arbeitsspeicher nicht verzichten. Die Arbeitsgeschwindigkeit von virtuellem Speicher ist aber erheblich niedriger als die des tatsächlichen Hauptspeichers.
/ (Root-Partition), 5-10GB (logisch `/dev/hda6`)	Die Größe der Root-Partition sollte zwischen 5 GB und 10 GB liegen. Der konkrete Wert hängt davon ab, wie viel Software Sie auf dem System installieren wollen. Bei der hier im Buch beschriebenen Installation kämen Sie mit 3 GB gerade aus. Wenn Sie speicherhungrige Anwendungen wie OpenOffice.org installieren, benötigen Sie mehr Speicherplatz, vor allem im Verzeichnis `/opt`. Daher sind 10 GB meist eine sichere Wahl. Bei Bedarf können Sie auch für das Verzeichnis `/opt` eine extra Partition einrichten. Die Daten für den Webserver Apache legt man üblicherweise im Ordner `/srv/www/htdocs` ab. Wenn Sie ein sehr umfangreiches Webangebot planen, sollten Sie für diesen Ordner eine eigene Partition einplanen.

Partition	*Beschreibung*
/tmp 1 GB (logisch /dev/hda7)	Im Verzeichnis /tmp legen verschiedene Programme kurzfristig Daten ab. Sie sollten diese Partition daher nicht kleiner anlegen. Falls Sie mit mehreren Benutzern und KDE arbeiten kann die Partition ruhig etwas größer werden, da KDE viele temporäre Daten anlegt.
/var 5 GB (logisch /dev/hda8)	Im Verzeichnis /var liegt das Unterverzeichnis /var/spool, in dem sehr viele Daten abgelegt werden, z. B. die eingehenden Mails in /var/spool/mail. Für diese Daten müssen Sie ausreichend Speicherplatz zur Verfügung stellen. Falls Sie mit *cyrus-imap* arbeiten, benötigen Sie innerhalb von /var/spool sogar 100MB pro Benutzer.
/home sehr viel (logisch /dev/hda9)	In dieser Partition liegen die Home-Verzeichnisse der Benutzer. Sie sollten hier genügend Kapazität vorsehen.

Tabelle 2.2: Partitionierungsempfehlung

Die folgende Tabelle fasst obige Vorschläge fürs Partitionieren zusammen:

Partition	*Kapazität*	*Mount-Point*	*Inhalt*
/dev/hda1	gesamte Kapazität		Erweiterte Partition
/dev/hda5	1 GB		Swap-Partition
/dev/hda6	5 – 10 GB	/	Root
/dev/hda7	1 GB	/tmp	temporäre Daten
/dev/hda8	5 GB	/var	u. a. Log- und Spooldateien
/dev/hda9	Rest	/home	Home-Verzeichnisse

Tabelle 2.3: Übersicht der Partitionen

Wenn Sie den Speicherplatz für einzelne Programme oder Dienste beschränken wollen, sollten Sie weitere Partitionen einrichten. Im Kapitel 3.3 lesen Sie, wie Sie obendrein mit Disk-Quotas den Speicherplatz in den Home-Verzeichnissen Ihrer Benutzer beschränken können. Wollen Sie auch den Speicherplatz für eingegangene und noch nicht abgerufene Mails (/var/spool/mail) beschränken, so legen Sie hierfür am einfachsten eine eigene Partition an oder richten auch hierfür Disk-Quotas ein.

2.3.3 RAID

Vorbemerkung

Für kommerzielle Datenhaltung benötigt man redundante und schnelle Speicherlösungen. Bewährt haben sich verschiedene Level von RAID (Redundant Array of Independent Disks).

RAID – verständlich erklärt

Die wichtigsten RAID-Kategorien sind:

- RAID 0 fasst zwei oder mehr Festplatten zu einem sogenannten Stripe-Set zusammen und verteilt Schreib- und Lesezugriffe auf mehrere Platten, um den Zugriff zu beschleunigen. RAID 0 bietet keinerlei Sicherheit. Ist auch nur eine Platte des Arrays defekt, so sind alle Daten verloren. Dafür erfolgen die Festplattenzugriffe deutlich schneller als bei Lösungen ohne RAID oder bei RAID 1, da die Platten parallel arbeiten können.
- RAID 1 spiegelt Festplatten (Mirroring). Es schreibt alle Daten auf zwei physikalisch verschiedene Platten. Fällt eine Platte aus, kann man mit der anderen Platte weiterarbeiten. Sind die jeweiligen Partitionen auf beiden Festplatten verschieden groß, kann man nur so viel Speicherplatz nutzen, wie die kleinere Partition besitzt.
- RAID 5 beschreibt ein Stripe-Set ähnlich RAID 0, das zusätzlich Parity-Informationen sichert. Für RAID 5 sind mindestens drei Platten beziehungsweise Partitionen erforderlich. Fällt eine Platte aus, so können mit den Parity-Informationen die Daten wiederhergestellt werden. Bei RAID 5 mit drei (n) Platten steht das Doppelte ((n-1)-fache) der kleinsten Platte für Nutzdaten zur Verfügung.

Traditionell verwendet man unabhängig vom Serverbetriebssystem Hardware-RAID, um Daten redundant und schnell zu speichern und zu lesen. Während hierfür früher nur relativ teure SCSI-Lösungen zur Verfügung standen, sind jetzt IDE-/ATA-Lösungen günstig verfügbar. Ist überhaupt kein Budget für Hardware-RAID-Systeme vorhanden, kann man Software-RAID Level 1 oder 5 einrichten.

Wenn Sie für Ihre Daten einen gesonderten File-Server betreiben wollen, ohne in RAID-Controller zu investieren, können Sie Ihre Daten bei Linux mit Software-RAID der `raidtools` spiegeln.

2.4 Linux für Serverdienste installieren

Im einfachsten Fall nimmt man bei der OpenSUSE-Distribution eine Standardinstallation vor und ergänzt fehlende Programme beim Konfigurieren. Lediglich die Partitionierung sollten Sie Ihren Bedürfnissen anpassen.

An vielen Stellen dieses Buchs wird auf die Standardinstallation und Konfiguration mit YaST, dem Konfigurations-Tool von OpenSUSE, zurückgegriffen.

Der prinzipielle Ablauf der Installation des Linux-Servers besteht aus folgenden Schritten:

1. Booten von DVD: Die OpenSUSE-DVD ist bootfähig. Falls Ihr Rechner nicht von der DVD startet, müssten Sie vielleicht noch im BIOS die Boot-Reihenfolge verändern.

2. Partitionieren der Festplatte: Zum Partitionieren der Festplatte haben Sie im vorangegangenen Abschnitt schon Anregungen erhalten.
3. Installation ausgewählter Pakete: Zur Distribution OpenSUSE 11.0 gehören etwa 6.000 Softwarepakete. Für eine sinnvolle Konfiguration, wie sie dieses Buch beschreibt, benötigen Sie etwa 500 Pakete. Um die Auswahl zu erleichtern, hat OpenSUSE ein *Standardsystem* zusammengestellt, das Sie für den Anfang installieren sollten.
4. Konfiguration: Ein großer Teil der Programme ist sofort nach der Installation lauffähig, andere muss man erst konfigurieren. Wollen Sie die Kapitel dieses Buchs nachvollziehen, sollten Sie sogleich einzelne hier genannte Pakete nachträglich installieren, die nicht zum *Standardsystem* gehören.

Sie sollten bei der Installation möglichst mit den Vorgaben von OpenSUSE arbeiten. Die meisten Einstellungen können Sie auch noch später bei Bedarf anpassen. Lediglich die Partitionierung lässt sich hinterher nur sehr schwer verändern.

Die Beschreibungen verwenden den Rechnernamen `boss` und die Domäne `lokales-netz.de`. Die Domäne `lokales-netz.de` haben die Autoren beim DENIC reserviert, Sie können sie also problemlos als Beispiel für Ihre Konfiguration benutzen. Sollten Sie bereits über eine eigene Domain verfügen, so ersetzen Sie einfach in allen Beispielen `lokales-netz.de` durch Ihre eigene Domain. Der Rechnername `boss` ist willkürlich. Es ist aber sinnvoll, Namen zu nehmen, die in den alphabetisch sortierten Listen der Windows-Umgebung weit oben stehen, damit sie in der Netzwerkumgebung ganz oben auftauchen und man sie nicht erst hinter 234 Clients findet.

Der Server hat hier in den Beispielen die IP-Adresse `192.168.1.2`. Der Adressbereich `192.168.1.xx` gehört zu den privaten Netzadressen, die niemals offiziell vergeben werden. Daher können Sie diesen Adressbereich gut in lokalen Netzen benutzen, ohne dass er im Internet auftaucht. Die Zuordnung der konkreten IP-Adresse zum Server ist beliebig. Die Auswahl der `2` soll dies deutlich machen.

Für die Verteilung der IP-Adressen im Netz sollten Sie sich ein System überlegen. Die Beispiele im Buch benutzen die IP-Adressen unterhalb von 10, also `192.168.1.1` bis `192.168.1.9`, für besondere Geräte wie den Linux-Server und Print-Server. Die Windows-Clients nutzen IP-Adressen ab 10.

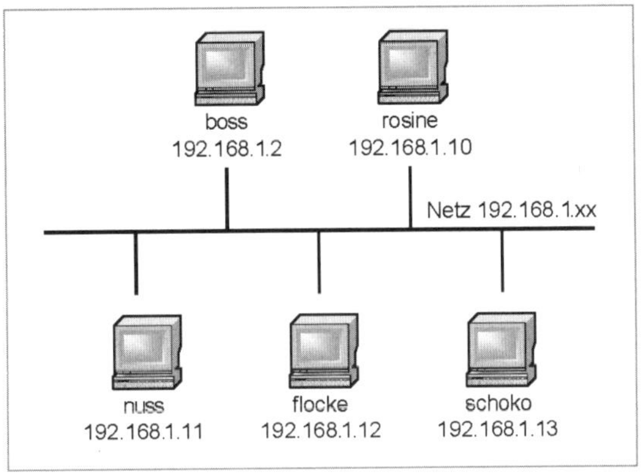

Abbildung 2.4: Beispielnetzwerk

Um das Einbinden des Linux-Servers in das Windows-Netz zu erleichtern, sollten Sie auf dem Linux-Server möglichst bald die Serverprogramme für *DHCP* (Kapitel 2.6) und *POP3* (Kapitel 2.7) einrichten, die als sogenannte Dämonen ständig im Hintergrund laufen und auf Anfragen warten. Der DHCP-Server verteilt dynamisch IP-Adressen im Netz und der POP-Dämon die elektronische Eingangspost an registrierte Benutzer.

2.5 Pakete nachinstallieren

Im vorangegangenen Abschnitt konnten Sie die Empfehlung lesen, möglichst mit einer Standardinstallation zu beginnen, um später eventuell fehlende Programmpakete nachzuinstallieren.

Für die Installation können Sie mit unterschiedlichen Versionen der Distribution beginnen:

- mit der Kaufversion, die in Online- oder Laden-Buchhandlungen vertrieben wird.
- mit der freien Datenträgerversion, von der Sie die DVD bzw. CD-Images kostenlos über `http://software.opensuse.org/` laden und auf einen Datenträger brennen können.
- mit der Online-Version (siehe Abschnitt 2.5.3), bei der die Installation ihre Quellen weitgehend direkt über das Internet bezieht.

In allen Versionen finden Sie die hier im Buch beschriebenen Pakete.

Sollten Sie bei einer Version ein Paket vermissen, können Sie es über eine Internetverbindung leicht von der folgenden URL laden:

`http://download.opensuse.org/distribution/11.0/`

Sollten die OpenSUSE-Server einmal sehr überlastet sein, haben Sie bei der Gesellschaft für wissenschaftliche Datenverarbeitung in Göttingen vielleicht mehr Glück:

`ftp://ftp.gwdg.de/pub/opensuse/distribution/11.0/`

Pakete können Sie auf verschiedenen Wegen nachinstallieren:

- über die grafische Variante von YaST und die Paketauswahl der CD/DVD,
- die textbasierte Version von YaST,
- oder direkt über einen FTP-Server.

2.5.1 Installation von CD/DVD mit YaST

Mit dem Konfigurations-Tool YaST können Sie u. a. Softwarepakete installieren. Sie finden das Icon zum Start des YaST-Kontrollzentrums an mehreren Stellen im Menübaum. Eine einfache Möglichkeit besteht darin, auf das erste Icon der KDE-Funktionsleiste zu klicken (*K-Menü*) und dann im Menü auf *System*. Hier finden Sie YaST als unterstes Icon.

Abbildung 2.5:
YaST-Kontrollzentrum in KDE

Über die anderen Menüpunkte können Sie die einzelnen Funktionen von YaST auch getrennt aufrufen. Dieses Buch geht davon aus, dass Sie immer zuerst das Kontrollzentrum starten und von dort aus die einzelnen Funktionen aufrufen.

Das YaST-Kontrollzentrum startet dann mit folgender Darstellung:

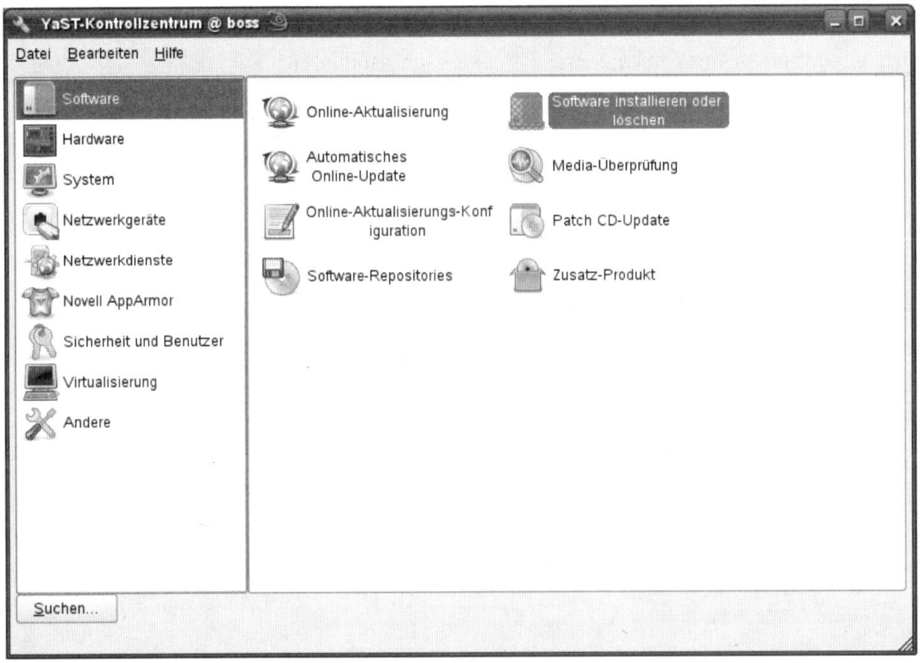

Abbildung 2.6: YaST

Wenn Sie dann in der Rubrik *Software* den Punkt *Software installieren oder löschen* auswählen, öffnet YaST einen Dialog zur Paketauswahl.

Sie können hier Pakete mit unterschiedlichen Filtern auswählen. Der Standardfilter, die Suchfunktion, erleichtert das Stöbern nach Paketen. Für die Beschreibungen im Buch benutzen wir oft den Filter *Paketgruppen*; am häufigsten benötigen Sie die Selektion *Netzwerk* für die Programmpakete für Serverdienste. Daneben gibt es noch den Filter *Schemata*, der alle Pakete nach formalen Kriterien auflistet. Dieses Buch zeigt von den drei Möglichkeiten jeweils die einfachste.

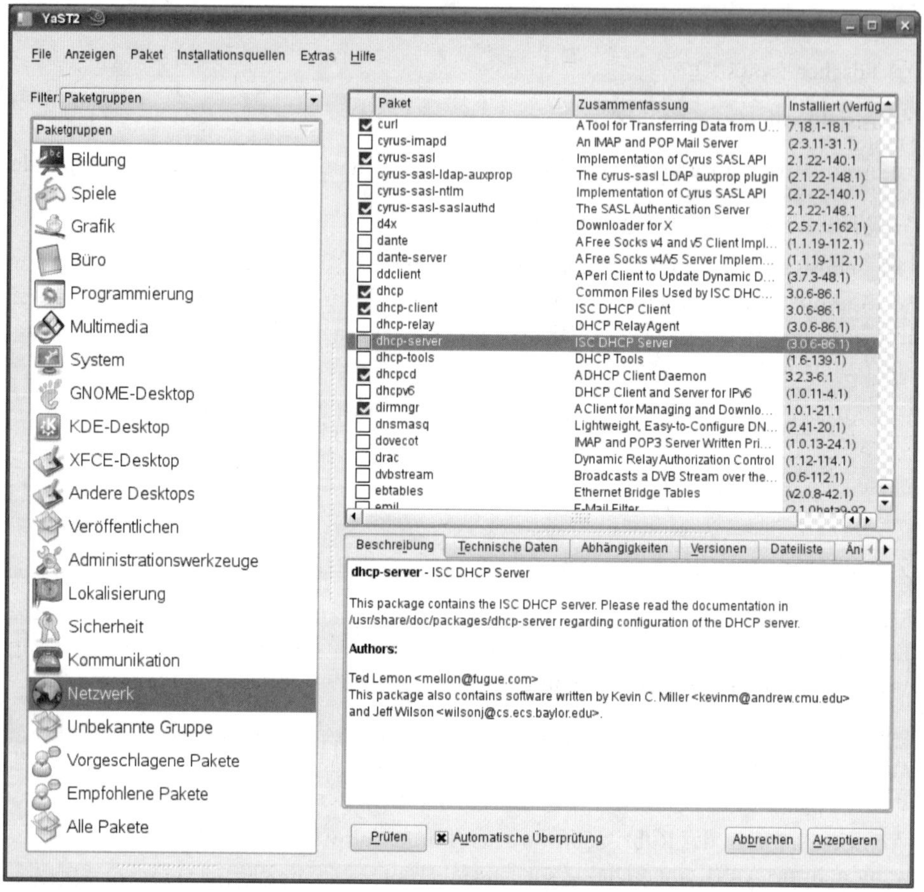

Abbildung 2.7: YaST: Paketauswahl

Der rechte Teil des Formulars zeigt immer die Pakete, auf die die Filterkriterien zutreffen. Die Icons vor den Paketbezeichnungen geben den Status eines Pakets an.

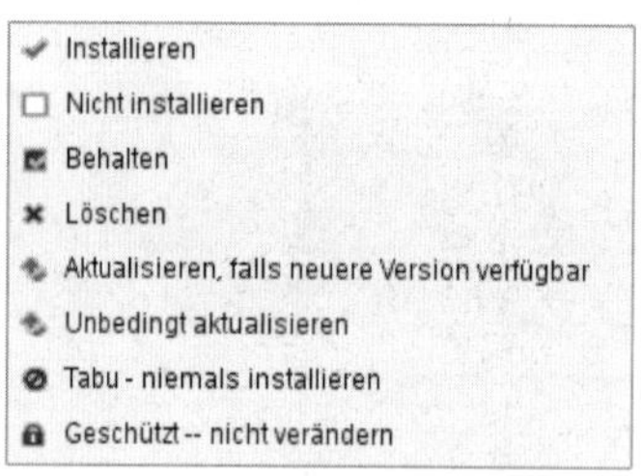

Abbildung 2.8: YaST: Paketstatus

Die wichtigsten Optionen sind hier:

- Löschen (rotes X),
- Installieren (angewählte Checkbox),
- Automatisch installieren (wie Installieren, aber mit schwarzem Dreieck davor) und
- Nicht installieren (leere Checkbox).

Oft benötigen von Ihnen ausgewählte Pakete ihrerseits weitere Pakete. YaST erkennt solche Abhängigkeiten selbstständig und installiert die notwendigen Pakete automatisch mit. Automatisch ausgewählte Pakete erkennen Sie an den Icons mit einem vorangestellten Dreieck.

Zur Auswahl eines Pakets müssen Sie nur die zugehörige Checkbox aktivieren und am Ende des Dialogs auf *Übernehmen* klicken. YaST fordert Sie dann zum Einlegen des passenden Mediums auf.

2.5.2 Installation von CD/DVD im Textmodus

Sie können YaST auch ohne grafische Oberfläche nutzen, entweder direkt von der Konsole oder auch übers Netz mit einer Telnet- oder besser einer SSH-Verbindung. Weitere Informationen zu Telnet und SSH finden Sie im Kapitel 5.

Die Benutzerschnittstelle der textbasierten Version von YaST ist spartanischer und etwas umständlicher zu bedienen, da sie ohne Maus auskommen muss. Dafür ist die Bedienung deutlich schneller, wenn Sie sich an die Tastenkürzel gewöhnt haben.

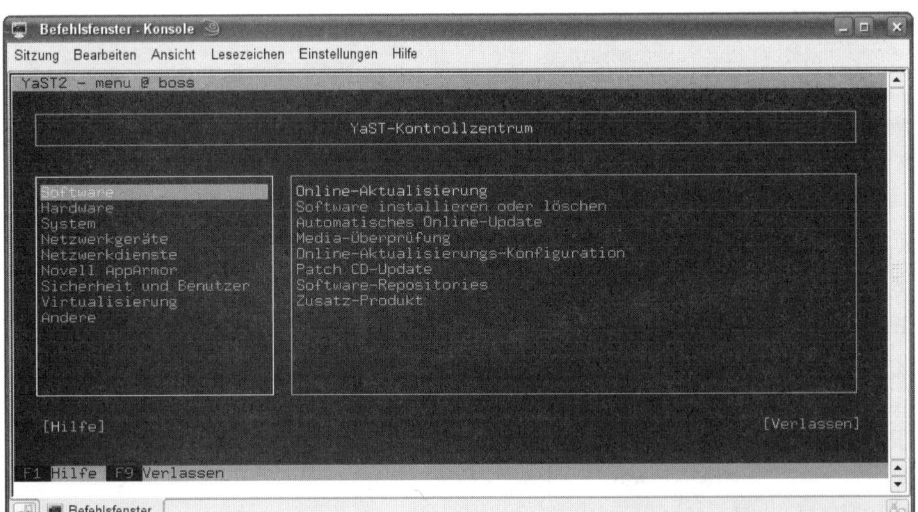

Abbildung 2.9: YaST: Textversion

Hier können Sie sich mit der `Tab`-Taste und den `Cursor`-Tasten durch die Funktionen hangeln oder mit der `ALT`-Taste und dem hervorgehobenen Buchstaben direkt eine Funktion auswählen. Mit `ALT+V` können Sie z. B. YaST direkt verlassen.

YaST lässt Sie hier mit den gleichen Filtern die gewünschten Pakete auswählen.

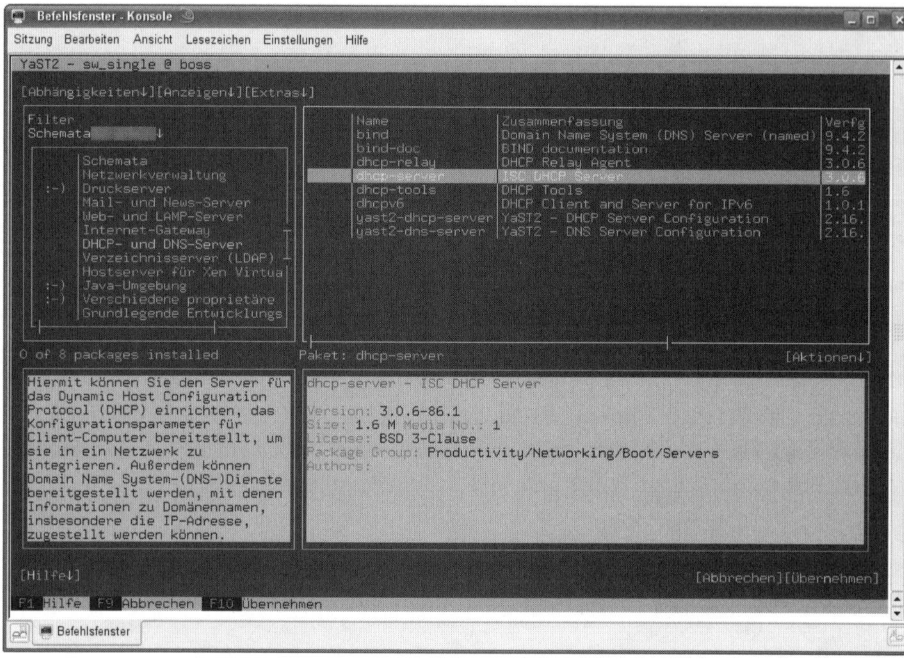

Abbildung 2.10: YaST: Textversion DHCP-Server

Zwar stellen manche SSH- oder Telnet-Clientprogramme bei Verbindungen übers Netzwerk einige Sonderzeichen falsch dar, doch dies beeinträchtigt die Funktionalität von YaST nicht.

2.5.3 Installation vom FTP-Server

Wenn Sie ein von Ihnen gewünschtes Paket nicht auf den Medien der Distribution finden, können Sie es von einem FTP-Server laden.

Die eigentlichen Pakete liegen als einzelne Dateien vor. Deren Namen enden auf `.rpm` und beinhalten vor der Endung eine Versionsbezeichnung sowie die Prozessorfamilie. Das Paket `dhcp-server` finden Sie also z. B. in der Datei `dhcp-server-3.0.6-86.1.i586.rpm`. Die Version 3.0.6 des Pakets ist somit für Pentium-Prozessoren der Prozessorfamilie i586 kompiliert.

Hinweis: OpenSUSE fasst sämtliche Komponenten eines Programms in einer einzigen komprimierten Datei im Dateiformat des Red Hat Package Manager (rpm) zusammen. Zur Vereinfachung der Installation pflegt und verwaltet der Paketmanager eine Datenbank mit allen installierten Paketen.

Wenn Sie die Datei von einem der FTP-Server beziehen, kopieren Sie die jeweilige `rpm`-Datei zunächst mit dem Befehl `wget` in das Verzeichnis `/tmp`

```
cd /tmp
wget
http://download.opensuse.org/distribution/11.0/repo/oss/suse/i586/
  ➥ dhcp-server-3.0.6-86.1.i586.rpm
```

und installieren die Datei von dort aus mit dem Befehl

```
rpm -i  /tmp/ dhcp-server-3.0.6-86.1.i586.rpm
```

Der Schalter `-i` weist den Package Manager an, das angegebene Paket zu installieren.

RPM löst Abhängigkeiten nicht automatisch auf. Fehlen Pakete, meldet RPM dies als Fehler und führt die Installation nicht aus. In diesem Fall müssen Sie zuerst die von RPM genannten fehlenden Pakete laden und installieren.

Das Download-Programm `wget` ist in allen Installationen vorhanden, da YaST es für sein eigenes Online-Update benötigt.

Da der Red Hat Package Manager Dateien direkt von FTP-Servern beziehen kann, können Sie Programme stattdessen auch in einem einzigen Schritt fernladen und installieren,

```
rpm -ivh
http://download.opensuse.org/distribution/11.0/repo/oss/suse/i586/
  ➥ dhcp-server-3.0.6-86.1.i586.rpm
```

Der Parameter `-i` veranlasst das Installieren des Pakets, `-v` (verbose) zeigt ausführlichere Meldungen und `-h` einen Fortschrittsbalken während der Installation des Pakets, wie bei der Installation mit YaST.

Der Dateimanager und Webbrowser Konqueror hilft bei der Installation von RPM-Paketen:

Abbildung 2.11: Konqueror: RPM-Installieren

Wenn Sie im Konqueror eine RPM-Datei aufrufen, zeigt er die Paketinformationen und bietet an, dieses Paket mit YaST zu installieren. Das ist vor allem bei Paketen nützlich, die nicht zum Lieferumfang der Distribution gehören.

2.5.4 Internetinstallation

Verfügen Sie über eine schnelle und preiswerte Internetanbindung, dann können Sie OpenSUSE auch direkt aus dem Internet installieren. Sie müssen dazu zuerst ein Boot-Image vom FTP-Server laden und damit nach Anleitung eine Boot-CD erstellen. Wenn Sie Ihren Rechner mit dieser Boot-CD starten, können Sie als Installationsmedium den Server `download.opensuse.org` (IP-Adresse: `195.135.221.130`) und das Verzeichnis `/pub/opensuse/distribution/SL-OSS-factory/inst-source/` angeben und so auch die Grundinstallation durchführen.

2.6 Adressen dynamisch verteilen

In IP-Netzen müssen sich Rechner mit einer eindeutigen Adresse ausweisen.

Generell gibt es zwei Möglichkeiten, IP-Adressen im lokalen Netz zu verteilen:

- feste Adressen per Individualeintrag und
- dynamische Adressen per DHCP.

Bei der ersten Methode gibt man jeden Rechner individuell eine feste IP-Adresse. Dieses Verfahren erfordert eine gute Übersicht und Dokumentation, da niemals zwei Rechner mit der gleichen IP-Adresse im Netz aktiv sein dürfen.

Einfacher zu verwalten ist eine automatische Adress-Zuordnung per DHCP (*Dynamic Host Control Protocol*). Hierfür benötigt man einen DHCP-Server, der anderen Geräten im Netz, also auch den Windows-Rechnern, IP-Adressen dynamisch zuteilt.

Die Zuordnung einer IP-Adresse zu einem Rechner bezeichnet man als Ausleihe (lease). Um Doppelausleihen auszuschließen, vermerkt der DHCP-Dämon (DHCPD) seine Ausleihen in der Datei `/var/lib/dhcp/dhcpd.leases`. Jede Ausleihe besitzt eine einstellbare Gültigkeit (*lease-time*). Dadurch kann man erreichen, dass der DHCPD den Windows-Rechnern jedes Mal die gleiche IP-Adresse zuordnet.

Einen DHCP-Server können Sie auf Ihrem DSL-Internet-Modem beziehungsweise Router oder auf Ihrem Linux-Server betreiben. Auf dem Linux-Server muss man den DHCP-Server nachträglich installieren, da die Standardinstallation ihn nicht einrichtet.

Der DHCP-Server befindet sich in der Paketgruppe `Netzwerk` im Paket `dhcp-server`.

Wollen Sie den DHCP-Server auch mit YaST konfigurieren, so müssen Sie zusätzlich das Paket `yast-dhcp-server` installieren, welches am einfachsten über den *Suchen*-Filter zu finden ist.

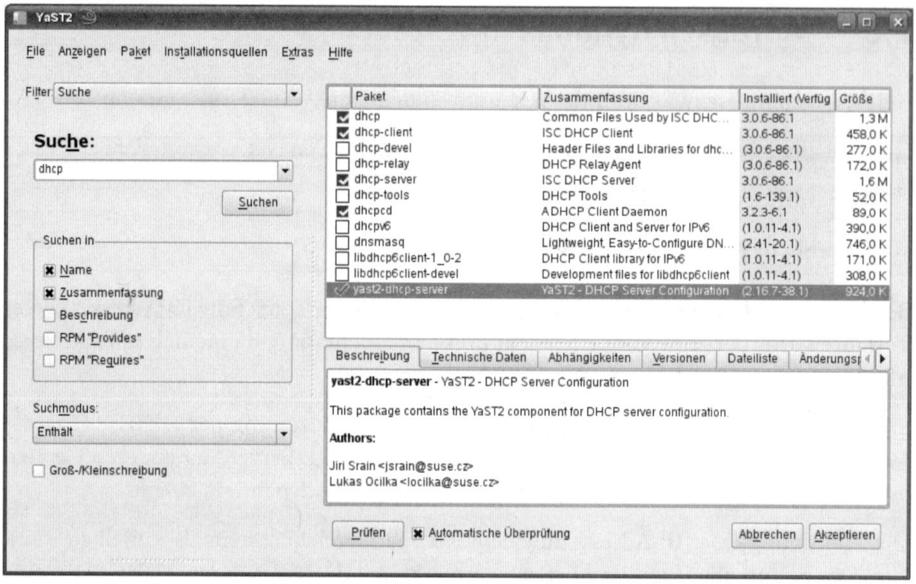

Abbildung 2.12: YaST: DHCP-Server installieren

Nach der Installation muss man die Konfigurationsdatei `/etc/dhcpd.conf` erstellen. Am einfachsten arbeiten Sie dazu weiterhin mit YaST. Falls Sie das Paket `yast-dhcp-server` neu installiert haben, müssen Sie YaST aber erst neu starten, um die zugehörige Funktion nutzen zu können.

YaST ermittelt im ersten Schritt der Konfiguration die verfügbaren Netzwerkkarten des Servers, auf dem der DHCP-Server hier läuft, und bietet sie Ihnen zur Auswahl an.

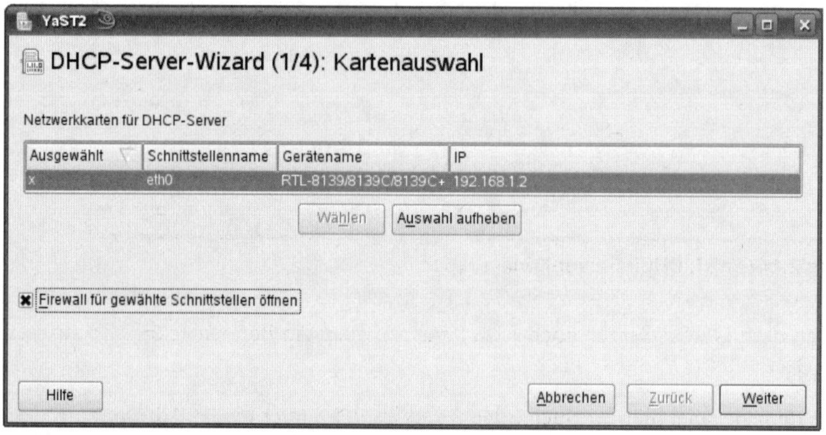

Abbildung 2.13: YaST: DHCP-Server-Konfiguration 1

Das hier ausgewählte Interface trägt YaST in die Datei `/etc/sysconfig/dhcp` ein.

`/etc/sysconfig/dhcp` (Dateianfang)

```
## Path:        Network/DHCP/DHCP server
## Description: DHCP server settings
## Type:        string
## Default:     ""
## ServiceRestart: dhcpd
#
# Interface(s) for the DHCP server to listen on.
#
# A special keyword is ANY, it will cause dhcpd to autodetect
# available interfaces.
#
# Examples: DHCPD_INTERFACE="eth0"
#           DHCPD_INTERFACE="eth0 eth1 eth2 tr0 wlan0"
#           DHCPD_INTERFACE="internal0 internal1"
#           DHCPD_INTERFACE="ANY"
#
DHCPD_INTERFACE="eth0"
...
```

Im nächsten Schritt geht es um die Namen und Adressen, die der DHCP-Server übermitteln soll, in der Regel seine eigenen.

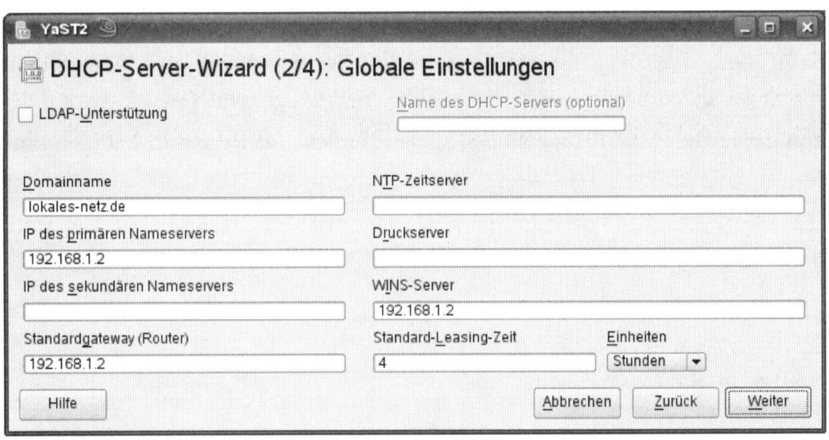

Abbildung 2.14: YaST: DHCP-Server-Konfiguration 2

Jetzt fehlen dem DHCP-Server noch Angaben, aus welchem Bereich er die IP-Adressen vergeben darf.

Wenn Sie dem Beispiel hier im Buch folgen, vergibt der Server die IP-Adressen aus dem Bereich `192.168.1.20` bis `192.168.1.200` und lässt die darüber und darunter liegenden Bereiche für Sonderaufgaben frei.

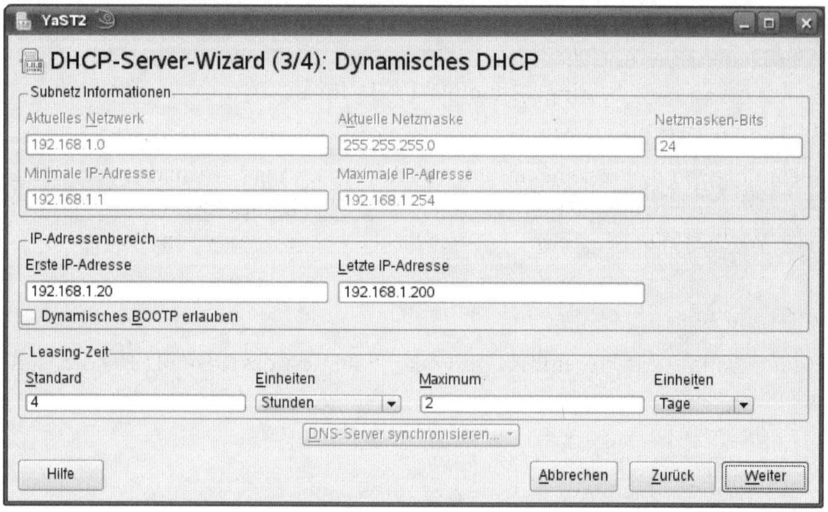

Abbildung 2.15: YaST: DHCP-Server-Konfiguration 3

Bei den Leasing-Zeiten können Sie zunächst die Vorgaben übernehmen, bei denen jeder Client die von ihm ausgeliehene IP-Adresse alle vier Stunden verlängern muss. Wenn eine Verlängerung nicht möglich ist, verfällt die Ausleihe spätestens nach zwei Tagen.

Im letzten Schritt der Konfiguration können Sie entscheiden, ob der DHCP-Server beim Systemstart mit starten soll, oder ob Sie ihn lieber manuell starten möchten. Außer in Testumgebungen sollte der DHCP-Server automatisch starten.

Wenn Sie in der letzten Maske auf *Beenden* klicken, ändert YaST die notwendigen Einstellungen und startet ggf. den DHCP-Server.

Die von YaST erzeugte Konfigurationsdatei hat, sofern Sie dem Beispiel gefolgt sind, folgenden Inhalt:

/etc/dhcpd.conf

```
option domain-name "lokales-netz.de";
option domain-name-servers 192.168.1.2;
option routers 192.168.1.2;
option netbios-name-servers 192.168.1.2;
ddns-update-style none;
default-lease-time 14400;
subnet 192.168.1.0 netmask 255.255.255.0 {
  range 192.168.1.20 192.168.1.200;
  default-lease-time 14400;
  max-lease-time 172800;
}
```

Im ersten Teil stehen die allgemeinen Einstellungen, wie der Domain-Name, die Adressen der Nameserver und die Adresse des Routers. Weiter unten folgen die Lease-Zeiten (Ausleihzeiten bzw. Leasing-Zeiten bei YaST) für die IP. Die IP wird hier nach vier Stunden aktualisiert und verfällt nach zwei Tagen.

Soll der Client hingegen die Ausleihe nur noch einmal täglich mit einer maximalen Gültigkeit von einer Woche erneuern, damit er immer die gleiche IP anfordert (solange er nicht länger als eine Woche außer Betrieb ist), müssten Sie die Zeiten so ansetzen:

```
default-lease-time 86400;
max-lease-time 604800;
```

Die Zeile `ddns-update-style` enthält eine neue Funktion des DHCPD für die Windows-Namen der Clients:

```
ddns-update-style none;
```

Wenn Sie hier statt `none` den Wert `ad-hoc` angeben, kann der DHCPD die Windows-Namen der Clients gleich in den Nameserver eintragen. Das Kapitel 13 beschreibt diese Funktion ausführlich. So lange Sie Ihren Nameserver noch nicht konfiguriert haben, deaktivieren Sie die Funktion durch die Angabe `none`.

Anschließend folgen Einstellungen für das Netz.

```
subnet 192.168.1.0 netmask 255.255.255.0 {
  range 192.168.1.20 192.168.1.200;
  default-lease-time 14400;
  max-lease-time 172800;
}
```

Das Subnetz `192.168.1.0` verfügt über die Netzmaske `255.255.255.0`. Dies legt fest, dass alle Rechner, deren IP-Adressen sich nur in der letzten Zahl unterscheiden, zum gleichen Subnetz gehören. Der Server wählt die IP-Adressen aus dem Bereich `192.168.1.20` bis `192.168.1.200` und lässt die darüber und darunter liegenden Bereiche für Sonderaufgaben frei.

YaST hilft beim Erstellen einer Konfigurationsdatei mit den Grundeinstellungen. Wenn Sie aber weitere Parameter einstellen wollen, müssen Sie die Konfigurationsdatei direkt bearbeiten.

Wenn Sie z. B. für einen Printserver oder für Linux-Terminals mit spezieller Hardware (siehe Kapitel 10.2) einzelne IP-Adressen fest vergeben wollen, können Sie wie hier den Hardware-Adressen (MAC-Adressen) einzeln feste IP- Adressen zuordnen.

```
host printserver {
  hardware ethernet 08:00:07:26:c0:a5;
  fixed-address 192.168.1.7;
}
```

Hier bekommt z. B. ein Printserver eine feste IP-Adresse. Dazu benötigt DHCP die Hardware-Adresse von dessen Netzwerkkarte. Diese Hardware-Adressen stehen normalerweise auf dem Gehäuse derartiger Geräte. Der Printserver startet so immer mit seiner festen IP-Adresse. Der DHCP-Server erkennt ihn anhand seiner Hardware-Adresse.

Nachdem Sie mit

```
rcdhcpd start
```

den DHCP-Server aktiviert haben, sollten Sie auch die Windows-Rechner und sonstigen Clients Ihres lokalen Netzes neu starten. Wenn auf diesen die dynamische Adresszuteilung eingeschaltet war (siehe Kapitel 5.2), müsste der DHCP-Server diesen eine IP-Adresse zugewiesen haben.

Prüfen Sie sofort, ob das dynamische Zuordnen der IP-Adressen geklappt hat. Je nach Windows-Version brauchen Sie hierzu verschiedene Programme.

Bei Windows 9x-Rechnern ermitteln Sie die IP-Adresse mit *Start* • *Ausführen* und dem Befehl

```
winipcfg
```

Windows zeigt dann in einem kleinen Fenster die IP-Adresse des Rechners.

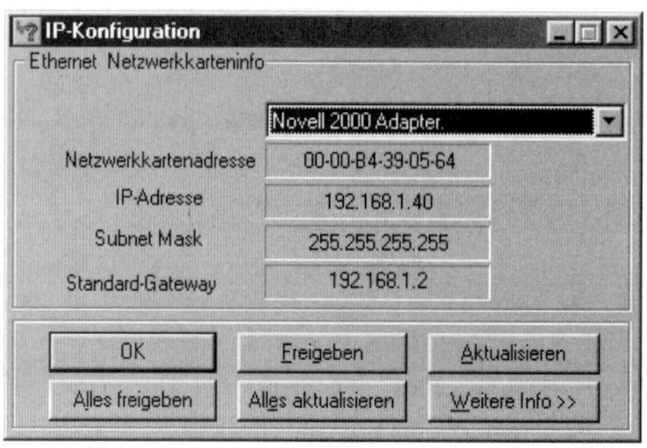

Abbildung 2.16:
Ausgabe von WinIPcfg

Wenn Sie hier eine korrekte IP für den Rechner sehen und auch die IP des Linux-Rechners richtig eingetragen ist, können Sie die IP-Verbindung nutzen.

Mit Windows Vista/XP/2000/NT rufen Sie mit dem Zubehör-Programm *Eingabeaufforderung* das Programm `ipconfig` mit dem Schalter `/ALL` auf, um alle Verbindungen zu sehen:

```
ipconfig /ALL
```

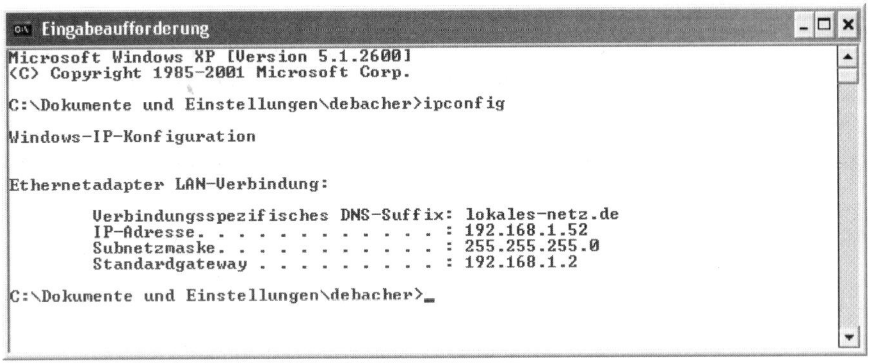

Abbildung 2.17: Ausgabe von ipconfig

Weitere Informationen zur Konfiguration der Windows-Clients finden Sie im Kapitel 5.

Sobald alles richtig funktioniert, sollte man auf dem Linux-Server den DHCP-Server automatisch beim Booten starten. Wenn Sie das bei der DHCP-Konfiguration nicht gleich eingestellt haben, können Sie jederzeit auch den Runlevel-Editor bemühen.

Sie finden im YaST-Kontrollzentrum unter *System • Runlevel-Editor • Experten-Modus* eine Auswahl aller Dienste, für die ein Startskript im Verzeichnis `/etc/init.d` vorliegt.

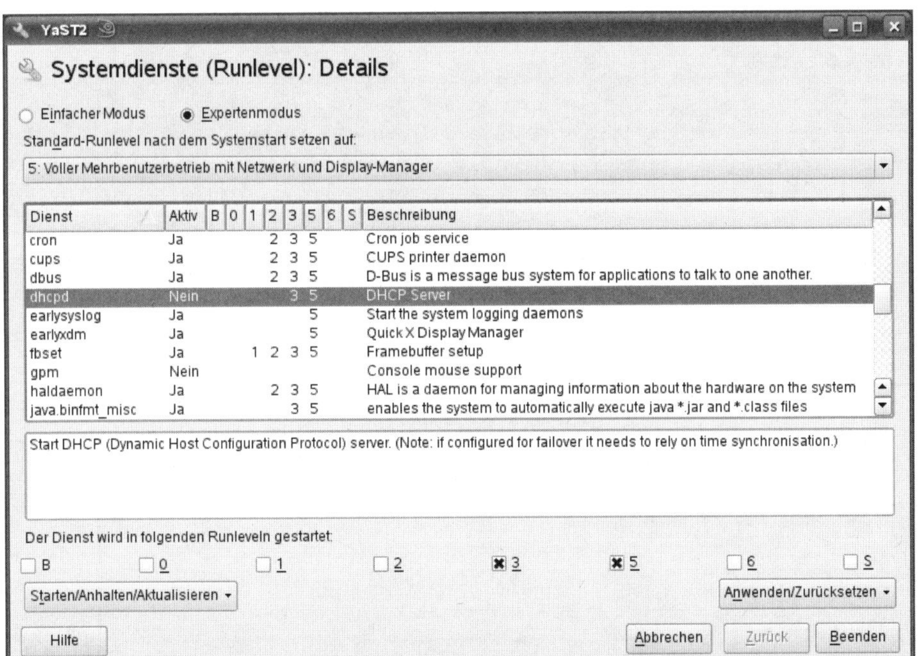

Abbildung 2.18: Aktivieren des DHCPD in YaST

Wenn Sie den Rollbalken auf die Zeile für den `dhcpd` führen und auf *Starten/Anhalten/Aktualisieren* • *Starten* klicken, führt YaST im Hintergrund den Befehl `dhcpd start` aus. Wenn Sie hier mit YaST arbeiten, sollten Sie für den `dhcpd` die Runlevel 3 und 5 auswählen.

2.7 Installation des POP-Dämons

Ihr Linux-Server kann für Linux- und Windows-Clients elektronische Post vermitteln.

Für das Abholen elektronischer Post auf dem Server gibt es mehrere Protokolle. Die bekanntesten davon sind POP3 (Post Office Protocol) und IMAP (Interactive Mail Access Protocol). Mit IMAP bearbeiten Sie Ihre Postablage im Ordner `/var/spool/imap` direkt auf dem Server, POP3 hingegen lädt die Nachrichten auf den lokalen Client und kann sie nach der Übertragung auf dem Server löschen.

Da POP3 für kleine lokale Netze vollkommen ausreicht, ist hier dessen Installation beschrieben. Ein geeigneter POP3-Dämon befindet sich im Paket `qpopper` in der Paketgruppe *Netzwerk*. Sie müssen dieses Paket nachträglich installieren.

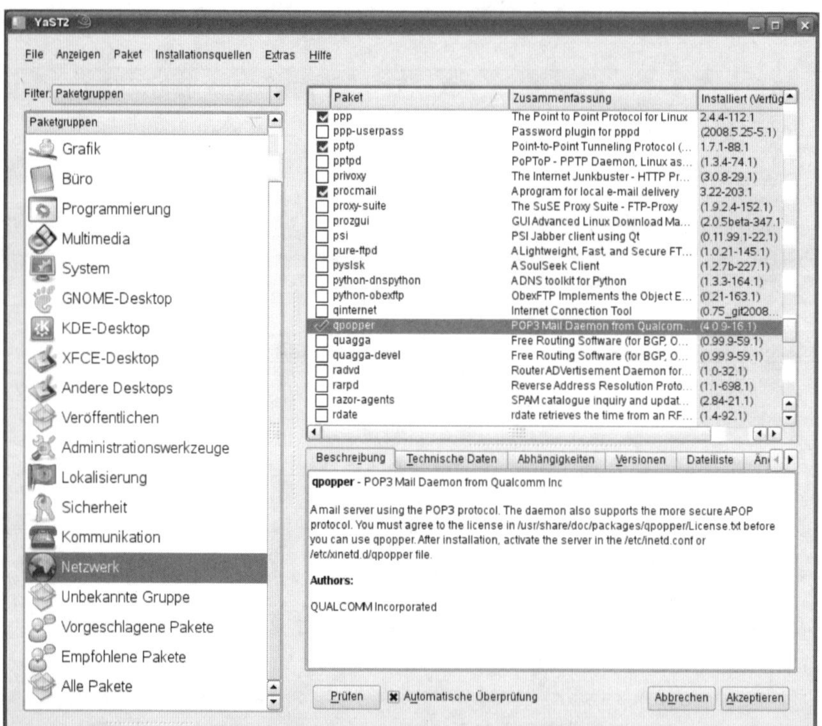

Abbildung 2.19: qpopper-Paketauswahl in YaST

Nach der Installation müssen Sie diesen Dienst noch aktivieren. Der POP3-Dämon ist kein eigenständiger Dienst wie der DHCP-Dämon. Um Systemressourcen zu sparen, ruft ihn der Superdämon `inetd` bzw. `xinetd` auf. Weitere Hinweise zu diesem Verfahren finden Sie im Abschnitt 4.4.

Hinweis: Das Paket `qpopper` unterliegt etwas abweichenden Lizenzbedingungen als die meisten anderen Pakete. Sie können es kostenlos nutzen, müssen aber mit den Lizenzbedingungen einverstanden sein, die Sie in der Datei `/usr/share/doc/packages/qpopper/License.txt` finden.

Den Dämon aktiviert man über das YaST-Kontollzentrum und die Funktion *Netzwerkdienste • Netzwerkdienste (xinetd)*. Sie sehen eine Liste aller vorbereiteten Dienste und deren Status.

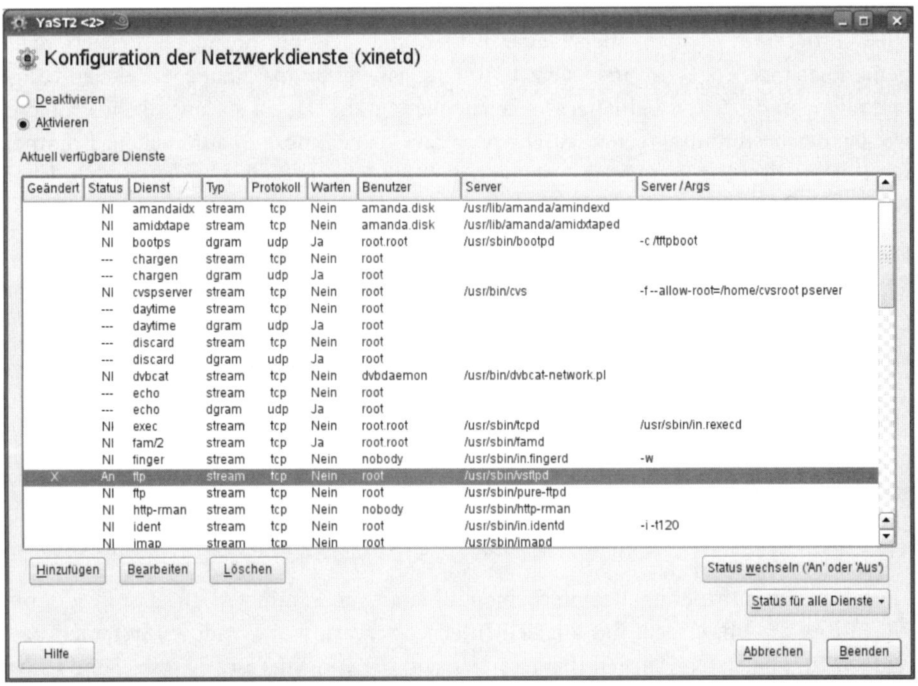

Abbildung 2.20: Aktivierung des qpopper

Im Auslieferungszustand ist keiner der Dienste eingeschaltet; OpenSUSE aktiviert den `xinetd` daher auch nicht. Sie müssen also im Zweifelsfall zuerst auf *Aktivieren* gehen, um den `xinetd` überhaupt zu starten.

Steuern Sie den Rollbalken auf den gewünschten Dienst, können Sie mit *Status wechseln* diesen Dienst aktivieren oder deaktivieren. Da YaST die Änderungen erst nach dem

Klick auf *Beenden* in die Konfigurationsdateien übernimmt, zeigt es in der ersten Spalte der Zeile noch an, dass es sich um eine geänderte Einstellung handelt.

Vorsichtshalber sollten Sie den `xinetd` nach Veränderungen an Diensten mit

```
rcxinetd reload
```

veranlassen, seine Konfigurationsdateien neu einzulesen.

Nun können Sie auch von Client-Rechnern aus Nachrichten abrufen, die auf dem Server für Sie zur Verfügung stehen. Ausführliche Informationen zum Verteilen von E-Mails auf einem Linux-System finden Sie im Kapitel 14, »Linux als E-Mail-Server«.

2.8 Informationen über Sicherheitsprobleme

Wenn Sie an Murphys Gesetz glauben, gibt es keine fehlerfreien Programme. Das betrifft leider auch die Linux-Welt, obwohl hier zumindest Systemabstürze selten sind. Viele Programme haben aber kleine Fehler, die sich im normalen Betrieb nicht bemerkbar machen. So können sie z. B. nur Eingaben von maximal 255 Zeichen Länge verkraften und stürzen bei längeren Zeichenketten ab. Das ist so lange kein Problem, wie bei der bestimmungsgemäßen Nutzung nur kurze Eingaben auftauchen. Eventuell wird dieses Problem nie jemand bemerken. Hacker suchen aber gezielt nach solchen Fehlern und überschwemmen die Programme mit unsinnigen Eingaben.

Ein Beispiel für ein solches Problem (*Code Red*), das den Internet-Server von Windows-Systemen betrifft, werden Sie sehr häufig in den Log-Dateien Ihres Webservers finden. Dort tauchen Zeilen auf wie:

```
24.141.103.24 - - [09/Jun/2003:20:57:58 +0200] "GET
/default.ida?NNNNNNNNNNNNNNNNNNNNNNNNNNNNNNNNNNNNNNNNNNNNNNNNNNNNNNNN
NNNNNNNNNNNNNNNNNNNNNNNNNNNNNNNNNNNNNNNNNNNNNNNNNNNNNNNNNNNNNNNNNNNNN
NNNNNNNNNNNNNNNNNNNNNNNNNNNNNNNNNNNNNNNNNNNNNNNNNNNNNNNNNNNNNNNNNNNNN
NNNNNNNNNNNNNNNNNNNNNNNNNNNNNNNNNNNN%u9090%u6858%ucbd3%u7801%u9090%u6858%uc
bd3%u7801%u9090%u6858%ucbd3%u7801%u9090%u9090%u8190%u00c3%u0003%u8b00
%u531b%u53ff%u0078%u0000%u00=a  HTTP/1.0" 400 330
```

Hier hat der aufrufende Rechner einen überlangen Parameter an das Programm `/default.ida` übergeben, das auf den Internet-Servern von Windows-Systemen vorhanden ist. Die ersten Zeichen dienen nur dazu, die von Microsoft vorgesehene Länge zu überschreiten. Die Zeichen dahinter sind ein Programmcode.

Viele Programme, wie hier der Webserver, laufen mit besonderen Rechten und übertragen diese Rechte beim Absturz auf Programmcode, der Teil der Eingabe ist.

Der hier als Beispiel angeführte Wurm *Code Red* ist nicht in der Lage, Apache-Webserver zu befallen, aber ein mit diesem Wurm befallener Rechner versucht nach einem Zufallsprinzip, andere Rechner zu befallen.

Weitere Informationen zum Wurm *Code Red* finden Sie im Cert Advisory unter `http://www.cert.org/advisories/CA-2001-19.html`

Auch in der Linux-Welt gibt es Programme mit ähnlichen Sicherheitsproblemen. In der letzten Zeit sind beispielsweise mehrfach Probleme bei FTP-Servern und SSH-Dämonen bekannt geworden. Sie können die Sicherheit bzw. Unsicherheit Ihrer Programme in der Regel nicht ohne Weiteres abschätzen, sollten aber versuchen, sich über bekannte Probleme zu informieren.

Im Web bieten mehrere Webserver und Mailinglisten Sicherheitsinformationen für Linux. Linux-Systemverwalter sollten diese Informationen regelmäßig lesen und die zugehörigen Mailinglisten abonnieren.

2.8.1 OpenSUSE

Da Sie im vorliegenden Fall mit einem OpenSUSE-System arbeiten, ist deren Webserver die naheliegende Informationsquelle für Sicherheitsfragen. Der Vorteil dieser Website besteht darin, dass hier auch Lösungsvorschläge bzw. Aktualisierungen für Programme des OpenSUSE-Systems zu finden sind, auch wenn die eigentlichen Inhalte immer noch auf Novell-Servern liegen.

Unter der URL `http://forums.opensuse.org/tech-news/suse-security-announcements/` finden Sie aktuelle Sicherheitsinformationen.

Für Informationen per Mail finden Sie unter der Adresse `http://lists.opensuse.org/` eine Übersicht über Mailinglisten von OpenSUSE, die Sie von dieser Seite aus abonnieren können. Sicherheitsfragen behandeln vor allem die Listen `opensuse-security-announce@opensuse.org` und `opensuse-security@opensuse.org`. Über die Liste `security-announce` macht das Projekt selbst auf Probleme aufmerksam. In der Liste `security` können Sie auch Fragen stellen und sich an Diskussionen in englischer Sprache beteiligen.

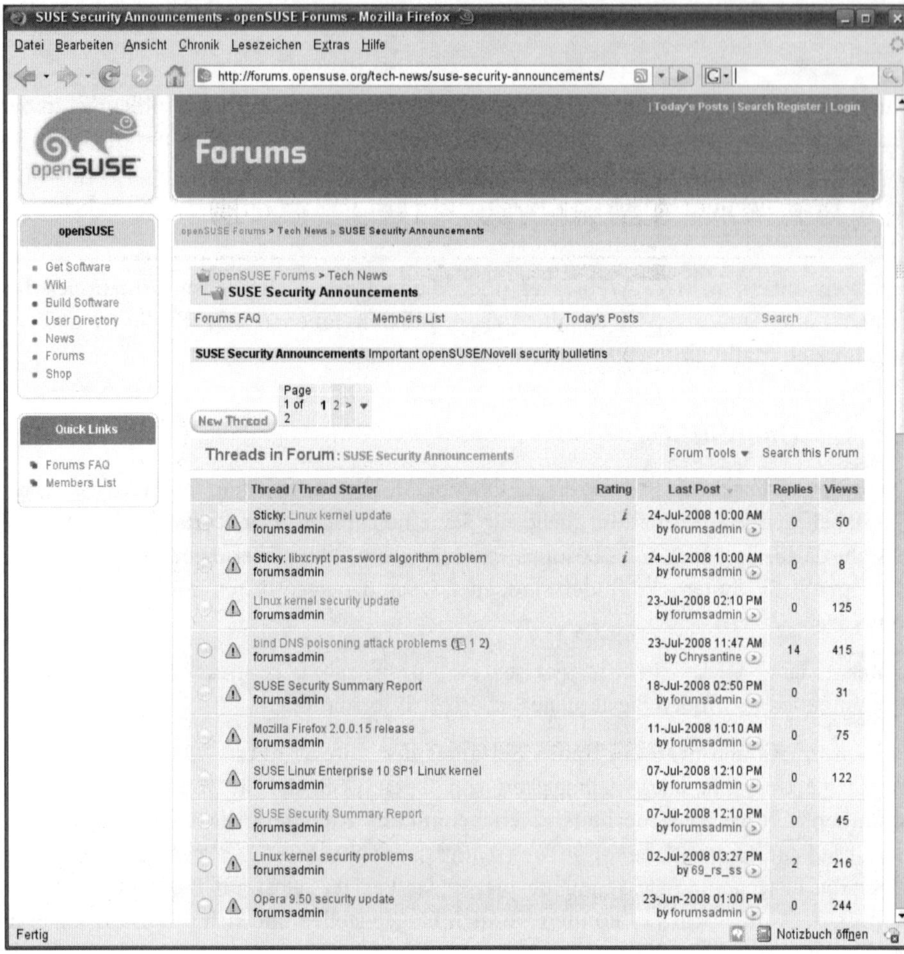

Abbildung 2.21: Sicherheitsinformationen bei OpenSUSE

2.8.2 Bugtraq/Securityfocus

Unter der Adresse `http://www.securityfocus.com/` finden Sie unabhängige Sicherheitsinformationen für verschiedene Betriebssysteme sowie Virusinformationen.

Abbildung 2.22: Sicherheitsinformationen bei SecurityFocus

Sehr weit verbreitet und beliebt ist die zugehörige Mailingliste `bugtraq@securityfocus.com`, die Sie unter der URL `http://www.securityfocus.com/archive` abonnieren können. Wenn Sie Systeme mit verschiedenen Betriebssystemen betreuen, ist diese Liste eine wichtige Ergänzung zu der SUSE-Liste. Außerdem sind hier aktuelle Informationen oft deutlich schneller verfügbar.

2.8.3 Cert

Eine sehr anerkannte Institution in Sicherheitsfragen ist das CERT Coordination Center an der Carnegie Mellon University.

Eine Übersicht bekannter ausbeutbarer Programmfehler (Vulnerabilities) finden Sie ausgehend von der Seite `http://www.kb.cert.org/vuls/`.

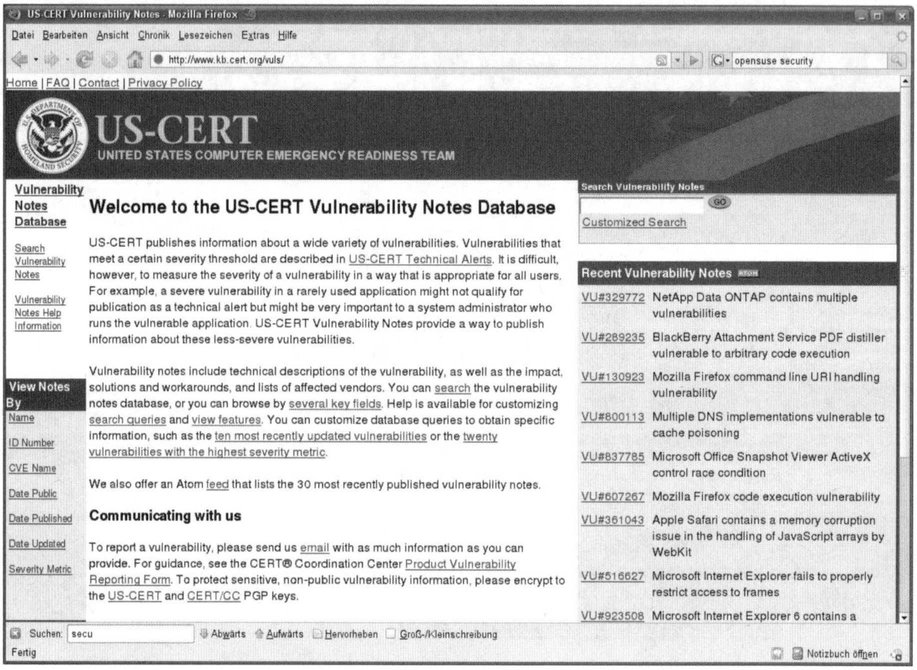

Abbildung 2.23: Vulnerability Informationen beim Cert

Die dazugehörigen Lösungsvorschläge (Advisories) stehen unter der URL `http://www.cert.org/advisories/`.

2.8.4 Heise Security

Relativ neu ist das Angebot des Heise-Verlags an den URLs `http://www.heisec.de` und `http://www.heise.de/security/`.

Die deutschsprachigen Heise-Seiten sind auf den hiesigen Markt abgestimmt. Sie finden hier aktuelle Sicherheitsmeldungen sowie eine Fülle von Hintergrundinformationen zum Thema Sicherheit und Diskussionsforen zum Thema. Unter der Rubrik *Dienste* können Sie Ihren Browser auf Sicherheitsmängel testen.

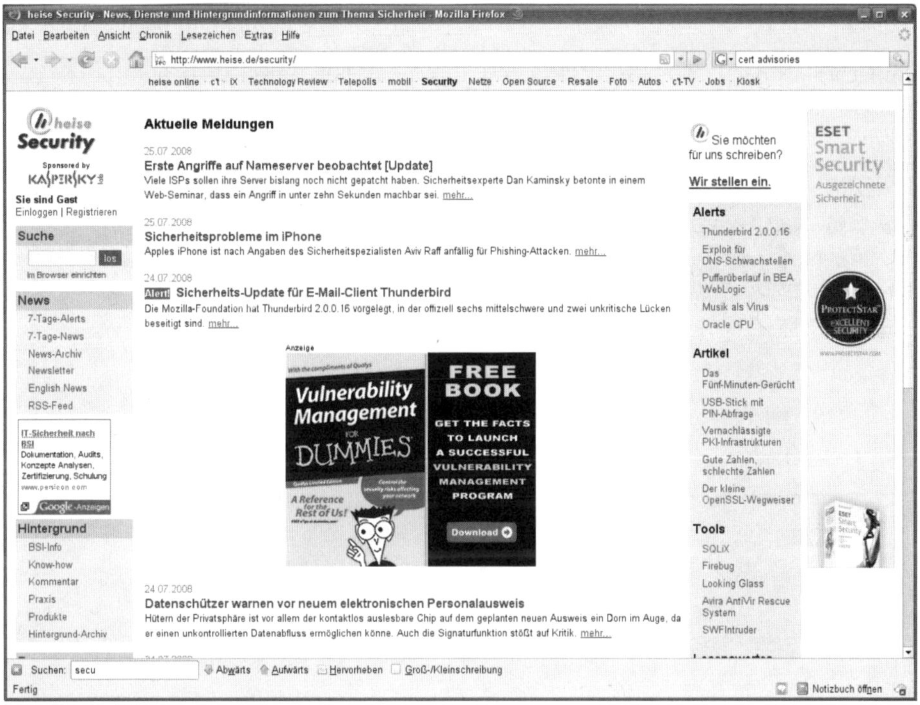

Abbildung 2.24: Heise Security

Wenn Sie Internet-Systeme mit guter Anbindung und vielen Nutzern betreiben, sollten Sie Stammgast auf diesen Seiten werden.

2.9 Programme und Systemdateien aktualisieren

Die Programme und Systemdateien, die Sie von den OpenSUSE-Datenträgern installieren, sind naturgemäß schon einige Wochen alt. In der Zwischenzeit wurden eventuell Fehler gefunden bzw. bereinigt. Der Vorteil der Linux-Gemeinde besteht ja gerade darin, dass sie Sicherheitsprobleme nicht verschweigt, sondern offen diskutiert und löst.

Sie können die verfügbaren Patches direkt vom FTP-Server unter der Adresse `http://download.opensuse.org/pub/opensuse/update/11.0/rpm/i586/` beziehen oder von einem der anderen FTP-Server mit den OpenSUSE-Dateien (siehe Kapitel 2.5). Einige der hier angebotenen `rpm`-Pakete kann man nicht zur Neuinstallation nutzen, da OpenSUSE in diese Pakete jeweils nur die korrigierten Dateien packt, um den Download-Umfang zu reduzieren. Erkennbar sind diese Dateien an der Endung `.delta.rpm`.

2.9.1 YOU

Einfacher als das Laden vom FTP-Server ist OpenSUSEs automatisiertes Update-Verfahren, das *YaST Online Update* (YOU).

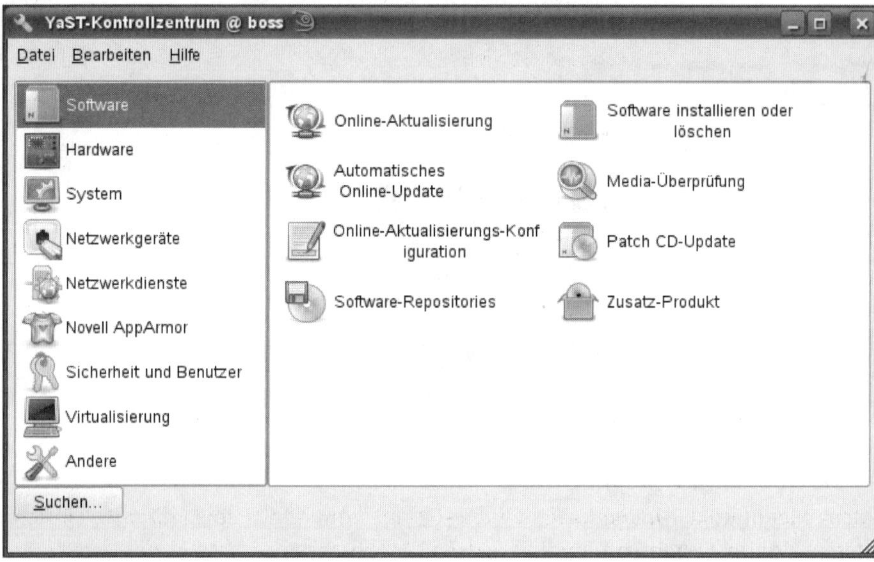

Abbildung 2.25: YaST: Online-Aktualisierung

Wenn Sie YaST starten, finden Sie die Online-Aktualisierung in der Rubrik *Software.*

Hinweis: Das Online-Update kann natürlich nur mit einer funktionsfähige Internetanbindung klappen.

Bei der Installation bzw. beim ersten Start der Updatefunktion konfiguriert YaST diese aus dem Netz. Es sucht dazu einen Update-Server heraus, der gut erreichbar ist. Über die Online-Aktualiserungs-Konfiguration im Menü Software des YaST-Kontrollzentrums können Sie diesen Vorgang jederzeit neu auslösen.

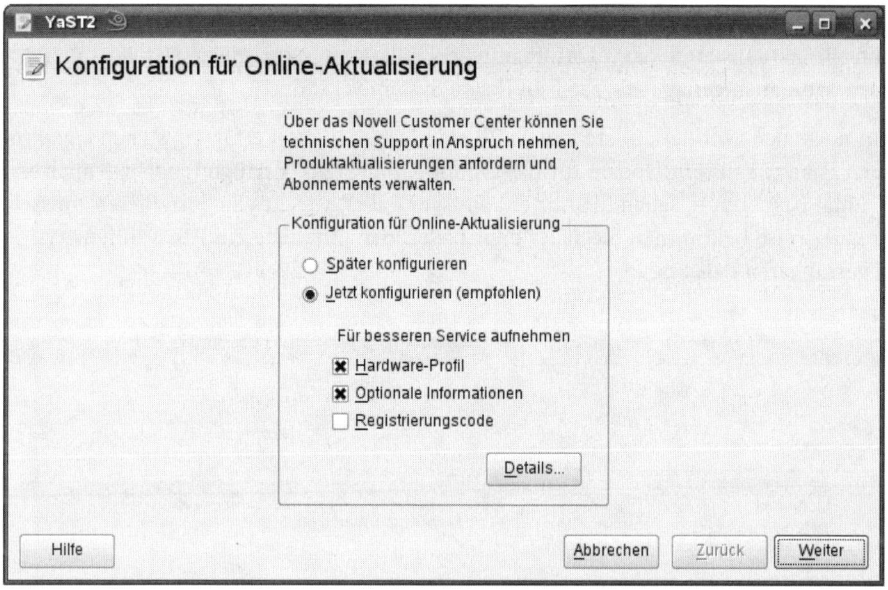

Abbildung 2.26: Konfiguration der Online-Aktualisierung

Mit dem Menüpunkt *Automatisches Online-Update* können Sie einen *Cronjob* einrichten lassen, der Ihr System automatisch jeden Tag aktualisiert, sofern es mit dem Internet verbunden ist.

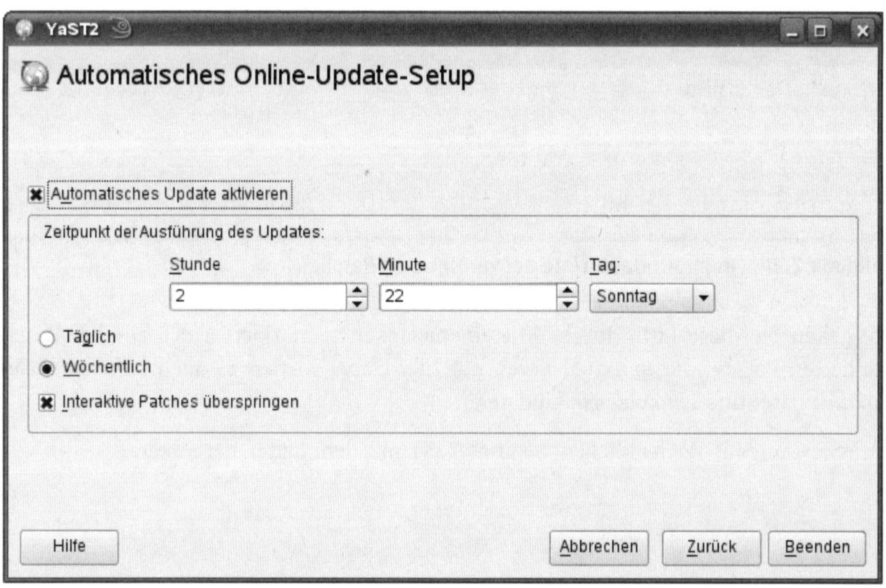

Abbildung 2.27: Online-Update: Automatisch

Sie sollten sich gut überlegen, ob Sie YaST so weit vertrauen, dass es Ihr System ohne Kontrolle aktualisieren darf. Das manuelle Update ist zwar etwas lästiger, aber Sie wissen dann auch genau, was YaST an Ihrem System verändert.

Beim normalen Online-Update lädt YaST eine Liste der zur Verfügung stehenden aktuelleren Pakete. Falls ein Update für das Online-Update zur Verfügung steht – auch das kann mal passieren –, sehen Sie nur ein einziges Paket, welches Sie installieren müssen. Normalerweise bekommen Sie nach dem Laden der Dateiliste ein Auswahlfenster mit den verfügbaren Patches.

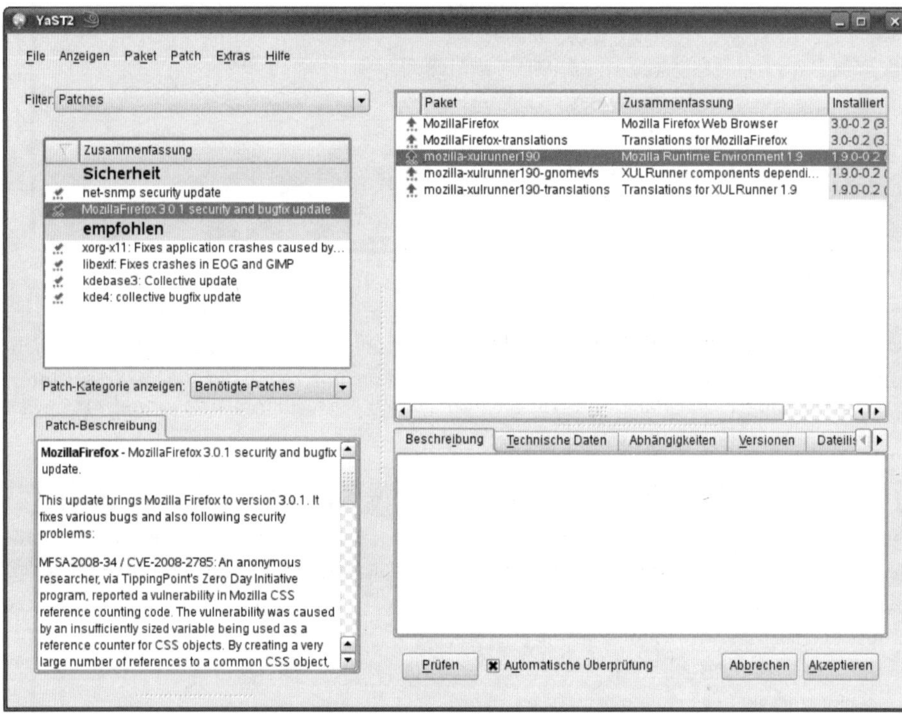

Abbildung 2.28: Online-Update: Liste der verfügbaren Patches

Bitte gehen Sie diese Liste durch. Mit einem Häkchen markiert YaST alle bei Ihnen installierten Pakete, die es aktualisieren möchte. Dabei sortiert es nach *sicherheitsrelevanten* Updates und *empfohlenen* Updates.

Wenn Sie dann auf *Weiter* klicken, beginnt YaST mit dem Laden der Pakete.

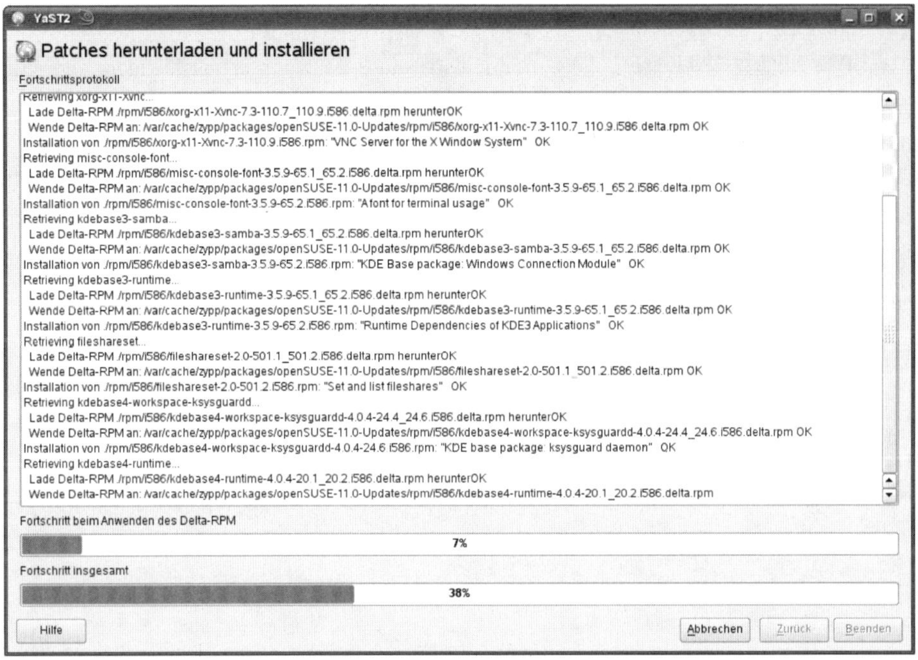

Abbildung 2.29: Online-Update: Laden der Patches

Nach dem Laden aller Pakete beginnt YaST, diese zu installieren und aktualisiert gegebenenfalls auch die Konfigurationsdateien.

Damit ist Ihr erstes Online-Update abgeschlossen.

Sie sollten das Updaten regelmäßig wiederholen, da OpenSUSE immer wieder neue Pakete zur Verfügung stellt. Die weiteren Updates gehen wesentlich schneller, da nur die in der Zwischenzeit erneuerten Pakete zu laden sind. Machen Sie das Update zu einer regelmäßigen Einrichtung!

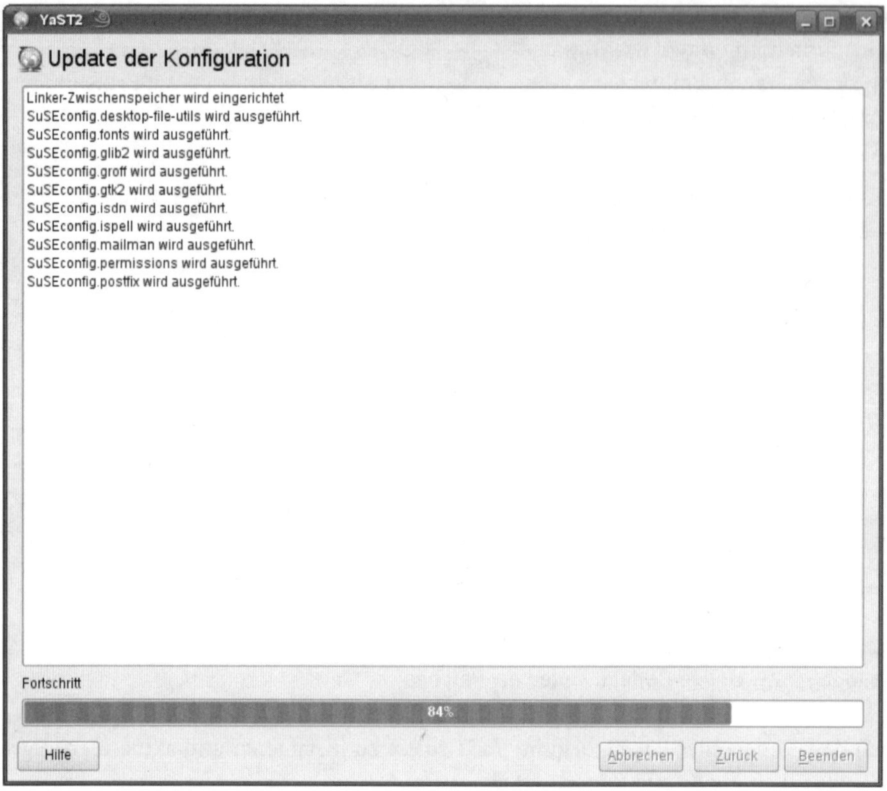

Abbildung 2.30: Online-Update: Aktualisierung der Konfigurationsdateien

2.10 Einbruchserkennung und Virenschutz

Das Aktualisieren von Programmpaketen dient dazu, Einbrüche und Schädigungen durch Viren zu erschweren, indem Sie Programme mit bekannten Sicherheitslücken durch korrigierte Versionen ersetzen.

2.10.1 Einbruchserkennung

Eine absolute Sicherheit vor Hackern kann aber auch dies nicht bieten. Wenn es zu Einbrüchen in den von Ihnen betreuten Systemen kommen sollte, sollten Sie sie möglichst schnell erkennen.

Einbrüche lassen sich nicht immer ganz einfach erkennen, da die Einbrecher mitunter Systemprogramme durch veränderte Versionen ersetzen. Beliebt sind Veränderungen an den Programmen `ps` und `ls`, damit diese die Verzeichnisse und Programme der Einbrecher nicht anzeigen.

Ein recht einfaches, aber wirkungsvolles System der Einbruchserkennung besteht daher darin, Prüfsummen der wichtigsten Systemdateien zu erstellen und sie regelmäßig zu vergleichen. Wenn Einbrecher Systemdateien verändern, ändern sich die Prüfsummen, was eindeutig auf einen Einbruch hinweist.

Die Autoren haben mit dem Programm *Claymore* zur Einbruchserkennung (Intrusion Detection), das Sie von `http://www.securityfocus.com/tools/1675` kostenlos laden können, gute Erfahrungen gemacht.

```
wget  http://www.securityfocus.com/data/tools/claymore03.tar.gz
```

Das Perl-Programmpaket ist sehr klein. Entpacken Sie das Archiv mit

```
tar  xvfz  claymore.tar.gz
```

Dabei entsteht ein Verzeichnis `claymore-0.3` (die Versionsnummer kann sich ändern), in das Sie mit

```
cd  claymore-0.3
```

wechseln.

Kopieren Sie das Programm in das Verzeichnis `/root/bin`

```
cp  claymore.pl  /root/bin
```

Das Programm arbeitet mit zwei Dateien:

- `light.list`
- `light.db`

Die erste Datei enthält eine Liste der zu überwachenden Programme mit vollständiger Pfadangabe, die zweite Datei zusätzlich die jeweiligen Prüfsummen. In diese Prüfsummen gehen sowohl der Dateiinhalt als auch das Dateidatum ein, so dass Veränderungen sofort zu erkennen sind.

Beide Dateien legt das Programm im Home-Verzeichnis des aufrufenden Benutzers ab, also in `/root/claymore-0.3`. Legen Sie also bitte dieses Verzeichnis an:

```
mkdir /root/claymore-0.3
```

Das Programm schlägt eine Liste der zu überwachenden Dateien vor, wenn Sie den Parameter `-m` mit angeben. Diese Liste können Sie so an die richtige Stelle bringen:

```
/root/bin/claymore.pl  -m  >  /root/claymore-0.3/light.list
```

Dann müssen Sie die Datei mit den Prüfsummen initialisieren:

```
/root/bin/claymore.pl  -r
```

Das dauert jetzt etwas, da sehr viele Dateien in der Liste stehen.

Jedes Mal, wenn Sie fortan

```
/root/bin/claymore.pl
```

aufrufen, erzeugt das Programm für jede Datei in der `light.list` eine Prüfsumme und vergleicht diese mit dem in der Datei `light.db` gespeicherten Wert.

Sowie es eine Abweichung gibt, gibt Claymore an die Konsole und die konfigurierbare Mailadresse eine Warnmeldung aus.

Einstellungen des Programms können Sie leicht verändern, vor allem den Mailempfänger für die Virenwarnungen.

```
claymore.pl (Auszug ab Zeile 21)
###############################################################################
# info to customize
$USER = '';  # (optional) address to email warnings, try
        ➥ 'root@localhost'
###############################################################################
# PATHs, these should be adjusted to match your system
$DB_FILE = "$ENV{'HOME'}/claymore-$::VERSION/light.db";
$LIST_FILE = "$ENV{'HOME'}/claymore-$::VERSION/light.list";
$MAIL = '/bin/mail';
```

Geben Sie in der Variablen `$USER` eine sinnvolle Mailadresse für die Warnungen an, möglichst eine auf einem anderen Rechner!

Um Einbrechern das Auffinden des Programms zu erschweren, sollten Sie die Dateinamen für die Listen und das Programm selbst ändern,

Wenn das Programm zu Ihrer Zufriedenheit konfiguriert ist, sollten Sie es per *Crontab* regelmäßig aufrufen lassen. Mit

```
05 * * * * /root/bin/claymore.pl
```

veranlassen Sie eine stündliche Überprüfung der Systemdateien.

Sie müssen nun aber bei jedem Online-Update daran denken, dass Sie die Datenbank von Claymore mit

```
/root/bin/claymore.pl  -r
```

neu erzeugen, da Sie sonst nach dem Update stündlich eine Fehlermeldung bekommen.

Hinweis: Auch das Programm Claymore und ähnliche Programme bieten keine absolute Sicherheit. Allein schon diese Beschreibung macht das System unsicherer, weil bekannter.

2.10.2 Virenschutz

Für Linux-Server gibt es Virenschutzprogramme zum Beispiel von H+B EDV, Sophos, McAfee, und FRISK Software International.

Zwar ist die Zahl der Linux-Viren gering, doch können Benutzer DOS-/Windows-Viren in den freigegebenen Verzeichnissen ablegen. Da Viren sich leicht über allgemein freigegebene Verzeichnisse verbreiten können, sollten Sie diese Verzeichnisse regelmäßig auf Virenbefall untersuchen.

Ein auch unter Linux kommerzieller Virenscanner ist das Programm AntiVir der Firma H+B EDV. Für die private Nutzung ist das Programm jedoch kostenfrei. Nähere Informationen zu den Lizenzbedingungen und den Kosten dieser Software finden Sie unter der URL `http://www.antivir.de`.

Für die meisten Server dürfte die Nutzung von AntiVir kostenpflichtig sein. Glücklicherweise gibt es aber auch hier eine freie Software, das Programmpaket Clam AntiVirus.

Bei OpenSUSE finden Sie das Programm als Paket `clamav` in der Paketgruppe *Sicherheit*. Installieren Sie dieses Paket und die zugehörige Virus-Datenbank `clamav-db` unbedingt nach.

> **Hinweis:** Die Programmversion von der Installations-DVD ist wegen des Publikations-Takts stets älter als die Version, die Sie direkt von den Seiten des Projekts laden können. Nur aktuelle Antivirenprogramme schützen. Aktualisieren Sie daher Clam AntiVirus möglichst gleich über den eingebauten Update-Mechanismus: `/usr/bin/freshclam`

Nach der Installation ist ClamAV sofort voll nutzbar.

Selbst wenn Sie das Programm nur auf Ihrem Server installieren, können Sie die Sicherheit für Ihr gesamtes Netzwerk erhöhen, indem Sie regelmäßig die Netzlaufwerke scannen.

Wenn die Anwender ihre Daten nur auf zentralen File-Servern speichern können, lassen sich Infektionen auf den Client-Rechnern zumeist sehr schnell bemerken.

Zum Testen können Sie mit dem Programm die Home-Verzeichnisse scannen:

```
/usr/bin/clamscan  -r /home
```

Mit dem Parameter `-r` (für rekursiv) legen Sie fest, dass ClamAV auch Unterverzeichnisse durchsuchen soll. Das Programm besitzt noch weitere nützliche Parameter:

Parameter	*Funktion*
`-h`	zeigt einen Hilfetext an
`--unzip`	wertet auch Dateien in ZIP-Archiven aus
`-v`	ausführlichere Meldungen
`--remove`	löscht infizierte Dateien
`--detect-pua`	Erkennt unerwünschte Anwendungen
`--recursive`	Auch Unterverzeichnisse testen

Tabelle 2.4: Einige Parameter von ClamAV

ClamAV ist einigermaßen schnell, wenn Sie nicht gerade die Parameter `--unzip` und `--recursive` angeben.

Zum Programmpaket ClamAV gehören die Dämon-Programme `freshclam` und `clamd`. Das Programm `freshclam` aktualisiert die Viren-Datenbnak in regelmäßigen Abständen und sollte daher unbedingt als Dienst über den `xinetd` starten.

Sofern Sie den Virenscanner häufiger nutzen, ist es sinnvoll, auch den `clamd` als Dienst zu starten. Der Virenscan erfolgt dann etwas schneller, da nicht jedes Mal die Datenbank neu eingelesen werden muss. Der Dämon wartet im Hintergrund auf Anfragen und muss nicht für jeden Auftrag neu gestartet werden.

Zum Automatisieren des Starts von ClamAV lesen Sie im Kapitel 4, »Vorgänge automatisch starten«.

Im Kapitel 14, »Linux als E-Mail-Server« lesen Sie, wie Sie Ihren Mailverkehr mit einem Virenscanner absichern.

2.11 USV

- Beim Planen Ihrer Server-Installation sollten Sie schon früh darüber nachdenken, wie Sie Ihre Systeme nicht nur gegen Softwarefehler, sondern auch gegen Störungen wie Stromausfälle absichern.

Vor den Folgen eines Stromausfalls können Sie Server mit Anlagen zur *Unterbrechungsfreien Stromversorgung* (USV-Anlage) schützen. Derartige Geräte bekommen Sie für nahezu jeden Strombedarf. USV-Anlagen überbrücken einen Stromausfall für eine gewisse Zeit, die von der Batteriekapazität der Anlage abhängt. Sinkt der Ladezustand der Batterien der USV-Anlage unter einen kritischen Wert, so kann die Software den Rechner geordnet herunterfahren.

Für viele USV-Geräte finden Sie Linux-Software. Die Autoren haben bei den weit verbreiteten USV-Anlagen der Firma APC gute Erfahrungen mit der Software APCUPSD gemacht.

2.11.1 APCUPSD

Sie finden das Programmpaket `apcupsd` in der Paketgruppe *System* von OpenSUSE, zusätzlich finden Sie dort auch eine grafische Oberfläche im Paket `apcupsd-gui`.

Die aktuellste Version (derzeit 3.14.4) auch für OpenSUSE finden Sie an der Adresse `http://www.apcupsd.org/`.

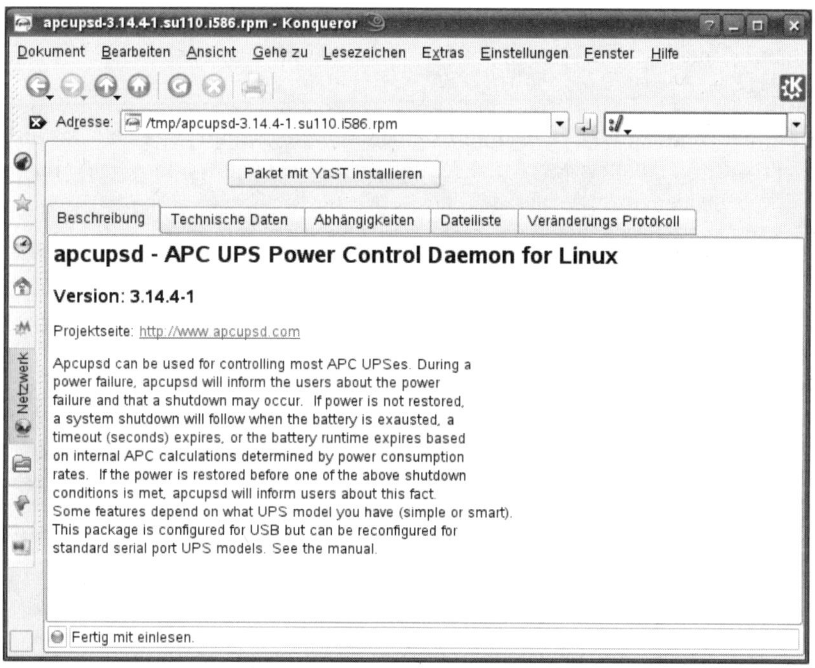

Abbildung 2.31: RPM-Datei mit YaST installieren

Nach der Installation müssen Sie die Konfigurationsdatei anpassen. Die wichtigsten Einstellungen finden Sie gleich am Anfang der gut dokumentierten Datei.

`/etc/apcupsd/apcupsd.conf`

```
## apcupsd.conf v1.1 ##
#
#  for apcupsd release 3.14.3 (20 January 2008) - suse
#
# "apcupsd" POSIX config file
#
```

```
# ========= General configuration parameters ============
#
# UPSNAME xxx
# Use this to give your UPS a name in log files and such. This
# is particulary useful if you have multiple UPSes. This does
# not set the EEPROM. It should be 8 characters or less.
#UPSNAME

# UPSCABLE <cable>
# Defines the type of cable connecting the UPS to your Computer
#
#   Possible generic choices for <cable> are:
#     simple, smart, ether, usb
#
#   Or a specific cable model number may be used:
#     940-0119A, 940-0127A, 940-0128A, 940-0020B,
#     940-0020C, 940-0023A, 940-0024B, 940-0024C,
#     940-1524C, 940-0024G, 940-0095A, 940-0095B,
#     940-0095C, M-04-02-2000
#
UPSCABLE smart

# To get apcupsd to work, in addition to defining the cable
# above, you must also define a UPSTYPE, which corresponds to
# the type of UPS you have (see the Description for more details).
# You must also specify a DEVICE, sometimes referred to as a port.
# For USB UPSes, please leave the DEVICE directive blank. For
# other UPS types, you must specify an appropriate port or address.
#
# UPSTYPE  DEVICE     Description
# apcsmart /dev/tty** Newer serial character device,
#                     appropriate for SmartUPS models using
#                     a serial cable (not USB).
#
# usb       <BLANK>   Most new UPSes are USB. A blank DEVICE
#                     setting enables autodetection, which is
#                     the best choice for most installations
#
# net  hostname:port  Network link to a master apcupsd
#                     through apcupsd's Network Information
#                     Server. This is used if you don't have
#                     a UPS directly connected to your
#                     computer
#
# snmp    hostname:port:vendor:community
#                     SNMP Network link to an SNMP-enabled
#                     UPS device. Vendor is the MIB used by
```

```
#                       the UPS device: can be "APC",
#                       "APC_NOTRAP" or "RFC" where APC is the
#                       powernet MIB,
#                       "APC_NOTRAP" is powernet with SNMP trap
#                       catching disabled, and RFC is the IETF's
#                       rfc1628 UPS-MIB. You usually want "APC".
#                       Port is usually 161. Community is
#                       usually  "private".
#
# dumb    /dev/tty**  Old serial character device for use
#                       with simple-signaling UPSes.
#
# pcnet    ipaddr:username:passphrase
#                       PowerChute Network Shutdown protocol
#                       which can be used as an alternative to SNMP
#                       with AP9617 family of smart slot cards.
#                       ipaddr is the IP address of the UPS mgmt
#                       card. username and passphrase are the
#                       credentials for which the card has been
#                       configured.
#
UPSTYPE apcsmart
DEVICE /dev/ttyS0
...
```

Den richtigen Wert für `UPSCABLE` finden Sie auch auf dem Kabel, das mit der USV geliefert wird. Weit verbreitet ist hier der Typ `940-0024B`.

Den `UPSTYPE` können Sie auf der Vorgabe `apcsmart` belassen. Die anderen Einstellungen dienen dazu, z. B. über ein Netzwerk auf die USV zuzugreifen.

Sehr wichtig ist die Wahl der richtigen Schnittstelle des Linux-Servers. Sie haben hier meist nur die Wahl zwischen `/dev/ttyS0` (erste serielle Schnittstelle) und `/dev/ttyS1` (zweite serielle Schnittstelle). Im Zweifelsfall probieren Sie die Einstellungen einfach aus. Die aktuellen Programmversionen unterstützen auch die Anbindung der USV-Anlage mittels USB.

Nun steht dem Start der Software nichts mehr im Wege.

```
/etc/init.d/apcupsd  start
```

startet das Programm.

Achten Sie einen Augenblick auf die Meldungen. Wenn das Programm keine Verbindung zur USV herstellen kann, meldet es nach kurzer Zeit seine Probleme wie folgt:

```
PANIC! Cannot communicate with UPS via serial port.
Please make sure the port specified on the DEVICE directive is correct,
and that your cable specification on the UPSCABLE directive is correct.
```

In diesem Fall haben Sie die falsche Schnittstelle oder den falschen Kabeltyp angegeben. Die Meldungen der USV können Sie auch jederzeit in der Datei `/var/log/apcupsd.events` nachlesen.

Wenn Sie die Funktion der USV und der Software testen wollen, müssen Sie sehr viel Geduld aufbringen. Ziehen Sie die Stromversorgung zur USV-Anlage ab. Das Gerät piept dann laut und meldet auf der Konsole einen Stromausfall. Wenn der Ladezustand der Batterien unter 5 % gesunken ist, leitet die Software den *Shutdown* für den Rechner ein. Ganz zuletzt schaltet die Software auch die USV-Anlage ganz aus. Bei den Tests der Autoren hat es selbst bei einer kleinen USV mehr als eine halbe Stunde gedauert, bis die Batterien endgültig geleert waren. Wenn Sie besonders vorsichtig mit Ihrem Server umgehen wollen, schließen Sie zum Testen nur das serielle Kabel an die USV an, nicht die Stromversorgung des Servers. Hängen Sie dort dann lieber unkritische Verbraucher an, z. B. Monitore, Heizlüfter etc.

Wenn das Programm ohne Fehlermeldungen läuft, dann müssen Sie noch sicherstellen, dass die USV-Software auch automatisch startet. Dazu aktivieren Sie im YaST-Kontrollzentrum den `apcupsd` so, wie Sie bereits im Abschnitt 2.6 den `dhcpd` aktiviert haben.

2.11.2 Andere Programme

Die Firma APC bietet eine Linux-Version ihrer Software *PowerChute* an. Sie können diese unter der URL `www.apcc.com/tools/download/` beziehen.

2.12 Datensicherung

Vor den Folgen von Hardware-Defekten, vor allem bei Festplatten, können Sie sich mit einem regelmäßigen Backup aller Daten schützen. Das vermeidet zwar nicht den technischen Defekt, ermöglicht aber, schadhafte Hardware ganz ohne oder nur mit geringen Datenverlusten zu ersetzen.

2.12.1 Backup auf DVD

Ein preiswertes Backup-Medium stellen DVDs dar. Wegen der niedrigen Preise der Rohlinge sichern immer mehr Anwender ihre Daten auf DVDs. Linux unterstützt nahezu alle SCSI-Brenner und die meisten aktuellen ATAPI-Brenner. Die benötigte Software CDRecord, Paket `cdrecord`, und XCDRoast, Paket `xcdroast`, liefert OpenSUSE mit. Die breite Unterstützung der modernen Blu-Ray-Medien ist inzwischen auch in Gang gekommen.

Anwender und Systemverwalter, die gern mit grafischen Oberflächen arbeiten, können zum Sichern auf CDs die Oberfläche K3B nutzen, welche die in der Standardinstallation bereits eingerichteten externen Anwendungen `cdrdao`, `cdrecord` und `mkisofs` voraussetzt.

Zum Sichern der Home-Laufwerke in mittleren und größeren Netzen sind die Kapazitäten von 4,7 GB bei DVDs leider meist zu klein. Daher nutzen viele Administratoren DAT-Streamer, die auf Magnetbändern immerhin 20 Gigabyte – oder auch mehr – sichern. Während man jedoch CDs und DVDs inzwischen auf fast jedem PC lesen kann, sind DAT-Streamer doch rarer.

2.12.2 Backup auf Bandlaufwerken

Eine gute Alternative zu CD-/DVD-Brennern sind DAT-Streamer, die eine Kapazität von 36 GByte pro Band besitzen. Da Streamer die Daten komprimieren können, sind effektive Kapazitäten bis zu 72 GByte möglich – viel mehr als selbst bei Double-Layer-DVDs.

Zum Steuern von Streamern gibt es inzwischen viele Linux-Programme, darunter auch professionelle Lösungen, in die man sich richtig einarbeiten muss. Sie können aber auch mit Linux-Bordmitteln wie `tar` bequem Daten auf DAT-Bänder sichern.

2.12.3 Professionelle Tools

Einige professionelle Tools zum Sichern mit Streamern sind zumindest bei bestimmten Nutzungsarten kostenlos. Zum Sichern auf zentralen Streamer-Servern besteht die Software aus einem Server- und einem Client-Programm.

Arkeia (http://www.arkeia.com)

Dieses kommerzielle Tool war lange Zeit für die Nutzung mit maximal zwei Linux-Clients kostenlos nutzbar. Es verfügt über eine grafische Oberfläche und eine sehr ausführliche Anleitung. Im Web sind viele Beschreibungen hierzu zu finden.

Amanda (http://www.amanda.org)

Der *Advanced Maryland Automatic Network Disk Archiver* ist ein Open-Source-Projekt, welches kaum Wünsche offen lässt. Die Anleitung im Amanda-Wiki ist inzwischen sehr umfangreich geworden.

2.12.4 Es geht auch mit tar & Co

Der Nachteil der professionellen Systeme besteht darin, dass sie sehr viel Vorbereitung benötigen. Sie müssen dazu einen Backup-Plan erstellen und die Bänder dazu passend vorbereiten und beschriften.

Wenn Sie Ihre Sicherungen nicht so professionell und detailliert planen können oder möchten, können Sie auch mit den in allen Distributionen vorhanden Systemprogrammen arbeiten.

- `tar` (aus dem Paket `tar`) ist das Programm zum Lesen und Schreiben der Daten auf den Streamer.
- `mt` (aus dem Paket `cpio`) bzw. `mtst` (aus dem Paket `mt_st`) dient u. a. zum Spulen des Bandes.
- `buffer` (aus dem Paket buffer) puffert den Schreibstrom, so dass das Band gleichmäßig läuft.

Wenn die Pakete noch nicht installiert sind, sollten Sie dies zuerst nachholen.

Vorbereitungen

Vor dem Sichern müssen Sie das Gerät benennen, auf welches Sie schreiben möchten. Für den (ersten) DAT-Streamer gibt es normalerweise zwei Devices:

```
/dev/nst0
```

und

```
/dev/st0
```

`st0` ist ein Rewinding-Device, welches nach jedem Schreibvorgang das Band automatisch zurückspult. Wenn Sie mehrere Sicherungen hintereinander schreiben möchten, nehmen Sie besser das Non-Rewinding-Device `nst0`.

Wenn in Ihrem Server nur ein einziger DAT-Streamer eingebaut ist, können Sie einen Link

```
/dev/tape
```

anlegen, über den die Software den Streamer ohne weitere Device-Angabe findet:

```
ln -s /dev/nst0  /dev/tape
```

mt und mtst

Mit dem Kommando `mt` (das sich ableitet von *control magnetic tape drive operation*) kontrollieren Sie die Operationen eines Magnetbandes wie Spulen an den Anfang oder an bestimmte Stellen. Der normale Aufruf ist

```
mt  -f  <device>  <operation>
```

Falls Sie bereits einen passenden Link auf das Tape-Device eingetragen haben, können Sie die Device-Angabe weglassen und einfach schreiben:

```
mt <operation>
```

Wichtige Operationen sind:

Operation		*Bedeutung*
Rewind		Spult das Band an den Anfang zurück.
Tell		Gibt die Position des Bandes aus.
Status		Gibt Informationen über das Laufwerk und das Band.
seek <zahl>		Steuert direkt die vorgegebene Blockposition an, das ist die Position, die auch tell ausgeben würde.
fsf <zahl>		Steuert direkt eine Dateiende-Markierung an, fsf 1 die erste, fsf 2 die zweite, ...
Eof		Springt zur letzten Dateiende-Markierung.

Tabelle 2.4: Parameter von mt

Anders als mt erkennt mtst status auch bei den moderneren DDS-Bändern die Bandart richtig.

buffer

Das Programm buffer puffert den Datenstrom zum Streamer bzw. vom Streamer, damit das Bandlaufwerk möglichst gleichmäßig arbeiten kann. Besonders nützlich ist buffer, wenn Sie auf einem übers Netz verbundenen Rechner speichern.

Die wichtigsten Parameter für buffer sind

- -i Device/Datei gibt an, woher buffer die Daten bekommt
- -o Device/Datei gibt an, wohin buffer die Daten schreiben soll (z. B. /dev/tape)

tar

Systemadministratoren kennen das Programm tar zum Packen bzw. Entpacken von Archivdateien. Sein ursprünglicher Zweck war das Archivieren auf Bandlaufwerken, daher auch der vollständige Name *Tape Archiver.*

Zum Erstellen (nicht komprimierter) Archive benutzt man tar üblicherweise in der Form

```
tar -cf <Archivname> <Quelle>
```

tar speichert aus Sicherheitsgründen nie absolute Pfade, also auch keine führenden Slashes im Dateinamen. Mit dem Parameter -V (Volume) können Sie zusätzlich ein Label, einen Titel für das Archiv vergeben. Zum Auspacken dient der Befehl in der Form

```
tar -xf <Archivname>
```

wobei es die Dateien dann in das aktuelle Verzeichnis schreibt.

Wenn Sie vergessen haben, ins richtige Zielverzeichnis zu wechseln, können Sie mit dem Parameter `-C <Zielverzeichnis>` ein anderes Zielverzeichnis angeben.

Mit

```
tar -tf  <Archivname>
```

können Sie sich das Inhaltsverzeichnis eines Archivs anschauen.

Sichern mit tar & Co

Ein einfacher Ablauf zur Sicherung des Home-Verzeichnisses könnte folgendermaßen aussehen:

```
mt rewind
```

spult das Band an den Anfang zurück

```
tar -cf /dev/tape /home -V "sicherung /home"
```

sichert das Home-Verzeichnis auf das Band (kann etwas dauern)

```
mt tell
```

gibt die aktuelle Blockposition am Ende der Sicherung aus.

Damit das Bandgerät gleichmäßiger arbeitet, können Sie den Datenstrom mit dem Programm `buffer` puffern:

```
mt rewind
```

spult das Band an den Anfang zurück

```
tar -cf - /home -V "sicherung /home" | buffer -o /dev/tape
```

sichert das Home-Verzeichnis auf das Band (gepuffert).

Das »–«-Zeichen anstelle des Device-/Dateinamens bewirkt eine Ausgabe auf die Standardausgabe, die Sie dann zum Programm `buffer` umleiten.

Zum Zurückspielen der Sicherung dient die Befehlsfolge:

```
mt rewind
```

spult das Band an den Anfang zurück

```
cd /tmp
```

Zum Auspacken soll vorsichtshalber ein temporäres Verzeichnis dienen.

```
buffer -i /dev/tape | tar -xf -
```

spielt das Home-Verzeichnis vom Band ins Verzeichnis `/tmp`.

Sollten sich mehrere Sicherungsdateien auf dem Band befinden, so müssen Sie jeweils mit `mt seek` oder `mt fsf` die entsprechende Startposition anfahren.

Sicherung auf einem anderen Rechner mit rsh

Über `rsh` (Remote Shell) kann man Befehle auch auf einem anderen Rechner ausführen. Aus Sicherheitsgründen ist dieser Zugriff in den Standardeinstellungen verboten.

Zuerst müssen Sie auf dem Rechner mit dem Bandlaufwerk den `rsh`-Server nachinstallieren, da OpenSUSE mit der Standardinstallation weder das Server- noch das Client-Paket einrichtet. Sie finden das Paket `rsh-server` in der Paketgruppe *Netzwerk*.

Nach der Installation müssen Sie den Dienst noch (wie im Abschnitt 2.7 für den POP-Dämon beschrieben) für den `xinetd` aktivieren. Sie finden den Dienst im Editor für den `xinetd` unter der Bezeichnung `shell`.

In der Datei `/etc/hosts.equiv` können Sie die Rechner- und Benutzernamen angeben, denen Sie einen Remote-Zugriff erlauben wollen. Tragen Sie hier den Rechner ein, von dem aus Sie arbeiten wollen, und Ihren Benutzernamen.

```
/etc/hosts.equiv
#
# hosts.equiv   This file describes the names of the hosts which are
#               to be considered "equivalent", i.e. which are to be
#               trusted enough for allowing rsh(1) commands.
#
# hostname
192.168.1.10   ksparsam
```

Damit sollten Sie auf diesem Rechner Daten sichern können.

```
rsh  -l  ksparsam  boss  "mt rewind"
```

spult das Band an den Anfang zurück.

```
tar -cf - /home -V "Sicherung /home" | rsh -l ksparsam boss "buffer
  ➥ -o /dev/tape"
```

sichert das Home-Verzeichnis des lokalen Rechners auf das Band (gepuffert) des fernen Rechners.

```
rsh  -l  ksparsam  boss  "mt  tell"
```

gibt die aktuelle Blockposition aus, womit Sie jederzeit kontrollieren können, wieviel an Daten auf das Band gelangt ist.

Auch das Zurückspielen ist natürlich über das Netz möglich:

```
rsh  -l  ksparsam  boss  "mt  rewind"
```

spult das Band an den Anfang zurück.

```
rsh  -l  ksparsam  boss  "mt  tell"
```

sollte als Ausgabe `At Block 0.` ergeben, woran Sie erkennen, dass das Zurückspulen erfolgreich war.

Mit

```
cd /tmp
```

wechseln Sie nun in ein Verzeichnis für temporäre Daten. In dieses Verzeichnis spielen Sie dann die Daten vom Band zurück mit

```
rsh -l ksparsam boss "buffer -i /dev/tape" | tar -xf -
```

Anschließend können Sie von `/tmp` aus auf die benötigten Daten zugreifen.

Administratoren, die auf eine grafische Oberfläche verzichten können, sind also auch mit den normalen Linux-Bordmitteln gut bedient.

3 Benutzerverwaltung

Systemadministratoren verbringen viel Zeit mit dem Verwalten der Benutzer und deren Konten.

Typische Arbeiten sind dabei

- das Anlegen und Löschen von Benutzerkonten,
- die Prüfung der Qualität von Passwörtern,
- Änderungen von Passwörtern, welche die Benutzer vergessen haben, sowie
- die Überwachung des von den Anwendern belegten Speicherplatzes.

Wegen ihrer Überlastung brauchen Systembetreuer in vielen Organisationen mehrere Tage, bis sie neuen Mitarbeitern vollen Systemzugang eingerichtet haben – und oft noch länger, bis sie ausscheidenden Mitarbeitern alle Zugänge entzogen haben.

Viele Benutzer neigen dazu, leicht zu erratende Passworte zu wählen. Da dies die Sicherheit des Systems gefährdet, sollten Systemverwalter die Qualität der Passworte regelmäßig überprüfen.

Viele Anwender müssen sich mehrere Dutzend Passworte merken. Da kann es schon passieren, dass sie sich nach einem erholsamen Urlaub nicht mehr an alle erinnern.

Großzügig bemessener Speicherplatz verleitet Benutzer leicht zu einer chaotischen Datenorganisation. Wenn ein Verzeichnis unübersichtlich wird, dann legen sie einfach ein neues an, ohne das alte zu löschen, da sie ja eine der darin enthaltenen Dateien irgendwann noch brauchen könnten.

Für all diese Systemarbeiten gibt es freie und kommerzielle Produkte. Sparsame Systemverwalter setzen u. a.

- das freie Tool Webmin, das Sie unter `http://www.webmin.com/webmin/` finden, oder
- eine freie Version des Lightweight Directory Access Protocol (LDAP) ein.

Systemverwalter mit großen Budgets und Liebe zu kommerziellen Produkten ziehen dagegen vielleicht

- die NDS für Linux von Novell (`http://www.novell.de) oder`
- Volution von Caldera `(http://www.caldera.com)`vor.
- Viele Tools sollten nur von erfahrenen Systemadministratoren installiert und konfiguriert werden.

3.1 Überblick

Die Autoren stellen Ihnen in diesem Kapitel vor, wie Verwalter

mit YaST Benutzer verwalten können (Kapitel 3.2),

mit dem Programm *john* die Qualität der Passworte der Benutzer prüfen können (Kapitel 3.3),

mit Disk-Quotas den Speicherplatz für Benutzer begrenzen können (Kapitel 3.4),

mit einer deutschsprachigen Tool-Sammlung Benutzer in kleinen Umgebungen administrieren können (Kapitel 3.5) und

dies in etwas größeren Umgebung mit dem Lightweight Directory Access Protocol (*LDAP*) tun können.

3.2 Benutzerverwaltung mit YaST

Die Benutzerverwaltung von Linux mit `useradd` ist nicht besonders komfortabel. Einfacher legen Sie neue Benutzer mit YaST an.

Im YaST-Kontrollzentrum finden Sie unter *Sicherheit und Benutzer • Benutzer bearbeiten und anlegen* ein Menü für das Verwalten der Benutzer.

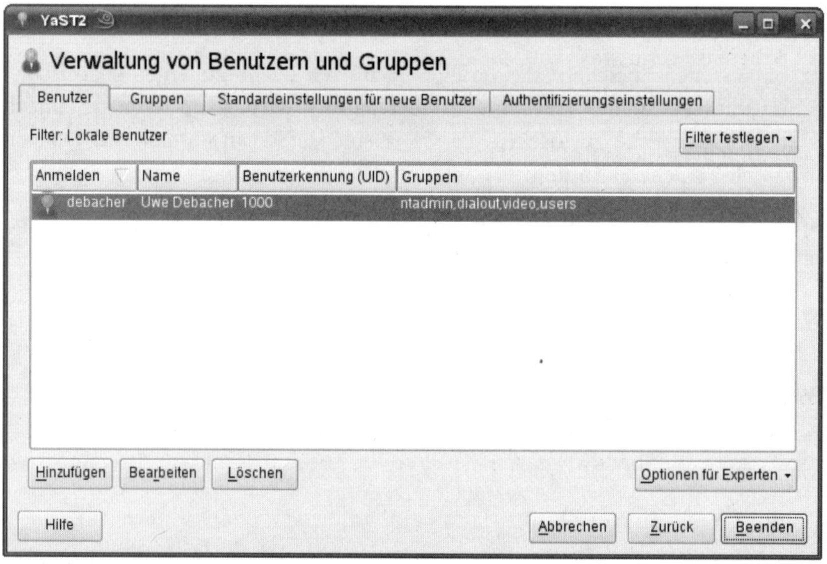

Abbildung 3.1: Benutzerverwaltung mit YaST

In der Benutzerliste finden Sie nur den Benutzer, den Sie bei der Grundinstallation angelegt haben. Diesen Account können Sie über *Bearbeiten* verändern oder über *Löschen* entfernen.

Mit der Funktion *Hinzufügen* richten Sie weitere Benutzer ein.

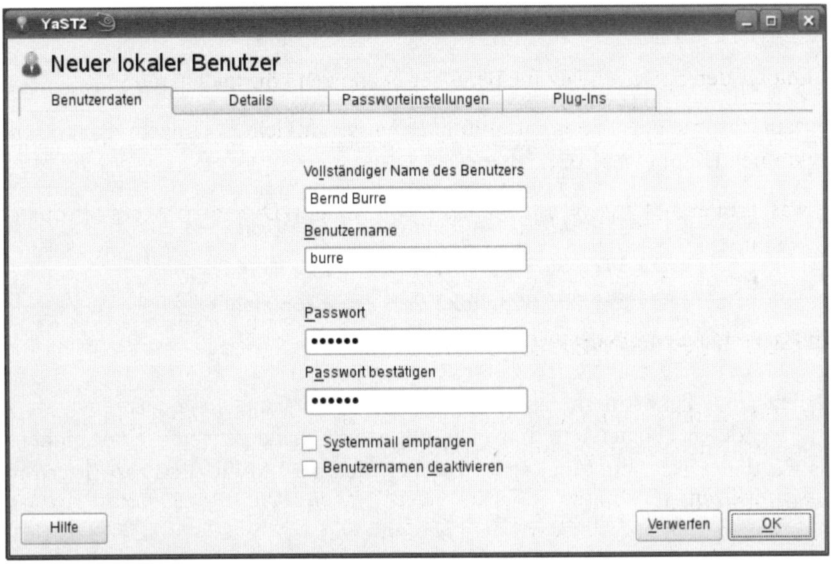

Abbildung 3.2: Benutzer hinzufügen mit YaST

Besondere Arbeitsumgebungen wie einen anderen Pfad für das Home-Verzeichnis können Sie über die Schaltfläche *Details* in einem Formular festlegen. Wenn Sie in alle Daten eingegeben haben, richtet ein Klick auf die Schaltfläche *Anlegen* den neuen Benutzer-Account endgültig ein.

3.3 Erkennen schwacher Passwörter

Passwörter in Unix-Systemen können normalerweise noch nicht einmal die Systemverwalter ermitteln, weil Linux die Passwörter nur verschlüsselt ablegt. Die zugehörige Verschlüsselungsfunktion ist eine Einwegfunktion, die kein Entschlüsseln vorsieht. Meldet sich ein Benutzer am System an, verschlüsselt Unix dieses Passwort und vergleicht es mit der in der Shadow-Datei abgelegten Version. Eine Entschlüsselung ist also nicht notwendig.

Es gibt trotzdem theoretisch ein einfaches Verfahren, die Passwörter zu knacken: Sie probieren einfach alle Möglichkeiten durch. Der Aufwand hierfür hängt stark von der Passwortlänge ab, wie Sie an der folgenden Tabelle sehen können. Diese Tabelle geht davon aus, dass 62 verschiedene Zeichen zur Verfügung stehen, die 26 lateinischen

Buchstaben einmal klein, einmal groß und die zehn Ziffern. Weiter geht die Berechnung davon aus, dass Sie 10 Millionen Kennwörter pro Sekunde überprüfen können.

Passwortlänge	*Zahl der möglichen Passwörter*	*Zeitbedarf zum Knacken*
1	62	keiner
2	3844	keiner
3	238.328	keiner
4	14.776.336	1,4 Sekunden
5	916.132.832	1,5 Minuten
6	56.800.235.584	1,5 Stunden
7	3.521.614.606.208	4 Tage
8	218.340.105.584.896	8 Monate
9	13.537.086.546.263.552	43 Jahre
10	839.299.365.868.340.224	2660 Jahre

Tabelle 3.1: Sicherheit in Abhängigkeit von der Passwortlänge

Die Sicherheit eines Passworts hängt nicht nur von seiner Länge, sondern auch stark von den verwendeten Zeichenketten ab. Die folgende Tabelle geht von einer einheitlichen Passwortlänge von acht Zeichen aus, wobei wieder 10 Millionen Passwörter pro Sekunde geprüft werden.

Zeichensatz	*Zeichenzahl*	*Zahl der möglichen Passwörter*	*Zeitbedarf zum Knacken*
8-Bit ASCII	256	18.446.744.073.709.551.616	58.500 Jahre
7-Bit ASCII	128	72.057.594.037.927.936	228 Jahre
Buchstaben und Ziffern	62	218.340.105.584.896	8 Monate
nur Buchstaben	52	53.459.728.531.456	62 Tage
nur Kleinbuchstaben	26	208.827.064.576	6 Stunden
Wörter aus Wörterbuch	-	ca. 250.000	nahezu keiner

Tabelle 3.2: Sicherheit in Abhängigkeit vom Zeichensatz bei jeweils 8 Zeichen

Da viele Benutzer Passwörter mit deutlich weniger als acht Zeichen benutzen, gibt es eine durchaus realistische Chance, diese zu knacken. Die Chance erhöht sich noch dadurch, dass Einbrecher nicht alle Kombinationen durchprobieren müssen. Viele Anwender benutzen Namen, Telefonnummern oder Ähnliches, die sie sich leicht merken können.

Wenn Sie Ihren Knack-Tests ein Wörterbuch zu Grunde legen, können Sie bei einer Passwortlänge von acht Zeichen bereits in wenigen Minuten Erfolg haben.

Sie können damit zwar nicht die Passwörter aller Benutzer knacken, aber 50 % innerhalb weniger Minuten sind ein durchaus realistischer Wert.

Hinweis: Schon ein einziger geknackter Zugang ist ein Sicherheitsrisiko. Einbrecher, die einen Zugang zu Ihrem System haben, können dort nach weiteren Schwachpunkten suchen.

Sie sollten daher regelmäßig versuchen, die Passwörter Ihrer Benutzer zu knacken, um wenigstens die unsichersten Kandidaten zu ermahnen.

Beim Knacken und beim Ermahnen der Benutzer kann das Programm `john` helfen, das Sie bei OpenSUSE im Paket `john` in der Paketgruppe *Sicherheit* finden. Nach dem Installieren dieses Programms finden Sie das Programm unter `/usr/sbin/john` und seine Komponenten unter `/var/lib/john/`.

Das Programm kann mit einem Wörterbuch arbeiten; eine englische Version liefert es bereits mit. Ein deutsches Wörterbuch müssten Sie dagegen erst erstellen. Hinweise dazu finden Sie im Verzeichnis `/usr/share/doc/packages/john/`.

Auch ohne diesen Aufwand zu treiben genügt es meist, mit den Daten in den Benutzerdateien zu arbeiten. Damit können Sie Passwörter knacken, die aus Namen oder Variationen davon bestehen.

Wechseln Sie in das Verzeichnis `/var/lib/john/`.

```
cd /var/lib/john
```

Nun lassen Sie aus `passwd` und `shadow` eine einheitliche Datei montieren; im Beispiel heißt sie `passwd.john`:

```
unshadow /etc/passwd /etc/shadow > passwd.john
```

Wenn Sie `john` mit den Daten aus dieser Datei arbeiten lassen, werden Sie staunen, wie viele Passwörter er ermittelt.

```
john -single passwd.john
```

Mit diesem Befehl nutzt `john` nur die Benutzerdatenbank als Grundlage, aber keines der zusätzlich verfügbaren Wörterbücher.

Wenn Sie bereits viele Benutzer angelegt haben, dauert das Knacken schon eine Weile. Wenn Sie den Fortschritt kontrollieren wollen, drücken Sie einmal die Leertaste, worauf `john` den aktuellen Stand anzeigt.

```
Loaded 1037 passwords with 426 different salts (Standard DES
                                                  [24/32 4K])
Burak            (bs1002)
laura            (lc1001)
sandra           (kj1002)
laura            (lt1002)
christi          (sw1002)
gast0            (gast)
ahmad-fa         (ak1005)
```

```
ann-kath          (ag1005)
wolf-die          (wm1004)
walter            (ja1001)
guesses: 10  time: 0:00:00:05 71%  c/s: 370569  trying: &tc3001& - *j5c*
```

Hier hat `john` nach knapp 5 Sekunden bereits 10 von etwa 1000 Passwörtern geknackt. Bei dem Datenbestand aus dem Beispiel hatte `john` nach knapp 2 Minuten bereits mehr als 70 Passwörter geknackt, und das im einfachsten Modus.

Wenn Sie `john` unterbrechen, setzt er bei einem Neustart seine Arbeit an der Stelle fort, an der Sie ihn unterbrochen hatten. Die bereits geknackten Passwörter hält er in der Datei `john.pot` fest. Falls Sie erneut alle Passwörter testen wollen, müssen Sie diese Datei vorher löschen.

Das Ergebnis der Arbeit von `john`, eine Liste der Benutzerdaten inklusive Passwort im Klartext, können Sie mit

```
john  -show  passwd.john
```

ansehen. John zeigt dabei nur die Accounts, deren Passwort es ermitteln konnte.

Wenn `john` mit der Arbeit fertig ist, können Sie ihn auch veranlassen, eine Mail an alle Benutzer zu schicken, deren Passwörter er knacken konnte. Dazu finden Sie im Verzeichnis das Programm `mailer`, das Sie zuerst mit

```
chmod  u+x  mailer
```

ausführbar machen und dann folgendermaßen aufrufen, um alle nachlässigen Benutzer zu ermahnen:

```
./mailer  passwd.john
```

Den im Original englischen Text der Mail an die Benutzer kann man in dem Perl-Programm `mailer` relativ leicht ändern. Wenn englischsprachige Warnungen einige Ihrer Benutzer überfordern könnten, sollten Sie den Text übersetzen.

```
#!/bin/bash
#
# This file is part of John the Ripper password cracker,
# Copyright (c) 1996-98 by Solar Designer
#

if [ $# -ne 1 ]; then
        echo "Usage: $0 PASSWORD-FILE"
        exit 0
fi

# There's no need to mail users with these shells
SHELLS=-,/bin/false,/dev/null,/bin/sync

# Look for John in the same directory with this script
DIR="`echo "$0" | sed 's,/[^/]*$,,'`"
```

```
# Let's start
$DIR/john -show "$1" -shells:$SHELLS | sed -n 's/:.*//p' |
(
        SENT=0

        while read LOGIN; do
                echo Sending mail to "$LOGIN"...
# You'll probably want to edit the message below
                mail -s 'Unsicheres Passwort' "$LOGIN" << EOF
Hallo!

Das Passwort für den Account "$LOGIN" ist unsicher. Bitte ändern Sie
es umgehend, sonst macht das Ihr Systembetreuer;-)

Gruss,
        Password Checking Robot
        im Auftrag Ihres Systembetreuers
EOF

                SENT=$(($SENT+1))
        done

        echo $SENT messages sent
)
```

Die Dokumentation von `john` nennt noch mehr Möglichkeiten, um weitere Passwörter zu knacken. Eventuell hilft Ihnen diese Erfahrung, selbst sicherere Passwörter zu verwenden.

Machen Sie Ihren Benutzern immer wieder klar, dass Sicherheit kein Zustand ist, sondern ein anstrengender Prozess. Ein Teil dieses Prozesses ist u. a. die Wahl geeigneter Passwörter.

3.4 Disk-Quotas

Einzelne speicherhungrige Benutzer können die Arbeit auf Linux-Systemen blockieren:

- Wenn die Systemverwalter für die Home-Verzeichnisse keine eigene Partition angelegt haben, können sie die gesamte(n) Server-Festplatte(n) füllen und dadurch die Funktionsfähigkeit des Systems erheblich einschränken.
- Liegen die Home-Verzeichnisse in eigenen Partitionen, so können Vielspeicherer zumindest die Home-Partition so weit mit Daten füllen, dass für keinen Anwender mehr Speicherplatz bleibt.

Zum Schutz vor unmäßigem Verbrauchen von Speicherplatz kann man für jeden Benutzer eine Obergrenze (Quota) für die Nutzung der Festplatten festlegen. Während man für kommerzielle Betriebssysteme eine zusätzliche Quota-Software erwerben muss, enthalten die meisten Linux-Distributionen freie und oft für bestimmte Nutzungsarten kostenlose Quota-Programme.

Die von OpenSUSE gelieferte Version der Quota-Software kommt mit allen wichtigen Linux-Partitionstypen wie `ext2`, `ext3` oder auch `reiserfs` zurecht. Die Software erlaubt Quotas sowohl für Benutzer als auch für Gruppen. Die Beschränkungen gelten jeweils für eine einzelne Partition.

Gruppen-Quotas geben die Summe des Speicherplatzes an, den alle Mitglieder dieser Gruppe gemeinsam belegen dürfen. Diese Werte müssen Sie bei vielen Benutzern daher recht hoch ansetzen.

Mit der Software kann man die individuelle Festplattenkapazität der Benutzer über zwei Angaben einschränken:

- Speicherplatz in Bytes und
- Zahl der Dateien über die Inodes.

Die Beispiele in diesem Kapitel beschränken jeweils den Speicherplatz in Bytes, nicht aber die Zahl der Dateien.

Bei beiden Möglichkeiten können Sie zwei unterschiedliche Grenzen setzen:

- Hard-Limits können Benutzer auf keinen Fall überschreiten,
- Soft-Limits dürfen Benutzer eine bestimmte Zeit (meist eine Woche) lang überschreiten, aber nur bis zum Hard-Limit. Sie bestimmen auch
- die Dauer, für die ein Benutzer das Soft-Limit überschreiten darf.

Bei OpenSUSE finden Sie die Quota-Software im Paket *`quota`* der Paketgruppe *`System`*.

Bevor Sie die Quotas konfigurieren können, müssen Sie noch Module nachinstallieren. Das Quota-System benötigt Unterstützung durch den Kernel. Diese Unterstützung hat OpenSUSE zwar eingebaut, aber als eigenständiges Modul. Genau dieses Modul müssen Sie noch laden lassen. Gehen Sie dazu im YaST-Kontrollzentrum auf *System • Editor für /etc/sysconfig-Dateien* und dort auf *System • Kernel* und erweitern dort die Variable *INITRD_MODULES.* Normalerweise steht dort z. B. *ext3*, eventuell sogar einige Einträge mehr. Zu den Einträgen gehören jeweils Module, die der Kernel gleich beim Systemstart laden muss, vor der eigentlichen Modulverwaltung. Hier finden Sie also die Module für bestimmte Festplattenhardware, z. B. *SCSI* und besondere Partitionstypen, z. B. *reiserfs*.

Ergänzen Sie die Zeile um die Angabe `quota_v2` und lassen Sie bitte zwischen den bisherigen Einträgen und Ihrer Eingabe ein Leerzeichen. Abschließend müssen Sie noch die `initrd`-Datei neu erzeugen lassen, welche die Module für den Systemstart enthält.

```
mkinitrd
```

Normalerweise installiert OpenSUSE bei der Standardinstallation den Boot-Manager `grub`, der die Veränderungen automatisch registriert. Falls Sie jedoch noch `lilo` als Bootmanager benutzen, müssen Sie nun `lilo` noch einmal von der Konsole aus aufrufen, damit der Bootmanager die veränderte `initrd` übernimmt.

Nach einem Reboot ist dann die Änderung aktiv und das Modul für das Quota-System geladen. Statt den PC zu rebooten, kann man das Modul auch manuell mit `modprobe` laden:

```
modprobe -v quota_v2
```

Um die Quota-Unterstützung für eine Partition zu aktivieren, müssen Sie die Datei `/etc/fstab` erweitern, die alle Dateisysteme enthält, welche das Linux-System beim Hochfahren automatisch mounten soll.

Die Datei können Sie entweder direkt mit Ihrem Lieblingseditor bearbeiten oder etwas sicherer vom YaST-Kontrollzentrum aus über *System • Partitionierer*. Die Warnung von YaST »Verwenden Sie das Programm nur, wenn Sie mit dem Partitionieren von Festplatten vertraut sind.« sollten Sie auf alle Fälle ernst nehmen.

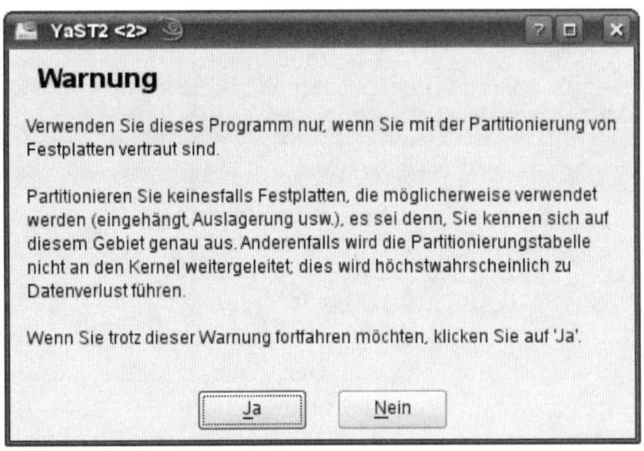

Abbildung 3.3:
Partitionieren • Warnung

Wenn Sie sicher sind, dass Sie Partitionen verändern wollen, klicken Sie auf *Ja*. YaST öffnet eine Liste aller vorhandenen Partitionen, aus der Sie die Home-Partition (`/dev/hda9`) auswählen. In dem folgenden Formular ist in diesem Zusammenhang nur ein Button wichtig.

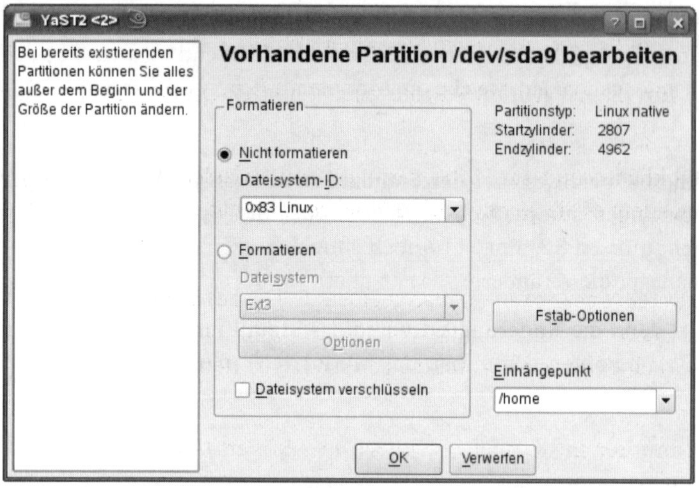

Abbildung 3.4: Partitionieren • Home-Partition

Sie sollten hier nur auf *Fstab-Optionen* klicken. Die benötigte Einstellung `usrquota`, `grpquota` können Sie in dem dann folgenden Formular unterbringen.

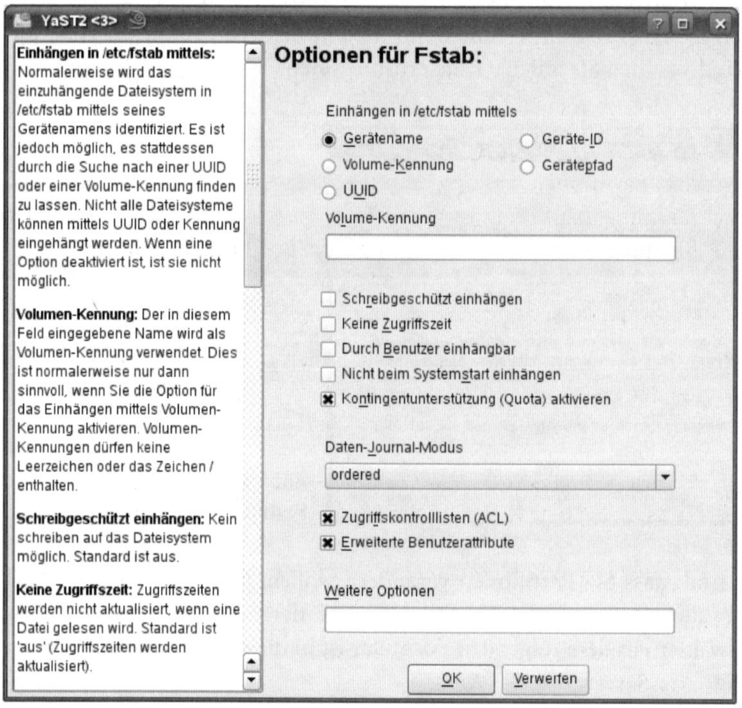

Abbildung 3.5: Partitionieren • Optionen

Entscheidend ist hier das Feld *Kontingentunterstützung (Quota) aktivieren.* Dieses Feld enthält normalerweise kein Kreuzchen. Setzen Sie es hier also ein.

Damit aktivieren Sie für diese Partition sowohl eine Benutzer-Quota als auch eine Gruppen-Quota.

Wenn Sie dann auf *Ok* klicken und das Partionierungsmenü verlassen, ändert YaST die Datei `/etc/fstab`, nachdem es Sie vorher noch einmal gewarnt hat.

Tipp: Wenn Sie die Datei `/etc/fstab` direkt mit einem Editor bearbeiten, dürfen bei der Aufzählung `acl,user_xattr,usrjquota=aquota.user,grpjquota=aquota.group,jqfmt=vfsv0` keine Leerzeichen zwischen diesen Parametern stehen!

Bei einer Installation mit der im Kapitel 2 vorgeschlagenen Partitionierung hat diese Datei den folgenden Inhalt:

```
/dev/hda6   /               ext3    acl,user_xattr          1 1
/dev/hda9   /home           ext3    acl,user_xattr          1 2
/dev/hda7   /tmp            ext3    acl,user_xattr          1 2
/dev/hda8   /var            ext3    acl,user_xattr          1 2
/dev/hda5   swap            swap    pri=42                  0 0
devpts      /dev/pts        devpts  mode=0620,gid=5         0 0
proc        /proc           proc    defaults                0 0
usbfs       /proc/bus/usb   usbfs   noauto                  0 0
sysfs       /sys            sysfs   noauto                  0 0
```

Um die Nutzung von Partitionen zu beschränken, müssen Sie das Schlüsselwort `usrquota` für Beschränkungen auf Benutzerebene oder `grpquota` für Beschränkungen auf Gruppenebene hinzufügen. Sie können auch beide Beschränkungen gleichzeitig aktivieren.

```
/dev/hda6   /               ext3    acl,user_xattr          1 1
/dev/hda9   /home           ext3    acl,user_xattr,usrjquota=aquota.
➥ user,grpjquota=aquota.group,jqfmt=vfs v0 1 2
/dev/hda7   /tmp            ext3    acl,user_xattr          1 2
/dev/hda8   /var            ext3    acl,user_xattr          1 2
/dev/hda5   swap            swap    pri=42                  0 0
devpts      /dev/pts        devpts  mode=0620,gid=5         0 0
proc        /proc           proc    defaults                0 0
usbfs       /proc/bus/usb   usbfs   noauto                  0 0
sysfs       /sys            sysfs   noauto                  0 0
```

Da Sie das Dateisystem geändert haben, müssen Sie es neu mounten, am einfachsten durch Booten des Linux-Servers.

Tipp: Beschränken Systemverwalter den Speicherplatz nur für ganze Benutzergruppen mit Gruppen-Quotas, verhindert dies nicht, dass ein einzelner Benutzer den gesamten zulässigen Speicherplatz belegt und damit die Arbeit der anderen Benutzer blockiert. Benutzer-Quotas sind auf alle Fälle zum Sicherstellen eines geordneten IT-Betriebs geeigneter als Gruppen-Quotas.

Nach dem Neustart des Linux-Servers können Sie die Quota-Software den momentanen Belegungsstand der Festplatte erfassen lassen. Dazu geben Sie ein:

```
quotacheck -vagu
```

Der Parameter `v` bewirkt eine ausführliche Ausgabe, mit dem Parameter `a` überprüft das Programm alle Partitionen, für die in der Datei `/etc/fstab` eine Quota-Unterstützung angegeben ist. Den Schalter `g` benötigen Sie für Gruppen-Quotas und den Schalter `u` für User-Quotas (also Benutzer-Quotas).

Sollte die Partition aktiv sein, so verweigert `quotacheck` seinen Dienst. Sie können dann entweder dafür sorgen, dass die Partition nicht aktiv ist oder zusätzlich den Schalter `m` mit angeben.

Das Untersuchen der Festplatte kann je nach Belegungsgrad einige Minuten dauern. Danach hat das Programm für jede quotierte Partition die Belegungsdaten in die Dateien `aquota.user` und `aquota.group` im Wurzelverzeichnis der jeweiligen Partition geschrieben.

Nach diesen Vorbereitungen können Sie die Quotas scharf schalten, falls YaST das nicht schon für Sie gemacht hat. Dazu starten Sie das YaST-Kontrollzentrum, gehen dort in das Menü *System* • *Runlevel-Editor* • *Expertenmodus* und aktivieren hier den Dienst *boot.quota* für die Runlevel B (Start beim Booten), indem Sie den Leuchtbalken auf die Zeile mit *quota* bringen und dann das mit *B* beschriftete Kästchen anklicken. Anschließend können Sie den Dienst auch gleich starten: Klicken Sie dazu auf *Starten* •*Anhalten* • *Aktualisieren* und wählen dann *Starten*. Damit ist der Dienst aktiv.

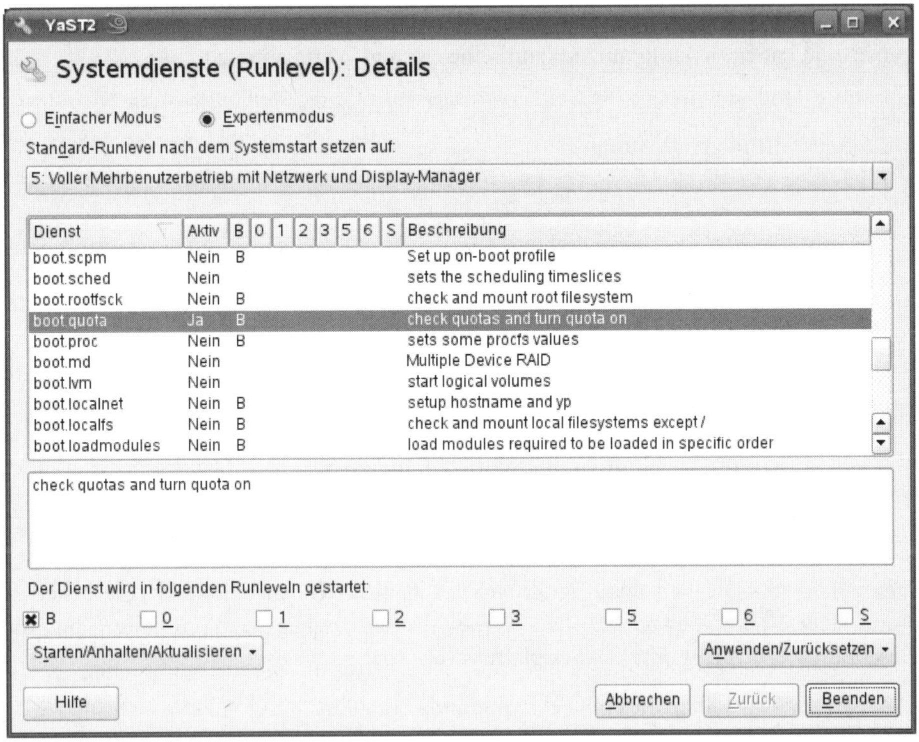

Abbildung 3.6: Runlevel-Editor QUOTA

Um die Funktion Ihrer Quotas zu testen, richten Sie (als *root*) für einen Ihrer Benutzer eine Beschränkung ein:

```
edquota -u debacher
```

Daraufhin startet der von Ihnen eingestellte Editor mit folgendem Text:

```
Disk quotas for user debacher (uid 1000):
  Filesystem   blocks    soft    hard   inodes    soft   hard
  /dev/hda9      1028       0       0      167       0      0
```

Der Benutzer belegt 1028 KByte Speicherplatz auf dem System mit 167 Dateien. Verändern Sie die Einstellungen zu

```
Disk quotas for user debacher (uid 1000):
  Filesystem   blocks    soft    hard   inodes    soft   hard
  /dev/hda9      1028    4000    5000      167       0      0
```

Damit erlauben Sie dem Benutzer, maximal 5000 KByte Speicherplatz zu belegen.

Der Wert 0 bedeutet hier immer keine Beschränkung. Ein Hard-Limit können Benutzer auf keinen Fall überschreiten, ein Soft-Limit (hier 4000) nur für eine einstellbare Dauer. Diesen Zeitrahmen konfiguriert man mit `edquota -t`.

Melden Sie sich nun mit dem Benutzernamen an, für den Sie soeben die Beschränkungen erstellt haben. Jeder Benutzer kann seine eigenen Werte abfragen mit:

```
quota
```

Das erzeugt die folgende Ausgabe:

```
Disk quotas for user debacher (uid 1000):
 Filesystem  blocks  quota  limit  grace  files  quota  limit  grace
  /dev/hda9    1028   4000   5000            167      0      0
```

Der Benutzer belegt momentan mit 167 Dateien 1028 KByte Speicherplatz. Er darf beliebig viele Dateien anlegen, aber maximal 5000 KBytes verbrauchen.

Das Soft-Limit ist nicht erreicht, damit entfällt auch die Angabe einer Gnadenfrist (`grace`) für das noch erlaubte Überschreiten dieses Limits.

Versuchen Sie nun, das Limit zu überschreiten, indem Sie große Dateien erstellen oder kopieren. Im einfachsten Fall geht das mit folgendem Befehl:

```
dd  if=/dev/zero  of=/home/debacher/test
```

Damit kopieren Sie von dem Gerät, welches ständig Nullen liefert, in eine beliebige Datei, hier `/home/debacher/test`. Dieser Kopiervorgang läuft so lange, bis die Beschränkung erreicht oder die Festplatte voll ist.

Nach kurzer Zeit sollten Sie eine Fehlermeldung erhalten:

```
hda9: write failed, user block limit reached.
dd: Schreiben in "/home/debacher/test": Der zugewiesene Plattenplatz
  ➥ (Quota) ist überschritten
569+0 Datensätze ein
568+0 Datensätze aus
290816 Bytes (291 kB) kopiert, 0,0903587 s, 3,2 MB/s
```

Ein erneuter Aufruf von `quota` liefert jetzt als Ausgabe:

```
Disk quotas for user debacher (uid 1000):
 Filesystem  blocks  quota  limit  grace  files  quota  limit   grace
  /dev/hda9   5000*   4000   5000            194      0      0
```

Die Datei `test` hat eine Größe von etwa 5 MB angenommen, danach hat die Quota-Begrenzung den Kopiervorgang abgebrochen.

Die Quota-Begrenzung ist damit funktionsfähig und kann eingesetzt werden.

Leider bietet die in der OpenSUSE-Distribution enthaltene Quota-Software keine Möglichkeit, einen Standardwert für alle Benutzer festzulegen. Dies kann in der betrieblichen Praxis auch sinnvoll sein, wenn Sie den Vorstand ihres Unternehmens nicht zu sehr gängeln wollen. Daher müssen Systemverwalter die User-Quotas für jeden Benutzer einzeln festlegen oder ggf. mit dem Befehl `edquota` vervielfältigen.

Um die für einen Benutzer (hier `debacher`) definierte Quota für den Benutzer `schultz` zu übernehmen, geben Sie den Befehl:

```
edquota -p debacher schultz
```

3.5 Die Linuxbu.ch/Tools

Die Linuxbu.ch/Tools sind eine bewährte, leicht konfigurierbare Sammlung einfacher deutschsprachiger Administrations-Programme mit Browserschnittstelle.

Diese Tools erfordern nur einen geringen Installationsaufwand und nehmen keine weiteren Veränderungen am System vor. Sie unterstützen das Arbeiten mit Changed-Root-Umgebungen (siehe Kapitel 7, »Dateiarchive per FTP bereitstellen«) und den Umgang mit Disk-Quotas (siehe letzter Abschnitt).

Weiterhin unterstützen die Tools das Arbeiten mit verschlüsselten Passwörtern, deren Bedeutung Sie im Kapitel 9 (»Linux als File- und Print-Server für Windows-Clients«) kennenlernen werden.

Sie arbeiten mit drei Benutzergruppen, denen Sie unterschiedliche Rechte zuordnen können:

- `ntadmin`
- `leiter`
- `mitarbeiter`

Jede der drei Gruppen hat unterschiedliche Zugriffsrechte auf die Funktionen. *Mitarbeiter* können mit den Tools lediglich ihr eigenes Passwort verändern, *leiter* können zusätzliche *mitarbeiter*-Accounts einrichten und die Internet-Verbindung aktivieren sowie Gruppen einrichten. Die Update-Funktion können hingegen nur Angehörige der Gruppe *ntadmin* nutzen.

Hinweis: Die ersten Versionen der Linuxbu.ch/Tools haben statt der Gruppe `ntadmin` einfach `admin` benutzt. In gemischten Umgebungen benötigen Windows-Rechner für Administrationszwecke jedoch unbedingt die Gruppe `ntadmin`.

Die Tools bieten momentan folgende Funktionen:

- Eigenes Passwort ändern (alle Benutzer),
- Gruppenverwaltung (*ntadmin*),
- Benutzerverwaltung (*ntadmin* und *leiter*),
- Internetverbindung auf- und abbauen (*ntadmin* und *leiter*),
- Software-Update (*ntadmin*).

Die Linuxbu.ch/Tools ändern an keiner Stelle die Konfiguration Ihres Rechners oder der Software. Verwalter können sie einfach erweitern und anpassen und müssen lediglich den Webserver Apache so konfigurieren, dass er die Programme aus dem Verzeichnis `/srv/www/htdocs/tools` ausführt.

Hinweis: Da SUSE den Webserver in der Standardinstallation nicht mehr einrichtet, müssen Sie den Apache-Webserver zuerst installiert haben. Eine ausführliche Beschreibung dazu lesen Sie im Kapitel 6 dieses Buches.

Sie können die Software vom Server zum Buch (`www.linuxbu.ch`) beziehen und kostenlos nutzen. Installieren Sie sie in drei Schritten:

- Auspacken des Archivs `tools4_3.tgz` und Initialisieren der Programme,
- Erweitern der Apache-Konfigurationsdatei und
- Einrichten von Administratoren-Accounts und Tools-Gruppen.

3.5.1 Auspacken des Archivs und Initialisieren der Programme

Laden Sie die Datei `tools4_3.tgz` vom Server `www.linuxbu.ch` und speichern Sie sie im Verzeichnis `/srv/www/htdocs`. Wechseln Sie in dieses Verzeichnis und entpacken Sie die Datei mit:

```
tar xvfz tools4_3.tgz
```

Dabei entsteht ein Verzeichnis `tools`, in das Sie nun wechseln:

```
cd tools
```

Der größte Teil der Tools besteht aus Programmen in der Programmiersprache Perl. Diese Programme erkennen Sie an der Endung `.pl`. Für viele Funktionen benötigen die Linuxbu.ch/Tools die besonderen Rechte des Benutzers *root*. Diese Rechte geben Sie den Perl-Programmen, indem Sie im Verzeichnis `tools` als Benutzer *root* folgenden Befehl eingeben:

```
./makecgi
```

`makecgi` erstellt nach einer Sicherheitsabfrage zu jedem Programm mit der Endung `.pl` ein C-Programm mit der Endung `.cgi`, das diese besonderen Rechte besitzt.

Sollten Sie beim Aufruf des Programms Fehlermeldungen der Art

```
./makecgi: line 30: gcc: command not found
```

bekommen, dann ist auf Ihrem Rechner der C-Compiler `gcc` noch nicht eingerichtet. Sie müssen dann das Paket *gcc* nachträglich installieren. Sie finden das Paket in der Paketgruppe *Programmierung.*

Sofern der C-Compiler vorhanden ist, kann `makecgi` seiner Arbeit nachgehen.

```
makecgi - erstellt die .cgi Dateien.

Grundlage ist die Datei source/setroot.c
Alle bestehenden .cgi Dateien werden ueberschrieben.

Sind Sie sich sicher, dass Sie fortfahren moechten ? [J/Y/N] j
Mache admin/internet/index.cgi
Mache admin/index.cgi
Mache admin/passwd/index.cgi
Mache admin/passwd/chpasswd.cgi
Mache admin/gruppen/shgroupdata.cgi
Mache admin/gruppen/shgrouplist.cgi
Mache admin/gruppen/newgroup.cgi
Mache admin/gruppen/addgroup.cgi
Mache admin/gruppen/delgroup.cgi
Mache admin/update/index.cgi
Mache admin/benutzer/shuserdata.cgi
Mache admin/benutzer/shuserlist.cgi
Mache admin/benutzer/newuser.cgi
Mache admin/benutzer/deluser.cgi
Mache admin/benutzer/multiadd.cgi
Mache admin/benutzer/chuserdata.cgi
Mache admin/benutzer/adduser.cgi
Mache admin/benutzer/shuser.cgi
```

Damit sind die Tools einsatzbereit und Sie können diese in die Konfiguration des Webservers einbinden.

3.5.2 Erweitern der Apache-Konfigurationsdatei

Im Verzeichnis `/srv/www/htdocs/tools/` finden Sie die Datei `httpd.conf.erg` mit den notwendigen Ergänzungen für die Konfigurationsdatei des Apache-Servers.

```
#
# Erweiterung fuer die Linuxbu.ch/Tools
# einfach ueber
# YaST->Editor fuer /etc/sysconfig->Network->WWW->Apache2
# den vollen Pfad zu dieser Datei in die sysconfig
# aufnehmen:
#
# APACHE_CONF_INCLUDE_FILES="/srv/www/htdocs/tools/httpd.conf.erg"
#
# anschliessend den Apache neu starten
#
#

<Directory /srv/www/htdocs/tools/admin>
Addtype application/x-httpd-cgi .cgi
```

```
Options Indexes FollowSymLinks EXECcgi
authType Basic
authuserFile /etc/apache2/yfh.pwd
authName LinuxBuchTools
require valid-user
</Directory>

<Directory /srv/www/htdocs/tools>
Addtype application/x-httpd-cgi .cgi
Options Indexes FollowSymLinks EXECcgi
</Directory>
```

Zum Aktivieren dieser Änderung müssen Sie anschließend im YaST-Kontrollzentrum unter *System • Editor für /etc/sysconfig-Daten • Network • WWW • Apache2* für die Variable `APACHE_CONF_INCLUDE_FILES` den Wert `/srv/www/htdocs/tools/httpd.conf.erg` angeben und damit die Erweiterung in die Konfiguration des Webservers einbinden.

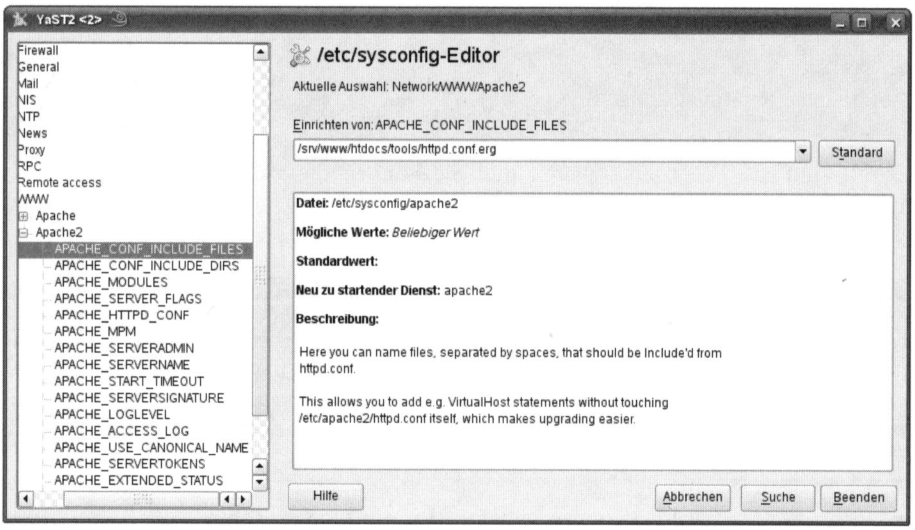

Abbildung 3.7: Eigene Konfigurationsdatei einbinden

Damit integrieren Sie die mit den Tools mitgelieferte Konfigurationsdatei in die Konfigurationsdatei des Webservers, ohne diese selber bearbeiten zu müssen. Genauere Informationen über den Webserver finden Sie im Kapitel 6, »Informationen per Webserver verteilen«.

Durch diese Ergänzungen führt Apache die Programme im Verzeichnis `tools` aus und authentifiziert Benutzer für alle Zugriffe auf die Linuxbu.ch/Tools.

Nach diesen Änderungen müssen Sie den Apache neu starten:

```
rcapache restart
```

3.5.3 Einrichten von Administrator-Accounts und Tools-Gruppen

Für die Nutzung der Tools müssen Sie die zwei Gruppen

- *leiter*
- *mitarbeiter*

anlegen und mindestens einen Administrator-Account einrichten.

Um die Verwaltungs-Funktionen leiten zu können, sollten Sie sich selbst mit Ihrem persönlichen Account (nicht *root*) in die Gruppe *ntadmin* aufnehmen.

Am einfachsten geht das mit dem `usermod`-Befehl wie hier im Beispiel:

```
usermod -G ntadmin debacher
```

Im YaST-Kontrollzentrum gehen Sie dafür auf *Sicherheit und Benutzer • Benutzer- und Gruppenmanagement* und dort auf den Reiter *Gruppen.* Um alle Gruppen sehen zu können, klicken Sie hier auf *Filter festlegen • Systemgruppen.* Dann wählen Sie die Gruppe *ntadmin* aus und *Bearbeiten.* Hier müssen Sie nun die Checkbox vor Ihrem Benutzer-Account aktivieren und sodann die Konfiguration mit *OK* beenden.

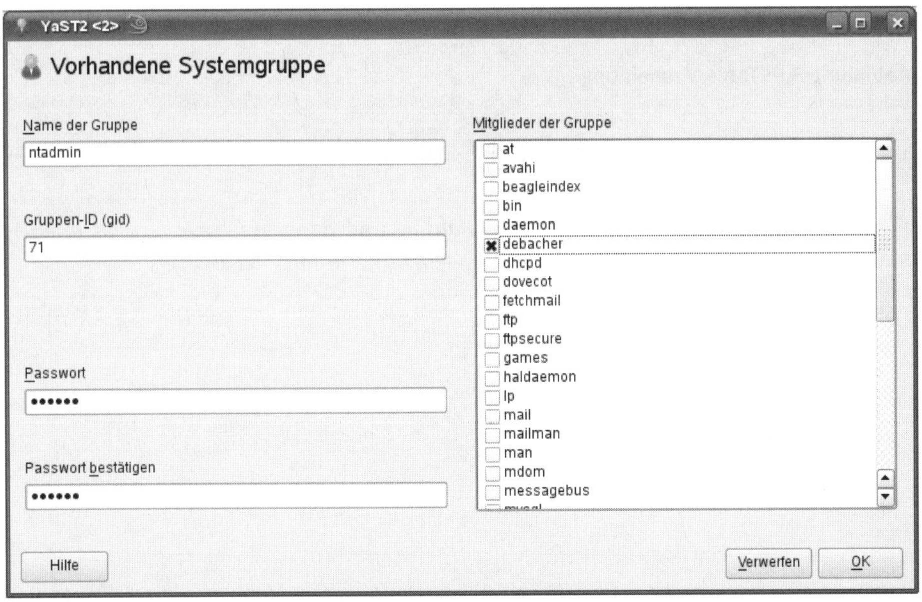

Abbildung 3.8: YaST: Hinzufügen zur Gruppenverwaltung

Starten Sie dann auf einem über das Netz angeschlossenen Rechner einen Browser und rufen Sie die URL `/tools/` auf dem Linux-Server auf, auf dem Sie die Tools ausführen, hier `http://192.168.1.2/tools/` (auch der letzte Schrägstrich ist wichtig).

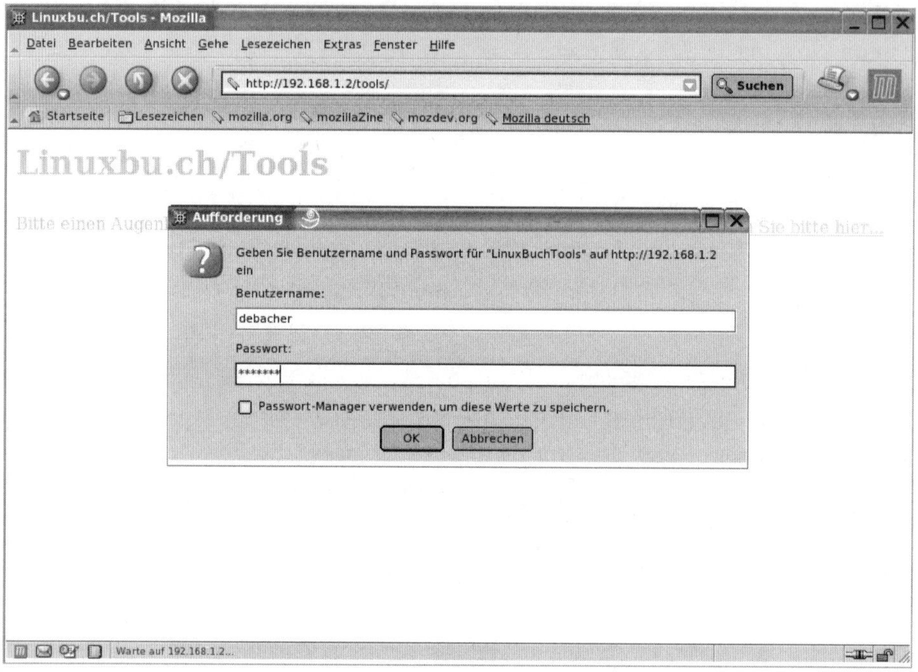

Abbildung 3.9: Tools: Anmeldung

Im Dialogfenster geben Sie Ihren Benutzernamen und Ihr Passwort ein. Danach steht Ihnen das Hauptmenü zur Verfügung.

Dort gehen Sie zunächst auf *Gruppenverwaltung* und dann auf *Neue Gruppe anlegen.* Hier können Sie nacheinander die Gruppen *leiter* und *mitarbeiter* anlegen.

Abbildung 3.10: Tools: Hauptmenü

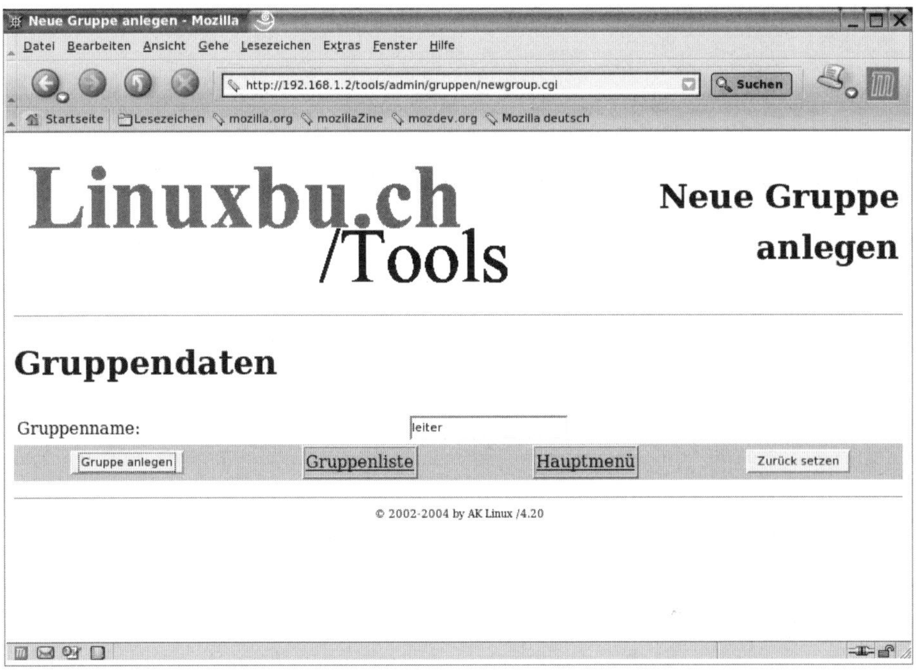

Abbildung 3.11: Tools: Neue Gruppe anlegen

Nach dem Anlegen dieser beiden Gruppen sollte die Gruppenliste wie im nächsten Fenster aussehen:

Abbildung 3.12: Tools: Gruppenliste

Um abschließend die Angaben für Ihren eigenen Account zu vervollständigen, gehen Sie auf *Benutzerverwaltung*, dort auf *Benutzerliste*, und klicken dort Ihren Benutzer-Account an.

Sie sollten vor allem darauf achten, dass Sie auch für sich eine *Abteilung* und Ihren vollen Namen angeben, da die Tools Ihren Namen bei allen Benutzern eintragen, die Sie mit den Linuxbu.ch/Tools anlegen.

Wenn Sie die Daten eingegeben haben, klicken Sie auf *Daten ändern*, worauf das Programm bestätigt, dass es die Daten übernommen hat.

Abbildung 3.13: Tools: Daten ändern

Abbildung 3.14: Tools: Daten geändert

Damit sind die Linuxbu.ch/Tools installiert und einsatzbereit.

3.5.4 Anlegen von Benutzern mit den Tools

Alle Administratoren und die Leiter können mit den Tools jetzt Benutzer einrichten. Nur Administratoren können Leiter einrichten. Die Administratoren haben vollen Zugriff auf alle Benutzer und können deren Daten sowie Passwörter ändern. Die Leiter können nur die Daten (einschließlich Passwort) der Mitarbeiter ändern, die sie selber eingerichtet haben.

Legen Sie zuerst die Abteilungsleiter an, im Beispiel *Klaus Sparsam*. Gehen Sie dazu auf *Benutzerverwaltung* • *Benutzer anlegen* und füllen das Formular nach dem Muster wie in der Abbildung 3.15 aus.

Zwingend erforderlich ist nur die Angabe der Abteilung und des vollständigen Namens. Wenn Sie keine weiteren Daten angeben, erzeugen die Tools den Login-Namen aus den Initialen und einer laufenden Nummer, in diesem Fall also `ks1001`. Als Anfangs-Passwort stellen die Tools den Vornamen `klaus` ein. Wenn Sie andere Login-Namen und Passwörter für Ihre Benutzer haben möchten, müssen Sie diese in die dafür vorgesehenen Felder eintragen.

Abbildung 3.15: Tools: Benutzer anlegen, hier Abteilungsleiter

Wenn Sie die Eingaben für einen Benutzer abgeschlossen haben, startet ein Klick auf *Benutzer anlegen* das Erstellen des Benutzer-Accounts.

Die Tools legen auch das Home-Verzeichnis des Benutzers an, in diesem Fall wäre das `/home/ksparsam`. Zusätzlich können die Tools auch Quotas für die neuen Benutzer anlegen. Dazu müssen Sie für einen Beispiel-Account die Quotas sorgfältig konfigurieren und diesen Account den Tools als Muster nennen. Die Einstellungen des Musters übernimmt das Programm dann für alle neuen Benutzer.

Um die Quota-Unterstützung zu aktivieren, müssen Sie die Konfigurationsdatei `/srv/www/htdocs/tools/config.pl` bearbeiten.

Die Quota-Untersützung aktivieren Sie, indem Sie in der drittletzten Zeile das Kommentarzeichen # entfernen und den Benutzernamen `beispiel` durch einen passenden Benutzer ersetzen.

`/srv/www/htdocs/tools/config.pl` (Auszug, Ende der Datei):

```
# $FIRST_CH_UID gibt die UserID an, ab der Benutzer zum Aendern
angezeigt
# werden. Wenn man das Veraendern/Loeschen des root-Account
# verhindern moechte,sollte man diesen Wert entsprechend hoch setzen.
$FIRST_CH_UID = 1000;

# $LAST_CH_UID gibt die letzte UID an, nach der Benutzer zum Xndern
# nicht mehr angezeigt werden. (nobody hat 65534)
$LAST_CH_UID = 10000;

# $FIRST_NEW_UID gibt die erste UID an, die fuer neue Benutzer
# vergeben wird.
$FIRST_NEW_UID = 1000;

# $FIRST_CH_GID gibt die GruppenID an, ab der Gruppen verwendet werden
# duerfen. Zum Aendern der Gruppendaten, oder zum Aendern von
# Benutzerdaten.
$FIRST_CH_GID = 70;

# $LAST_CH_GID gibt die Letzte GruppenID an, bis zu der Gruppendaten
# ver aendert werden duerfen, oder Gruppendaten fuer Benutzer
# verwendet werden duerfen.
$LAST_CH_GID = 10000;

# $NEWUSER_SHELL gibt an, welche Shell ein Neuer Benutzer
# Standartmaessig bekommt.
$NEWUSER_SHELL = "/usr/bin/passwd";

# $USERADMINPFAD gibt den Pfad zum Benutzerverwaltungsmodul an.
$USERADMINPFAD = "benutzer/";

# $QUOTAUSER gibt den Benutzer an, dessen Quotas kopiert werden
#$QUOTAUSER="beispiel";

# $INTERFACE gibt an, ueber welches Geraet die Internetverbindung laeuft
$INTERFACE="ippp0";
```

Machen Sie sich ruhig auch mit den anderen Konfigurationseinstellungen in dieser Datei vertraut, sie ist ausführlich kommentiert.

3.5.5 Internet Start/Stop

Mit den Linuxbu.ch/Tools kann man festlegen, welche Benutzer über das lokale Netz das Internet anwählen können. In der Grundeinstellung können diese Funktion alle Mitglieder der Gruppen *ntadmin* und *leiter* aufrufen.

Abbildung 3.16: Tools: Internetverbindung

Wollen Sie dies erweitern oder einschränken, so müssen Sie die Datei `modinfo.dat` im Verzeichnis der jeweiligen Funktion, hier `/srv/www/htdocs/tools/admin/internet/modinfo.dat`, bearbeiten:

```
index.cgi
Internet Start/Stop
Starten/Stoppen der Internet-Verbindung
1
1
0
0
0
/htmldoc/mods/internet.html
# Ende der Datei
```

Der Aufbau dieser Konfigurationsdatei ist immer gleich:

1. Zeile: Startprogramm des Moduls
2. Zeile: Kurztext für das Menü

3. Zeile: Langtext für die Statuszeile im Menü
4. Zeile: Ausführungsrechte für `ntadmin 0 = nein, 1 = ja`
5. Zeile: Ausführungsrechte für `leiter 0 = nein, 1 = ja`
6. Zeile: Ausführungsrechte für `mitarbeiter 0 = nein, 1 = ja`
7. Zeile: Logging für `Aktionen 0 = nein, 1 = ja`
8. Zeile: Logging für `Fehler 0 = nein, 1 = ja`
9. Zeile: frei
10. Zeile: Hilfetext (spätere Erweiterung)

Entscheidend für das Vergeben von Rechten sind die Zeilen 4, 5 und 6. Hier stehen die Werte `1` und `0`. Damit verbieten Sie nur den Mitgliedern der Gruppe *mitarbeiter*, eine Verbindung aufzubauen. Wollen Sie erlauben, dass auch diese die Funktion nutzen, so müssen Sie die erste `0` durch eine `1` ersetzen.

Die Interneteinwahl kann sehr unterschiedlich erfolgen, per Modem, ISDN oder T-DSL. Die Linuxbu.ch/Tools erwarten daher, dass Sie in der Konfigurationsdatei das Interface korrekt angegeben haben.

`/srv/www/htdocs/tools/config.pl` (Auszug, Ende der Datei):

```
# $INTERFACE gibt an, über welches Geraet die Internetverbindung laeuft
$INTERFACE="ippp0";
```

Die Tools benutzen für die Steuerung der Internetverbindung das Programm `cinternet`, welches Sie im Kapitel 12 kennenlernen werden.

Die Linuxbu.ch/Tools können Sie relativ leicht um weitere Module erweitern. Eventuell finden sich ja Leser, die bereit sind, eigene Entwicklungen beizutragen.

3.6 Benutzerverwaltung in großen Netzen

Wenn Sie Linux-PCs im Netz betreiben, werden Sie nicht alle Administrationsaufgaben der Benutzerverwaltung auf allen Rechnern wiederholen wollen.

Das noch vor Jahren hierfür meist eingesetzte Network Information System (*NIS*), (Yellow Pages) entspricht seit langem nicht mehr den heutigen Sicherheitsanforderungen und ist weder hinreichend flexibel noch erweiterbar. Deshalb setzten sich hier hierarchische Datenbanken durch. Von der X.500-Protokollfamilie, welche einen umfangreichen Verzeichnisdienst definiert, stammt das Lightweight Directory Access Protocol (*LDAP*) ab. *Directory* bezeichnet im englischen Sprachgebrauch ein Verzeichnis. LDAP ist leseoptimiert. Daher eignet es sich besonders für Aufgaben wie das Authentifizieren von Benutzern und Adressbüchern, bei denen Abfragen überwiegen.

LDAP ist nicht ursprünglich als Benutzerverwaltung entwickelt worden. Sie können darin weit mehr als die Daten und Passwörter Ihrer Benutzer ablegen. So könnten Sie beispielsweise Mitarbeitern deren Fotos zuordnen, zusätzliche Telefonnummern speichern oder die URL ihrer Homepage hinterlegen. Sie sind hier nicht an Vorgaben gebunden, die Sie vielleicht bei NIS als einschränkend empfunden haben. LDAP ist kein Linux/Unix-Spezifikum. Microsoft verwendet seit Windows 2000-Server seine eigene Version davon unter dem Namen Active Directory (*AD*). Dieses macht nichts anderes als eine LDAP-Datenbank: Es verwaltet insbesondere Benutzer- und Maschinenkonten.

Damit Sie die Benutzer Ihrer Organisation mit LDAP verwalten können, benötigen Sie neben der Datenbank weitere Komponenten.

- LDAP selbst stellt lediglich die Funktionen zur Datenverwaltung bereit. Es speichert die Informationen und gibt sie bei Bedarf an Berechtigte heraus. LDAP läuft als Serverprozess auf einem der Linux-Server. Alternativ zu einem Linux-Server können Sie ein Active Directory eines Windows 2000/2003-Servers verwenden. In diesem Fall installieren Sie die Samba-Komponente `samba-winbind`, die mit PAM (s. u.) zusammenarbeitet.
- Weiterhin konfigurieren Sie den *Name Service Switch* (*NSS*). Dieser macht Ihre Benutzer auf Ihren Linux-PCs gegenüber dem System bekannt. Vernetzte PCs mit zentraler Benutzerverwaltung verfügen über keine oder über nur sehr wenige Benutzerdaten. Verschiedene Benutzerdatenbanken können Sie mit NSS miteinander verknüpfen und gemeinsam nutzen.
- Die *Pluggable Authentication Modules* (*PAM*) sind eine Erweiterung der zentralen C-Bibliothek Ihres Linux-Systems. Sie bewachen die Zugänge zur Maschine. Sie können Benutzer authentifizieren, das Neusetzen der Passwörter koordinieren und weitere Routinen für den Zugang zu PCs anbieten. So könnte beispielsweise eine PAM-Komponente ein Samba-Homeverzeichnis einbinden, da dieser Vorgang ebenfalls Benutzername und Passwort benötigt. So braucht ein PC seine Benutzer nicht zweimal nach diesen Daten zu fragen.
- Der *Name Service Caching Daemon* (*NSCD*) merkt sich für eine bestimmte Zeit Zuordnungen, beispielsweise zwischen numerischen User-IDs und den Namen von Accounts, damit Ihr Linux-PC nicht bei jedem Aufruf von `ls` den LDAP-Server fragen muss.

Die nächsten Abschnitte beschreiben, wie Sie diese Komponenten zu einer flexiblen, sicheren und leicht erweiterbaren Benutzerverwaltung zusammenführen.

3.6.1 Kurzeinführung in LDAP

LDAP ist eine hierarchische Datenbank. Anders als bei relationalen Datenbanken legt sie ihre Daten nicht in miteinander verknüpften Tabellen, sondern in einer Baumstruktur ab. LDAP eignet sich dadurch für sehr kompaktes Speichern von Benutzerinformationen jeder Art. Die Datenbasis lässt sich sogar so erweitern, dass LDAP Aufgaben für einen Samba-basierten Primary Domain Controller (PDC) übernehmen kann.

LDAP arbeitet objektorientiert. Jeder Directory-Eintrag beschreibt ein Objekt, welches eine Person, eine Verwaltungseinheit oder auch ein Server, ein Drucker usw. sein kann. Jeder Eintrag kann weitere Attribute besitzen, die einen Typ und einen bzw. mehrere Werte haben. Im hierarchischen Verzeichnis gibt es immer eine einzige Wurzel *root*, ähnlich wie beim UNIX/Linux-Verzeichnisbaum. Die Baumwurzel lässt sich hier wie dort weder verschieben noch im Betrieb verändern.

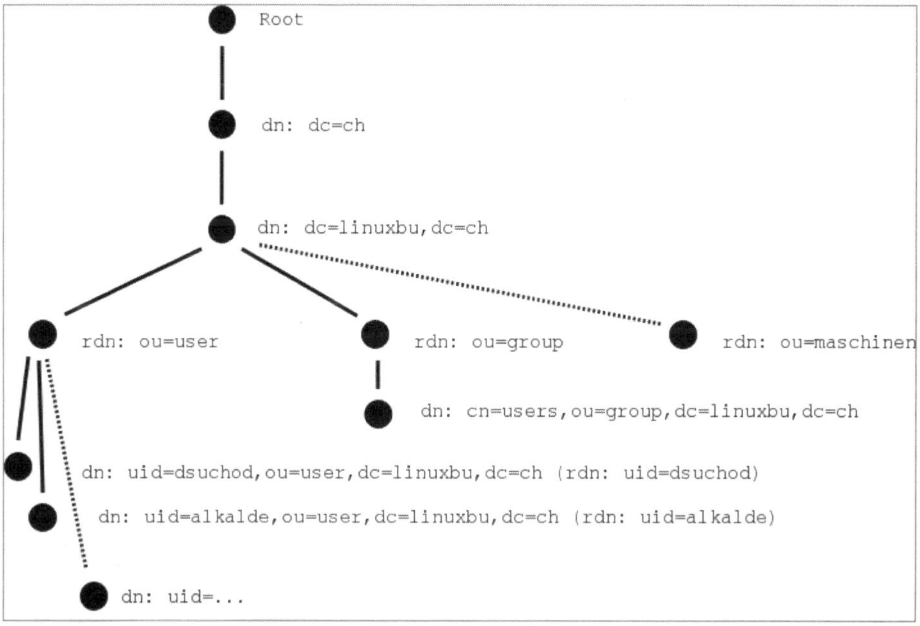

Abbildung 3.17: Eine LDAP-Beispielhierarchie

Clients müssen später Datensätze eindeutig identifizieren. Deswegen besitzt jedes Objekt im Verzeichnis einen eindeutigen Namen, den *Distinguished Name* (*dn*), deutsch »ausgezeichneter Name«. Dieser setzt sich, von der Wurzel aus gelesen, aus den bisherigen Distinguished Names zusammen. Je tiefer Sie in die Baumhierarchie hinabsteigen, desto länger wird er. Es gibt mehrere Möglichkeiten, eindeutige Namen zu erreichen:

- *Domain Components* (dc) oder
- *Country* (c), *Organization* (o)

Microsoft beispielsweise setzt in seinen Active Directories Domain Components ein. Sie stellen auf eine sehr leicht verständliche Weise sicher, dass die Objekte auf jeder Hierarchieebene eindeutig sind. Die Wurzel bezeichnet man beginnend mit der Toplevel-Domain einer Site, also beispielsweise mit *de*. In den darunter liegenden Hierarchien folgen Second-Level-Domain-Namen, wie *mydomain* und, falls erforderlich, Sublevel-Domain-Namen, wie *entwicklung*. Ab dann verwenden sie meistens andere Bezeichner, wie *Organizational Unit* (*ou*). Sie können alternativ dazu das traditionelle Verfahren einsetzen, die Top-Level-Objekte *Country* und *Organization* zu verwenden.

Einträge zu einem Objekt heißen Attribute. Der *Common Name* (*cn*) ist ein allgemeiner Bezeichner, ein für Menschen gut les- und merkbares Attribut, ähnlich einem Rechnernamen. An den Baumenden ist dieses Attribut häufig Bestandteil des *dn*. In den folgenden Beispielen ist die User-ID *uid* Bestandteil des *dn*, da sie auf jeden Fall eindeutig ist.

Für viele Standarddaten sind bereits Klassen vordefiniert. Diese können voneinander Eigenschaften und definierte Attribute erben. So ist die üblicherweise für Personendaten verwendete Klasse `InetOrgPerson` von `OrganizationalPerson` und diese wieder von `Person` abgeleitet. Zu einer Person gehören zwingend als sogenannte Must-Attribute die Objektklasse `objectClass` selbst, der Nachname `sn` und der `commonName`, üblicherweise Vor- und Nachname. Zusätzlich gibt es mit MAY gekennzeichnet optionale Attribute, wie eine beliebige Beschreibung `description`, Verweise auf ein anderes Objekt `seeAlso`, eine Telefonnummer `telephoneNumber` oder ein Passwort `userPassword`. Da mit einer Person häufig noch weitere Eigenschaften verknüpft sind, gibt es die abgeleitete Objektklasse `organizationalPerson`. Diese erbt die Eigenschaften von `Person` und definiert darüber hinaus optionale Eigenschaften.

```
dn: uid=alkalde,ou=people,dc=mydomain,dc=site
cn: Anna Alkalde
gidNumber: 100
givenName: Anna
homeDirectory: /home/alkalde
loginShell: /bin/bash
objectClass: top
objectClass: posixAccount
objectClass: inetOrgPerson
sn: Alkalde
uid: alkalde
uidNumber: 1001
userPassword:: e2NyeXB0fUZBdzBSbGhXU3ZkRzY=
```

Das Beispiel zeigt einen typischen LDAP-Eintrag einer Person. Die Objektklasse ist `InetOrgPerson`. Sie hat von `Person` die zwingenden Attribute `sn` und `cn` geerbt und erlaubt weitere Attribute wie `employeeNumber`. Kombiniert ist `InetOrgPerson` mit `posixAccount` und `shadowAccount`. Diese Objektklassen liefern weitere Felder, wie `uidNumber` oder `homeDirectory`.

3.6.2 Benutzerverwaltung mit LDAP

Für eine einfache Benutzerverwaltung benötigt ein Linux-System folgende Objekte:

- einen Common Name als Bezeichner des tatsächlichen Namens einer Person,
- eine eindeutige Zeichenfolge als UserID,

- eine eindeutige Benutzer- und Gruppennummer,
- ein Heimatverzeichnis,
- eine Login-Shell und
- eventuell ein Benutzerpasswort.

Soll die Datenbank die Einheitlichkeit der Adressbücher der Mitarbeiter sicherstellen, sollten Sie außerdem Daten wie Telefonnummer, E-Mail-Adresse, persönliche Webseite usw. speichern.

LDAP bietet Administratoren viel Freiheit beim Organisieren der Datensätze. Solange sie sich an die LDAP-Standards halten, können sie die Benutzerdaten in der Datenbank in sehr verschiedener Weise ablegen:

- Sie könnten auf einer Hierarchieebene verschiedene Unterbäume für einzelne Abteilungen anlegen und diesen Abteilungen ihre Benutzer zuzuordnen.
- Viele Administratoren ordnen alle Mitarbeiter in einem einzigen Baum an und vermerken in einem weiteren Attribut die Abteilung des Mitarbeiters. Dieses Modell erleichtert das Aktualisieren der Datenbank nach einem Wechsel der Abteilung.

Die Designentscheidung hat später Einfluss auf die Angabe des Suchfilters für die LDAP-Client-Konfiguration. Für den Anfang bieten die YaST2-Komponenten von OpenSUSE einen guten Einstieg. Machen Sie sich zunächst damit vertraut, bevor es danach tiefer in Details geht.

3.6.3 Aufsetzen eines OpenLDAP-Servers

Wenn in Ihrem Netz schon ein LDAP-Server arbeitet und Sie diesen benutzen möchten oder sollen, überspringen Sie bitte diesen Abschnitt.

OpenLDAP2 ist eine freie Implementierung der Version 3 des LDAP-Standards. Bei OpenSUSE 11 können Sie den Server mit Tools und Hilfsprogrammen in der YaST-Paketauswahl durch die Suche von `ldap` finden.

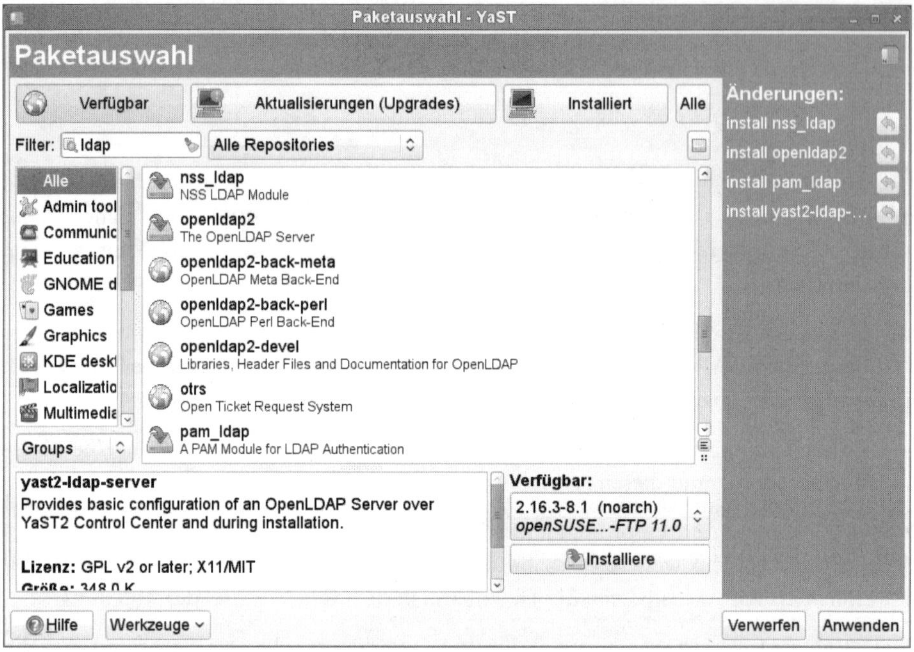

Abbildung 3.18: Installation der benötigten LDAP-Komponenten zur Benutzerverwaltung

Für einen Linux-LDAP-Server zur Benutzerverwaltung benötigen Sie die folgenden Pakete:

- `openldap2` – den OpenLDAP2-Server,
- `nss_ldap` – LDAPv3-Modul des NSS für LDAP-Benutzer-Identifiation
- `pam_ldap` – LDAPv3-Modul für PAM für LDAP-Benutzer-Authentifizierung
- `yast2-ldap-server` – zur LDAP-Konfiguration via YaST-Modul. Nach der Installation zeigt Ihnen das YaST-Menü den Eintrag *Netzwerkdienste* • *LDAP-Server*.

Die Installation legt einige Verzeichnisse und Konfigurationsdateien für OpenLDAP an. Der LDAP-Server erwartet seine Konfigurationdatei `slapd.conf` unterhalb von `/etc/openldap`. Die Dateien der laufenden Datenbank landen üblicherweise im Verzeichnis `/var/lib/ldap`. Dieses Verzeichnis können Sie in der Konfigurationsdatei wie voreingestellt verwenden oder anders angegeben.

Zusammen mit dem LDAP-Paket erhalten Sie etliche Kommandozeilenprogramme. Die Werkzeuge `ldapsearch`, `ldapadd`, `ldapdelete` und `ldapmodify` für Operationen auf der LDAP-Datenbank stehen im Verzeichnis `/usr/bin`.

Bevor Sie mit ihren frisch installierten Server jetzt Daten erfassen, richten Sie ihn durch Erstellen einer Konfiguration in YaST via *Netzwerkdienste* • *LDAP-Server* ein.

Abbildung 3.19:
Einrichtung des LDAP-Servers durch Klicken auf *Konfigurieren*

Im nächsten Konfigurationsdialog legen Sie unterhalb des Punktes *Datenbanken* eine neue Datenbank an.

Abbildung 3.20:
Konfiguration des LDAP-Servers

Dieser Klick eröffnet ein neues Dialogfeld *Konfiguration des LDAP-Servers*, in dem Sie die grundsätzlichen Einstellungen Ihrer LDAP-Benutzerverwaltung eintragen, wie die Bezeichnung des Basis-DN und das Passworts für den LDAP-Administrator. Die *Globalen Einstellungen* können Sie mit den Vorgabewerten belassen. Unterhalb von *Datenbanken* aktivieren Sie *Datenbank hinzufügen.*

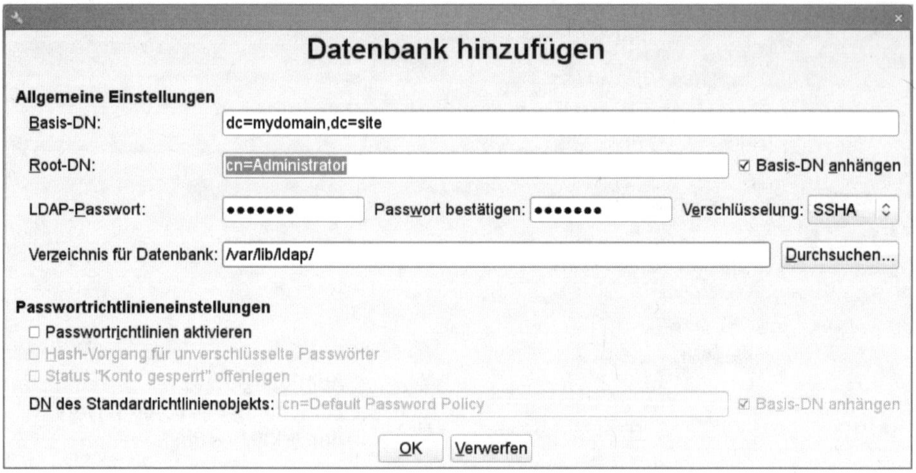

Abbildung 3.21: Legen Sie hier die *Allgemeinen Einstellungen* fest

Die Festlegung der Passwortrichtlinien klappt nicht immer gleich, passen Sie sie am besten später an. Wenn Sie später z. B. die Passwortrichtlinien ändern wollen, können Sie das im vorherigen Dialog tun, der nun einen Eintrag Ihrer gerade erstellten Datenbank enthält.

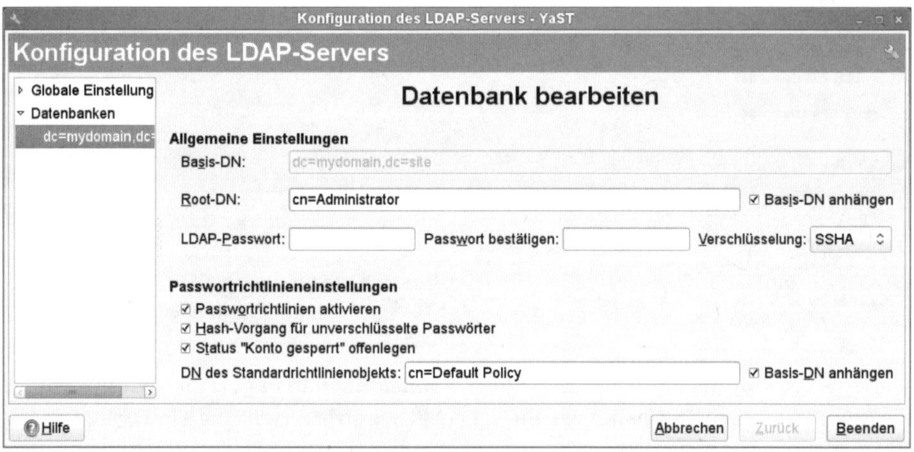

Abbildung 3.22: Aktivieren der Passwortrichtlinien

Beim Klicken auf *Beenden* fragt das Dialogfenster, ob Sie das Richtlinienobjekt anlegen wollen. Dieses bestätigen Sie und nehmen dann Ihre gewünschten Einstellungen vor.

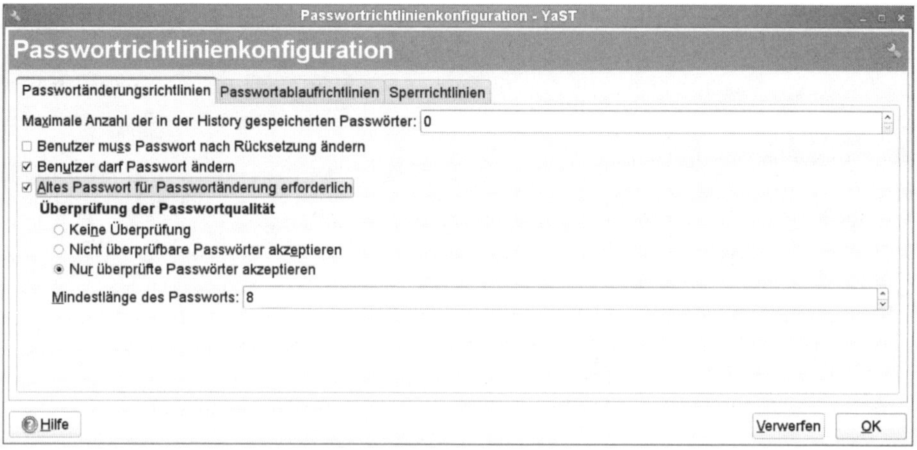

Abbildung 3.23: Standards für Passworte festlegen

Nach Abschluss der Konfiguration mit *Beenden* startet YaST den LDAP-Server neu. Wenn Sie das Startverhalten des Servers ändern wollen, können Sie dieses in YaST mittels *System* • *Runlevel-Editor* einstellen.

Abbildung 3.24: Bearbeiten der Runlevel

Hinweis: Das Benutzer-Interface der LDAP-Server ist nicht ganz ausgereift. Wenn Sie eine Datenbank löschen wollen, sollten Sie dieses per Hand tun: Löschen Sie das gleichnamige Verzeichnis in `/var/lib/ldap` und entfernen Sie die Einträge aus `/etc/openldap/slapd.conf`.

Nach dem Start des Dienstes erfolgt ein kleiner Test, ob der Server antwortet. Er müsste sich melden, kann aber noch keine Informationen ausgeben, da Sie noch keine Benutzerdaten eingetragen haben. Mit dem folgenden Befehl an der Kommandozeile prüfen Sie, ob der Directory-Administrator sich erfolgreich nach Eingabe seines Passwortes mit der Datenbank verbinden darf.

```
ldapsearch -x -D "cn=Administrator,dc=mydomain,dc=site" -W
# extended LDIF
#
# LDAPv3
# base <> (default) with scope subtree
# filter: (objectclass=*)
# requesting: ALL
#
# search result

search: 2
result: 32 No such object
# numResponses: 1
```

Wenn Sie diese Ausgabe sehen, hat alles geklappt. Die Schalter für die Kommandozeile gelten für die meisten OpenLDAP-Tools. Sie haben folgende Bedeutung:

- `x - simple Authentication`, sollte eigentlich immer angegeben werden.
- `D` – Distinguished Name des Datenbankadministrators oder eines anderen Benutzers, unter dessen ID Sie auf die Datenbank zugreifen wollen.
- `W` – fragt interaktiv nach einem Passwort, meistens zusammen mit `-D`. Mit *w* können Sie das Passwort direkt angeben, z. B.: `-w Geheim`.
- `f` – lesen aus einer Datei mit anschließender Angabe des Dateinamens. Spielt bei `ldapadd` oder `ldapmodify` eine Rolle.
- `h` – gibt den Rechnernamen oder die IP des LDAP-Servers an, z. B. `-h 127.0.0.1`.
- `H` – gibt den Unified Resource Indicator (*URI*) für eine LDAP-Quelle an. Für eine verschlüsselte Verbindung auf den Server ldap.mydomain.site sieht die Angabe so aus: `-H ldaps://ldap.mydomain.site:636`. Den Port müssen Sie nicht angeben, wenn Sie den Standardport für verschlüsselte Verbindungen `636` wählen. Der Standardport für unverschlüsselte Verbindungen lautet `389`. Diesen Parameter benötigen Sie nur, wenn Sie oder YaST2 die LDAP-Quelle nicht in der `/etc/openldap/ldap.conf` konfiguriert haben.
- b – setzt den obersten Knoten für die Suche auf dem LDAP-Baum. So können Sie die Suche einschränken und dadurch beschleunigen. Suchen Sie beispielsweise nur Benutzer, ist die folgende Angabe sinnvoll: `-b ou=user,dc=mydomain,dc=site`. Sie müssen ebenfalls einen Startknoten für allgemeines Suchen angeben, wenn

dieser nicht in der `ldap.conf` definiert ist, da Ihr Suchergebnis sonst leer bleiben könnte.

- `d` – legt den Debug-Level fest. Das ist hilfreich, um je nach Level ausführlichere Ausgaben zu erhalten, wenn Sie auf Fehlersuche gehen.

3.6.4 Benutzer einfügen

Nun wird es Zeit, Daten zu erfassen. Hierzu stehen Ihnen viele Wege offen. Ein Weg führt über die YaST2-LDAP-Client-Einstellung: *Netzwerkdienste • LDAP-Client.*

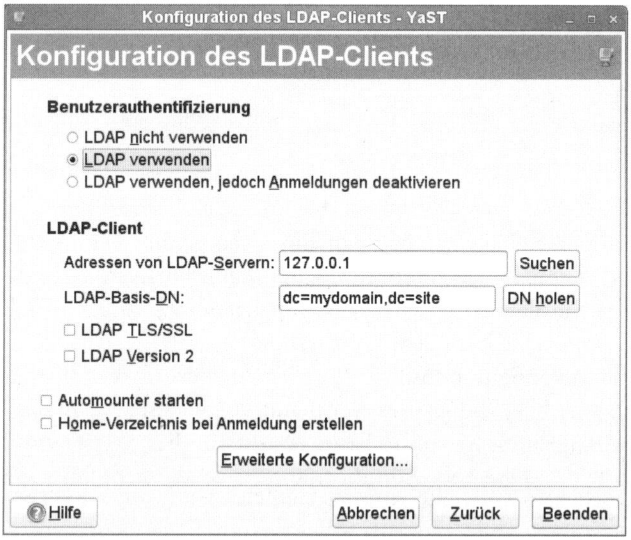

Abbildung 3.25: Das erste Konfigurationsfenster der Client-Einstellung

Als erstes aktivieren Sie im Bereich Benutzerauthentifizierung *LDAP verwenden.* Dann tragen Sie Ihren LDAP-Base-DN ein: `dc=mydomain,dc=site` und schalten die verschlüsselte Übertragung zum Server aus, solange Sie nur lokal arbeiten. Die Adressen des LDAP-Servers können Sie für die lokale Verwendung auf der Maschine selbst vorerst so belassen. Der neu konfigurierte Server startet damit vorerst nur auf dem lokalen Interface `127.0.0.1`, womit Sie Angriffe in der Setup- und Testphase vermeiden. Dann geht es über *Erweiterte Konfiguration* zum nächsten Dialog.

Abbildung 3.26: Client- und Verwaltungseinstellungen

Die meisten Felder hat YaST2 bereits automatisch mit Einträgen gefüllt. Die Client-Einstellungen können Sie so belassen. In den Verwaltungseinstellungen legen Sie noch den Administrator-DN fest, so wie Sie ihn bei der Serverkonfiguration festgelegt haben. Die hier eingetragenen Daten finden Sie nach dem Speichern in `/etc/sysconfig/ldap` wieder. Sie können die Standardkonfigurationsobjekte durch Anklicken von *OK* nun automatisch erzeugen lassen. Anschließend geht es weiter mit der Schaltfläche *Einstellungen für die Benutzerverwaltung konfigurieren* .... Beim Zugriff auf diese Maske fragt YaST2 nach dem Kennwort des Directory-Administrators. Die Authentifizierung benötigt es, um Daten in der Datenbank einzutragen.

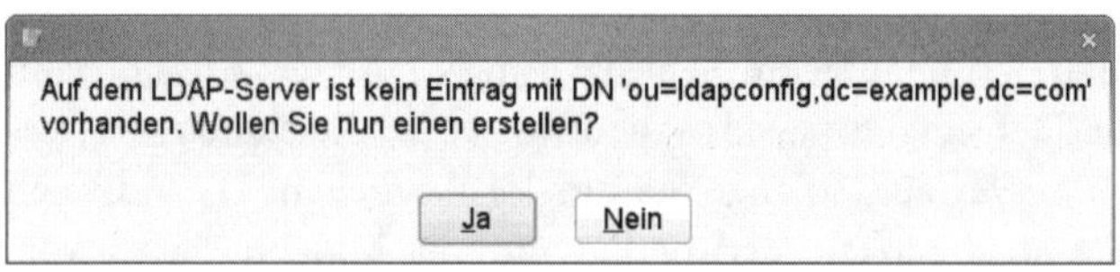

Abbildung 3.27: Diese Frage bestätigen Sie mit *Ja*.

Hinweis: Schlägt eine Eintragung im LDAP-Server mit dem Hinweis auf unzureichende Rechte fehl, starten Sie die LDAP-Client-Einstellung neu und authentifizieren Sie sich erneut als LDAP-Administrator.

Abbildung 3.28:
Anlegen und Konfiguration von Modulen

Das Fenster *Konfiguration von Modulen* legt Konfigurationsgruppen an. Um einen neuen Abschnitt des LDAP-Baums zu erzeugen, in dem LDAP Gruppen ablegen soll, hier `group`, klicken Sie auf *Neu*.

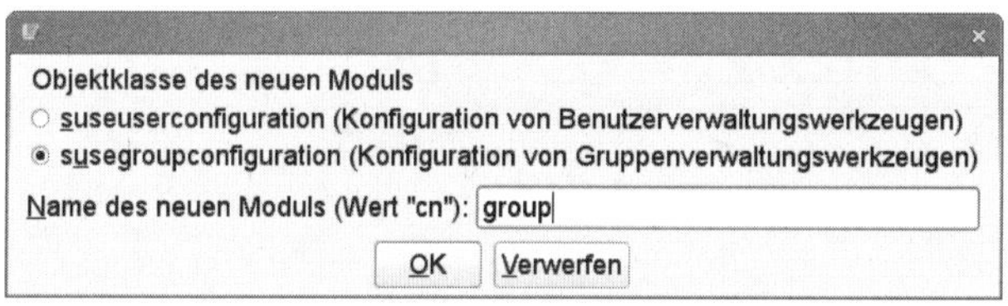

Abbildung 3.29:
Anlegen von »group«

Anschließen legen Sie mit *Neu* den Knoten für die Benutzerverwaltungswerkzeuge an, hier `user` genannt. In beiden Fällen können Sie durch *Vorlage konfigurieren* weitere Details einstellen.

Schließen Sie dann mit *OK* und *Beenden* die LDAP-Client-Konfiguration. Die Datenbank enthält nun schon mehrere Einträge. Diese zeigt Ihnen `ldapsearch -x`. Jedoch kennt Ihre Datenbank immer noch keine Benutzer. Diese fügen Sie in YaST2 in *Sicherheit und Benutzer* mit dem Unterpunkt *Benutzer- und Gruppenkonfiguration* hinzu.

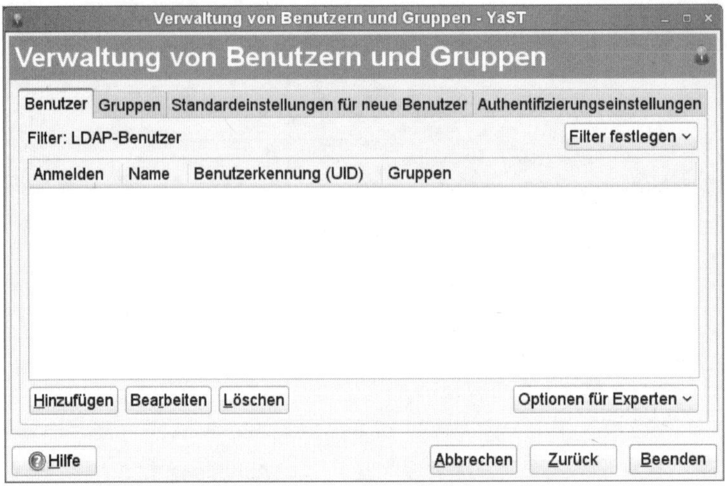

Abbildung 3.30: LDAP-Datenbank mit Benutzerdaten füllen

In der Tabelle der Benutzer sehen Sie zuerst nur alle bereits angelegten lokalen Accounts, da im LDAP selbst noch keine Accounts eingetragen sind. Über *Filter festlegen • LDAP-Benutzer* erhalten Sie eine neue Sicht der Tabelle. Das Dialogfenster fragt Sie nach dem Kennwort des LDAP-Administrators.

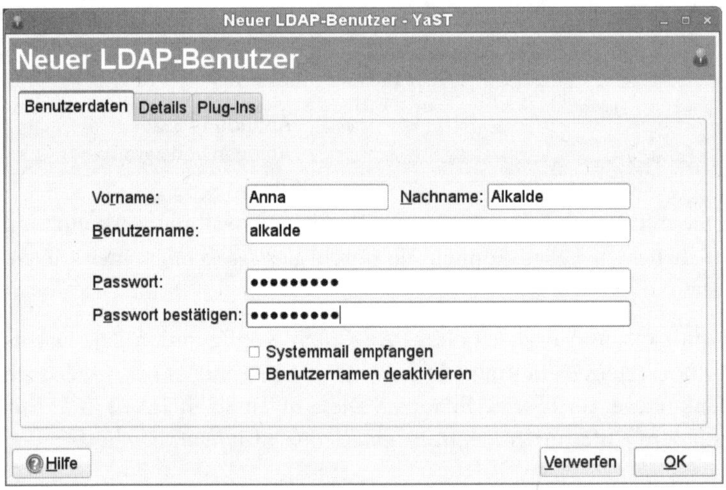

Abbildung 3.31: neue Benutzerin im LDAP hinzufügen

So können Sie Ihre Benutzer im LDAP nacheinander eintragen. Einstellungen unter Details oder Plug-Ins können Sie üblicherweise beibehalten.

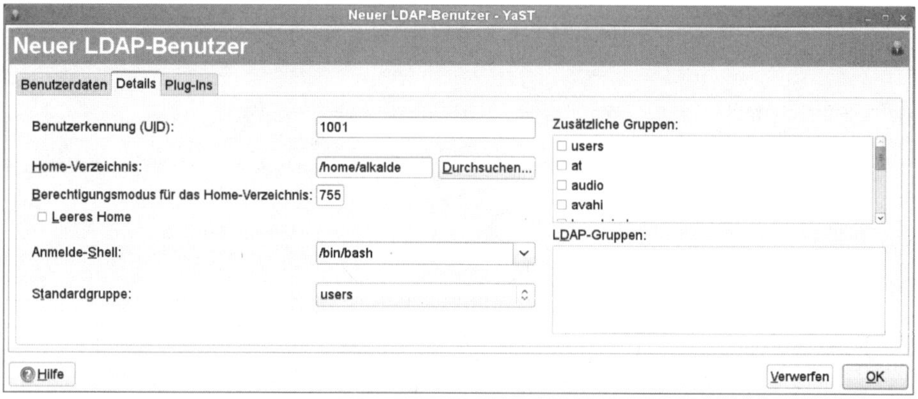

Abbildung 3.32: Account-Details anpassen

Wenn Sie nun über *Filter festlegen • Benutzerdefinierte Filtereinstellung ...* die LDAP-Benutzer aktivieren, listet eine Tabelle sowohl lokale als auch LDAP-Accounts auf.

Mit *Beenden* aktivieren Sie Ihre Einstellungen. Mit dem Befehl

```
linux:~ # id alkalde
uid=1001(alkalde) gid=100(users) Gruppen=100(users)
```

können Sie nachsehen, ob Ihre neu angelegte Benutzerin dem System bekannt ist. Nun sollte sich diese Nutzerin auch an einer Konsole oder mit `ssh` an dem PC anmelden können. Das Home-Verzeichnis ist dank Ihrer Einstellungen in der Benutzerverwaltung durch das YaST-Modul *Benutzer und Gruppenkonfiguration* bereits automatisch erstellt worden.

3.6.5 Mit OpenLDAP direkt arbeiten

Bisher hatten Sie mit den Komponenten LDAP, NSS und PAM nicht direkt zu tun. Die Einstellungen erledigten die YaST2-Module. Wenn Sie viele Benutzer gleichzeitig anlegen wollen, möchten Sie das vielleicht nicht interaktiv machen. Der Eintrag unserer soeben angelegten Benutzerin sieht wie folgt aus:

```
linux:~ # ldapsearch -x -D "cn=Administrator,dc=mydomain,dc=site" -W
  ➥ uid=alkalde
Enter LDAP Password:
# extended LDIF
#
# LDAPv3
# base <dc=mydomain,dc=site> (default) with scope subtree
# filter: uid=alkalde
# requesting: ALL
#

# alkalde, people, mydomain.site
```

```
dn: uid=alkalde,ou=people,dc=mydomain,dc=site
cn: Anna Alkalde
gidNumber: 100
givenName: Anna
homeDirectory: /home/alkalde
loginShell: /bin/bash
objectClass: top
objectClass: posixAccount
objectClass: inetOrgPerson
sn: Alkalde
uid: alkalde
uidNumber: 1001
userPassword:: e2NyeXB0fUZBdzBSbGhXU3ZkRzY=

# search result
search: 2
result: 0 Success

# numResponses: 2
# numEntries: 1
```

Wollen Sie weitere Benutzer nicht-interaktiv im LDAP anlegen, können Sie auf Basis des oben gezeigten LDIFs eine Datei erzeugen:

```
# LDIF-Datei für ein neuen Beispielnutzer: debacher
dn: uid=debacher,ou=people,dc=mydomain,dc=site

cn: Uwe Debacher

gidNumber: 100

givenName: Uwe

homeDirectory: /home/debacher

loginShell: /bin/bash

objectClass: top

objectClass: posixAccount

objectClass: inetOrgPerson

sn: Debacher

uid: debacher

uidNumber: 1002

userPassword: TestPW
```

Die Beispieleinträge wurden einfach von der mit YaST erzeugten Vorlage abgeleitet. Das Passwort wird automatisch in die kodierte Form beim Eintrag übersetzt. Da das Home-Verzeichnis nicht automatisch generiert wird, müssen Sie dies manuell vornehmen. Das Kommando `ldapadd` zum Einfügen von Objekten in die Datenbank wie im folgenden Listing kennen Sie schon aus dem vorherigen Abschnitt.

```
linux:~# ldapadd -c -x -D "cn=Administrator,dc=mydomain,dc=site" -W
  ➥ -f ldif

Enter LDAP Password:

adding new entry "uid=debacher,ou=people,dc=mydomain,dc=site"
```

Der Kommandozeilenschalter `-c` sorgt dafür, dass das Kommando nicht abbricht, wenn schon Daten eingetragen sind. So können Sie Ihr LDIF einfach erweitern und erneut laden, um einen oder mehrere weitere Accounts hinzuzufügen. Hier im Beispiel legen Sie einfach nur einen Unterknoten für den Benutzer (`debacher`) an. Für weitere Benutzer nehmen Sie den Eintrag als Vorlage.

Sind Sie mit einem Eintrag nicht einverstanden, können Sie ihn mit `ldapdelete` wieder entfernen:

```
ldapdelete -x -D "cn=Administrator,dc=mydomain,dc=site" -W
  ➥ "uid=debacher,ou=people,dc=mydomain,dc=site"
```

Sie können jedoch keine Knoten entfernen, in denen noch Einträge vorhanden sind. Der Versuch, den Baum `ou=people,dc=mydomain,dc=site` zu löschen, schlägt fehl, solange darunter noch ein Benutzer (`alkalde`) in der Datenbank steht. Um den Inhalt einer kompletten Datenbank zu löschen, können Sie den Dienst stoppen und dann alle Dateien im Verzeichnis `/var/lib/ldap` entfernen.

```
rclinux:~/ldap # ldap stop
rclinux:~/ldap # rm /var/lib/ldap/*
rclinux:~/ldap # rcldap start
```

In der Standardeinstellung startet der LDAP-Server mit dem oben angegebenen Befehl nur auf der IP `127.0.0.1`. In dieser Einstellung arbeitet OpenLDAP nur unverschlüsselt. Möchten Sie den Server über das Netzwerk von entfernten Rechnern aus ansprechen, öffnen Sie erneut YaST *Netzwerkdienste • LDAP-Server*. Öffnen Sie den Firewall-Port und aktivieren Sie TLS. Dann sollten Sie auf entfernten Rechnern im YaST *Netzwerkdienste • LDAP-Client* öffnen und dort die IP Ihres LDAP-Servers eintragen. Ein Eintrag von `192.168.75.128:389 127.0.0.1:389` bewirkt, dass der Server-Prozess `slapd` auf den Interfaces mit den IP-Nummern `192.168.75.128` und `127.0.0.1` auf ankommende Verbindungen lauscht.

Fehler beim Versuch, Daten in LDAP einzufügen, können verschiedenste Ursachen haben. Diese sind manchmal nicht auf den ersten Blick sichtbar. Die folgenden Tipps helfen Ihnen hoffentlich bei der Fehlersuche:

- In der aktuellen Version des OpenLDAPs muss das Attribut, welches zum Aufbau des Distinguished Name verwendet wird, noch einmal in der Attributliste auftauchen.
- Weiterhin ist es erforderlich, immer die Objektklasse `top` anzugeben. Dieses ist eine generelle Klasse, die keine eigenen Must-Attribute definiert. Must-Attribute sind kumulativ: Mindestens eine Klasse ist neben `top` erforderlich, Werden mehrere Objektklassen angegeben, müssen alle Musts dieser Objektklassen gemeinsam erfüllt sein.
- Man kann nur leere Knoten löschen. Entfernen Sie alle Einträge nacheinander, ausgehend von denen, die am weitesten von der Wurzel weg sind, zu dieser hin. Den Inhalt der gesamten Datenbank löschen Sie einfacher direkt, wie oben gezeigt.

Zwei Dateien spielen für LDAP-Clients eine Rolle. Sie können das Verhalten eines LDAP-Clients mit den DNS-Einstellungen Ihres Linux-Systems vergleichen. Anders als bei NIS starten Sie für den LDAP-Client keinen eigenen Dienst. Die LDAP-Programme können die Daten zur Verbindung auf den Server aus der Datei `/etc/openldap/ldap.conf` lesen:

```
#BASE   dc=example, dc=com
#URI    ldap://ldap-master.example.com:666

#SIZELIMIT      12
#TIMELIMIT      15
#DEREF          never
TLS_REQCERT     allow
host    127.0.0.1
base    dc=mydomain,dc=site
```

Einige Parameter können Sie direkt auf der Kommandozeile angeben. Lesen Sie hierzu die Liste der Kommandozeilenschalter im Abschnitt zum OpenLDAP-Server.

Die beiden Erweiterungen der C-Bibliothek für die Benutzeranmeldung und -zuordnung PAM und NSS greifen ihrerseits auf die Datei `/etc/ldap.conf` zu. Diese Datei ist zur Erleichterung Ihrer Anpassungen ausführlich kommentiert.

Abbildung 3.33: Konfiguration eines entfernten LDAP-Servers

3.6.6 PAM im Einsatz

Im vorletzten Abschnitt hatten Sie die YaST2-Unterstützung zur Verwendung von LDAP zur Benutzerverwaltung kennengelernt. Nun möchten Sie vielleicht mehrere Linux-Maschinen mit LDAP-Authentifizierung einrichten und nicht jedes Mal die grafische Oberfläche verwenden. Sie möchten ebenfalls verstehen, was sich hinter den Kulissen abspielt.

PAM alleine genügt nicht zum Einbinden von LDAP-Benutzern. Damit Ihr Linux-Rechner mit diesen Nutzern umgehen kann, nachdem sich diese angemeldet haben, wurde auch der *Name Service Switch* durch YaST entsprechend eingerichtet. Hierzu sehen Sie sich die Datei `/etc/nsswitch.conf` an. Diese definiert die Quellen, aus denen die zentrale C-Bibliothek – beispielsweise aus einer im Dateisystem gespeicherten numerischen User-ID – den Namen des Accounts ermittelt:

```
# /etc/nsswitch.conf
[ ... ]
passwd: compat
group:  files ldap nis
[ ... ]
```

In diesem Beispiel befragt NSS zuerst die lokalen Dateien `/etc/passwd` oder `/etc/group` nach Benutzer- oder Gruppenzuordnungen. Anschließend nutzt sie hierzu LDAP. Zur Demonstration, dass Sie weitere Quellen angeben können, sehen Sie hier noch einen Eintrag für das traditionelle *Network Information System* (*NIS*). Damit greift Ihr Name Service Switch nach LDAP noch auf NIS zu. So können Sie schrittweise von NIS zu LDAP migrieren. Der `nscd` (Name Service Caching Daemon) speichert Anfragen an verschiedene Datenquellen zwischen (Caching). Der `nscd` merkt sich auch unbekannte Nutzer im sogenannten Negativ-Cache. Diese schlägt er dann nicht mehr nach, sondern meldet sofort ihre Nichtexistenz. Das kann ein kurzfristiges Problem erzeugen. Wenn `nscd` diesen Eintrag noch nicht vergessen hat, ist ein Benutzer nach dem Hinzufügen einer neuen Datenquelle nicht sofort dem System bekannt.

Ein Aufruf von

```
rcnscd restart
```

löscht den Cache und ermöglicht damit den sofortigen Zugriff auf den Benutzeraccount.

LDAP ist nur eines der Beispiele einer netzwerkbasierten gemeinsamen Benutzerverwaltung. Während früher NIS eingesetzt wurde, wird zukünftig Kerberos diese Rolle übernehmen, da es beispielsweise bei Microsofts ADS bereits integriert ist. Damit die zentrale C-Bibliothek eines Systems und Applikationen nicht bei jeder Änderung angepasst werden müssen, wählt PAM einen völlig neuen Ansatz. Die einzelnen Anwendungen benutzen zur Benutzeranmeldung Funktionen aus einer Bibliothek, die PAM bereitstellt. Die Funktionen benutzen ihrerseits passende PAM-Module zum Authentifizieren.

PAM kann jedoch noch mehr. Neben dem *Authentication Management* kann es sich ebenfalls um die Aufgaben *Account Management*, *Session Management* und *Password Management* kümmern. Jedes PAM-Modul muss mindestens einen, kann aber auch mehrere dieser Jobs abdecken.

Diese Aufteilung findet sich in den Konfigurationsdateien wieder: Für jede Aufgabe finden Sie keinen, einen oder mehrere Einträge.

Für einige Anwendungen ist es ein Problem, dass PAM rein passiv ist und stets von einer Applikation aufgerufen werden muss. Wenn Sie automatisch nach dem Durchziehen Ihrer Chipkarte oder dem Auflegen Ihres Fingers auf einem biometrischen Lesegerät eingeloggt werden wollen, muss eine Applikation regelmäßig pollen und die Authentifizierung anstoßen.

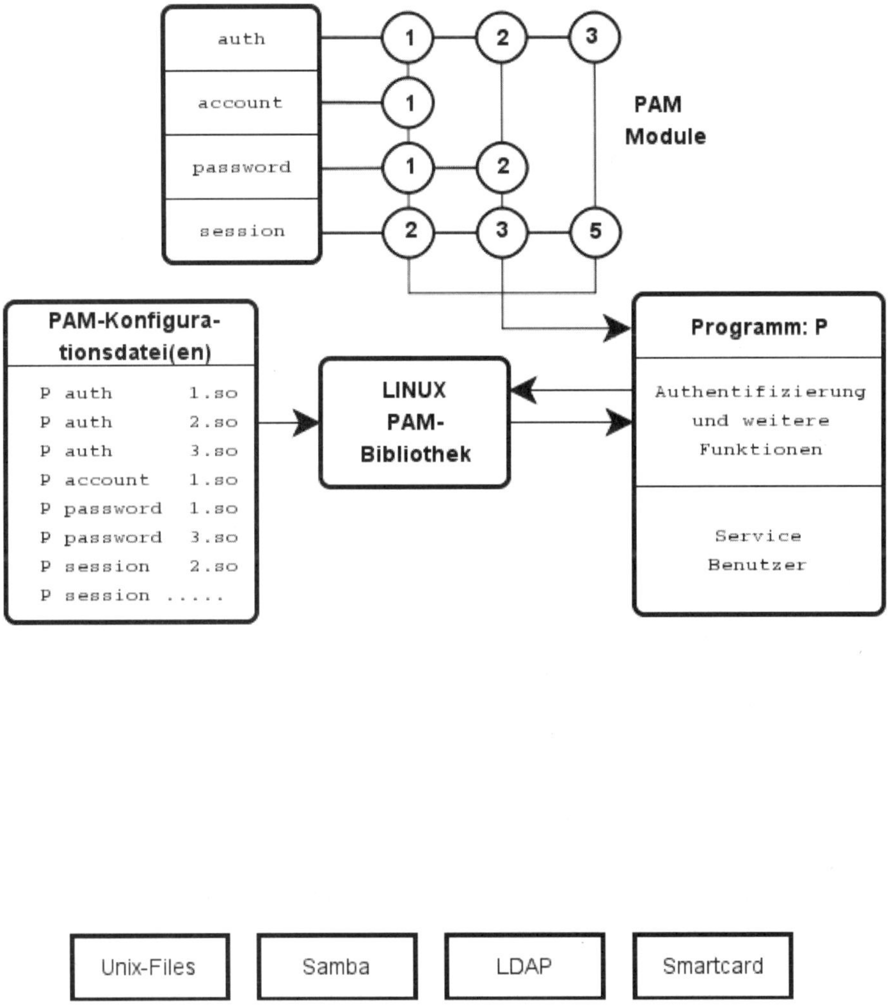

Abbildung 3.34: Die Funktionsweise von PAM

Die schematische Darstellung zeigt den Kommunikationsfluss zwischen den Applikationen und PAM. Die PAM-Bibliothek wird zur Laufzeit eines Programmes mit Benutzeranmeldung geladen. Das PAM-Modul kommuniziert zum einen mit der PAM-Bibliothek, um seine Parameter auszulesen. Zum anderen tauscht es Daten mit der Applikation aus, um an die Benutzerdaten wie Account-Name und Passwort zu gelangen.

Die PAM-Bibliothek ist bei SUSE ein eigenes RPM (`pam`, `pam-config` und `pam-modules`). Spezielle Module, die weitere Bibliotheken benötigen, wie das LDAP-Modul finden sich in separaten Paketen, die Sie bei Bedarf zusätzlich installieren (`pam_ldap`).

Bei der Installation legt PAM drei Verzeichnisse an:

- /lib/security
- /etc/security
- /etc/pam.d

/lib/security nimmt die Bibliotheksdateien auf. Dieses Verzeichnis enthält alle aktuell auf einem System installierten Standard-PAM-Module:

```
pam_access.so           pam_limits.so       pam_stress.so
pam_ck_connector.so     pam_listfile.so     pam_succeed_if.so
pam_cracklib.so         pam_localuser.so    pam_tally.so
pam_debug.so            pam_loginuid.so     pam_thinkfinger.so
pam_deny.so             pam_mail.so         pam_time.so
pam_echo.so             pam_make.so         pam_tty_audit.so
pam_env.so              pam_mkhomedir.so    pam_umask.so
pam_exec.so             pam_motd.so         pam_unix2.so
pam_faildelay.so        pam_namespace.so    pam_unix_acct.so
pam_filter              pam_nologin.so      pam_unix_auth.so
pam_filter.so           pam_permit.so       pam_unix_passwd.so
pam_ftp.so              pam_pwcheck.so      pam_unix_session.so
pam_gnome_keyring.so    pam_resmgr.so       pam_unix.so
pam_group.so            pam_rhosts.so       pam_userdb.so
pam_homecheck.so        pam_rootok.so       pam_warn.so
pam_issue.so            pam_rpasswd.so      pam_wheel.so
pam_keyinit.so          pam_securetty.so    pam_winbind.so
pam_lastlog.so          pam_shells.so       pam_xauth.so
pam_ldap.so             pam_smbpass.so
```

Einige Module verfügen über eigene Konfigurationsdateien, die ihr generelles Verhalten unabhängig von der aufrufenden Applikation steuern. Diese finden Sie im Verzeichnis /etc/security. Für die Konfiguration der PAM-Bibliotheken zu den einzelnen Diensten gibt es eine eigene Konfigurationsdatei unterhalb von /etc/pam.d.

```
atd                                   gnome-screensaver
chage                                 gnome-screensaver-smartcard
chfn                                  gnomesu-pam
chsh                                  login
common-account                        login.old
common-account.pam-config-backup      other
common-account-pc                     passwd
common-auth                           polkit
common-auth.pam-config-backup         ppp
common-auth-pc                        rpasswd
common-password                       samba
common-password.pam-config-backup     shadow
common-password-pc                    smtp
common-session                        sshd
```

```
common-session.pam-config-backup   su
common-session-pc                  sudo
crond                              su-l
cups                               useradd
gdm                                xdm
gdm-autologin                      xdm-np
gnome-passwd                       xscreensaver
```

Die Menge der Dateien in diesem Verzeichnis leitet sich aus der Zahl der PAM-fähigen Dienste ab, die Sie auf dem PC installiert haben. Die meisten Dienste nutzen gemeinsame Konfigurationsdateien wie `common-auth`, damit Sie nicht alle Einstellungen für jeden Dienst wiederholen müssen. Trotzdem unterscheiden sich die Einstellungen: So gewinnen Sie nichts, wenn das System bei einem entfernten SSH-Zugriff, wie beim Konsolenlogin, auf ein sicheres TTY überprüft. Ebenso verbieten Sie *root*-Logins besser direkt in der SSH-Konfiguration als mit PAM.

Beim Start legt jedes Programm in einer meist gleichnamigen Konfigurationsdatei seine Parameter fest, z. B. `xdm`. Leider stimmt das nicht immer, so dass es Netzwerkdienste gibt, bei denen das abschließende `d` fehlt, wie bei `ppp`, oder die abweichend bezeichnet sind, wie `samba`. Falls PAM keine passende Konfigurationsdatei findet, verwendet es die Datei `/etc/pam.d/other`. Wenn man nicht genau weiß, welcher Dienst diese Datei benutzt, sollte man sie wie im folgenden Beispiel möglichst restriktiv einstellen.

Generell sind alle Konfigurationsdateien einheitlich strukturiert.

```
#modultyp   modulsteuerung   modulpfad       argumente
auth        sufficient       pam_unix2.so    nullok
auth        required         pam_ldap.so     use_first_pass
account     required         pam_unix2.so
password    required         pam_unix2.so
session     required         pam_unix2.so
session     required         pam_env.so
session     required         pam_devperm.so
```

Der *Modultyp* legt die Management-Funktion eines Eintrags fest. Es gibt vier Modultypen:

- `auth` – Module in dieser Kategorie dienen der Benutzeridentifizierung durch klassische Abfragen von Benutzername/Passwort, durch biometrische Verfahren, Smartcard mit PIN oder Ähnliches. Voraussetzung sind Schnittstellen der angeschlossenen Geräte, wie Smartcard-Leser. In diesen Bereich fallen auch spezielle Module, die Benutzerkennung und Passwort abgreifen, um sie für einen authentifizierten Mount-Prozess des Home-Verzeichnisses z. B. von einem Samba-Server einzusetzen oder damit ein Kerberos-Token für NFSv4 zu holen.
- `account` – Diese Module verwalten den Zugriff auf Accounts nach der Anmeldeprozedur, um den Zugriff auf einen Dienst abhängig von der Uhrzeit oder dem Wochentag zu steuern.

- `password` – Diese Module steuern das Aktualisieren von Passworten oder Tokens. Verwendet das Kommando `passwd` die PAM-Bibliotheken, lässt sich festlegen, welche Passwörter das Programm ändert und akzeptiert. Gleichzeitig können Sie dadurch Passworte netzwerktransparent ändern.
- `session` – Module dieses Typs verwalten Einstellungen für die Sitzung des Benutzers. Hiermit kann man die im System verbrachte Zeit abrechnen. Ebenso fällt in diese Kategorie das Setzen von Limits oder Zugriffsberechtigungen auf Unix-Devices sowie das Mounten von Verzeichnissen. Benötigen Sie für letzteres ein Passwort, sollte dieser Vorgang im `auth`-Modul erfolgen. Das wäre bei Heimatverzeichnissen von einem Samba-Server der Fall.

In der Spalte `modulsteuerung` legen Sie fest, wie PAM auf Erfolgs- oder Fehlermeldungen der einzelnen Module reagiert. Die Standardbedingungen können Sie bei Bedarf verfeinert aufgliedern, indem Sie PAM-Module aufeinander stapeln. Diese Stacking genannten Stapel arbeitet PAM in der Reihenfolge ihrer Auflistung ab. Unter bestimmten Bedingungen können weiter unten stehende Module nicht erreicht werden. Das aufrufende Programm erfährt von diesem Vorgang der Abarbeitung das zusammengefasste Endergebnis als Statusbericht über Erfolg (*success*) oder Misserfolg (*fail*).

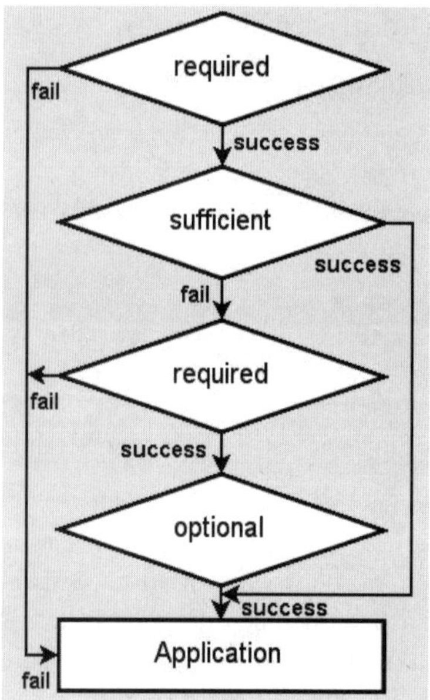

Abbildung 3.35: Die Funktion der Modulsteuerung

Für den Gesamterfolg eines PAM-Stapels kommt es auf die Einzelergebnisse an. Diese können mit unterschiedlichen Auswirkungen in die Gesamtwertung eingehen.

- `required` – Dieses Modul muss mit dem Status *success* beendet werden, damit das zusammengefasste Ergebnis aller Module dieses Typs erfolgreich sein kann. Ein

Misserfolg dieses Moduls zeigt sich erst, nachdem alle Module dieser Kategorie durchlaufen wurden.

- `requisite` – verhält sich ähnlich wie *required*, gibt jedoch die Kontrolle sofort an die Anwendung zurück. Der Rückgabewert ist der des ersten fehlgeschlagenen Moduls mit *required*- oder *requisite*-Steuerung.
- `sufficient` – Liefert dieses Modul die Statusmeldung *success* zurück, genügt dieses für PAM zur positiven Gesamtmeldung, wenn nicht zuvor ein vorher eingetragenes Modul mit *required* oder *requisite* fehlgeschlagen ist. Anschließend ruft PAM keine weiteren Module dieses Typs mehr auf. Das Ende der Prozedur wird zum Problem, wenn ein folgendes Modul mit dem User-Passwort einen Mount-Vorgang ausführen soll. Liefert ein Modul mit *sufficient*-Steuerung keine Erfolgsmeldung, ruft PAM die nachfolgenden Module auf. Der Misserfolg eines *sufficient*-Moduls bedeutet nicht das Fehlschlagen der Gesamtfunktion.
- `optional` – Bei diesem Modul entscheiden Erfolg oder Misserfolg nicht über den Gesamtrückgabewert. Ausnahmsweise geschieht dieses nur, wenn alle anderen Module im Stapel keinen definitiven Erfolg oder Misserfolg meldeten. Das Modul sollten Sie mit Vorsicht einsetzen, weil Sie Ihren Rechner unbedacht öffnen oder komplett absperren könnten. Die Beispiele weiter unten demonstrieren diese Risiken.

Je nach Art des Programms oder Dienstes ruft dieses bei Bedarf einen der vier Modultypen auf. Die PAM-Bibliothek geht nun alle Module, die in der Konfigurationsdatei zur dieser Kategorie vermerkt sind, nacheinander durch. Nach Erreichen des letzten Moduls oder dem vorzeitigen erfolgreichen Abbruch bei *sufficient* liefert sie den Gesamtstatus an die aufrufende Applikation zurück.

Der Modulpfad in der darauffolgenden Dateispalte legt fest, wo ein Modul installiert ist. Standardmäßig erwartet PAM seine Module in `/lib/security`. In diesem Fall reicht die Angabe des Modulnamens. Andernfalls gilt wie sonst bei Unix – Pfadnamen mit `/` beginnend werden als absolute Pfade interpretiert. Fehlt `/` , nimmt es einen Pfad relativ zu `/lib/security` an. So unterscheiden Sie selbst hinzugefügte Module von den üblicherweise installierten.

Die letzte Spalte *Argumente* ist optional und enthält nur bei einigen Modulen einen Eintrag. Argumente werden als Liste angegeben und dort durch Leerzeichen getrennt. Es gibt einfache Flags, wie `nullok` oder `use_first_pass` und Zuweisungen, z. B. `strict=false`. Es gibt von fast allen Modulen verstandene Argumente: `debug` liefert Diagnosemeldungen an den Systemlog-Dienst, `no_warn` unterdrückt sie. Authentifizierungs- und Passwortmodule kennen darüberhinaus `use_first_pass`. Sie versuchen dann, das Passwort des vorhergehenden `auth`-Moduls zu verwenden. Schlägt es fehl, meldet das Modul den Status *fail* zurück. Ähnlich wirkt für Authentifizierungsmodule `try_first_pass`. Das Modul versucht dann, das Passwort des vorhergehenden Moduls zu verwenden. Wenn dies fehlschlägt, fordert es Benutzer auf, ihr Passwort erneut einzugeben.

Inzwischen gibt es für PAM fast alle erdenklichen Module. Ein großer Teil ist bereits im Standard-RPM dabei oder durch die Installation der LDAP-Komponenten erfolgt.

Die nachstehende Datei `/etc/pam.d/xdm` zeigt ein typisches Beispiel einer PAM-Konfiguration mit drei hintereinander geschalteten Authentifizierungsmodulen:

- Das erste Modul überprüft, wenn die User-ID ungleich Null ist, ob eine Datei `/etc/nologin` existiert. Es unterbindet in diesem Fall eine weitere Anmeldung, da das Fehlschlagen eines `required`-Moduls zum Gesamtergebnis *fail* führt.
- Mit der nächsten Zeile versucht PAM, sich anmeldende Benutzer gegen die Standard-Unix-Dateien zu authentifizieren. Gelingt dieses, arbeitet es keine weiteren Module mehr ab.
- Schlägt dieser Schritt fehl, verwendet es das nächste Modul im Stapel.

Klappt die Anmeldung des Benutzers gegen den LDAP-Server, ist der Rückmeldewert *success.*

```
#%PAM-1.0
auth     include        common-auth
account  include        common-account
password include        common-password
session  required       pam_loginuid.so
session  include        common-session
session  required       pam_resmgr.so
```

Der größte Teil der Einstellungen wird in den `Include`-Dateien gemeinsam für eine Reihe von Diensten festgelegt, wie beispielsweise in `/etc/pam.d/common-auth`:

```
#%PAM-1.0
#

# This file is autogenerated by pam-config. All changes
# will be overwritten.
#
# Authentication-related modules common to all services
#
auth    required        pam_env.so
auth    sufficient      pam_thinkfinger.so
auth    sufficient      pam_unix2.so
auth    required        pam_ldap.so     use_first_pass
```

Diese Konfiguration eignet sich für Umgebungen, in denen es bis auf den Administrator keine lokal eingetragenen Benutzer gibt. Zuerst schaut PAM, ob eine Authentifizierung gegenüber den klassischen Unix-Dateien Erfolg hat. Dieses trifft nur bei *root* zu. Da der *root*-Benutzer nicht im LDAP gespeichert ist und kein zentrales Home-Verzeichnis hat, darf er auch nicht mehr bei den auf `pam_unix2` folgenden Modulen vorbeikommen. Das ist durch *sufficient* unterbunden.

pam_unix2 ist zusätzlich als Account-, Passwortänderungs- und Session-Modul eingesetzt. Die Accounting-Funktion dieses Moduls prüft anhand der Felder in der Shadow-Datei, ob der Account noch gültig ist. Ebenfalls testet das Modul, ob das Passwort abgelaufen ist. In diesem Fall kann es die Authentifizierung verschieben, bis der Benutzer sein Passwort aktualisiert hat. Es kann ebenfalls eine Warnung an den Benutzer ausgeben, dass er sein Passwort ändern sollte. Als Session-Modul zeichnet es einfach nur den Benutzernamen und den Diensttyp über den Syslog-Dienst auf. Das Modul pam_env.so setzt Umgebungsvariablen, die in /etc/security/pam_env.conf stehen. pam_mail.so ist als *optional* eingetragen, darf also ohne Konsequenzen fehlschlagen. Es teilt lediglich Benutzern mit, ob neue Mail für sie vorliegt. Da dieses jedoch nur für lokal vom E-Mail-Server abgelegte Posteingangsordner klappt, ist dieses Modul eher selten einsetzbar.

Bei fehlkonfiguriertem PAM können sich Benutzer möglicherweise auch ohne ausreichende Authentifizierung anmelden. Das demonstriert das folgende Beispiel:

```
auth     required   pam_nologin.so
auth     optional   pam_unix2.so     set_secrpc
auth     optional   pam_ldap.so      use_first_pass
[ ... ]
```

Drei Module sind hintereinander geschaltet: Das erste Modul testet auf die Existenz der /etc/nologin. Gibt es diese Datei nicht, liefert es den Status *success*. Selbst wenn nun alle drei folgenden Module fehlschlagen, meldet PAM als Gesamtergebnis *success*. So könnte ein Benutzer auch mit falschem Passwort ins System kommen. Wenn Sie es noch einfacher haben wollen, setzen Sie auf pam_permit. Dieses garantiert den Erfolg der Anmeldung, wenn Sie irgendeinen existierenden Benutzer beim Login angegeben haben.

Umgekehrt können Sie durch eine Fehlkonfiguration Ihre Maschine für jegliches Login (auch *root*) sperren:

```
auth     required   pam_nologin.so
auth     required   pam_unix2.so     set_secrpc
auth     required   pam_ldap.so      use_first_pass
```

Die Kontrolleinstellung required sorgt dafür, dass ein Benutzer sowohl in den Unix-Dateien passwd und shadow als auch im LDAP bekannt sein muss. In verteilten Authentifizierungsarchitekturen liegt dies oft nicht vor: Der Systemadministrator ist immer nur lokal eingetragen, normale Benutzer sinnvollerweise nie. Die Aussperrung von der Maschine ist perfekt. Deshalb veranstalten Sie solche Tests am besten auf einem unkritischen Dienst (z. B. xdm). Anschließend übertragen Sie die erfolgreich getestete Kombination auf die gewünschten anderen. Dabei müssen Sie nicht alle Dienste einheitlich einstellen: Vielleicht dürfen sich Benutzer an Ihrem Server nur per SSH anmelden, aber nicht per FTP. Dann tragen Sie das LDAP-Modul nur in der /etc/pam.d/sshd ein.

Wenn Sie PAM für Netzwerkdienste verwenden, wie für die FTP-Authentifizierung, sollten Sie beachten, dass PAM selbst die Übertragung von Passwörtern nicht schützen kann. Dieses ist immer Aufgabe der Applikation selbst.

Für alle PAM-Dateien und -Verzeichnisse dürfen nur Systemadministratoren Schreibrechte haben. Nur *root* darf die Verzeichnisse `/lib/security`, `/etc/security` und `/etc/pam.d` sowie die darin befindlichen Dateien besitzen. Außerdem sollten Sie keine PAM-Module verwenden, die von Benutzern schreibbare Programmbibliotheken verwenden, da dies Angreifern erleichtert, an verschiedenen Stellen vom PAM Schwachstellen zu finden. Darüber hinaus definieren Sie ein Fallback für unkonfigurierte Dienste:

```
auth      required      pam_warn.so
auth      required      pam_unix2.so
account   required      pam_warn.so
account   required      pam_unix2.so
password  required      pam_warn.so
password  required      pam_cracklib.so
password  required      pam_unix2.so      use_first_pass
session   required      pam_warn.so
session   required      pam_unix2.so
```

4 Vorgänge automatisch starten

Systemverwalter, die Linux-Server einrichten und verwalten wollen, sollten sich mit

- Betriebsarten,
- der Zeitsteuerung von Prozessen und
- dem hintergründigen Wirken von Dämonen gründlich vertraut machen.

Administratoren, die bisher nur mit proprietären Servern von Novell oder Microsoft gearbeitet haben, sollten sich spätestens hier mit diesen grundlegenden Linux-Konzepten vertraut machen. Unix- und Linux-Profis können getrost weiterblättern.

- Der Abschnitt 4.1 (Runlevel) beschreibt Betriebsarten zum Starten und Stoppen des Systems, für Verwaltungsarbeiten und für Mehrbenutzerbetrieb mit und ohne Netz oder Dienste.
- Zeitgesteuerte Einzelaufträge mit dem `at`-Befehl finden Sie im Abschnitt 4.2.
- Regelmäßige Vorgänge mit `cron` (Abschnitt 4.3) nehmen Systemverwaltern viele Routinearbeiten ab.
- Der Superdämon `Inetd` bzw. `Xinetd` (Abschnitt 4.4) kann im Hintergrund viele Kommunikationsdienste an straffen Zügeln lenken.

4.1 Die Runlevel von OpenSUSE

Das Mehrbenutzer-Betriebssystem Linux kennt verschiedene Betriebszustände (Runlevel) für normales Arbeiten, Wartung und Neustart.

Ein normaler Bootvorgang bringt das Linux-System in den Runlevel 5, bei dem die grafische Oberfläche mit voller Netzwerkunterstützung aktiviert ist und mehrere Benutzer gleichzeitig mit dem System arbeiten können.

Hinweis: Gegenüber früheren Versionen von SUSE-Linux ist die Benennung der Runlevel stark verändert worden. Falls Sie Erfahrungen mit älteren Linux-Versionen haben, sollten Sie sich in `/sbin/init.d.README` mit den Änderungen vertraut machen.

Das Wechseln der Runlevel stoppt und startet Programme. So enthalten u. a. viele Konfigurationsbeschreibungen die Anweisung, die Netzwerkprogramme mit

```
init 1
init 5
```

neu zu starten. Dies wechselt zweimal den System-Zustand (Runlevel).

OpenSUSE 11.0 kennt die folgenden Runlevel:

Runlevel	*Bedeutung*
0	Halt
S	Single User Mode
1	Single User Mode ohne Netzwerk
2	Multi User ohne Netzwerk
3	Multi User mit Netzwerk
4	Unbenutzt
5	Multi User mit Netzwerk und grafischer Anmeldung
6	Reboot

Tabelle 4.1: Die Runlevel von OpenSUSE

Andere Distributionen können abweichende Runlevel haben.

Mit dem Befehl

- `init 0` hält man das System an, ebenso wie mit dem Befehl `halt`.
- `init S` wechseln Sie in den *Single User Mode*, bei dem Ihnen nur eine einzige Konsole zur Verfügung steht. Sie müssen sich nach dem Wechsel neu anmelden.
- `init 1` wechselt man in den Modus *Single User ohne Netzwerk*. Dies stoppt u. a. alle Programme, die mit dem Netzwerk zusammenhängen. Sie müssen sich nach dem Wechsel erneut anmelden.
- `init 2` wechselt das System wieder in den Modus *Multi User ohne Netzwerk* und stoppt alle Netzwerkprogramme.
- `init 3` aktiviert man den *Multi User Modus mit Netzwerk* und startet dabei alle Netzwerkprogramme neu.
- `init 5` aktiviert man den Modus *Multi User mit Netzwerk und grafischer Anmeldung* und startet sowohl das Netzwerk als auch die grafische Oberfläche neu.
- `init 6` startet man das System neu, bewirkt also ein Reboot.

Programme, die auf einen Wechsel des Runlevels reagieren sollen, müssen im Ordner `/etc/init.d` ein Programmskript besitzen, das auf die Kommandoparameter `start` bzw. `stop` reagieren kann.

Für den im zweiten Kapitel nachinstallierten DHCPD heißt das Programmskript `dhcpd`.

Mit dem Befehl

```
/etc/init.d/dhcpd start
```

ruft man den DHCPD auf und mit

```
/etc/init.d/dhcpd stop
```

beendet man ihn wieder.

Den Aufruf vereinfachen symbolische Links, die OpenSUSE jeweils im Verzeichnis `/usr/sbin` ablegt. Ihren Namen sind jeweils die Buchstaben `rc` vorangestellt. Für den DHCPD finden Sie also in `/usr/sbin` den Link `rcdhcpd`. Da das Verzeichnis `/usr/sbin` im Suchpfad aller Benutzer liegt, können Sie den DHCPD auch ohne Pfadangabe mit

```
rcdhcpd start
```

aufrufen und mit

```
rcdhcpd stop
```

wieder beenden.

Statt per Konsole können Sie mit der grafischen Oberfläche starten und stoppen.

Sie finden im YaST-Kontrollzentrum unter *System* • *Runlevel-Editor* • *Experten-Modus* eine Auswahl der Dienste mit Startskript im Verzeichnis `/etc/init.d`.

Wenn Sie dort den Leuchtbalken auf die Zeile für den `dhcpd` führen und auf *Starten/Anhalten/Aktualisieren* • *Jetzt starten ...* klicken, führt YaST im Hintergrund den Befehl `dhcpd start` aus. Wenn Sie hier mit YaST arbeiten, sollten Sie für `dhcpd` die Runlevel 3 und 5 auswählen.

Das dreiteilige Startskript `dhcpd` ist einigermaßen lesbar. Der erste Teil beschreibt, in welchen Runleveln der Dämon laufen soll und welche anderen Dienste vorher gestartet sein müssen. YaST und andere Konfigurations-Tools werten diesen Teil aus, auch wenn er durch #-Zeichen auskommentiert ist.

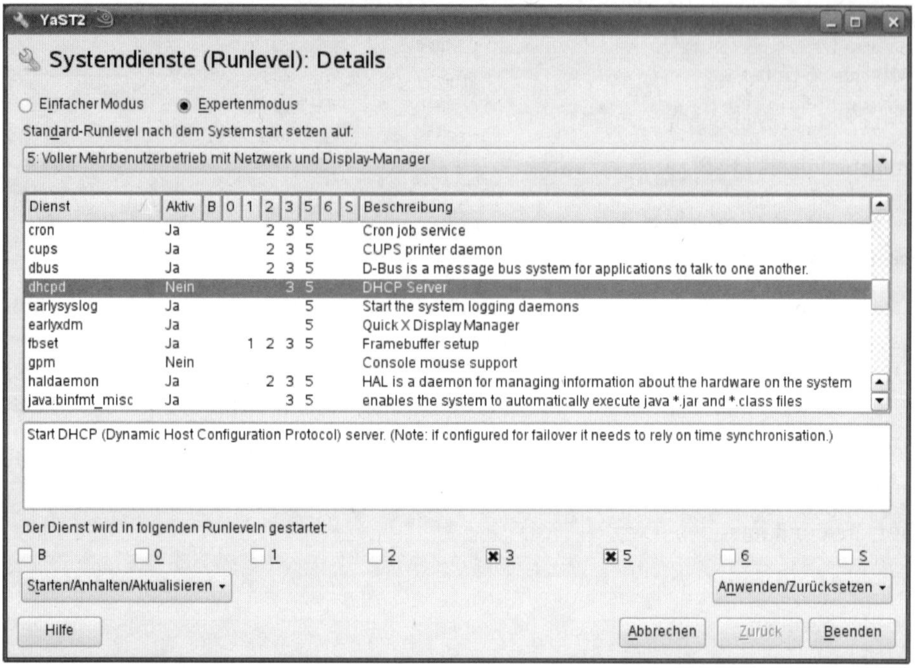

Abbildung 4.1: Runlevel-Editor

Der nächste Abschnitt nennt die Pfade zu Programm und Konfigurationsdateien und das Skript, welches das Vorhandensein einiger Dateien prüft.

Erst im dritten Teil folgen die Programmzeilen für die einzelnen Parameter, mit denen Sie das Skript aufrufen können.

Wer sich für die Firmengeschichte der Firma SUSE interessiert, dürfte sich auch für die Copyright-Zeilen am Anfang der Datei interessieren. In späteren Versionen wird hier vielleicht auch ein Hinweis auf Novell bzw. OpenSUSE auftauchen.

`/etc/init.d/dhcp` (Dateianfang):

```
#! /bin/sh
# Copyright (c) 1996, 1997, 1998 S. u.S.E. GmbH
# Copyright (c) 1998, 1999, 2000, 2001 SuSE GmbH
# Copyright (c) 2002, 2003 SuSE Linux AG
#
# Author: Rolf Haberrecker <rolf@suse.de>, 1997, 1998, 1999
#         Peter Poeml <poeml@suse.de>, 2000, 2001, 2002, 2003
#
# /etc/init.d/dhcpd
#   and its symbolic link
# /usr/sbin/rcdhcpd
#
### BEGIN INIT INFO
```

```
# Provides:                          dhcpd
# Required-Start:                    $remote_fs $network
# Should-Start:                      $named $syslog $time ldap ndsd
# Required-Stop:                     $remote_fs $network
# Should-Stop:                       $named $syslog ldap ndsd
# Default-Start:                     3 5
# Default-Stop:                      0 1 2 6
# Short-DeSkription:                 DHCP Server
# DeSkription:                       Start DHCP (Dynamic Host
#                                    Configuration Protocol)
#                                    server. (Note: if configured
#                                    for failover it
#                                    needs to rely on time
#                                    synchronisation.)
### END INIT INFO


if [ -s /etc/sysconfig/dhcpd ]; then

        . /etc/sysconfig/dhcpd

else
        # pre 8.0

        # Source SuSE config
        . /etc/rc.config

        test -s /etc/rc.config.d/dhcpd.rc.config && \
              . /etc/rc.config.d/dhcpd.rc.config

        # Determine the base and follow a runlevel link name.
        base=${0##*/}
        link=${base#*[SK][0-9][0-9]}

        # Force execution if not called by a runlevel
        # directory.
        test $link = $base && START_DHCPD=yes
        test "$START_DHCPD" = yes || exit 0

fi
```

Am Ende des Ausschnitts erkennen Sie, wie das Skript die Sysconfig-Variable `START_DHCPD` auswertet. Hat diese nicht den Wert `yes`, beendet sich das Skript, wenn es über einen Runlevel-Wechsel aufgerufen wurde.

Das Skript kennt außer `start` und `stop` u. a. die Parameter `reload`, `restart` und `status`. Das Kommando `restart` stoppt den `dhcpd` und startet ihn nach 3 Sekunden wieder, `reload` liest die Konfiguration erneut und mit `status` testet das Programm, ob der `dhcpd` läuft.

Im ersten Teil prüft das Programm, ob es direkt von der Konsole aus gestartet wurde oder über einen Wechsel der Runlevel. Bei einem Start über Runlevel beachtet es die Variable `START_DHCPD` aus der Konfigurationsdatei `/etc/sysconfig/dhcpd`. Nur wenn diese den Wert `yes` hat, startet das Programm.

Jetzt fehlt noch die Kopplung an den Wechsel der Runlevel. Dazu gibt es unterhalb von `/etc/init.d` für jeden Runlevel ein Verzeichnis, also

- `/etc/init.d/rc0.d`,
- `/etc/init.d/rc1.d`,
- `/etc/init.d/rc2.d`,
- `/etc/init.d/rc3.d`,
- `/etc/init.d/rc4.d`,
- `/etc/init.d/rc5.d`,
- `/etc/init.d/rc6.d`,
- `/etc/init.d/rcS.d`.

In diesen Ordnern befinden sich ggf. Verweise (Softlinks) auf die Start-/Stopp-Dateien im Ordner `/etc/init.d`, für den `dhcpd` sind dies z. B. die Links

- `S14dhcpd` und
- `K08dhcpd`.

Der Buchstabe `S` steht hier für *Start*, der Buchstabe `K` für *Kill* (Beenden). Beim Wechsel in den Runlevel 5 ruft das Linux-System alle Links im Verzeichnis `rc5.d`, die mit einem *S* beginnen, mit dem Parameter `start` auf. Die Zahl gibt eine Reihenfolge an; je höher die Zahl, desto später startet das zugehörige Programm.

Beim Verlassen eines Runlevels wertet Linux die Links aus, die mit einem *K* beginnen. Das zugehörige Programmskript startet dann mit dem Parameter `stop`.

Die Distribution OpenSUSE installiert die Startskripte und Links der Programme automatisch. Bei Programmen, die vor ihrem Start noch konfiguriert werden müssen, stehen in der Konfigurationsdatei in `/etc/sysconfig/` die entsprechenden Startschalter (z. B. `DHCP_START`) noch auf `no`.

Im Kapitel 12 (Firewalling und Masquerading) finden Sie ein eigenes Programmskript `/etc/init.d/maske`. Wenn dieses im Runlevel 3 aktiv sein soll, müssen Sie in `/etc/init.d/rc3.d` folgende Links anlegen:

```
ln -s  /etc/init.d/maske  /etc/init.d/rc3.d/S40maske
ln -s  /etc/init.d/maske  /etc/init.d/rc3.d/K40maske
```

Damit startet das Programm beim Wechsel in den Runlevel 3 und stoppt beim Verlassen des Runlevels 3.

Ein Muster für eigene Startprogramme finden Sie in der Datei `/etc/init.d/skeleton`.

`/etc/init.d/skeleton` (Auszug, Dateianfang):

```
#!/bin/sh
#
#     Template SUSE system startup Skript for example
#     service/daemon FOO
#     Copyright (C) 1995--2005  Kurt Garloff, SUSE / Novell
#     Inc.
#
#
#
...
#
### BEGIN INIT INFO
# Provides:          FOO
# Required-Start:    $syslog $remote_fs
# Should-Start: $time ypbind sendmail
# Required-Stop:     $syslog $remote_fs
# Should-Stop: $time ypbind sendmail
# Default-Start:     3 5
# Default-Stop:      0 1 2 6
# Short-DeSkription: FOO XYZ daemon providing ZYX
# DeSkription:       Start FOO to allow XY and provide YZ
#       continued on second line by '#<TAB>'
#       should contain enough info for the runlevel editor
#       to give admin some idea what this service does and
#       what it's needed for ...
#       (The Short-DeSkription should already be a good hint.)
### END INIT INFO
#
#
...
# * The services specified in the stop tags
#   (Required-Stop/Should-Stop)
#   specify which services need to be still running when this
#   service is shut down.
#   Often the entries there are just copies or a subset
#   from the respective start tag.
# * Should-Start/Stop are now part of LSB as of 2.0,
#   formerly SUSE/Unitedlinux used X-UnitedLinux-Should-
#   Start/-Stop.
#   insserv does support both variants.
```

```
# * X-UnitedLinux-Default-Enabled: yes/no is used at
#   installation time
#   (%fillup_and_insserv macro in %post of many RPMs) to
#   specify whether
#   a startup Skript should default to be enabled after
#   installation. It's not used by insserv.
#
# Note on runlevels:
# 0 - halt/poweroff
# 6 - reboot
# 1 - single user
# 2 - multiuser without network exported
# 3 - multiuser w/ network (text mode)
# 5 - multiuser w/ network and X11 (xdm)
```

Diese Datei können Sie an Ihre Bedürfnisse anpassen. Relativ neu in dieser Datei ist der Block `INIT INFO`. Hier geben Sie an, in welchen Runleveln Ihr Programm aktiv sein soll und welche anderen Dienste zuvor bereits gestartet bzw. gestoppt sein müssen.

Mit diesen Informationen kann das Programm `insserv` im Verzeichnis `/etc/init.d/` automatisch die passenden symbolischen Links für die Runlevel anlegen. Über den Wechsel der Runlevel startet das System Programme, die ständig aktiv sein sollen. Einmalig oder wiederholt startet man Programme automatisch mit `at` und `cron`:

- Mit `at` startet man ein Programm einmalig zu einem bestimmten Zeitpunkt. Eine typische Anwendung sind Wartungsarbeiten zu einer Zeit, in der normalerweise keine Benutzer angemeldet sind.
- Programme für regelmäßige Wartungsarbeiten und statistische Auswertungen ruft man zu einem bestimmten Zeitpunkt mit `cron` auf.
- In den nächsten beiden Abschnitten erfahren Sie mehr über die Zeitsteuerung.

4.2 Zeitgesteuerte Einzelaufträge

Mit dem Befehl `at` können Berechtigte zu einem bestimmten Zeitpunkt Programme ausführen, zum Beispiel ein zeitaufwendiges Programm nachts starten.

Tipp: Mit `at` kann man nur Programme starten, für deren Ausführung man auch die notwendigen Rechte besitzt. Für das Beispiel sollte man als *root* angemeldet sein, da normale Benutzer mit `find` nicht in allen Verzeichnissen suchen dürfen.

Um z. B. alle Dateien zu finden, die keinem Benutzer gehören, kann man den `find`-Befehl in der folgenden Form einsetzen:

```
find / -nouser
```

Der Suchvorgang ist recht zeitaufwendig, da `find` dazu alle Dateien untersuchen muss. Dateien ohne Benutzer entstehen, wenn man Benutzer löscht, die Dateien außerhalb ihrer Home-Verzeichnisse abgelegt haben. Da die Suche in größeren Systemen recht lange dauern kann, sollte man diese Suche auf einen ruhigen Zeitpunkt, z. B. 22:00 Uhr, verschieben. Dazu gibt man ein:

```
at  22:00
```

Am veränderten Eingabezeichen gibt man den eigentlichen Befehl ein

```
at> find  /  -nouser
```

und schließt die Eingabe dann mit `Strg-D` ab.

```
boss:~ # at 22:00
warning: commands will be executed using /bin/sh
at> find / -nouser
at> <EOT>
job 1 at 2008-07-23 22:00
boss:~ #
```

Die Zeitpunkte für die Ausführung kann man auf verschiedene Arten angeben, wie hier im Beispiel über `HH:MM`, aber auch mit `now +2 hours`. Damit würde das Programm in zwei Stunden starten. Statt `hours` sind auch die Angaben `minutes`, `days` und `weeks` und absolute Zeitangaben wie `teatime` (16:00 Uhr) und `midnight` möglich.

Tipp: Sollten Sie nicht die beschriebene Rückmeldung erhalten, sondern eine Fehlermeldung, dann läuft der `at`-Dämon nicht und Sie müssen ihn erst starten, z. B. über den Runlevel-Editor.

Unerledigte Aufträge zeigt `atq` an:

```
boss:~ # atq
1          2008-07-23 22:00    a     root
```

Anhand der Jobnummer eines Auftrages (hier `job 1`) kann man diesen wieder löschen:

```
boss:~ # atrm 1
```

Der `at`-Dämon gibt Daten statt auf den Bildschirm in eine Mail an den Auftraggeber aus.

4.3 Regelmäßige Vorgänge mit cron

Für regelmäßige Vorgänge ist `cron` ein besseres Werkzeug als `at`. Für solche Vorgänge listet man in einer sogenannten *crontab*-Tabelle die Vorgänge und die Zeiten auf, an denen man diese ausführen will.

In der Grundeinstellung dürfen alle Benutzer, die nicht in der Datei /etc/cron.deny verzeichnet sind, eine crontab anlegen. In der Grundinstallation sind hier nur gast und guest eingetragen.

Eine derartige crontab-Tabelle könnte folgendermaßen aussehen:

```
# roots crontab
#
# min hour day month dayofweek (1=Mo,7=Su) command
15 22 * * * /usr/bin/find / -nouser
```

So startet der Suchbefehl jeden Tag um 22:15 Uhr. Ein Stern steht als Jokerzeichen für alle Zeiten. Der Suchbefehl startet also an jedem Tag, in jedem Monat und an jedem Wochentag um 22:15 Uhr.

Eingeben kann man diese Tabelle als Benutzer *root* durch:

```
crontab -e
```

Die Möglichkeiten der Zeitangabe sind recht vielfältig. Mit z. B.

```
# roots crontab
#
# min hour day month dayofweek (1=Mo,7=Su) command
15 22 * * 1-5 /usr/bin/find / -nouser
```

würde die Suche nur an Werktagen ablaufen.

Zu den Anwendungen, die Sie regelmäßig per cron ausführen sollten, gehört die Datensicherung – das Backup. Hinweise hierzu finden Sie oben im Kapitel 2.

Neben diesen zeitgesteuerten Aufträgen, die an einen Benutzer gebunden sind, kennt cron auch Aufträge, die an einen allgemeinen Zeitpunkt gebunden sind:

- stündlich (hourly),
- täglich (daily),
- wöchentlich (weekly),
- monatlich (monthly).

Für derartige Aufträge besitzt cron Verzeichnisse unterhalb von /etc, z. B. /etc/cron.daily für die täglichen Aufträge. Alle Programme, die sich in einem dieser Verzeichnisse befinden, führt cron immer dann durch, wenn der entsprechende Zeitpunkt gekommen ist. Außer bei cron.hourly ist das immer um Mitternacht.

4.4 Der Super-Dämon inetd für Internetdienste

Für viele Internetdienste, wie POP, SMTP, FTP und Telnet, findet man weder ein Startskript in `/etc/init.d/` noch einen zeitgesteuerten Aufruf.

Das spart Ressourcen, da die zugehörigen Programme erst bei Bedarf starten. Für das Starten ist der Super-Dämon `inetd` zuständig. OpenSUSE installiert dazu den `xinetd`, eine neuere Version des `inetd`; das `x` im Namen steht für *extended* (erweitert).

Der `xinetd` ist flexibler konfigurierbar und auch stärker auf Sicherheit ausgerichtet als sein Vorgänger.

Konfigurieren können Sie `xinetd` in der recht kurzen und übersichtlichen Datei `/etc/xinetd.conf`.

`/etc/xinetd.conf`:

```
#
# xinetd.conf
#
# Copyright (c) 1998-2001 SuSE GmbH Nuernberg, Germany.
# Copyright (c) 2002 SuSE Linux AG, Nuernberg, Germany.
#

defaults
{
        log_type        = FILE /var/log/xinetd.log
        log_on_success  = HOST EXIT DURATION
        log_on_failure  = HOST ATTEMPT
#        only_from       = localhost
        instances       = 30
        cps             = 50 10

#
# The specification of an interface is interesting, if we are
# on a firewall.
# For example, if you only want to provide services from an
# internal network interface, you may specify your internal
# interfaces IP-Address.
#
#       interface       = 127.0.0.1

}

includedir /etc/xinetd.d
```

Mit dem #-Zeichen beginnen wie üblich die Kommentarzeilen. In dieser Konfigurationsdatei finden Sie nur allgemeinere Einstellungen, z. B. den Namen der Log-Datei und welche Informationen darin aufgenommen werden sollen. Sie können hier auch regeln, dass Dienste überhaupt nur für ein bestimmtes Interface, also z. B. nur für eth0, starten können.

Am wichtigsten ist die letzte Zeile, welche die Dateien im Verzeichnis /etc/xinetd.d in die Konfiguration aufnimmt. Wenn Sie wie im Kapitel 3 beschrieben das Paket qpopper installiert haben, finden Sie in diesem Verzeichnis jetzt eine Datei qpopper.

Mit dieser Datei legen Sie fest, was der xinetd bei Anfragen auf dem zugehörigen Port 110 machen soll.

/etc/xinetd.d/qpopper

```
#
# qpopper - pop3 mail daemon
service pop3
{
        socket_type     = stream
        protocol        = tcp
        wait            = no
        user            = root
        server          = /usr/sbin/popper
        server_args     = -s
        flags           = IPv4
}
```

Sie finden hier die Angabe des Serverprogrammes (server), eventuell mit zusätzlichen Startparametern (server_args), sowie Angaben zum Protokoll (protocol) und dem Benutzernamen (user) für diesen Dienst. Jeder Dienst arbeitet mit den Rechten eines bestimmten Benutzers (hier root), so als ob dieser Benutzer das Programm selbst gestartet hätte.

Wenn Sie in der Konfigurationsdatei für einen Dienst die Zeile

```
disable         = yes
```

finden, ist dieser Dienst deaktiviert und der xinetd wird ihn nicht starten.

Sie brauchen die Konfigurationsdateien nicht direkt zu bearbeiten. Einfacher geht das über das YaST-Kontrollzentrum und die Funktion *Netzwerkdienste • Netzwerkdienste (xinetd)*. Sie sehen dort eine Liste aller vorbereiteten Dienste und deren Status.

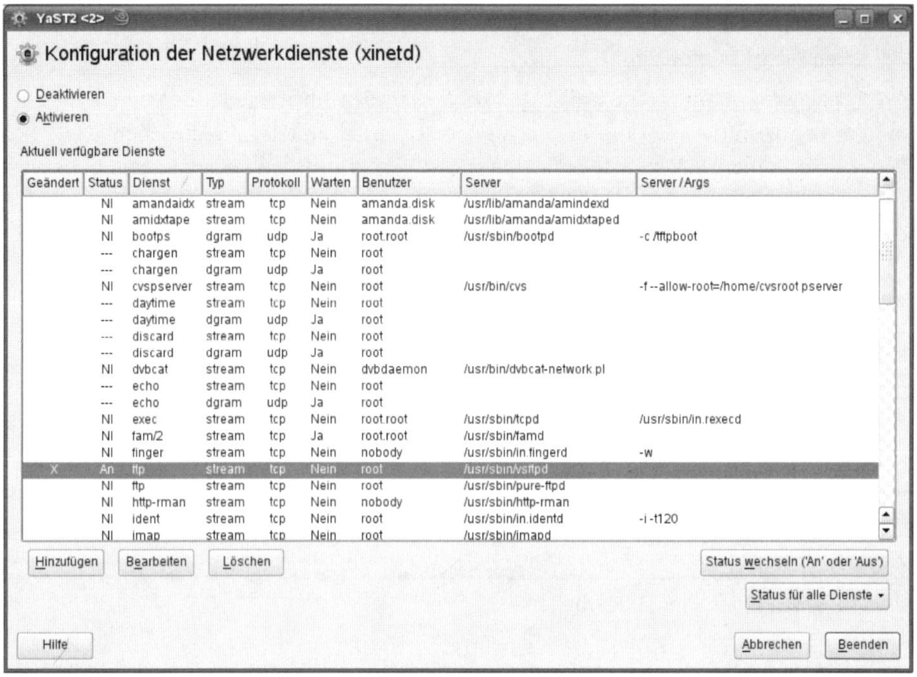

Abbildung 4.2: Konfiguration der Netzwerkdienste

Im Auslieferungszustand ist keiner der Dienste aktiviert. OpenSUSE aktiviert den `xinetd` daher auch nicht. Sie müssen also im Zweifelsfall zuerst auf *Aktivieren* gehen, um den `xinetd` überhaupt zu starten.

Dazu steuern Sie den Leuchtbalken auf den gewünschten Dienst und aktivieren (oder deaktivieren) diesen Dienst mit *Status wechseln*. Da YaST die Änderungen erst nach dem Klick auf *Weiter* in die Konfigurationsdateien übernimmt, zeigt es in der ersten Spalte der Zeile noch an, dass es sich um eine geänderte Einstellung handelt.

Mit einem Klick auf *Bearbeiten* können Sie auch die gesamte Konfigurationsdatei für einen Dienst verändern.

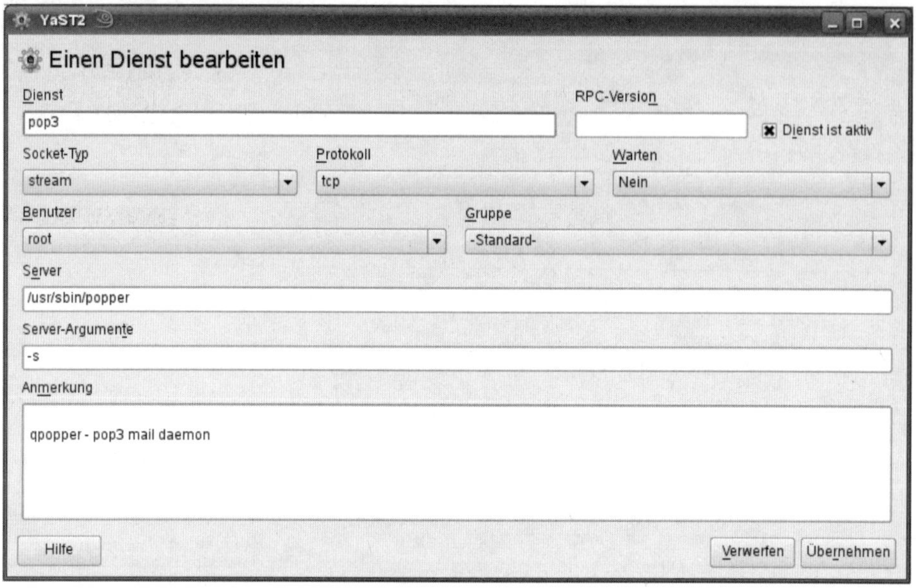

Abbildung 4.3: Einen Dienst bearbeiten

Sie sehen hier die gleichen Informationen wie in der Konfigurationsdatei. Da das Formular die Gefahr von Fehleingaben verringert, hilft es beim Konfigurieren.

YaST unterscheidet drei Dienstzustände. Am häufigsten finden Sie deaktiviert (---), am wichtigsten ist wohl aktiviert (*An*). Weiter unten in der Liste stehen die nicht installierten Dienste (*NI*), für die OpenSUSE die Konfiguration vorbereitet hat, wobei das Paket mit dem Serverdienst aber noch fehlt.

Wenn Sie dieses Buch bis zum Ende durchgearbeitet haben, werden sich in Ihrer Liste mehr aktivierte Dienste finden als jetzt. Da jeder aktivierte Dienst ein zusätzliches Risiko bedeutet, sollten Sie stets nur Dienste aktivieren, die Sie auch benötigen – insbesondere, wenn Sie Ihren Rechner direkt mit dem Internet verbinden.

5 Zugriff von Windows auf Linux-Server

Von Windows-PCs aus können Anwender und Systembetreuer in vielfacher Weise Linux-Server im lokalen Netz nutzen:

- Schon das dynamische Zuweisen von IP-Adressen per Dynamic Host Control Protocol (DHCP) durch den Linux-Server spart Installationsaufwand.
- Per Secure Shell (SSH) oder notfalls Telnet kann man von Windows-PCs aus auf einer zeichenorientierten Shell von Linux-Servern arbeiten.
- Per File Transfer Protocol (FTP) oder seiner verschlüsselten Variante SFTP lassen sich Dateien zwischen Windows-PC und Linux-Server hin- und herschieben.
- Per Hypertext Transfer Protocol (HTTP) kann man Webseiten von Webservern, die auf Linux-Servern laufen, beziehen und in lokalen Browsern darstellen und
- elektronische Post kann von Mail-Servern des Linux-Servers bezogen und über ihn im lokalen Netz und in die weite Welt versandt werden.

Dieses Kapitel beschreibt aus Sicht der Windows-Clients deren Beziehung zu Linux-Servern und zeigt, wie Sie

- Windows-PCs ins lokale Netz bringen und Verbindungen testen (5.1),
- Windows-PCs ihre IP-Adresse vom DHCP-Server beziehen lassen (5.2),
- sichere und stabile Telnet-Verbindungen aufbauen (5.4),
- mit der Secure Shell sichere Verbindungen per Konsole aufbauen (5.5)
- FTP-Sessions zeichen- und fensterorientiert nutzen (5.6),
- Browser zuerst ohne Proxy konfigurieren (5.7) und
- weit verbreitete Programme für elektronische Post anpassen (5.8).

Die hier beschriebenen Linux-Server sind nach den bisher im Buch beschriebenen Schritten funktionsfähig an das lokale Netz angebunden. Sie können mit allen Rechnern kommunizieren, auf denen das Protokoll TCP/IP installiert ist und deren IP-Adressen im gleichen Subnetz liegen. Die IP-Adresse der Linux-Server haben Sie bei der Installation angegeben. Sie müssen nun noch die Adressen der Windows-Rechner passend einstellen.

Dazu kann man entweder auf jedem Windows-Rechner per Hand eine zulässige feste IP-Adresse einstellen oder einen Server, der das Dynamic Host Control Protocol (DHCP) unterstützt, die IP-Adressen vergeben lassen. Zwar lassen sich bei sehr kleinen Netzen die IP-Adressen der Arbeitsplatzrechner durchaus einzeln per Hand konfigurieren – aber der Aufwand für das Installieren eines DHCP-Servers auf einem Linux-Server oder einem Internet-Zugangsgerät ist so gering, dass es sich nicht lohnt, Adressen manuell zu konfigurieren und zu pflegen (siehe Kapitel 5.2).

Jeder Rechner im Netz benötigt eine individuelle IP-Adresse aus dem gleichen Subnetz. Die Beispiele hier im Buch beziehen sich alle auf das laut RFC 1597 für die private Nutzung reservierte C-Subnetz `192.168.1.x`, wobei sich das sogenannte vierte Oktett (also das letzte Byte) der IP-Adresse – hier mit einem `x` bezeichnet – von Rechner zu Rechner unterscheidet. Hier im Beispiel bekommt der erste Linux-Server die `2`, also die IP-Adresse `192.168.1.2`. Alle weiteren Linux-Server, die Windows-PCs sowie die Windows- und Linux-Terminals erhalten höhere Nummern.

Zur Zeit ist im Internet die Umstellung auf eine Adressierung mit 16 Oktetts im Gange, das sogenannte ipv6. Durch diese Umstellung wird sich die Zahl der verfügbaren IP-Adressen so stark erhöhen, dass auf absehbare Zeit ausreichend Adressen zur Verfügung stehen. Das bisherige Adressschema (ipv4) wird aber als Teil des neuen Systems erhalten bleiben.

Wenn Sie die Beispiele dieses Buches kapitelweise nachvollziehen, können Sie die Rechner untereinander erst einmal nur direkt über ihre IP-Adresse ansprechen. Im Kapitel 13 lesen Sie, wie man einen Nameserver einrichtet, durch den sich die Rechner untereinander auch über Namen erreichen.

5.1 Windows-PCs ins lokale IP-Netz bringen

Wenn auf Windows-Rechnern eine Netzwerkkarte und das Protokoll TCP/IP installiert sind, dann lassen sie sich durch Eintragung einer geeigneten IP-Adresse und der Netzmaske ins lokale Netz sowie durch Angabe des Gateways (und vielleicht noch eines Nameservers) in das Internet einbinden.

Die Schritte dahin unterscheiden sich bei Microsofts diversen Windows-Versionen ein wenig. Auf alle Fälle geht man in die *Eigenschaften der Netzwerkumgebung* und dort auf die *Eigenschaften von TCP/IP* für die Netzwerkkarte.

Voreingestellt ist dort für DHCP *IP-Adresse automatisch beziehen.* Für diesen Abschnitt müssen Sie hier zwei Werte eintragen: die individuelle IP-Adresse, beispielsweise `192.168.1.10`, und die Netzmaske `255.255.255.0`. Letztere besagt, dass sich die IP-Adressen des Netzes nur in der vierten Zahl unterscheiden. Merke: Die Netzwerkmaske ist für alle Rechner gleich, aber die individuellen IP-Adressen müssen verschieden sein!

Damit der Windows-Rechner Verbindungen zu anderen Rechnern herstellen kann, die sich außerhalb des eigenen Subnetzes befinden, muss man ihm ein Gateway benennen, über das er aus dem Subnetz herauskommt. Tragen Sie daher als Gateway die IP-Adresse des Linux-Servers ein, den Sie als Gateway eingerichtet haben. Bei Windows 9x sind die Einstellungen auf zwei Reiter aufgeteilt:

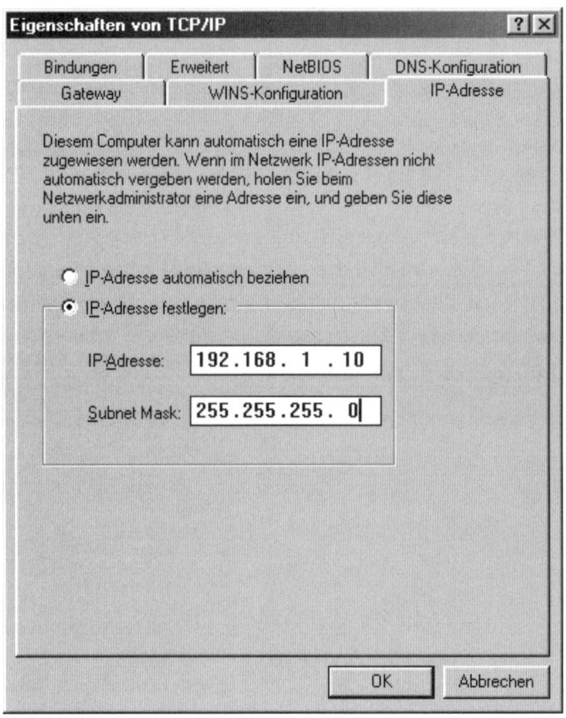

Abbildung 5.1: *Eigenschaften von TCP/IP*, IP-Adresse

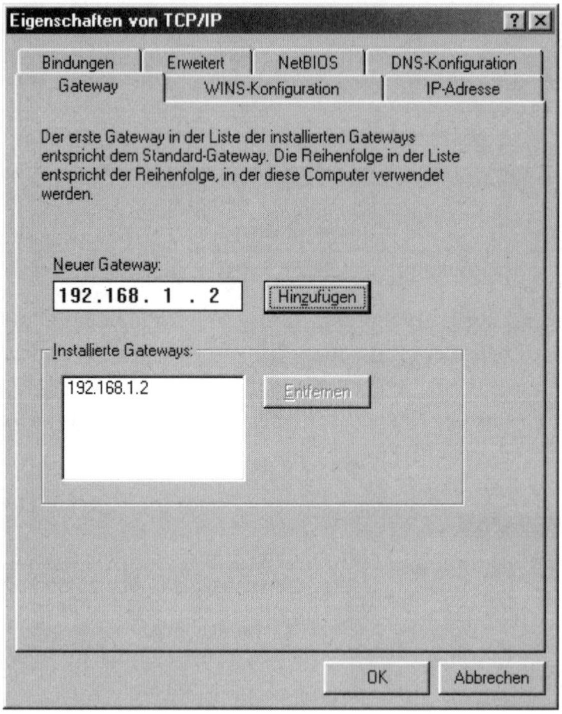

Abbildung 5.2: *Eigenschaften von TCP/IP*, Gateway

Für Nutzer von Windows XP oder Windows Vista sehen die entsprechenden Dialoge dagegen etwas anders aus. Hier aktivieren Sie zuerst *Netzwerkverbindungen* und dann *LAN-Verbindung*. Im Fenster *Eigenschaften von LAN-Verbindung* wählen Sie das Internetprotokoll (TCP/IP), um in das Einstellfenster zu kommen.

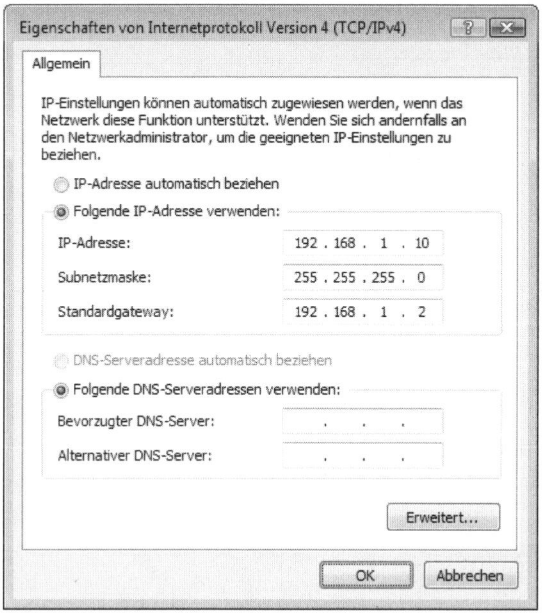

Abbildung 5.3: Windows Vista: Eigenschaften von Internetprotokoll (TCP/IP)

Stellen Sie hier die gewünschten Werte ein.

Sobald Sie einen Windows-Rechner neu gestartet haben, richtet er alle Verbindungsanfragen, die Rechner außerhalb des eigenen Subnetzes betreffen, an den Linux-Gateway-Server. Dieser leitet sie z. B. zum Internet-Provider weiter. Weitere Informationen dazu, wie Sie den Linux-Rechner konfigurieren können, damit er automatisch eine Verbindung zu Ihrem Internet-Provider aufbaut, finden Sie im Kapitel 10, »Über den Linux-Router ins Internet«.

Testen kann man die Netzanbindung mit dem Befehl `ping`, den es auf jedem System mit dem Protokoll TCP/IP gibt. Er prüft die Erreichbarkeit eines anderen Rechners, in diesem Fall die unseres Linux-Gateway-Servers.

Unter Windows öffnet man im Zubehör die Eingabeaufforderung und tippt dort ein:

```
ping 192.168.1.2
```

Sie müssten das folgende Bild sehen:

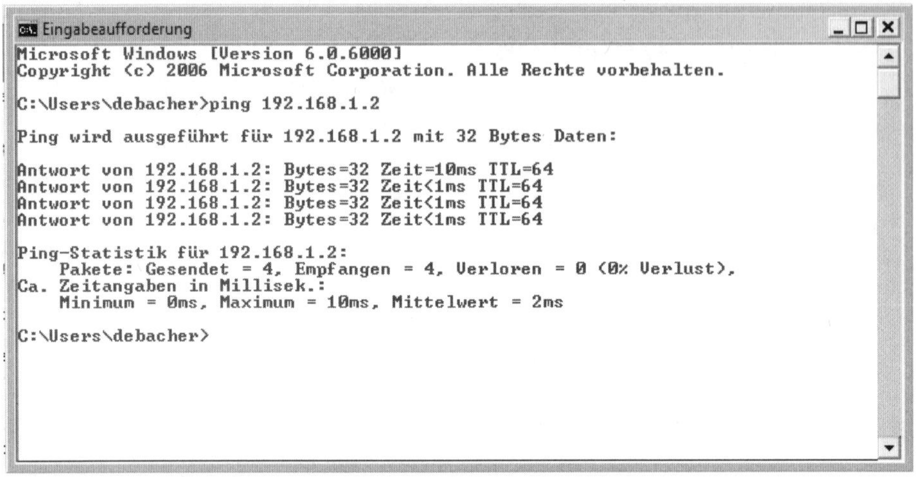

Abbildung 5.4: Ping auf den Server

Wenn `ping` eine Fehlermeldung wie *Zeitüberschreitung der Anforderung* ausgibt und den hundertprozentigen Paketverlust betrauert, funktioniert die Verbindung nicht. Falls Windows keine Fehler hinsichtlich der Netzwerkkarte moniert, dann sind häufig Fehler bei der Konfiguration der IP-Adresse die Ursache. Sie könnten sich aber auch einfach nur bei der Adresseingabe vertippt haben.

Kontrollieren Sie dann die Einstellungen unter *Systemsteuerung* • *Netzwerk* • *TCP/IP*, und überprüfen Sie auch, ob Sie bei den anderen Arbeitsplatzrechnern die gleichen Probleme haben.

Testen Sie, ob Sie einen der anderen Windows-Rechner mit `ping` erreichen können, und versuchen Sie, den Windows-Rechner vom Server aus zu erreichen.

Wenn Sie keinen Fehler finden und auch ein Neustart des Windows-Rechners die Probleme nicht löst, dann sollten Sie vielleicht die Verkabelung überprüfen.

5.2 IP-Adressen per DHCP beziehen

Um auf Windows-Rechnern dynamische Netzadressen per DHCP zu nutzen, muss man lediglich bei den *TCP/IP-Eigenschaften* die Voreinstellung *IP-Adresse automatisch beziehen* aktivieren. Alle weiteren Einstellungen können dann entfallen.

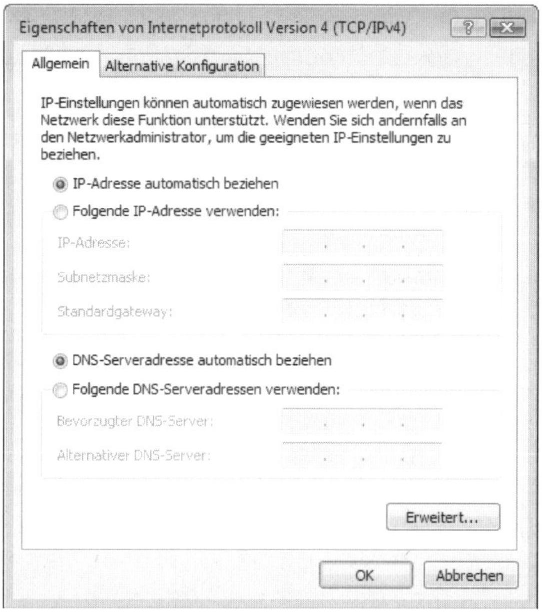

Abbildung 5.5: IP-Adresse automatisch beziehen

Falls Sie die Einstellungen der Windows-Rechner geändert haben oder Sie diesen eine andere IP-Adresse zuordnen wollen, müssen Sie die Windows-Rechner herunter- und neu hochfahren, damit der Linux-Server ihnen eine neue IP-Adresse zuweist.

Die IP-Adresse von Windows-PCs kann man je nach Windows-Version im Kontext der Netzwerkumgebung und mit Kommandozeilen-Befehlen ermitteln. Bei Windows 98 gibt man im Eingabeaufforderungs-Fenster oder unter *Start • Ausführen* den Befehl

```
winipcfg
```

ein. Dann kann man in einem Fenster die Adresse der Netzwerkkarte, den Treiber und die IP-Einstellungen für den Rechner und das Gateway ablesen.

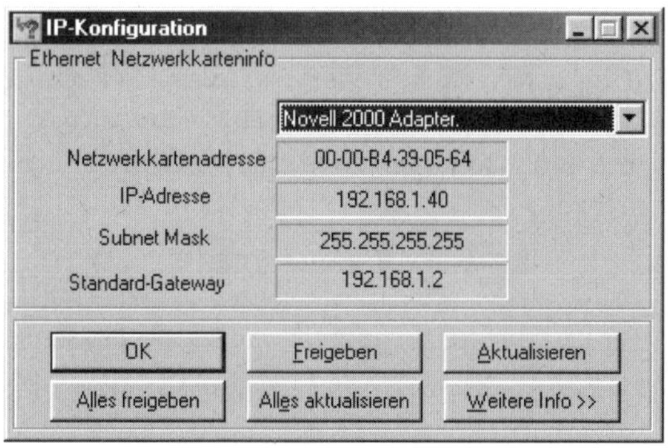

Abbildung 5.6: Ausgabe von Winipcfg

Wenn hier eine korrekte IP-Adresse für den Rechner auftaucht und auch die IP-Adresse des Linux-Gateway-Servers richtig eingetragen ist, können Sie die IP-Verbindung nutzen.

Unter Windows Vista, Windows XP, Windows 2000 und Windows NT verwenden Sie in der Eingabeaufforderung den Befehl `ipconfig`, um die IP-Adresse des eigenen Windows-PCs, die Subnetzmaske und die Adresse des Gateways abzufragen.

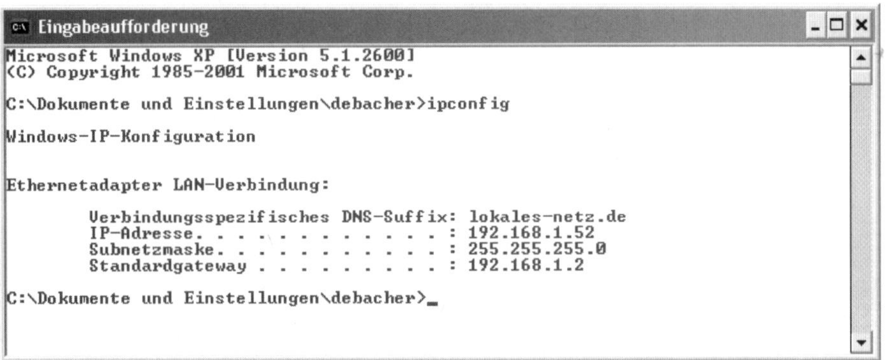

Abbildung 5.7: Ausgabe von ipconfig

Steht in der Ausgabe keine IP-Adresse, kann man auf dem Linux-Server die Datei `/var/log/messages` überprüfen. Hier protokolliert der Linux-Dämon *Syslog* die DHCP-Aufrufe. In der sehr umfangreichen Datei `/var/log/messages` sollte man sich mit dem Schwanz-Befehl `tail` wenigstens die Ausgabe der letzten Systemmeldungen anschauen:

```
tail /var/log/messages
```

Wenn Sie mit der Fehlersuche nicht weiterkommen, so hilft es vielleicht, eine feste IP einzustellen, wie im vorangegangenen Abschnitt beschrieben. Falls nach einem Neustart die Verbindung dann klappt, lag es wohl am DHCP-Server. Falls es dann auch nicht klappt, liegt es möglicherweise an der Konfiguration der Netzwerkkarte.

Das Verteilen von IP-Adressen per DHCP für Netzwerke stellt sicher, dass alle Rechner unterschiedliche IPs haben. Wer mit fest eingestellten Adressen arbeitet, muss dies sehr systematisch dokumentieren, um bei neu hinzukommenden Geräten das irrtümliche doppelte Zuteilen von Adressen zu vermeiden.

5.3 Client und Server: So arbeiten verteilte Systeme

Im letzten Abschnitt haben Sie bereits mit einem verteilten System gearbeitet:

- Auf einem Linux-Server läuft ein Server für DHCP-Anfragen. Dieser DHCP-Server wartet ständig darauf, dass sich irgendein Client-Rechner mit einer Anfrage an ihn wendet, um diese dann zu beantworten.
- Auf den Windows-Rechnern läuft ein DHCP-Client. Das Programm kann Anfragen an DHCP-Server stellen und deren Antworten verarbeiten.

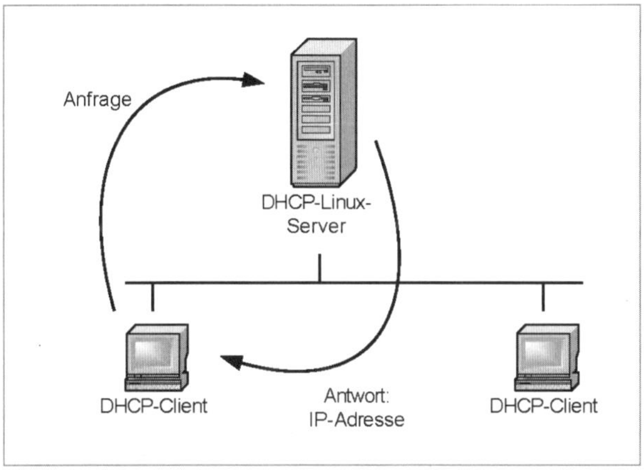

Abbildung 5.8: DHCP Client-Server

Dies ist ein typisches Beispiel für ein verteiltes System, bei dem für jeden Vorgang zwei Rechner zusammenarbeiten müssen.

Alle Internetdienste arbeiten mit verteilten Systemen. Auf einem oder mehreren Servern laufen Serverdienste; alle Rechner, die über das passende Client-Programm verfügen und zugriffsberechtigt sind, können diese Dienste in Anspruch nehmen.

Rechner, auf denen vorwiegend Serverprogramme laufen, bezeichnet man generell als *Server* und Rechner, auf denen vorwiegend Client-Programme laufen, als *Clients*.

Zwei Client-Server-Dienste auf verteilten Systemen, DHCP und `ping`, haben Sie schon kennengelernt. Beide unterscheiden sich von den noch zu beschreibenden Diensten. `ping` ist der einzige dieser Dienste, für den Microsoft auch für Windows 9x den Serverdienst mitliefert. Windows-Rechner antworten automatisch auf alle `ping`-Anfragen.

Beim DHCP darf es für einen geordneten Betrieb nur einen Server pro Subnetz geben, da es zum Chaos führen würde, wenn zwei DHCP-Server unabhängig voneinander IP-Adressen verteilen dürften.

Für folgende Dienste lernen Sie in diesem Kapitel die Client-Konfiguration für Software von Microsoft und anderen Anbietern auf dem Windows-Rechner kennen:

- Telnet,
- Secure Shell (SSH),
- FTP,
- WWW und
- Mail.

In den Kapiteln 6 bis 14 des Buches geht es um die Serverkonfiguration für diese Dienste. Einige der Serverprogramme laufen schon auf den hier beschriebenen Linux-Servern, andere werden Sie später installieren, wenn Sie kapitelweise vorgehen.

Ein Problem bleibt noch zu klären. Falls mehrere oder gar alle Serverdienste auf dem gleichen Rechner laufen, muss man festlegen, welches Serverprogramm für welche Anfrage zuständig ist. Das TCP/IP-Protokoll regelt dies über die Portnummern. Jeder Standarddienst verfügt über eine festgelegte Portnummer. Diese erweitert im Prinzip die IP-Adresse. Ein Client schickt eine Anfrage an ein Serverprogramm, indem er in der Adresse die IP des Servers und die Portnummer des Dienstes angibt. Damit ist dann auf dem Zielrechner klar, welcher der vielen Server antworten muss.

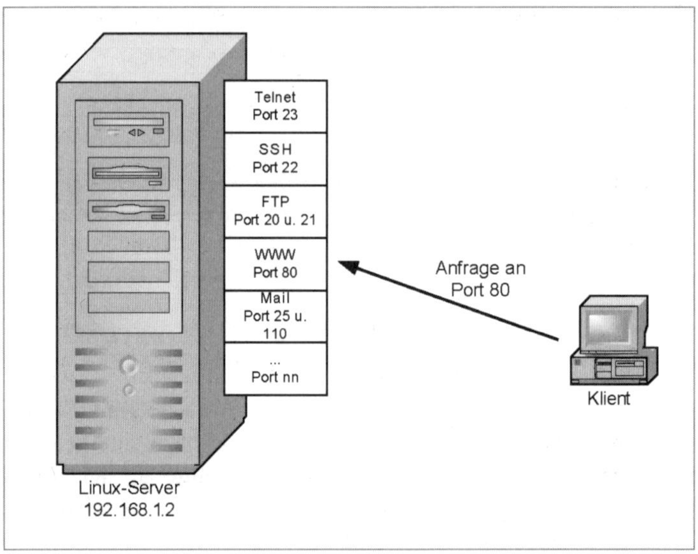

Abbildung 5.9: IP-Adresse und Portnummern

Portnummern sind 16-Bit-Zahlen, es gibt also mehr als 64.000 Ports. Standardports bzw. *well known ports* für die angegeben Dienste sind:

Dienst	*Port*
Telnet	23
Secure Shell	22
FTP	20 (Daten) und 21 (Kommandos)
WWW	80
Mail	25 (SMTP), 110 (POP) und 143 (IMAP)

Tabelle 5.1: Dienste und ihre Standardports

Eine komplettere Liste finden Sie auf Ihrem Linux-Server in der Datei `/etc/services`.

5.4 Per Telnet auf dem Linux-Server arbeiten

Mit dem Standarddienst Telnet kann man textbasiert auf ferne Server zugreifen, als ob man selbst an deren Konsole säße.

In der Voreinstellung richtet YaST den Telnet-Dienst auf OpenSUSE-Systemen nicht ein, da bei diesem Dienst alle Anmelde- und Nutzdaten unverschlüsselt über das Netz gehen. Dieses erhebliche Sicherheitsrisiko können Sie mit der weiter unten beschriebenen Secure Shell vermeiden.

Sollten Sie trotz der Sicherheitsbedenken einen Telnet-Server installieren wollen, finden Sie die erforderlichen Dateien im Paket `telnet-server` in der Paketgruppe *Netzwerk*.

Nach der Installation müssen Sie den Telnet-Server noch über den `inetd` aktivieren (siehe Kapitel 4).

Um den einfachen Telnet-Client von Windows auszuprobieren, geben Sie auf dem Windows-PC an der Eingabeaufforderung oder unter *Start • Ausführen telnet* ein, gefolgt von der Adresse eines Hosts und eventuell noch einer Portnummer – also hier im Beispiel:

```
telnet  192.168.1.2
```

Der Windows-PC öffnet das von der Linux-Textkonsole bekannte Anmeldefenster. Nach der Anmeldung kann man auf dem Host so als Benutzer arbeiten, als ob man direkt an dessen Konsole angemeldet wäre. Man kann sich nur nicht direkt als *Superuser root* anmelden, wohl aber mit `su` zum Superuser wechseln, wenn man sich vorher als normaler Benutzer beim System angemeldet hat. Vorsicht ist angebracht, wenn man das Superuser-Passwort über das Netz eingibt.

Tipp: Falls man als Superuser über das Netz arbeiten möchte, sollte man lieber zu einer verschlüsselten Datenübertragung, z. B. mit SSH, greifen.

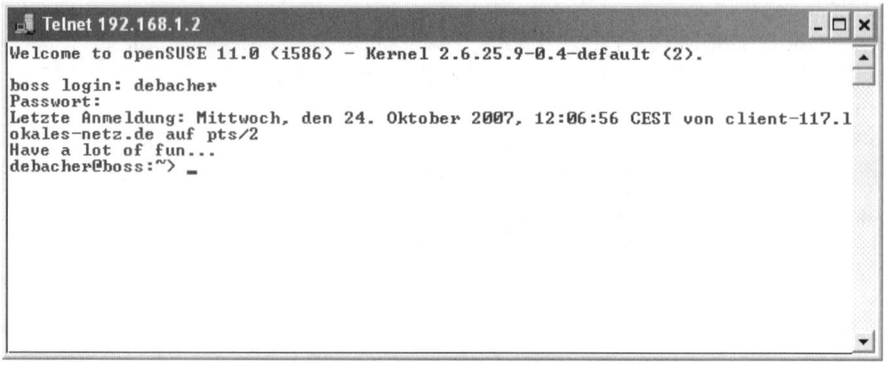

Abbildung 5.10: Telnet vom Windows-PC auf einen Linux-Server

Mit ein paar Einschränkungen muss man leider leben. Microsofts Telnet-Client ist nicht besonders leistungsfähig – er übermittelt keine Funktionstasten und stellt nicht alles korrekt dar, wodurch man z. B. das Installationsprogramm YaST und den Editor *Joe* nicht benutzen kann.

Wer trotz der Sicherheitsrisiken unbedingt von Windows-Rechnern aus per Telnet auf Linux-Servern arbeiten möchte, sollte sich ein besseres Shareware- oder kommerzielles Programm suchen – etwa Dave's Telnet, beziehbar von der Adresse `http://dtelnet.sourceforge.net/`. Entpacken Sie die ZIP-Datei (121kByte) in ein beliebiges Verzeichnis auf Ihrem Windows-Rechner. Sie brauchen das Programm nicht einmal zu installieren, sondern können es sofort durch einen Doppelklick auf `dtelnet.exe` starten.

Nach dem Start des Programms gehen Sie auf *Connect* • *Remote System...*, und geben dann den Namen oder die IP-Nummer des Zielrechners an.

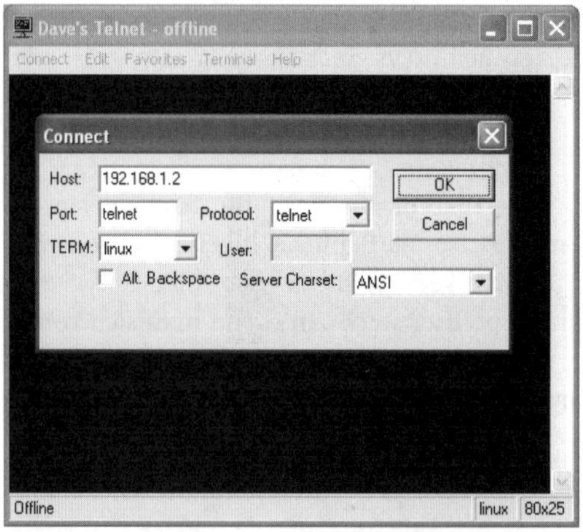

Abbildung 5.11: Anmeldung mit dtelnet

Nach dem Verbindungsaufbau können Sie sich wie bei dem Microsoft-Client anmelden.

Unbedingt anpassen sollten Sie die Font-Einstellungen. Im zuletzt getesteten Auslieferungszustand stellte Dave's Telnet die Rahmen nicht richtig dar. Gehen Sie dazu über das Menü *Terminal* • *Font*, worauf der folgende Dialog erscheint.

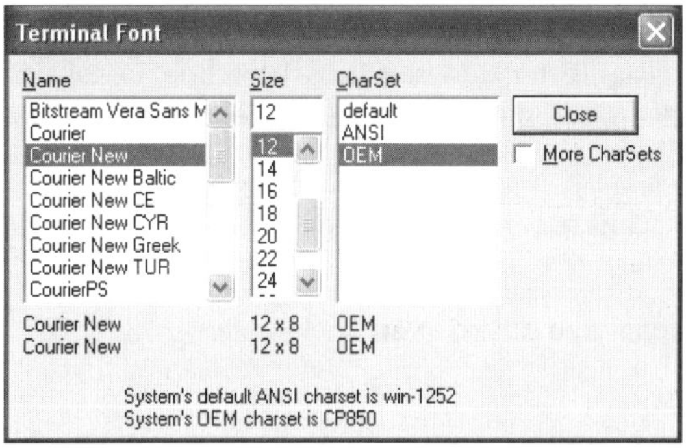

Abbildung 5.12:
Font-Einstellung bei dtelnet

Wenn Sie hier die Schriftart *Courier New* auswählen und den Zeichensatz (Charset) *OEM*, dann können Sie sogar mit YaST vernünftig arbeiten.

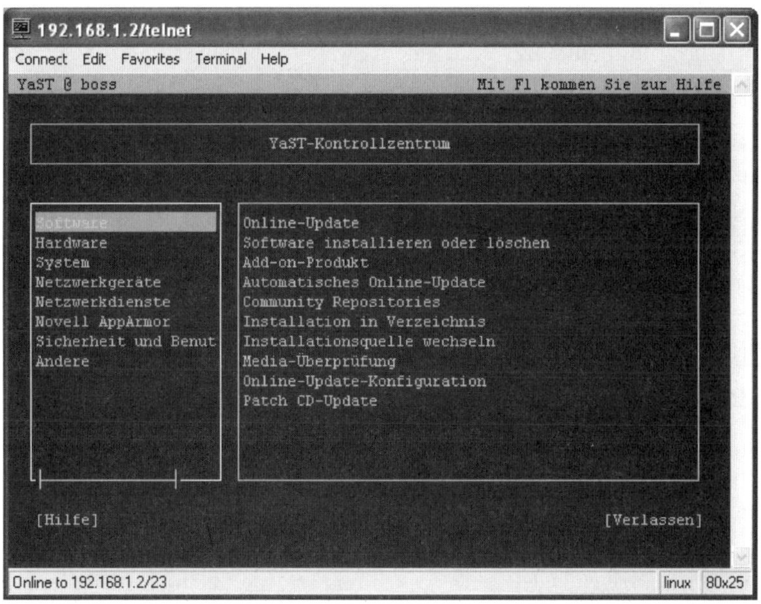

Abbildung 5.13: YaST mit dtelnet

Das sehr gut brauchbare Telnet-Programm *PuTTY* lernen Sie im folgenden Abschnitt kennen.

5.5 Gesicherte Verbindungen mit SSH

Bei normalen Telnet-Verbindungen gehen alle Anmelde- und Nutzdaten im Klartext über das Netz. Da im Prinzip jeder Rechner im Netz jedes Datenpaket empfangen kann, könnte auf irgendeinem Rechner ein Sniffer-Programm die Daten protokollieren und eventuell sogar Benutzernamen und Passwörter auslesen. Das ist schon in lokalen Netzen ein realistisches Risiko, vor allem, wenn Sie mit dem *root*-Account über das Netz arbeiten.

Sicherer übertragen Sie Daten nur verschlüsselt mit der Secure Shell (SSH) der Firma RSA.

SSH arbeitet mit Schlüsselpaaren. Server und Client besitzen je einen privaten und einen öffentlichen Schlüssel.

Bei der ersten SSH-Verbindung zweier Rechner tauschen diese untereinander ihre öffentlichen Schlüssel aus. Danach sind die Rechner einander bekannt. Würde sich später ein fremder Rechner fälschlicherweise unter der IP-Nummer des Linux-Servers melden, so würde der Client eine Warnmeldung ausgeben, da der öffentliche Schlüssel des Linux-Servers nicht zum falschen Rechner passt.

Auf Linux-Servern sind in der Standardinstallation sowohl SSH-Server als auch SSH-Client bereits installiert und lauffähig. Vom einem zweiten Linux-Server im Netz aus kann man den ersten Linux-Server mit

```
ssh 192.168.1.2 -l benutzer
```

ansprechen. Hinter dem Parameter `-l` steht der Benutzername, mit dem man sich bei dem entfernten Rechner anmelden möchte. Bei dieser ersten Verbindungsaufnahme meldet der SSH-Client des Rechners, von dem aus man die Verbindung aufbaut:

```
Host key not found from the list of known hosts.
Are you sure you want to continue connecting (yes/no)?
```

Der Client erwartet hier ein vollständiges `yes` als Antwort. Ein einzelnes `y` reicht aus Sicherheitsgründen nicht aus, man könnte sich ja vertippen.

Microsoft liefert mit Windows leider keinen SSH-Client aus. Ein empfehlenswertes Telnet- und SSH-Programm ist *PuTTY*, das Sie im Internet unter der Adresse `http://www.chiark.greenend.org.uk/~sgtatham/putty/` finden. Dieses kleine Programm mit nur 444 KByte Umfang passt auf jede Diskette und jeden Speicher-Stick. Es besteht nur aus einer einzigen Datei (`putty.exe`) und erfordert keine Installation.

Tipp: Vom gleichen Autor stammt auch das Programm `pscp.exe` für gesicherte Datenübertragung. Laden Sie dieses Programm gleich mit herunter.

Sollte es auf einem Rechner z. B. in einem Internet-Café erlaubt sein, das Programm zu laden und starten, können Sie damit sofort loslegen. Die Konfigurationseinstellungen speichert das Programm in der Registry des lokalen Windows-Rechners.

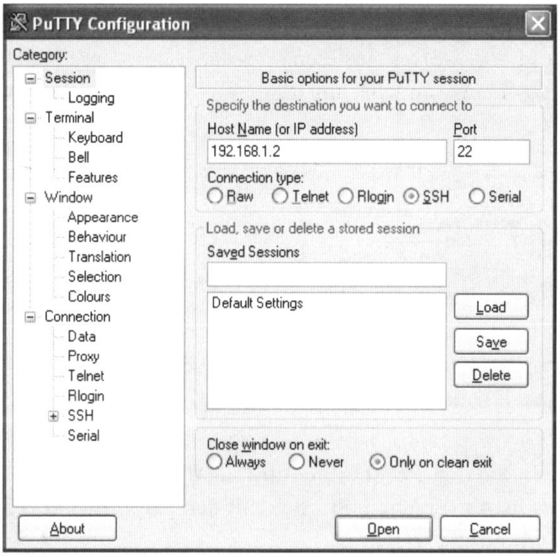

Abbildung 5.14: PuTTY

Nach der Eingabe der IP-Adresse oder des Rechnernamens müssen Sie als Protokoll *SSH* statt der Voreinstellung *telnet* auswählen, damit Sie eine gesicherte Verbindung aufbauen.

PuTTY speichert die öffentlichen Schlüssel der Rechner in der Registry Ihres Windows-Systems. Beim ersten Verbindungsaufbau liegt noch kein Schlüssel vor, deshalb erhalten Sie eine entsprechende Warnmeldung.

Abbildung 5.15: PuTTY: Warnung unbekannter Rechner

Wenn dies wirklich die erste Verbindung ist, können Sie die Warnung ignorieren und mit *Ja* den Verbindungsaufbau fortsetzen. Bei allen weiteren Verbindungen wird diese Meldung nicht mehr auftauchen; jetzt ist der Schlüssel ja bekannt.

Eine Warnung, dass sich der Schüssel des fernen Rechners verändert hat, sollten Sie immer ernst nehmen.

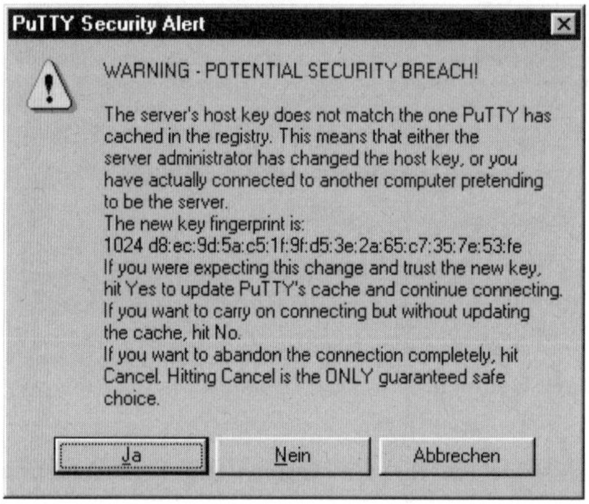

Abbildung 5.16: PuTTY: Warnung *Schlüssel verändert*

Das ist nur dann unbedenklich, wenn Sie den Rechner neu installiert haben. Im Zweifelsfall sollten Sie den Verbindungsaufbau abbrechen und sich mit den Administratoren des entfernten Rechners direkt in Verbindung setzen.

Tipp: Sollten Sie unterwegs die Download-Adresse für PuTTY vergessen haben, folgen Sie bitte dem Link für Software auf `www.linuxbu.ch`.

5.6 Per FTP Daten mit dem Linux-Server austauschen

Zu den Standarddiensten in Intranet und Internet gehört die Dateiübertragung per File Transfer Protocol (FTP). OpenSUSE installiert den zugehörigen Serverdienst bei der Installation nicht automatisch. Sie finden im Kapitel 7 eine ausführliche Beschreibung zur Installation und Konfiguration des FTP-Servers.

Sobald der FTP-Server läuft, können Sie auf Windows-Rechnern mit einem FTP-Client auf den FTP-Server zugreifen. Rufen Sie auf einem Windows-PC in der Eingabeaufforderung oder mit *Start • Ausführen*

```
ftp 192.168.1.2
```

auf, sehen Sie den folgendem Dialog:

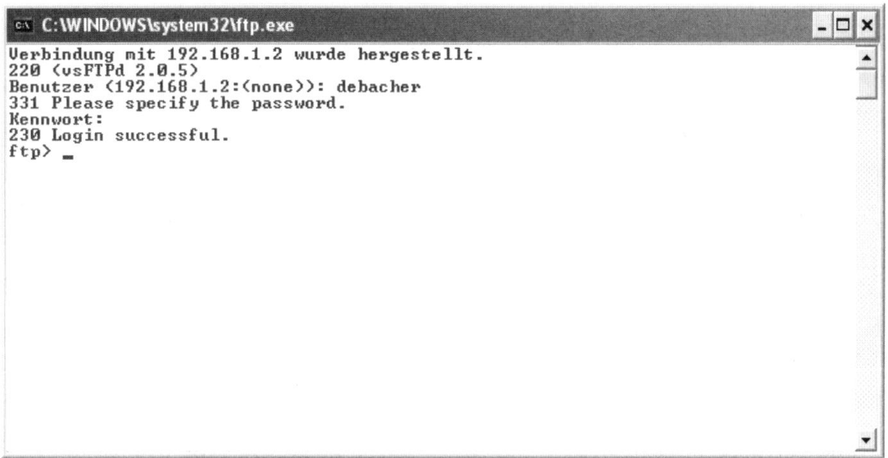

Abbildung 5.17: FTP auf den Server

Die Kommandozeilen-Bedienung des FTP-Clients ist für Menü-verwöhnte Windows-Benutzer vielleicht etwas ungewohnt. Für die Kommunikation zwischen FTP-Servern und FTP-Clients sollten Sie zumindest die folgenden FTP-Befehle zur Eingabe an der Kommandozeile von FTP-Clients kennen.

Befehl	*Erläuterung*
`ls`	Anzeige des Inhaltsverzeichnisses
`cd <Zielverzeichnis>`	Verzeichniswechsel auf dem FTP-Server
`lcd <Zielverzeichnis>`	Verzeichniswechsel auf dem FTP-Client
`ascii`	ASCII-Übertragungsmodus
`binary`	Binärer Übertragungsmodus
`get <Datei>`	Angegebene Datei vom FTP-Server laden
`mget <Datei(en)>`	Mehrere Dateien vom FTP-Server holen, Wildcards * und ? erlaubt
`put <Datei>`	Datei zum FTP-Server übertragen
`mput <Datei(en)>`	Mehrere Dateien zum FTP-Server übertragen Wildcards * und ? erlaubt
`quit`	FTP-Verbindung schliessen

Tabelle 5.2: Befehle und Erläuterung

Bequemer sind FTP-Clients mit komfortabler grafischer Benutzerschnittstelle wie das freie Programm FileZilla. Die aktuellste Version des Programms können Sie von `http://sourceforge.net/projects/filezilla` beziehen. Wählen Sie dort das Paket *FileZilla Client*. Den ebenfalls angebotenen *FileZilla Server* benötigen Sie nicht.

Das Projekt bietet zwei Versionen an: Eine .exe-Datei mit einem Installationsprogramm und eine .zip-Datei. Wenn Ihnen Installationsprogramme suspekt sind, dann wählen Sie die Zip-Version, Sie müssen dann die Archivdatei nur entpacken und können File-Zilla ohne weitere Installation direkt aus dem erzeugten Verzeichnis heraus starten.

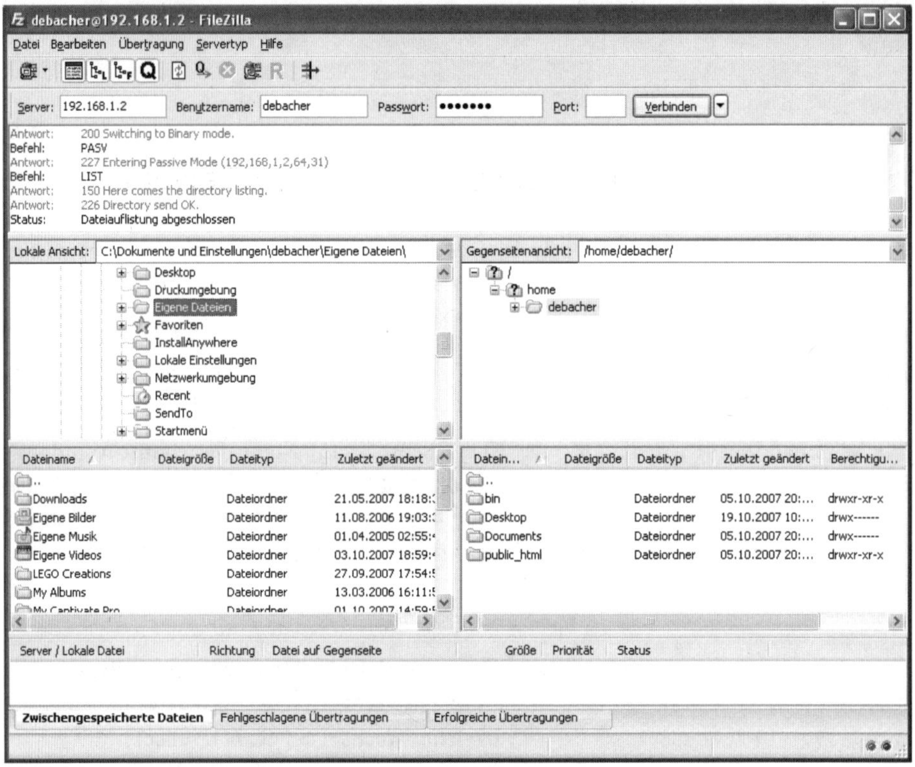

Abbildung 5.18: FTP mit FileZilla

Im Anmeldefenster fragt FileZilla nach dem Zielrechner, dem Benutzernamen und dem Passwort.

Die Benutzerschnittstelle des Programms orientiert sich am Explorer. Im oberen Teil des Fensters sehen Sie die Meldungen des FTP-Servers. Darunter ist die Darstellung zwischen Client und Server geteilt. Im linken Teil sehen Sie Dateien des lokalen Rechners, im rechten Teil die Dateien auf dem Server. Jeder dieser beiden Bereiche ist noch einmal unterteilt. Im oberen Fensterteil finden sich die Verzeichnisse, darunter die Verzeichnisinhalte.

Ganz unten im Fenster können Sie die laufende Übertragung von Dateien verfolgen.

Dateien überträgt man einfach durch einen Doppelklick auf das Symbol der zu kopierenden Datei. Für andere Operationen, wie z. B. *Ordner erstellen,* gibt es auf beiden Seiten entsprechende Menüpunkte im Kontextmenü der Dateiansicht.

Hinweis: Auch beim FTP-Protokoll gehen die Anmeldedaten im Klartext über das Netz. Vorsichtshalber sollten Sie daher immer verschlüsselte Alternativen wie SCP nutzen.

5.7 Zugriff auf den Webserver des Linux-Servers

OpenSUSE-Linux richtet bei der Standardinstallation keinen Webserver mehr ein. Eine Beschreibung zur Installation und Konfiguration des Webservers Apache finden Sie im Kapitel 6 dieses Buches.

Auf jedem aktuellen Windows-Rechner befindet sich zumindest ein Client-Programm für den Zugriff auf Webseiten, der Internet Explorer. Gibt man dort die Adresse des Webservers, hier im Buch `http://192.168.1.2/`, ein, so zeigt dieser auf den meisten Systemen die von OpenSUSE vorbereitete Startseite des Linux-Servers an.

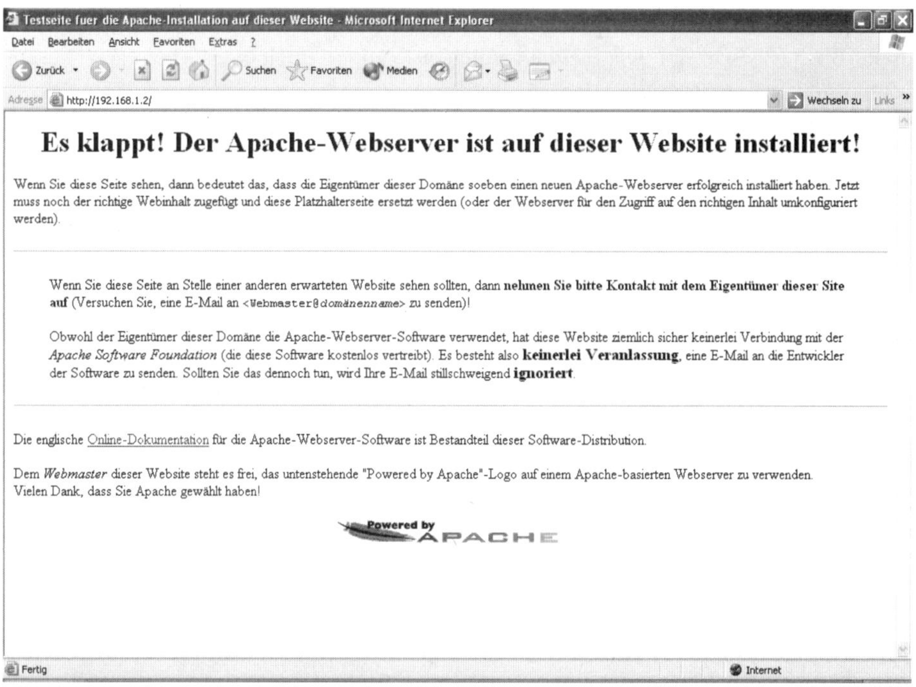

Abbildung 5.19: Startseite im Internet Explorer

Vorsichtige Nutzer bevorzugen wegen der Sicherheitsrisiken, mit denen einige Versionen des Internet Explorer behaftet waren, andere Browser wie den Mozilla Firefox oder Opera. Den Internet Explorer richten sowohl die Windows-Installation als auch die Installation von MS Office ein. Für die Beispiele in diesem Buch spielt es keine Rolle, mit welchem Browser Sie arbeiten.

Das Aufspielen von individuellen Seiten auf den Webserver ist im Kapitel 6 dieses Buchs dargestellt. An dieser Stelle sollten Sie nur prüfen, ob die Windows-Rechner auf den Webserver zugreifen können.

5.8 Windows-PCs für den Mailaustausch vorbereiten

Auf einem Linux-Server eingetragene Benutzer verfügen dort in der Regel auch über ein Postfach für Mail.

Tipp: Um den Text hier praktisch nachzuvollziehen, sollten Sie vorab mit YaST einige Anwender als Demo-User des Linux-Servers einrichten.

Die Mailfunktion ist so zentral, dass Sie auf die Einrichtung der notwendigen Serversoftware nicht verzichten sollten, wenn Sie nicht konsequent nur Webmail nutzen. Im Kapitel 4 haben Sie bereits gelesen, wie Sie den POP-Server installieren. Kapitel 14 dieses Buches beschreibt, wie Sie die restlichen Komponenten eines Mailservers installieren und konfigurieren.

Sowohl zu Opera, dem Internet Explorer als auch zum Mozilla Firefox gehören Client-Programme für den Mailaustausch, die man nur noch konfigurieren muss. Der folgende Text erklärt die Konfiguration für einige bei Windows verbreitete Clients.

Tipp: Bei Windows kann man jeweils ein Mail-Programm als Standard eintragen. Die meisten Programme prüfen beim Start, ob sie entsprechend eingetragen sind. Wenn nicht, fragt eine Dialogbox, ob die Software den Eintrag vornehmen soll. Wenn man mit dem Programm weiterhin arbeiten will, ist das sinnvoll; zum Testen sollte man dies ablehnen.

Die folgenden Beschreibungen gehen immer davon aus, dass Sie das Programm zwar installiert, aber noch nie gestartet haben. Hier sind die beim ersten Start notwendigen Konfigurationsschritte für die Anbindung an den Server beschrieben.

5.8.1 Microsoft Outlook

Outlook ist in zahlreichen Varianten von Microsoft Office enthalten und deswegen auf vielen Systemen vorhanden.

Wenn Sie schon mit Outlook gearbeitet haben, können Sie die Mail-Parameter auch im Menü *Extras • E-Mail Konten* unter *Vorhandene E-Mail Konten anzeigen oder bearbeiten* umstellen, indem Sie das dortige Standardprofil bearbeiten.

Beim ersten Start aktiviert Outlook einen Assistenten für die weiteren Dialoge.

Zuerst will Outlook wissen, ob Sie ein E-Mail-Konto konfigurieren möchten. Sie sollten diese Frage bejahen und auf *Weiter* klicken.

Danach fragt Outlook, was für eine Art von Mail-Konto Sie einrichten möchten (Abbildung 5.20). Wenn Sie dem Beispiel folgen wollen, sollten Sie POP3 (Post Office Protocol) auswählen.

In die folgende Maske (Abbildung 5.21) tragen Sie die Angaben für Ihr Konto ein. Die notwendigen Angaben können Sie der Abbildung übernehmen. Als Server für Posteingang (POP3) und Postausgang (SMTP) geben Sie die Server IP `192.168.1.2` ein. Erst wenn ein Nameserver konfiguriert ist (siehe Kapitel 15), kann man hier stattdessen `mail` eintragen.

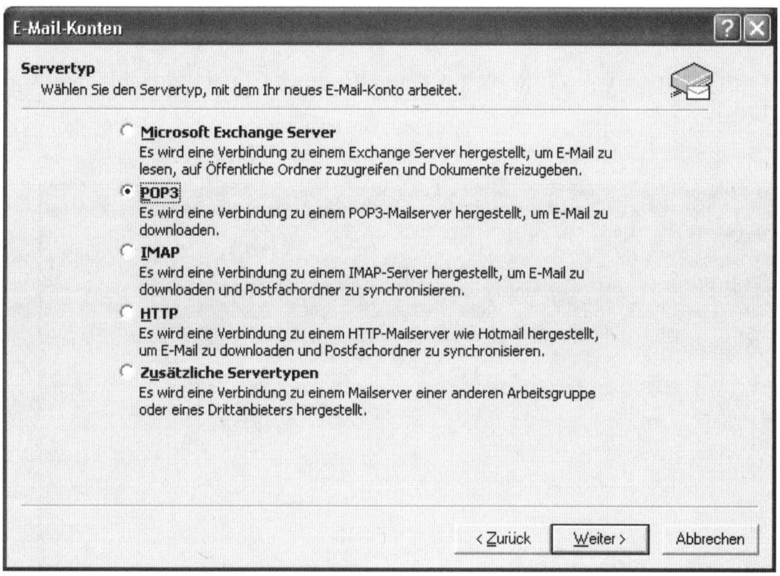

Abbildung 5.20: Outlook, Servertyp

Der Name des POP-Kontos muss mit einem Benutzernamen für den Linux-Server übereinstimmen, das Kennwort ist das zugehörige Benutzerpasswort auf dem Linux-Mail-Server.

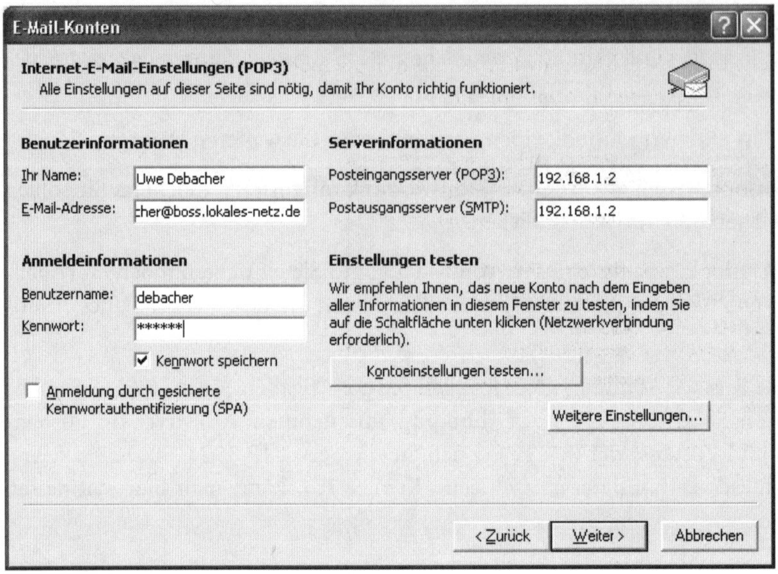

Abbildung 5.21: Outlook, Einstellungen

Damit ist die Konfiguration von Outlook auf dem Windows-Client abgeschlossen und Sie können es benutzen.

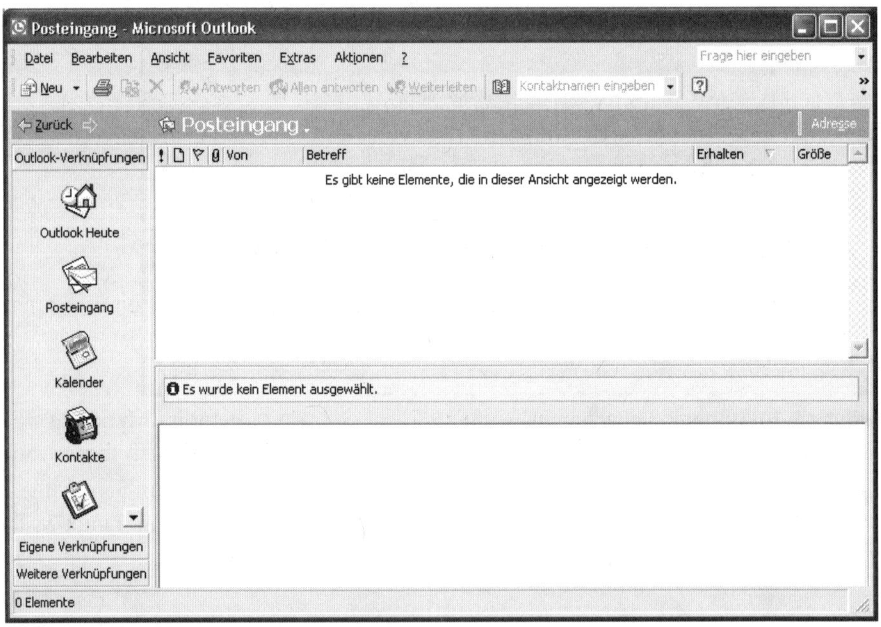

Abbildung 5.22: Outlook, einsatzbereit

Wenn Sie professionell kommunizieren und in Diskussionsgruppen posten, sollten Sie sofort die unseligen HTML-Mails abstellen und nur noch per reinem Text mailen. Gehen Sie dazu auf *Extras • Optionen • E-Mail-Format.*

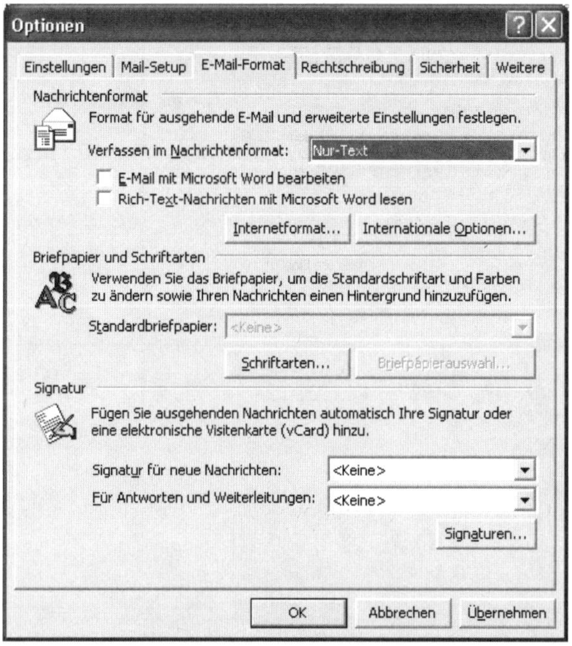

Abbildung 5.23:
Outlook, Optionen

Stellen Sie dort den Schalter *Verfassen im Nachrichtenformat* auf *Nur-Text.* In der Voreinstellung *HTML* überträgt Outlook jede Nachricht doppelt – nämlich als reinen Text und zusätzlich als aufgeblähte, formatierte HTML-Seite.

5.8.2 Windows Mail / Microsoft Outlook Express

Microsoft Windows Mail (Vista) bzw. Outlook Express (XP) sind praktisch auf jedem aktuellen Windows-Rechner vorhanden. Die Unterschiede zwischen den Versionen sind derart gering, dass hier eine gemeinsame Beschreibung erfolgen kann.

Falls Sie mit Windows Mail arbeiten, können Sie die Mail-Parameter im Menü *Extras • Konten* unter *E-Mail* einstellen, indem Sie das dortige Standardprofil bearbeiten (*Eigenschaften*).

Ansonsten fragt Windows Mail beim ersten Start nach dem Ordner, in dem es seine Daten ablegen kann. Akzeptieren Sie hier die Vorgabe. Danach startet Windows Mail ohne weitere Fragen.

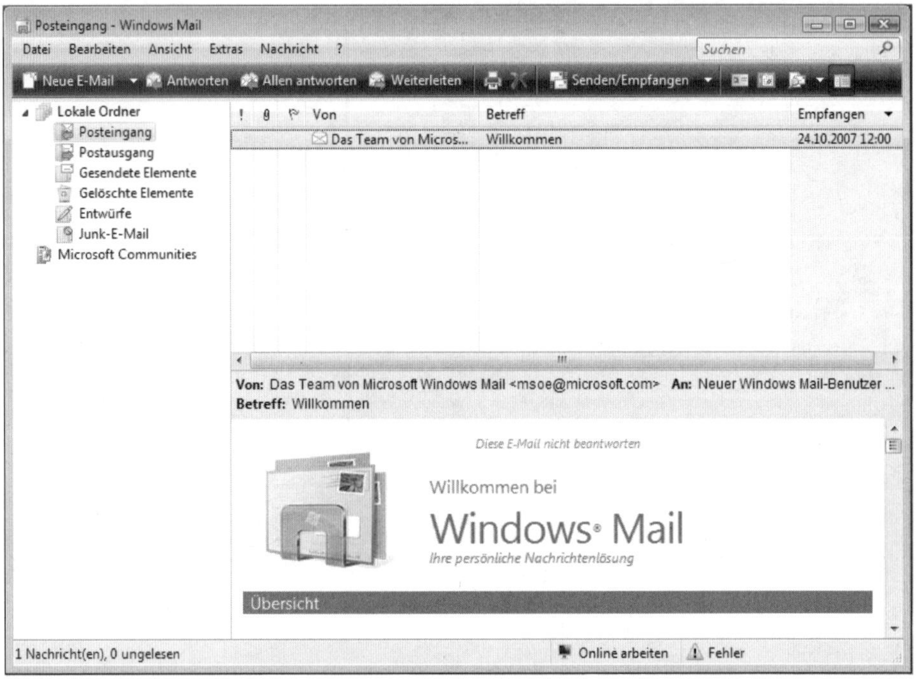

Abbildung 5.24: Windows Mail

Das Programm startet einen Assistenten, der in den folgenden Dialogen die notwendigen Angaben abfragt.

Zuerst will der Assistent den vollständigen Benutzernamen wissen,

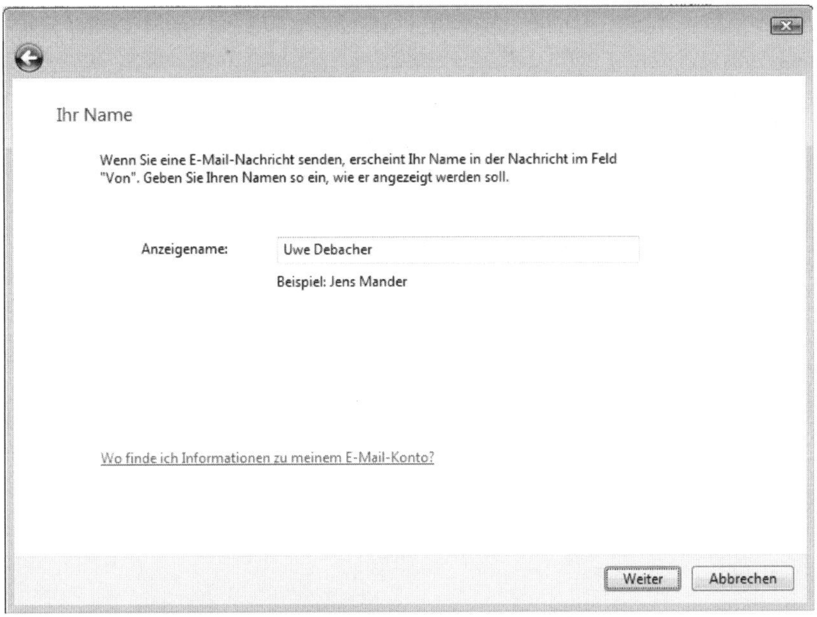

Abbildung 5.25: Windows Mail, Name

dann die E-Mail-Adresse.

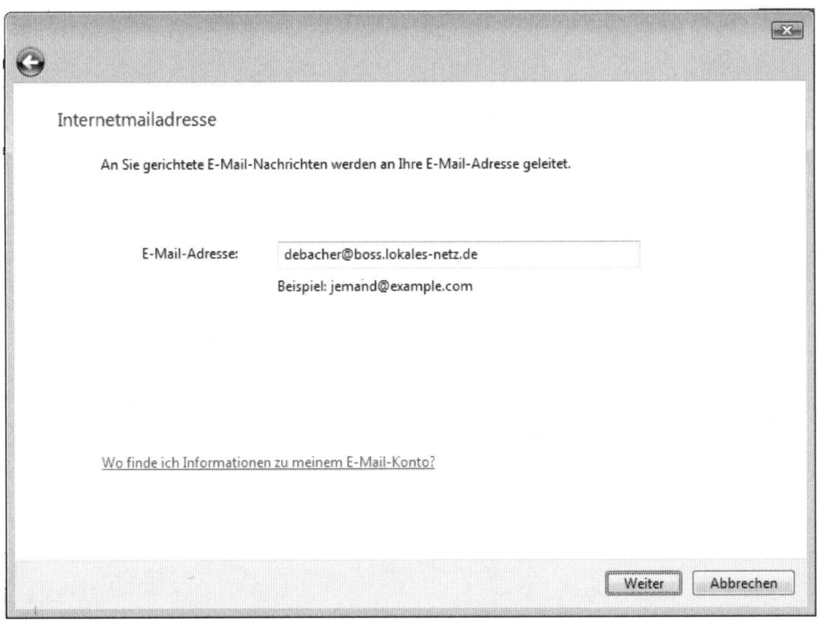

Abbildung 5.26: Windows Mail, E-Mail-Adresse

Wenn Windows Mail nach den Servern für Posteingang (POP3) und Postausgang (SMTP) fragt, geben Sie die Server IP `192.168.1.2` ein. Erst wenn ein Nameserver konfiguriert ist (siehe Kapitel 15), können Sie hier stattdessen `mail` eintragen.

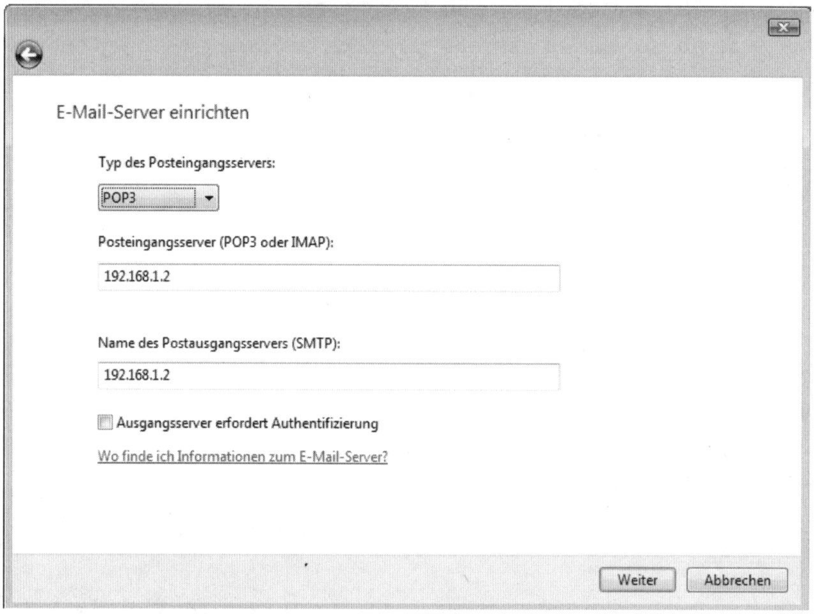

Abbildung 5.27: Windows Mail, Namen der E-Mail-Server

Der POP-Kontenname muss mit einem auf dem Linux-Server vorhandenen Benutzernamen übereinstimmen und das Kennwort mit dem zugehörigen Passwort auf dem Linux-Server.

Damit ist Windows Mail auf diesem Windows-PC fertig konfiguriert und dessen Anwender können es für den Mail-Verkehr benutzen.

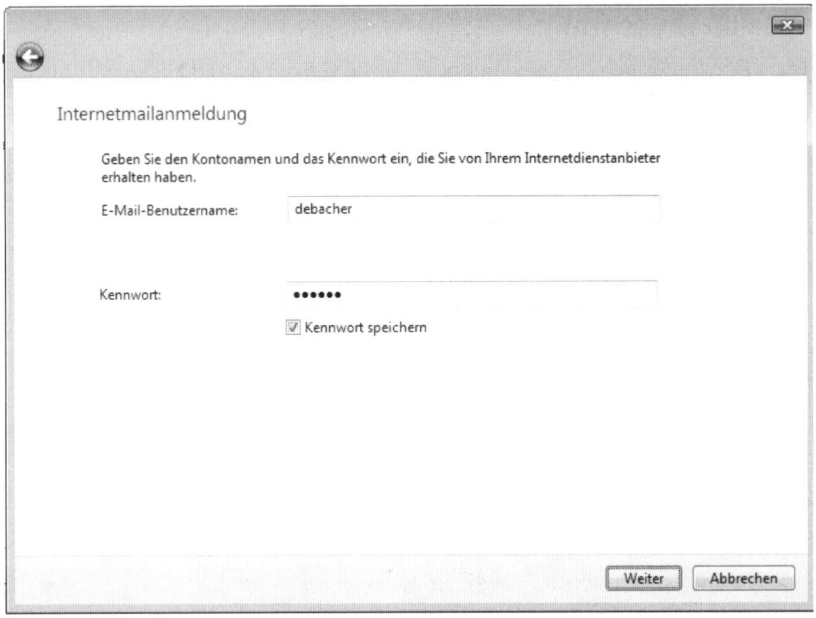

Abbildung 5.28: Windows Mail, Internet Mail-Anmeldung

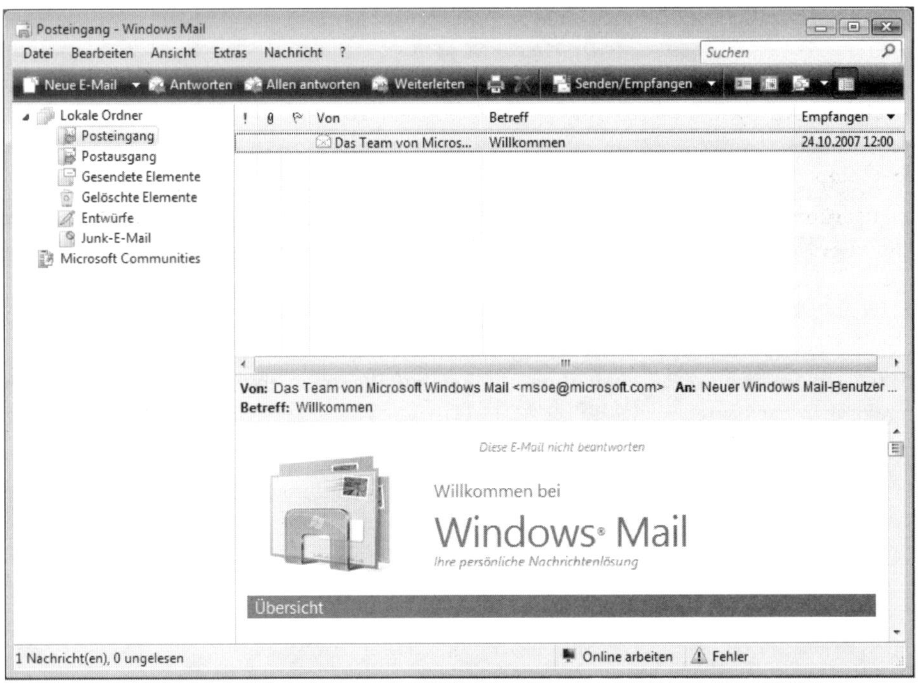

Abbildung 5.29: Windows Mail, einsatzbereit

5.8.3 Mozilla Thunderbird

Mozilla Thunderbird kommt aus dem gleichen Open-Source-Umfeld wie der beliebte Browser Firefox. Thunderbird ist wie Firefox für sehr viele Plattformen verfügbar.

Wer vorher schon mit dem Mail-Programm gearbeitet hat, kann die vorliegende Konfiguration auch aus dem Menü *Bearbeiten • Mail&Newsgroup-Account-Einstellungen* heraus ändern.

Beim ersten Start aktiviert das Programm den Konto-Assistenten.

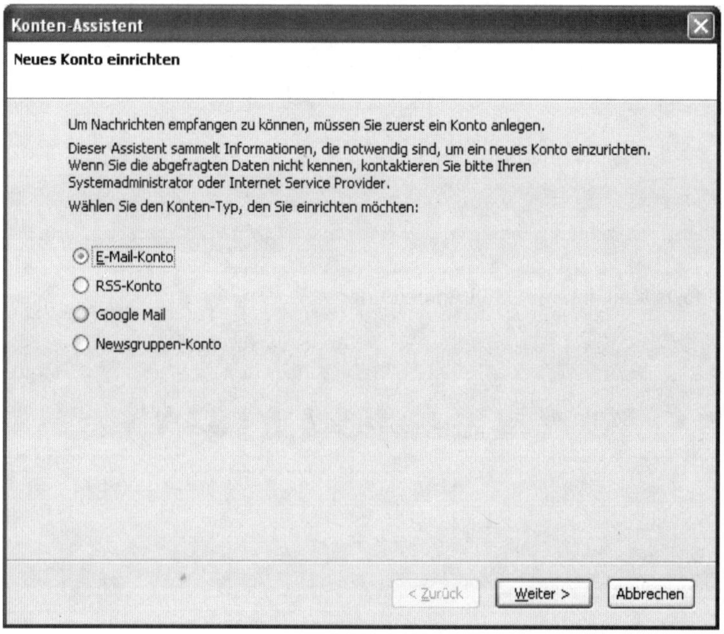

Abbildung 5.30: Thunderbird, Konto-Assistent

Aktivieren Sie hier *E-Mail-Account* und klicken auf *Weiter*, so erscheint die erste Eingabemaske.

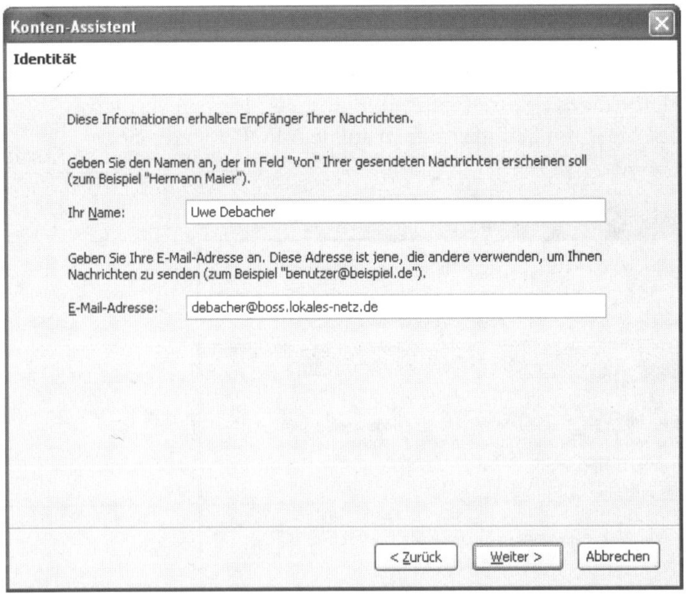

Abbildung 5.31: Thunderbird, Identität

Hier gibt man den vollständigen Namen und die E-Mail-Adresse an. Nach einem Mausklick auf *Weiter* öffnet der Dialog eine Maske, in der man den Servertyp und die Adressen der Mail-Server angibt.

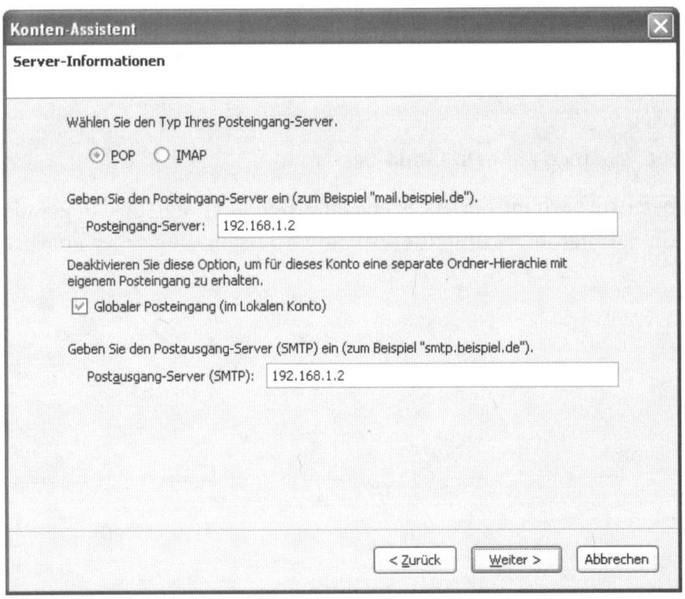

Abbildung 5.32: Thunderbird, Server

Falls Sie noch keinen Nameserver (siehe Kapitel 13) eingerichtet haben, tragen Sie dem Beispiel folgend hier die IP-Adresse `192.168.1.2` ein, ansonsten ist ein Name wie `mail` hilfreicher.

Im nächsten Fenster geben Sie Ihren Benutzernamen auf dem POP3-Server ein.

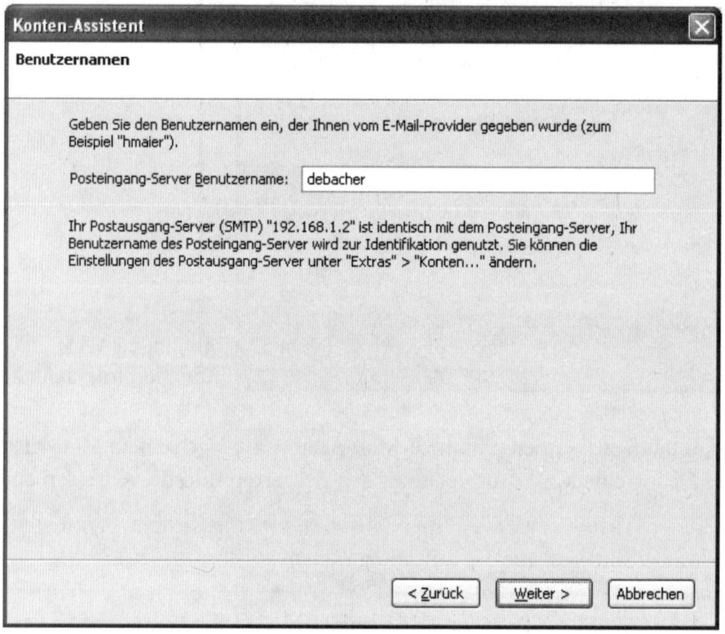

Abbildung 5.33: Thunderbird, POP-Name

Hier trägt man den Benutzernamen auf dem Linux-Server ein.

Mit dem letzten Eingabefenster erfragt der Assistent eine Bezeichnung für das gerade angelegte Mail-Konto. Sie können hier ruhig die Vorgabe belassen, die vorher angegebene Mail-Adresse.

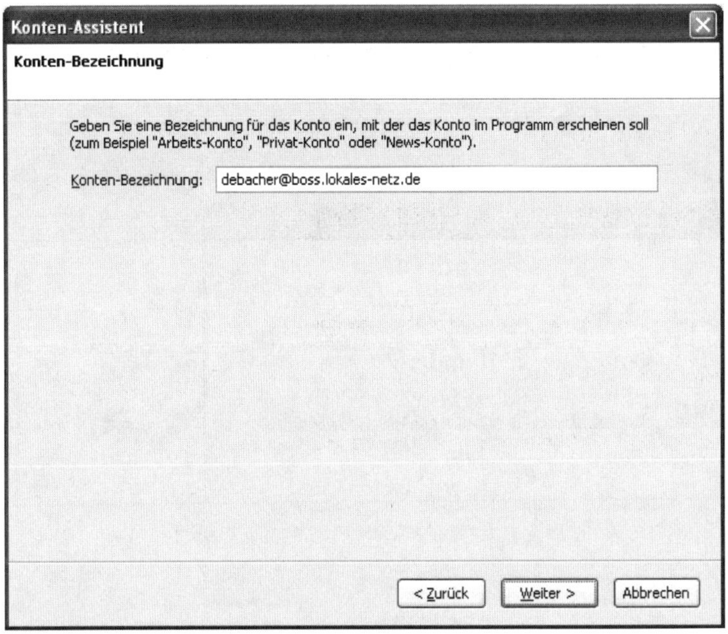

Abbildung 5.34: Thunderbird, Konten-Bezeichnung

Zum Abschluss zeigt der Assistent eine Übersicht aller soeben eingestellten Parameter. Wenn alle Angaben richtig sind, klicken Sie auf *Fertig stellen*, ansonsten auf *Zurück*, um Einträge zu korrigieren.

Damit ist Thunderbird fertig konfiguriert und Sie können ihn starten. Testen Sie mit einem Klick auf *Abrufen*, ob alles funktioniert. Das Passwort muss man beim Verbindungsaufbau eingeben.

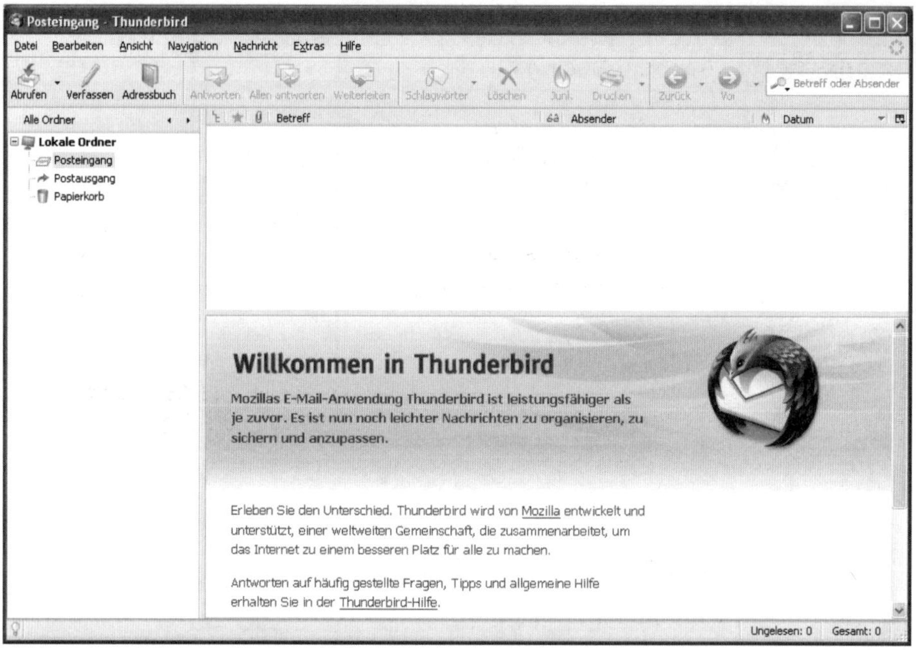

Abbildung 5.35: Thunderbird, betriebsbereit

5.8.4 Eudora 7.1

Viele Internet-Nutzer schwören auf Eudora 7.1, das Sie von der Adresse `http://www.eudora.com` beziehen können. Die bisherige Trennung in Pro- und Light-Version entfällt für den Download. Ohne Registrierung läuft Eudora im *Sponsored Mode* und kann vollkommen kostenlos eingesetzt werden, da es dann Werbung als Finanzquelle nutzt.

Das Programm zeichnet sich durch eine Vielzahl von Konfigurationsmöglichkeiten aus. Hier soll es um die Grundkonfiguration gehen.

Nach der Installation meldet Windows beim ersten Start, dass Eudora nicht das Standard-Mailprogramm ist.

Im darauf folgenden ersten Dialogfenster können Benutzer einer älteren Version von Eudora bestehende Postfächer übernehmen.

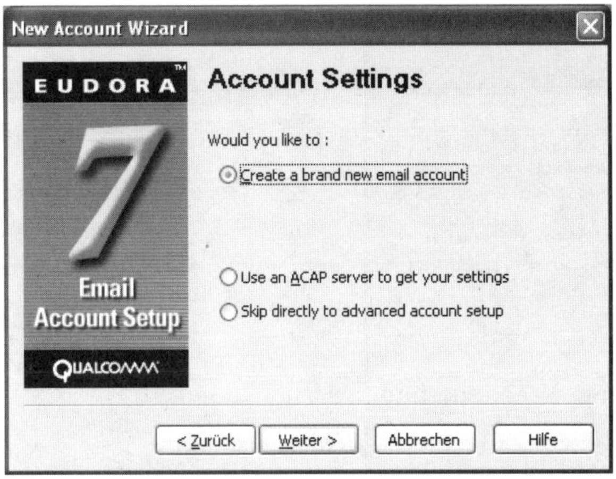

Abbildung 5.36: Eudora, Account Settings

Im nächsten Fenster gibt man den vollständigen Namen ein.

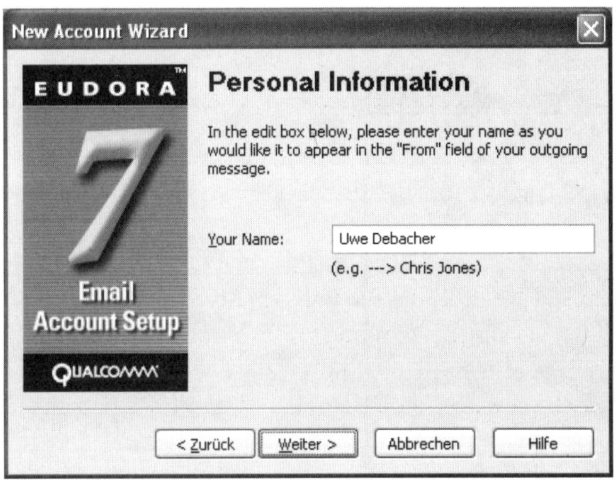

Abbildung 5.37: Eudora, Personal Information

Danach verlangt Eudora die Eingabe der E-Mail-Adresse.

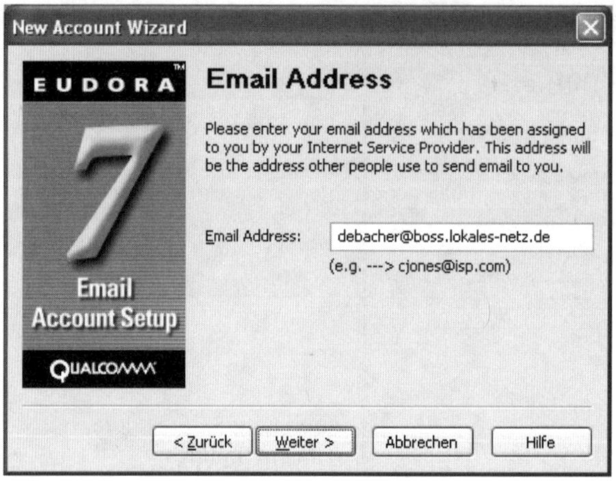

Abbildung 5.38:
Eudora, E-Mail Address

Geben Sie für netzinternen Mailaustausch hier die lokale Adresse an.

Das nächste Formular fragt den Login-Namen ab.

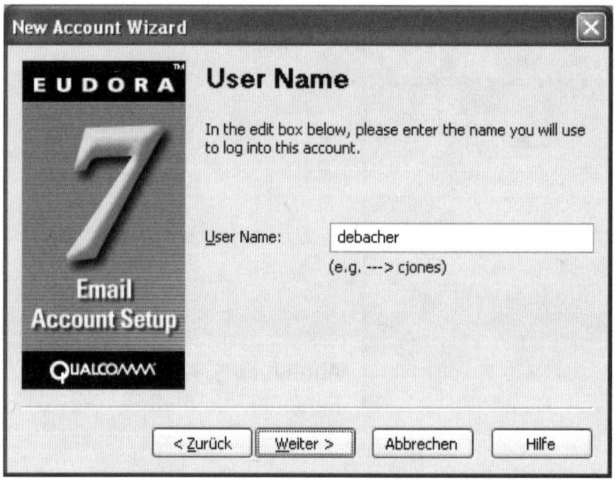

Abbildung 5.39:
Eudora, Login-Name

Als Nächstes folgen Angaben für den POP-Server.

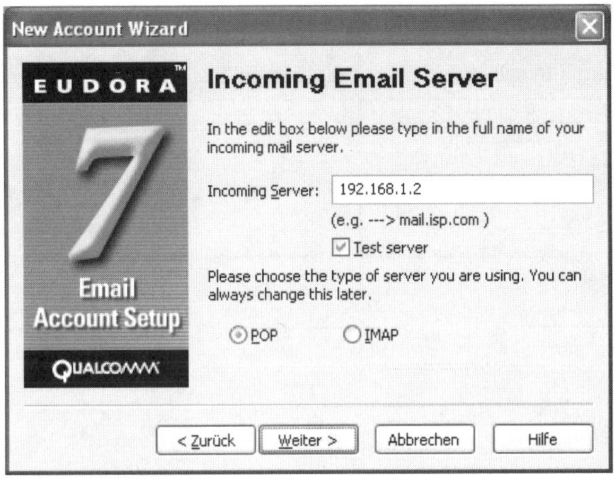

Abbildung 5.40: Eudora, Incoming E-Mail Server

Tragen Sie dann die Parameter für den Mail-Versand ein.

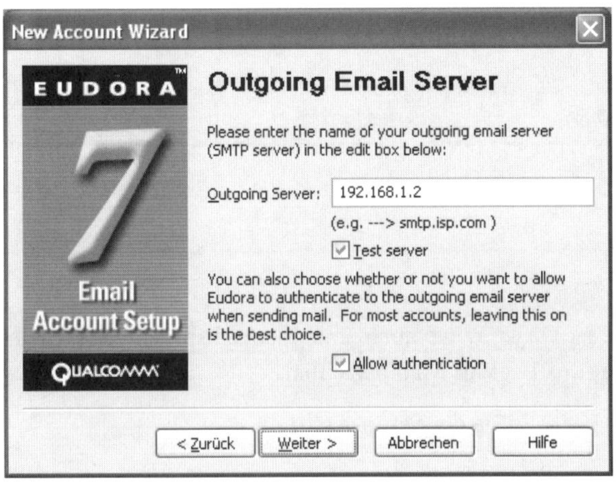

Abbildung 5.41: Eudora, Outgoing E-Mail Server

Danach sollte Eudora fertig konfiguriert sein und Sie können es mit einem letzten Klick auf *Finish* starten.

Ändern können Sie die Konfiguration im Menü *Tools • Options.*

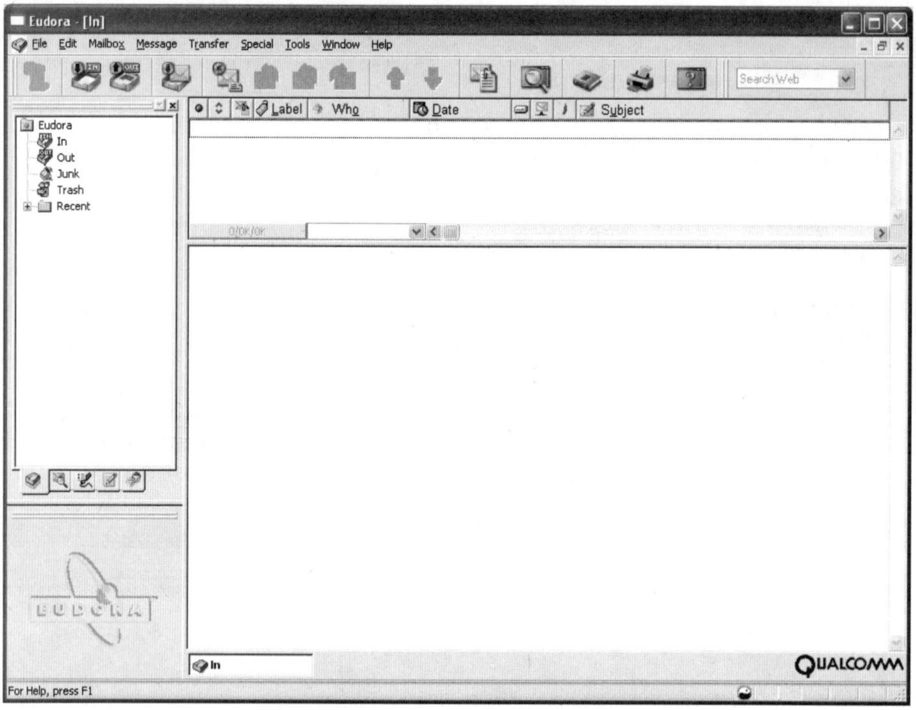

Abbildung 5.42: Eudora, in Betrieb

5.8.5 Pegasus Mail

Unter der Adresse `http://www.pmail.com` ist auch eine deutschsprachige aktuelle Version 4.41 des Freeware-Programms Pegasus Mail beziehbar.

Beim ersten Start des Programms begrüßt Sie der Setup-Assistent.

Abbildung 5.43: Pegasus, Setup Assistent

Den vorgegebenen Ordner für die Maildateien können Sie einfach akzeptieren.

Die folgende Seite mit einer kurzen Anleitung übergeht man mit *Weiter*. Im folgenden Fenster erwartet das Programm die Eingabe der Mailadresse.

Abbildung 5.44: Pegasus: E-Mail-Adresse

Zudem benötigt man die Adresse des Mail-Servers.

Abbildung 5.45: Pegasus, POP-Server

Danach verlangt Pegasus die Daten für den POP-Zugang.

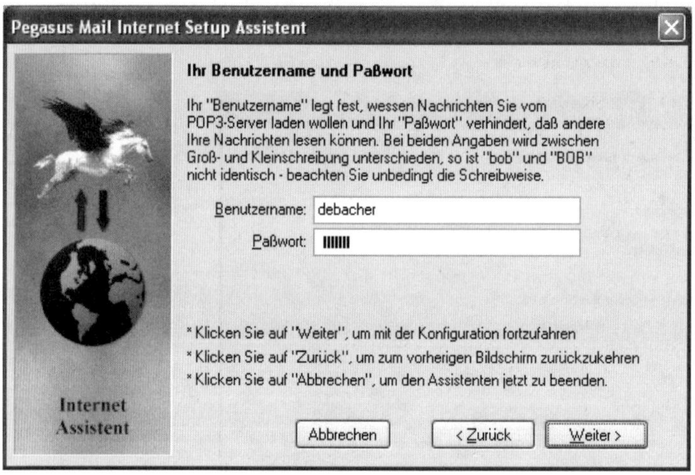

Abbildung 5.46: Pegasus, POP-Daten

Die Maske für den SMTP-Server ist bereits richtig eingestellt.

Abbildung 5.47: Pegasus, SMTP-Server

Zuletzt fragt Pegasus nach der Art der Netzanbindung.

Abbildung 5.48: Pegasus, Internet Zugriff

Nach *Weiter* und einem abschließenden *Abschließen* startet Pegasus.

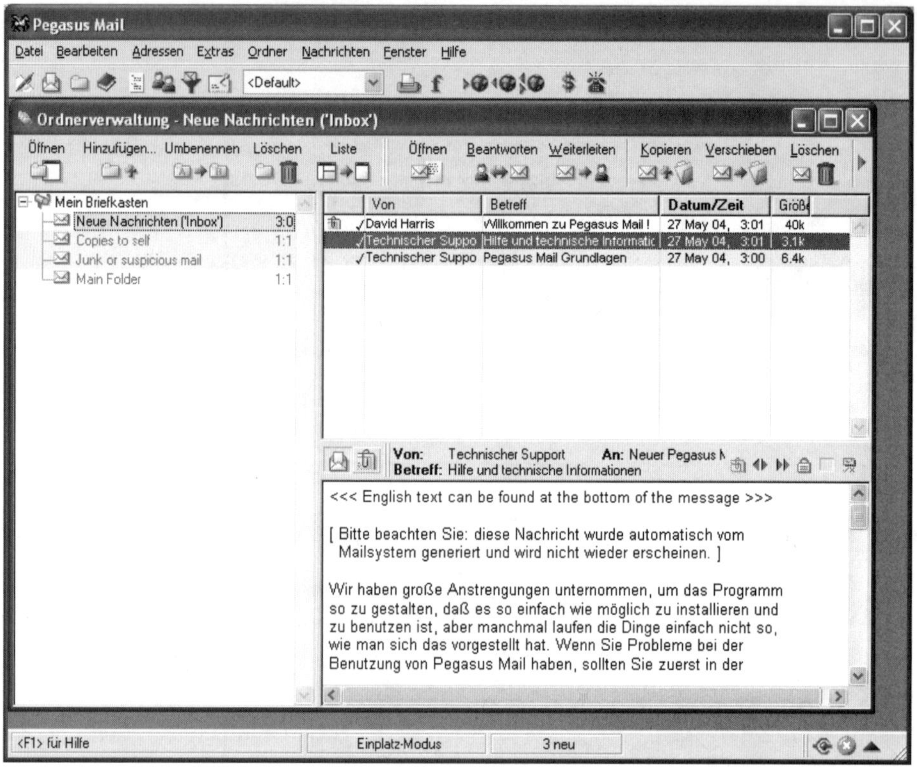

Abbildung 5.49: Pegasus, in Betrieb

5.8.6 Opera

Eine treue Fangemeinde weist der Opera-Browser auf, der als schlanke und schnelle Alternative zu Microsofts Internet Explorer gilt. Kostenlos laden können Sie die Software von der Website `http://www.opera.com`.

Ein großer Vorteil von Opera besteht darin, dass es sowohl Versionen für Windows als auch für Linux und andere Betriebssysteme gibt. Sie können Opera daher in heterogenen Umgebungen gut einsetzen, da sich die unterschiedlichen Varianten identisch bedienen lassen.

Auch Opera verfügt über einen eingebauten E-Mail-Client. Laden Sie die aktuelle deutschsprachige Version 9.5 (6,3 MB) vom Webserver `http://de.opera.com` und installieren Sie diese auf Ihrem Windows-Rechner.

In Opera können Sie über *Nachricht • Neues Profil* ein neues Mail-Profil anlegen.

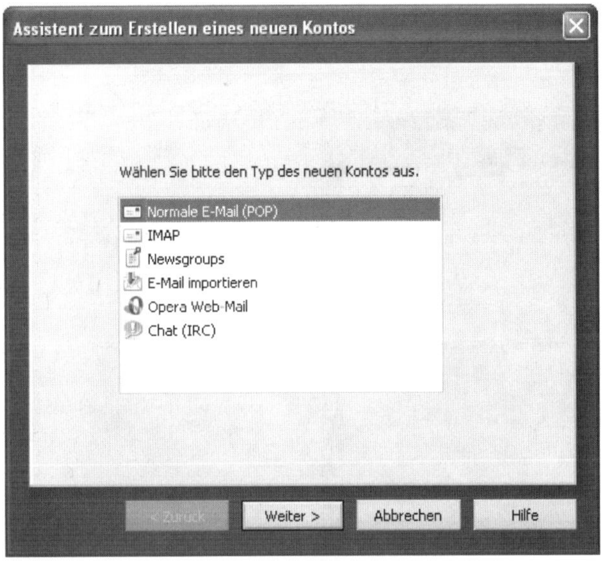

Abbildung 5.50:
Opera, E-Mail-Profil

Zuerst müssen Sie entscheiden, welche Art von Profil Sie anlegen möchten. Opera lässt Ihnen u. a. die Wahl zwischen POP und IMAP, sowie *OperaMail WebMail.* Wählen Sie hier ein POP-Profil.

Im nächsten Formular geben Sie Ihren Namen und Ihre Mail-Adresse sowie einen Bezeichner für Ihre Firma/Organisation an.

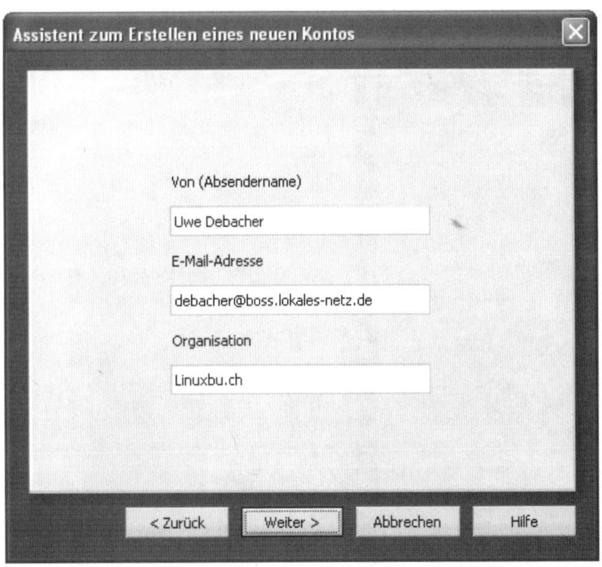

Abbildung 5.51:
Opera, Neues Profil

Nach einem Klick auf *Weiter* gelangen Sie zu einem Formular, in dem Sie Ihren POP-Benutzernamen und Ihr Passwort angeben können.

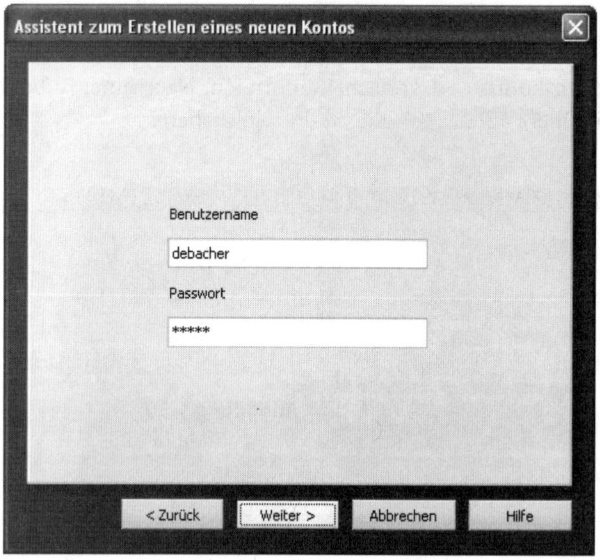

Abbildung 5.52: Opera, Accountdaten

Wenn Sie hier kein Passwort eingeben, fragt Opera später beim Verbindungsaufbau noch einmal danach.

Im folgenden Formular fragt Opera nach den Serverdaten.

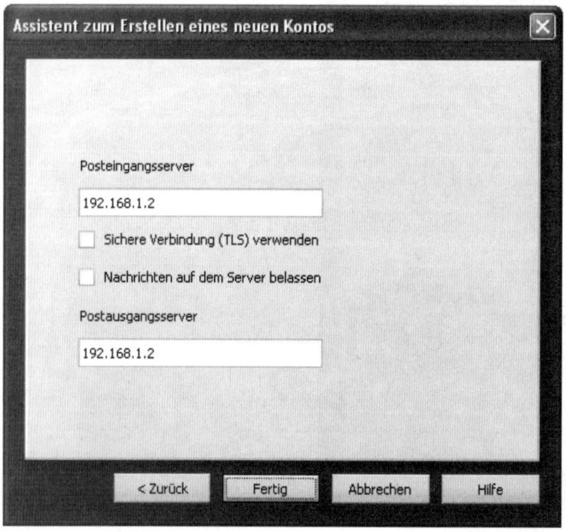

Abbildung 5.53: Opera, Serverdaten

Geben Sie hier wieder die IP-Adressen an, sofern Sie noch keinen Nameserver eingerichtet haben.

Der Schalter *Nachrichten auf dem Server lassen* ist für Testzwecke ganz nützlich, da Sie keine Mail versehentlich verlieren, wenn Sie ihn eingeschaltet lassen.

Die weiteren Einstellmöglichkeiten können Sie zunächst ignorieren. Nach einem Klick auf *Fertig* ist Ihr Mailsystem mit Opera auf dem Windows-PC einsatzbereit.

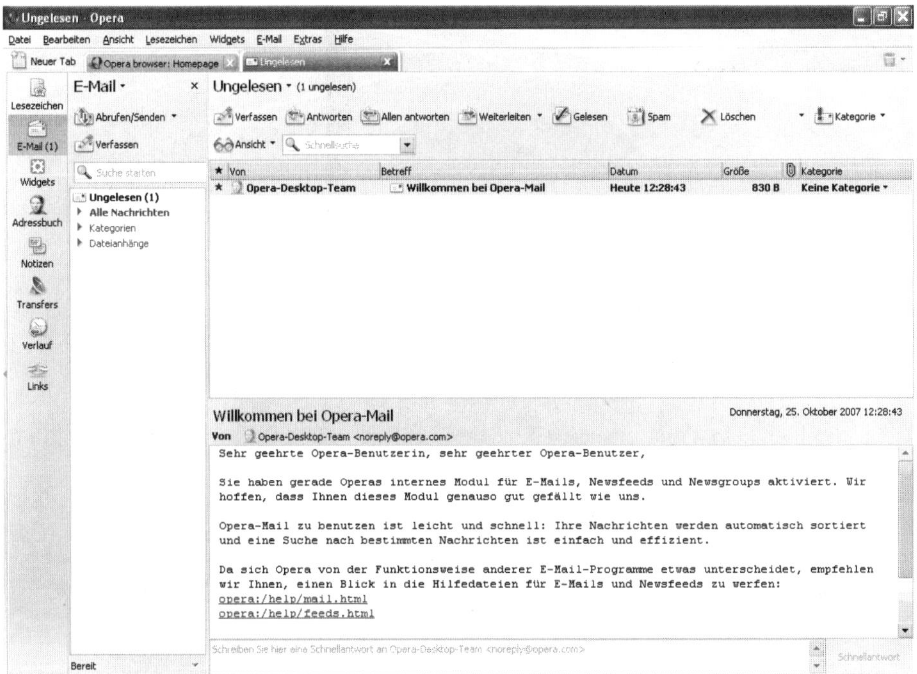

Abbildung 5.54: Opera, einsatzbereit

6 Informationen per Webserver verteilen

Immer mehr Einrichtungen nutzen Webserver, um Informationen im Intranet, Extranet und Internet bereitzustellen. Dies beeinflusst die gesamte Kommunikationskultur erheblich.

Wichtige technische Grundlagen des World Wide Web und von Intranets sind:

- Hypertext Markup Language (HTML), die Sprache der Web-Seiten,
- Hypertext Transfer Protocol (HTTP), das die Seitenanforderungen und Übertragungen regelt,
- Uniform Resource Locator (URL), die eindeutige Adresse für eine Information im Internet
- und inzwischen immer mehr die Extended Markup Language (XML) für die universelle webbasierte Kommunikation.

Alle relevanten Linux-Distributionen enthalten einen Webserver, meist den Apache. Da OpenSUSE ihn bei der Standardinstallation nicht automatisch installiert, holen Sie das am besten schnell nach.

Apache hat nichts mit dem Indianerstamm zu tun, sondern verballhornt die englische Bezeichnung *a patchy server*. Die Wurzeln des Apache liegen nämlich in Anpassungen (Patches) des NCSA-Webservers[1]. Inzwischen entwickelt eine Gruppe von etwa 20 Programmierern, die Apache HTTP Server Group, Apache eigenständig für Linux und Windows weiter.

Dieses Kapitel beschreibt die Grundlagen, um Apache sinnvoll im lokalen Netz einzusetzen.

Der Webserver Apache erlaubt es, Seiten nur geschlossenen Benutzergruppen zugänglich zu machen. Nur wer über einen geeigneten Benutzernamen und das zugehörige Passwort verfügt, kann dann auf die geschützten Seiten zugreifen.

---

1 Das Kürzel NCSA steht für das National Center for Supercomputing Applications an der University of Illinois in Urbana-Champaign. Dort erblickte auch der erste grafische Webbrowser NCSA Mosaic das Licht der Welt.

Da Browser den Benutzernamen und das Passwort normalerweise unverschlüsselt an den Webserver übertragen, was ein unnötiges Sicherheitsrisiko darstellt, sollten Sie die Datenübertragung verschlüsseln.

Lesen Sie in diesem Kapitel,

- wie Webserver arbeiten (6.2),
- wie man Apache installiert und einrichtet (6.3),
- wie man das Einrichten und Pflegen von Webinhalten organisatorisch löst (6.4),
- wie man eine Zugriffssteuerung für geschlossene Nutzergruppen einrichtet (6.5),
- was virtuelle Server sind (6.6),
- wie man gesicherte Zugriffe per Secure Sockets Layer (SSL) einrichtet (6.7),
- wie man Webserver-Zugriffe protokolliert (6.8),
- wie Sie die Protokolldatei des Webservers grafisch aufbereiten (6.9) und
- wie man eine eigene Suchmaschine einrichten kann (6.10).

6.1 Wann brauchen Sie einen eigenen Webserver?

Einen eigenen Webserver brauchen Sie eigentlich immer. Statt Informationen auf einem schwarzen Brett in der Kantine auszuhängen oder Kunden per Mailing zu informieren, kann man besser Seiten für den lokalen Webserver erstellen und dort aktuelle Ankündigungen, Termine und auch größere Dokumente, Abbildungen und Videos hinterlegen. Wichtig für die Zufriedenheit der Benutzer ist es, Inhalte regelmäßig zu pflegen und zu aktualisieren.

Hierzu verwendet man am besten Content Management-Systeme. Freie Content Management-Systeme sind u. a. Midgard (`http://www.midgard-project.org/`), Typo3 (`http://www.typo3.org`), Joomla (`http://www.joomla.org`), Drupal (`http://drupal.org`) und Plone (`http://www.plone.org`).

Beim Entwickeln von Webauftritten können jedem leicht Fehler unterlaufen. Peinlicherweise sind diese bei über das Internet zugänglichen Seiten weltweit sichtbar. Den eigenen Auftritt sollte man daher zuerst im lokalen Netz entwickeln und testen, um sich Blamagen zu ersparen.

6.2 So arbeiten Webserver

Beim Hypertext Transfer Protocol (HTTP) sendet der Client, der Webbrowser, eine Anfrage nach einem Dokument an den Server, den http-Dämon. Dieser liefert dem

Client den MIME-Typ der angeforderten Datei und die Datei selbst. Aus dem MIME-Typ schließt der Client, was er mit den empfangenen Daten anfangen soll.

Die häufigsten MIME-Typen zeigt er so an:

- `text/html` als HTML-Dokument,
- `text/plain` als normalen ASCII-Text und
- `image/gif` als GIF-Grafik.

Daneben gibt es noch viele weitere Typen. Auf dem Linux-Server enthält die Datei `/etc/apache2/mime.types` über 100 Einträge der Form:

```
text/css                         css
text/html                        html htm
text/plain                       asc txt c cc h hh cpp hpp
```

Der Webserver übermittelt Dateien mit der Endung `.html` oder `.htm` als Typ `text/html`. Zeigt der Browser HTML-Dateien im Quellcode an, deutet dies auf ein Problem mit der Datei `/etc/apache2/mime.types`.

Für jede laufende Verbindung ist ein `httpd`-Prozess zuständig. Der WWW-Server startet bei Bedarf Kopien seiner selbst, die dann die zusätzlichen Verbindungen bedienen, und beendet diese dann wieder. Wie viele derartige Prozesse laufen dürfen, lässt sich über die Konfigurationsdatei einstellen.

Trotz vieler parallel ablaufender Prozesse verschwendet Apache dank Linux (oder des jeweils verwendeten Systems) keinen Speicherplatz, weil alle Kopien des WWW-Servers den Speicher gemeinsam nutzen.

6.3 Webserver Apache installieren und einrichten

Sie installieren den Apache am einfachsten über das Schema *Serverfunktionen • Web- und LAMP-Server*. Dies installiert auch weitere nützliche Pakete mit. Da OpenSUSE den Webserver in der Standardinstallation nicht einrichtet, sollten Sie dies gemäß der Anleitung im Kapitel 2.5 (Pakete nachinstallieren) nachholen.

Nach der Installation starten Sie den Webserver mit dem Befehl

```
rcapache2 start
```

Überzeugen Sie sich, dass der Webserver lauffähig ist, indem Sie von einem Client aus seine URL, hier im Beispiel `http://192.168.1.2`, aufrufen. Der Browser müsste folgende recht leere Startseite anzeigen:

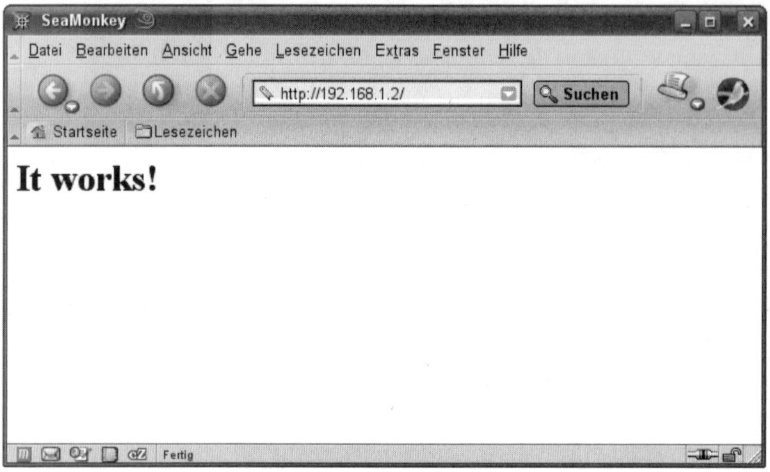

Abbildung 6.1: Standardstartseite im Browser

Folgende Dateien sind für die Konfiguration des Webservers Apache wichtig:

Datei	*Bedeutung*
`/usr/sbin/httpd2`	Das Binärprogramm des Apache
`/etc/apache2/`	Verzeichnis für die Konfigurationsdateien
`/etc/apache2/httpd.conf`	Hauptkonfigurationsdatei
`/etc/apache2/mime.types`	Datei mit den bekannten Dateitypen
`/srv/www/`	Wurzelverzeichnis des Webservers
`/srv/www/htdocs/`	Verzeichnis für normale Webdokumente
`/srv/www/cgi-bin/`	Verzeichnis für ausführbare Programme (CGI)
`.htaccess`	Konfigurationsdatei im jeweiligen Web-Verzeichnis

Tabelle 6.1: Dateien und ihre Bedeutung für die Konfiguration des Apache

Zum Einrichten des Apache dient die Hauptkonfigurationsdatei `httpd.conf`, die weitere Konfigurationsdateien einbindet.

`/etc/apache2/httpd.conf` (Dateianfang)

```
#
# /etc/apache2/httpd.conf
#
# This is the main Apache server configuration file.  It contains the
# configuration directives that give the server its instructions.
# See <URL:http://httpd.apache.org/docs-2.0/> for detailed
# information about the directives.

# Based upon the default apache configuration file that ships with
# apache,which is based upon the NCSA server configuration files
```

```
# originally by Rob McCool. This file was knocked together by Peter
Poeml <poeml+apache@suse.de>.

# If possible, avoid changes to this file. It does mainly contain
# Include statements and global settings that can/should be
# overridden in the configuration of your virtual hosts.

# Quickstart guide:
# http://www.opensuse.org/Apache_Howto_Quickstart

# Overview of include files, chronologically:
#
# httpd.conf
#  |
#  |-- uid.conf . . . . . . . . . . . . . . UserID/GroupID to run
       ➥ under
#  |-- server-tuning.conf . . . . . . . . . sizing of the server
       ➥ (how many processes
       ➥ to start, ...)
#  |-- sysconfig.d/loadmodule.conf . . . . . [*] load these modules
#  |-- listen.conf . . . . . . . . . . . . . IP adresses / ports to
       ➥ listen on
#  |-- mod_log_config.conf . . . . . . . . . define logging formats
#  |-- sysconfig.d/global.conf . . . . . . . [*] server-wide general
       ➥ settings
#  |-- mod_status.conf . . . . . . . . . . . restrict access to
       ➥ mod_status (server monitoring)
#  |-- mod_info.conf . . . . . . . . . . . . restrict access to
       ➥ mod_info
#  |-- mod_usertrack.conf . . . . . . . . .  defaults for cookie-
       ➥ based user tracking
#  |-- mod_autoindex-defaults.conf . . . . . defaults for displaying
       ➥ of server-generated directory listings
#  |-- mod_mime-defaults.conf . . . . . . .  defaults for mod_mime
       ➥ configuration
#  |-- errors.conf . . . . . . . . . . . . . customize error
       ➥ responses
#  |-- ssl-global.conf . . . . . . . . . . . SSL conf that applies
       ➥ to default server _andall_ virtual hosts
#  |
#  |-- default-server.conf . . . . . . . . . set up the default
       ➥ server that replies to non-virtual-host requests
...
```

OpenSUSE hat gegenüber den alten Versionen das Wurzelverzeichnis des Webservers verschoben. Sie finden die Webdokumente jetzt unterhalb von `/srv/www/`.

Tipp: Bei großen Systemen sollten Sie für die Webdokumente eine eigene Partition benutzen.

Die etwa 200 Zeilen lange Konfigurationsdatei `/etc/apache2/httpd.conf` hat OpenSUSE recht gut kommentiert, wobei die Übersichtlichkeit durch die Aufteilung in viele Einzeldateien etwas gelitten hat.

Für die Konfiguration des Apache2 finden Sie in YaST unter *Netzwerkdienste* den Punkt *HTTP-Server*. Beim ersten Aufruf der Konfiguration begrüßt Sie ein Assistent, dessen Voreinstellungen Sie jeweils übernehmen können. Lediglich auf der ersten Konfigurationsseite sollten Sie die Firewall öffnen lassen.

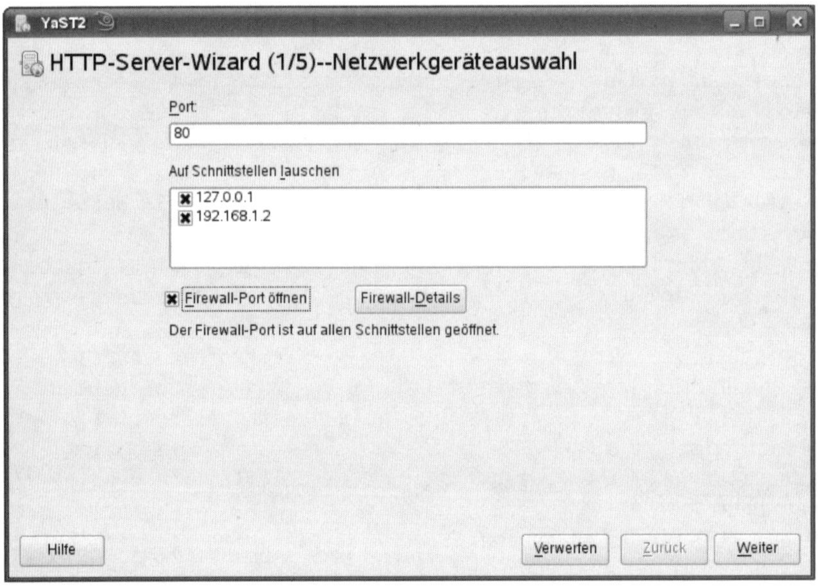

Abbildung 6.2: YaST: HTTP-Server-Konfiguration

Apache ist aber bereits ohne Änderungen an der Konfigurationsdatei voll funktionsfähig! Der folgende Text erläutert wichtige Abschnitte der Konfigurationsdatei, die für eine normale Nutzung bzw. das grundlegende Verständnis wichtig sind.

Tipp: Bearbeiten Sie die Konfigurationsdatei möglichst nie direkt, sondern nur mit YaST. Individuelle Veränderungen tragen Sie in zusätzliche Konfigurationsdateien ein und binden sie mit YaST per `/etc/sysconfig`-Editor ein.

Ein wichtiger Teil der Konfiguration beschäftigt sich mit den ladbaren Modulen. Diese Programmteile kann der Apache bei Bedarf nachladen. Solche Module, die auch von

Programmierern außerhalb des Apache-Teams stammen können, müssen sich an die Spezifikationen der Apache HTTP Server Group halten. Diese Offenheit und Erweiterbarkeit hat den enormen Erfolg des Apache-Webservers mit begründet.

Einen Eindruck von der Vielzahl der Erweiterungsmöglichkeiten bietet der folgende Ausschnitt aus einer der eingebundenen Konfigurationsdateien:

/etc/apache2/sysconfig.d/loadmodule.conf

```
#
# Files in this directory are created at apache start time by
  ➥ /usr/sbin/rcapache2
# Do not edit them!
#

# as listed in APACHE_MODULES (/etc/sysconfig/apache2)

LoadModule actions_module          /usr/lib/apache2-prefork/mod_actions.so
LoadModule alias_module            /usr/lib/apache2-prefork/mod_alias.so
LoadModule auth_basic_module       /usr/lib/apache2-prefork/mod_auth_
    ➥ basic.so
LoadModule authn_file_module       /usr/lib/apache2-prefork/mod_authn_
    ➥ file.so
LoadModule authz_host_module       /usr/lib/apache2-prefork/mod_authz_
    ➥ host.so
LoadModule authz_groupfile_module  /usr/lib/apache2-prefork/mod_authz_
    ➥ groupfile.so
LoadModule authz_default_module    /usr/lib/apache2-prefork/mod_authz_
    ➥ default.so
LoadModule authz_user_module       /usr/lib/apache2-prefork/mod_authz_
    ➥ user.so
...
```

Diese Konfigurationsdatei beschäftigt sich mit dem Laden der Module, hierbei muss man Apache den Dateinamen des Moduls mitteilen.

YaST bzw. SUSEconfig verwalten diese Konfigurationsdatei abhängig von den installierten und aktivierten Modulen.

Um Module zu aktivieren oder zu deaktivieren, klicken Sie in der HTTP-Konfiguration von YaST auf *Server-Module*. Über den Button *Status wechseln* können Sie die einzelnen Module aktivieren bzw. deaktivieren.

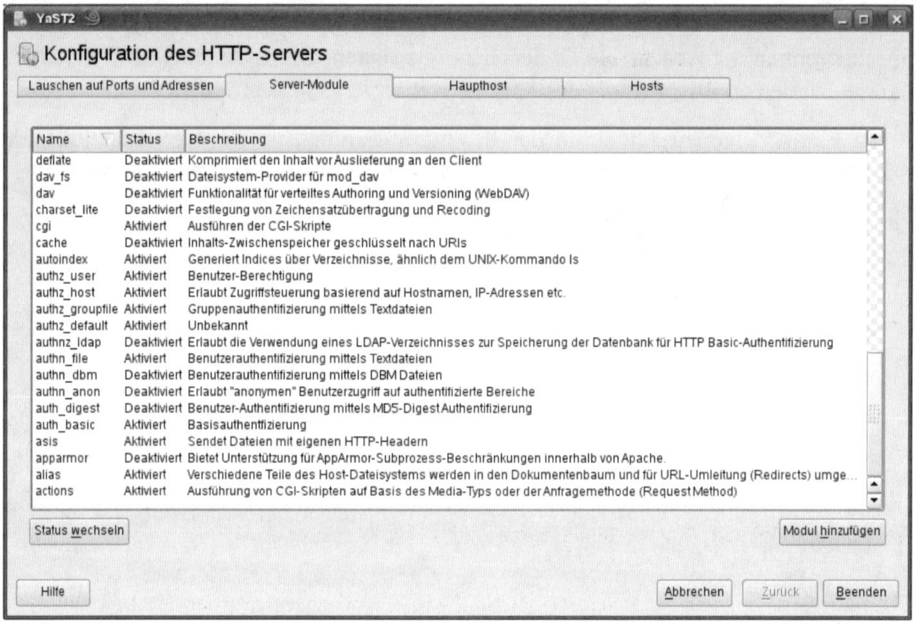

Abbildung 6.3: YaST: Apache-Module

Jede Änderung in diesem Menü modifiziert die `loadmodule.conf`.

In der Datei `/etc/apache2/uid.conf` legen Sie den Benutzernamen und die Gruppe für den Apache fest.

```
/etc/apache2/uid.conf
User wwwrun
Group www
```

Zum Schutz des Linux-Servers, auf dem der Webserver läuft, verwendet der Webserver den Benutzernamen `wwwrun` und die Gruppe `www`, die beide mit wenigen Rechten verbunden sind. Dies verhindert z. B., dass der Webserver auf fremde Dateien zugreifen kann.

Diese Einstellung sollten Sie nicht ändern. Andere Konfigurationen können Sie wieder bequem mit YaST verändern.

Für wichtige Grundeinstellungen klicken Sie in der *Konfiguration des HTTP-Servers* auf den Reiter *Haupthost*.

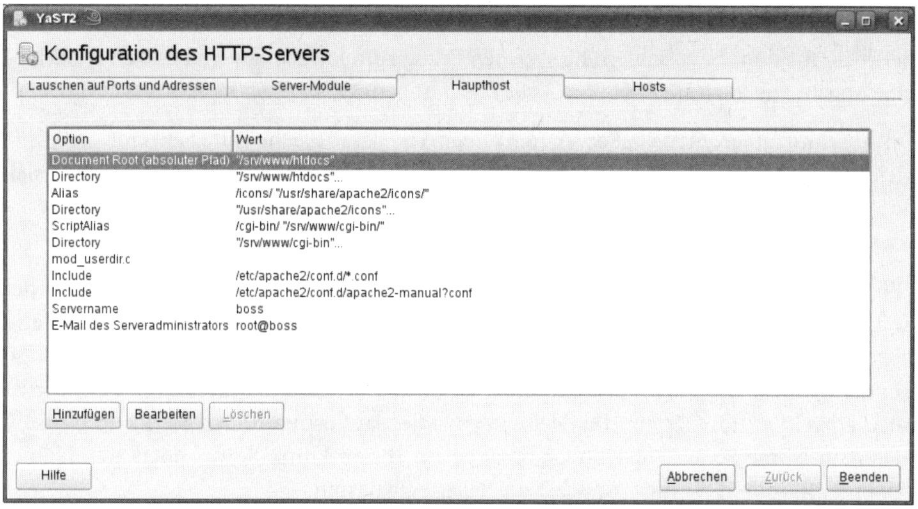

Abbildung 6.4: YaST: Apache-Servername

Hier können Sie viele Parameter einstellen. Einen Teil davon werden Sie beim Durcharbeiten dieses Buches kennenlernen.

Im ersten Schritt sollten Sie hier einen Rechnernamen und die Mail-Adresse des Webmasters angeben.

YaST überträgt die Einstellungen dann in die Datei `/etc/apache2/default-server.conf`, die recht umfangreich ist.

`/etc/apache2/default-server.conf` (Dateiende)

```
...
# Include all *.conf files from /etc/apache2/conf.d/.
#
# This is mostly meant as a place for other RPM packages to drop in
# their configuration snippet.
#
# You can comment this out here if you want those bits include only
# in a certain virtual host, but not here.
#
Include /etc/apache2/conf.d/*.conf

# The manual... if it is installed ('?' means it won't complain)
Include /etc/apache2/conf.d/apache2-manual?conf
ServerName boss.lokales-netz.de

ServerAdmin webmaster@boss.lokales-netz.de
```

Die hier vorgeschlagene Einstellung für den `ServerAdmin` ist sehr allgemein, die Mail an diese Adresse wird aber sicher zugestellt. Passen Sie den Namen des Netzwerks an und tragen Sie gegebenenfalls Ihre persönliche Mailadresse ein. Da Apache diese Adresse bei Fehlermeldungen ausgibt, sollte sie einen Bezug zum lokalen System besitzen. Üblich ist eine Angabe wie `webmaster@boss.lokales-netz.de`.

Im Abschnitt über virtuelle Server (6.6) lesen Sie, dass Apache mit mehreren Adressen gleichzeitig arbeiten kann. Daher können Sie ihm angeben, mit welchem Namen er sich gegenüber dem Klienten melden soll. Auch hier haben Sie in YaST bereits einen Vorschlag für *ServerName* eingetragen.

Gibt man keinen Namen an, benutzt Apache den lokalen Rechnernamen, wenn der Server Fehlermeldungen an den Browser übermittelt, hier im Beispiel also `boss.lokales-netz.de`. Wollte man lieber `www.lokales-netz.de` übermitteln, so könnte man das hier direkt ändern. Man darf aber nur Namen benutzen, die der Server auch korrekt auflösen kann. Hinweise zur Namensauflösung finden Sie im Kapitel 13, »Domain Name Server einrichten«. Solange auf Ihrem Linux-Server noch kein Nameserver läuft, sollten Sie hier zunächst die Vorgabe belassen.

Sie müssen dem Apache auch mitteilen, wo er seine Webseiten findet. Dies und weitere grundlegende Parameter stellen Sie in der bereits angesprochenen Datei `default-server.conf` ein.

`/etc/apache2/default-server.conf` (Dateianfang)

```
#
# Global configuration that will be applicable for all virtual hosts,
# unless deleted here, or overriden elswhere.
#

DocumentRoot "/srv/www/htdocs"
```

Gegenüber älteren Versionen von SUSE-Linux ist dies eine Veränderung; dort lagen die Webseiten unterhalb von `/usr/local/httpd/htdocs`.

Normalerweise braucht man diese Einstellung nicht zu ändern. Im angegebenen Verzeichnis befinden sich die Seiten, die der Webserver anbieten kann.

Für jedes über das Web zugängliche Verzeichnis kann man Parameter einstellen. Diese vererbt Apache an Unterverzeichnisse, sofern es für diese Unterverzeichnisse nicht neue Angaben gibt.

Die strengsten Vorgaben stehen dabei in der `httpd.conf`, sie lassen erst einmal keinerlei Zugriff zu.

`/etc/apache2/httpd.conf`

```
# forbid access to the entire filesystem by default
<Directory />
    Options None
    AllowOverride None
```

```
    Order deny,allow
    Deny from all
</Directory>
```

Da dies das höchste Verzeichnis ist, beschränkt man hier massiv Rechte. Die Einschränkungen kann man in den einzelnen Unterverzeichnissen wieder aufheben. Die Konfiguration gibt keinerlei Optionen frei. Die Zeile `AllowOverride None` bewirkt, dass Benutzer die Einstellungen nicht durch Angaben in einer Datei `.htaccess` im jeweiligen Verzeichnis ändern dürfen. In einer derartigen Datei könnte man alle Optionen für Verzeichnisse überschreiben, wenn `AllowOverride All` dies erlauben würde.

Einen Teil dieser Einschränkungen überschreiben Sie für das `htdocs`-Verzeichnis dann in der `default-server.conf` wieder.

```
#
# Configure the DocumentRoot
#
<Directory "/srv/www/htdocs">
  # Possible values for the Options directive are
  # "None", "All", or any combination of:
  #   Indexes Includes FollowSymLinks
  #   SymLinksifOwnerMatch ExecCGI MultiViews
  #
  # Note that "MultiViews" must be named
  # *explicitly* --- "Options All"
  # doesn't give it to you.
  #
  # The Options directive is both complicated and important.
  # Please see
  # http://httpd.apache.org/docs-2.0/mod/core.html#options
  # for more information.
Options None
  # AllowOverride controls what directives may be placed
  # in .htaccess files.
  # It can be "All", "None", or any combination of
  # the keywords:
  #   Options FileInfo AuthConfig Limit
AllowOverride None
  # Controls who can get stuff from this server.
Order allow,deny
 Allow from all
</Directory>
```

Entscheidend ist hier die Einstellung `Allow from all`, sonst wäre kein Zugriff auf den Webserver möglich.

Welche Rechner auf das Verzeichnis zugreifen dürfen, legt man durch die Reihenfolge von Regeln und Einzelregeln fest:

```
Order allow,deny
Allow from all
```

Zuerst bestimmt eine Regel die Reihenfolge des Erlaubens und Ablehnens. Hier im ersten Beispiel haben Regeln der Art `allow` Vorrang vor Regeln der Art `deny`. Als einzige Regel folgt dann eine `allow`-Regel, die den Zugriff für alle Rechner freigibt. Wollte man nur den Rechnern der eigenen Domäne einen Zugriff erlauben, so wäre das wie hier im zweiten Beispiel möglich mit

```
Order deny,allow
Deny from all
Allow from lokales-netz.de
```

Die restlichen Einstellungen sind weiterhin sehr restriktiv. Die in vorherigen Versionen übliche Option `Options Indexes -FollowSymLinks +Includes +MultiViews` bewirkt, dass Apache für Ordner ohne Standarddatei (z. B. `index.htm`, siehe unten) ein Inhaltsverzeichnis erzeugt. Symbolische Links sind immer noch verboten, erlaubt sind aber die *Server Side Includes* (SSI), spezielle Programmbefehle, die man in HTML-Seiten integrieren kann.

Sie können URLs verkürzen, wenn Sie Standards für die Namen der Startseite vorgeben. Üblich sind hier u. a. die Angaben `index.html` und `welcome.html`. Um hier etwas flexibler zu werden, können Sie eine Zeile in der Konfiguration noch erweitern. In der `httpd.conf` steht:

```
# List of resources to look for when the client requests a directory
DirectoryIndex index.html index.html.var
```

Dies bewirkt, dass man, wenn die Option `Indexes` gesetzt ist, bei Startseiten den Dateinamen weglassen darf. Die Eingabe der URL `http://192.168.1.2/` ist dann gleichbedeutend mit `http://192.168.1.2/index.html`. Um auch Startdateien wie `welcome.htm` zu berücksichtigen, müssen Sie diese Zeile erweitern. Legen Sie eine Datei `/etc/apache2/linuxbuch.conf` mit folgendem Inhalt an:

```
DirectoryIndex index.html index.htm welcome.html welcome.htm
```

Die Reihenfolge dieser Aufzählung entscheidet über den Vorrang. Wenn sowohl eine Datei `index.html` als auch eine Datei `welcome.htm` existieren, dann überträgt Apache die Datei `index.html`.

Zum Aktivieren dieser Änderung müssen Sie anschließend im YaST-Kontrollzentrum unter *System • Editor für /etc/sysconfig-Daten • Network • WWW • Apache2* für die Variable *APACHE_CONF_INCLUDE_FILES* den Wert `/etc/apache2/linuxbuch.conf` angeben.

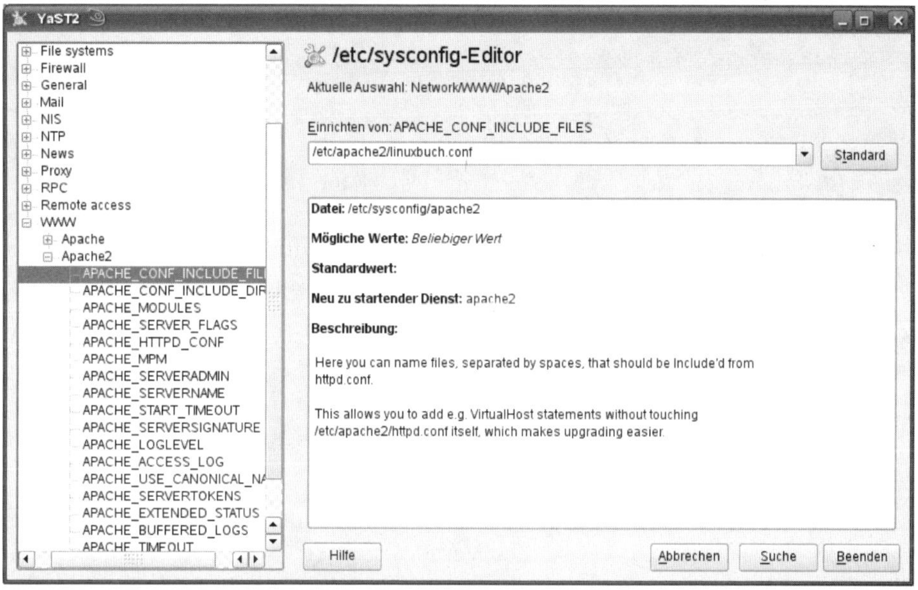

Abbildung 6.5: Eigene Konfigurationsdatei einbinden

Nach einem Neustart des Webservers mit

```
rcapache2 restart
```

sind diese Änderungen wirksam.

In der Standard-Installation des Apache funktioniert der Seitenaufruf `http://192.168.1.2/icons/`. Unterhalb von `/srv/www/htdocs` gibt es aber kein Verzeichnis `icons`.

Einstellungen für sogenannte virtuelle Namen in der Datei `/etc/apache2/default-server.conf` sorgen dafür, dass der Link trotzdem funktioniert:

```
# Aliases: aliases can be added as needed (with no limit).
# The format is
# Alias fakename realname
#
# Note that if you include a trailing / on fakename then the
# server will # require it to be present in the URL.
# So "/icons" isn't aliased in this
# example, only "/icons/".
# If the fakename is slash-terminated, then the
# realname must also be slash terminated, and if the
# fakename omits the
# trailing slash, the realname must also omit it.
#
# We include the /icons/ alias for FancyIndexed directory
# listings.  If you
```

```
# do not use FancyIndexing, you may comment this out.
#
Alias /icons/ "/usr/share/apache2/icons/"

<Directory "/usr/share/apache2/icons">
 Options Indexes MultiViews
 AllowOverride None
 Order allow,deny
 Allow from all
</Directory>
```

Apache ordnet virtuellen Namen, hier `/icons/`, reale Dateien bzw. Verzeichnisse zu, hier `/usr/share/apache2/icons/`. Der virtuelle Name heißt `Alias`. Der Aufruf von `http://192.168.1.2/icons/` greift also nicht auf `/srv/www/htdocs/icons/` zu, sondern auf `/usr/share/apache2/icons/`. Wie Sie diese praktische Einrichtung selber nutzen, lesen Sie im Abschnitt 6.4.

Ausführbare Programme (z. B. CGI-Skripte) sammelt man üblicherweise in dem speziellen Verzeichnis `/cgi-bin/`. Zur Verbesserung der Systemsicherheit legt man dieses Verzeichnis nicht unterhalb von `htdocs` an. Benutzern, die nur Webseiten erstellen dürfen, kann man beispielsweise per FTP oder Samba einen Zugriff auf das `htdocs`-Verzeichnis erlauben, ohne dass sie Programme im `cgi-bin`-Verzeichnis ablegen können.

Für Verzeichnisse mit ausführbaren Programmen gibt es einen speziellen `Script-Alias`-Befehl, der ebenfalls in der Datei `/etc/apache2/default-server.conf` zu finden ist.

```
# ScriptAlias: This controls which directories contain server
# scripts.
# ScriptAliases are essentially the same as Aliases, except
# that documents in the realname directory are treated as
# applications and run by the server when requested rather
# than as documents sent to the client.
# The same rules about trailing "/" apply to ScriptAlias
# directives as to
# Alias.
#
ScriptAlias /cgi-bin/ "/srv/www/cgi-bin/"

# "/srv/www/cgi-bin" should be changed to whatever your
# ScriptAliased
# CGI directory exists, if you have that configured.
#
<Directory "/srv/www/cgi-bin">
 AllowOverride None
 Options +ExecCGI -Includes
 Order allow,deny
 Allow from all
</Directory>
```

Jedes ausführbare Programm in diesem Verzeichnis ist ein Sicherheitsrisiko. Sie sollten die Zugriffsberechtigung für das `cgi-bin`-Verzeichnis daher nur sehr zurückhaltend vergeben.

6.4 Web-Dokumente ordnen und aufspielen

Die Vorgehensweise für das Ordnen und Aufspielen von Webdokumenten hängt sehr von den individuellen Arbeits- und Organisationsformen ab. Beim Verwalten von Websites kann man in der Praxis drei Systeme beobachten:

- Zentralisiert,
- Hierarchisch und
- Chaotisch.

Bei einer zentralisierten Webverwaltung hat im Extremfall nur ein einziger Mitarbeiter, der Webadministrator, Schreibzugriff auf die Seiten. Alle anderen Mitarbeiter müssen ihm Seiten zukommen lassen, er überprüft sie und bindet sie in das Gesamtangebot ein. Hier genügt es, wenn der Webadministrator das Verzeichnis `/srv/www/htdocs` per FTP bzw. Samba erreichen kann. Beim FTP-Zugriff gestattet man diesem Webadministrator entweder einen Zugriff auf das gesamte System oder man legt sein Home-Verzeichnis nach `/srv/www/htdocs`, wobei er dann dort natürlich keine privaten Dateien ablegen sollte.

Bei einem hierarchischen System verwaltet ein Webadministrator die Startseite, alle weiteren Rubriken betreuen jeweils andere Mitarbeiter, die die Inhalte bestimmter Verzeichnisse selbst verantworten, z. B. die Benutzerin `Meyer` das Verzeichnis `speiseplan`. Der Webadministrator muss dann nur die Verweise auf die Startseiten dieser Verzeichnisse anlegen.

Für die Zugriffe auf diese individuellen Verzeichnisse benutzt man das Alias-System des Apache. Hierzu legen Benutzer ein Verzeichnis `html` in ihr Home-Verzeichnis. Der Administrator setzt ein Alias auf dieses Verzeichnis, hier im Beispiel in der Datei `/etc/apache2/linuxbuch.conf`:

```
Alias /speiseplan/ /home/meyer/html/
```

Der Zugriff auf die URL `http://192.168.1.2/speiseplan/` landet dann im Home-Verzeichnis der Benutzerin `Meyer`. Auf dieses Verzeichnis hat sie bei den hier im Buch beschriebenen Installationen von FTP und Samba vollen Zugriff.

Am aufwendigsten ist die chaotische Verwaltung zu regeln, bei der alle Benutzer vollen Zugriff auf alle Dokumente des Webservers haben. Dazu muss das gesamte Verzeichnis `htdocs` per FTP oder Samba erreichbar sein.

Für Samba ist eine spezielle Freigabe `www` auf dieses Verzeichnis die einfachste Lösung. Beim FTP-Zugriff verzichtet man entweder auf die sicherere *Changed-Root-Umgebung* (siehe FTP, Kapitel 7), oder man legt das htdocs-Verzeichnis einfach unterhalb von /home an, indem man den Eintrag DocumentRoot in der Apache-Konfigurationsdatei verschiebt:

```
DocumentRoot "/home/wwwhome/htdocs"
```

Dies ist ein auf vielen Webservern übliches Verfahren. Man muss bei der Veränderung etwas aufpassen, da man alle Pfade in der Apache-Konfiguration anpassen muss, die bisher mit /srv/www/htdocs anfangen.

6.5 Zugriffssteuerung für geschlossene Nutzergruppen

Auf vielen Webservern (nicht nur auf unanständigen) gibt es Bereiche, die man nur betreten kann, wenn man über einen dafür gültigen Benutzernamen und ein Passwort verfügt.

Wenn man z. B. unterhalb der URL http://192.168.1.2/protokolle/ vertrauliche Protokolle ablegen will, muss man Apache mitteilen, dass er die Berechtigung für Zugriffe auf dieses Verzeichnis überprüfen soll.

Dazu ist in der Datei /etc/apache2/linuxbuch.conf eine weitere Directory-Direktive einzufügen:

```
<Directory /srv/www/htdocs/protokolle>
 authName Geheim-Protokolle
 authType Basic
 authuserFile /etc/apache2/protokolle.pwd
 require valid-user
</Directory>
```

Die erste Zeile legt den Text fest, den Apache den Benutzern im Eingabefenster für das Passwort anzeigt. Die zweite Zeile bestimmt die Art der Autorisierung. Üblich ist hier der Typ Basic, da nicht alle Browser den Typ Digest unterstützen, der die Benutzerdaten verschlüsselt zwischen Client und Server überträgt. Die dritte Zeile legt fest, wo die Datei mit den Benutzernamen und Passwörtern liegt, und die letzte Zeile regelt, dass alle Benutzer, die sich anmelden können, einen Zugriff bekommen. Die möglichen Einstellungen hier sind user, group und valid-user. Würde man hier im Beispiel angeben:

```
require  user  meyer
```

so bekämen andere Benutzer keinen Zugriff, auch wenn sich ihr Benutzername und Passwort in der angegebenen Passwortdatei wiederfindet. Neben dem authuserFile könnte man auch noch ein authgroupFile angeben, um gruppenbezogene Zugriffe zu erlauben.

Tipp: Die hier beschriebenen Benutzer, Gruppen und Passwörter des Apache haben nichts mit denen des Linux-Systems zu tun. Die Apache-Benutzernamen sollten von Linux-Benutzernamen abweichen, da Benutzernamen unverschlüsselt über das Netz gehen, wenn man nicht mit gesicherten HTTP-Verbindungen arbeitet.

Bevor Sie die neue Konfiguration testen können, müssen Sie noch die in der Konfiguration angegebene Passwortdatei erzeugen und mindestens einen Benutzer einrichten.

Das Programm `/usr/bin/htpasswd2` erzeugt und verändert dic Passwortdatei. Eine neue Passwortdatei mit einer Benutzerin `meyer` erzeugt man mit

```
/usr/bin/htpasswd2 -c /etc/apache2/protokolle.pwd meyer
```

Hier muss man dann zweimal ihr Passwort angeben. Der Schalter `-c` (für *create*) erzeugt die Datei beim ersten Aufruf und muss bei weiteren Eingaben entfallen, da man sonst die vorhandene Datei überschreiben würde.

Nach einem Neustart des Apache mit

```
rcapache2 restart
```

können Sie einen ersten Zugriff auf den Ordner ausprobieren, indem Sie die URL `http://192.168.1.2/protokolle/` in einen Browser eingeben. In einem Fenster sehen Sie dann einen Dialog zur Eingabe von Benutzernamen und Passwort.

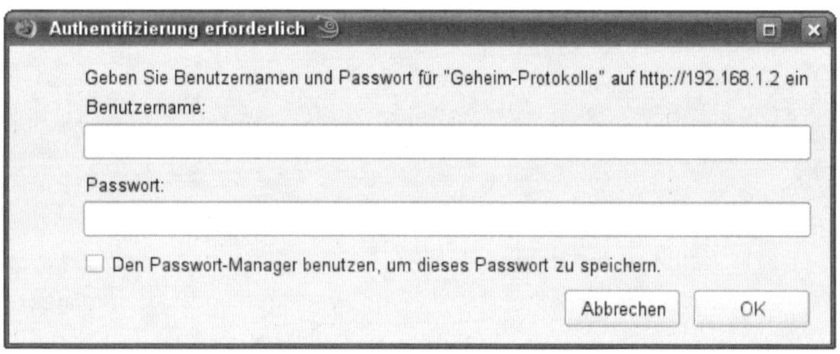

Abbildung 6.6: Authentifizierung

Das genaue Aussehen dieses Fensters hängt vom Client-Betriebssystem, dem Browser und dessen Konfiguration ab.

Nach erfolgreichem Aufruf müssten Sie nun das bisher leere Inhaltsverzeichnis des Ordners sehen. Bei einer Fehlermeldung finden Sie die Fehlerursache auf dem Linux-Server in der Datei `/var/log/apache2/error_log`.

Einträge in der Passwortdatei löscht man mit einem Texteditor, nicht mit `htpasswd2`, da dieses keine derartige Funktion kennt.

Die Zeile für die Benutzerin `meyer`, die Sie soeben eingerichtet haben, sieht in der Datei folgendermaßen aus:

/etc/apache2/protokolle.pwd

```
meyer:k3XdcltjnVLy6
```

In der ersten Spalte steht vor dem Doppelpunkt der Benutzername, danach folgt das verschlüsselte Passwort. Löschen Sie diese Zeile, so nehmen Sie der Benutzerin die Zugriffsrechte auf den Ordner wieder weg.

Zum Anlegen der Gruppendateien benötigt man ebenfalls einen Texteditor.

/etc/apache2/protokolle.grp

```
autoren: adams, tikart, meyer
koerner: roggen, gerste, hirse
```

Links vom Doppelpunkt steht der Name der Gruppe, rechts davon die Mitgliederliste.

Mit der Gruppenzugehörigkeit und der Möglichkeit, unabhängige Passwort- und Gruppendateien für jedes Verzeichnis anzulegen, kann man die Zugriffsrechte sehr genau regeln.

Wenn aber sehr viele Benutzer auf diese Art einen Zugriff auf die gesicherten Webseiten bekommen sollen, wie es z. B. bei den `Linuxbu.ch/Tools` (siehe Kapitel 3) der Fall ist, dann ist der Aufwand hoch.

Nach allen Änderungen an der Konfigurationsdatei müssen Sie den Apache unbedingt mittels

```
rcapache2 restart
```

neu starten.

Wenn Sie in der Konfigurationsdatei statt der Angabe

```
require valid-user
```

den Text

```
require group autoren
```

einsetzen, dann bekommen auf diese Art nur die Mitglieder der vorher definierten Gruppe `autoren` Zugriff auf die geschützten Seiten.

6.6 Virtuelle Server

Internet-Provider bieten Homepages für viele Kunden auf dem gleichen Webserver an. All diese Websites bedient der gleiche Webserver, der nicht nur auf seine IP-Adresse, sondern auch auf viele verschiedene Webadressen reagieren muss. Für jede Webadresse benutzt der virtuelle Server ein anderes Home-Verzeichnis.

Der Apache bietet dieses Feature unter der Bezeichnung `VirtualHosts`, *virtuelle Server*, an.

Bevor Sie virtuelle Server konfigurieren, müssen Sie einen Nameserver installiert haben (siehe Kapitel 13, »Domain Name-Server einrichten«).

Mehrere virtuelle Webserver auf dem gleichen System können auch im lokalen Netz sinnvoll sein, um inhaltliche Bereiche klar voneinander zu trennen.

Betreiben Sie neben dem normalen Webserver `http://www.lokales-netz.de` einen Server `http://www2.lokales-netz.de`, so können Sie diesen so konfigurieren, dass er das Unterverzeichnis `Protokolle` aus dem vorangegangenen Beispiel als Home-Verzeichnis anzeigt. Dazu müssen Sie die Konfiguration erweitern, entweder mit YaST oder direkt mit einem Texteditor.

Wenn Sie mit YaST arbeiten wollen, dann starten Sie unter Netzwerkdienste den Punkt *HTTP-Server*, gehen auf den Reiter *Hosts* und klicken dann auf *Hinzufügen*.

Sie gelangen in das Menü *Neue Rechner-Informationen*, in dem Sie die gewünschten Daten erfassen können.

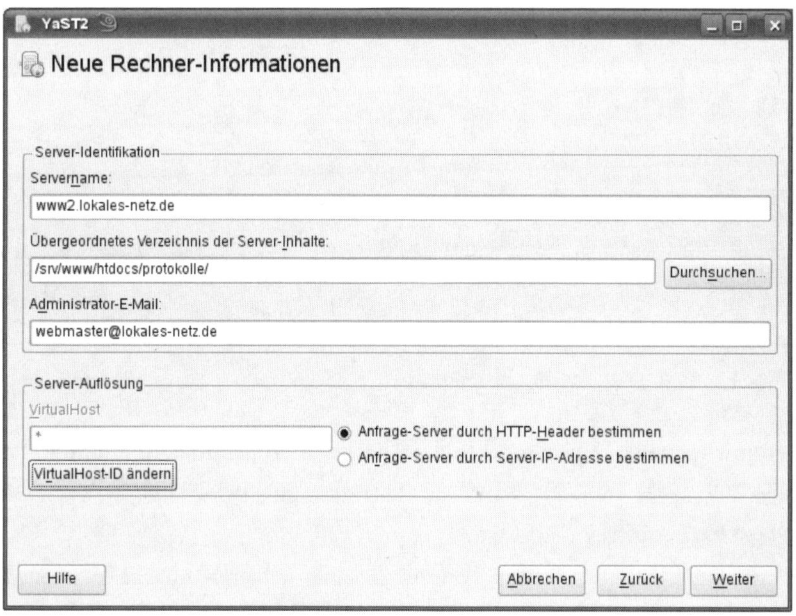

Abbildung 6.7: Neue Rechner-Information

Wenn Sie nun zweimal auf *Weiter* und dann auf *Beenden* klicken, übernimmt YaST Ihre Eingaben in die Konfiguration. Sie finden die Angaben in der Datei `/etc/apache2/yast2_vhosts.conf`.

```
<VirtualHost *>
 DocumentRoot /srv/www/htdocs/protokolle/
 ServerName www2.lokales-netz.de
 ServerAdmin webmaster@lokales-netz.de
 <Directory /srv/www/htdocs/protokolle/>
  AllowOverride None
  Order allow,deny
  Allow from all
 </Directory>
</VirtualHost>
```

Bei speziellen Konfigurationswünschen für Ihre virtuellen Hosts wird die Nutzung von YaST recht umständlich. In diesem Fall können Sie mit einem Texteditor Ihrer Wahl selbst eine Konfigurationsdatei erstellen und im Verzeichnis `/etc/apache2/vhosts.d/` ablegen. Apache bindet beim Start alle Dateien in diesem Verzeichnis automatisch mit ein, deren Datei-Namen auf `.conf` enden. Sie finden in diesem Verzeichnis auch eine sehr umfangreiche Beispieldatei `vhost.template`. Entweder erweitern Sie diese Datei entsprechend, oder Sie halten sich an das folgende, etwas schlankere Beispiel der Autoren. Benennen Sie die Datei so, dass ihr Name auf `.conf` endet.

`/etc/apache2/vhosts.d/vhost.conf` *(Beispiel)*

```
NameVirtualHost *:80

<VirtualHost _default_:80>
</VirtualHost>

<VirtualHost *>
 ServerName  www.lokales-netz.de
</VirtualHost>

<VirtualHost *>
  Servername www2.lokales-netz.de
  DocumentRoot /srv/www/htdocs/protokolle
</VirtualHost>
```

Beim Arbeiten mit virtuellen Hosts möchte der Apache die zugehörige IP erfahren, da es auch möglich wäre, dass die Hosts auf verschiedene Adressen reagieren.

```
NameVirtualHost 192.168.1.2
```

Benutzer mit dynamischen IP-Adressen konnten bei den früheren Apache-Versionen keine virtuellen Server einrichten, da sie keine feste IP für die Konfigurationsdatei angeben konnten. Bei der aktuellen Apache-Version können Sie statt der IP immer auch das Jokerzeichen * angeben, das dann für alle IP-Adressen steht. Zusätzlich müssen Sie dem Apache auch den Port mit angeben.

```
NameVirtualHost  *:80
```

Damit können Sie auch bei dynamischen IP-Adressen virtuelle Server einrichten.

Den neuen virtuellen Server mit dem Wurzelverzeichnis `/srv/www/htdocs/protokolle` definieren Sie mit der VirtualHost-Direktive des Apache.

```
<VirtualHost  *>
  ServerName  www.lokales-netz.de
</VirtualHost>

<VirtualHost  *>
  ServerName  www2.lokales-netz.de
  DocumentRoot  /srv/www/htdocs/protokolle
</VirtualHost>
```

Den bisherigen Standardserver sollte man hier noch einmal definieren. Auch dieser ist jetzt nur noch ein virtueller Host. Zusätzlich muss man für Anfragen, die direkt über die IP-Adresse auf den Server zukommen, einen virtuellen Host definieren. Alle denkbaren Möglichkeiten deckt eine `default`-Definition für den WWW-Port 80 ab:

```
<VirtualHost _default_:80>
</VirtualHost>
```

Alle Konfigurationseinstellungen, die in der `VirtualHost`-Direktive fehlen, übernimmt der Apache aus der Grundkonfiguration, die Sie schon vorher erstellt haben.

Über virtuelle Hosts kann man das eigene Webangebot benutzerspezifisch strukturieren oder die Angebote mehrerer Firmen bzw. Abteilungen auf einem einzigen Server hosten. Je nachdem, welchen Webserver Besucher ansprechen, bietet der Apache dann verschiedene Zugänge an.

Damit der Apache die Veränderungen der Konfigurationsdatei übernimmt, müssen Sie ihn neu starten.

```
rcapache2 restart
```

6.7 Gesicherte Zugriffe per Secure Sockets Layer (SSL)

Beim bisher besprochenen Zugriffsschutz mit Benutzernamen und Passwort schickt der Browser die Daten unverschlüsselt über das Netz.

Vertrauliche Informationen sollten verschlüsselt übertragen werden. Das von Netscape entwickelte System basiert auf dem SSL-Protokoll, das auch für andere Dienste wie z. B. FTP verwendbar ist.

Das zum Nutzen dieses Protokolls benötigte Apache-Modul `mod_ssl` wird von der OpenSUSE-Installation nicht per Voreinstellung aktiviert.

Sie müssen dazu im YaST-Kontrollzentrum unter *Netzwerkdienste* • *HTTP-Server* im Reiter *Server-Module* des Modul `ssl` aktivieren und dann den Apache neu starten.

Zwei Konfigurationsschritte bleiben noch:

- Man muss die Apache-Konfiguration so erweitern, dass Apache auf dem Port 443 gesicherte Verbindungen aufbaut, und
- ein Zertifikat erzeugen, mit dem sich der Linux-Server gegenüber dem Browser ausweist.

Da OpenSUSE hierzu schon ziemlich viel vorbereitet hat, braucht man die Einstellungen nur an die eigenen Bedingungen anzupassen und zu aktivieren.

Da es sich hier wieder um einen virtuellen Server handelt, erfolgen die Einstellungen wieder im Verzeichnis `/etc/apache2/vhosts.d/`. Sie finden hier eine Musterdatei `vhost-ssl.template`, die Sie einfach kopieren können.

```
cp vhost-ssl.template  vhost-ssl.conf
```

Durch den neuen Namen sind die Einstellungen in der Datei bei einem Neustart des Apache sofort aktiv. Sie können die Datei jederzeit an Ihre eigenen Bedürfnisse anpassen.

`/etc/apache2/vhosts.d/vhost-ssl.conf` (Auszug)

```
##
## SSL Virtual Host Context
##

<VirtualHost _default_:443>

        #  General setup for the virtual host
        DocumentRoot "/srv/www/htdocs"
        #ServerName www.example.com:443
        #ServerAdmin webmaster@example.com
        ErrorLog /var/log/apache2/error_log
        TransferLog /var/log/apache2/access_log

        #   SSL Engine Switch:
        #   Enable/Disable SSL for this virtual host.
        SSLEngine on
```

Diesen Abschnitt wertet Apache nur dann aus, wenn er mit dem Parameter zum Einbinden des SSL-Moduls startet, was Sie im Schritt davor mittels YaST geregelt haben.

Da Ihnen OpenSUSE mit der Vorlagendatei schon einen großen Teil der Konfigurationsarbeit abnimmt, müssen Sie nur noch virtuelle Server für den Apache definieren.

Sie definieren für SSL-Verbindungen einen eigenen Server (Virtual Host). Die Einstellung 443 für den Standardport für `https` sollte man nicht verändern.

```
##
## SSL Virtual Host Context
##

<VirtualHost _default_:443>
```

Sie sollten für diesen Server einen eigenen Verzeichnisbaum aufbauen, üblich ist `/srv/www/ssldocs`. Die Vorlage von OpenSUSE legt den Server auch in den Verzeichnisbaum `htdocs`. Es ist jedoch riskant, wenn ein gesicherter und ein ungesicherter Server im gleichen Verzeichnis liegen. Ändern Sie die Vorgaben, damit das gesicherte Verzeichnis nicht über den normalen Server erreichbar ist.

Die restlichen Einstellungen überschreiben die Grundeinstellungen für diesen Server. Die Log-Dateien können mit denen für den normalen Server identisch sein; darin besteht kein Sicherheitsrisiko.

```
#  General setup for the virtual host
DocumentRoot "/srv/www/ssldocs"
#ServerName www.example.com:443
#ServerAdmin webmaster@example.com
ErrorLog /var/log/apache2/error_log
TransferLog /var/log/apache2/access_log
```

Die Einstellung für die SSL-Engine ist wichtig. Nur wenn `SSLEngine` auf `on` steht, aktiviert der Apache SSL tatsächlich.

```
#   SSL Engine Switch:
#   Enable/Disable SSL for this virtual host.
SSLEngine on
```

Nun folgen bis zum Dateiende noch Einstellungen und Pfade für SSL, die man nicht zu ändern braucht.

```
#   SSL Cipher Suite:
#   List the ciphers that the client is permitted to negotiate.
#   See the mod_ssl documentation for a complete list.
SSLCipherSuite ALL:!ADH:!EXPORT56:RC4+RSA:+HIGH:+MEDIUM:+LOW:+SSLv2:
➥ +EXP:+eNULL
...
```

SSL übertragt dann Login und Daten verschlüsselt. Der Browser stellt mit dem Schlüssel sicher, dass er mit dem echten Server verbunden ist und nicht etwa mit einem Rechner, der sich für den echten Server ausgibt. Dazu muss man auf dem Server ein Schlüsselzertifikat erzeugen und von einer anerkannten Zertifizierungsstelle (Certification Authority, CA) signieren lassen.

Browser erkennen einige bekannte Zertifizierungsstellen automatisch an.

Deutsche Zertifizierungsstellen für SSL sind immer noch im Aufbau. Zu den bereits aktiven Organisationen gehört der DFN-Verein, dessen SSL-Informationen Sie unter `http://www.pca.dfn.de/dfnpca/certify/ssl/` finden.

Die Zertifizierungsstellen sind kommerzielle Einrichtungen und verlangen für ihre Dienste in der Regel eine Gebühr.

Für viele Anwendungszwecke reicht auch eine kostenlose Lösung. Benutzen Sie für Tests die fiktive Firma *Snake Oil* als Zertifizierungsinstanz; die notwendigen Daten dieser Firma gehören zum SSL-Modul. Ein Nachteil besteht darin, dass Browser die Zertifikate dieser Firma nicht automatisch anerkennen.

Zum Erzeugen der Zertifikate wechseln Sie in das Verzeichnis `/usr/share/doc/packages/apache2` und starten das Programm

```
./certificate.sh
```

Dieses erfragt dann die notwendigen Angaben. Eigene Eingaben sind hier fett hervorgehoben.

```
SSL Certificate Generation Utility (mkcert.sh)
Copyright (c) 1998 Ralf S. Engelschall, All Rights Reserved.

Generating test certificate signed by Snake Oil CA [TEST]
WARNING: Do not use this for real-life/production systems
______________________________________________________________

STEP 0: Decide the signature algorithm used for certificate
The generated X.509 CA certificate can contain either
RSA or DSA based ingredients. Select the one you want to use.
Signature Algorithm ((R)SA or (D)SA) [R]:R
______________________________________________________________
STEP 1: Generating RSA private key (1024 bit) [server.key]
488077 semi-random bytes loaded
Generating RSA private key, 1024 bit long modulus
 ........................+++++
........+++++
e is 65537 (0x10001)
______________________________________________________________

STEP 2: Generating X.509 certificate signing request    [server.csr]
Using configuration from .mkcert.cfg
You are about to be asked to enter information that
➥ will be incorporated
into your certificate request.
What you are about to enter is what is called a Distinguished Name or a DN.
There are quite a few fields but you can leave some blank
For some fields there will be a default value,
If you enter '.', the field will be left blank.
-----
1. Country Name             (2 letter code) [XY]:DE
2. State or Province Name   (full name)     [Snake
   ➥ Desert]:Germany
```

```
3. Locality Name            (eg, city)      [Snake
   ➥ Town]:Hamburg
4. Organization Name        (eg, company)   [Snake Oil,
   ➥ Ltd]:lokales-netz
5. Organizational Unit Name (eg, section)   [Webserver
   ➥ Team]:Webteam
6. Common Name              (eg, FQDN)
   ➥ [www.snakeoil.dom]:www.lokales-netz.de
7. Email Address  (eg, name@FQDN)
   ➥ [www@snakeoil.dom]:root@lokales-netz.de
______________________________________________________________

STEP 3: Generating X.509 certificate signed by Snake Oil CA
        ➥ [server.crt]
Certificate Version (1 or 3) [3]:3
Signature ok
subject=/C=DE/ST=Germany/L=Hamburg/O=lokales-
➥ netz/OU=Webteam/CN=www.lokales-netz/Email=root@lokales-
➥ netz.de
Getting CA Private Key
Verify: matching certificate & key modulus
read RSA private key
Verify: matching certificate signature
/etc/httpd/ssl.crt/server.crt: OK
______________________________________________________________

STEP 4: Enrypting RSA private key with a
➥ pass phrase for security [server.key]
The contents of the server.key file
➥ (the generated private key) has to be
kept secret. So we strongly recommend you to encrypt the
➥ server.key file
with a Triple-DES cipher and a Pass Phrase.
Encrypt the private key now? [Y/n]: n


Warning, you're using an unencrypted RSA private key.
Please notice this fact and do this on your own risk.
______________________________________________________________
RESULT: Server Certification Files

o  conf/ssl.key/server.key
   The PEM-encoded RSA private key file which you configure
   with the 'SSLCertificateKeyFile' directive
   ➥ (automatically done
   when you install via APACI). KEEP THIS FILE PRIVATE!
```

```
o  conf/ssl.crt/server.crt
   The PEM-encoded X.509 certificate file which you configure
   with the 'SSLCertificateFile' directive (automatically done
   when you install via APACI).

o  conf/ssl.csr/server.csr
   The PEM-encoded X.509 certificate signing request
   ➥ file which
   you can send to an official Certificate Authority
   ➥ (CA) in order
   to request a real server certificate (signed by
   ➥ this CA instead
   of our demonstration-only Snake Oil CA) which later
   ➥ can replace
   the conf/ssl.crt/server.crt file.

WARNING: Do not use this for real-life/production systems
```

Dies erzeugt ein Serverzertifikat, das die fiktive *Snake Oil CA* zertifiziert. Nach einem Neustart von Apache können Sie den Zugriff testen.

Bei einem Aufruf von `https://192.168.1.2` fragt Firefox, ob Sie das unbekannte Zertifikat annehmen wollen. Wenn Sie einige Male *Weiter* geklickt haben, können Sie die Startseite des SSL-Servers sehen.

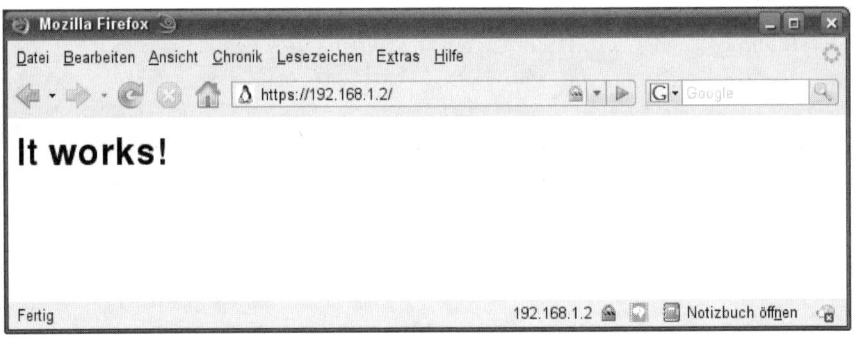

Abbildung 6.8: Sichere Verbindung im Firefox

Die gelb hinterlegte URL-Zeile und das hervorgehobene Schloss in der rechten unteren Ecke signalisieren dann eine gesicherte Verbindung.

Beim Internet Explorer muss man nur dreimal auf *Ja* klicken, um das neue Zertifikat anzunehmen und die Startseite anzuzeigen.

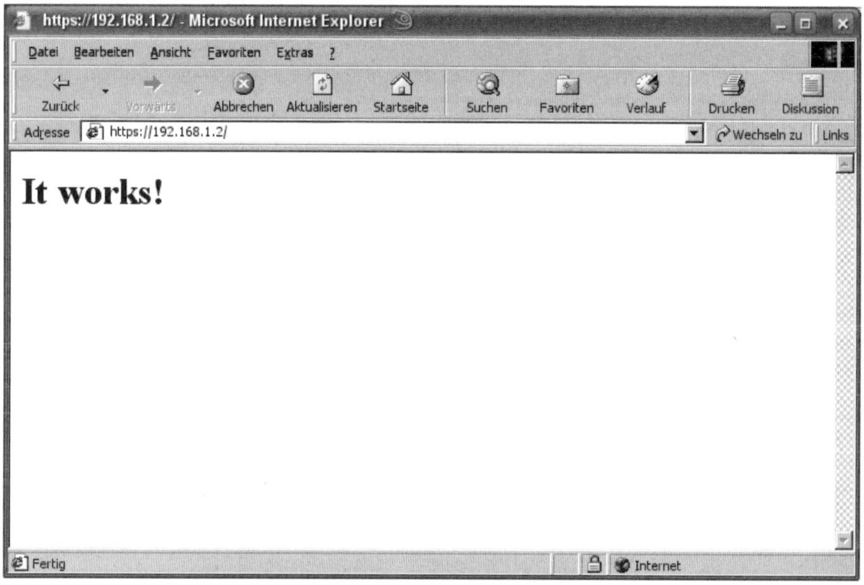

Abbildung 6.9: Sichere Verbindung im Internet Explorer

Das selbst erstellte Zertifikat ist nur für ein Jahr gültig. Wer mehr über das Zertifikat erfahren möchte, sollte seinen Browser neu starten. Im aktuellen Beispiel ist das Zertifikat vom Firefox-Browser bisher nur für die aktuelle Sitzung angenommen. Auf der zweiten Seite, beim Akzeptieren des Zertifikats, gibt es einen Knopf *Zertifikat untersuchen.* Klickt man diesen an, kann man Details des Zertifikats sehen.

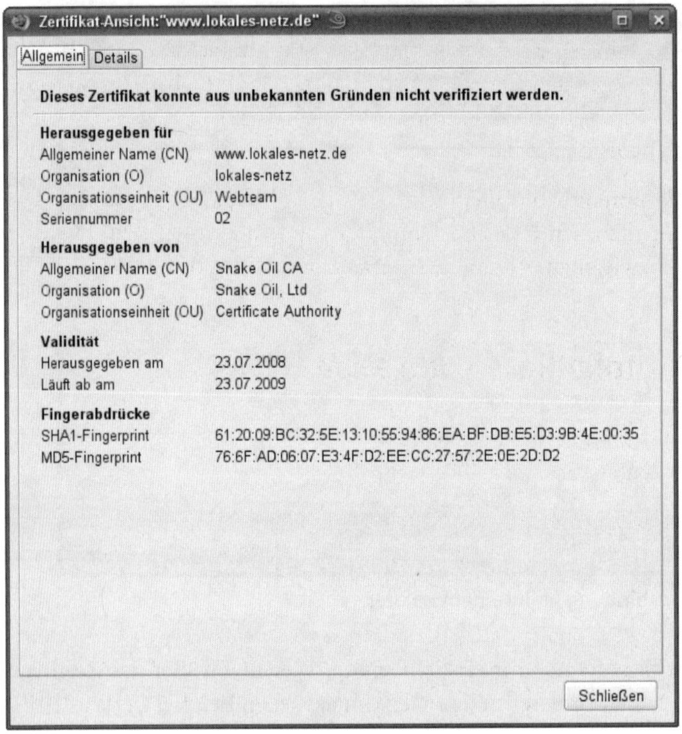

Abbildung 6.10:
Das Zertifikat

Auch im Internet Explorer kann man Details über das Zertifikat ansehen, bevor man es annimmt.

Abbildung 6.11:
Das Zertifikat im Internet Explorer

Auf der dritten Dialogseite ist einstellbar, für wie lange der Browser das Zertifikat akzeptieren soll. In der Voreinstellung ist das Zertifikat nur für die aktuelle Sitzung gültig. Wenn man mit dem erzeugten Zertifikat zufrieden ist, kann man es ruhig auch unbefristet annehmen. Dann erscheint der Dialog erst nach einem Jahr wieder, wenn Sie das Zertifikat erneuert haben.

Dieser Teil des Kapitels konnte nur die allerwichtigsten technischen Fragen zu Zertifikaten streifen und Ihnen helfen, ein funktionsfähiges Testsystem einzurichten. Für ein reales System brauchen Sie, wie oben erwähnt, eine offizielle Zertifizierung.

6.8 Zugriffe protokollieren und auswerten

Betreiber von Websites möchten gern wissen, ob ihr Webserver anständig funktioniert und was die Besucher auf der Site treiben.

Apache protokolliert alle Zugriffe in der Datei `/var/log/apache2/access_log`. Geben Sie im Browser die URL `http://192.168.1.2` ein, trägt Apache Folgendes in die Log-Datei ein:

```
192.168.1.117 - - [24/Oct/2007:18:51:43 +0200] "GET / HTTP/1.1" 200
  ➥ 44 "-" "Mozilla/5.0 (Windows; U; Windows NT 5.1; de; rv:1.8.1.8)
  ➥ Gecko/20071008 Firefox/2.0.0.8"
192.168.1.117 - - [24/Oct/2007:18:51:43 +0200] "GET /favicon.ico
  ➥ HTTP/1.1" 200 302 "-" "Mozilla/5.0 (Windows; U; Windows NT 5.1; de;
  ➥ rv:1.8.1.8) Gecko/20071008 Firefox/2.0.0.8"
```

Die erste Zeile dieser Einträge ist folgendermaßen zu lesen:

Eintrag	*Bedeutung*
`192.168.1.117`	IP-Nummer des Client-Rechners, hier ein Rechner aus dem lokalen Netz.
`24/Oct/2007:18:51:43 +0200`	Datum und Uhrzeit. Da im Oktober in Deutschland die Sommerzeit gilt, weicht die Zeit um +2 Stunden von der Standardzeit (GMT) ab.
`"GET / HTTP/1.1"`	Die Datei `/srv/www/htdocs/index.html` oder falls nicht vorhanden das Inhaltsverzeichnis wird mit dem Protokoll `HTTP 1.1` übertragen.
`200`	Die Datei wurde erfolgreich übertragen.
`44`	Größe der übertragenen Datei in Bytes.

Tabelle 6.2: Erklärung der Einträge in der Datei `/var/log/apache2/access_log`

Bei einer fehlerhaften Anfrage wie `http://192.168.1.2/nichtda.html` schreibt Apache folgende Meldung in die `access_log`:

```
192.168.1.117 - - [24/Oct/2007:18:57:01 +0200] "GET /nichtda.html
HTTP/1.1" 404 1151 "-" "Mozilla/5.0 (Windows; U; Windows NT 5.1; de;
rv:1.8.1.8) Gecko/20071008 Firefox/2.0.0.8"
```

Statt des Codes `200` für eine erfolgreiche Datenübertragung taucht hier `404` für *File does not exist* auf.

Der Inhalt der Logdatei ist sehr aussagekräftig und gut für statistische Auswertungen nutzbar.

Fehler protokolliert der Apache zusätzlich in der Datei `/var/log/apache2/error_log`. Nach der fehlerhaften Anfrage hat sie folgenden Inhalt:

```
[Wed Oct 24 18:17:54 2007] [notice] Apache/2.2.4 (Linux/SUSE)
mod_ssl/2.2.4 OpenSSL/0.9.8e configured -- resuming normal operations
[Wed Oct 24 18:57:01 2007] [error] [client 192.168.1.117] File does
not exist: /srv/www/htdocs/nichtda.html
```

Die ersten Zeilen hat Apache beim Start erstellt. Hier können Sie u. a. erkennen, dass er ohne Fehler starten konnte.

In der letzten Zeile finden Sie die Fehlermeldung als Folge einer fehlerhaften Anforderung.

Tipp: Wenn Sie eigene CGI-Programme erstellen, können Sie in dieser Datei die Fehlermeldungen Ihrer Programme finden.

6.9 Auswertung mit Webalizer

Wenn Ihnen die manuelle Auswertung der Log-Dateien nicht ausreicht, können Sie mit Analyse-Tools übersichtliche Statistiken erstellen.

Ein sehr weit verbreitetes Analyse-Tool ist das Programm Webalizer, das Sie in der Paketgruppe *Netzwerk* im Paket `webalizer` finden.

Das Programm liefert eine Übersicht über die Nutzung des Webservers in den letzten 12 Monaten.

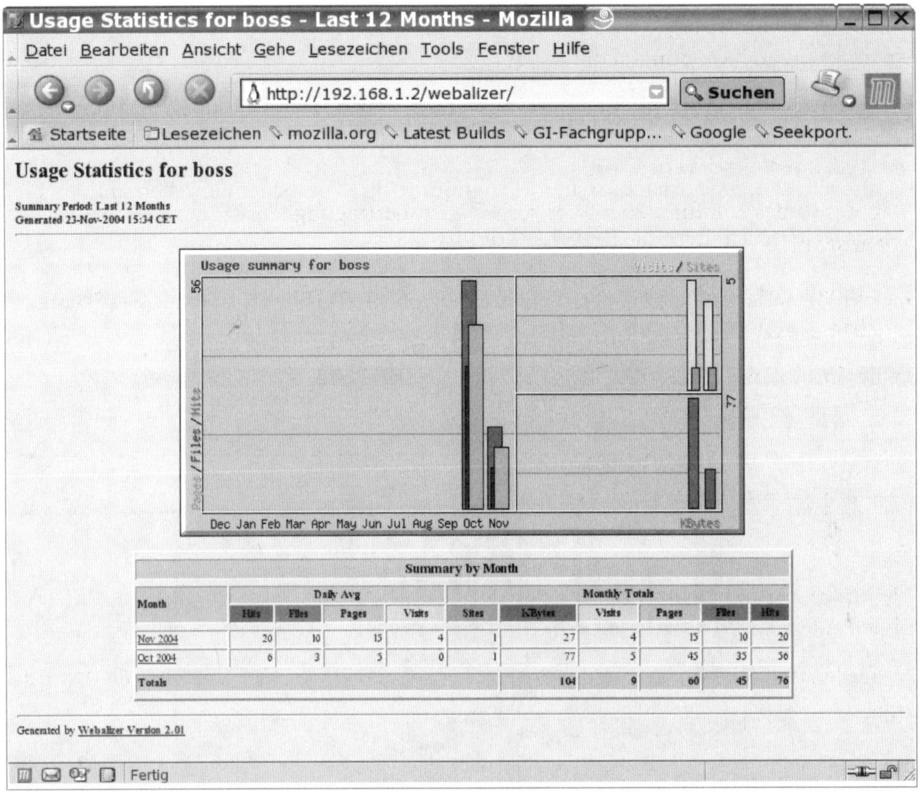

Abbildung 6.12: Webalizer Monatsübersicht

Die Übersicht vergleicht die Monatsdaten. Die Summen und Durchschnittswerte beziehen sich auf einen einzelnen Tag.

6.9.1 Monatliche Auswertung

Klicken Sie in dieser Übersicht auf einen der Monate, so erhalten Sie eine viel umfangreichere Auswertung für den ausgewählten Monat. In dieser Auswertung finden Sie

- eine Zusammenfassung für den aktuellen Monat,
- die Zugriffsstatistik, aufgeschlüsselt nach den einzelnen Tagen des Monats,
- eine Statistik, aufgeschlüsselt nach Uhrzeiten,
- eine Auswertung der am häufigsten abgerufenen Seiten,
- eine Liste Ihrer häufigsten Einstiegsseiten,
- eine Liste der häufigsten Ausstiegsseiten,
- eine Zusammenstellung, welche Rechner Ihren Server aufgesucht haben,

- eine – sehr interessante – Liste der Adressen, von denen Ihre Besucher gekommen sind,
- welche Suchbegriffe die Benutzer verwendet haben, wenn sie über Suchportale zu Ihnen gekommen sind,
- als welche Browser sich die Client-Programme Ihrer Besucher ausgeben und
- aus welchen Ländern die Besucher kommen.

Viele Informationen bereitet der Webalizer sowohl als Tabelle als auch als Grafik auf.

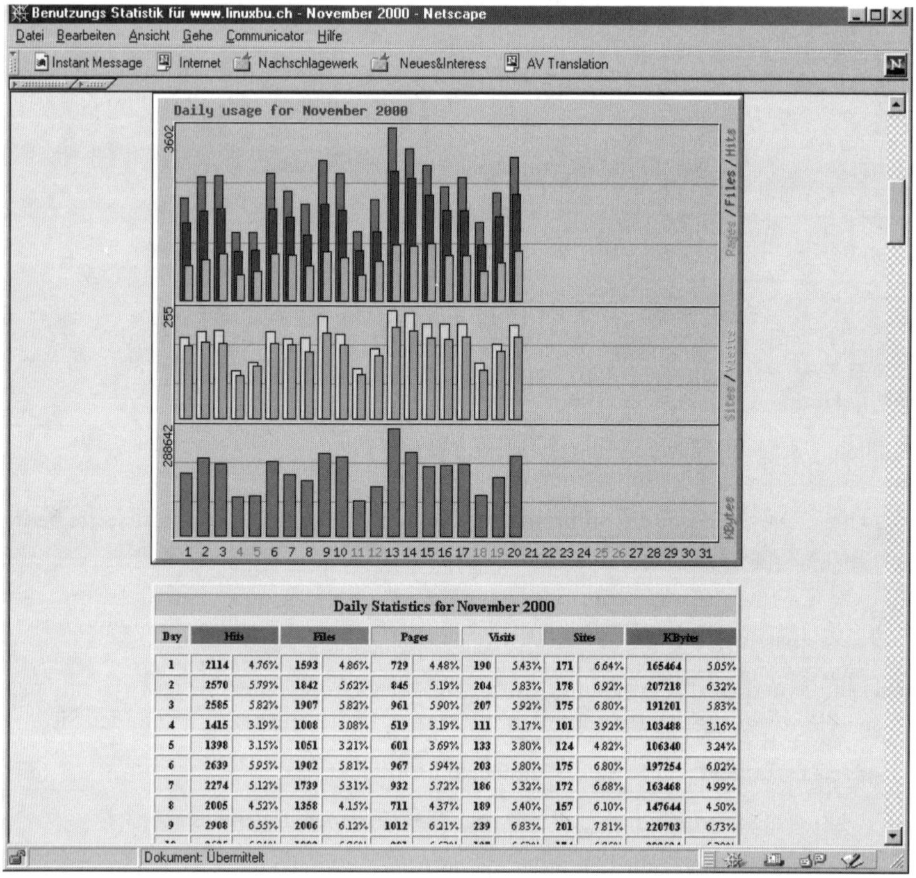

Daily Statistics for November 2000

Day	Hits		Files		Pages		Visits		Sites		KBytes	
1	2114	4.76%	1593	4.86%	729	4.48%	190	5.43%	171	6.64%	165464	5.05%
2	2570	5.79%	1842	5.62%	845	5.19%	204	5.83%	178	6.92%	207218	6.32%
3	2585	5.82%	1907	5.82%	961	5.90%	207	5.92%	175	6.80%	191201	5.83%
4	1415	3.19%	1008	3.08%	519	3.19%	111	3.17%	101	3.92%	103488	3.16%
5	1398	3.15%	1051	3.21%	601	3.69%	133	3.80%	124	4.82%	106340	3.24%
6	2639	5.95%	1902	5.81%	967	5.94%	203	5.80%	175	6.80%	197254	6.02%
7	2274	5.12%	1739	5.31%	932	5.72%	186	5.32%	172	6.68%	163468	4.99%
8	2005	4.52%	1358	4.15%	711	4.37%	189	5.40%	157	6.10%	147644	4.50%
9	2908	6.55%	2006	6.12%	1012	6.21%	239	6.83%	201	7.81%	220703	6.73%

Abbildung 6.13: Tagesstatistik

Die Informationen aus den Auswertungen helfen, gezielt auf die Interessen und Gewohnheiten der Besucher der Website einzugehen.

6.9.2 Konfiguration von Webalizer

Zum Konfigurieren des Webalizer brauchen Sie nur die Datei `/etc/webalizer.conf` an Ihre Bedürfnisse anzupassen:

`/etc/webalizer.conf` (Dateianfang)

```
#
# Sample Webalizer configuration file
# Copyright 1997-2000 by Bradford L. Barrett (brad@mrunix.net)
#
...

#
# LogFile defines the web server log file to use.  If not
# specified here or on on the command line, input will default
# to STDIN.  If the log filename ends in '.gz' (ie: a gzip
# compressed file), it will be decompressed on the fly as it
# is being read.

LogFile        /var/log/apache2/access_log

# LogType defines the log type being processed.  Normally, the
# Webalizer expects a CLF or Combined web server log as input.
# Using this option, # you can process ftp logs as well
# (xferlog as produced by wu-ftp and # others), or Squid
# native logs.  Values can be 'clf', 'ftp' or 'squid',
# with 'clf' the default.

#LogType        clf

# OutputDir is where you want to put the output files.  This
# should be a full path name, however relative ones might work
# as well. If no output directory is specified, the current
# directory will be used.

OutputDir      /srv/www/htdocs/webalizer
```

Wichtig ist hier vor allem der Pfad zum Apache-Logfile:

```
LogFile        /var/log/apache2/access_log
```

Um Ihre Statistik allgemein zugänglich zu machen, nutzen Sie das ebenfalls von der OpenSUSE-Installation angelegte Verzeichnis `/srv/www/htdocs/webalizer`. Soll die Statistik nicht zugänglich sein, machen Sie entweder das Verzeichnis nur einer geschlossenen Benutzergruppe zugänglich, oder Sie ändern das `OutputDir` so ab, dass es für den Webserver nicht zugänglich ist. In der Regel werden Sie aber die Vorgabe belassen.

```
OutputDir      /srv/www/htdocs/webalizer
```

Der Webalizer ist dann ohne weitere Änderung sofort einsatzbereit. Starten Sie das Programm von der Konsole aus, indem Sie

```
webalizer
```

eingeben. Sobald das Programm seine Berichte erzeugt hat, können Sie in einem beliebigen Browser das Ergebnis unter der URL

```
http://192.168.1.2/webalizer/
```

aufrufen. Bei einem frisch installierten System wird die Auswertung noch nicht sehr umfangreich sein, aber das kann sich ja im Laufe der Zeit ändern.

Die Konfigurationsdatei können Sie sehr leicht an Ihre Bedürfnisse anpassen, sie ist sehr gut und ausführlich dokumentiert.

6.9.3 Webalizer automatisieren

Da der Webalizer sehr schnell ist und Ihr System nicht unnötig belastet, können Sie ihn täglich starten. Dazu bietet sich ein Cronjob wie im folgenden Auszug aus der Crontab von *root* an:

```
PATH=/bin:/usr/bin:/usr/local/bin:/sbin:/root/bin:/root/sbin
mailto=root

50 23 * * * webalizer
```

Rufen Sie den Webalizer täglich kurz vor Mitternacht auf, da `cron` bei OpenSUSE-Systemen um Mitternacht einen Job startet, der die Länge von Log-Dateien überwacht und diese gegebenenfalls stutzt. Wenn Sie den Webalizer erst danach starten, fehlen Ihnen die Zugriffe zumindest des letzten Tags, was hässliche Lücken in der Statistik hinterlässt.

Damit der Webalizer seine Auswertungen speichert, sollten Sie unbedingt die `webalizer.conf` bearbeiten.

`/etc/webalizer.conf` (Auszug ab Zeile 54)

```
# Incremental processing allows multiple partial
# log files to be used
# instead of one huge one.
# Useful for large sites that have to rotate
# their log files more than once a month.
# The Webalizer will save its
# internal state before exiting,
# and restore it the next time run, in
# order to continue processing where it left off.
# This mode also causes
# The Webalizer to scan for and ignore
# duplicate records (records already
```

```
# processed by a previous run).
# See the README file for additional
# information. The value may be 'yes' or 'no',
# with a default of 'no'.
# The file 'webalizer.current' is used to
# store the current state data,
# and is located in the output directory of
# the program (unless changed
# with the IncrementalName option below).
# Please read at least the section
# on Incremental processing in the README file
# before you enable this option.

#Incremental    no
```

Damit der Webalizer den Status der bisherigen Auswertungen speichert, ändern Sie die hervorgehobene Zeile in:

```
Incremental    yes
```

Falls `cron` die Log-Dateien des Apache verkürzt, bleiben die Informationen über die vergangenen Wochen und Monate trotzdem erhalten. Wenn Sie die Voreinstellung belassen, würde Webalizer immer nur die Informationen darstellen, die sich aktuell in der Log-Datei befinden.

Webalizer kann nicht nur die Statistiken des Webservers auswerten, sondern auch die des FTP-Servers und des Proxy-Servers. Sie werden daher in den entsprechenden Kapiteln erneut auf dieses Programm stoßen.

6.10 Eine eigene Suchmaschine mit ht://Dig

Wenn Ihre Website anfängt zu wachsen, taucht schnell der Wunsch nach einer eigenen Suchmaschine auf. Eine Suchmaschine ermöglicht es den Nutzern Ihrer Website, Informationen gezielt auf Ihrem Webserver zu suchen, unabhängig von der vorgegebenen Navigationsstruktur.

Ein sehr leistungsfähiges, aber trotzdem einfach zu konfigurierendes Programm ist `ht://Dig`, dessen aktuellste Version Sie im Web unter der Adresse `http://www.htdig.org/` finden. Bei der OpenSUSE-Distribution finden Sie es in der Paketgruppe *Produktivität* • *Netzwerk* • *Web* im Paket `htdig`.

6.10.1 Konfiguration von ht://Dig

Die Konfigurationdatei finden Sie unter `/etc/htdig/htdig.conf`. Hier müssen Sie nur wenig ändern, eventuell Ihre Start-URL:

```
#
# Example config file for ht://Dig.
#
# This configuration file is used by all the programs that make up
# ht://Dig.
# Please refer to the attribute reference manual for more details on
# what can be put into this file.  (http://www.htdig.org/confindex.
# html) Note that most attributes have very reasonable default values
# so you really only have to add attributes here if you want to
# change the defaults.
#
# What follows are some of the common attributes you might want to change.
#

#
# Specify where the database files need to go.  Make sure that there
# is plenty of free disk space available for the databases.  They can
# get pretty big.
#
database_dir:           /var/lib/htdig/db

#
# This specifies the URL where the robot (htdig) will start.  You can
# specify multiple URLs here.  Just separate them by some whitespace.
# The example here will cause the ht://Dig homepage and related pages
# to be indexed.
# You could also index all the URLs in a file like so:
# start_url:            `${common_dir}/start.url`
#
start_url:              http://localhost/
```

Mit der vorgegebenen Einstellung würden Sie bereits die lokale Website durchsuchen. Sie können natürlich auch den Namen oder die IP-Adresse des Servers angeben. Ändern Sie die URL-Zeile dem Beispiel dieses Buchs folgend z. B. in:

```
start_url:              http://192.168.1.2/
```

Etwas später in der Konfigurationsdatei finden Sie den Abschnitt:

```
#
# The string htdig will send in every request to identify the robot.
# Change this to your email address.
#
maintainer:             unconfigured@htdig.searchengine.maintainer
```

Diese Mailadresse hinterläßt `ht://Dig` in den Log-Dateien der besuchten Webserver. Daher sollte sie auf Ihr System verweisen.

```
#
# The string htdig will send in every request to identify the robot.
# Change this to your email address.
#
maintainer:                 debacher@boss.lokales-netz.de
```

Damit ist Ihre Suchmaschine bereits einsatzbereit.

Die Arbeit einer Suchmaschine besteht immer aus zwei Teilen:

- Indizieren der Seiten
- Beantworten von Suchanfragen.

6.10.2 Seiten indizieren

Bevor Sie das Suchen erlauben, müssen Sie zuerst einen Index für Ihre Suchmaschine aufbauen. Dazu geben Sie an der Konsole ein:

```
/usr/bin/rundig
```

Dieser Befehl wird Ihren Linux- Server für einige Minuten beschäftigen. Der Zeitbedarf fürs Indizieren hängt von der Leistungsfähigkeit und sonstigen Belastung des Linux-Servers und dem Umfang Ihrer Website ab.

Sowie Ihre Suchmaschine zufriedenstellend funktioniert, sollten Sie das Indizieren der Website über einen Cronjob automatisieren:

```
20 03 * * 7 /usr/bin/rundig
```

Hiermit aktualisieren Sie an jedem Sonntag um 03:20 Uhr Ihren Suchindex. Beim Planen dieses Cronjobs sollten Sie bedenken, dass `ht://Dig` beim Indizieren alle Seiten laden und auswerten muss, was den Webserver belastet.

6.10.3 Beantworten von Suchanfragen

Sowie Sie den Index einmal aufgebaut haben, können Sie auch Suchanfragen starten. Die dafür notwendige Programmkomponente `htsearch` finden Sie im Verzeichnis `/srv/www/cgi-bin/`. Geben Sie in Ihrem Browser die URL

```
http://192.168.1.2/cgi-bin/htsearch
```

ein.

Als Antwort sollten Sie folgende Seite erhalten:

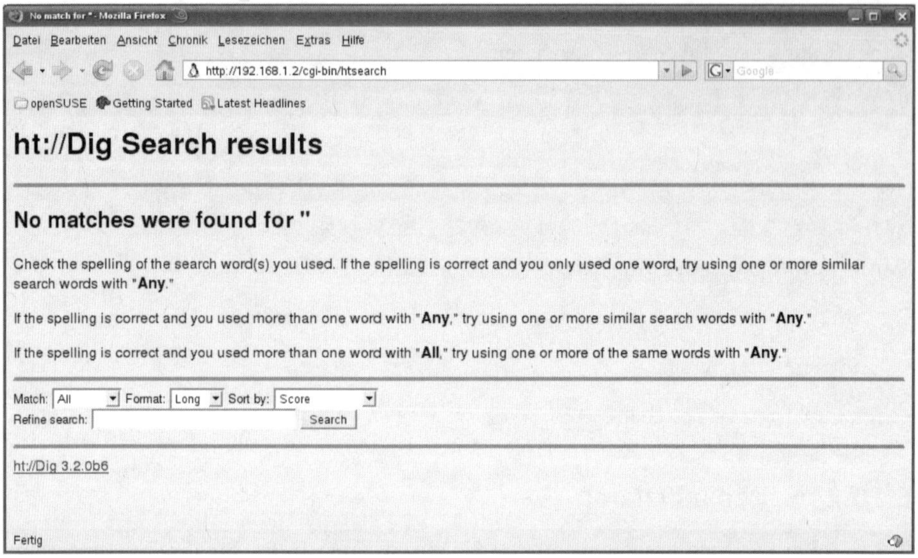

Abbildung 6.14: Erste Suche mit ht://Dig

Die Seite meldet einen Fehler, weil Sie dem Programm `htsearch` keinen Suchbegriff übergeben haben. Sie müssen dazu ein Formular im Stil Ihrer Website erstellen, das den Suchbegriff übergibt. Für einen ersten Versuch können Sie das Eingabefeld auf der Seite mit der Fehlermeldung verwenden.

Das folgende Listing, das Sie im Verzeichnis `/srv/www/htdocs/suche.html` ablegen können, enthält ein Muster für ein eigenes Suchformular:

```
<html><head><title>Suche mit ht://Dig</title></head><body>
<h1>Suche mit ht://Dig</h1><hr noshade size="4">
<p>
<form method="get" action="/cgi-bin/htsearch">
<font size="-1">
Treffer: <select name="method">
<option value="and" selected>All
<option value="or">Any
<option value="boolean">Boolean
</select>

Format: <select name="format">
<option value="builtin-long">Long
<option value="builtin-short">Short
</select>

Sortiert nach: <select name="sort">
<option value="score" selected>Score
<option value="time">Time
```

```
<option value="title">Title
<option value="revscore">Reverse Score
<option value="revtime">Reverse Time
<option value="revtitle">Reverse Title
</select>

<br>Suchbegriff:
<input type="text" size="30" name="words" value="">
<input type="submit" value="Search">
</select>
</font>
</form>
</body></html>
```

Falls die Seiten, auf denen `ht://Dig` die Suchergebnisse präsentiert, nicht in Ihr Layout passen, so können Sie diese nahezu beliebig ändern. Vorschläge für passende HTML-Seiten finden Sie im Verzeichnis `/srv/www/htdig/common/`.

Ein Beispiel für die Anpassung der Suchmaschine an das eigene Layout ist die Suchfunktion auf den Seiten von `http://www.linuxbu.ch`.

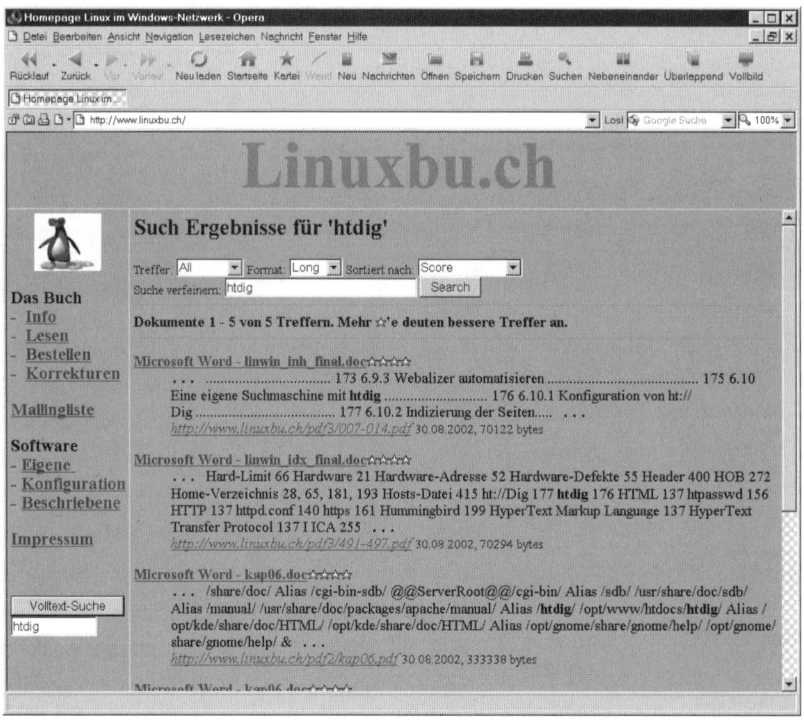

Abbildung 6.15: ht://Dig im eigenen Layout

Die Suchfunktion fügt sich hier nahtlos in das Gesamtlayout ein.

7 Dateiarchive per FTP bereitstellen

Der klassische Internetdienst FTP (*F*ile *T*ransfer *P*rotocol) dient dazu, Dateien zwischen zwei Rechnern auszutauschen. Er ist für jede Hard- und Softwareplattform verfügbar, über die ein Internetzugang möglich ist.

Wie bei anderen Internet-Diensten gibt es hier Clients und Server. FTP-Server dienen zum

- Bereitstellen von Dateien zum Fernladen (Download) durch Benutzer und
- Aufnehmen von Dateien zum Fernspeichern (Upload) durch Benutzer.

FTP-Clients nutzen diese Dienste anonym oder mit Benutzernamen und Passwort, wobei sie die Benutzerdaten im Klartext übertragen.

Die Grundinstallation von OpenSUSE für den FTP-Server sieht nur einen anonymen Zugang zum Fernladen und Fernspeichern vor. Einen Zugang, bei dem sich jeder dem Linux-Server bekannte Nutzer per FTP mit seinem Home-Verzeichnis verbinden kann, muss man erst konfigurieren.

Wenn FTP-Benutzer sich frei im Verzeichnisbaum des Linux-Servers bewegen dürfen, entstehen Sicherheitsrisiken. Dieses Kapitel zeigt, wie Sie den FTP-Server sicherer machen können, so dass Sie Ihren Benutzern auch Fernzugriff auf ihre Heimatverzeichnisse erlauben können.

Lesen Sie hier bitte zuerst die grundlegenden Konzepte zu FTP und zur sicheren FTP-Installation nach:

- Zugänge für anonyme Benutzer,
- Zugänge für normale Benutzer und
- Zugänge für spezielle Benutzer.

Sie lernen Grundlagen von `vsftpd` und von Konzepten kennen, wie man anonymen Benutzern und auch registrierten System-Benutzern den Zugriff auf einen kleinen Ast des Dateibaumes beschränkt, ihnen aber dennoch grundlegende Dateibefehle zur Verfügung stellt.

Ferner können Sie sich mit Sicherheitskonzepten für lesenden (Download) und schreibenden FTP-Zugriff (Upload) in ein besonderes Upload-Verzeichnis vertraut machen. Wenn man anonymen Benutzern den Upload erlaubt, sollte man die von ihnen abgelegten Dateien erst nach einer gründlichen Kontrolle durch Systemadministratoren zum Download bereitstellen, um Risiken durch Viren und unerwünschte Inhalte zu begrenzen.

7.1 Wann brauchen Sie einen eigenen FTP-Server?

In einem reinen Windows-Netz tauschen Anwender Daten am einfachsten über die Netzwerkumgebung aus. Auf freigegebene Ordner kann man per SMB-Protokoll (Server Message Block) über das Netz zugreifen. Mit dem Programm Samba (siehe Kapitel 9) kann man Linux-Server so ausrüsten, dass sie sich in dieses System integrieren.

Sind im Intranet verschiedenartige Betriebssysteme vorhanden oder sollen Dateien auch über das Internet angeboten werden, so empfiehlt sich ein eigener FTP-Server.

7.2 So arbeitet ein FTP-Server

FTP arbeitet mit je einem Verbindungskanal zum Steuern der Übertragung und für die Übertragung selbst:

- Auf dem Kommandokanal wartet der FTP-Server auf Befehle.
- Die eigentlichen Daten versendet oder empfängt der FTP-Server über einen gesonderten Datenkanal.

Als Kommandos erwartet der Server Befehle, die den üblichen Unix- oder DOS-Kommandos entsprechen. Darunter sind Befehle für die Navigation im Verzeichnisbaum sowie die Datenübertragung. Im Abschnitt 5.6 listet die Tabelle 5.2 die wichtigsten FTP-Befehle aus Client-Sicht auf. Die wichtigsten Kommandos sind:

Befehl	*Erläuterung*
`ls, dir`	Anzeige des Inhaltsverzeichnisses
`cd <Zielverzeichnis>`	Verzeichniswechsel auf dem Server
`lcd <Zielverzeichnis>`	lokaler Verzeichniswechsel auf dem Client
`ascii, asc`	ASCII-Übertragungsmodus einschalten
`binary`	Binären Übertragungsmodus einschalten
`get <Datei>`	Angegebene Datei vom Server laden.
`mget <Datei(en)>`	Mehrere Dateien vom Server holen, Wildcards * und ? erlaubt.
`put <Datei>`	Datei zum Server übertragen.
`mput <Datei(en)>`	Mehrere Dateien zum Server übertragen, Wildcards * und ? erlaubt.
`quit`	Programm beenden.

Tabelle 7.1: FTP-Befehle und Erläuterungen

Die meisten Benutzer haben nur noch wenig direkt mit diesen Kommandos zu tun, da es für alle Betriebssysteme sehr komfortable FTP-Clients (z. B. *WS_FTP für Windows*) gibt, die sich wie der Windows-Dateimanager bedienen lassen (siehe Abschnitt 5.6). Im Hintergrund senden diese Client-Programme die FTP-Standardbefehle an den FTP-Server.

Beachten sollte man immer den Typ der Dateien:

- Binärdateien wie kompilierte Programme und Anwendungsdateien in proprietären Formaten wie `.doc` (Word) und `.xls` (Excel) kann man unverändert kopieren. Dazu muss der binäre Übertragungsmodus eingeschaltet sein.
- Reine Textdateien bestehen aus Text, der durch Zeilenschaltungen gegliedert ist. Bei DOS/Windows wird hierfür die Zeichenfolge `#13#10` verwendet, bei Linux die Zeichenfolge `#10` und beim Mac die `#13`. Das Ende von Zeilen erkennt das sendende System an den jeweiligen Endmarkierungen. Das Zielsystem ergänzt die eigenen Endmarkierungen. Damit Textdateien unabhängig vom Zeilenendezeichen auf allen Rechnern verwendet werden können, überträgt FTP sie im sogenannten ASCII-Modus zeilenweise.

Daher gibt es auch zwei Möglichkeiten, Fehler zu machen:

- Würde man eine Textdatei binär zwischen verschiedenen Systemen kopieren, so könnten diese Zeilenschaltungen auf dem Zielsystem nicht mehr funktionieren: Ein Mac-Text z. B. besteht auf einem Linux-System nur aus einer einzigen Zeile. Besonders problematisch ist das beim Übertragen von Programmquelltext, der dann auf dem Zielsystem nicht kompiliert werden könnte. Im ASCII-Modus setzt FTP die Zeilenschaltungen richtig um.
- Würde man eine Programm- oder Anwendungsdatei wie eine ASCII-Textdatei kopieren, würden zufällig enthaltene Zeilenschaltungs-Zeichen verändert und damit die ganze Datei voraussichtlich unlesbar.

7.3 FTP-Server einrichten und verwalten

In der Unix-Welt gibt es viele verschiedene Programme für FTP-Server mit unterschiedlichen Konfigurationsmöglichkeiten und Sicherheitslevels. OpenSUSE liefert mit den aktuellen Versionen der Distribution den `vsftpd` aus, der als besonders sicher und gut konfigurierbar gilt.

Bei OpenSUSE 11.0 finden Sie ihn im Paket `vsftpd` in der Paketgruppe *Netzwerk*.

Nach der Installation ist der `vsftpd` noch nicht sofort einsatzbereit. Sie müssen ihn erst im YaST-Kontrollzentrum unter *Netzwerkdienste • Netzwerkdienste (xinetd)* durch Konfigurieren des `xinetd` (siehe Kapitel 4) einrichten:

Dazu müssen Sie hier den `xinetd` gegebenenfalls aktivieren, den Leuchtbalken auf die FTP-Zeile bringen und auf *Status wechseln* klicken. YaST ändert die Einstellungen, sobald Sie auf *Beenden* klicken.

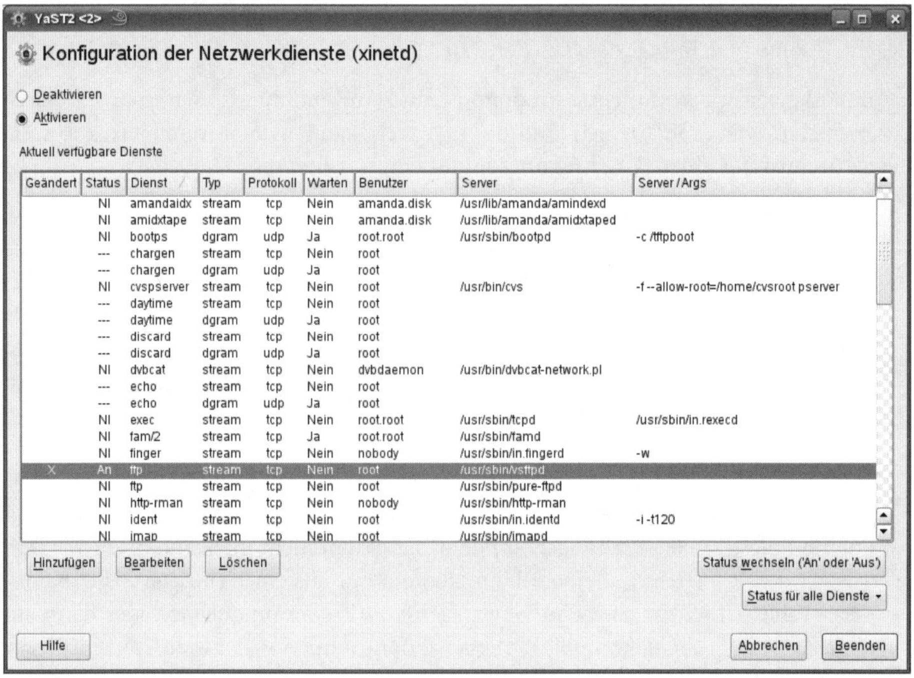

Abbildung 7.1: Eigene Konfigurationsdatei einbinden

Damit ist der FTP-Server grundsätzlich einsatzbereit.

Der FTP-Server braucht nur eine globale Konfigurationsdatei, die Datei `/etc/vsftpd.conf`, die von SUSE sehr restriktiv voreingestellt ist.

Sie erlaubt keine individuelle Anmeldung von Benutzern, die einen Account auf dem System besitzen, wohl aber einen anonymen Zugriff mit den folgenden Daten:

Feld	*Inhalt*	*Erläuterung*
`Benutzername`	anonymous oder ftp	Bitte Tippfehler beim Anmeldenamen vermeiden.
`Passwort`	beliebig	Üblich ist es hier, die eigene E-Mail-Adresse anzugeben; manche Systeme überprüfen die Gültigkeit.

Tabelle 7.2: Anonymer Zugriff von Benutzern

Diesen anonymen Zugriff nutzen Webbrowser, um Dateien zu beziehen, und übermitteln dem Webserver beim Zugriff auf FTP-Adressen automatisch Benutzernamen und Passwort für den anonymen Zugriff.

Der FTP-Server stellt anonymen Benutzern eine sogenannte *Changed-Root-Umgebung* (`chroot`) zur Verfügung, um das restliche Dateisystem vor Zugriffen zu schützen.

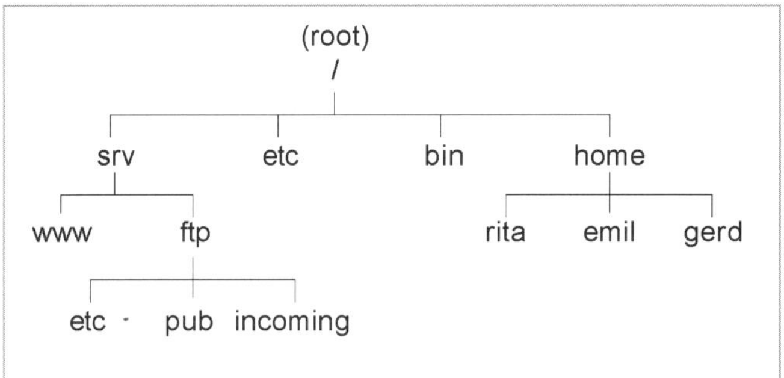

Abbildung 7.2: Changed-Root

Changed-Root-Umgebungen erlauben Benutzern nur den Zugriff auf einen Teil des Dateisystems.

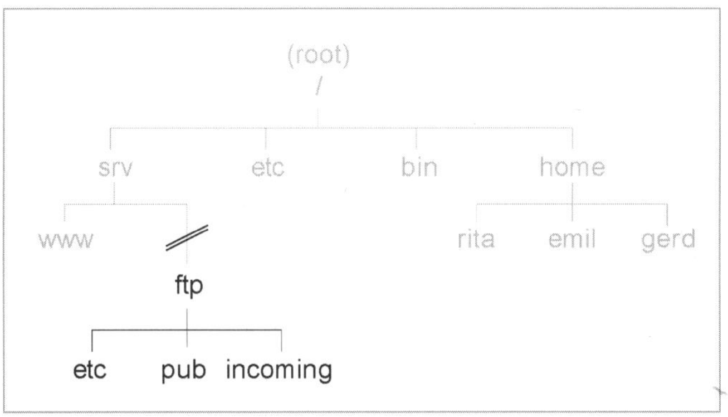

Abbildung 7.3: Dateisystem aus Sicht eines anonymen FTP-Nutzers

Sie geben Benutzern ein verändertes Wurzelverzeichnis (Changed-Root). Hier in der Installation ist das der Pfad `/srv/ftp`, das Home-Verzeichnis des Benutzers FTP. Anonyme Benutzer sehen diesen Pfad als Wurzel des Verzeichnisbaums. Dieses System kann Sicherheitsrisiken vermindern.

Damit der User `ftp` die Dateien lesen kann, müssen die Eigentumsverhältnisse und die Dateirechte passend eingestellt sein. Mit

```
mkdir  /srv/ftp/incoming
chmod  733 /srv/ftp/incoming
mkdir  /srv/ftp/pub
chmod  755  /srv/ftp/pub
```

ist man da auf der sicheren Seite. Nun kann man die Dateien im Verzeichnis pub lesen, dort aber nicht schreiben. Im Verzeichnis incoming darf man generell schreiben, aber nicht lesen. Das unterbindet den ungefilterten Austausch von Dateien.

7.4 Zugriffssteuerung mit vsftp

Das feine Prinzip der Changed-Root-Umgebung hat OpenSUSE auch für eingetragene Benutzer voreingestellt. Wenn Sie Ihren System-Benutzern erlauben wollen, auf ihr Home-Verzeichnis zuzugreifen, müssen Sie die Konfigurationsdatei der vsftpd bearbeiten.

Die Konfigurationsdatei ist sehr gut lesbar und übersichtlich gegliedert.

- Im ersten Teil finden Sie wichtige Grundeinstellungen (*General Settings*),
- im zweiten Teil Einstellungen für die lokalen Benutzer (*Local FTP user Settings*),
- danach Einstellungen für die anonymen Nutzer (*Anonymous FTP user Settings*),
- der vierte Teil legt das Logging fest (*Log Settings*) und
- am Ende folgen weitere Einstellungen, die in keine der bisherigen Rubriken passen.

Um lokalen Benutzern den Zugang zu ermöglichen, müssen Sie im zweiten Teil der Datei die ersten Änderungen vornehmen:

/etc/vsftpd.conf (Auszug ab Zeile 55)

```
# Local FTP user Settings
#
# Uncomment this to allow local users to log in.
#
local_enable=YES
#
```

Die hervorgehobene Zeile beginnt normalerweise mit dem Lattenzaun #, der die Einstellung deaktiviert. Entfernen Sie dieses Zeichen, um lokalen Benutzern den Zugang zu ermöglichen.

Nach dieser minimalen Änderung der Konfigurationsdatei können sich die Benutzer Ihres Linux-Systems bereits per FTP anmelden; sie sehen dann den Inhalt ihres Home-Verzeichnisses.

Ein Problem besteht darin, dass die Benutzer ihr Home-Verzeichnis verlassen dürfen. Sie können sogar jedes Verzeichnis des gesamten Verzeichnisbaumes erreichen. Sinnvoller ist es, hier wieder eine Changed-Root-Umgebung einzurichten und die Benutzer im eigenen Home-Verzeichnis festzuhalten.

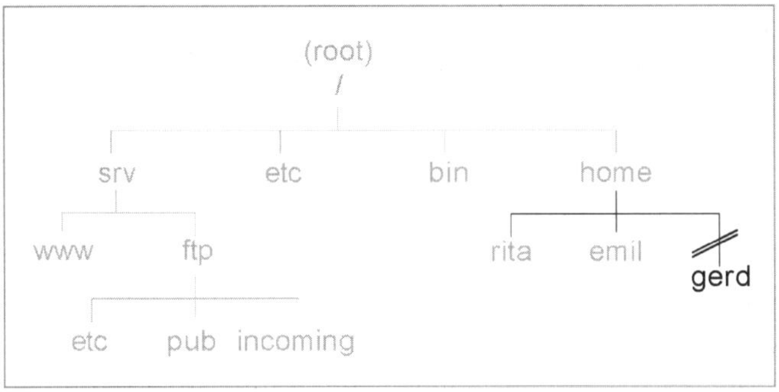

Abbildung 7.4: Dateisystem aus Sicht des autorisierten FTP-Nutzers gerd

Dieses Ziel erreichen Sie mit einer weiteren kleinen Änderung im zweiten Abschnitt der `vsftpd.conf`.

`/etc/vsftpd.conf` (Auszug ab Zeile 55)

```
# Local FTP user Settings
#
# Uncomment this to allow local users to log in.
#
local_enable=YES
#
# Default umask for local users is 077. You may wish to change this
# to 022,if your users expect that (022 is used by most other ftpd's)
#
#local_umask=022
#
# Uncomment to put local users in a chroot() jail in their home
# directory after login.
#
chroot_local_user=YES
```

Die hervorgehobene Zeile ist normalerweise durch das vorangestellte #-Zeichen deaktiviert. Entfernen Sie einfach dieses Zeichen, um sie einzuschalten.

Wenn sich Benutzer jetzt per FTP am System anmelden, sehen sie weiterhin ihr Home-Verzeichnis, können dessen Baum aber nicht mehr verlassen, da es für sie jetzt das *root*-Verzeichnis ist.

Diese Einstellung gilt für alle Benutzer. Ausgewählten Benutzern können Sie abweichend von der Regel erlauben, auf das gesamte Dateisystem zuzugreifen. Tragen Sie sie in eine Liste ein, schalten Sie sie frei und verraten Sie dem FTP-Programm den Dateinamen der Liste.

`/etc/vsftpd.conf` (Auszug ab Zeile 55)

```
# Local FTP user Settings
#
# Uncomment this to allow local users to log in.
```

```
#
local_enable=YES
#
# Default umask for local users is 077. You may wish to change this
# to 022,if your users expect that (022 is used by most other ftpd's)
#
#local_umask=022
#
# Uncomment to put local users in a chroot() jail in their home
# directory after login.
#
chroot_local_user=YES
#
# You may specify an explicit list of local users to chroot() to
# their home directory. If chroot_local_user is YES, then this list
# becomes a list of users to NOT chroot().
#
chroot_list_enable=YES
#
# (default follows)
#
chroot_list_file=/etc/vsftpd.chroot_list
```

Die Benutzernamen dieser bevorzugten Benutzer tragen Sie in die Datei `/etc/vsftpd.chroot_list` ein und aktivieren die beiden hervorgehobenen Zeilen in der Konfigurationsdatei, die zuvor durch das #-Zeichen deaktiviert waren.

Damit kennt FTP dann drei Benutzer-Gruppen:

- Anonyme, hier ist das Verzeichnis `/srv/ftp` als Root-Verzeichnis eingestellt.
- Systembenutzer, die nicht in der Datei `vsftpd.chroot_list` aufgeführt sind; bei diesen ist das jeweilige Home-Verzeichnis als Root-Verzeichnis eingestellt.
- Nur Systembenutzer, die in der Datei `vsftpd.chroot_list` aufgeführt sind, behalten vollen Zugriff auf das Dateisystem.

7.5 Weitere Einstellungen für den vsftpd

In der bisher erstellten Konfiguration darf keine der Benutzergruppen auf den FTP-Server schreiben. Das ist auf alle Fälle eine sehr sichere Einstellung. Ohne großen Aufwand können Sie Ihren Benutzern auch schreibenden Zugriff erlauben.

Dazu müssen Sie im ersten Abschnitt der Konfigurationsdatei eine Zeile ändern:

`/etc/vsftpd.conf` (Auszug ab Zeile 9)

```
# General Settings
#
# Uncomment this to enable any form of FTP write command.
#
write_enable=YES
```

Wenn Sie hier wieder die hervorgehobene Zeile aktivieren, indem Sie das ursprünglich vorangestellte #-Zeichen entfernen, geben Sie allen Benutzer des Systems auch Schreibrechte.

Anonymen Benutzern sollten Sie keine Schreibrechte erteilen, auch wenn dies über Einstellungen im dritten Abschnitt der Konfigurationsdatei recht einfach möglich ist.

`/etc/vsftpd.conf` (Auszug ab Zeile 97)

```
#
# Uncomment this to allow the anonymous FTP user to upload
# files. This only has an effect if the above global write
# enable is activated. Also, you will obviously need to create
# a directory writable by the FTP user.
#
anon_upload_enable=YES
```

Zum Abschluss der Konfiguration können Sie noch einen kleinen Schönheitsfehler ausbügeln. Im Inhaltsverzeichnis per FTP tauchen statt der Benutzernamen und Gruppen die zugehörigen Nummern auf, da `ftp` innerhalb der Changed-Root-Umgebung natürlich nicht auf die Passwortdateien zugreifen kann.

```
ftp> dir
227 Entering Passive Mode (192,168,1,2,167,71)
150 Here comes the directory listing.
-rw-r--r--    1 500     100      131885 Jul 25 11:12 Bildschirmphoto1.png
-rw-r--r--    1 500     100      129616 Jul 22 11:46 Bildschirmphoto2.png
-rw-r--r--    1 500     100      109702 Jul 22 11:48 Bildschirmphoto3.png
drwx------    3 500     100         240 Jul 24 20:08 Desktop
drwxr-xr-x    5 500     100         168 Jul 21 15:05 Documents
drwxr-xr-x    2 500     100          80 Jul 21 15:05 public_html
226 Directory send OK.
```

Es gibt mehrere Schleichwege, dies zu umgehen:

- Sie könnten innerhalb Ihrer Changed-Root-Umgebung ein Verzeichnis `/etc` anlegen und dort eine `passwd`-Datei ablegen. Das ist aber nicht besonders elegant, da Sie bei jeder Änderung der Nutzerdatei daran denken müssen, auch diese Dateien zu aktualisieren.
- Durch Verstecken der Identitäten per Konfigurationsdatei zeigt der FTP-Server statt der Zahlen immer die Zeichenfolge `ftp` an.

`/etc/vsftpd.conf` (Auszug ab Zeile 49)

```
#
# If  enabled,  all  user  and  group  information  in
# directory listings will be displayed as "ftp".
#
hide_ids=YES
```

Die Anzeige sieht dann so aus:

```
ftp> dir
227 Entering Passive Mode (192,168,1,2,153,103)
150 Here comes the directory listing.
-rw-r--r--    1 ftp     ftp        131885 Jul  25 11:12 Bildschirmphoto1.png
-rw-r--r--    1 ftp     ftp        129616 Jul  22 11:46 Bildschirmphoto2.png
-rw-r--r--    1 ftp     ftp        109702 Jul  22 11:48 Bildschirmphoto3.png
drwx------    3 ftp     ftp           240 Jul  24 20:08 Desktop
drwxr-xr-x    5 ftp     ftp           168 Jul  21 15:05 Documents
drwxr-xr-x    2 ftp     ftp            80 Jul  21 15:05 public_html
226 Directory send OK.
```

Die Konfigurationsdatei bietet viele weitere nützliche Einstellungen, wie z. B. die Möglichkeit, Begrüßungsmeldungen zu definieren. Es lohnt sich, mit den Einstellungen zu experimentieren.

7.6 Zugriffe protokollieren und auswerten

Systemverwalter sollten Zugriffe immer auf allgemein zugängliche Dienste kontrollieren, insbesondere wenn sie auch anonyme Benutzer zulassen. Ansonsten besteht die Gefahr, dass sich die Speicher mit illegaler oder unerwünschter Software füllen.

In der bisherigen Konfiguration hält `vsftpd` wenig Informationen fest. In der Datei `/var/log/messages` protokolliert er die Zugriffe auf den Server:

```
Jul 22 17:15:37 boss vsftpd: Tue Jul 22 18:15:37 2008 [pid 21099]
CONNECT: Client "192.168.1.1"
Jul 22 18:15:50 boss vsftpd: Tue Jul 22 18:15:50 2008 [pid 21098]
[ftp] OK LOGIN: Client "192.168.1.1", anon password
"debacher@linuxbu.ch"
```

Ebenfalls in der Datei `/var/log/vsftpd.log` speichert `vsftpd` folgendermaßen, welche Dateien Benutzer übertragen:

```
Jul 22 17:19:37 boss vsftpd: Tue Jul 22 18:19:37 2008 [pid 21116]
[ftp] OK DOWNLOAD: Client "192.168.1.1", "/pub/test.txt", 13 bytes,
8.78Kbyte/sec
```

Wollen Sie die Meldungen des FTP-Servers nicht in der zentralen Datei /var/log/messages haben, sondern in einer eigenen Datei, dann müssen Sie an den Abschnitt *Log Settings* der Konfigurationsdatei heran.

/etc/vsftpd.conf (Auszug ab Zeile 132)

```
# Log Settings
#
# Log to the syslog daemon instead of using an logfile.
#
# syslog_enable=YES
#
# Uncomment this to log all FTP requests and responses.
#
#log_ftp_protocol=YES
#
# Activate logging of uploads/downloads.
#
xferlog_enable=YES
#
# You may override where the log file goes if you like. The default
# is shown below.
#
#vsftpd_log_file=/var/log/vsftpd.log
```

Sie müssen hier in der ersten hervorgehobenen Zeile das Kommentarzeichen setzen und es in der zweiten hervorgehobenen Zeile entfernen.

Damit vsftpd alle Details ausführlich protokolliert, müssen Sie in der Konfigurationsdatei den Eintrag log_ftp_protocol ändern:

/etc/vsftpd.conf (Auszug ab Zeile 132)

```
# Log Settings
#
# Log to the syslog daemon instead of using an logfile.
#
# syslog_enable=YES
#
# Uncomment this to log all FTP requests and responses.
#
log_ftp_protocol=YES
```

So protokolliert der vsftpd alle Kommandos und jede Datei-Übertragung. Das Protokoll kann man recht einfach auswerten.

```
Tue Jul 22 17:30:46 2008 [pid 21194] FTP response: Client
"192.168.1.1", "220 (vsFTPd 2.0.1)"
Tue Jul 22 17:30:53 2008 [pid 21194] FTP command: Client
"192.168.1.1", "USER adams"
```

```
Tue Jul 22 17:30:53 2008 [pid 21194] [adams] FTP response: Client
"192.168.1.1", "331 Please specify the password."
Tue Jul 22 17:30:57 2008 [pid 21194] [adams] FTP command: Client
"192.168.1.1", "PASS <password>"
Tue Jul 22 18:30:57 2008 [pid 21193] [adams] FAIL LOGIN: Client
"192.168.1.1"
Tue Jul 22 17:30:57 2008 [pid 21194] [adams] FTP response: Client
"192.168.1.1", "530 Login incorrect."
```

Die Benutzeranmeldung ist gescheitert, Benutzername oder Passwort sind falsch.

```
Tue Jul 22 17:33:06 2008 [pid 21206] FTP response: Client
"192.168.1.1", "220 (vsFTPd 2.0.1)"
Tue Jul 22 17:33:07 2008 [pid 21206] FTP command: Client
"192.168.1.1", "USER meyer"
Tue Jul 22 17:33:07 2008 [pid 21206] [meyer] FTP response: Client
"192.168.1.1", "331 Please specify the password."
Tue Jul 22 17:33:13 2008 [pid 21206] [meyer] FTP command: Client
"192.168.1.1", "PASS <password>"
Tue Jul 22 18:33:13 2008 [pid 21205] [meyer] OK LOGIN: Client
"192.168.1.1"
Tue Jul 22 18:33:13 2008 [pid 21207] [meyer] FTP response: Client
"192.168.1.1", "230 Login successful."
Tue Jul 22 18:33:13 2008 [pid 21207] [meyer] FTP command: Client
"192.168.1.1", "SYST"
Tue Jul 22 18:33:13 2008 [pid 21207] [meyer] FTP response: Client
"192.168.1.1", "215 UNIX Type: L8"
Tue Jul 22 18:33:13 2008 [pid 21207] [meyer] FTP command: Client
"192.168.1.1", "FEAT"
Tue Jul 22 18:33:13 2008 [pid 21207] [meyer] FTP response: Client
"192.168.1.1", "211-Features:"
Tue Jul 22 18:33:13 2008 [pid 21207] [meyer] FTP response: Client
"192.168.1.1", " EPRT??"
Tue Jul 22 18:33:13 2008 [pid 21207] [meyer] FTP response: Client
"192.168.1.1", " EPSV??"
Tue Jul 22 18:33:13 2008 [pid 21207] [meyer] FTP response: Client
"192.168.1.1", " MDTM??"
Tue Jul 22 18:33:13 2008 [pid 21207] [meyer] FTP response: Client
"192.168.1.1", " PASV??"
Tue Jul 22 18:33:13 2008 [pid 21207] [meyer] FTP response: Client
"192.168.1.1", " REST STREAM??"
Tue Jul 22 18:33:13 2008 [pid 21207] [meyer] FTP response: Client
"192.168.1.1", " SIZE??"
Tue Jul 22 18:33:13 2008 [pid 21207] [meyer] FTP response: Client
"192.168.1.1", " TVFS??"
Tue Jul 22 18:33:13 2008 [pid 21207] [meyer] FTP response: Client
"192.168.1.1", "211 End"
```

```
Tue Jul 22 18:33:13 2008 [pid 21207] [meyer] FTP command: Client
"192.168.1.1", "PWD"
Tue Jul 22 18:33:13 2008 [pid 21207] [meyer] FTP response: Client
"192.168.1.1", "257 "/home/meyer""
```

Diese Benutzeranmeldung ist erfolgreich. Anschließend hat der FTP-Client das aktuelle Verzeichnis (PWD) abgefragt.

```
Tue Jul 22 18:35:23 2008 [pid 21207] [meyer] FTP command: Client
"192.168.1.1", "CWD .."
Tue Jul 22 18:35:23 2008 [pid 21207] [meyer] FTP response: Client
"192.168.1.1", "250 Directory successfully changed."
Tue Jul 22 18:35:23 2008 [pid 21207] [meyer] FTP command: Client
"192.168.1.1", "PWD"
Tue Jul 22 18:35:23 2008 [pid 21207] [meyer] FTP response: Client
"192.168.1.1", "257 "/home""
```

Ein Verzeichniswechsel (CWD..) auf die nächsthöhere Verzeichnisebene. Das Ergebnis zeigt deutlich, dass sich dieser Benutzer frei im Dateisystem bewegen darf, also keine Changed-Root-Umgebung besitzt.

Eine erfolgreiche Datenübertragung hinterlässt in der Log-Datei sehr unterschiedliche Einträge; im folgenden Beispiel zuerst die Umschaltung in den Binärmodus, dann die eigentliche Datenübertragung und die Empfangsbestätigung.

```
Tue Jul 22 18:36:57 2008 [pid 21207] [meyer] FTP command: Client
"192.168.1.1", "TYPE I"
Tue Jul 22 18:36:57 2008 [pid 21207] [meyer] FTP response: Client
"192.168.1.1", "200 Switching to Binary mode."
Tue Jul 22 18:36:57 2008 [pid 21207] [meyer] FTP command: Client
"192.168.1.1", "SIZE xinetd.png"
Tue Jul 22 18:36:57 2008 [pid 21207] [meyer] FTP response: Client
"192.168.1.1", "213 108387"
Tue Jul 22 18:36:57 2008 [pid 21207] [meyer] FTP command: Client
"192.168.1.1", "EPSV"
Tue Jul 22 18:36:57 2008 [pid 21207] [meyer] FTP response: Client
"192.168.1.1", "229 Entering Extended Passive Mode (|||40169|)"
Tue Jul 22 18:36:57 2008 [pid 21207] [meyer] FTP command: Client
"192.168.1.1", "RETR xinetd.png"
Tue Jul 22 18:36:57 2008 [pid 21207] [meyer] FTP response: Client
"192.168.1.1", "150 Opening BINARY mode data connection for
xinetd.png (108387 bytes)."
Tue Jul 22 18:36:57 2008 [pid 21207] [meyer] FTP response: Client
"192.168.1.1", "226 File send OK."
Tue Jul 22 18:36:57 2008 [pid 21207] [meyer] OK DOWNLOAD: Client
"192.168.1.1", "/home/meyer/xinetd.png", 108387 bytes,
8901.41Kbyte/sec
```

```
Tue Jul 22 18:36:57 2008 [pid 21207] [meyer] FTP command: Client
"192.168.1.1", "MDTM xinetd.png"
Tue Jul 22 18:36:57 2008 [pid 21207] [meyer] FTP response: Client
"192.168.1.1", "213 20041123161443"
```

Insgesamt entstehen bei dieser Einstellung sehr viele Daten.

Blicken Sie regelmäßig in die Protokolldateien und achten Sie vor allem auf die Häufung von Login-Fehlern, die von Hack-Versuchen herrühren könnten. Achten Sie auch darauf, was Benutzer mit vollem Dateizugriff auf Ihrem System treiben. Zugriffe dieser Benutzer auf Systemdateien sollten Sie spätestens dazu veranlassen, diese auf eine Changed-Root-Umgebung zu beschränken.

Wer einen Upload-Ordner für anonyme Benutzer anbietet, sollte dort abgelegte Dateien regelmäßig prüfen und gegebenenfalls zum Download anbieten.

7.7 Statistische Auswertung mit Webalizer

Das Programm Webalizer haben Sie bereits in Kapitel 6 kennengelernt. Es dient, wie der Name sagt, ursprünglich zur Auswertung von Logdateien von Webservern.

Die aktuelle Version des Programms kann auch Informationen aus der Datei `/var/log/vsftpd.log` auswerten. Auf gut besuchten Servern ist das sicherlich eine große Hilfe.

Leider müssen Sie zur Auswertung der `vsftpd`-Logdatei das Format auf das Standard-Logformat für Webserver umstellen, da Webalizer die Datei sonst nicht sinnvoll auswerten kann. Die entsprechenden Einträge erscheinen dann in der Datei `/var/log/xferlog`.

`/etc/vsftpd.conf` (Auszug ab Zeile 132)

```
# Log Settings
#
# Log to the syslog daemon instead of using an logfile.
#
# syslog_enable=YES
#
# Uncomment this to log all FTP requests and responses.
#
log_ftp_protocol=YES
#
# Activate logging of uploads/downloads.
#
xferlog_enable=YES
#
# You may override where the log file goes if you like. The default
```

```
# is shown below.
#
#vsftpd_log_file=/var/log/vsftpd.log
#
# If you want, you can have your log file in standard ftpd xferlog format.
# Note: This disables the normal logging unless you enable dual_log_
# enable below.
#
xferlog_std_format=YES
#
# You may override where the log file goes if you like. The default
# is shown below.
#
#xferlog_file=/var/log/xferlog
#
# Enable this to have booth logfiles. Standard xferlog and vsftpd's
# own style log.
#
#dual_log_enable=YES
```

Soll der `vsftpd` die Übertragungen zusätzlich in seinem eigenen Format protokollieren, so müssen Sie hier noch die letzte Zeile aktivieren.

Die folgende Beschreibung geht davon aus, dass Sie die FTP-Statistik zusätzlich zu einer eventuell vorhandenen Web-Statistik pflegen möchten.

Sie müssen hierfür zuerst ein Verzeichnis einrichten, in dem Webalizer die FTP-Statistik ablegen kann. Eine Möglichkeit wäre `/srv/www/htdocs/ftpalizer`:

```
mkdir  /srv/www/htdocs/ftpalizer
```

Nun müssen Sie eine zweite Konfigurationsdatei erzeugen, die für die Analyse der FTP-Logdatei angepasst ist. Sie können dazu einfach die vorhandene Datei kopieren, z. B. als `ftpalizer.conf`:

```
cp  /etc/webalizer.conf  /etc/ftpalizer.conf
```

Damit der Webalizer auch mit der Datei `xferlog` richtig umgehen kann, müssen Sie die Konfigurationsdatei anpassen. Am wichtigsten ist dabei die Einstellung, die dem Webalizer mitteilt, dass es sich um eine Logdatei des FTP-Servers und nicht um eine des Webservers handelt.

`/etc/ftpalizer.conf` (Auszug ab Zeile 23)

```
# LogFile defines the web server log file to use.
# If not specified here or on on
# the command line, input will default to STDIN.

LogFile        /var/log/xferlog
```

```
# LogType defines the log type being processed.
# Normally, the Webalizer
# expects a CLF or Combined web server log as input.
# Using this option, you can process ftp logs as well
# (xferlog as produced by wu-ftp and others).
# Values can be 'web' or 'ftp', with 'web' the default.

LogType ftp

# OutputDir is where you want to put the output files.
# This should be a full path name, however relative ones
# might work as well.
# If no output directory is specified, the current directory
# will be used.

OutputDir       /srv/www/htdocs/ftpalizer
```

Nun können Sie den Webalizer starten und ihm die eben erstellte Konfigurationsdatei konkret über den Parameter `-c` angeben.

```
webalizer  -c  /etc/ftpalizer.conf
```

Auch diesen Programmaufruf sollten Sie in die Cron-Tab von *root* mit aufnehmen, um damit die Auswertung tagesaktuell zu pflegen.

Auch wenn das Zusammenspiel zwischen dem `vsftpd` und Webalizer nicht ganz optimal ist, so ist die Entscheidung von SUSE, auf den `vsftpd` zu setzen, auf alle Fälle sinnvoll. Die Konfiguration des `vsftpd` ist deutlich übersichtlicher und stringenter als die seines Vorgängers. Auch die Zahl der Sicherheitswarnungen (siehe Kapitel 17) fällt deutlich geringer aus. Den Autoren sind keine aktuellen Warnungen für den `vsftpd` bekannt. Es macht sich einfach bemerkbar, wenn Sicherheit schon beim Grunddesign eines Programmes die zentrale Rolle spielt.

8 Network File-System einrichten

Um Client-Rechnern ganze Verzeichnisse von Servern zum Lesen oder Lesen und Schreiben zur Verfügung zu stellen, benutzt man im Unix-Umfeld und generell in heterogenen Umgebungen ein spezielles Dateisystem, das *Network File System*, kurz NFS. Vor Samba (siehe Kapitel 9) war dies nahezu die einzige Möglichkeit, Windows-Clients Verzeichnisse anzubieten, die auf Linux-Servern lagen.

Im zweiten Teil dieses Buchs lernen Sie, stabile und kostengünstige Linux-Arbeitsplätze zu nutzen. Dabei ist es erforderlich, den Linux-Clients

- Verzeichnisse auf Festplatten von Linux-Servern zum Lesen und Schreiben
- und von CD-ROMs/DVDs nur zum Lesen zur Verfügung zu stellen.

Im Teil 2 können Sie lesen, wie Sie *Thin Clients* ohne Festplatte einrichten, die sogar ihr gesamtes Linux-Dateisystem per Network File System von einem Linux-Server beziehen.

Wenn Sie mehrere Linux-Server in Ihrem Netz einsetzen, z. B. zur Lastverteilung, oder mit Linux-Clients arbeiten, benötigen Sie auf jedem dieser Rechner eine eigenständige Benutzerverwaltung. Einfacher ist es, alle Benutzer nur einmal auf einem zentralen Anmeldeserver anzulegen, von dem die anderen Rechner dann die Anmeldedaten beziehen. Im Windows-Bereich würden Sie dies mit Anmeldeservern für Arbeitsgruppen bzw. Domänen erledigen (siehe Kapitel 9).

Eine Lösung für dieses Problem ist NIS, der *Network Information Service.* Dieser Dienst war früher unter dem Namen *YP* (*YellowPages*) zu finden. Aus rechtlichen Gründen darf dieser Name nicht mehr benutzt werden, trotzdem tragen viele der Programmkomponenten und Variablen immer noch YP im Namen.

Eine NIS-Installation nutzt meist NFS, da die Benutzer immer das gleiche Home-Verzeichnis erwarten, egal auf welchem Rechner sie sich anmelden. Daher mountet man in der Regel das Home-Verzeichnis vom Anmeldeserver per NFS.

Open Source-NFS-Server und -Clients für Windows-Abarten sind den Autoren bisher nicht bekannt. Daher ist NFS hier nur für Linux-Server und Linux-Clients beschrieben. Stabile lizenzpflichtige NFS-Server und -Clients für Windows gibt es u. a. von Hummingbird (`http://www.hummingbird.com`).

Um NFS im Linux-Umfeld benutzen zu können, muss man den Linux-Server und den Linux-Client vorbereiten:

- Nach dem Einrichten von NFS auf dem Server
- müssen Sie bestimmen, welche Verzeichnisse der Server welchen Clients für welche Zugriffe zur Verfügung stellen soll und
- dann auf den Clients diese Verzeichnisse jeweils in den lokalen Verzeichnisbaum einhängen.

8.1 Einsatzfelder für NFS

NFS brauchen Sie immer dann, wenn sich Linux-Rechner untereinander Laufwerke – dazu gehören auch CD-ROM-Laufwerke – gegenseitig zur Verfügung stellen. Zwar könnten Sie hierzu auch Samba (siehe Kapitel 9) verwenden. Generell ist aber der Zugriff per NFS deutlich flexibler als der per Samba.

Da man auf NFS-Dateisysteme schon beim Booten zugreifen kann, lassen sich so große Teile des Filesystems von einem fernen Rechner beziehen.

Der Dateizugriff per NFS ist für Clients vollständig transparent und funktioniert mit sehr unterschiedlichen Serverstrukturen: Es spielt keine Rolle, ob es sich dabei um Linux- oder Windows-Server handelt. Ein Sicherheitsproblem bei NFS besteht aber darin, dass es keine Anmeldung erwartet und Zugriffsregeln nur über die IP-Adresse ermöglicht.

8.2 NFS-Server installieren und konfigurieren

Wie viele andere Distributionen installiert auch OpenSUSE in der Voreinstellung einen NFS-Server.

Den NFS-Server gibt es prinzipiell in zwei Varianten, einmal als Kernel-NFS, andererseits als Userspace-NFS:

Das Kernel-NFS ist direkt im Betriebssystemkern verankert und damit deutlich performanter, setzt aber einen entsprechend kompilierten Kernel voraus. Da OpenSUSE die Standard-Kernel mit Kernel-NFS konfiguriert hat, installiert YaST standardmäßig kein Userspace-NFS.

Das Userspace-NFS erfordert keinerlei Veränderungen am Kernel, es lässt sich also leicht auch nachträglich installieren.

Der Funktionsumfang beider Versionen ist identisch. Sie können sogar beide Versionen nebeneinander installieren; welche Version Sie dann starten, legen Sie über Variablen in der Konfigurationsdatei von YaST fest.

8.2.1 Kernel-NFS

Falls Sie auf Ihrem System bisher keinerlei NFS-Server installiert haben, sollten Sie nun das Paket `nfs-kernel-server` einspielen, welches Sie in der Paketgruppe `Netzwerk` finden.

Wenn Sie Ihre Programme gern mit YaST konfigurieren, dann sollten Sie auch dessen NFS-Server-Modul installieren, welches Sie im Paket `yast2-nfs-server` in der Paketgruppe `System` finden.

Sollten Sie einen eigenen Kernel erstellen, aktivieren Sie in der Konfigurationsdatei für den Kernel die folgenden Schalter:

- `CONFIG_NFS_FS` und
- `CONFIG_NFSD`.

8.2.2 Userspace-NFS

Sollten Sie aus irgendeinem Grund doch das Userspace-NFS nutzen wollen, so müssen Sie das Paket `nfs-server` nachinstallieren. Die Autoren haben die Erfahrung gemacht, dass festplattenlose Linux-Clients, die ihr Dateisystem per NFS beziehen, nicht einwandfrei mit Servern mit Kernel-NFS zusammenarbeiten. In solch einem Fall ist die Umstellung sinnvoll, auch wenn Kernel-NFS als performanter gilt.

Der weitere Teil dieses Kapitels bezieht sich auf Kernel-NFS, das keine weiteren Installationsschritte erfordert.

8.2.3 Der Portmapper

Um NFS nutzen zu können, benötigt man einen Dämon als Servicevermittler für Client/Server-Dienste, die mit *Remote Procedure Calls* (Fernaufrufe für Prozeduren) arbeiten, den *RPC-Portmapper*.

Bei einem derartigen Dienst kann ein Client über ein Serverprogramm Prozeduren auf dem Server ausführen. Zu jeder der Prozeduren gehört eine eindeutige Programmnummer. Der Portmapper ordnet diesen Programmnummern Ports zu. Wenn Sie die aktuelle Zuordnung bei laufendem NFS-Server mit dem Befehl

```
rpcinfo -p
```

abrufen, erhalten Sie eine Tabelle mit folgendem Aufbau:

```
boss:~ # rpcinfo -p
   Program Vers Proto   Port
    100000    2   tcp    111  portmapper
    100000    2   udp    111  portmapper
    100003    2   udp   2049  nfs
    100003    3   udp   2049  nfs
```

```
    100021    1    udp    1026   nlockmgr
    100021    3    udp    1026   nlockmgr
    100021    4    udp    1026   nlockmgr
    100005    1    udp    1027   mountd
    100005    1    tcp    1025   mountd
    100005    2    udp    1027   mountd
    100005    2    tcp    1025   mountd
    100005    3    udp    1027   mountd
    100005    3    tcp    1025   mountd
...
```

In der ersten Spalte dieser Tabelle sehen Sie jeweils die Programm-Nummern für die RPC-Calls, in der vierten Spalte die zugeordneten Ports. Die fünfte Spalte beschreibt die zugeordnete Funktion.

8.2.4 Start des NFS-Servers

Den ersten Start des NFS-Servers können Sie von der Konsole aus vornehmen, dauerhaft aktivieren Sie ihn am einfachsten mit YaST.

Um den NFS-Server einzuschalten, muss man den Portmapper und dann den Server in dieser Reihenfolge starten:

Falls der Portmapper nicht ohnehin läuft, ruft man ihn über das Startskript

```
rcportmap start
```

auf und danach den eigentlichen Server mit

```
rcnfsserver start
```

Das Boot-Skript aktiviert diese beiden Programme automatisch, wenn im Runlevel-Editor des YaST-Kontrollzentrums die Häkchen für die Level 3 und 5 gesetzt sind.

Damit ist der NFS-Server einsatzbereit, auch wenn er bisher noch keine Verzeichnisse exportiert.

Im nächsten Schritt müssen Sie dem Server mitteilen, welche Verzeichnisse er an welche Clients exportieren soll.

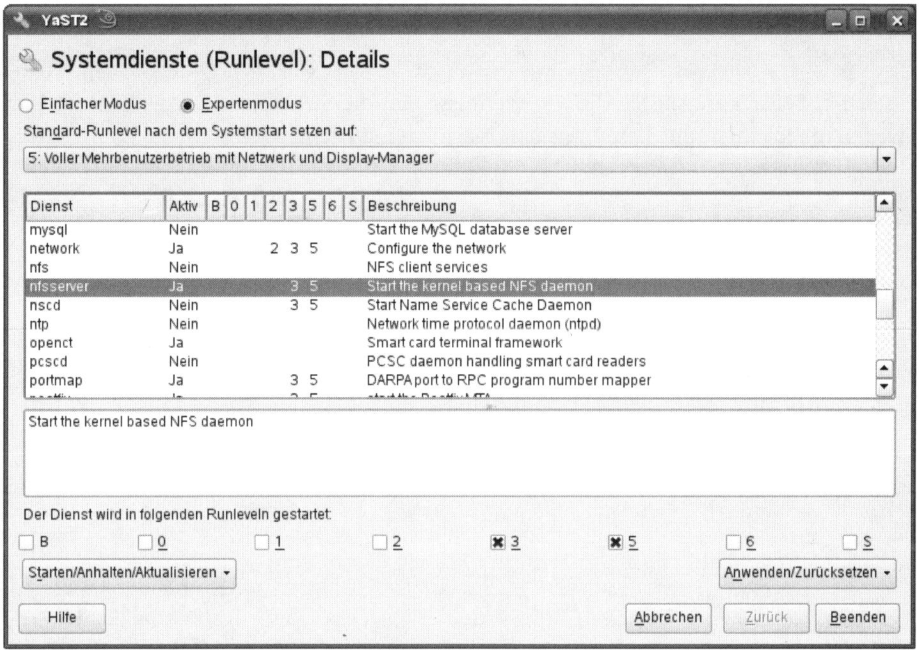

Abbildung 8.1: Aktivieren von NFS-Server und Portmap

8.3 Verzeichnisse exportieren

Wenn Sie einen funktionsfähigen NFS-Server eingerichtet haben, müssen Sie noch Verzeichnisse freigeben.

Verzeichnisse des NFS-Servers können Sie exportieren, indem Sie

- diese in einem Dialog von YaST erfassen oder
- per Editor direkt in die Datei `/etc/exports` eintragen.

Welche der Möglichkeiten Sie wählen, spielt keine Rolle – letztlich landen die Informationen immer in der Datei `/etc/exports`.

8.3.1 Verzeichnisse per YaST-Dialog exportieren

Gehen Sie über das YaST-Kontrollzentrum und die Menüfolge *Netzwerkdienste* • *NFS-Server*.

Hier erwartet zuerst ein kleiner Dialog *NFS-Server* von Ihnen die Entscheidung, ob Sie den NFS-Server starten wollen oder nicht. Hier können Sie auch den zugehörigen Port in der SUSE-Firewall freigeben, wenn entfernte Rechner auf die Freigaben zugreifen sollen.

Nach einem Klick auf *Weiter* öffnet YaST für Sie ein Dialogfenster mit zwei Teilfenstern:

Im ersten Fenster tragen Sie die Verzeichnisse ein, die Sie exportieren wollen, und im zweiten die Rechner, die diese Verzeichnisse nutzen dürfen.

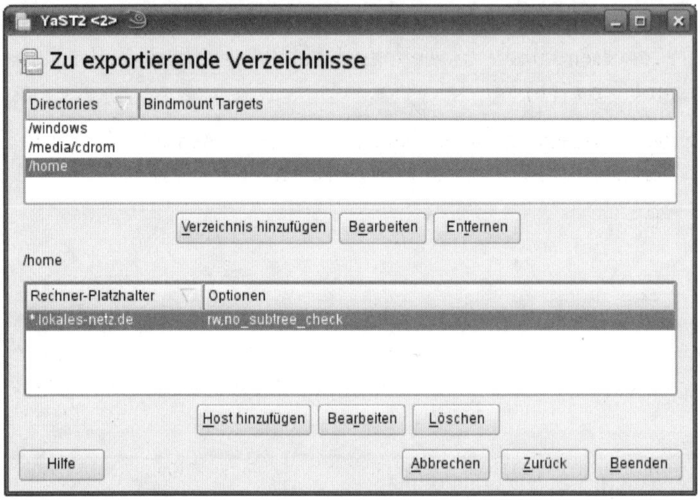

Abbildung 8.2: Bearbeiten der Exports-Datei in YaST

Wenn Sie auf *Beenden* klicken, übernimmt YaST Ihre Eingaben in die Konfigurationsdatei, wobei es eigenmächtig einige weitere Optionen setzt.

8.3.2 Verzeichnisse manuell per Editor exportieren

Statt mit dem Dialog von YaST können Sie die Datei `/etc/exports` direkt bearbeiten.

Diese nach der Standardinstallation leere Datei können Sie z. B. folgendermaßen tabellarisch einrichten:

```
# Beispieldatei  /etc/exports
# Zeilen, die mit dem Zeichen # beginnen, werden ignoriert
#
/home           *.lokales-netz.de(rw,no_subtree_check)
/windows        www.linuxbu.ch(ro,no_subtree_check)
/media/cdrom    *(ro,no_subtree_check)
```

Diese tabellenartige Darstellung in der Form

```
/pfad/zum/verzeichnis   Rechnername(n)(option1,option2,...)
```

gibt drei Daten an:

- Pfad zum Verzeichnis (siehe 8.3.1),
- Rechner, die zugreifen dürfen (siehe 8.3.2) und
- Optionen (siehe 8.3.5).

Für jedes Verzeichnis können Sie mehrere Rechner beziehungsweise Domains mit den zugehörigen Optionen angeben. Im vorliegenden Beispiel dürfen alle Rechner der Domain `lokales-netz.de` lesend und schreibend (`rw`) auf `/home` zugreifen, der Rechner `www.linuxbu.ch` nur lesend (`ro`) auf `/windows`.

Wenn Sie die `/etc/exports` direkt verändert haben, müssen Sie den NFS-Server neu starten, damit er diese Veränderungen registriert. Dazu geben Sie ein:

```
rcnfsserver restart
```

8.3.3 Verzeichnisse

Die Angaben des obigen Beispiels exportieren drei Verzeichnisse: das gesamte Home-Verzeichnis mit den Benutzerdaten, ein Windows-Verzeichnis und das CD-ROM-Laufwerk.

Die Pfadangabe dürfen Sie nicht weglassen, da sonst die Freigabe sinnlos ist. Alle weiteren Angaben dürfen entfallen.

8.3.4 Welche Rechner dürfen zugreifen?

Die zweite Angabe hinter dem Verzeichnisnamen beschränkt die Rechner, die auf diese Freigabe zugreifen dürfen.

Auf das Home-Verzeichnis sollen nur Rechner aus dem lokalen Netz zugreifen dürfen. Da die entsprechende Angabe für das CD-ROM-Laufwerk fehlt, dürfen hier alle Rechner, also auch beliebige Rechner aus dem Internet, zugreifen.

Die Rechner, die auf das Verzeichnis zugreifen dürfen, können Sie auf folgende Arten angeben:

1. Einem einzelnen Rechner erlauben Sie den Zugriff, indem Sie seinen Namen oder seine IP angeben.
2. Einer Gruppe von Rechnern können Sie den Zugriff erlauben, indem Sie Rechnernamen angeben, welche die Joker (Wildcards) "*" oder "?" enthalten. Im Beispiel erlauben Sie u. a. dem Rechner `rosine.lokales-netz.de` den Zugriff, da dieser Name der Angabe `*.lokales-netz.de` entspricht. Das Wildcardzeichen "*" steht für eine beliebige Zeichenfolge, also auch für `rosine`.
3. Sie können einen IP-Bereich angeben, indem Sie eine IP-Adresse und eine zugehörige Netzwerkmaske angeben. Mit `192.168.1.0/255.255.255.0` (oder auch `192.168.1.0/24`) erlauben Sie allen Rechnern, deren IP in den ersten drei Gruppen `192.168.1.x` lautet, den Zugriff.

4. Sie erlauben allen Rechnern den Zugriff, indem Sie in dieser Spalte keine Angabe machen, oder ein "*" als Jokerzeichen eintragen.

8.3.5 Optionen

Die dritte Angabe nennt Optionen, hier im Beispiel für Zugriffsrechte.

Die wichtigsten Optionen sind:

Befehl	*Erläuterung*
`rw`	*Read-Write* gibt den Clients Lese- und Schreibrechte für das Verzeichnis.
`ro`	*Read-Only* ist die Voreinstellung, bei der Clients nicht in das Verzeichnis hineinschreiben dürfen.
`root_squash`	Voreinstellung, die privilegierte Zugriffe des Super-Users *root* unterbindet. *Root*-Zugriffe führt der Server nur mit den Rechten des Benutzers `nobody` und der Gruppe `nogroup` aus.
`no_root_squash`	Das Gegenteil zu obiger Option. Der Super-User *root* kann vom Client aus mit seinen vollen Rechten auf die Dateien auf dem Server zugreifen.
`all_squash`	Der Server führt alle Zugriffe vom Client nur mit den Rechten des Users `nobody` aus.
`noaccess`	Verbietet den Clients den Zugriff auf Unterverzeichnisse; damit kann man einzelne Unterverzeichnisse eines freigegebenen Verzeichnisses sperren.
`async`	Diese Option erlaubt es dem NFS-Server, Anfragen zu beantworten, bevor die zugehörigen Änderungen auf dem Datenträger erledigt sind. Das steigert die Performance, erhöht aber auch etwas das Risiko von Datenverlust.
`sync`	Der NFS-Server beantwortet Anfragen erst dann, wenn die zugehörigen Änderungen auf dem Datenträger erledigt sind.
`secure`	Lässt Zugriffe nur über Portnummern kleiner 1024 zu (Vorgabe)
`insecure`	Lässt NFS-Zugriffe auf allen Ports zu.

Tabelle 8.1: Wichtige Optionen für Zugriffssteuerung

Eine vollständige Liste aller Optionen finden Sie in der Manpage von `exports`.

Die Optionen notiert man innerhalb runder Klammern. Mehrere Optionen trennt man durch Kommata ohne Leerzeichen. Zulässig wäre z. B. die Angabe

```
/media/cdrom           *.lokales-netz.de(ro,no_root_squash)
```

Hier darf der Superuser mit seinen Rechten nur lesend auf das CD-ROM-Laufwerk zugreifen.

8.4 Netzwerkverzeichnisse einbinden

Netzwerkverzeichnisse, die auf irgendeinem Rechner freigegeben sind, können Anwender

- mit YaST nach der Befehlsfolge *YaST Kontrollzentrum • Netzwerkdienste • NFS-Client* im Dialogfenster *Konfiguration des NFS-Clients* bequem menügestützt einbinden oder
- genauso wie CD-ROM-Laufwerke mit dem Befehl `mount` in ihr lokales Dateisystem einbinden (mounten), wenn sie über die notwendigen Zugriffsrechte verfügen.

8.4.1 NFS-Zugriff auf linuxbu.ch

Um Ihnen das Testen zu erleichtern, haben die Autoren ein Verzeichnis auf `www.linuxbu.ch` exportiert und für alle Rechner freigegeben; die zugehörige Datei `/etc/exports` hat folgenden Inhalt:

```
# See exports(5) for a description.
# This file contains a list of all directories
# exported to other computers.
# It is used by rpc.nfsd and rpc.mountd.
/srv/ftp        *(ro,async,insecure)
```

Auf dieses Verzeichnis können Sie auch mit anonymem FTP (Kapitel 5) zugreifen.

Wenn Sie mit dem Internet verbunden sind, können Sie dieses Verzeichnis in Ihr lokales Filesystem mit YaST oder per `mount`-Befehlt einbinden. Im YaST-Dialog *Konfiguration des NFS-Clients* klicken Sie auf die Schaltfläche *Hinzufügen*, tragen dann in einem weiteren Fenster den

- Hostnamen des NFS-Servers,
- das entfernte Dateisystem und den
- Mountpoint (Einhänge-Ordner) ein und
- bestätigen mit der Schaltfläche OK.

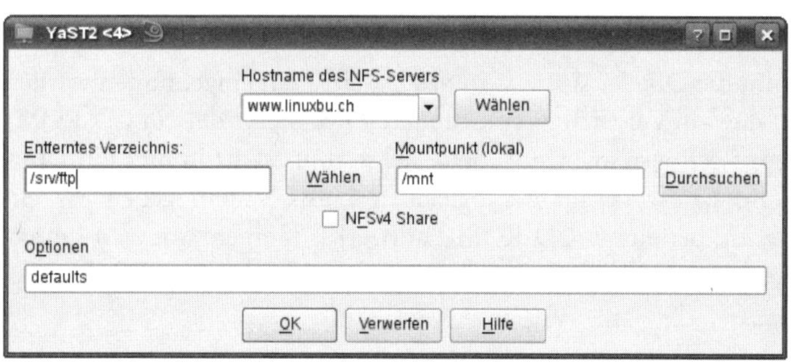

Abbildung 8.3: Yast Dialog NFS-Client

Alternativ können Sie als *root* folgenden Befehl eingeben:

```
mount -t nfs www.linuxbu.ch:/srv/ftp /mnt
```

Unabhängig davon, welchen Weg Sie beschritten haben, können Sie anschließend mit den üblichen Linux-Befehlen zum Anzeigen von Inhaltsverzeichnissen bzw. zum Kopieren von Dateien auf das Verzeichnis `/mnt` zugreifen. Alle Zugriffe auf das Verzeichnis `/mnt` gehen dann auf den Server zu diesem Buch.

Wollen Sie das Verzeichnis nach Ihren Experimenten wieder freigeben, bevor Sie die Internetverbindung abbauen, geben Sie ein:

```
umount /mnt
```

Mit dem Befehl `showmount` kann man abfragen, welche Verzeichnisse ein Rechner per NFS anbietet. Dazu gibt man ein:

```
/usr/sbin/showmount -e www.linuxbu.ch
```

Der Rechner gibt dann Folgendes aus:

```
root@boss:~ > showmount -e www.linuxbu.ch
Export list for www.linuxbu.ch:
/srv/ftp *
```

Auf das Verzeichnis `/srv/ftp` können Sie also von jedem Rechner aus zugreifen, was `showmount` mit dem * kennzeichnet.

8.4.2 Der Befehl mount

Ein NFS-Client muss wissen, welches Dateisystem er beziehen möchte und an welcher Stelle er es in sein lokales Dateisystem einbinden will. Für diese Festlegungen dient der Befehl `mount`.

Sie kennen ihn aus dem vorangegangenen Abschnitt

```
mount -t nfs www.linuxbu.ch:/srv/ftp /mnt
```

und vom Einhängen eines CD-ROM-Laufwerks:

```
mount -t iso9660 /dev/cdrom /media/cdrom
```

Der `mount`-Befehl erwartet also Quelle, Ziel und den Typ des Dateisystems (Parameter `-t`):

Der erste Parameter nennt die Quelle, also was in das Dateisystem eingebunden werden soll; in den Beispielen ist dies ein Verzeichnis eines anderen Rechners oder ein CD-ROM-Laufwerk. Zwischen dem Rechnernamen und dem Verzeichnis steht immer ein Doppelpunkt; beim CD-ROM-Laufwerk auf dem gleichen Linux-System geben Sie ein Gerät, hier `/dev/cdrom`, an, bei einem CD-ROM-Laufwerk auf einem anderen Linux-System den Rechnernamen und die Gerätebezeichnung, hier `www.linuxbu.ch:/dev/cdrom`.

Der zweite Parameter gibt an, über welches Verzeichnis die Ressource eingebunden werden soll, den sogenannten Einhängeordner oder *Mountpoint*. Die Angabe ist beliebig, das Verzeichnis muss nur existieren und leer sein. Die OpenSUSE-Distribution legt standardmäßig für diesen Zweck die Verzeichnisse `/media/cdrom` und `/mnt` an. Nach erfolgreichem Mounten finden Sie die eingebundenen Daten in dem vorher leeren Verzeichnis.

Mit dem Parameter `-t` (Typ) können Sie u. a. die folgenden Dateisysteme angeben (der Kernel muss das jeweilige Dateisystem unterstützen, was bei OpenSUSE-Kerneln der Fall ist):

Typ des Dateisystems	*Bedeutung*
`nfs`	Network File System
`iso9660`	Dateisystem auf CD-ROM
`vfat`	Windows-Dateisystem
`ext2`	Linux-Dateisystem
`reiserfs`	Reiser-Dateisystem
`proc`	Pseudo-Dateisystem
`smbfs/cifs`	Samba File System

Tabelle 8.2: Dateisysteme

8.4.3 Verzeichnisse permanent in das System einhängen

Nach den bisherigen Beschreibungen darf nur der Super-User *root* irgendwelche Ressourcen mounten. Praktikabler ist es, allen Benutzern das Einhängen (Mounten) von CDs und Disketten zu erlauben. Andere Ressourcen will man schon beim Booten ohne manuellen Eingriff ins System einbinden.

Für dieses permanente Einbinden von Dateisystemen ist die Datei `/etc/fstab` zuständig, über die man auch Festplattenpartitionen einbindet. Bei einer Standardinstallation erzeugt YaST eine Datei der folgenden Art:

```
/dev/hda2   /               ext3     acl,user_xattr      1 1
/dev/hdal   swap            swap     defaults            0 0
devpts      /dev/pts        devpts   mode=0620,gid=5     0 0
proc        /proc           proc     defaults            0 0
usbfs       /proc/bus/usb   usbfs    noauto              0 0
sysfs       /sys            sysfs    noauto              0 0
```

Die Spalten entsprechen den Parametern des `mount`-Befehls.

- In der ersten Spalte steht die Datenquelle bzw. das jeweilige Gerät. Eine Angabe wie `/dev/hda2` bezeichnet die Partition *Zwei* der ersten IDE-Festplatte (siehe Abschnitt 2.3, »Festplatten vorbereiten«).

- In der zweiten Spalte stehen die Einhängeordner (Mountpoints), über die Sie die jeweiligen Geräte im System ansprechen können.
- Die dritte Spalte gibt die Dateisysteme an. Neu gegenüber dem `mount`-Befehl ist hier die Angabe `subfs`. Bei Einträgen mit diesem Dateityp versucht das System selbst, das Vorhandensein und das Dateisystem zu ermitteln. Das ist bei Wechseldatenträgern wie Disketten und CDs sinnvoll: Sobald ein Datenträger eingelegt ist, mountet ihn das System automatisch. In der vierten Spalte folgen die Optionen, wieder durch Kommata getrennt ohne Leerzeichen. Interessant sind hier die Optionen `noauto` und `user`. Mit der Option `noauto` verhindern Sie, dass die entsprechende Zeile schon beim Hochfahren des Systems aktiviert wird. Das wäre für Wechselmedien nicht sinnvoll. Mit der Option `user` erlauben Sie allen Benutzern, dieses Dateisystem zu mounten. Die Option `exec` erlaubt zusätzlich das Ausführen von Programmen im Dateisystem. In der oben dargestellten Konfiguration können Sie also keine Programme von einer Diskette aus starten.
- Die Spalten fünf und sechs steuern das Sichern bzw. Überprüfen von Dateisystemen.
- Bei `ext2/ext3/reiserfs`-Partitionen sollte in der fünften Spalte eine `1` stehen, ansonsten eine `0`. Die `0` gibt an, dass der Dämon das entsprechende Verzeichnis beim Mounten nicht testen soll. Wenn in der fünften Spalte eine `1` steht, dann sollte in der sechsten Spalte eine `2` stehen, außer beim Wurzelverzeichnis, das kennzeichnen Sie mit einer `1`. Das Wurzelverzeichnis testet er vorrangig, alle anderen Verzeichnisse später.

Um ein Verzeichnis per NFS automatisch zu beziehen, können Sie in die Datei `/etc/fstab` eine weitere Zeile aufnehmen:

```
/dev/hda2   /              ext3    acl,user_xattr       1 1
/dev/hda1   swap           swap    defaults             0 0
devpts      /dev/pts       devpts  mode=0620,gid=5      0 0
proc        /proc          proc    defaults             0 0
usbfs       /proc/bus/usb  usbfs   noauto               0 0
sysfs       /sys           sysfs   noauto               0 0
www.linuxbu.ch:/srv/ftp  /mnt nfs  ro                   0 0
```

Auch für das Bearbeiten der `/etc/fstab` gibt es im YaST-Kontrollzentrum eine Funktion, die Ihnen die Arbeit erleichtert.

8.5 NFS-Probleme aufspüren und beheben

Sind auf einem Server notwendige Dämonen nicht aktiviert oder fehlen gewünschte Freigaben, erleben Anwender dies als Fehler beim Mounten von Verzeichnissen. Wenn Sie auf dem FTP-Server *root*-Rechte besitzen, können Sie den Status der Serverprogramme überprüfen.

```
rcportmap status
```

Sie sollten ein einfaches `OK` als Antwort erhalten.

Testen Sie danach, ob auch der NFS-Server läuft, mit

```
rcnfsserver status
```

Sie sollten hier die Meldung `NFS server up` erhalten.

Sollte einer der Dienste nicht aktiv sein, so prüfen Sie die Einstellungen in YaST und starten die Dienste neu.

Sollte bis hierher alles korrekt aussehen, so fehlt es an der Freigabe – eventuell wurde der NFS-Server nach Änderungen nicht neu gestartet. Ob eine Freigabe auf Ihrem Rechner aktiv ist, können Sie jederzeit testen mit

```
/usr/sbin/showmount  -e
```

Wollen Sic einen fremden Rechner untersuchen, so hängen Sie wie oben beschrieben den Rechnernamen als Parameter an den Befehl an:

```
/usr/sbin/showmount  -e  www.linuxbu.ch
```

Falls die Freigabe nur für bestimmte Rechner gilt, lohnt sich auch ein Blick in die Datei `/var/log/messages` des freigebenden Rechners. Diese protokolliert alle Mount-Versuche und auch den Grund für eine eventuelle Ablehnung.

Hier hat der Client versucht, auf eine nicht vorhandene Freigabe zuzugreifen.

```
Dec 22 13:46:19 boss rpc.mountd: refused mount request from
➥ 192.168.1.1 for /home/debacher (/): no export entry
```

Ein erfolgreicher Mountversuch, hier für das CD-Laufwerk, hinterlässt ebenfalls einen Eintrag.

```
Dec 22 13:48:09 boss rpc.mountd: authenticated mount request from
➥ 192.168.1.1:842 for /media/cdrom (/media/cdrom)
```

8.6 NIS

Dieses Buch beschreibt an mehreren Stellen alternative Wege zur Benutzerverwaltung. Hier geht es um den älteren *Network Information Service* NIS. Im Kapitel 3.5 finden Sie dagegen Informationen zu LDAP.

Der *Network Information Service* NIS benötigt einen NIS-Server, der die Benutzerdaten für seine NIS-Domain verwaltet. Zu dieser Domain können beliebig viele NIS-Clients gehören. In größeren Domänen kann es sinnvoll sein, zusätzlich Slave-Server einzusetzen, die beim Ausfall des Hauptservers dessen Aufgabe übernehmen können. Auf Slave-Server geht dieses Buch nicht ein.

In den Beispieldateien dieses Kapitels heißt die NIS-Domain `lokales-netz`. Die Bezeichnung können Sie recht frei wählen, es muss keine offizielle DNS-Domain sein.

Es gibt zwei Implementierungen von NIS. Das ursprüngliche NIS überträgt Benutzerdaten unverschlüsselt übers Netz. Die aktuellere Implementierung NIS+ überträgt die Benutzerdaten dagegen verschlüsselt. NIS+ ist sicherer, dafür ist die manuelle Konfiguration aufwendiger. Der folgende Text beschreibt NIS.

8.7 NIS-Server-Installation

Auf dem Anmeldeserver müssen die Pakete `ypserv`, `ypbind` und `yp-tools` installiert sein, bei der Standardinstallation fehlt davon nur `ypserv`. Sie finden das Paket in der Paketgruppe *Netzwerk*. Für die NIS-Konfiguration mittels YaST installieren Sie zusätzlich das Paket `yast2-nis-server` aus der Paketgruppe `system`.

Nach der Installation der Pakete müssen Sie im YaST-Kontrollzentrum unter *Netzwerkdienste • NIS-Server* einige Parameter einstellen, wobei Sie mit YaST sogar beide Schritte kombinieren können.

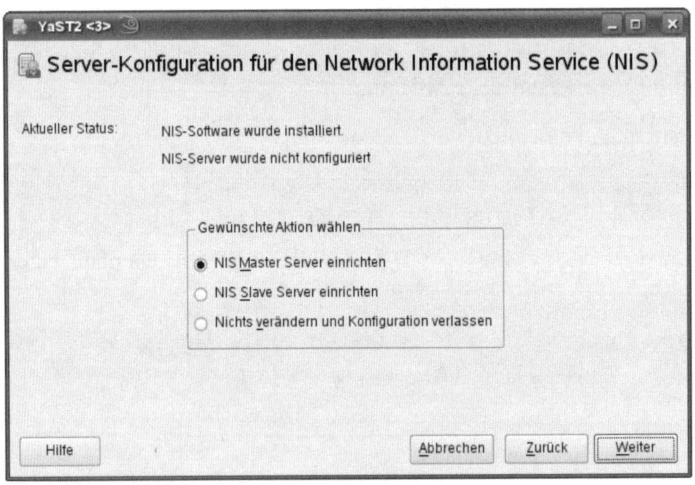

Abbildung 8.4: NIS Server – Master Server

Im ersten Formular müssen Sie nur auswählen, dass Sie einen *NIS Master Server* einrichten wollen. Über einen Klick auf *Weiter* kommen Sie zum nächsten Formular.

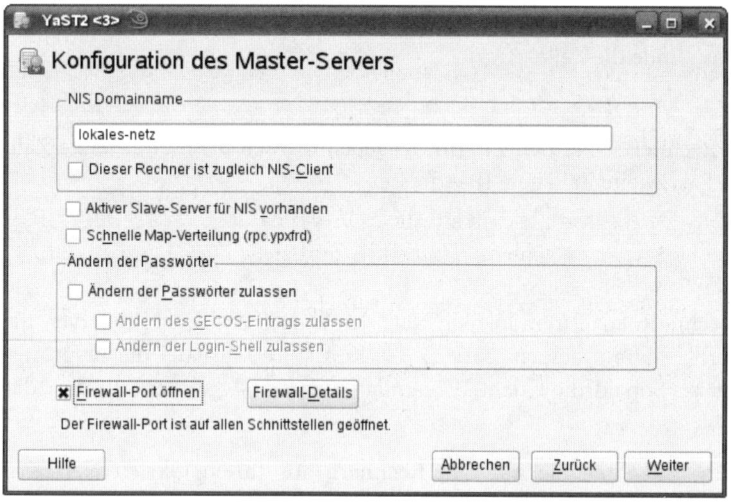

Abbildung 8.5: NIS Server – Domain-Name

Hier geben Sie einen Domain-Namen an, den Sie später auch bei auf den Clients verwenden. Weiter müssen Sie verhindern, dass YaST die Konfigurationsdatei für Clients erzeugt. Dazu darf die Option *Dieser Rechner ist zugleich NIS-Client* nicht aktiviert sein.

Das Ändern der Passwörter sollten Sie hier erst einmal nicht erlauben, Sie finden ausführlichere Informationen dazu im Abschnitt »NIS-Feintuning« (Kap 8.10).

Auf der nächsten Seite legen Sie fest, welche *Maps* der Server weitergeben soll. NIS bezeichnet Datenbanken wie die `passwd` und die `group`-Datei als *Map*. Sie können hier erst einmal alle anwählen, und dann auf *Weiter* klicken.

Im letzten Formular legen Sie fest, welche Rechner auf Ihren NIS-Server zugreifen dürfen.

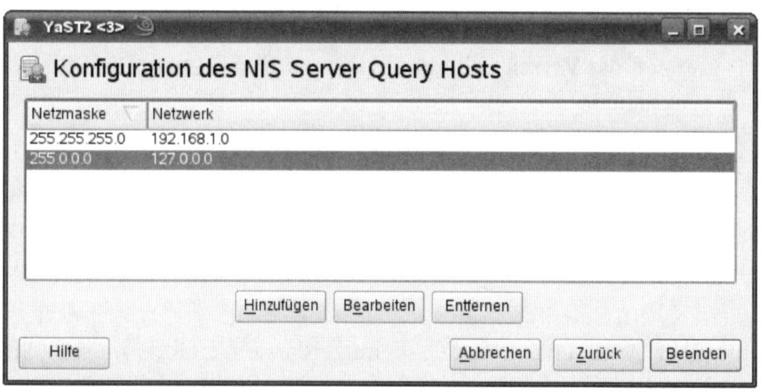

Abbildung 8.6: NIS Server – Query Hosts

YaST überträgt diese Einstellungen in die Datei /var/yp/securenets. In der Voreinstellung steht dort am Ende die Zeile

```
255.0.0.0             127.0.0.0
```

und gibt nur dem Rechner selber den Zugriff. Angeben müssen Sie hier als erste Zahl eine Netzmaske und als zweite Zahl eine IP-Adresse.

Mit

```
                      192.168.1.0
```

erlauben Sie nur Rechnern aus Ihrem lokalen Netz den Zugriff auf den NIS-Server. Sie müssen dann natürlich darauf achten, dass in der Konfigurationsdatei die ursprüngliche Zeile entfernt ist. Sobald die Client-IP nämlich eine der Regeln erfüllt, darf der Rechner zugreifen.

Aus Sicherheitsgründen sollten Sie nur den Rechnern aus Ihrem lokalen Netz den Zugriff erlauben, niemals beliebigen Computern.

Da YaST den ypserv bei der Konfiguration automatisch startet, ist das System fast schon einsatzbereit, er kennt nur den Namen seiner NIS-Domain noch nicht. Sie können jetzt den NIS-Server durch einen Reboot aktivieren oder an der Konsole eingeben:

```
domainname lokales-netz
```

Nun müssen Sie noch erreichen, dass der NIS-Server die Daten aus den Benutzerdateien

- /etc/passwd
- /etc/shadow
- /etc/group
- ...

bekommt. Dazu dient ein Aufruf des Programmes make. Dem Programm geben Sie über den Schalter -C /var/yp das Verzeichnis an, mit dem es arbeiten soll. Der Schalter -s (Silent) unterbindet Ausgaben.

```
make -s -C /var/yp
```

Dies übersetzt die Benutzerdaten in die Dateien für NIS. Sie finden die erzeugten Dateien im Verzeichnis /var/yp/lokales-netz/. Die Dateien liegen in einem speziellen Datenbankformat vor, das schneller auswertbar ist als eine einfache Textdatei.

Da NIS leider nichts über Änderungen in den Benutzerdateien erfährt, müssen Sie diesen Befehl regelmäßig nach jeder Änderung aufrufen, im einfachsten Fall über einen Cronjob. Ergänzen Sie die Crontab um die folgende Zeile:

```
*/15 * * * * make -s -C /var/yp
```

Damit sind neue Benutzer und geänderte Passworte spätestens nach 15 Minuten in der gesamten NIS-Domain bekannt.

Welche Daten der NIS-Server verteilen darf, legen Sie mit der Datei `/var/yp/Makefile` fest, die vom `make`-Aufruf ausgewertet wird. Sie können hier mit

```
MINUID=1000
MINGID=1000
```

festlegen, dass er nur Benutzer bzw. Gruppen ab der genannten ID exportiert.

Die Hauptrisiken von NIS ergeben sich aus den Zeilen

```
MERGE_PASSWD=true
MERGE_GROUP=true
```

NIS kann nämlich nicht mit Shadow-Passwörtern umgehen und fügt daher die Daten aus den Dateien `/etc/passwd` und `/etc/shadow` wieder zu einer Datei zusammen, zumindest für den Export. Da dadurch alle lokalen Benutzer die (verschlüsselten) Passworte lesen können, erleichtert dies Angriffe. Weitere Informationen zum Knacken verschlüsselter Passwörter finden Sie im Kapitel 3 im Abschnitt über das Erkennen schwacher Passwörter mit `john`.

Welche Exportdateien NIS anlegt, bestimmt die Zeile

```
all: group netid  passwd rpc  services
```

8.8 NIS-Client-Installation

Für den Client müssen Sie die Pakete `ypbind` und `yp-tools` installiert haben, was normalerweise der Fall ist.

Danach stellen Sie im YaST-Kontrollzentrum unter *Netzwerkdienste* • *NIS-Client* einige Parameter ein.

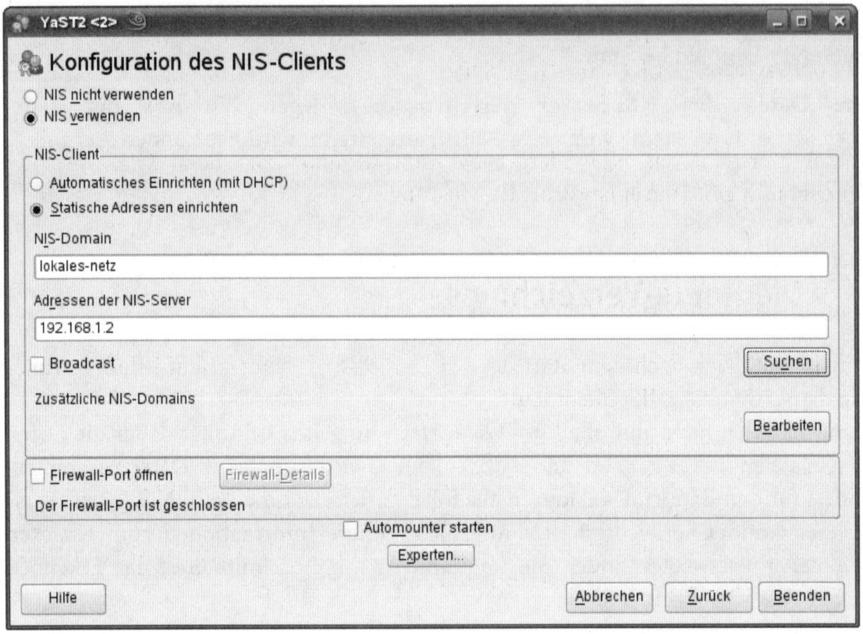

Abbildung 8.7: NIS-Client

Hier müssen Sie den gleichen Domainnamen angeben wie beim NIS-Server sowie die IP-Adresse Ihres NIS-Servers. Sie könnten hier auch den DNS-Namen des Servers eintragen, die IP-Adresse ist aber am sichersten.

Beim Beenden von YaST verändert SUSEconfig auf dem Client die Dateien `/etc/passwd` und `/etc/group`, indem es eine Zeile

```
+::::::
```

an die Datei anhängt. Die Datei `/etc/passwd` sieht dann z. B. folgendermaßen aus (Auszug, Ende der Datei):

```
.....
sshd:x:71:65:SSH daemon:/var/lib/sshd:/bin/false
ntp:x:74:65534:NTP daemon:/var/lib/ntp:/bin/false
nobody:x:65534:65533:nobody:/var/lib/nobody:/bin/bash
debacher:x:1000:100:Uwe Debacher:/home/debacher:/bin/bash
named:x:44:44:Name server daemon:/var/lib/named:/bin/false
+::::::
```

Sie sehen hier in der Beispieldatei die von OpenSUSE vorgegebenen Systembenutzer wie `sshd` und `nobody` sowie einen lokalen Benutzer `debacher`. Die Daten aller weiteren Benutzer bekommt der Rechner über den NIS-Server.

Nach dem Beenden von YaST aktivieren Sie den Client, indem Sie entweder den Rechner rebooten oder an der Konsole eingeben:

```
domainname lokales-netz
```

Beim Start versucht das NIS-Client-Programm, Kontakt zu einem NIS-Server zu bekommen, und gibt eine entsprechende Meldung aus.

8.9 Die Home-Verzeichnisse

Im Prinzip kann sich nach dem Start des NIS-Servers ein Benutzer auf jedem Rechner anmelden, auf dem der NIS-Client läuft.

Wenn Sie das gleich ausprobieren, werden Sie feststellen, dass ein Login mit falschen Daten abgelehnt wird, Sie aber mit richtigen Eingaben sofort wieder im Anmeldebildschirm landen, da die Benutzer auf dem Client bisher keine Home-Verzeichnisse besitzen. Statt auf jedem Client für jeden Benutzer ein Home-Verzeichnis anzulegen, mounten Sie besser die Home-Verzeichnisse vom Anmeldeserver.

Im einfachsten Fall exportieren Sie auf dem Anmeldeserver das komplette Home-Verzeichnis und mounten dies dann auf den Client-Rechnern entsprechend.

Zum Exportieren müssen Sie auf dem NIS-Server folgende Zeile in Ihre Datei `/etc/exports` aufnehmen, entweder direkt oder über die YaST-Funktion.

```
/home    *.lokales-netz.de(rw,sync)
```

Damit erlauben Sie, dass jeder Rechner aus der Domain `lokales-netz.de` dieses Verzeichnis zum Lesen und Schreiben mounten darf. Falls Sicherheit keine so große Rolle spielt, könnten Sie im einfachsten Fall auch schreiben:

```
/home    (rw,sync)
```

Falls Sie höhere Sicherheitsansprüche stellen, können Sie auch gezielt nur einzelnen Rechnern das Mounten erlauben.

```
/home    rosine.lokales-netz.de(rw,sync)
  ➥ zitrone.lokales-netz.de(rw,sync)
```

Damit steht den genannten Client-Rechnern dieses Verzeichnis mit allen darin befindlichen Home-Verzeichnissen zur Verfügung.

Auf den Client-Rechnern können Sie dieses Verzeichnis generell ganz mounten, indem Sie die Datei `/etc/fstab` um eine Zeile erweitern, entweder direkt im Editor oder über das YaST-Kontrollzentrum.

```
192.168.1.2:/home        /home    nfs      defaults 0 0
```

Damit mounten Sie das Verzeichnis `/home` des NIS-Servers in das Verzeichnis `/home` auf dem Client. Da Sie das Verzeichnis des Servers nur in ein leeres Verzeichnis auf dem lokalen Rechner mounten können, dürfen die Home-Verzeichnisse eventueller lokaler

Benutzer nicht in `/home` liegen. Legen Sie für diesen Fall ein Verzeichnis `/localhome` für die Home-Verzeichnisse der lokalen Benutzer an.

Damit sollten sich auch Benutzer, die nur auf dem Server angelegt sind, am Client anmelden und am Client arbeiten können. Viel Spaß bei der Arbeit in der NIS-Domain!

8.10 NIS-Feintuning

Mit den bisherigen Beschreibungen arbeitet das NIS-System bereits einwandfrei. Für die praktische Arbeit und vor allem die System-Sicherheit gibt es aber noch ein paar Optimierungsmöglichkeiten.

8.10.1 Passwortänderungen

Interessant wird es, wenn ein Benutzer beim Arbeiten auf einem Client-Rechner sein zentrales NIS-Passwort ändern möchte. Das dafür übliche Programm `passwd` greift nur auf die lokalen Dateien zu und bricht mit einer Fehlermeldung ab.

Um den Benutzern das Ändern ihres Passworts im gesamten Netzwerk zu ermöglichen, muss ein weiterer Dienst, der Passwortdämon `YPPASSWDD`, gestartet werden. Das zweite `D` im Befehl gibt an, dass es sich um den Dämon handelt. Es ist darauf zu achten, diesen Befehl nicht mit dem `yppasswd` auf dem Client zu verwechseln.

Um diesen Dienst zu aktivieren, starten Sie den Dämon auf dem Server per Hand.

```
rcyppasswdd  start
```

Nun kann ein Benutzer sein Passwort ändern, indem er auf dem Client-Rechner das Programm `yppasswd` aufruft.

Einfacher aktivieren Sie diesen Dienst bei der NIS-Server-Konfiguration im YaST-Kontrollzentrum, indem Sie die Checkbox vor *Ändern der Passwörter zulassen* aktivieren.

Wenn Sie ein versehentliches Benutzen des alten Programms `passwd` vermeiden wollen, sollten Sie dieses durch einen Link auf `yppasswd` ersetzen.

```
cd /usr/bin
mv passwd passwd.orig
ln -s yppasswd passwd
```

NIS-Benutzer rufen einfach `passwd` auf, die lokalen Benutzer können dann ihr lokales Passwort immer noch durch einen Aufruf von `passwd.orig` ändern.

8.10.2 Vertrauen in die Benutzer

Durchaus nützliche Tools von NIS-Systemen bergen gewisse Risiken. Mit dem NIS-Programm `ypcat` können Sie bzw. Ihre Benutzer eine *Mapdatei* lesen.

```
ypcat passwd
```

zeigt Benutzern die komplette Passwort-Datei an. Einen bestimmten Datensatz können Sie dann abrufen.

```
ypcat passwd | grep debacher
```

würde also den Datensatz für den Benutzer `debacher` liefern.

Neuere Systeme bieten den Befehl `getent` mit den gleichen Funktionen.

In den Datensätzen tauchen zwar nur die verschlüsselten Passwörter auf, das ist aber trotzdem riskant. Passwortdateien lassen sich mit einer gewissen Wahrscheinlichkeit knacken, indem man ein großes Wörterbuch benutzt, jedes Wort verschlüsselt und dann mit den verschlüsselten Passwörtern vergleicht. Auf nahezu jedem System lässt sich so ein großer Teil der Passwörter knacken. Weitere Informationen zur Passwortsicherheit lesen Sie im Kapitel 3.

Sie sollten allen normalen Benutzern die Zugriffsrechte auf diese Dateien wegnehmen, indem Sie die Dateirechte auf 500 ändern.

```
chmod 500 /usr/bin/ypcat
```

Neben Samba (siehe Kapitel 9) gibt Ihnen NIS die Möglichkeit, auch in größeren und heterogenen Netzen mit nur einem einzigen Anmeldeserver zu arbeiten. Nur auf diesem Server müssen Sie Ihre Benutzerdaten pflegen und verwalten. Dieser Server sollte über genügend Plattenkapazität für die Home-Verzeichnisse der Anwender verfügen.

9 Linux als File- und Print-Server für Windows-Clients

In mehrschichtigen Client-Server- oder Thin-Client-Umgebungen lassen sich

- die Benutzerschicht,
- die Verarbeitungsschicht und
- die Ebene der Datenhaltung

unterscheiden.

In reinen Linux-Umgebungen ist es üblich, das Network File System (NFS) zum Dateiaustausch zu verwenden, soweit man nicht per FTP auf andere Linux-Server zugreift. NFS ist für den Multi-User-Betrieb unter Unix ausgelegt. Die Server-Komponente von NFS ist Bestandteil des SUSE-Linux-Kernels. Für Windows-PCs ist den Autoren keine freie Client-Software bekannt, jedoch etliche kommerzielle NFS-Clients wie z. B. Hummingbird Exceed (`http://www.hummingbird.com`).

Wenn Sie ohne kommerzielle Software Daten zwischen einem Linux-Server und einem Windows-PC austauschen wollen, können Sie Samba verwenden.

Samba ist eine freie Version eines Server Message Block-Servers. Das Server Message Block-Protokoll (SMB) basiert auf der Softwareschnittstelle NetBIOS. Es bietet Windows-PCs über das Transportprotokoll TCP/IP die gewünschten Datei- und Druckdienste. Zudem können Linux-Server anderen PCs ihre Druckdienste zur Verfügung stellen.

Dieses Kapitel beschreibt, wie Sie mit Samba einen Linux-Server im Netz zu einem Datei- und Druckserver für Windows-PCs machen.

Mit Linux und Samba gewinnt man im Vergleich zu Rechnern mit Microsofts Serverbetriebssystemen mehr Stabilität und höhere Datensicherheit, spart Lizenzkosten und unterwirft sich weder Update-Zwängen noch knebelnden Verträgen.

Dieses Kapitel befasst sich mit den folgenden Arbeitsschritten:

- Vorarbeiten (9.1),
- Planen von Linux-Servern für Datei- und Druckdienste (9.2),
- Passwortverschlüsselung (9.3),

- Samba-Passwörter (9.4),
- Konfiguration des Samba-Servers (9.5),
- Freigaben (9.6),
- Drucken von Windows-Clients (9.7),
- Domain-Logons (9.8),
- Samba-Server als Mitglied einer Windows NT/2000/2003-Domain (9.9),
- Informationsquellen (9.10).

9.1 Vorarbeiten

Die Standardkonfiguration von OpenSUSE installiert nur das Paket `samba-client`, nicht jedoch das Serverpaket `samba`. Installieren Sie das Paket mit YaST nach. Sie finden es in der Paketgruppe *Netzwerk*. Für die folgenden Konfigurationsschritte sollten Sie zusätzlich die Dokumentation `samba-doc` installieren. Sie finden sie entweder über die Paketgruppe *Alle Pakete* oder über den Filter *Suche*.

9.1.1 Vorarbeiten am Linux-Server

Nach der Installation müssen Sie Ihren Samba-Server konfigurieren und an die Infrastruktur Ihres lokalen Netzes anpassen. Seine Konfigurationsdatei `/etc/samba/smb.conf` ist ähnlich wie eine `.ini`-Datei von Windows aufgebaut.

```
[global]
     workgroup = WORKGROUP
     printing = cups
     printcap name = cups
```

Die Datei gliedert sich in unterschiedliche Abschnitte, die jeweils mit einem Bezeichner beginnen, der in eckigen Klammen gesetzt ist. Der angegebene Ausschnitt zeigt den Anfang des Abschnitts *global*. Danach kommt jeweils eine Option (z. B. *workgroup*) und nach einem Gleichheitszeichen der zugehörige Wert (hier *WORKGROUP*). Die Namen der Optionen und deren Werte dürfen Leerzeichen enthalten.

Die folgenden Abschnitte führen Sie schrittweise in die Samba-Konfiguration ein.

Damit die zugehörigen Serverprogramme (Dämonen) `smbd` (*server message block daemon*) und `nmbd` (*NetBIOS nameserver daemon*, Nameserver für Windows Rechnernamen) beim Booten des Servers mitstarten,

- sollte man entweder mit dem `YaST-Runlevel-Editor` die Dienste `smb` und `nmb` aktivieren

- oder an der Konsole als `root`-Benutzer Folgendes eingeben:

```
insserv smb
insserv nmb
```

Nach diesen Schritten starten Sie den Samba-Server von Hand mit

```
rcsmb start
rcnmb start
```

9.1.2 Vorarbeiten bei Windows 9x

Außer TCP/IP muss auf den Windows-PCs der Client für Microsoft-Netzwerke installiert sein, damit Samba genutzt werden kann.

Um zu überprüfen, ob beides installiert ist, gehen Sie auf einem Windows 9x-PC in der *Systemsteuerung* zur Option *Netzwerk* und vergewissern sich in der Registerkarte *Konfiguration,*

- dass der Client für Microsoft-Netzwerke installiert ist und
- darauf in den *Eigenschaften von TCP/IP* in der Karteikarte *Bindungen,* dass der *Client für Microsoft-Netzwerke* ausgewählt ist.

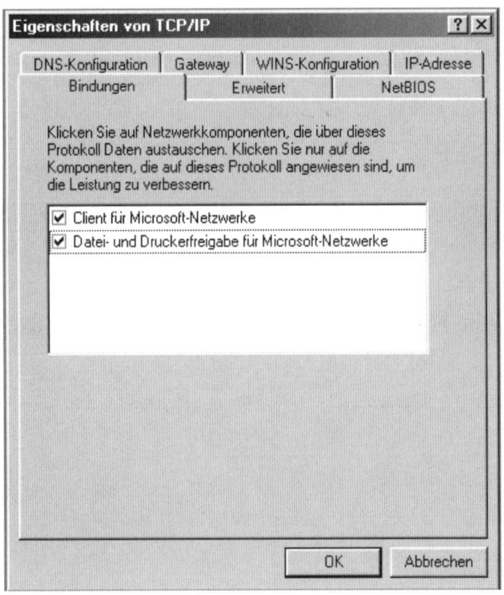

Abbildung 9.1: Windows 9x-Bindungen

Damit Windows-PCs auf Samba-Server zugreifen können, müssen sie alle der gleichen Arbeitsgruppe angehören und unterschiedliche Namen haben.

Überprüfen und korrigieren Sie auf den Windows-PCs die Einträge in der Karteikarte *Identifikation* des Dialogs *Netzwerk*, den Sie oben schon über *Start* • *Einstellungen* • *Systemsteuerung* aufgesucht haben.

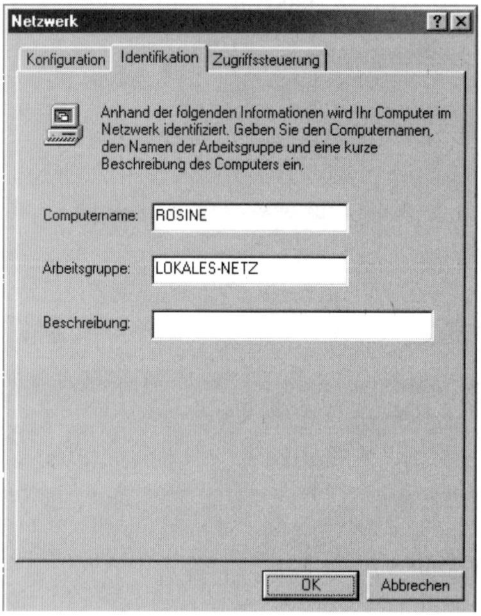

Abbildung 9.2: Windows 9x-Identifikation

9.1.3 Vorarbeiten bei Windows XP

Auf Rechnern mit Windows XP oder Windows Vista kommt man auf etwas anderen Wegen an die entsprechenden Einstellungen.

Die Installation des Clients für Microsoft-Netzwerke können Sie unter Windows XP prüfen, wenn Sie über das Kontextmenü die Eigenschaften der *LAN-Verbindung* aufrufen.

Abbildung 9.3: Windows XP-Bindungen

Der Weg zu Computer- und Arbeitsgruppennamen ist bei XP versteckt in der Menüfolge *Systemsteuerung* • *System* • *Computername*. Klicken Sie hier auf *Ändern*, dann gelangen Sie in das entsprechende Menü.

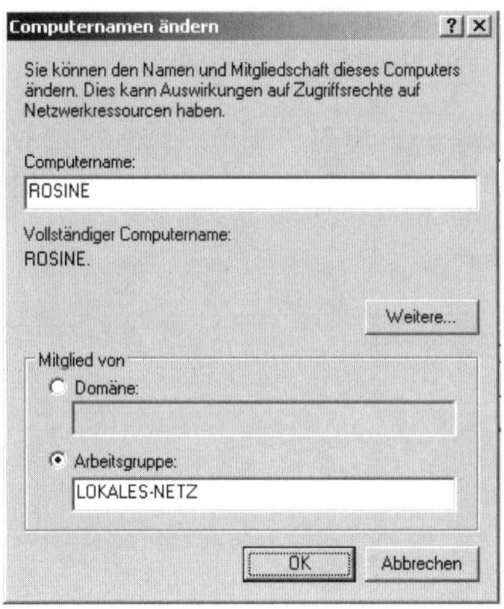

Abbildung 9.4: Windows XP-Identifikation

9.1.4 Vorarbeiten bei Windows Vista

Bei Vista sind die Wege zu den Einstellmöglichkeiten im Vergleich zu XP etwas verändert worden. Die Installation des Clients für die Microsoft-Netzwerke finden Sie unter *Systemsteuerung • Netzwerkverbindungen • LAN-Verbindung • Eigenschaften.*

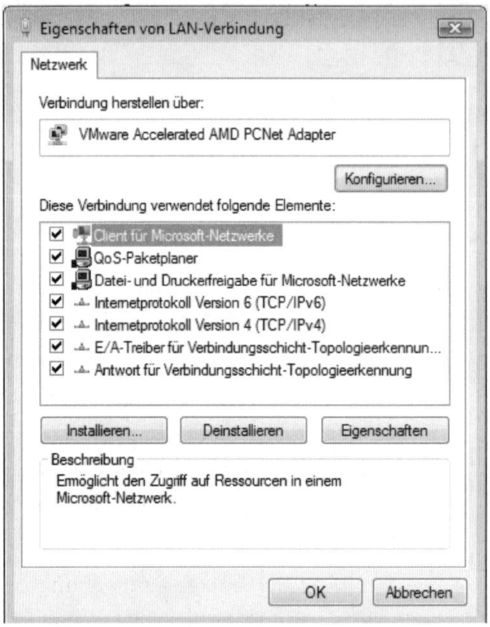

Abbildung 9.5: Vista-Bindungen

Der Weg zu den Computer- und Arbeitsgruppennamen ist bei Vista über *Systemsteuerung • System • Einstellungen für Computernamen....* zu finden. Klicken Sie hier auf *Einstellungen Ändern* und dann im nächsten Fenster unter *Computername* nochmals auf *Ändern*, so gelangen Sie in das entsprechende Menü.

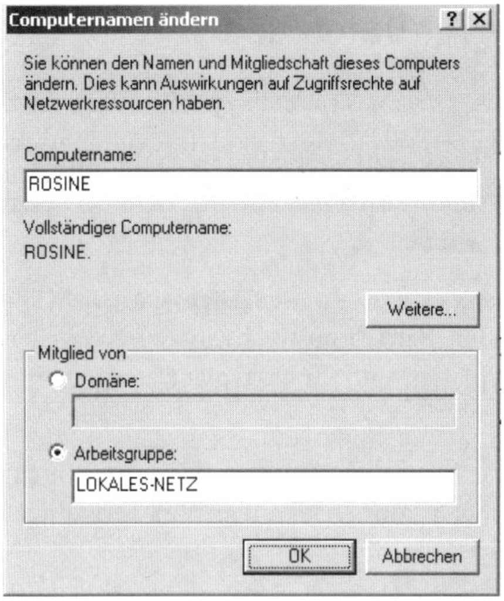

Abbildung 9.6: Vista-Identifikation

9.1.5 Arbeitsgruppen

Die Samba-Konfiguration von OpenSUSE ist für eine Arbeitsgruppe namens `WORKGROUP` voreingestellt. Wenn Sie für Samba das NT-Domänensicherheitsmodell wählen, tragen Sie hier am besten den Namen der NT-Domäne ein. Die folgenden Ausführungen nutzen eine Arbeitsgruppe namens `LOKALES-NETZ`.

Sofern Samba bereits gestartet ist, sehen Sie jetzt schon in der Netzwerkumgebung der Windows-PCs den oder die Linux-Server. Wenn nicht, hilft es häufig, den Windows-PC neu zu starten oder mit der Suchfunktion von Windows nach den Servern zu suchen, eventuell auch über die IP-Adresse. Da der Windows-PC, der die Liste aller in der Arbeitsgruppe vorhandenen Rechner verwaltet, diese Liste in Intervallen aktualisiert, kann dies bis zu 15 Minuten dauern.

Sollte auch nach einer angemessenen Wartezeit kein Zugriff auf den Samba-Server möglich sein, dann hilft ein Blick in die Log-Dateien meist weiter. Die Log-Datei für den `smbd` finden Sie unter `/var/log/samba/log.smbd`, die für den `nmbd` unter `/var/log/samba/log.nmbd`. Eventuelle Fehler in der Konfigurationsdatei können Sie mittels

```
testparm
```

überprüfen. Das kleine Hilfsprogramm überprüft die Konfigurationsdatei für Sie und zeigt die ermittelten Einstellungen und Freigaben an.

9.2 Planen von Linux-Servern für Datei- und Druckdienste

Daten sind das wertvollste Gut aller Organisationen, sie sind wertvoller als Anwendungen. Ein Verlust der Daten kann das Überleben einer Firma gefährden. Dem sicheren Speichern von Daten muss man also viel Sorgfalt widmen.

Bei der Serverhardware für die Datenhaltung sollte man am wenigsten sparen; SCSI-Systeme mit RAID-Controllern und im laufenden Betrieb auswechselbaren Netzteilen und Festplatten sowie sofort verfügbaren Reserveplatten sind für wertvolle Daten genauso essenziell wie Systeme zur Datensicherung.

Beim Planen der Installation sollten Sie darauf achten, dass Benutzer das System nicht absichtlich oder versehentlich in die Knie zwingen können. Dazu gehört sorgfältiges Planen der Dateisysteme.

Zumindest sollten Sie das *root*-System nicht zur Datenhaltung zur Verfügung stellen. Böswillige oder unvorsichtige Benutzer könnten sonst die *root*-Partition vollschreiben und damit das System zum Stillstand bringen.

Disk-Quotas (siehe Kapitel 3) sorgen dafür, dass Benutzer keine zu großen Teile der Festplatten in Beschlag nehmen können.

9.2.1 Die Identitäten von Samba

Samba stellt Freigaben (Shares) bereit und kann mit verschiedenen Identitäten beeinflussen, wer wann und wie prüft, ob ein Windows-Client auf eine Freigabe auf einem Linux-Server zugreifen darf.

Diese kann man global oder individuell oder durch einen eigenen Samba-Server regeln. Die Einstellung erfolgt jeweils über den Eintrag `security=` in der zentralen Samba-Konfigurationsdatei `/etc/smb.conf`. Für `security=` stehen Ihnen die folgenden Werte zur Verfügung:

- `share`,
- `user`,
- `server`,
- `domain` und
- `ads`.

Im einfachsten Fall

```
security = share
```

gliedert sich Samba in einem Windows-9x-Peer-to-Peer-Netzwerk als weiterer Rechner einer Arbeitsgruppe ein. Dort verhält er sich bei der Zugriffskontrolle wie ein Windows-9x-PC, bei dem auf der Registerkarte *Zugriffssteuerung* der *Netzwerkeigenschaften* die Option *Zugriffssteuerung auf Freigabeebene* aktiv ist.

Beim Aufbau der Verbindung zwischen der Freigabe auf dem Linux-Server und dem Windows-PC schickt der Windows-Rechner lediglich ein Passwort an Samba. Um die Sicherheitsregeln bei Linux nicht zu verletzen, bei denen Benutzer eine Kombination aus Benutzernamen und Passwort angeben müssen, versucht Samba so lange, ein solches Paar zu finden, bis es entweder den Zugriff gewährt oder aber verhindert.

Eine weitere Variante der Zugriffskontrolle ist der Zugriff auf Benutzerebene durch den Eintrag

```
security = user
```

in der Datei `smb.conf`, der Voreinstellung für Samba seit der Version 2.0. Hierbei vergleicht Samba das beim Verbindungsaufbau vom einem Benutzer angegebene Paar aus Benutzername und Passwort mit Einträgen einer lokalen Benutzerdatenbank auf dem Linux-Server. Das bedeutet, dass Samba die Daten auf der Maschine überprüft, auf der sich die Freigabe befindet. Wenn sich mehrere SMB-Server in einem Netzwerk befinden, muss man mühselig die Benutzerkonten auf jedem Samba-Server einrichten und pflegen.

Ein eigener Samba-Server kann als dritte Variante im Mittelpunkt alle Zugriffsanfragen der anderen Server entgegennehmen, um diese zentral zu authentifizieren. Dies erreicht man durch die Einträge:

```
security = server
password server = name1, name2
```

wobei man zusätzlich zum geänderten Eintrag bei `security` auch den NetBIOS-Namen eines oder mehrerer Samba-Server (hier im Beispiel `name1`, `name2`) angeben muss, der bzw. die die Authentifizierung durchführen.

Als vierte Variante kann man den Samba-Server zu einem vollwertigen Mitglied einer Windows NT-Domäne machen. Hierzu muss man in `smb.conf` drei zentrale Parameter einstellen:

```
security = domain
password server = pdc, bdc
workgroup = nt-domain-name
```

Der Eintrag `security` erhält den Wert `domain` und der Eintrag `password server` die Namen des primären NT-Domänencontrollers (PDC) und, falls im Netzwerk vorhanden, den oder die Namen eines oder mehrerer Backup-Domänencontroller (BDCs). Man kann den Eintrag `password server` auch weglassen. In diesem Fall nimmt Samba die Standardeinstellung `password server = *` und sucht selbst den zuständigen Server. Der in der SUSE-Distribution auf `TUX-NET` voreingestellte Eintrag `workgroup` muss den Namen der Windows-NT-Domäne erhalten. In dieser Variante nimmt der Samba-Server an den Vertrauensbeziehungen innerhalb des Windows NT-Netzwerkes so teil, als wäre er ein NT-Server. Der Samba-Server authentifiziert hierbei nicht mehr selbst, sondern delegiert dies an den Windows-NT-Domänencontroller. Abschnitt 9.9 beschreibt die hierzu auf dem Domänencontroller und auf dem Linux-Server erforderlichen Vorbereitungen.

Die letzte Variante `security = ads` ermöglicht es, die Benutzer über das Kerberos-Protokoll zu authentifizieren. Diese hier nicht besprochene Variante setzt ein installiertes und konfiguriertes Kerberos-System voraus.

Wählen Sie in der Praxis das Sicherheitsmodell, das den Sicherheitsanforderungen des bereits bestehenden oder von Ihnen einzurichtenden Netzwerks am besten entspricht. Weitere Informationen in den folgenden Abschnitten sollen Ihnen bei der Entscheidung helfen.

9.3 Passwort-Verschlüsselung

Die ersten Windows-Versionen haben die Anmeldedaten unverschlüsselt im Netz übertragen. Erst mit den späteren Versionen kam die Möglichkeit der Verschlüsselung hinzu. Aus Kompatibilitätsgründen bieten daher Samba und auch die Serverversionen von Windows beide Möglichkeiten an.

Will man auf den Linux-Rechner in der Netzwerkumgebung mit einem

- Windows 98–Rechner oder
- einem Rechner mit einer neueren Windows 95-Version oder
- einem Windows NT-Rechner ab Servicepack 3 oder
- einem Windows 2000-, Windows XP- bzw. Windows Vista-Rechner

zugreifen, so fragt der Windows-Rechner nach einem Passwort.

Hierbei kann es geschehen, dass der Anmeldedialog auf dem Windows-PC das angegebene Passwort ablehnt, da diese Windows-Versionen in ihrer Voreinstellung verschlüsselte Passworte verwenden, der Samba-Server die Passworte aber eventuell im Klartext erwartet.

Auf eins von beiden muss man sich daher einigen:

Entweder schaltet man auf den Clients das Verschlüsseln der Passworte aus oder auf allen Servern ein. Wofür Sie sich entscheiden, sollten Sie von Ihrem Sicherheitsbedürfnis abhängig machen. Beachten Sie, dass unverschlüsselt übertragene Passwörter abgehört werden können. Wenn Sie einen Samba-Server in eine Windows NT-Domäne integrieren, sollten Sie verschlüsselte Passwörter verwenden, da dies die Voreinstellung des Domänencontrollers ist.

9.3.1 Passwort-Verschlüsselung am Client ausschalten

Um das Verschlüsseln von Passworten auf der Client-Seite auszuschalten, gibt es mehrere Möglichkeiten:

- Entweder kann man die Datei `/usr/share/doc/packages/samba/registry/<Betriebssystem>_Plain Password.reg` auf dem Umweg über eine Diskette vom Linux-Server auf den Windows-PC kopieren. Diese Datei führt man anschließend durch Anklicken auf dem Windows-PC aus. Nach einem Reboot sendet Windows Passworte im Klartext.
- Auf einem Windows 98-Rechner installiert man von der Windows 98-CD die Datei `\tools\mtsutil\ptxt_on.inf`. Rechtsklicken Sie dazu im Explorer auf die Datei und wählen Sie dann *Installieren*. Nach einem Windows-Neustart sollten Sie Ihr Ziel erreichen.
- Bei Windows 2000/XP-Rechnern kann man in der Systemsteuerung unter *Verwaltung* den Eintrag *lokale Sicherheitsrichtlinie • lokale Richtlinien • Sicherheitsoptionen • Microsoft-Netzwerk (Client): Unverschlüsseltes Kennwort an SMB-Server von Drittanbietern senden* aktivieren und dann den Windows-PCs neu starten.

9.3.2 Passwort-Verschlüsselung am Linux-Server einschalten

Auf dem Linux-Server kann man das Verschlüsseln von Passworten durch den folgenden Eintrag in der `/etc/samba/smb.conf` einschalten, was der Vorgabe entspricht:

```
encrypt passwords = yes
```

Die Autoren empfehlen dieses Vorgehen, da Rechner mit Windows 2000 und Windows XP Professional nur mit dieser Einstellung eine Domänenanmeldung an einem Samba-Server machen können.

9.4 Samba-Passwörter

Um auf dem Linux-Server, der nicht an der Sicherheitsüberprüfung einer Windows NT-Domäne teilnimmt, verschlüsselte Passworte zu aktivieren, muss man zusätzlich zur Systempasswort-Datei des Linux-Systems eine eigene Samba-Passwortdatei `/etc/samba/smbpasswd` führen. Mit dem Befehl `smbpasswd -a <loginname>` (Beispiel: `smbpasswd -a uwe`) fügt man einen neuen Benutzer in diese Datei ein und legt sein Passwort für das Samba-System fest. Dieser Benutzer muss bereits als Unix-Benutzer vorhanden sein.

Passwortdateien synchronisieren

Wenn nun ein Benutzer sein Passwort ändert, dann muss sichergestellt sein, dass diese Änderung sowohl in der Samba-Passwortdatei als auch der System-Passwortdatei erfolgt, die Passwort-Dateien also synchron bleiben. Bei OpenSUSE erreichen Sie eine automatische Synchronisierung mit folgenden Zeilen in der Datei `/etc/samba/smb.conf`:

```
passwd program = /usr/bin/passwd %u
pam password change = yes
unix password sync = Yes
```

9.5 Samba-Server konfigurieren

Den Samba-Server konfigurieren Sie komplett über die Datei `/etc/samba/smb.conf`.

Sie können diese Datei entweder direkt auf dem Linux-Server mit einem Editor, mit YaST oder von einem beliebigen PC im Netzwerk mit dem Programm `swat` (*samba web administration tool*) bearbeiten.

9.5.1 Das YaST-Modul Samba-Server

Die Samba-Konfiguration mit YaST besitzt den Vorteil, dass sie Tippfehler weitestgehend verhindert. Sofern man seine Samba-Konfiguration nicht einfach aus einer Vorlage heraus in die Konfigurationsdatei kopiert, ist YaST also eine große Hilfe.

Das Konfigurationsmenü besteht aus drei Reitern; im ersten Reiter geht es um den Start von Samba und die zugehörigen Firewall-Einstellungen.

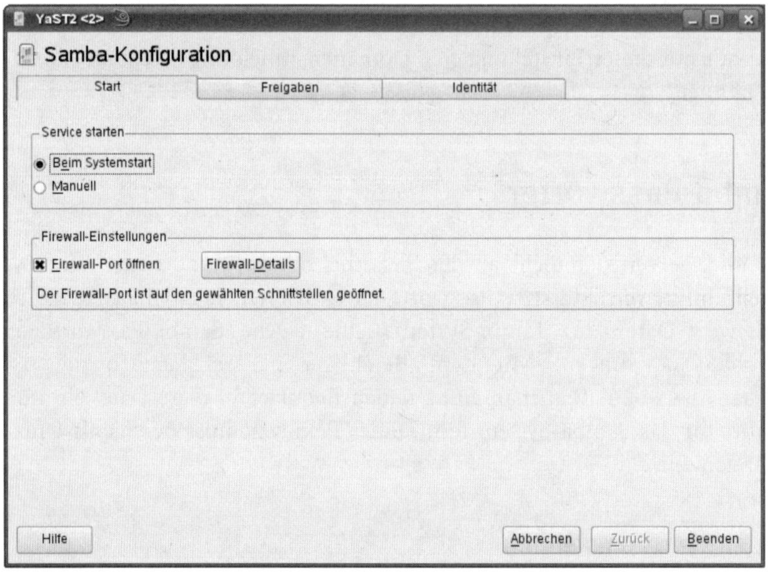

Abbildung 9.7: Samba-Konfiguration mit YaST: Start

Im zweiten Reiter dreht es sich um die Freigaben, also die Verzeichnisse bzw. Dienste, welche der Samba-Server den anderen Rechnern im Netz zur Verfügung stellen soll.

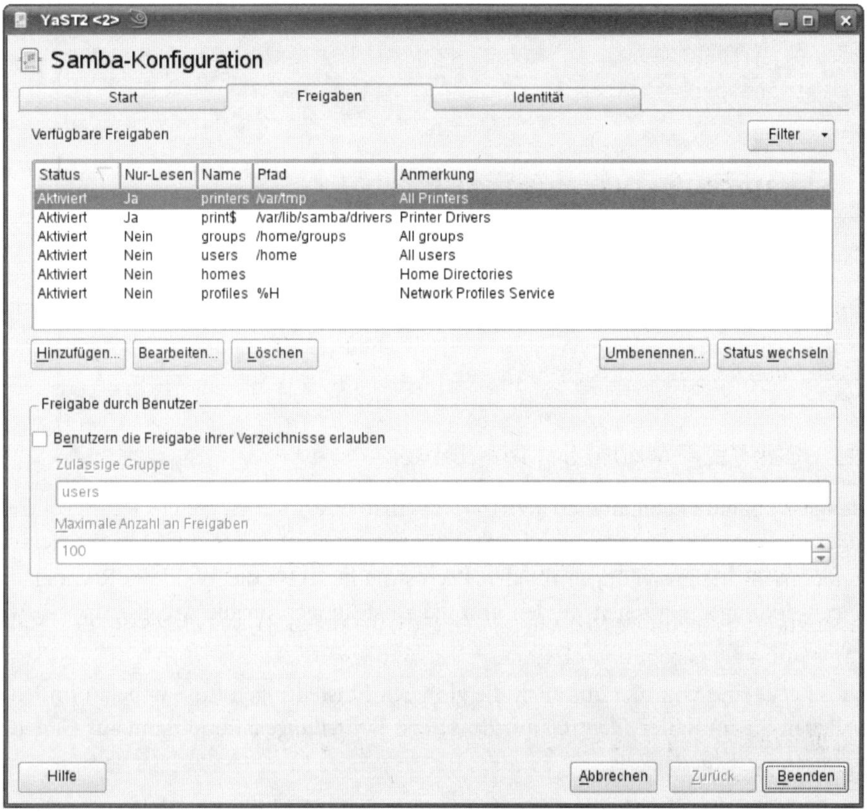

Abbildung 9.8: Samba-Konfiguration mit YaST: Freigaben

OpenSUSE hat hier bei der Installation schon mehrere Einstellungen vorgenommen. Von diesem Reiter aus lassen sich die vorhandenen Freigaben bearbeiten, neue Freigaben hinzufügen und überflüssige Freigaben löschen.

Der dritte Reiter namens *Identität* ähnelt den entsprechenden Masken bei Windows.

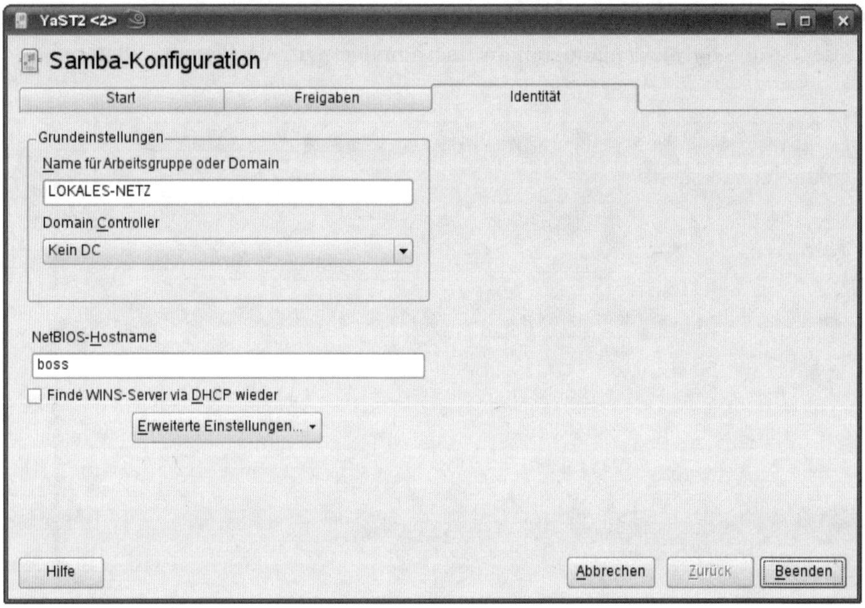

Abbildung 9.9: Samba-Konfiguration mit YaST: Identität

Hier finden sich die Einstellungen für den Rechnernamen, den die Windows-Rechner in ihrer Netzwerkumgebung sehen werden und die Einstellungen für die Arbeitsgruppe bzw. Domäne.

Etwas versteckt sind von hier aus auch die globalen Einstellungen für Samba zu finden. Dazu klicken Sie im Reiter *Identität* auf *Erweiterte Einstellungen...* und dann auf *Globale Einstellungen für Experten.*

Hier finden Sie alle vorhandenen Einstellungen aus dem Abschnitt *global* der `smb.conf`. Um eigene Einstellungen zu ergänzen, klicken Sie auf *Hinzufügen.* Dann öffnet sich ein Auswahlfenster, in dem Sie aus den Samba-Parametern den passenden aussuchen können. Im nächsten Schritt können Sie dann den zugehörigen Wert eingeben.

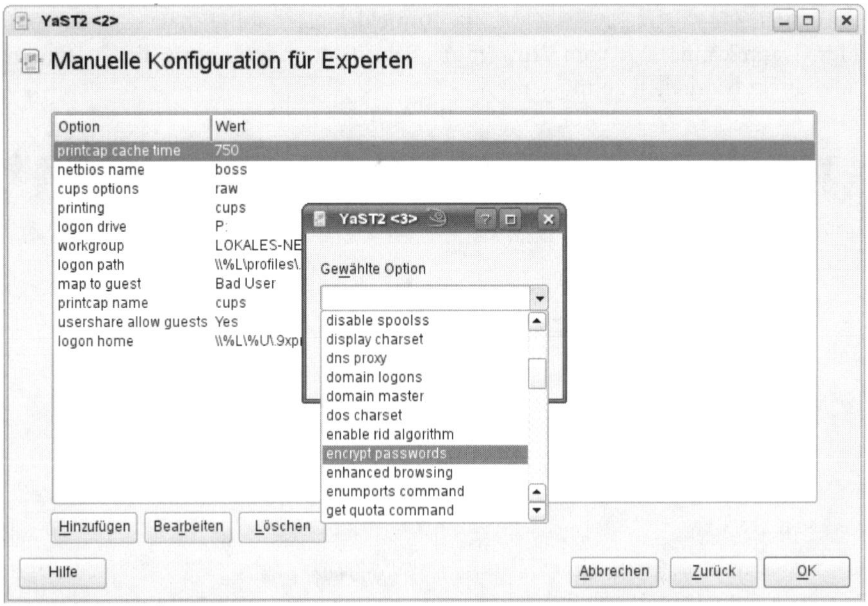

Abbildung 9.10: Samba-Konfiguration mit YaST: Globale Einstellungen

9.5.2 Swat

Swat ist Bestandteil des Samba-Paketes und damit inzwischen auf Ihrem Server installiert. Bevor Sie im Netz mit `swat` arbeiten können, müssen Sie den Dienst `swat` mit YaST unter *Netzwerkdienste • Netzwerkdienste (xinetd)* freischalten. Zusätzlich müssen Sie in der Datei `/etc/xinetd.d/swat` den Eintrag

```
only_from        = 127.0.0.1
```

mit dem Zeichen # auskommentieren.

```
# only_from        = 127.0.0.1
```

oder besser durch Ihr lokales Netzwerk ersetzen,

```
only_from        = 192.168.1.0/24
```

damit Sie auch von anderen Rechnern im eigenen Netz aus auf `swat` zugreifen können.

Der Befehl

```
rcxinetd  restart
```

macht die Änderung wirksam.

Das anfängerfreundliche `swat` startet man dann über einen beliebigen Browser. Geben Sie in der Adressleiste eines Browsers auf einem Windows- oder Linux-PC ein:

```
http://<IP-Adresse des Linux-Servers>:901/
```

(Beispiel: `http://192.168.1.2:901/`). Im Anmeldefenster sollte man sich als `root` anmelden. Dann können Sie vom Browser aus Parameter ändern, ohne die Konfigurationsdatei direkt bearbeiten zu müssen.

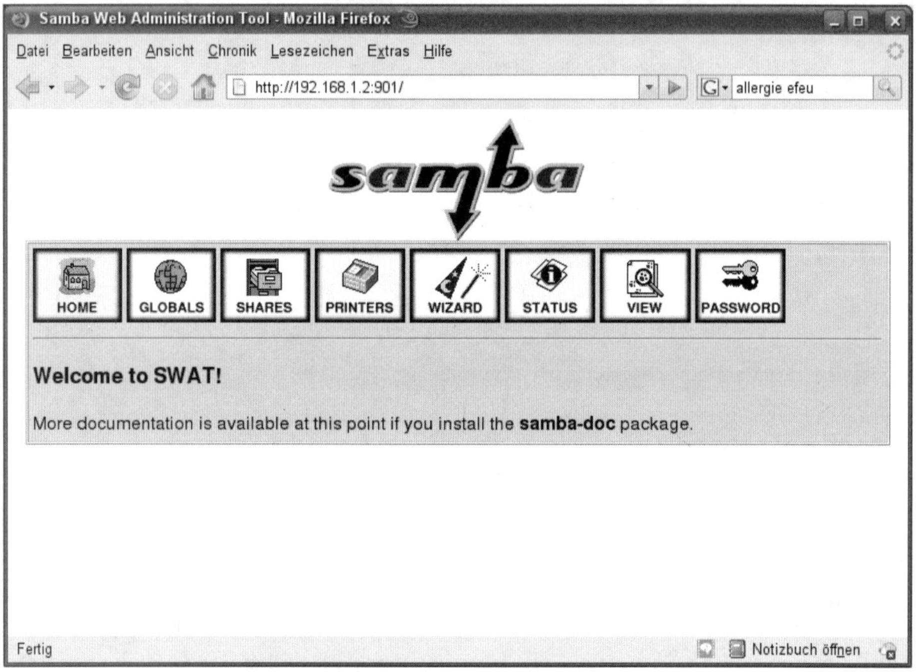

Abbildung 9.11: Startbildschirm von Swat im Fenster eines Browsers

9.5.3 Samba-Konfigurationsdatei

Die von OpenSUSE mitgelieferte `/etc/samba/smb.conf` ist wenig kommentiert, dafür aber recht übersichtlich. Eine ausführlicher kommentierte Version der Datei finden Sie unter `/usr/share/doc/packages/samba/examples/smb.conf.SUSE`, wenn Sie das Paket `samba-doc` installiert haben.

Die folgenden Abschnitte erklären dann die wichtigsten Parameter der Konfigurationsdatei `/etc/samba/smb.conf`. Der Parameter `include=/etc/samba/dhcp.conf` ist überflüssig und sollte auskommentiert oder gelöscht werden.

```
# smb.conf is the main Samba configuration file. You find a full
# commented version at /usr/share/doc/packages/samba/examples/smb.
# conf.SUSE if the samba-doc package is installed.
# Date: 2008-06-06
[global]
        workgroup = LOKALES-NETZ
        printing = cups
```

```
        printcap name = cups
        printcap cache time = 750
        cups options = raw
        map to guest = Bad User
#       include = /etc/samba/dhcp.conf
        logon path = \\%L\profiles\.msprofile
        logon home = \\%L\%U\.9xprofile
        logon drive = P:
        usershare allow guests = Yes
...
```

Sehr wichtig ist hier die Angabe des Namens für die Arbeitsgruppe bzw. Domain.

9.6 Freigaben

Damit alle Benutzer oder Benutzergruppen Verzeichnisse des Linux-Servers über Samba nutzen können, muss man diese gezielt freigeben. OpenSUSE hat bereits mehrere gebräuchliche Freigaben eingerichtet.

```
...
[homes]
        comment = Home Directories
        valid users = %S, %D%w%S
        browseable = No
        read only = No
        inherit acls = Yes
[profiles]
        comment = Network Profiles Service
        path = %H
        read only = No
        store dos attributes = Yes
        create mask = 0600
        directory mask = 0700
[users]
        comment = All users
        path = /home
        read only = No
        inherit acls = Yes
        veto files = /aquota.user/groups/shares/
[groups]
        comment = All groups
        path = /home/groups
        read only = No
        inherit acls = Yes
[printers]
        comment = All Printers
        path = /var/tmp
```

```
        printable = Yes
        create mask = 0600
        browseable = No
[print$]
        comment = Printer Drivers
        path = /var/lib/samba/drivers
        write list = @ntadmin root
        force group = ntadmin
        create mask = 0664
        directory mask = 0775
```

Zu jeder Freigabe gehört in der Konfigurationsdatei von Samba ein Eintrag der Art `[homes]` bzw. `[printers]`, der den entsprechenden Bereich einleitet. Der Abschnitt 9.7 (Drucken von Windows-Clients) erklärt die Freigabe `printers`. Die Freigabe `homes` gibt das Home-Verzeichnis jedes Benutzers für diesen Benutzer frei. Die von OpenSUSE mitgelieferte Konfigurationsdatei enthält weitere Freigaben. Die Freigabe `users` zeigt alle (Home-) Verzeichnisse unterhalb des Pfads `/home` an, die Freigabe `groups` soll dazu dienen, unterhalb von `/home/groups` Verzeichnisse zur Verfügung zu stellen. Dazu muss aber zunächst das Verzeichnis `/home/groups` erstellt werden.

Innerhalb der Konfigurationsdatei tauchen mehrfach Platzhalter auf, wie z. B. `%L`. Diese Platzhalter werden zur Laufzeit durch konkrete Werte ersetzt, in diesem Fall den NetBIOS-Namen des Servers. Zu den viel benutzten Platzhaltern gehören:

- `%U` der Username des Benutzers
- `%L` der NetBIOS-Name des Servers
- `%m` der NetBIOS-Name des Client-Rechners
- `%D` der Name der Domain oder Arbeitsgruppe
- `%S` der Name des aktuellen Service
- `%a` die Architektur der Client-Maschine (WfWg, Win95, WinNT, WinXP, Samba, ...)
- `%w` der Winbind-Separator
- `%H` Homeverzeichnis des Benutzers

Lesen Sie hier zuerst grundsätzliche Arbeitsschritte, um Freigaben einzurichten und danach Details über Freigaben für alle Benutzer und für einzelne Gruppen.

9.6.1 Grundsätzliches

Um eine neue Freigabe einzurichten, klicken Sie in `swat` auf *SHARES*. Geben Sie in das Feld hinter dem Button *Create Share* `pub` ein.

Ein Klick auf den Button *Create Share* fügt Folgendes an die Datei `smb.conf` an:

```
[pub]
```

Sobald Sie in `swat` auf den Button *Commit Changes* drücken, steht in der Konfigurationsdatei:

```
[pub]
        path = /tmp
```

Dies ist ein Beispiel für eine sehr einfache Netzfreigabe. In der Netzwerkumgebung ist sie jetzt sichtbar.

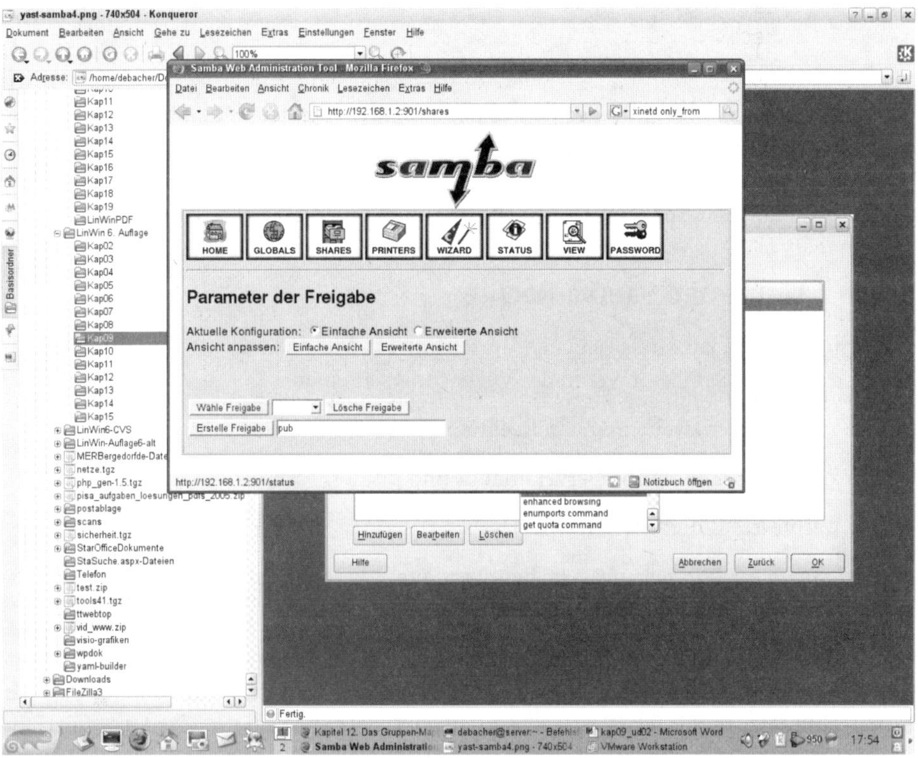

Abbildung 9.12: Dialog in swat

9.6.2 Freigaben für Alle

Auf einem Linux-System können Sie eine Freigabe für ein Verzeichnis so einstellen, dass dort jeder Benutzer lesen, schreiben, verändern und löschen darf. Dies sollte man nur machen, wenn ein solches Verzeichnis auf einer eigenen Partition der Festplatte liegt, damit Benutzer dem System nicht durch zu große Datenmengen in diesem Verzeichnis die gesamte Festplattenkapazität wegnehmen können.

Um so eine Freigabe einzurichten, erzeugen Sie zunächst an der Linux-Eingabeaufforderung das Verzeichnis, auf das die Benutzer über das Netz zugreifen dürfen.

```
mkdir /tmp/fuer_alle
```

Ändern Sie dann die Rechte für dieses Verzeichnis derart, dass alle Benutzer in das Verzeichnis wechseln (`x`), eine Datei anlegen (`w`) und das Inhaltsverzeichnis lesen dürfen (`r`):

```
chmod a+rwx /tmp/fuer_alle
```

Wählen Sie in `swat` unter *SHARES* noch einmal die Freigabe `pub`, klicken Sie auf *Advanced View* und ändern die Variablen so, dass der Abschnitt `pub` in der Datei `smb.conf` wie folgt aussieht:

```
[pub]
          path = /tmp/fuer_alle
          read only = No
          create mask = 0666
          force create mode = 0666
          directory mask = 0777
          force directory mode = 0777
```

9.6.3 Linux- und Samba-Rechte

`path` gibt den Pfad zum freigegebenen Verzeichnis an. Mit `read only = no` dürfen Benutzer auch über den Samba-Server in das Verzeichnis schreiben.

Es gibt dabei immer zwei Arten von Rechten:

- die Rechte, die der Samba-Server erlaubt und
- die Rechte des Linux-Dateisystems.

Um schreiben zu können, müssen Benutzer auch die Schreibrechte des Linux-Dateisystems haben, wenn der Samba-Server das Schreiben erlaubt.

Mit den Parametern `create mask = 0666` und `force create mode = 0666` erreicht man, dass alle Benutzer alle Dateien lesen und ändern können. In der Oktalschreibweise der Dateirechte setzt sich jeder Wert zusammen aus `4` (lesen) + `2` (schreiben) + `1` (ausführen). Die erste `6` gilt für den Besitzer der Datei, die zweite `6` für die Mitglieder der Gruppe und die dritte `6` für alle anderen Benutzer. Für Verzeichnisse erreicht man mit den Parametern

```
directory mask = 0777
```

und

```
force directory mode = 0777
```

das gleiche Ziel. Für Dateien, die auf dem Linux-Server gespeichert werden, ist es nicht notwendig, dass man sie auch unter Linux ausführen kann. Bei Verzeichnissen setzen sich die Werte für die Dateirechte zusammen aus `4` (Dateien aus dem Verzeichnis lesen), `2` (Dateien im Verzeichnis ändern oder neu anlegen) und `1` (in das Verzeichnis wechseln).

9.6.4 Freigabe für Benutzergruppen

Während Sie im letzten Abschnitt lesen konnten, wie man Verzeichnisse für alle Benutzer freigibt, soll hier eine Freigabe nur bestimmten Benutzern Schreibrechte geben. Das Beispiel benutzt die Gruppe `einkauf`. Richten Sie diese auf Ihrem Server ein, wenn Sie das Beispiel so nachvollziehen wollen.

```
[einkauf]
          path = /home/einkauf
          write list = @einkauf
          force group = einkauf
          create mask = 0774
          force create mode = 0774
          directory mask = 0775
          force directory mode = 0775
```

Der Eintrag `write list = @einkauf` erreicht, dass nur die Mitglieder der Gruppe `einkauf` Schreibrecht in dieser Freigabe haben. Der Eintrag `force group = einkauf` ordnet neu angelegte Dateien nicht der primären Gruppe des Benutzers, sondern der Gruppe `einkauf` zu.

Um eine Freigabe `buchhalt` zu erzeugen, auf die nur Benutzer der Gruppe `buchhalt` zugreifen, gehen Sie so vor:

```
[buchhalt]
          path = /home/buchhaltung
          valid users = @buchhalt
          force group = buchhalt
          read only = No
          create mask = 0774
          force create mode = 0774
          directory mask = 0775
          force directory mode = 0775
          browseable = No
```

Nur Mitglieder der Gruppe `buchhalt` (`valid users = @buchhalt`) können auf die Freigabe zugreifen. Für sie ist die Freigabe nicht schreibgeschützt (`read only = No`). Die Freigabe ist nicht in der Netzwerkumgebung sichtbar (`browseable = No`).

9.7 Drucken von Windows-Clients

Trotz Web und schönster Arbeitsumgebungen steigt der Papierverbrauch im EDV-Bereich stetig. Damit Anwender über Druckdienste eines Linux-Servers drucken können, kann man Samba als Druckerserver einrichten.

Dieser Abschnitt zeigt das Verwenden der Druckdienste von Samba.

9.7.1 Samba-Drucker

Die von OpenSUSE als Beispiel gelieferte Konfigurationsdatei enthält im Abschnitt `[global]` die Zeilen:

```
    printing = cups
    printcap name = cups
```

Die Einträge bedeuten: Samba verwendet das `cups`-Druckerspoolsystem und der Linux-Server stellt den Clients alle Drucker, die dort definiert sind, zur Verfügung und zeigt sie in der Netzwerkumgebung im Abschnitt `[printers]` an.

```
[printers]
    comment = All Printers
    path = /var/tmp
   printable = Yes
   create mask = 0600
   browseable = No
```

Der Eintrag `printable = Yes` sagt dem Linux-System, dass es sich hier um eine Druckerfreigabe handelt. Dieser Eintrag erlaubt Anwendern dieser Freigabe, ihre Druckdateien in der Druckerwarteschlange abzulegen, die das Linux-System dann an den Drucker weiterleitet.

9.7.2 Vorarbeiten auf dem Linux-Server

Um überhaupt über den Linux-Server drucken zu können, müssen Sie zunächst unter Linux mit YaST Drucker anlegen. Der Eintrag für die Druckerkonfiguration steht bei YaST im Punkt `Hardware`. Anschließend müssen Sie den `smbd`-Server mit `rcsmb restart` neu starten, damit er die geänderte Druckerkonfiguration einliest.

9.7.3 Windows-Druckertreiber einrichten

Um von den Windows-Clients auf einem Drucker, der am Linux-Server angeschlossen ist, drucken zu können, müssen Sie

- auf jedem Windows 9x-Rechner den Windows-Druckertreiber des freigegebenen Druckers installieren und den Drucker mit dem Linux-Rechner verbinden (z. B. `\\<servername>\lp`)
- und bei den Betriebssystemen Windows NT/2000/XP/Vista in der *Netzwerkumgebung* mit einem Doppelklick auf die *Druckerfreigabe* klicken, um die Druckertreiber zu installieren. Lassen Sie sich hierbei nicht von der Ausgabe `Zugriff verweigert` des Windows-Rechners irritieren.

`<servername>` ist dabei der Name des Linux-Rechners.

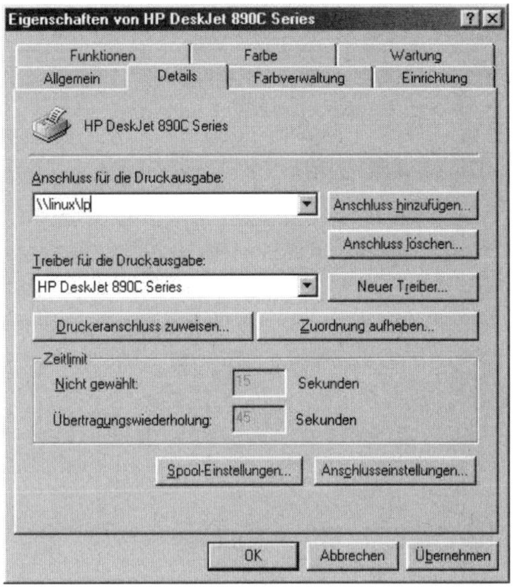

Abbildung 9.13: Windows-Druckertreiber mit dem Linux-Drucker verbinden

9.8 Domain-Logons

Die für die tägliche Arbeit wichtigsten Funktionen von NT-Domänencontrollern kann man getrost Linux-Servern überlassen. So kann man im Netzwerk völlig auf Windows NT-Server verzichten.

Das folgende Beispiel einer Konfigurationsdatei bewirkt, dass sich Windows-Rechner am Linux-Server wie an einer Windows NT-Domäne anmelden können. Der Linux-Rechner verhält sich dann wie ein NT-Domänencontroller; er stellt allerdings nicht die volle Funktionalität eines Windows 2000-Servers bereit. Insbesondere das Verzeichnissystem Active Directory von Windows 2000 steht bisher nicht zur Verfügung.

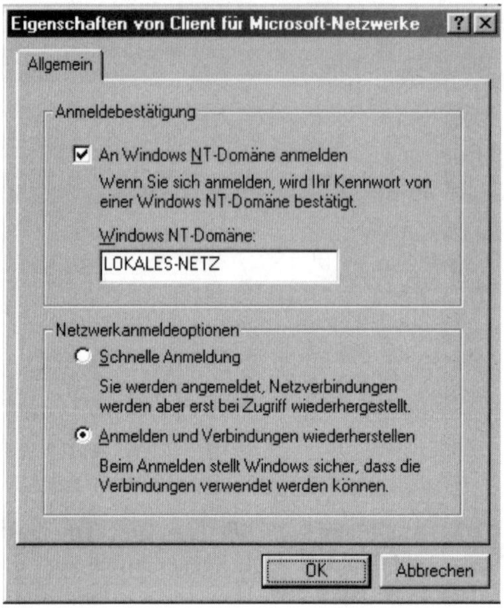

Abbildung 9.14: Domain-Logons

Die in den vorigen Abschnitten erstellten Freigaben sind hier ebenfalls vorhanden. Wenn ein Windows 95/98-PC sich an einer Domäne anmelden soll, muss man das dort in *Eigenschaften des Client für Microsoft Netzwerke* in den Eigenschaften der Netzwerkumgebung einstellen.

Um einem Linux-Server die Aufgabe eines NT-Domänencontrollers zu übertragen, muss man die Samba-Konfigurationsdatei bearbeiten.

Am einfachsten ist es, in der Samba-Konfiguration von YaST in der Rubrik *Domain Controller* auf *PDC* umzustellen. YaST nimmt dann die notwendigen Änderungen an der Konfigurationsdatei vor und erfragt auch das Passwort für den Root-Account.

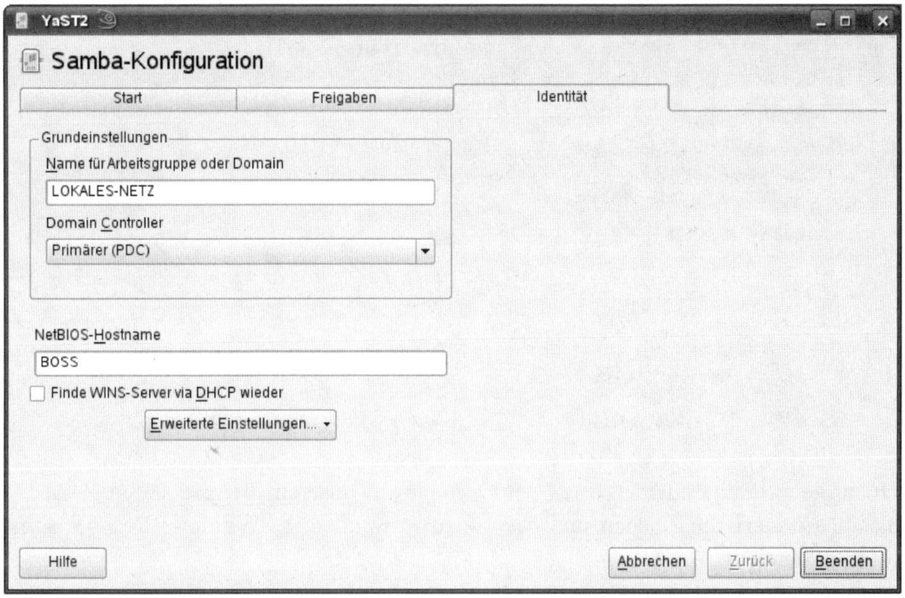

Abbildung 9.15: Samba als PDC

Änderungen erfolgen im Bereich `global` der Konfigurationsdatei und eine zusätzliche Freigabe `netlogon` erscheint am Ende der Datei. Die Freigaben dazwischen bleiben unverändert und tauchen in dem folgenden Listing nicht noch einmal auf.

Die Samba-Konfigurationsdatei

```
[global]
    workgroup = LOKALES-NETZ
    printing = cups
    printcap name = cups
    printcap cache time = 750
    cups options = raw
    map to guest = Bad User
    logon path = \\%L\profiles\.msprofile
    logon home = \\%L\%U\.9xprofile
    logon drive = P:
    usershare allow guests = Yes
    netbios name = BOSS
    add machine script = /usr/sbin/useradd  -c Machine -d
                       ➥ /var/lib/nobody -s /bin/false %m$
    domain logons = Yes
    domain master = Yes
    local master = Yes
    os level = 65
    preferred master = Yes
```

```
    security = user
# ab hier von den Autoren ergänzt, nicht von YaST
    username map = /etc/samba/smbusers
    logon script = scripts\default.bat
    server string = %L
    wins support = Yes
    time server = Yes
    deadtime = 15
    profile acls = Yes
...

[netlogon]
        comment = Network Logon Service
        path = /var/lib/samba/netlogon
        write list = root
```

Achten Sie darauf, in dem Namen der Domäne (in unserem Beispiel `LOKALES-NETZ`) nur alphanumerische Zeichen und das »-« zu verwenden, da Windows-Rechner sonst Probleme bereiten.

Die Freigabe `netlogon` muss zwingend vorhanden sein.

Wenn die Clients sich per Domain-Logon anmelden, kann man nach der Anmeldung auf dem Client eine Batch-Datei ausführen lassen, die Einstellungen auf dem Client-Rechner vornimmt. Die folgende Zeile der Datei `/etc/smb.conf` legt die Lage und den Namen eines solchen Anmeldeskripts fest:

```
logon script = scripts\default.bat
```

Die obige Pfadangabe muss relativ zur `netlogon`-Freigabe sein. Der Pfad zur Freigabe `netlogon` ist hier im Beispiel:

```
/var/lib/samba/netlogon
```

Der Pfad zum Anmeldeskript lautet dann:

```
/var/lib/samba/netlogon/scripts/default.bat
```

Da sich bei Textdateien unter Windows und Linux die Zeilenschaltungen unterscheiden (siehe Kapitel 7.2), sollte man die Anmeldedatei auf dem Windows-PC mit einem ASCII-Texteditor wie Notepad bearbeiten und anschließend in das richtige Verzeichnis auf dem Linux-Server (im Beispiel: `/var/lib/samba/netlogon/scripts`) kopieren. Die Anmeldedatei ordnet zum Beispiel den Freigaben Laufwerksbuchstaben zu.

Hier kommt ein kurzes Beispiel für ein solches Logon-Skript:

```
net use u: \\boss\homes
net use w: \\boss\buchhalt
```

Der Linux-Server heißt in diesem Beispiel *boss*. Hilfen zum Net-Befehl erhalten Sie, wenn Sie an der Eingabeaufforderung eines Windows PCs `net /?` eingeben.

Damit der Samba-Server Änderungen an seiner Konfigurationsdatei berücksichtigt, müssen Sie ihn neu starten. Die verschiedenen Abarten der Windows-Familie erfordern unterschiedliche Einträge:

Für Windows NT/2000/XP/Vista bestimmt die Zeile

```
logon path = \\%L\profiles\.msprofile
```

den Speicherort für die Profildaten (`USER.DAT`, *Eigene Dateien*, etc.) eines Benutzers. Der Parameter `%L` steht dabei für den NetBIOS-Namen des Rechners und `%U` für den Anmeldenamen des Benutzers. Bei Windows 9x ist für den gleichen Zweck die Zeile

```
logon home = \\%L\%U\.9xprofile
```

zuständig.

Hier im Beispiel liegen die Profile in einem Unterverzeichnis des Home-Verzeichnisses auf dem Linux-Server. Die Freigabe `profiles` ist wie folgt definiert:

```
[profiles]
      path = %H
      read only = no
      store dos attributes = Yes
      create mask = 0600
      directory mask = 0700
```

Der Parameter `%H` steht dabei für das Home-Verzeichnis des Benutzers. Der Parameter `username map` gibt den Pfad zu einer Datei an, die Linux-Benutzer auf Windows-Benutzer abbilden kann:

```
username map = /etc/samba/smbusers
```

In der Datei `/etc/samba/smbusers` steht in unserer Redaktion:

```
root = administrator
```

Dies bedeutet: Der Windows-Benutzer `administrator` ist auf den Linux-Benutzer `root` abgebildet. Den Benutzer `administrator` sollte es daher auf dem Linux-Rechner nicht geben. Wenn sich jemand als `administrator` am Windows-Rechner anmeldet und sich mit dem Linux-Server verbindet, so erfolgt das als (Linux-)Benutzer *root*. Zuvor müssen Sie den Benutzer *root* mit dem Befehl `smbpasswd -a root` in die Samba-Benutzerdatenbank aufnehmen.

Damit auch Windows NT-Rechner sich am Linux-Server wie an einem NT-Domänencontroller anmelden können, muss Samba verschlüsselte Passwörter akzeptieren.

Jeder Windows NT/2000/XP/Vista-Rechner, der sich am Samba-Server anmelden können soll, muss als Systembenutzer und als Samba-Benutzer (sog. Maschinen-Account) vorhanden sein. Samba legt durch den Eintrag

```
add machine script = /usr/sbin/useradd  -c Machine -d /var/lib/nobody
  ➥ -s /bin/false %m$
```

den Linux-Account automatisch bei der Erstanmeldung des Rechners an.

Falls Sie einen Rechner von Hand in die Domäne aufnehmen wollen, sind dazu auf dem Linux-Server die Befehle des folgenden Listings notwendig. Im Beispiel heißt der NT-Rechner HHS01, das $-Zeichen am Ende des Rechnernamens zeigt Samba den Maschinenaccount an.

```
useradd -c Machine -d /var/lib/nobody -s /bin/false hhs01$
smbpasswd -a -m hhs01$
```

Damit sich auch Benutzer an Windows 2000/XP/Vista-Rechnern per Domain-Logon am Samba-Server anmelden können, müssen Sie auch den Benutzer *root* in die Passwortdatenbank von Samba aufnehmen:

```
smbpasswd -a root
```

Außerdem sollten die primären Unix-Gruppen aller Benutzer, die sich an dem Samba-Server anmelden, zu Domain-Gruppen gemappt werden. Der Befehl `net groupmap list` zeigt die vorhandenen Gruppen und ihre Zuordnungen an. Falls die Gruppen bei Ihnen vorhanden sind, ergibt das Kommando folgende Ausgabe:

```
Domain Users (S-1-5-21-2351660384-2028355313-418873532-513) -> -1
Domain Admins (S-1-5-21-2351660384-2028355313-418873532-512) -> -1
Domain Guests (S-1-5-21-2351660384-2028355313-418873532-514) -> -1
```

Dann können Sie die NT- Gruppe `Domain Users` der Unixgruppe `users` und die NT-Gruppe `Domain Admins` der Unix- Gruppe `ntadmin` zuordnen mittels:

```
net groupmap modify ntgroup="Domain Users" unixgroup=users
net groupmap modify ntgroup="Domain Admins" unixgroup=ntadmin
```

Mit dem Befehl

```
net groupmap add unixgroup=root
```

erzeugt man die NT- Gruppe `root`.

Sollte das Kommando `net groupmap list` bei Ihnen keinerlei Ausgabe erzeugen, so müssen Sie die Gruppen erst anlegen. Dabei können Sie diese auch gleich passend zuordnen:

```
net groupmap add ntgroup="Domain Admins" unixgroup=ntadmin rid=512
net groupmap add ntgroup="Domain Users" unixgroup=users rid=513
net groupmap add ntgroup="Domain Guests" unixgroup=nobody rid=514
```

Wichtig dabei ist, dass Sie jeweils den Namen und den relativen Bezeichner (`rid`) richtig angeben.

Der Befehl `net groupmap list` gibt nun Folgendes aus:

```
Domain Admins (S-1-5-21-3924152285-3621270114-2143838323-512) -> ntadmin
Domain Users (S-1-5-21-3924152285-3621270114-2143838323-513) -> users
Domain Guests (S-1-5-21-3924152285-3621270114-2143838323-514) -> nobody
```

Falls Sie PCs mit Windows XP Professional, Windows 2000 Professional oder einer Business-Variante von Vista einsetzen, verfolgen Sie bitte die weiteren Schritte zum Einfügen dieser PCs in die Domain:

Öffnen Sie im Startmenü oder auf dem Desktop das Kontextmenü von *Arbeitsplatz* und wählen Sie den Menüpunkt *Eigenschaften,* wie in einem der nächsten beiden Bilder.

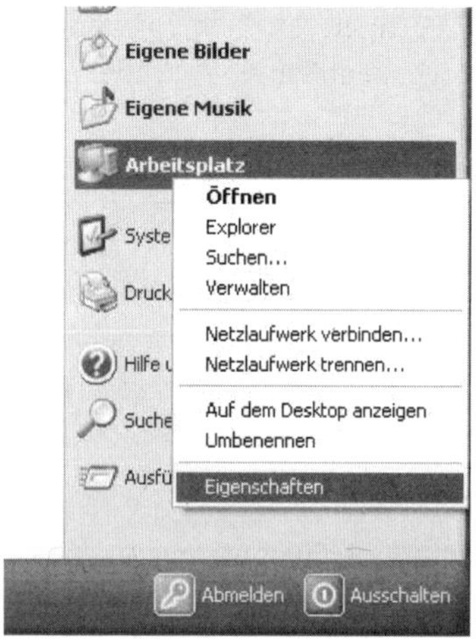

Abbildung 9.16: Eigenschaften von Arbeitsplatz

Bei der klassischen Variante der Oberfläche gehen Sie am einfachsten vom Icon *Arbeitsplatz* auf dem Desktop aus.

Abbildung 9.17: Eigenschaften von Arbeitsplatz (klassisch)

Um den Windows XP-PC der Samba-Domain hinzuzufügen, wählen Sie in den *Systemeigenschaften* die Registerkarte *Computername* und klicken auf die Schaltfläche *Ändern.*

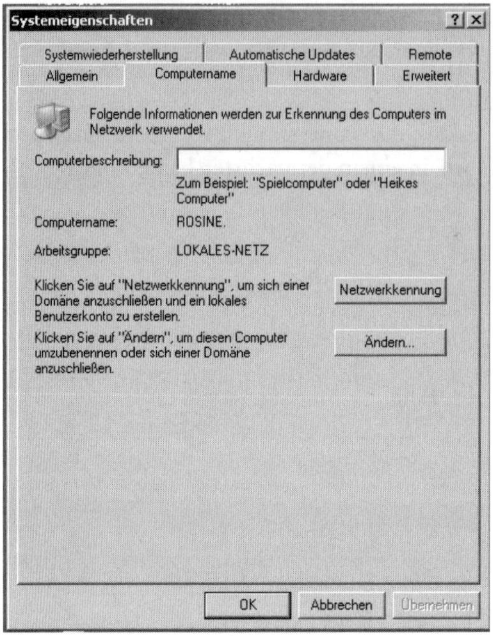

Abbildung 9.18: Computername

Im Dialog *Computername ändern* klicken Sie an, dass der Computer Mitglied einer Domäne ist, und tragen den Namen der Domäne ein.

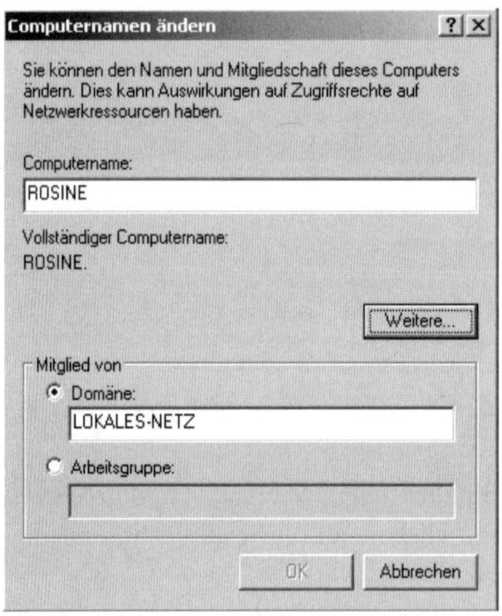

Abbildung 9.19: Domäne

Nach einem Klick auf *OK* müssen Sie in einem Dialogfeld einen Domänenbenutzer auswählen, der die Domänenmitglieder verwaltet, und dessen Kennwort eintragen:

Abbildung 9.20: Konto mit der Berechtigung, der Domäne beizutreten

Geben Sie dort als Benutzer `root` sowie das (Samba-) Passwort von `root` ein. Nach einiger Zeit begrüßt Sie dann die Domäne wie im folgenden Bild:

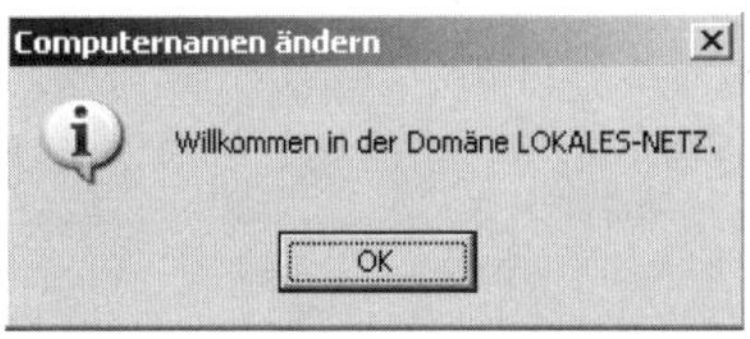

Abbildung 9.21: Willkommen in der Domäne

Bitte überprüfen Sie bei Problemen nochmals die gesamte `[global]`-Sektion der Datei `/etc/samba/smb.conf` und überprüfen mittels

```
net groupmap list
```

ob auch die notwendigen Gruppenzuordnungen vorhanden sind.

9.8.1 Etwas Feinarbeit

Will man von Windows-Rechner aus auch die Benutzer verwalten können, so bietet sich eine Erweiterung der Samba-Konfiguration an. Samba kann die Unix-Programme zum Anlegen und Ändern der Benutzer aufrufen, wenn diese in der Konfiguration richtig angegeben sind.

```
[global]
    workgroup = LOKALES-NETZ
    printing = cups
    printcap name = cups
    printcap cache time = 750
    cups options = raw
    map to guest = Bad User
    logon path = \\%L\profiles\.msprofile
    logon home = \\%L\%U\.9xprofile
    logon drive = P:
    usershare allow guests = Yes
```

```
    netbios name = BOSS
    add machine script = /usr/sbin/useradd  -c Machine -d
    ➥ /var/lib/nobody -s /bin/false %m$
    domain logons = Yes
    domain master = Yes
    local master = Yes
    os level = 65
    preferred master = Yes
    security = user
# ab hier von den Autoren ergänzt, nicht von YaST
    username map = /etc/samba/smbusers
    logon script = scripts\default.bat
    server string = %L
    wins support = Yes
    time server = Yes
    deadtime = 15
    profile acls = Yes
    add user script = /usr/sbin/useradd -m %u
    add group script = /usr/sbin/groupadd "%g"
    add user to group script = /usr/sbin/groupmod -A "%u" "%g"
    delete user from group script = /usr/sbin/groupmod -R "%u" "%g"
    set primary group script = /usr/sbin/usermod -g "%g" "%u"
    unix password sync = yes
    passwd program = /usr/bin/passwd %u
    pam password change = yes
...
```

Jede Veränderung der Benutzerdaten bzw. Passwörter gibt Samba jetzt mit *root*-rechten an das Linux-System weiter.

9.9 Samba-Server als Mitglied einer Windows NT-/2000-Domäne

In manchen Netzen sind immer noch Windows-Server als zentrale Anmeldeserver vorhanden. Auch in ein solches Umfeld können Sie Ihren Linux-Server einbinden.

Als erstes sollten Sie das Paket `samba-winbind` installieren, zu finden in der Paketgruppe *Netzwerk*. Nun stoppen Sie Samba und sorgen dafür, dass auch der Dienst `winbind` beim nächsten Boot startet:

```
rcnmb stop
rcsmb stop
insserv winbind
```

Danach starten Sie YaST neu und wählen *Netzwerkdienste* • *Windows-Domänenmitgliedschaft*.

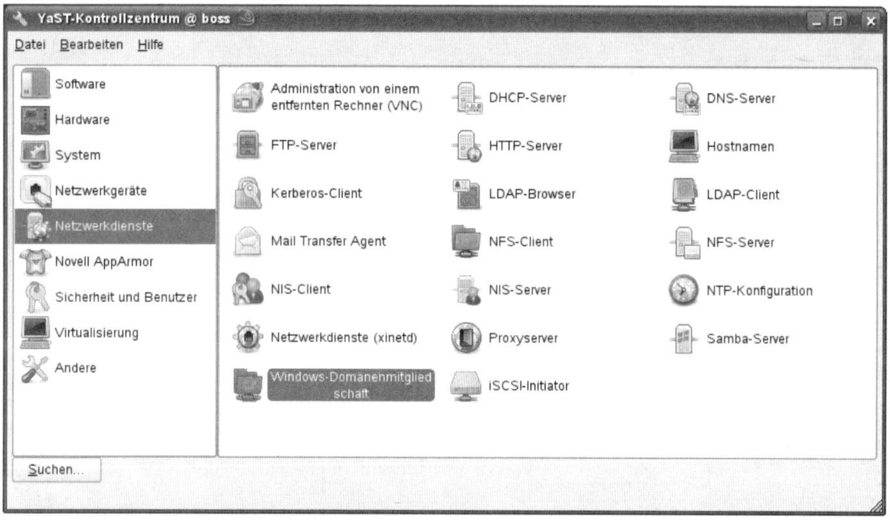

Abbildung 9.22: YaSt Netzwerkdienste

Im nachfolgen Dialog geben Sie den Namen der Arbeitsgruppe an und setzen das Kreuz bei *Zusätzlich SMB-Informationen für Linux-Authentifikation verwenden.*

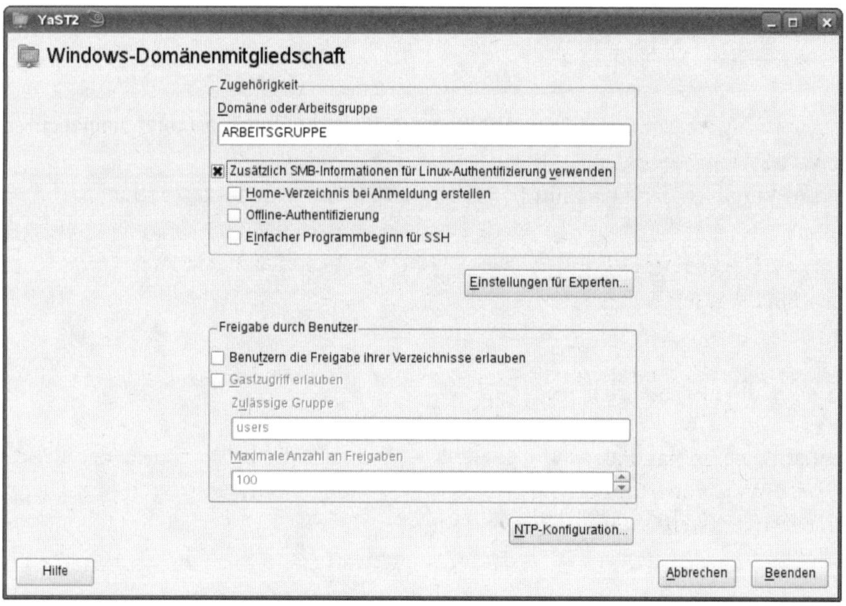

Abbildung 9.23: Samba- Arbeitsgruppe.

Beantworten Sie die Frage nach dem Domänen-Beitritt mit *Ja.*

Abbildung 9.24: Der Domäne beitreten?

Geben Sie im nachfolgenden Dialog das Administrator-Passwort ein.

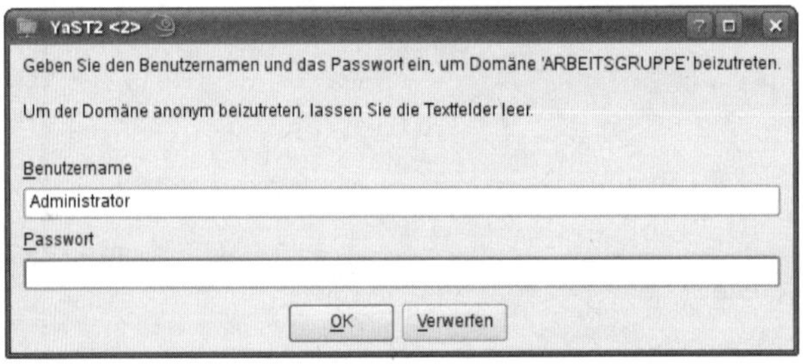

Abbildung 9.25: Administrator-Passwort eingeben

Booten Sie den Linux-Server neu, nachdem die Erfolgsmeldung erschienen ist.

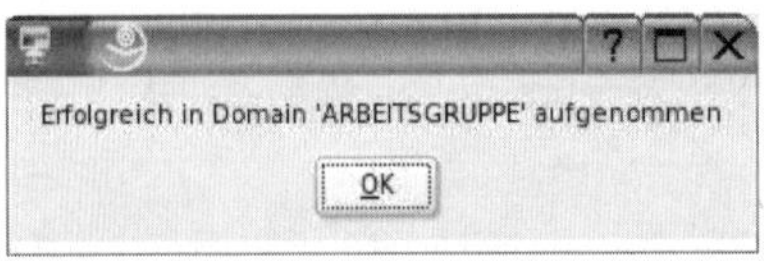

Abbildung 9.26: In die Domäne aufgenommen

Hier ist zum Vergleich der Abschnitt `[global]` der Datei `/etc/samba/smb.conf`:

```
[global]
   workgroup = ARBEITSGRUPPE
   printing = cups
   printcap name = cups
   printcap cache time = 750
   cups options = raw
   printer admin = @ntadmin, root, administrator
   username map = /etc/samba/smbusers
   map to guest = Bad User
   logon path = \\%L\profiles\.msprofile
   logon home = \\%L\%U\.9xprofile
   logon drive = P:
   security = domain
   encrypt passwords = yes
   idmap uid = 10000-20000
   idmap gid = 10000-20000
```

9.10 Weitere Informationsquellen

Weitere Informationen zu diesem komplexen Thema finden Sie z. B. in

- der Manpage von `smb.conf`,
- der Dokumentation unterhalb von `/usr/share/doc/packages/samba`
- den Webseiten des Samba-Projektes: `http://de.samba.org/`.

10 Über den Linux-Router ins Internet

Für die Internetanbindung der Rechner in Ihrem Netzwerk gibt es mehrere Möglichkeiten. Entweder nutzen Sie Ihren Linux-Server auch als Router, oder Sie besorgen sich einen Hardware-Router für diese Aufgabe.

Der Vorteil der Hardware-Router besteht in einer recht hohen Sicherheit gegenüber Angriffen aus dem Internet, da sie nur relativ wenig Software enthalten, die fehlerhaft sein könnte. Ein Linux-Server mit seiner Vielzahl von installierter Software ist prinzipiell eher angreifbar.

Falls Sie sich dafür entscheiden, Ihren Linux-Server als Router zu nutzen, dann sollten Sie unbedingt die Hinweise zur Sicherheit in Kapitel 3 beachten.

Hinweis: Wenn Sie die Anregungen der bisherigen Kapitel nachvollzogen haben, ist Ihr oder sind Ihre Linux-Server jetzt ins Windows-Netzwerk integriert und stellt oder stellen den anderen Rechnern ihre Dienste zur Verfügung.

In diesem Kapitel geht es darum, das gesamte lokale Netz über einen Linux-Server mit dem Internet zu verbinden. Dazu muss ein Linux-Server drei Funktionen beherrschen:

- Einwahl ins Internet (z. B. über Modem, ISDN oder DSL, Sat-DSL),
- Weiterleiten (Routen) von Datenpaketen aus dem Intranet ins Internet und umgekehrt sowie
- Gebührenkontrolle und Auswertung der Verbindungszeiten sowie der Datenmengen.

Systemverwalter mit kleinem Budget verbinden ihr Netz über Verbindung per

- Modem,
- ISDN,
- DSL

mit dem Internet. Die folgenden Abschnitte beschreiben die Konfiguration dieser Verbindungsarten.

Die theoretisch möglichen Übertragungszeiten für eine Datei von 10 MByte unterscheiden sich zwischen diesen Verbindungsmöglichkeiten erheblich:

Verbindungsart	*Übertragungsrate*	*Dauer*
Modem	56 Kbit/s	27 Minuten
ISDN	64 Kbit/s	24 Minuten
DSL-1000	1000 Kbit/s Download	90 Sekunden
	192 Kbit/s Upload	8 Minuten
DSL-2000	2000 Kbit/s Download	45 Sekunden
	384 Kbit/s Upload	4 Minuten
DSL-16000	16000 Kbit/s Download	6 Sekunden
	768 Kbit/s Upload	2 Minuten

Tabelle 10.1: Verbindungsarten im Vergleich

Die hier nicht beschriebenen Festverbindungen (Standleitungen) erfordern spezielle Hardware wie Netzwerkabschlüsse und Hardware-Router für einen Anschluss an den Rechner per Netzwerkkarte. Bei diesen Anschlüssen ist auf dem Linux-Server normalerweise nur die Default-Route auf den Router zu setzen.

Um Einwahlverfahren besser zu verstehen, sollte man die Grundlagen des Routings kennen.

10.1 Routing

Ein Router ermöglicht es, Daten zwischen zwei Netzwerken auszutauschen. Dabei dürfen die Netzwerke eine unterschiedliche Hardwarebasis besitzen, etwa wie Ethernet und Telefonleitungen. Wichtig ist nur, dass beide Netze mit dem gleichen Softwareprotokoll, z. B. TCP/IP, arbeiten.

10.1.1 TCP/IP: Das Internet-Protokoll

TCP/IP ist eine Sammlung von Internetprotokollen mit unterschiedlichen Aufgaben.

- Grundlage ist das *Internet-Protocol* (IP), ein verbindungsloses Protokoll ohne Komponenten zur Sicherung der Datenübertragung. Zu den Aufgaben von IP gehört es, Datenpakete zu adressieren. Dazu dient die IP-Adresse aus einer 4-Byte-Zahl (IPv4), die man üblicherweise in der Form 192.168.1.1 darstellt. Seit einiger Zeit läuft eine Umstellung auf IPv6, bei dem 16-Byte-Zahlen Verwendung finden. Eine weitere Aufgabe von IP ist das Aufteilen der Daten in Pakete, welche die darunter liegende Schicht (z. B. Ethernet) übertragen kann, sowie das korrekte Zusammensetzen der übertragenen Pakete beim Empfänger. Auf diesem Internet-Protokoll setzen weitere Protokolle auf.
- Das verbindungsorientierte *Transmission Control Protocol* (TCP), das bekannteste Protokoll auf dieser Ebene, setzt auf dem IP auf. Bevor es mit der eigentlichen Datenübertragung beginnt, baut es eine Verbindung zum Empfänger auf. Dann erst

schickt es die Datenpakete ab, die der Empfänger quittieren muss. Bleibt diese Empfangsbestätigung aus, so schickt es das nicht quittierte Paket erneut. Dies stellt sicher, dass die Datenpakete vollständig beim Empfänger ankommen und TCP sie dort wieder in die richtige Reihenfolge bringt. Diese kann sich beim Versand zunächst verändern, da ein IP-Router für jedes Paket andere Wege durchs Netz mit unterschiedlichen Laufzeiten suchen kann. Nach erfolgreicher Datenübertragung baut TCP die Verbindung zwischen den Rechnern wieder ab. Das Verwalten der Verbindung kostet Zeit und Übertragungskapazität. Daher gibt es für weniger sensible Verbindungen weitere Protokolle.

- UDP, das *User Datagram Protocol,* ist ein verbindungsloses Protokoll. Es dient zum Übertragen kurzer Nachrichten. Nameserver-Anfragen werden über UDP abgewickelt. Wenn man keine Antwort bekommt, fragt man erneut, eventuell einen anderen Nameserver. Auch Streaming-Videos und Netzwerkspiele arbeiten oft mit UDP, um eine höhere Leistung zu erreichen. Außerdem ist es hier weder tragisch noch reparabel, wenn Datenpakete verloren gehen.
- ICMP, das *Internet Control Message Protocol,* transportiert Fehler- und Diagnosemeldungen. Versucht ein Rechner, auf einen nicht belegten Port zuzugreifen, schickt der Zielrechner die Fehlermeldung `Port unreachable` per ICMP zurück. ICMP leitet auch Routing-Informationen und Pings weiter.
- Weitere Informationen zur TCP/IP-Protokollfamilie finden Sie u. a. an der URL `http://www.debacher.de/pdf/sicherheittcpip.pdf`.

10.1.2 Router

Für den Datentransport zwischen Teilnetzen benötigt der Linux-Kernel Informationen über die IP-Adressen und die zugehörigen Netzwerk-Schnittstellen (Net-Devices). Die notwendigen Informationen richtet das Netzwerksystem beim Aktivieren des jeweiligen Geräts automatisch ein.

Neben dem Interface `eth0` sehen Sie bei dieser Ausgabe auch das sogenannte Loopback-Device `lo`. Dies ist ein Pseudogerät, welches auf den lokalen Rechner verweist und lokale Netzwerkdienste auch ohne Netzwerkkarte ermöglicht.

Sie können die Informationen jederzeit mit dem Befehl

```
netstat -rn
```

abrufen. Bei einem Gerät mit nur einer Netzwerkkarte sieht die Ausgabe folgendermaßen aus:

```
boss:~ # netstat -rn
Kernel IP routing table
Destination  Gateway  Genmask        Flags  MSS Window irtt Iface
192.168.1.0  0.0.0.0  255.255.255.0  U        0 0         0 eth0
127.0.0.0    0.0.0.0  255.0.0.0      U        0 0         0 lo
```

Der Schalter `-r` steht hier für Routing, der Parameter `-n` unterdrückt zusätzlich die Namensauflösung, so dass Sie nur IP-Adressen sehen.

Im YaST-Kontrollzentrum können Sie unter *Netzwerkgeräte* • *Netzwerkeinstellungen* • *Routing* eine feste Route, z. B. zu einem Hardware-Router mit DSL einstellen.

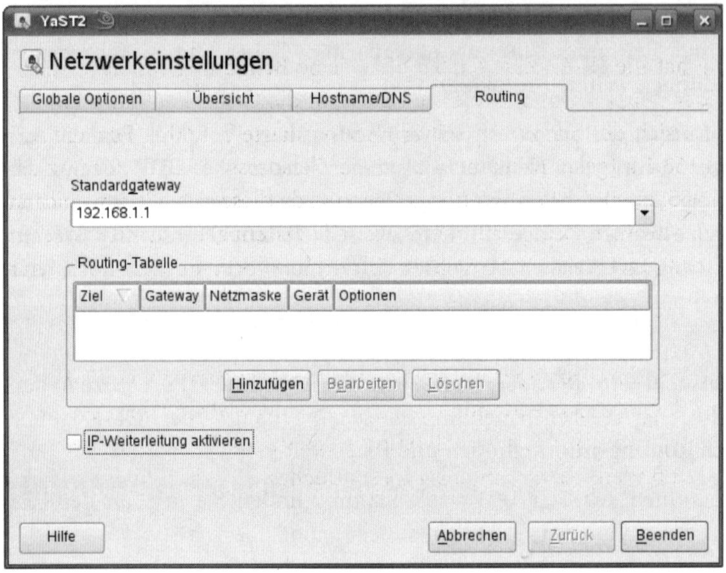

Abbildung 10.1: Default-Route für eth0

Die festen, statischen Informationen stehen bei OpenSUSE in der Datei `/etc/sysconfig/network/routes`. Bei den meisten Installationen ist diese Datei nicht vorhanden, da die Provider die IP-Adressen dynamisch vergeben.

Das folgende Listing zeigt einen Auszug aus dieser Datei für einen Rechner mit einer Netzwerk-Karte (`eth0`) und einer festen Route:

```
# Destination     Dummy/Gateway      Netmask           Device
#
  ➥ default    192.168.1.1          -       -
```

Die erste Spalte in dieser Zeile gibt die Zieladresse an. Das Schlüsselwort `default` an dieser Stelle bewirkt, dass die Angabe für alle Adressen gilt, für die keine andere Route festgelegt ist. In der zweiten Spalte finden Sie die IP-Adresse des Gateways, also desjenigen Gerätes, an das die Anfragen weitergehen. In der dritten Spalte folgt die Netzwerkmaske, der Strich gibt an, dass eine Netzwerkmaske hier keine Rolle spielt. Auch auf die Angabe eines Geräts in der vierten Spalte verzichtet dieses Beispiel.

Nun leitet der Server alle Anfragen, für die das Routing nicht festgelegt ist, an die IP-Adresse 192.168.1.1 weiter.

Die zugehörige Ausgabe von `netstat -rn` sieht dann folgendermaßen aus:

```
netstat -rn
Kernel IP routing table
Destination Gateway         Genmask         Flags MSS Window  irtt Iface
192.168.1.0 0.0.0.0         255.255.255.0   U       0 0          0 eth0
127.0.0.0   0.0.0.0         255.0.0.0       U       0 0          0 lo
0.0.0.0     192.168.1.1     0.0.0.0         UG      0 0          0 eth0
```

In dieser Darstellung hat die IP-Adresse *0.0.0.0* die gleiche Bedeutung wie das Schlüsselwort `default` in der `routes`-Datei. Die erste Zeile gibt die Grundkonfiguration des Netzes wieder, in dem sich der Server mit seiner Netzwerkkarte befindet. Für alle Adressen der Form 192.168.1.x (gekennzeichnet durch die Zieladresse 192.168.1.0 und die Netzwerkmaske 255.255.255.0) ist kein Router notwendig, da diese sich alle im gleichen Netz befinden. Aus der zweiten Zeile ergibt sich, dass alle Datenpakete an alle anderen IP-Adressen (Ziel 0.0.0.0 und Maske 0.0.0.0) über den Rechner oder Router 192.168.1.1 zu erreichen sind.

Hinweis: Damit die Windows-Rechner im Netzwerk den Linux-Server z. B. als Verbindungsrechner in das Internet verwenden können, müssen Sie bei diesen die IP-Adresse des Linux-Rechners mit Gateway-Funktion als Standard-Gateway eintragen. Genaueres hierzu finden Sie in Kapitel 5.1 dieses Buches.

10.2 Router konfigurieren

Ein internettauglicher Router muss zumindest Routing-Informationen für das lokale Netz (meist `eth0`) und das Internet (`ppp0` oder `ippp0`) und eine Default-Route zum Internet-Device kennen.

Die Dämonen (`pppd` für Modem und DSL oder `ipppd` für ISDN) bzw. deren Start-Skripte setzen die Routen für `ppp0` bzw. `ippp0`.

Tipp: Achten Sie darauf, dass die Dämonen eine Default-Route setzen, damit Sie die Verbindung auch vernünftig nutzen können. Wenn Sie eine Wählverbindung erfolgreich aufgebaut haben, die Default-Route aber nicht gesetzt ist, kann kein Programm auf Ihrem Server die Verbindung nutzen.

Damit der Linux-Server vor allem bei dynamischer IP-Vergabe die Datenpakete korrekt routet, sollten Sie im YaST-Kontrollzentrum unter *System* • *Editor für /etc/sysconfig-Daten* • *Network* • *General* die zwei Schalter `IP_DYNIP` und `IP_FORWARD` ändern.

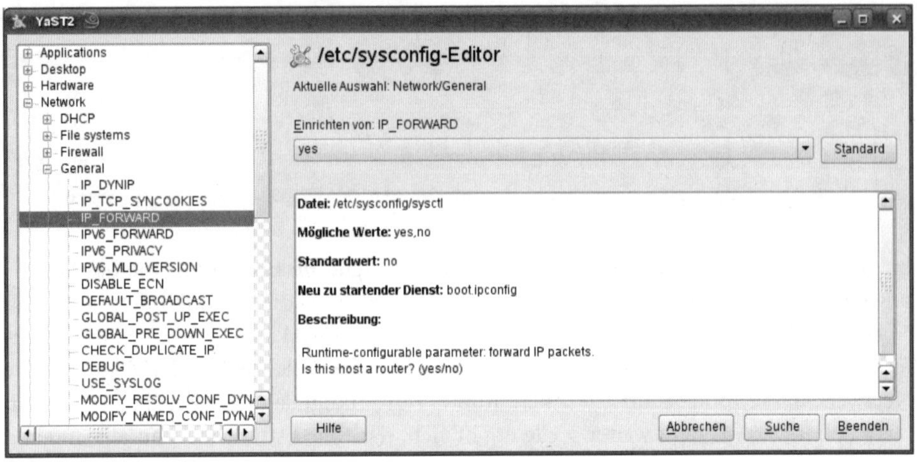

Abbildung 10.2: Konfigurationsdatei verändern

Mit `IP_DYNIP=yes` erreichen Sie, dass der Router mit dynamischen IP-Adressen besser zurechtkommt. Ohne diese Einstellung kann es passieren, dass die erste Datenanforderung ans Internet versagt, weil sie noch mit der IP-Adresse der vorherigen Einwahl erfolgt.

Mit `IP_FORWARD=yes` legen Sie fest, dass der Server Datenpakete aus dem lokalen Netz ins Internet und auch umgekehrt weiterleitet.

10.3 PPP-Verbindungen

Das Point-to-Point-Protocol wurde für TCP/IP über serielle Leitungen entwickelt. Beim Verbindungsaufbau tauschen beide Rechner Informationen aus, unter anderem die IP-Adressen. Alle Provider bieten inzwischen PPP statt des älteren Protokolls SLIP (Serial Line IP) als Standard an, da es beim Verbindungsaufbau die Übertragung von Optionen wie z. B. der IP-Adresse erlaubt.

Bei Linux befindet sich ein Teil der PPP-Funktionalität im Kernel und der andere Teil in einem Dämon, dem `pppd` (PPP-Dämon).

Aus Sicherheitsgründen sollten nicht beliebige Rechner per PPP Verbindungen aufbauen dürfen, da man genau wissen muss, mit welcher Gegenstelle man Kontakt hat. Bestandteil von PPP sind daher zwei Verfahren der Authentifizierung, das *Password Authentication Protocol* (PAP) und das *Challenge Handshake Authentication Protocol* (CHAP):

Bei PAP, dem einfacheren dieser Protokolle, fordert der Server vom Client einen Benutzernamen und das passende Passwort, welche dieser im Klartext übermittelt. Der Server überprüft die angegebenen Daten anhand einer Datenbank (`/etc/ppp/pap-secrets`) und akzeptiert den Client, wenn die Eintragungen übereinstimmen.

YaST trägt in diese Datei die für ISDN-Verbindungen notwendigen Parameter ein, wie schon der Kommentar am Anfang deutlich macht.

/etc/ppp/pap-secrets

```
# Secrets for authentication using PAP
# client        server  secret                  IP addresses

# OUTBOUND CONNECTIONS
# Here you should add your PPP Login and PPP password to connect to
# your provider via pap. The * means that the entry(login and
# passoword may be used for ANY host you connect to.
# Thus you do not have to worry about the foreign machine name. Just
# replace password with your password.
#hostname       *       password

# PREDIFINED CONNECTIONS
# These are user and password entries for publically accessible call-
# by-call Internet providers in Germany. If they confict with your
# config, remove them.
# READ_IN_CALLBYCALL_SECRETS

# INBOUND CONNECTIONS
#client         hostname        <password>      192.168.1.1

# If you add "auth login -chap +pap" to /etc/mgetty+sendfax/login.config,
# all users in /etc/passwd can use their password for pap-authentication.
#
# Every regular user can use PPP and has to use passwords from
/etc/passwd
#*      hostname        ""
# UserIDs that cannot use PPP at all. Check your /etc/passwd and add
# any other accounts that should not be able to use pppd! Replace
# hostname with your local hostname.
#guest          hostname        "*"     -
#master         hostname        "*"     -
#root           hostname        "*"     -
#support        hostname        "*"     -
#stats          hostname        "*"     -
```

Dieses Verfahren ist durch Lauschangriffe auf der seriellen Leitung angreifbar. Das CHAP-Verfahren umgeht dieses Risiko, indem es die Daten verschlüsselt überträgt. Die Rechner wiederholen dann die Passwortübertragung in regelmäßigen Abständen, so dass auch ein späteres Umschalten der seriellen Leitung zu einem dritten Rechner nicht funktionieren kann. Die Passwortdatenbank für CHAP ähnelt der PAP-Datenbank, ist aber getrennt abgelegt (/etc/ppp/chap-secrets).

Auch diese Datei bearbeitet YaST automatisch.

/etc/ppp/chap-secrets

```
# Secrets for authentication using CHAP
# client        server          secret          IP addresses

# OUTBOUND CONNECTIONS
# Here you should add your PPP Login and PPP password to connect to
# your provider via pap. The * means that the entry(login and
# passoword may be used for ANY host you connect to.
# Thus you do not have to worry about the foreign machine name. Just
# replace password with your password.
#hostname       *       password

# PREDIFINED CONNECTIONS
# These are user and password entries for publically accessible call-
# by-call Internet providers in Germany. If they confict with your
# config, remove them.
# READ_IN_CALLBYCALL_SECRETS

# INBOUND CONNECTIONS
#client         hostname        <password>      192.168.1.1
```

Die beiden Dateien `pap-secrets` und `chap-secrets` sind sehr ähnlich aufgebaut. Am Anfang steht jeweils der Benutzername (`client`), dann der Name des Providersystems (`hostname`) und zuletzt das Passwort (`password`). Üblicherweise setzt man das Jokerzeichen * für den Namen des Providerrechners. Will man einen eigenen Zugang von Hand konfigurieren, sollte man die zugehörigen Angaben in beiden Dateien ergänzen.

Tipp: Wichtig ist, dass der hier angegebene Benutzername mit dem übereinstimmt, den man bei der Anwahl übergibt.

Beim PPP-Verbindungsaufbau versuchen Linux-Server immer zuerst eine CHAP-Authentifizierung. Erst wenn das nicht klappt, greifen sie auf PAP zurück. Falls auch die PAP-Authentifizierung misslingt, brechen sie die PPP-Verbindung ab. Falls Sie aus Sicherheitsgründen erzwingen wollen, dass sich Ihr Rechner immer nur über CHAP authentifiziert, dann können Sie dies über den Eintrag `-pap` in der Datei `/etc/ppp/options` tun.

Bei der Interneteinwahl aus OpenSUSE spielen diese Dateien nur noch für ISDN-Verbindungen eine Rolle, bei denen YaST die Konfigurationsdateien selbst bearbeitet. Bei Modem- oder DSL-Verbindungen benutzt OpenSUSE ein spezielles Plugin (`passwordfd.so`), welches die Passwörter bei der Einwahl direkt an den `pppd` übergibt und in der Datei `/etc/sysconfig/network/providers/provider0` speichert.

Wichtig für Sie werden diese beiden Dateien aber auch dann, wenn Sie anderen Rechnern die Einwahl per Modem oder ISDN auf Ihren Rechner erlauben wollen.

10.4 Dynamische und statische IP-Nummern

Jeder Rechner, der Dienste im Internet nutzen oder anbieten will, muss über eine gültige IP-Adresse verfügen. Durch den Boom des Internet sind diese IP-Adressen knapp geworden und die meisten Provider haben erheblich mehr Kunden als IP-Adressen. Provider versuchen daher, mit so wenigen Adressen auszukommen, wie Kunden gleichzeitig eingewählt sind. Daher bekommen einzelne Kunden bei jeder Einwahl eine andere IP-Adresse (dynamische Adressvergabe).

Bei manchen Providern kann man gegen Aufpreis eine feste IP-Adresse bestellen. Hier bekommt man bei jeder Einwahl die gleiche IP zugeteilt. Vorteile bieten feste IP-Adressen aber nur, wenn die eigenen Rechner auch aus dem Internet erreichbar sein sollen. Hierfür muss die Adresse bekannt und möglichst auch bei einem Nameserver eingetragen sein; sie darf sich also nicht ständig ändern. Eine Hilfslösung als Ersatz für feste IP-Adressen bieten Dienste für dynamische DNS (siehe Abschnitt 10.11).

Dynamische Adressvergabe ist für das Routing kein Problem, da sich Linux-Router automatisch auf wechselnde Adressen einstellen und ihr Routing aktualisieren.

10.5 SMPPPD

Bisher waren für den Verbindungsaufbau ins Internet sehr unterschiedliche Dämonen zuständig, der `PPPD` für Modemverbindungen, der `IPPPD` für ISDN-Verbindungen und der `PPPoED` zusammen mit dem `PPPD` für DSL.

All diese Programme waren sehr unterschiedlich zu konfigurieren und zu bedienen. Zur Vereinheitlichung hat OpenSUSE den *SUSE Meta PPP Daemon* (`smpppd`) erstellt, mit dem man Verbindungen per

- Modem,
- ISDN und
- DSL

steuern und alle Komponenten einheitlich über YaST konfigurieren kann.

Falls der `smpppd` auf dem dafür vorgesehenen Linux-Server noch nicht eingerichtet ist, installieren Sie das Paket `smpppd` aus der Paketgruppe *Netzwerk*.

Das Dämonprogramm `smpppd` sollte man möglichst schon beim Systemstart aktivieren. Achten Sie dazu darauf, dass der Dienst im Runlevel-Editor aktiviert ist.

Zum Ansteuern des Dämonprogramms, also insbesondere zum Aufbauen und Beenden von Verbindungen dienen die Client-Programme `cinternet` für die Textkonsole und `kinternet` für die grafische Oberfläche KDE. Da beide Programme auch von einem Linux-Arbeitsplatz aus den Verbindungsaufbau auf einem Linux-Server im lokalen

Netz ansteuern können, benötigen Sie für den Auf- und Abbau der Internetverbindung keinen direkten Zugang zum Server.

10.5.1 cinternet

Zum Wählen und Auflegen veranlasst man den `smpppd` über das Client-Programm `cinternet`. Dieses Programm `/usr/bin/cinternet` kennt u. a. die Parameter:

- `--start` aktiviert die aktuelle Verbindung
- `--stop` beendet die aktuelle Verbindung
- `--status` zeigt den Verbindungsstatus an
- `--provider-list` gibt die Liste der konfigurierten Provider aus
- `--provider-name=<name>` setzt den angegebenen Provider als aktuelle Verbindung
- `--log` zeigt den Inhalt der Log-Datei an.

Sie müssen neben diesen Parametern auch immer das jeweilige Device angeben. Ein korrekter Aufruf für eine Modemverbindung wäre also für den Benutzer *root*:

```
/usr/bin/cinternet -i modem0  --start
```

Für Leser, die Internetverbindungen bisher auf anderen Wegen konfiguriert haben, mag die Nutzung von `smpppd` recht ungewöhnlich sein. Da er aber das Konfigurieren erheblich erleichtert, bauen alle Beschreibungen in diesem Kapitel darauf auf.

10.5.2 kinternet

Die mit `cinternet` vergleichbare Version mit grafischer Benutzerschnittstelle heißt `kinternet`. Wenn der `smpppd` läuft, finden Sie sein Icon als kleinen Stecker im rechten Bereich der Taskleiste des KDE.

Abbildung 10.3: Kinternet – Icon ohne Verbindung

Das Icon in Form zweier offener Anschlüsse zeigt an, dass keine Internetverbindung besteht. Bei aufgebauter Internetverbindung verändert sich das Icon.

Abbildung 10.4: Kinternet – Icon mit Verbindung

Zum Ansteuern der Internetverbindung müssen Sie mit der rechten Maustaste auf das jeweilige Icon klicken, worauf sich das Kontextmenü öffnet.

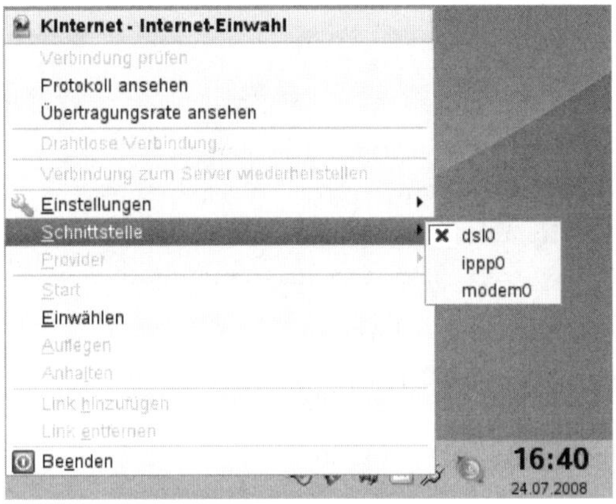

Abbildung 10.5:
Kinternet – Kontextmenü

Wenn Sie dieses Kapitel durchgearbeitet und sowohl eine Modem- (`modem0`), eine ISDN- (`ippp0`) als auch eine DSL-Schnittstelle (`dsl0`) eingerichtet haben, erhalten Sie eine Darstellung wie in Abbildung 10.5. Sie können hier eines dieser Geräte auswählen.

Für jede Schnittstelle können Sie mehrere Provider einrichten; zwischen diesen können Sie dann im Menüpunkt *Provider* wechseln.

Vom Kontextmenü aus können Sie die Verbindung starten und stoppen und die Einstellungen ändern.

Um die Internetverbindung zu starten oder zu stoppen, klicken Sie mit der linken Maustaste auf das Icon. Es zeigt dann durch sein anderes Aussehen den Auf- oder Abbau einer Internetverbindung an.

10.5.3 Konfigurationsdateien des smpppd

OpenSUSE hat gegenüber den früheren Versionen die Lage der Konfigurationsdateien deutlich verändert. Im früher wichtigsten Verzeichnis `/etc/ppp` sind kaum noch Änderungen notwendig. Die wichtigsten Konfigurationsdateien stehen nun im Verzeichnis `/etc/sysconfig/network`. Hier finden Sie für jedes Netzwerkgerät eine Datei `ifcfg-<Geräte-Name>`, für die Netzwerkkarte `eth0` also die Datei `ifcfg-eth0`.

Nach der Modemkonfiguration wie im Abschnitt 10.6 hat die Datei `ifcfg-modem0` folgenden Inhalt:

```
BOOTPROTO='none'
DIALCOMMAND='ATDT'
DIALPREFIX='0'
DIALPREFIXREGEX=''
INIT1='ATZ'
INIT2='AT Q0 V1 E1 S0=0 &C1 &D2 +FCLASS=0'
INIT3=''
INIT8='ATM1'
```

```
INIT9=''
MODEM_DEVICE='/dev/ttyS0'
NAME='AT Modem'
PPPD_OPTIONS=''
PROVIDER='arcor'
SPEED='115200'
STARTMODE='manual'
UDI=''
USERCONTROL='yes'
```

Sie finden hier all Ihre Einstellungen der Konfigurationsparameter des Geräts.

Bei Modemverbindungen finden Sie in dieser Datei die Initialisierungsstrings für das Modem.

Für ISDN-Verbindungen gibt es noch weitere Konfigurationsdateien im Verzeichnis /etc/sysconfig/isdn.

Dort finden Sie in der Datei cfg-contr0 die Einstellungen für die ISDN-Karte:

```
AREACODE="+49 040"
DIALPREFIX=""
DRIVER="hisax_fcpcipnp"
ISDNLOG_START="yes"
NAME="AVM FRITZ!Card PCI v2.0"
PARA_SUBTYPE="0"
PARA_TYPE="1000"
PROTOCOL="euro"
STARTMODE="auto"
UDI=""
```

Die grundlegenden Daten für die konfigurierte ISDN-Verbindung stehen im gleichen Verzeichnis in der Datei cfg-net0.

Die von Ihnen mit YaST erstellten Einträge für Provider sind im Verzeichnis /etc/sysconfig/network/providers gesammelt. Bei Modem- und DSL-Verbindungen stehen auch Benutzernamen und Passwort im Klartext, so z. B. in einer Datei arcor.

```
ASKPASSWORD='no'
AUTODNS='yes'
COMPUSERVE='no'
COUNTRY='Germany'
DEMAND='no'
DIALMESSAGE1=''
DIALMESSAGE2=''
DNS1='145.253.2.11'
DNS2='145.253.2.75'
DSLSUPPORTED='no'
HOMEPAGE='http://www.arcor.de'
```

```
IDLETIME='300'
ISDNSUPPORTED='no'
MODEMSUPPORTED='yes'
MODIFYDNS='yes'
PASSWORD='internet'
PHONE='0192075'
PRIORITY='0'
PRODUCT='Internet-by-Call'
PROVIDER='Arcor'
STUPIDMODE='yes'
USERNAME='arcor-ibc'
```

Achten Sie daher darauf, dass nur der Benutzer *root* diese Dateien lesen und schreiben kann.

Außer diesen Konfigurationsdateien sind noch weitere Dateien im Verzeichnis `/etc/sysconfig/network/scripts` von Bedeutung. Hier finden Sie für jede Geräteart drei Dateien, z. B. für den `pppd` die Dateien bzw. Soft-Links:

- `ifup-ppp` (Datei),
- `ifstatus-ppp` (Soft-Link) und
- `ifdown-ppp` (Soft-Link).

Der `smpppd` benutzt diese Dateien bzw. Links beim Auf- und Abbau der Geräte bzw. zur Statusabfrage. Sie können z. B. mit

```
/etc/sysconfig/network/scripts/ifstatus-ippp ippp0
```

den Status des ersten ISDN-Gerätes abfragen. Entsprechend können Sie auch die Geräte aktivieren bzw. deaktivieren.

10.5.4 Log-Dateien des smpppd

Auch bei den Log-Dateien gibt es wieder einen Unterschied zwischen ISDN und den anderen Einwahlmöglichkeiten. Die meisten Log-Dateien des `smpppd` finden Sie im Verzeichnis `/var/log/smpppd`. Hier gibt es für jedes Interface eine Log-Datei, z. B. für die Modemverbindung das `ifcfg-modem0.log`. Sie sehen zuerst einige Statusmeldungen, dann den Modemdialog und den erfolgreichen Verbindungsaufbau einschließlich der übermittelten IP-Adressen.

```
SuSE Meta pppd (smpppd-ifcfg), Version 1.59_SVN16 on boss.lokales-netz
Status is: disconnected
trying to connect to smpppd
could not connect to smpppd
Status is: connecting
pppd[0]: Plugin passwordfd.so loaded.
pppd[0]: --> WvDial: Internet dialer version 1.60
pppd[0]: --> Initializing modem.
```

```
pppd[0]: --> Sending: ATZ
pppd[0]: ATZ
pppd[0]: OK
pppd[0]: --> Sending: AT Q0 V1 E1 S0=0 &C1 &D2 +FCLASS=0
pppd[0]: AT Q0 V1 E1 S0=0 &C1 &D2 +FCLASS=0
pppd[0]: OK
pppd[0]: --> Sending: ATM1
pppd[0]: ATM1
pppd[0]: OK
pppd[0]: --> Modem initialized.
pppd[0]: --> Sending: ATDT0,0192312
pppd[0]: --> Waiting for carrier.
pppd[0]: ATDT0,0192312
pppd[0]: CONNECT 24000/REL
pppd[0]: --> Carrier detected.  Chatmode finished.
pppd[0]: Serial connection established.
pppd[0]: Renamed interface ppp0 to modem0
pppd[0]: Using interface modem0
Status is: connecting
pppd[0]: Connect: modem0 <--> /dev/ttyS0
pppd[0]: PAP authentication succeeded
pppd[0]: replacing old default route to eth0 [192.168.1.254]
pppd[0]: local  IP address 80.171.255.198
pppd[0]: remote IP address 213.191.64.1
pppd[0]: primary   DNS address 213.191.92.84
pppd[0]: secondary DNS address 213.191.74.12
pppd[0]: Script /etc/ppp/ip-up finished (pid 22551), status = 0x0
Status is: connected
Status is: disconnecting
pppd[0]: Terminating on signal 15
pppd[0]: Connect time 0.8 minutes.
pppd[0]: Sent 469 bytes, received 510 bytes.
pppd[0]: restoring old default route to eth0 [192.168.1.254]
pppd[0]: Connection terminated.
pppd[0]: Hangup (SIGHUP)
Status is: disconnected
pppd[0] died: pppd received a signal (exit code 5)
terminating
```

Über diese Log-Datei lassen sich der Auf- und Abbau von Verbindungen sehr gut verfolgen.

Eine Log-Datei für ISDN ist `/var/log/isdn.log`.

```
Mai 27 15:02:19 2008|+49404711        |019251           |   94|
9391|1104156139|   -1|0| 16|          0|
      0|3.2|7|0|0.062|EUR|0| 50| -1|
Mai 27 15:04:34 2008|+49404711        |019251           |   19|
1909|1104156274|   -1|0| 16|          0|
      0|3.2|7|0|0.062|EUR|0| 50| -1|
```

Diese Datei enthält nur Gebühreninformationen. Dieser Datei können Sie entnehmen, welche Rufnummer Sie wann angewählt haben und welche Kosten für die Verbindung angefallen sind.

Weitere Informationen hierzu stehen im Kapitel 10.10 und Details zu ausführlichen Informationen für alle Verbindungsarten in der Datei `/var/log/messages` erklären die weiteren Abschnitte dieses Kapitels.

10.6 Per Modem ins Internet einwählen

Manche Anwender gehen nach wie vor per Modem ins Internet, weil die Netzanbieter an ihrem Standort keinen Breitbandanschluss anbieten oder weil sie unterwegs irgendwo auf dieser Welt nur einen guten alten analogen Telefonanschluss nutzen können. Der Vorteil von Modems besteht in ihrer Flexibilität: Eine Telefonsteckdose findet sich in jedem Hotelzimmer, Modems sind schnell angeschlossen bzw. ausgewechselt. Nachteilig sind ihre geringere Übertragungsgeschwindigkeit von 56k gegenüber ISDN mit 64k bzw. DSL mit bis zu 16.000k und vor allem der langsame Verbindungsaufbau. ISDN- und DSL-Verbindungen sind in Sekunden betriebsfähig, so dass man sie bei Bedarf aktivieren kann (*Dial on Demand*). Bei Modemverbindungen dauert der Aufbau wesentlich länger. Die akustischen Signale beim Verbindungsaufbau helfen, die Zeit zu vertreiben, und geben Hinweise auf eventuelle Probleme.

Vor dem Konfigurieren der Modemeinwahl sollte man zuerst die Hardware zusammenstellen. Verbinden Sie dazu das Modem mit einer seriellen Schnittstelle Ihres Linux-PCs und mit einer passenden Telefondose.

10.6.1 Modem konfigurieren

Die meisten Personal-Computer verfügen über zwei serielle Schnittstellen, *COM1* und *COM2*. Bei älteren PCs belegte die Maus eine dieser Schnittstellen. Welche COM-Schnittstelle frei und richtig ist, kann man im Handbuch des Computers nachschlagen oder ausprobieren. Unter Linux heißen die seriellen Schnittstellen `/dev/ttyS0` statt *COM1* und `/dev/ttyS1` statt COM2.

Auf der Softwareseite ist für den Verbindungsaufbau der PPP-Dämon zuständig, der sich bei OpenSUSE im Paket `ppp` der Paketgruppe *Netzwerk* befindet.

Der PPP-Dämon verlangt sowohl Informationen über die Hardware des Computers und des Modems als auch über die Daten für die Einwahl zum Internetprovider. Zum Konfigurieren des `pppd` sollte man YaST verwenden.

Rufen Sie also im YaST-Kontrollzentrum unter *Netzwerkgeräte* den Eintrag *Modem* auf.

YaST versucht nun, Ihr Modem zu erkennen und die Modem-Kontrollleuchten blinken. Danach zeigt YaST das erkannte Modem an und lässt Sie es konfigurieren.

Klicken Sie hier auf *Bearbeiten*, so öffnet YaST einen weiteren Dialog.

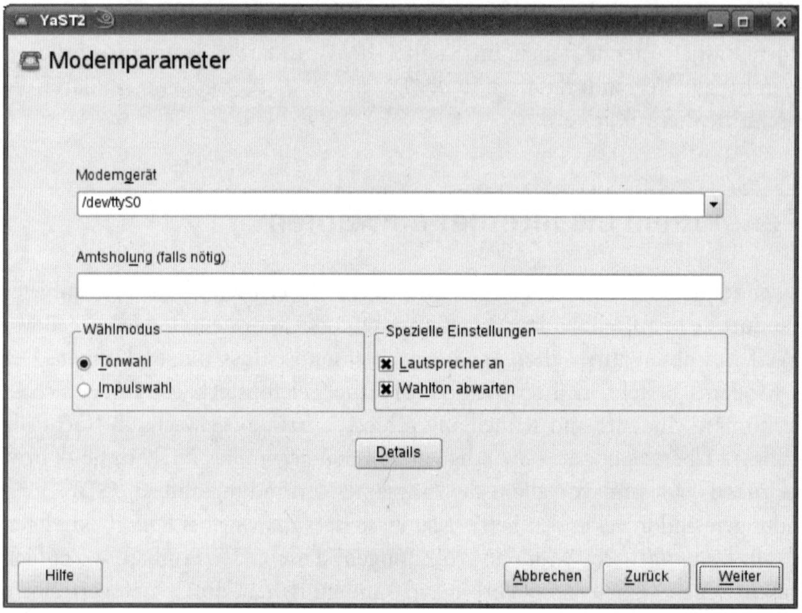

Abbildung 10.6: YaST: Modemparameter

Sofern Ihr Modem an einer Telefonanlage hängt, was YaST nicht automatisch erkennen kann, müssen Sie oftmals zwei kleine Details ändern:

- Sie müssen die Ziffer für die Amtsholung angeben, meist eine Null und
- die Einstellung *Wählton abwarten* deaktivieren, da das Modem sonst vor dem Wählen auf das Freizeichen der Amtsleitung wartet, das von dem einer Telefonanlage abweicht.

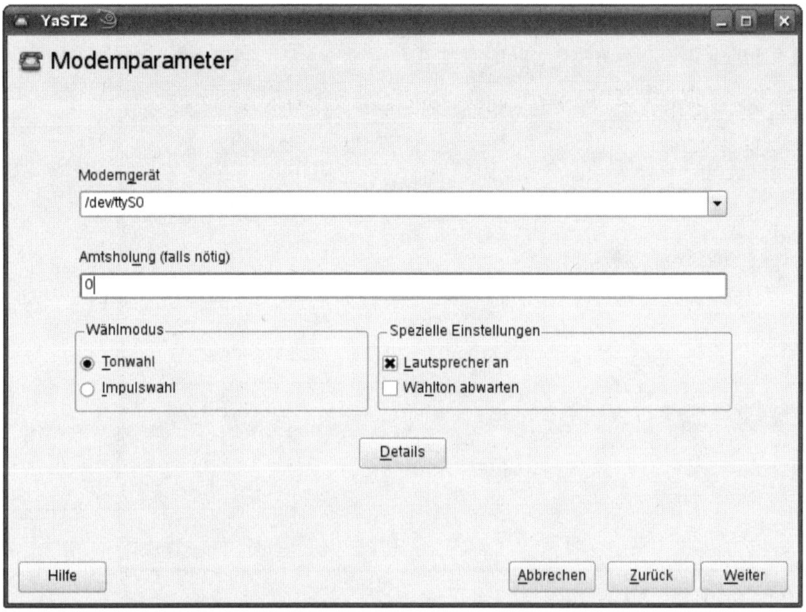

Abbildung 10.7: YaST: Modemparameter bei Telefonanlage

10.6.2 Internetverbindung konfigurieren

Wenn Sie jetzt auf *Weiter* klicken, können Sie einen Internet-Provider auswählen bzw. über den Knopf *Neu* die Verbindungsdaten Ihres Providers eintragen. Um einen der vordefinierten Provider auszuwählen, entscheiden Sie sich zuerst für das Land, wobei für den deutschsprachigen Raum nur *Deutschland* und *Österreich* vorhanden sind. Die Schweiz, Liechtenstein, Luxemburg, Südtirol (und Mallorca) fehlen hier leider noch.

In der Liste der vordefinierten Provider finden Sie die Daten für Internetanbieter, über die Sie ohne vorherige Anmeldung (per Call-by-Call) ins Netz gehen können. Wählen Sie aus der Liste einen Provider aus, z. B. Arcor.

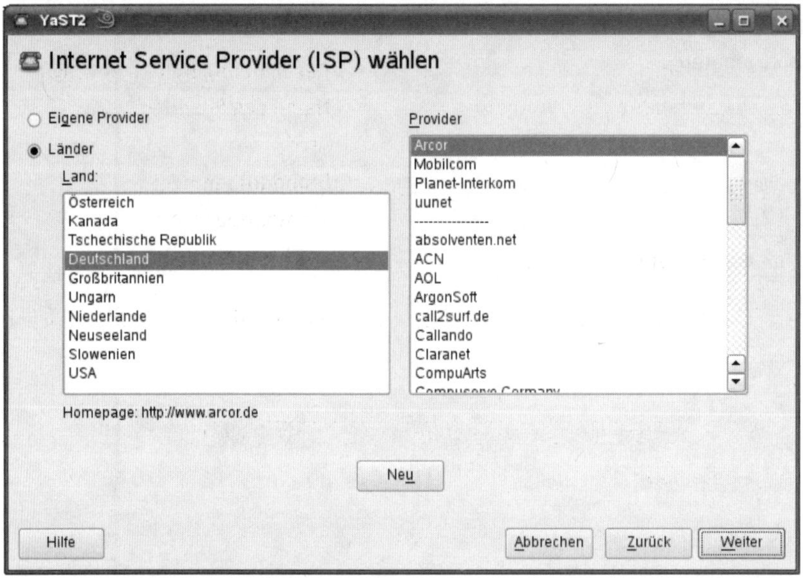

Abbildung 10.8: YaST: ISP-Auswahl

Über den Knopf *Weiter* kommen Sie in ein Menü, in dem Sie die Zugangsdaten für den Call-by-Call Zugang, hier im Beispiel von Arcor, finden.

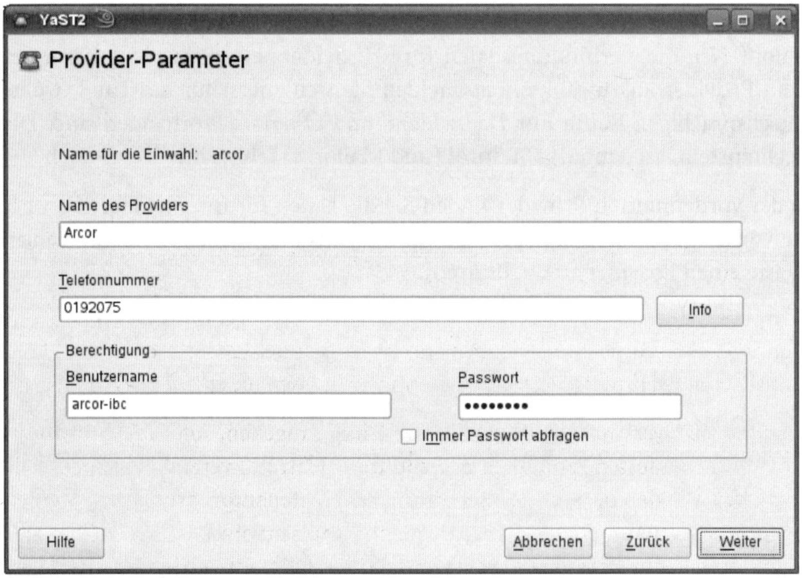

Abbildung 10.9: YaST: ISP Arcor

Die vorgegebenen Werte können Sie unverändert übernehmen.

Parameter	*Wert*	*Erläuterung*
`Name für die Einwahl`	`arcor`	**Bezeichnung für den Eintrag**
`Name für die Verbindung`	`Arcor`	**Name des Providers**
`Telefonnummer`	`0192075`	**Arcor**
`Benutzername`	`arcor-ibc`	**Standardbenutzer**
`Passwort`	`internet`	**Standardpasswort**

Tabelle 10.2: Zugang über Arcor

Wenn Sie jetzt auf *Weiter* klicken, landen Sie in einem Menü mit drei wichtigen Schaltern.

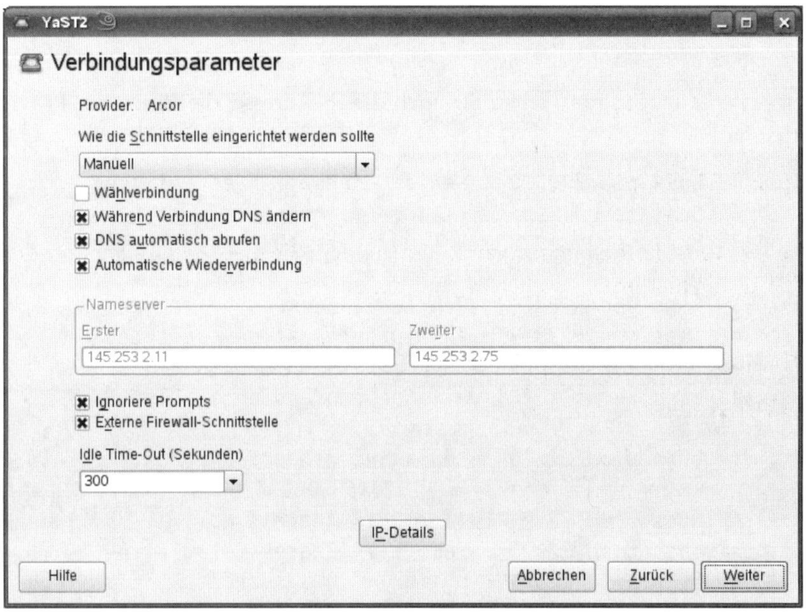

Abbildung 10.10: YaST: ISP-Verbindungsparameter

Zum Schalter *Externe Firewall-Schnittstelle* finden Sie im Kapitel 12 (Firewalling und Masquerading) ausführliche Hinweise; für den Augenblick belassen Sie es bei der Vorgabe.

Mit dem Schalter *Wählverbindung* sollten Sie vorsichtig umgehen, sofern Sie mit Ihrem Internet-Provider keine festen monatlichen Gebühren (Flatrate) vereinbart haben. Falls Sie diesen Schalter aktivieren, baut der Server für jede Datenanforderung die Internetverbindung automatisch auf. Dieser Effekt ist nicht immer erwünscht, vor allem, wenn sich auch Windows-Rechner im Netz befinden, da diese oft aus schwer nachvollziehbaren Gründen Datenpakete anfordern.

Den Schalter *Während der Verbindung DNS setzen* sollten Sie jetzt vorübergehend aktivieren, damit der `smpppd` beim Verbindungsaufbau den vom Provider übermittelten

Nameserver als aktuellen Nameserver für Ihr System einträgt. Wenn Sie, wie in Kapitel 13 beschrieben, einen eigenen Nameserver installiert haben, müssen Sie diesen Schalter deaktivieren.

Wenn Sie jetzt auf *Weiter* klicken, trägt YaST die Modem- und die Verbindungsdaten in die systemweiten Konfigurationsdateien ein, was einen Augenblick dauern kann.

Danach können Sie die erste Modemverbindung aufbauen:

```
/usr/bin/cinternet  -i modem0  --start
```

Wenn Sie den Lautsprecher Ihres Modems eingeschaltet haben, sollten Sie die gewohnten Verbindungsaufbau-Geräusche hören.

Sobald Ihr Modem erfolgreich eine Verbindung zum Internet-Provider aufgebaut hat, sollten Sie mit `ping` auch Server im Internet erreichen können.

```
ping  www.linuxbu.ch
```

In der Datei `/var/log/messages` sehen Sie auch die IP-Adresse, die Ihnen der Provider übermittelt hat.

```
Jul 24 15:34:45 boss pppd[22379]: Serial connection established.
Jul 24 15:34:45 boss kernel: ppp0 renamed to modem0
Jul 24 15:34:45 boss pppd[22379]: Renamed interface ppp0 to modem0
Jul 24 15:34:45 boss pppd[22379]: Using interface modem0
Jul 24 15:34:45 boss pppd[22379]: Connect: modem0 <--> /dev/ttyS0
Jul 24 15:34:46 boss pppd[22379]: PAP authentication succeeded
Jul 24 15:34:46 boss kernel: PPP BSD Compression module registered
Jul 24 15:34:46 boss kernel: PPP Deflate Compression module
                     ➥ registered
Jul 24 15:34:47 boss pppd[22379]: replacing old default route to eth0
                          ➥ [192.168.1.254]
Jul 24 15:34:47 boss pppd[22379]: local  IP address 80.171.255.198
Jul 24 15:34:47 boss pppd[22379]: remote IP address 213.191.64.1
Jul 24 15:34:47 boss pppd[22379]: primary   DNS address 213.191.92.84
Jul 24 15:34:47 boss pppd[22379]: secondary DNS address 213.191.74.12
Jul 24 15:34:47 boss modify_resolvconf: Service pppd modified
                  ➥ /etc/resolv.conf. See info block in this file
Jul 24 15:34:48 boss SuSEfirewall2: Setting up rules from
                  ➥ /etc/sysconfig/SuSEfirewall2 ...
Jul 24 15:34:48 boss SuSEfirewall2: using default zone 'ext' for
                           ➥ interface eth0
Jul 24 15:34:48 boss SuSEfirewall2: using default zone 'ext' for
                           ➥ interface modem0
Jul 24 15:34:49 boss SuSEfirewall2: batch committing...
Jul 24 15:34:49 boss SuSEfirewall2: Firewall rules successfully set
Jul 24 15:34:49 boss pppd[22379]: Script /etc/ppp/ip-up finished (pid
                         ➥ 22551), status = 0x0
```

Beenden können Sie die Verbindung dann jederzeit mit

```
/usr/bin/cinternet -i modem0 --stop
```

Damit ist Ihre Modemverbindung einsatzbereit.

Falls keine Verbindung zustande kommt, wollen Sie sicher die Ursache einkreisen. Falls das Modem kein Amt bekommt, was Sie an einzelnen Pieptönen erkennen, hängt es eventuell hinter einer Telefonanlage und Sie haben die Ziffer für die Amtsholung nicht angegeben.

Wenn das Amtszeichen zu hören ist, das Modem aber keine Verbindung aufbauen kann und ständig wiederholt knattert, liegt es oft am Initialisierungsstring. Hier sollten Sie im Handbuch des Modems nach einer Lösung suchen.

Kommt zwar eine Verbindung der Modems zustande, aber keine PPP-Verbindung, dann liegt ein Problem mit den Benutzerdaten vor. Überprüfen Sie dann sorgfältig die Schreibweise von Benutzernamen und Passwort.

Falls Sie einmal ein Problem wirklich nicht lösen können und noch über einen anderen Internetzugang verfügen, sollten Sie sich an die Mailingliste zum Buch wenden, die Sie unter `diskussion@linuxbu.ch` erreichen. Weitere Hinweise zur Mailingliste finden Sie im Kapitel 14.7 (Mailing-Listen mit Majordomo).

10.7 ISDN4LINUX – Per ISDN ins Internet einwählen

In Mitteleuropa ist ISDN schon lange weit verbreitet. Alle Provider bieten die Möglichkeit der Einwahl per Modem oder per ISDN, meist sogar über die gleiche Nummer. Ist DSL (siehe Abschnitt 10.8) an einem Standort nicht verfügbar, so bleibt oft nur ISDN.

Im Vergleich zu analogen Modemverbindungen sprechen für ISDN der wesentlich schnellere Verbindungsaufbau – etwa 3 Sekunden gegenüber rund einer Minute – und die etwas höhere Übertragungsrate. Der schnelle Verbindungsaufbau erlaubt einen *Dial on Demand*, bei dem die Telefonverbindung immer dann unterbrochen wird, wenn sie niemand nutzt, jede Nutzung aber sofort wieder einen Verbindungsaufbau auslöst. 3 Sekunden Verzögerung durch die Anwahl nehmen Nutzer kaum wahr, eine Minute wird jedoch kaum jemand warten mögen. Dieses Verfahren kann die Verbindungskosten erheblich reduzieren.

ISDN konfiguriert man in zwei Schritten:

- Zuerst müssen Sie die Hardware ins System einbinden und
- dann den Internetzugang konfigurieren.

Bei beiden Schritten erleichtert YaST die Arbeit enorm, da Sie die Verbindung nahezu automatisch konfigurieren können.

10.7.1 ISDN-Karte ins System einbinden

Beschaffen Sie nur von Linux unterstützte ISDN-Karten (z. B. wie hier im Beispiel von AVM). Im YaST-Kontrollzentrum integrieren Sie Ihre ISDN-Karte über *Netzwerkgeräte • ISDN.*

Abbildung 10.11: YaST: ISDN-Konfiguration

YaST bietet alle automatisch erkannten ISDN-Karten sowie eine freie Auswahl an. Normalerweise können Sie Ihre Karte in der Liste finden.

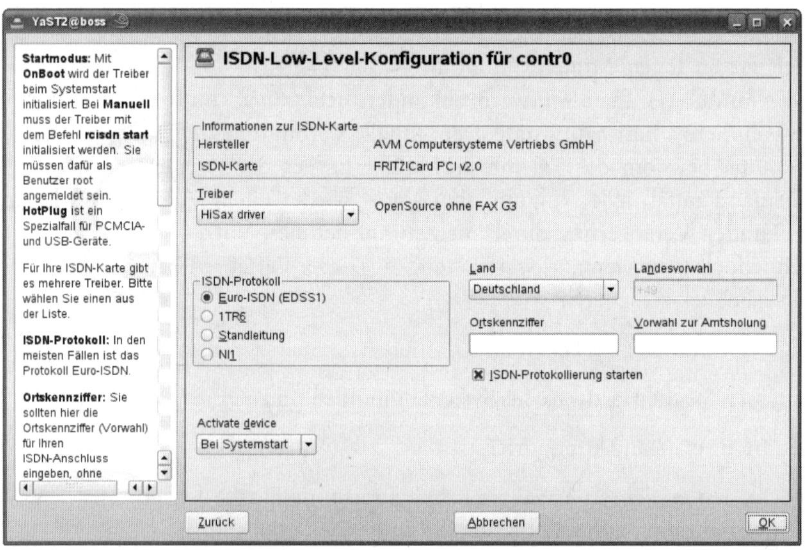

Abbildung 10.12: YaST: ISDN, automatische Konfiguration

Wenn Sie diesen Menüpunkt erstmalig aufrufen, versucht YaST, Ihre ISDN-Karte automatisch zu konfigurieren.

Bei »Fritz!«-ISDN-Karten der Firma AVM können Sie zwischen dem freien HiSax-Treiber, der fast alle ISDN-Karten unterstützt, und dem proprietären CAPI-Treiber des Herstellers wählen. Der CAPI-Treiber ist keine offene Software, bietet aber zusätzlich die Möglichkeit, die Karten zum Faxen zu benutzen.

Da die AVM-Karte in diesem Kapitel als Stellvertreter für alle anderen ISDN-Karten dient, ist hier die Einstellung *HiSax* gewählt.

Falls die automatische Erkennung der Karte fehlschlägt oder Sie später die Einstellungen verändern möchten, sieht das Menü etwas anders aus.

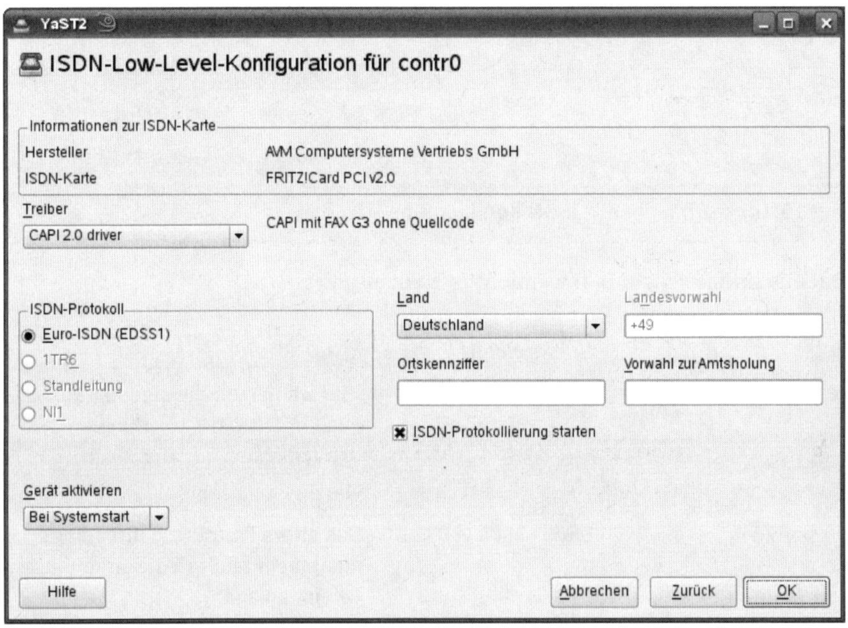

Abbildung 10.13: YaST: CAPI statt HiSax bei AVM

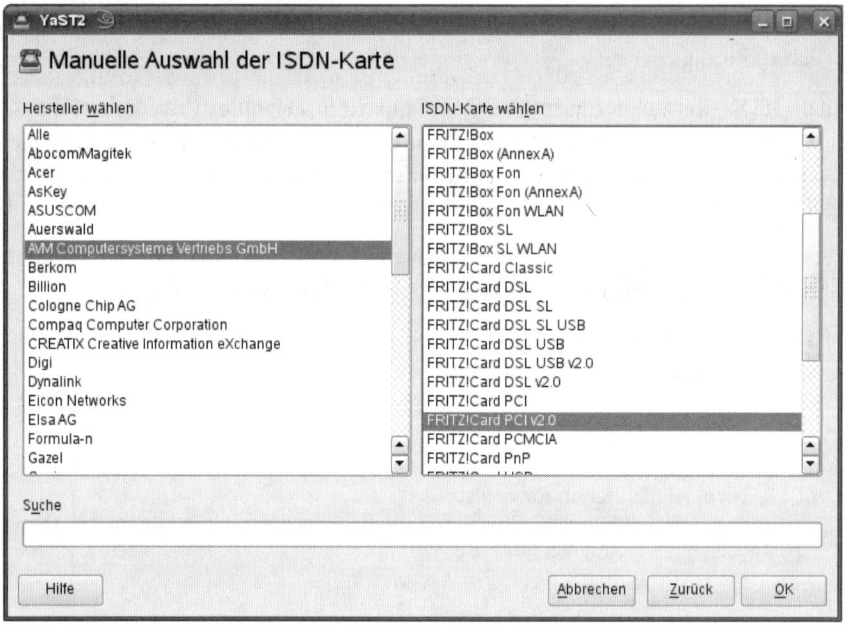

Abbildung 10.14: YaST: Manuelle ISDN-Konfiguration

In den Menüs sind jeweils z. B. folgende Werte einzustellen:

Parameter	*Beispielwerte*	*Erläuterungen*
`ISDN-Karte`	`Fitz!Card PCI`	**Hier wählt man die eigene Karte aus.**
`Gerät aktivieren:`	`Bei Systemstart`	**Wann wird das ISDN-System aktiviert?**
`ISDN-Protokoll:`	`Euro-ISDN EDSS1`	**Das ältere Protokoll 1TR6 gibt es nicht mehr (außer bei sehr alten Telefonanlagen)**
`Land`	`Deutschland`	**Für die Gebührenabrechnung**
`Ortskennziffer`	`040`	**Für die Gebührenabrechnung mit *isdnrep***
`Vorwahl zur Amtsholung`		**Nur bei Anschluss über Telefonanlage notwendig**

Tabelle 10.3: ISDN-Hardware konfigurieren (PCI-Karte)

Bei einer von Linux unterstützten Karte ist man nun fertig und kann die Konfiguration testen.

10.7.2 ISDN-Interneteinwahl konfigurieren

Nach erfolgreicher Installation der Hardware kann man die Einwahl konfigurieren. Auch hier hilft YaST wieder. Entweder macht man direkt nach der Hardware-Konfiguration im Reiter *Provider* weiter, oder man ruft im YaST-Kontrollzentrum den Menüpunkt *Netzwerkgeräte • ISDN* auf, wählt dann den Reiter *Provider* und klickt dann auf *Hinzufügen*.

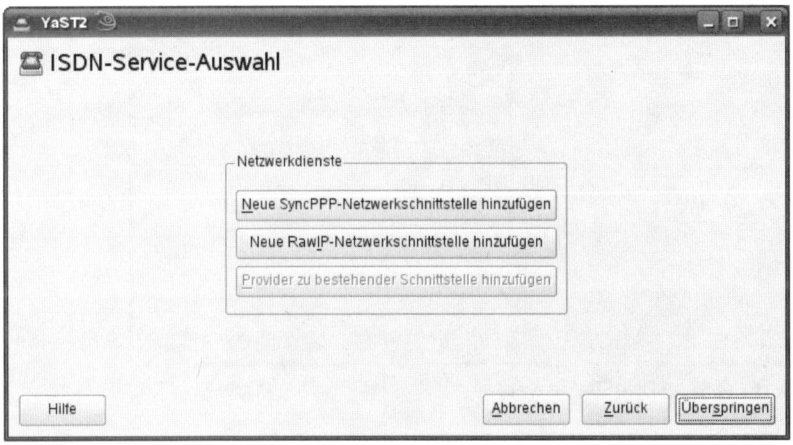

Abbildung 10.15: YaST: ISDN-Service-Auswahl

Zuerst müssen Sie auswählen, um welche Art von Schnittstelle es sich handeln soll. Bei ISDN sind sowohl *syncPPP* als auch *RawIP* möglich. Da die meisten Provider `syncPPP` anbieten, sollten Sie es im Zweifelsfall zuerst mit dieser Schnittstellenart versuchen.

Nach dem Klick auf *Neue syncPPP-Schnittstelle hinzufügen* gelangen Sie zu einem weiteren Formular. Hier geben Sie Ihre eigene Telefonnummer an und entscheiden, ob Sie die Firewall aktivieren wollen. Weitere Informationen zum Thema Firewall finden Sie in Kapitel 12 (Firewalling und Masquerading).

Wenn Sie hier auf *Weiter* klicken, folgt ein Formular, in dem Sie nichts bearbeiten müssen, wenn Ihr Linux-Server seine IP-Adresse dynamisch vom Provider bezieht. Lediglich bei ISDN-Standleitungen müssten Sie hier etwas ändern.

Nach einem erneuten Klick auf *Weiter* landen Sie im gleichen ISP-Auswahlmenü wie bei der Modemkonfiguration.

Abbildung 10.16: YaST: ISDN-ISP-Auswahl

Wählen Sie hier beispielsweise *talknet* aus (relativ weit unten in der Liste), worauf YaST wieder ein Menü mit den Parametern für diesen Provider öffnet.

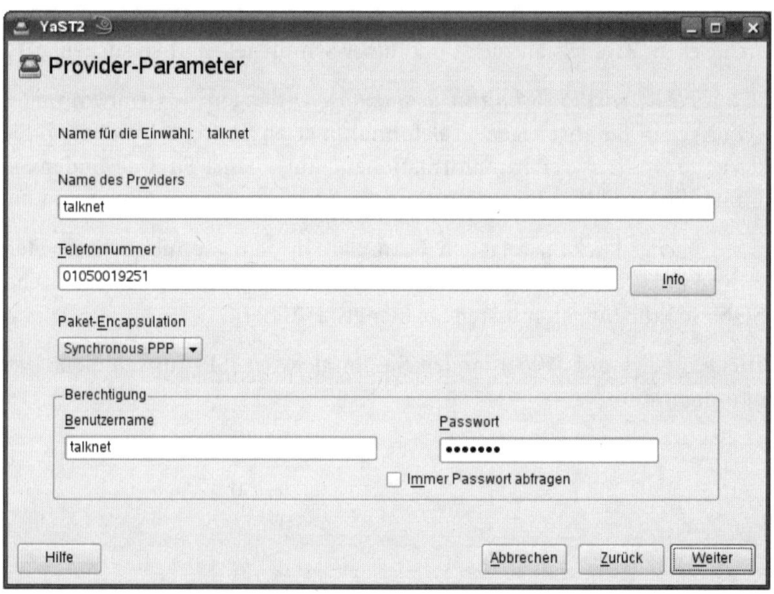

Abbildung 10.17: YaST: ISDN-ISP-Parameter

Zum Anpassen der Verbindung erfragt YaST Angaben; die Beispielangaben stehen hier für den Provider Talknet.

Parameter	*Wert*	*Erläuterung*
`Name des Providers`	`talknet`	**Bezeichnung für den** `smpppd` **bzw.** `cinternet`
`Telefonnummer`	`01050019251`	**Hier wird die Rufnummer des Providers eingetragen.**
`Benutzername`	`talknet`	**Der Benutzername**
`Passwort`	`talknet`	**Das zugehörige Passwort**
`Passwortabfrage`		**Soll das Passwort bei Bedarf abgefragt oder gespeichert werden?**

Tabelle 10.4: Beispielangaben für Talknet, Teil 1

Wenn Sie hier auf *Weiter* klicken, können Sie in der nächsten Eingabemaske Werte für die Verbindung einstellen.

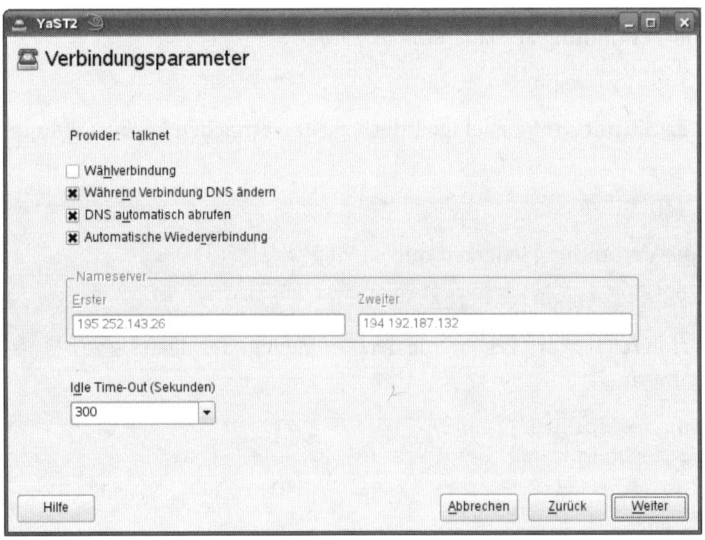

Abbildung 10.18: YaST: ISDN-ISP-Parameter, Teil 2

Die Parameter in dieser zweiten Maske haben die folgende Bedeutung:

Parameter	*Wert*	*Erläuterung*
`Wählverbindung`		**Wenn dieses Kästchen aktiviert ist, baut jede Anfrage an das Internet die ISDN-Verbindung automatisch auf.**

Parameter	*Wert*	*Erläuterung*
`Während Verbindung DNS ändern`	`X`	**Der `ipppd` trägt den vom Provider übergebenen Nameserver als aktuellen Nameserver ein. Dieser Eintrag ist nur sinnvoll, wenn Sie keinen eigenen Nameserver betreiben.**
`DNS automatisch abrufen`	`X`	**Der `ipppd` übernimmt die Adressen der Nameserver des Providers.**
`Verbindung abbrechen nach:`	`300`	**Wenn über den angegebenen Zeitraum hinweg kein Netzverkehr stattfindet, trennt der `ipppd` die Verbindung automatisch.**

Tabelle 10.5: Beispielangaben für Talknet, Teil 2

Mit einem Klick auf *Beenden* schließen Sie das Formular, können die Konfiguration beenden und YaST die neuen Einstellungen speichern lassen.

An dieser Stelle kann es passieren, dass YaST einige zusätzliche Pakete installieren möchte. Halten Sie also das Installationsmedium griffbereit.

Da YaST dann das ISDN-System neu startet, sind die Änderungen sofort wirksam. Danach können Sie die Verbindung aufbauen mit

```
/usr/bin/cinternet -i ippp0 --start
```

Nach kurzer Zeit sollten Sie mit `ping` beliebige Internetseiten erreichen können, hier im Beispiel:

```
ping www.linuxbu.ch
```

Beenden können Sie die Verbindung jederzeit mit

```
/usr/bin/cinternet -i ippp0 --stop
```

Wenn die Anwahl erfolgreich war, zeigen die letzten Zeilen der Datei `/var/log/messages` die IP-Nummern:

```
Jul 24 15:49:07 boss ifup:     ippp0
Jul 24 15:49:07 boss SuSEfirewall2: Setting up rules from
                                  ➥ /etc/sysconfig/SuSEfirewall2 ...
Jul 24 15:49:07 boss SuSEfirewall2: using default zone 'ext' for
                                  ➥ interface eth0
Jul 24 15:49:07 boss SuSEfirewall2: batch committing...
Jul 24 15:49:07 boss SuSEfirewall2: Firewall rules successfully set
Jul 24 15:49:07 boss kernel: ippp0: dialing 1 0192312...
Jul 24 15:49:08 boss ipppd[28086]: Local number: 040727304, Remote
                                  ➥ number: 0192312, Type: outgoing
Jul 24 15:49:08 boss ipppd[28086]: PHASE_WAIT -> PHASE_ESTABLISHED,
                                 ➥ ifunit: 0, linkunit: 0, fd: 12
Jul 24 15:49:08 boss kernel: isdn_net: ippp0 connected
Jul 24 15:49:08 boss ipppd[28086]: Remote message:
Jul 24 15:49:08 boss ipppd[28086]: MPPP negotiation, He: No We: No
```

```
Jul 24 15:49:08 boss ipppd[28086]: CCP enabled! Trying CCP.
Jul 24 15:49:08 boss ipppd[28086]: CCP: got ccp-unit 0 for link 0
                                   ➥ (Compression Control Protocol)
Jul 24 15:49:08 boss ipppd[28086]: ccp_resetci!
Jul 24 15:49:08 boss ipppd[28086]: local  IP address 80.171.254.107
Jul 24 15:49:08 boss ipppd[28086]: remote IP address 213.191.64.1
...
```

Wenn hier IP-Adressen auftauchen, wurde die Verbindung erfolgreich aufgebaut. Sollte keine Verbindung zustande kommen, dann kommen wieder sehr verschiedene Gründe infrage.

Zuerst müssen Sie klären, ob die ISDN-Karte richtig arbeitet. Wenn ja, sollten z. B. eingehende Anrufe in der Datei `/var/log/messages` auftauchen, da der Dämon den Betrieb auf dem ISDN-Bus protokolliert. Falls bei einem Anruf keine ISDN-Informationen in der Log-Datei auftauchen, müssen Sie die Installation der Hardware prüfen.

Wenn die ISDN-Hardware funktioniert, aber keine Telefonverbindung aufgebaut wird, dann kommt wieder die Amtsholung hinter einer Telefonanlage als Fehler infrage.

Falls eine Telefonverbindung zustande kommt (*connected*), aber keine PPP-Verbindung, dann liegt mit großer Wahrscheinlichkeit ein Fehler in den Benutzerdaten vor. Hilfe bei diesen Problemen können Sie wieder in der Mailingliste zum Buch finden.

10.7.3 Automatisieren des Verbindungsaufbaus

Nach der bisherigen Beschreibung kann man die ISDN-Verbindung über

```
/usr/bin/cinternet -i ippp0 --start
```

starten und durch

```
/usr/sbin/cinternet -i ippp0 --stop
```

wieder beenden. Nach 300 Sekunden ohne Nutzung (IDLE-Timeout) baut der `ipppd` die Verbindung automatisch ab. Diese Idle-Time haben Sie beim Konfigurieren angegeben. Wenn Sie die Verbindung weiter benötigen, müssen Sie sie dann wieder manuell starten.

Wenn Ihr Linux-Server die Verbindung bei Bedarf automatisch aufbauen soll (*Dial on Demand*), müssen Sie den Wählmodus für diese Verbindung auf *Dial On Demand* bei den ISP-Parametern aktivieren. Wenn Sie verbindungsabhängige Gebühren zahlen, sollten Sie Ihre Log-Dateien genau im Auge behalten, um unbeabsichtigte Verbindungen durch fehlkonfigurierte Dienste möglichst schnell zu bemerken.

10.8 PPPoE – Per DSL superschnell ins Internet

Soweit an einem Standort Internetzugänge per DSL (Digital Subscriber Line) verfügbar sind, sollten Sie diese gegenüber Telefonverbindungen vorziehen. Das gilt insbesondere dann, wenn die Provider günstige Tarife (Flatrates) unabhängig von der Nutzungsdauer und dem übertragenen Datenvolumen bieten.

Das Verfahren Asymmetric Digital Subscriber Line (ADSL) kann über normale Telefonleitungen Datenübertragungsraten von mehreren MBit/s erreichen. Die tatsächlich mögliche Übertragungsrate hängt aber stark von der Leitungsqualität und dem Abstand zur nächsten Vermittlungsstelle ab.

Immer mehr Internet- und Telefonanbieter vermarkten ADSL unter verschiedenen Markennamen. So nennt die Telekom ihr ADSL-Angebot T-DSL. Hierbei setzt man vom Netzabschluss ausgehend ein Verteilerkästchen (Splitter), bei ISDN vor den NTBA. Die analoge Leitung oder die beiden ISDN-Kanäle können Sie weiterhin voll nutzen, auch zeitgleich mit T-DSL. An den Splitter wird ein DSL-Modem angeschlossen; es gibt aber auch DSL-Karten zum Einbau in den PC (Abbildung 10.19).

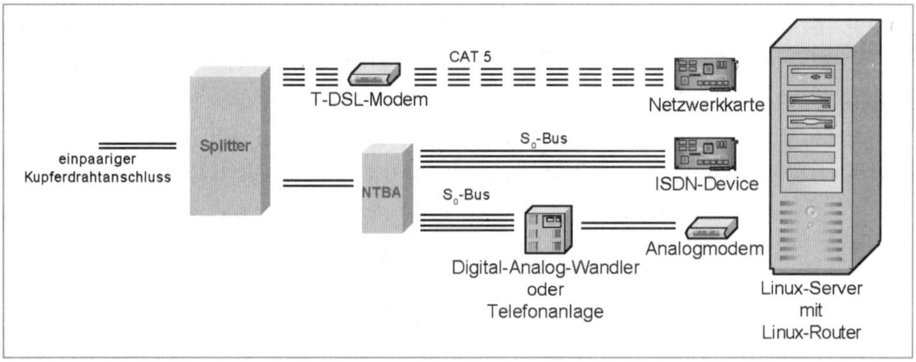

Abbildung 10.19: NTBA Splitter, Modem, Rechner

Dieses DSL-Modem verfügt über einen Ethernet-Anschluss, den man mit einem Ethernet-Port eines DSL-Routers oder einer Ethernet-Netzwerkkarte in einem PC verbindet (PPP over Ethernet).

Inzwischen gibt es auch Lösungen, die Netzwerkkarte, DSL-Modem und teilweise auch noch eine ISDN-Karte in einer einzigen Baugruppe integrieren. Bevor Sie Hardware beschaffen, sollten Sie prüfen, ob es dafür Linux-Treiber gibt.

Für Nutzer bieten Provider wie die Telekom im Download eine Bandbreite von derzeit 1.000 KBit/s. bis 16.000 KBit/s. Wollen Sie die DSL-Verbindung auch den Clients im lokalen Netz zur Verfügung stellen, so verwenden Sie einen DSL-Router oder stecken Sie die oben erwähnte Netzwerkkarte in den Linux-Server und installieren auf dem Linux-Server die Verbindungssoftware.

Bei der Nutzung von DSL fallen Gebühren der jeweiligen Provider an. Die Preissituation ist nicht übersichtlich; schauen Sie einfach regelmäßig bei den Anbietern oder auf *www.linuxbu.ch* nach.

Die folgende Konfiguration bezieht sich auf den Provider T-Home (vormals T-Online).

10.8.1 PPPoE installieren und konfigurieren

Soll der Linux-Server den Clients im Netz eine Internet-Verbindung per DSL bieten, braucht man das Paket `smpppd`, in das OpenSUSE das bisherige Paket `pppoed` integriert hat. Falls Sie es bisher noch nicht eingerichtet haben, installieren Sie jetzt bitte das Paket `smpppd`.

Hinweis: Nicht alle DSL-Tarife aller Provider erlauben das Anbinden mehrerer Rechner. Bevor Sie einen Provider wählen, um Ihr Netzwerk anzubinden, prüfen Sie bitte dessen Tarifbedingungen.

Für T-DSL über ein DSL-Modem muss man im Linux-Rechner eine Ethernet-Karte in das System einbinden und funktionstüchtig einrichten. Sie muss also bei `ifconfig` als `eth0` bzw. `eth1` (bei zwei Netzwerkkarten) auftauchen. Die zugeordnete IP-Adresse spielt keine Rolle. Zum bequemen Einrichten von Dateien für den DSL-Zugang hat OpenSUSE ein Modul in das Konfigurationsprogramm YaST integriert. Starten Sie das YaST-Kontrollzentrum und gehen Sie dann unter *Netzwerkgeräte* auf *DSL.*

YaST zeigt Ihnen dann in einem Dialogfenster, welche DSL-Geräte es erkannt hat. Wenn Sie mit einer Netzwerkkarte und einem externen DSL-Modem arbeiten, ist diese Auswahl leer und Sie wählen *Hinzufügen.*

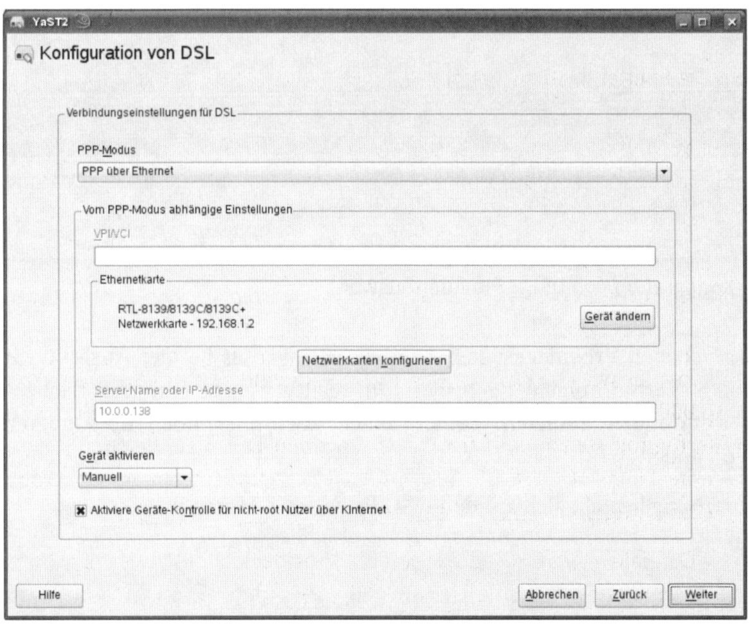

Abbildung 10.20: Konfigurtion von DSL – PPP-Modus

Im folgenden Formular brauchen Sie kaum etwas zu ändern. Der gebräuchlichste *PPP-Modus* ist *PPP over Ethernet*; andere Modi spielen nur dann eine Rolle, wenn Sie z. B. über ein Breitband-Kabelnetz ans Internet angebunden sind.

Wichtig ist die Auswahl der Netzwerkkarte. Während ein einzelner Arbeitsplatzrechner nur eine einzige Netzwerkkarte (*eth0*) haben wird, benötigt ein Linux-Server, der anderen Rechnern im lokalen Netz den Internetzugang ermöglicht, je eine Netzwerkkarte für die Verbindung zum lokalen Netz und eine für die Verbindung zum DSL-Modem. In diesem Fall müssen Sie hier die passende Karte auswählen und, falls Sie diese noch nicht mit YaST eingerichtet haben, über *Netzwerkkarten konfigurieren* für ihre Arbeit vorbereiten. Die *Geräte-Aktivierung* (Activate device) erfolgt im einfachsten Fall *Beim Booten*.

Mit einem Klick auf *Weiter* gelangen Sie zur *Providerauswahl*.

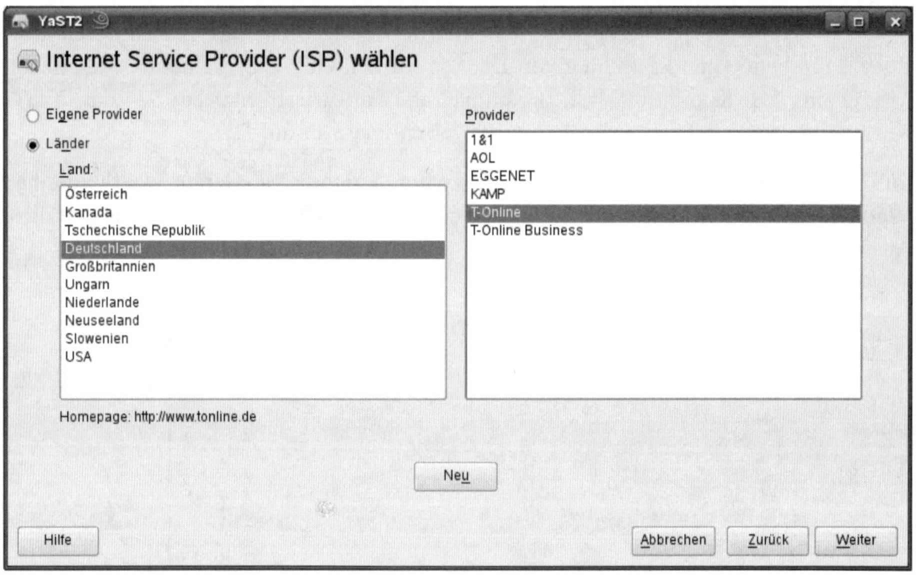

Abbildung 10.21: Konfigurtion von DSL – Provider-Auswahl

Die Zahl der vorgegebenen Provider ist hier deutlich geringer als bei der Auswahl für Modem- oder ISDN-Verbindungen, da bisher nur relativ wenige Provider flächendeckend DSL-Verbindungen anbieten. Leider fehlen auch hier noch die anderen deutschsprachigen Länder.

Die weitere Beschreibung bezieht sich auf den DSL-Provider T-Home.

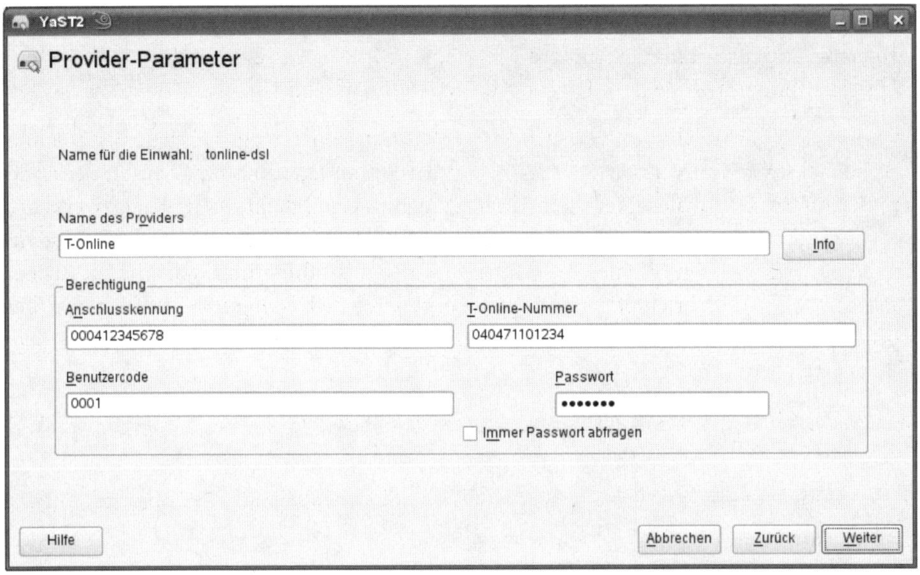

Abbildung 10.22: Konfigurtion von DSL – Parameter für Internetverbindungen

In dem folgenden Formular müssen Sie Ihre Benutzerdaten eingeben, die Sie der eingeschriebenen Anmeldebestätigung von T-Home entnehmen.

Tipp: Stellen Sie sicher, dass Sie eine von Ihren Telefonnummern unabhängige Benutzernummer bekommen, da sonst jede Ihrer E-Mails Ihre Telefonnummer verrät.

Verbindungsparameter

Nach der Eingabe der Benutzerdaten folgt ein weiteres Dialogfenster mit weiteren Verbindungsparametern.

Hier müssen Sie vor allem festlegen, ob Sie *Dial On Demand* aktivieren wollen. Ohne Flatrate-Tarif ist *Dial on Demand* ein Kostenrisiko, da jedes Datenpaket ins Internet automatisch eine Verbindung öffnet.

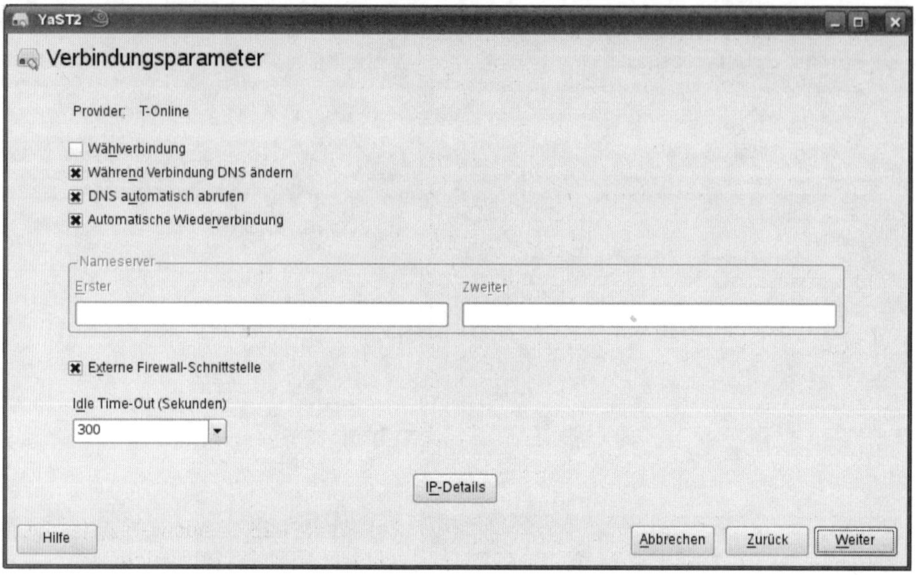

Abbildung 10.23: Konfigurtion von DSL – Verbindungsparameter

Ob Sie *Während der Verbindung DNS ändern* aktivieren oder nicht, hängt davon ab, ob Sie einen eigenen Nameserver installiert haben. Wenn nicht, sollten Sie diese Funktion aktivieren.

Über das Feld *Firewall aktivieren* können Sie bei Bedarf die von OpenSUSE mitgelieferte Firewall einschalten.

Bei *Idle Time-Out (Sekunden)* geben Sie die sogenannte Idle-Time ein. Wenn über den entsprechenden Zeitraum kein Datenpaket geflossen ist, dann baut der `smpppd` die Verbindung ab. Werte oberhalb von 900 Sekunden sind hier nicht sinnvoll, da T-Home die Verbindung nach entsprechender Idle-Time von sich aus trennt.

Nach einem Klick auf *Weiter* gelangen Sie zurück zur Startseite der DSL-Konfiguration und können hier über *Beenden* die Konfiguration abschließen.

10.8.2 Verbindung starten

Die Verbindung starten Sie mit

```
/usr/bin/cinternet -i dsl0 --start
```

und stoppen sie durch

```
/usr/bin/cinternet -i dsl0 --stop
```

Zumindest beim ersten Verbindungsaufbau sollte man auf einer zweiten Konsole mit

```
tail -f /var/log/messages
```

verfolgen, ob der Verbindungsaufbau klappt. Eventuell kann es für die Initialisierung der Netzwerkkarte nach Anschluss des DSL-Modems wichtig sein, das Netzwerk mit

```
init 1
init 5
```

neu zu starten oder gar den Rechner neu zu booten. Manche Netzwerkkarten mögen es einfach nicht, wenn sie beim ersten Initialisieren keine Verbindung vorfinden.

10.8.3 Dial on Demand

Die aktuelle Version des `smpppd` erlaubt auch Verbindungsaufbau bei Bedarf (*Dial on Demand*). Dazu brauchen Sie nur zwei Details zu ändern.

Aktivieren Sie dazu in der T-DSL-Konfiguration von YaST den Schalter *Dial-On-Demand* und setzen auch gleich die *Idletime* auf 600 Sekunden.

Hinweis: Der Verbindungsaufbau dauert bei T-DSL deutlich länger als bei ISDN. Daher sollten Sie die *Idletime* nicht zu kurz wählen, da sonst die Arbeit durch den häufigen Verbindungsaufbau merklich verzögert wird.

10.9 Die Datei ip-up

Nach dem erfolgreichen Aufbau einer Verbindung rufen die zuständigen Dämonen die Datei `/etc/ppp/ip-up` auf. Über diese ausführbare Datei können Sie beliebige Vorgänge auslösen, z. B.

- die Systemzeit aktualisieren,
- Post abholen,
- Post versenden,
- DynDNS-Einträge erfassen,
- die Firewall aktivieren,
- ...

Nach dem Abbau der Verbindung rufen die Dämonen entsprechend die Datei `/etc/ppp/ip-down` auf, die bei OpenSUSE nur einen Link auf die `/etc/ppp/ip-up` enthält. Damit können Sie dann z. B. die Firewall-Einstellungen wieder ausschalten.

Da diese Datei inzwischen sehr umfangreich geworden ist, sollten Sie sie möglichst nicht direkt bearbeiten. OOpenSUSE bindet zur Vereinfachung weitere Dateien in die `ip-up` ein, die sich leichter pflegen lassen.

Folgende Dateien und Verzeichnisse gehören inzwischen zur `ip-up`:

Datei/Verzeichnis	*Bedeutung*
`/etc/ppp/ip-up`	**Hauptdatei für die Automatisierung**
`/etc/ppp/ip-down`	**Vorgänge nach dem Verbindungsaufbau, normalerweise Link auf** `ip-up`
`/etc/ppp/ip-up.local`	**Datei für eigene Erweiterungen, voreingestellt nicht vorhanden**
`/etc/ppp/ip-down.local`	**Datei für eigene Erweiterungen, standardmäßig nicht vorhanden**
`/etc/ppp/poll.tcpip`	**Datei mit von OpenSUSE vorkonfigurierten Vorgängen**
`/etc/ppp/ip-up.d`	**Verzeichnis für eigene Programmskripte, die** `ip-up` **und** `ip-down` **aufrufen.**

Tabelle 10.6: Komponenten für die ip-up

10.9.1 ip-up.local und ip-down.local

Damit Sie die `ip-up` möglichst nicht zu ändern brauchen, bindet diese Datei jeweils am Ende die `ip-up.local` und die `ip-down.local` ein. Diese Dateien sind voreingestellt nicht vorhanden, da die `ip-up` alle Standardvorgänge erledigt.

Innerhalb der Dateien stehen Ihnen die gleichen Informationen bzw. Variablen zur Verfügung wie in der `ip-up`:

- `$1` Interface, z. B. `ppp0` bzw. `ippp0`
- `$2` Device, z. B. `/dev/ippp0`
- `$3` Speed, Übertragungsgeschwindigkeit
- `$4` lokale IP-Adresse
- `$5` IP-Adresse der Gegenstelle

Für einen ersten Test können Sie z. B. das Versenden der lokal zwischengespeicherten Mails veranlassen. Erstellen Sie dafür die Datei `/etc/ppp/ip-up.local` nach folgendem Muster:

```
#!/bin/sh
# ip-up.local laut www.linuxbu.ch 2008
/usr/sbin/sendmail  -q  &
```

und machen Sie die Datei ausführbar:

```
chmod  u+x  /etc/ppp/ip-up.local
```

Damit verschickt Ihr Rechner bei jedem Verbindungsaufbau die wartenden Mails.

Um ein Versionschaos zu vermeiden, sollten im Netz alle Rechner exakt die gleiche Uhrzeit verwenden. Dazu können Sie die aktuelle Uhrzeit von einem Server der Physikalisch-Technischen Bundesanstalt holen und die lokale Uhrzeit danach stellen. `hwclock --systohc` stellt die Hardwareuhr Ihres Rechners anhand der gerade aktualisierten Systemzeit:

```
#!/bin/sh
# ip-up.local laut www.linuxbu.ch 2008
/usr/sbin/sendmail  -q  &
/usr/sbin/ntpdate   ptbtime1.ptb.de ptbtime2.ptb.de
/sbin/hwclock  --systohc
```

Das Programm `ntpdate` zum Synchronisieren der Uhrzeit wird bei der Standardinstallation üblicherweise mit eingerichtet, ansonsten finden Sie es im Paket `xntp`.

Wenn Sie an der DSL-Konfiguration nichts geändert haben, können Sie eventuell einige Webseiten von Ihren Clients aus über den Server nicht bzw. nur unzuverlässig erreichen. Das betrifft u. a.:

- `www.postbank.de`
- `www.mediamarkt.de`
- `www.strato.de` (und Kundenseiten wie `www.debacher.de`).

Nach Auskunft von OpenSUSE besteht die eigentliche Fehlerursache in falsch konfigurierten Routern dieser Anbieter, bei denen das Aushandeln der Paketgröße nicht richtig funktioniert. DSL-Pakete per `pppoe` besitzen eine etwas geringere Paketgröße (meist 1492) als die im Ethernet üblichen 1500 Byte, da `pppoe` selber einige Zeichen für das zusätzliche Protokoll benötigt.

Falls Sie für Client-Rechner in Ihrem Netz eine direkte Internetanbindung zur Verfügung stellen (Masquerading siehe Kapitel 12), müssten Sie die Paketgröße (MTU) an jedem Rechner einzeln ändern. Zum Glück lässt sich dies auch zentral am Linux-Server erledigen. Dazu brauchen Sie nur über Ihr Firewall-Skript oder über die Datei `/etc/ppp/ip-up.local` das (einzeilige) Kommando:

```
iptables -I FORWARD -p tcp --tcp-flags SYN,RST SYN -j TCPMSS --clamp-
  ➥ mss-to-pmtu
```

einzugeben. Diese Änderung ist nicht notwendig, wenn die Client-Rechner ihren Internetzugang über einen Stellvertreter (Proxy) wie z. B. Squid (siehe Kapitel 11) erhalten.

Im Zusammenhang mit der Nutzung von DynDNS (siehe Abschnitt 10.11) werden Sie eine weitere Anwendung für die Datei `ip-up` kennenlernen.

10.9.2 poll.tcpip

Für das in der Praxis häufig erforderliche Abholen und Versenden von Mails sowie das Aktualisieren der Uhrzeit stellt OpenSUSE die vorkonfigurierte Datei `poll.tcpip` zur Verfügung.

Diese Datei ist nur dann aktiv, wenn die Sysconfig-Variable `RUN_POLL_TCPIP` nicht auf `no` gesetzt ist.

Setzen Sie die Variable vorsichtshalber auf `yes`, wenn Sie bei zukünftigen Verbindungen die `poll.tcpip` ausführen möchten.

Die sehr umfangreiche Datei ist gut kommentiert.

`/etc/ppp/poll.tcpip` (Auszug, Dateiende)

```
# Let's throw our mails out here. This is done as the last
# point to avoid mail loops which could be caused if the
# fetchmail call is done after /usr/sbin/sendmail. Also
# remember that /usr/sbin/sendmail should be provided by
# any other MTA like postfix or exim.
#
if test -s /etc/sendmail.cf -a -s /etc/mail/submit.cf ; then
    send=no
    for rc in /etc/init.d/rc${RUNLEVEL}.d/S*sendmail
    do
        if test -x $rc; then
            $rc status &> /dev/null && send=yes
        else
            send=yes
        fi
        break
    done
    if test "$send" = "yes" ; then
        /usr/sbin/sendmail -L sendmail-client -Ac -q
        sleep 3
        /usr/sbin/sendmail -L sendmail -Am -q
    fi
    unset send
else
    send=no
    for rc in /etc/init.d/rc${RUNLEVEL}.d/S*postfix \
              /etc/init.d/rc${RUNLEVEL}.d/S*exim
    do
        if test -x $rc; then
            $rc status &> /dev/null && send=yes
        else
            send=yes
        fi
```

```
        break
    done
    if test "$send" = "yes" ; then
        /usr/sbin/sendmail -q
    fi
    unset send
fi

# Tell system what we're done
logger -t poll.tcpip -p mail.notice " Done mail and news send/fetch"
#
exit 0
```

Dieses Programm versendet ebenfalls alle vorhandenen Mails, nachdem es vorher mit `fetchmail` die Post beim Provider abgeholt hat, sofern dieses Programm konfiguriert ist.

In der Datei finden sich auch Abschnitte für das Austauschen der Mails per UUCP (siehe Kapitel 14) und das Aktualisieren der Uhrzeit.

Die Datei `poll.tcpip` sollten Sie nicht direkt verändern. Individuelle Vorgänge bringen Sie besser in der Datei `ip-up.local` unter.

10.10 Verbindungsaufbau überwachen und verhindern

Internetverbindungen werden zum Vorteil der Anwender immer billiger. Aber auch wenn die Verbindungsdauer bei manchen Tarifmodellen keine Rolle mehr spielt, sollte man die Verbindungen kontrollieren können.

Nach den bisherigen Beschreibungen kann nur der Benutzer *root* Verbindungen aufbauen, da nur er die Passwortdateien lesen kann. Dabei lassen sich die Verbindungszeiten leicht kontrollieren.

Lediglich beim *Dial on Demand* können Sie nicht genau vorhersehen, wie intensiv Anwender die Verbindung nutzen. Der Benutzer *root* erlaubt hier gewissermaßen den Verbindungsaufbau, so dass alle Benutzer die Verbindung aktivieren können, indem sie auf Internetdienste zugreifen.

Es kann sinnvoll sein, den Zeitrahmen für Verbindungen per *Dial on Demand* zu begrenzen.

Dazu kann man die Start- und vor allem Stoppbefehle über Cronjobs ausführen. Außerhalb des so eingestellten Zeitfensters können dann normale Benutzer keine Internetverbindungen nutzen.

Für die nachträgliche Kontrolle der Verbindungszeiten und damit der Kosten muss man zwischen Verbindungen über den `pppd` (Modem bzw. T-DSL) und den `ipppd` (ISDN) unterscheiden.

Beide Dämonen protokollieren die Verbindungen zwar in der Datei /var/log/messages, aber nur für den ipppd gibt es ein komfortables Tool zum Auswerten, das Programm isdnrep.

10.10.1 Verbindungsauswertung mit isdnrep

Die Gebühren für ISDN-Verbindungen lassen sich sehr komfortabel mit dem folgenden Programm auswerten:

```
/usr/bin/isdnrep
```

Dieses Programm führt alle Verbindungen mit Verbindungszeiten und zugehörigen Kosten auf und kumuliert diese für den ausgegebenen Zeitraum am Ende.

```
I S D N  Connection Report  -  Mon Dec 17 19:39:20 2007


Mon Dec 17 2007
  15:02:19  0:01:33          myself1 -> Talknet
0.0000 EUR
  15:04:34  0:00:19          myself1 -> Talknet
0.0000 EUR
  15:43:06  0:00:23          myself1 -> Talknet
0.0000 EUR
  18:46:28  0:00:35          myself1 -> Talknet
0.0000 EUR
====================================================================
=====================
  0 IN=      ,   4 OUT= 0:02:52,    0 failed



Outgoing calls (calling:) Summary for Mon Dec 17 2007
--------------------------------------------------------------------
--------------------
Talknet                          4 call(s)    0:02:52    0.0000 EUR


Incoming calls (called by:) Summary for Mon Dec 17 2007
--------------------------------------------------------------------
--------------------


Calls (incoming & outgoing) Summary for Mon Dec 17 2007
--------------------------------------------------------------------
--------------------
Talknet                          4 call(s)    0:02:52    0.0000 EUR
```

```
Outgoing calls ordered by Zone
----------------------------------------------------------------------
---


Outgoing calls ordered by Provider
----------------------------------------------------------------------
---------------------------
Provider    01050 Talkline ID CbC              4 call(s)     0:02:52
0.0000 EUR   100.0% avail.


Outgoing calls ordered by MSN
----------------------------------------------------------------------
myself1                             4 call(s)    0:02:52    0.0000 EUR
```

Im vorliegenden Fall hat der Server viermal bei Talkline angerufen.

`isdnrep` kennt viele Parameter. Ohne Parameter aufgerufen, gibt es die Verbindungen des aktuellen Tages aus. Für eine Übersicht eines zurückliegenden Datums, z. B. den 7.12.2007, ruft man `isdnrep` mit dem Schalter `-t` auf:

```
/usr/bin/isdnrep  -t  7/12/2007
```

Alle Verbindungen seit dem 7.12.2007 sieht man mit dem Kommando:

```
/usr/bin/isdnrep  -t  7/12/2007-
```

Die Manpage zu `isdnrep` nennt weitere Schalter.

Hinweis: Der `ipppd` protokolliert nicht nur seine eigenen Verbindungen, sondern alle Verbindungen auf dem ISDN-Bus, auch alle eingehenden Telefonverbindungen. Bei Telefongesprächen vom eigenen Anschluss nach draußen kennt der `ipppd` aber nicht die Telefonnummern, sondern nur die Verbindungszeiten.

Eine derart vollständige Überwachung der Telefonleitungen muss allerdings unbedingt mit allen Beteiligten im Haus oder der Firma abgestimmt sein.

10.10.2 Verbindungen für den pppd auswerten

Für den `pppd` liefert OpenSUSE bisher kein mit `isdnrep` vergleichbares Auswertungstool. Das ändert sich eventuell durch die Wiederbelebung der `pppd`-Nutzung bei ADSL.

Der pppd schreibt beim Beenden der Verbindung Zusammenfassungen in die /var/log/messages wie im folgenden Beispiel:

```
Jan  4 17:23:11 boss pppd[9919]: Terminating on signal 15
Jan  4 17:23:11 boss pppd[9919]: Connect time 0.9 minutes.
Jan  4 17:23:11 boss pppd[9919]: Sent 680 bytes, received 995 bytes.
Jan  4 17:23:11 boss pppd[9919]: restoring old default route to eth0
                                  ➥ [192.168.1.1]
```

Ist man an den Verbindungszeiten interessiert, gibt man an der Konsole ein:

```
grep "Connect time" /var/log/messages
```

grep gibt alle Zeilen aus, in denen der Text *Connect time* vorkommt. Nun muss man nur noch die Zeiten zusammenzählen.

Ist man am Datendurchsatz interessiert, so kommt man mit

```
grep "bytes, received" /var/log/messages
```

an die entsprechenden Zeilen und muss nur noch zusammenzählen. Auch wenn hier eigentlich nur nach den empfangenen Daten gesucht wird, bekommt man auch die Menge der gesendeten Daten, da beide Informationen in einer Zeile stehen.

Das Programm pppusage erleichtert die Auswertung deutlich. Es summiert die Zahl der gesendeten bzw. empfangenen Bytes und stellt die Ergebnisse übersichtlich dar. Sie finden es an der Adresse http://code.jhweiss.de/pppusage.

10.11 Besonderheiten bei der Flatrate-Nutzung

Schon seit einigen Jahren locken Provider ihre DSL-Privatkunden mit niedrigen monatlichen Festpreisen (Flatrates). Diese Angebote unterscheiden sich durch einige Einschränkungen von teureren Angeboten für Geschäftskunden:

- Sie trennen die Verbindung nach einer bestimmten Zeit und
- die IP-Adresse ändert sich bei jeder Einwahl.

Die immer wieder neue IP erschwert das Nutzen der Rechner z. B. als Webserver, weil niemand weiß, unter welcher IP der Server gerade erreichbar ist. Beide Nachteile lassen sich, mit gewissen Einschränkungen, beseitigen.

Hinweis: Die folgenden technischen Hinweise stehen möglicherweise nicht im Einklang mit den aktuellen AGBs Ihres Providers. Überprüfen Sie bitte jeweils selbst, ob Ihr ADSL-Provider die beschriebene Nutzung zulässt.

10.11.1 Aufrechterhalten der Verbindung

Viele Provider bauen die Internetverbindung nach einer gewissen Zeit ohne Datenfluss ab. Das ist normalerweise auch im Interesse der Kunden, denn versehentlich aufgebaute Verbindungen können teuer werden. Für Nutzer von Flatrates ist das aber ein lästiges Feature, wenn in Spitzenzeiten die Wiederverbindung erst nach länger Wartezeit möglich ist.

Diese Einschränkung lässt sich technisch relativ einfach umgehen. T-Home baut z. B. die Verbindung derzeit nach 15 Minuten ab. Man muss also nur innerhalb dieser Zeitspanne ein Datenpaket verschicken, z. B. über den Cron-Dämon, den Sie bereits im Kapitel 4 kennengelernt haben.

Um alle 12 Minuten einen Ping auf den angegebenen Rechner auszulösen und die Ausgaben und Meldungen zu ignorieren, kann man für den Benutzer *root* folgende `crontab` einrichten:

```
SHELL=/bin/sh
PATH=/bin:/usr/bin:/usr/local/bin:/usr/lib/news/bin
MAILTO=root
# root crontab
#
# min hour day month dayofweek (1=Mo,7=Su) command
*/12 * * * * ping  -c 1  www.t-online.de  > /dev/null 2>&1
```

Beim Produkt T-DSL der Telekom können Sie dadurch aber nicht verhindern, dass diese nach spätestens 24 Stunden die Verbindung abbricht. Sie können hier

- den Rechner danach sofort wieder automatisch einwählen lassen, wenn Sie einen *Dial on Demand* aktiviert haben
- oder über Cron rechtzeitig die Verbindung einmal abbauen und kurz danach neu starten.

10.11.2 Nameserver für dynamische IP

Leider bekommt der Server bei jeder neuen Verbindung eine andere IP-Adresse, wodurch er von außen nicht ohne weitere Hilfe gezielt erreichbar ist.

Als Hilfe bieten Dienste wie DynDNS (`http://www.dyndns.com`) dynamische Nameserver. Diese verwalten zu frei wählbaren Namen wechselnde IP-Adressen.

Wenn Sie diesem Dienst bei jeder Interneteinwahl Ihre aktuelle IP-Adresse übermitteln, kann er sie in seine dynamische Nameserver-Datenbank übernehmen. Wenn nun jemand im Web Ihre DynDNS-Subdomain aufruft, übermittelt deren Nameserver Ihre aktuelle IP.

Um den kostenlosen Dienst bei DynDNS nutzen zu können, muss man an der URL `http://www.dyndns.com/` einen Account einrichten.

Abbildung 10.24: Neuer Account bei DynDNS

Klicken Sie hier auf den Eintrag *Create Account* und nehmen Sie im nächsten Fenster die Vertragsbedingungen an.

Sie können dann einen Benutzernamen und eine Mailadresse angeben, worauf DynDNS einen neuen Account einrichtet. DynDNS schickt an die angegebene Adresse eine Mail mit den notwendigen Benutzerdaten. Mit diesen Daten können Sie sich bei DynDNS einloggen und Daten Ihres Servers erfassen.

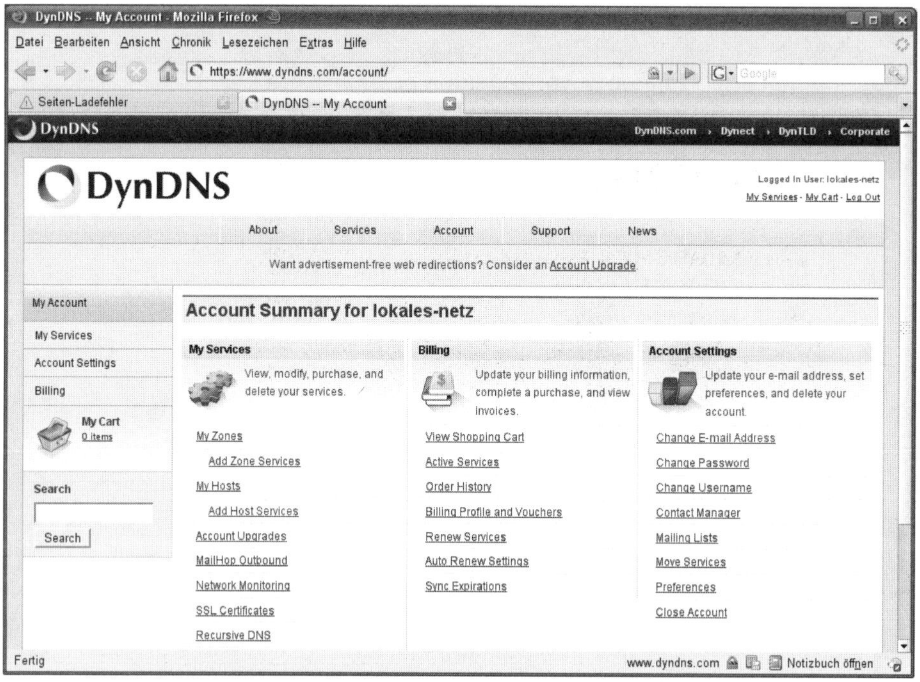

Abbildung 10.25 : Benutzeranmeldung bei DynDNS

Wählen Sie auf dieser Seite *MyHosts* und auf der folgenden Seite *Host Services* den Punkt *Add New Host.* Damit gelangen Sie dann endlich auf die Seite, auf der Sie die Daten erfassen können. Sie können hier eine Subdomain unterhalb von `dyndns.org` oder funktionsähnlichen Domains aussuchen.

Bestimmen Sie einen netten Namen, unter dem Ihr Server zukünftig erreichbar sein soll. Die restlichen Angaben können Sie freilassen. Die jeweils aktuelle IP-Adresse übernimmt DynDNS automatisch.

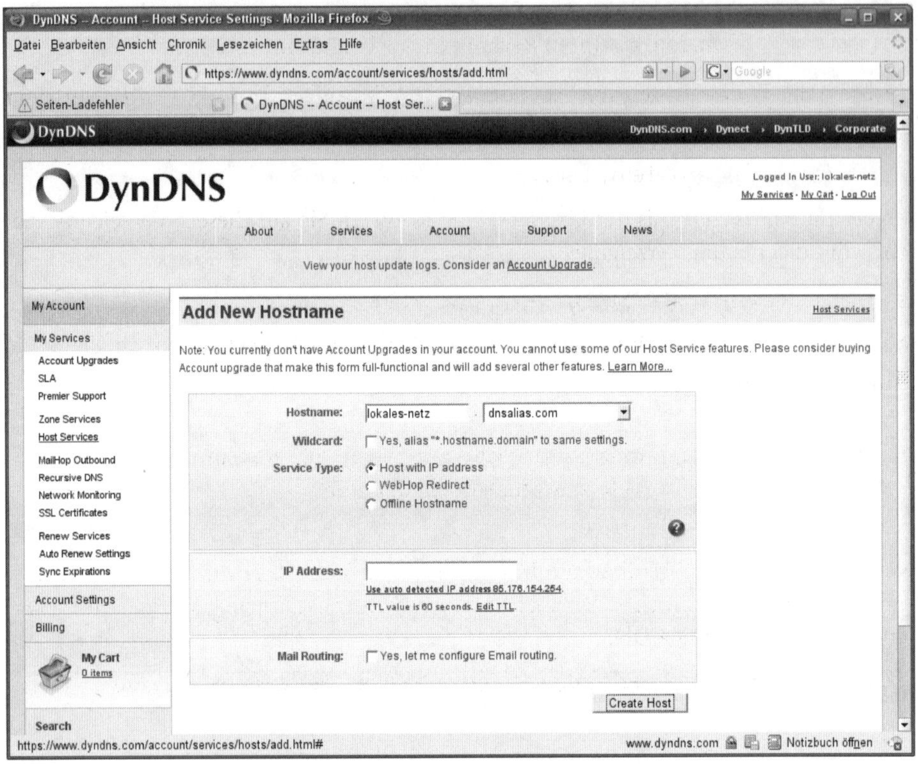

Abbildung 10.26 : New Dynamic DNS Host

Wenn Sie jetzt auf *Add Host* klicken, können Sie kurz darauf einen Ping auf Ihre neue Adresse absetzen.

Über einen Eintrag in das Feld *Mail Exchanger* können Sie erreichen, dass Ihr Server auch Mails an Ihre DynDNS Adresse bekommen kann.

Wenn Sie jetzt noch erreichen, dass Ihr Server bei jeder Interneteinwahl Ihre IP automatisch an DynDNS übermittelt, dann ist Ihr Server zukünftig immer unter dem eben eingerichteten Namen erreichbar.

10.11.3 Übermittlung der IP an DynDNS

Da sich die IP-Adresse Ihres Servers bei jeder neuen Einwahl verändert, benötigen Sie ein Programm, das jedes Mal die gerade aktuelle IP-Adresse an DynDNS übermittelt. Dazu finden Sie an der Adresse `https://www.dyndns.com/support/clients/` mehrere Links auf frei verfügbare Programme.

Die Autoren haben mit dem Programm `ddclient` gute Erfahrungen gemacht, das vollständig in Perl geschrieben ist.

Laden Sie die aktuellste Version, die Sie momentan unter `http://cdn.dyndns.com/ddclient.tar.gz` finden, auf Ihren Rechner in das Verzeichnis `/tmp`.

Wechseln Sie in das Verzeichnis `/tmp` und geben Sie an der Konsole den Befehl zum Entpacken ein:

```
tar  xvfz  /tmp/ddclient.tar.gz
```

`Tar` erstellt ein Verzeichnis `ddclient-3.7.3`. Kopieren Sie aus diesem Verzeichnis die Programmdatei in das Verzeichnis `/usr/sbin`.

```
cp  /tmp/ddclient-3.7.3/ddclient  /usr/sbin
```

Sobald Sie die Konfigurationsdatei `/etc/ddclient.conf` erstellt haben, ist die Software einsatzbereit.

> **Tipp:** Machen Sie die Konfigurationsdatei mit `chmod 600` nur für den Eigentümer *root* lesbar. Ansonsten sind Ihre Benutzerdaten öffentlich.

Die Konfigurationsdatei enthält die Daten Ihres DynDNS-Accounts. Sie finden in der Datei viele auskommentierte Beispiele für verschiedene Dienste, darunter auch die Zeilen für den Dienst DynDNS.

```
######################################################################
##
## Define default global variables with lines like:
##       var=value [, var=value]*
## These values will be used for each following
## host unless overridden
## with a local variable definition.
##
## Define local variables for a host with:
##       var=value [, var=value]* host.and.domain [login] [password]
##
## Lines can be continued on the following line
## by ending the line with a \
##
######################################################################
#
login=lokales-netz                      # default login
password=geheim                         # default password
#mx=mx.for.your.host                    # default MX
#backupmx=yes|no                        # host is primary MX?
#wildcard=yes|no                        # add wildcard CNAME?

##
## dyndns.org dynamic addresses
##
```

```
## (supports variables: wildcard,mx,backupmx)
##
server=members.dyndns.org,                \
protocol=dyndns2                          \
lokales-netz.dyndns.org
```

Um die Funktionsfähigkeit von `ddclient` zu testen, ermitteln Sie Ihre aktuelle IP-Adresse. Sie finden sie beispielsweise in den `pppd`-Meldungen in der Datei `/var/log/messages`. Rufen Sie `ddclient` folgendermaßen auf:

```
/usr/bin/ddclient  -ip  192.168.1.2
```

Die hier im Beispiel angegebene IP-Adresse ersetzen Sie dabei durch die aktuelle IP-Adresse Ihres Servers. Als Antwort sollten Sie eine Zeile erhalten wie:

```
SUCCESS: udating lokales-netz.dyndns.org: Modifications
  ➥ Complete
```

Damit wissen Sie nun, dass die Lösung funktioniert. Sollten Fehler auftauchen, gibt der `ddclient` einen umfangreichen Hilfstext aus.

Um die Anmeldung zu automatisieren, nehmen Sie den `ddclient`-Aufruf in die Datei `/etc/ppp/ip-up.local` auf. Zu `ddclient` gehört eine Datei `sample-etc_ppp_ip-up.local`, die Sie notfalls einfach mit

```
cp   sample-etc_ppp_ip-up.local   /etc/ppp/ip.up.local
```

übernehmen können und dann noch ausführbar machen müssen:

```
chmod  a+x  /etc/ppp/ip-up.local
```

Die Datei hat folgenden Inhalt:

`/etc/ppp/ip-up.local` (Auszug)

```
...
*)          (
                    sleep 5
                    ddclient -daemon=0 -syslog -use=if -if=$1
                    ➥  >/dev/null 2>&1
            ) &
            ;;
esac
```

Mit diesem Programmaufruf erreichen Sie, dass der Client seine Meldungen in die Datei `/var/log/messages` schreibt. Die IP-Adresse ermittelt er über das Interface, das in der `ip-up` als aktuell bekannt ist, meist also `ppp0` oder `ippp0`. Der Dämon-Modus des `ddclient`, der in einstellbaren Zeitabständen die IP-Adresse aktualisiert, ist hier unnötig und deaktiviert.

Der Befehl `sleep 5` bringt die `ip-up` dazu, 5 Sekunden zu warten, bevor `ddclient` aufgerufen wird. Damit stellen Sie sicher, dass die Verbindung aufgebaut und die Routen richtig gesetzt sind.

Nun ist Ihr Server kurze Zeit nach der Interneteinwahl weltweit mit seinem Subdomain-Namen erreichbar.

Damit können Sie auf Ihrem Rechner die üblichen Internetdienste wie z. B. WWW und FTP, anbieten.

Tipp: Sie müssen jetzt unbedingt darauf achten, Ihren Server systematisch gegen unfreundliche Angriffe von außen zu sichern, da er jetzt gezielt angreifbar ist.

10.11.4 Kontent.de

Eine interessante zusätzliche Möglichkeit der Namensvergabe bietet der Provider *Kontent*, den Sie im Internet unter der Adresse `http://www.kontent.de` finden.

Bei diesem Provider können Sie Ihre Domain verwalten lassen und dabei die Leistungen modular bestellen. Besonders interessant ist hier das *DNS Zonen-Modul*, über das Sie die Nameserver-Einträge für Ihre von Kontent verwaltete Domain selber vornehmen können.

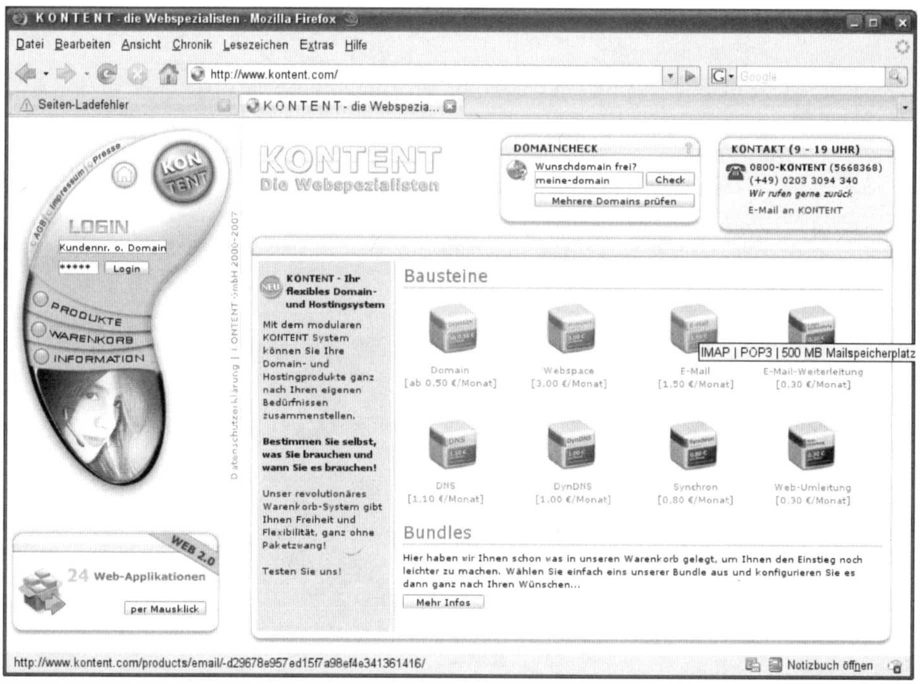

Abbildung 10.27 : Provider Kontent

In diesem Modul können Sie dann statt einer IP-Adresse den DynDNS-Namen Ihres Rechners angeben. Damit können Sie Ihren Linux-Rechner unter einem beliebigen Domain-Namen ansprechen und nicht nur über den DynDNS-Namen.

Kontent hat auch ein DynDNS-Modul in seinem Angebot, was den Umweg über DynDNS.org erspart. Dieses Modul ist sogar etwas günstiger als das normale DNS-Zonenmodul.

11 Webseiten im Proxy-Cache zwischenspeichern und filtern

Das World Wide Web wird oft lästerlich World Wide Wait genannt, weil immer mehr Anwender immer mehr Seiten anfordern, als Netzanbieter Bandbreite für Anwender liefern können.

Anwender können Webseiten schneller abrufen, wenn sie

- mit ihren Providern Verträge für schnellere Zugänge, Zugänge mit garantierter Bandbreite oder für Zusatzbandbreite über Satellit abschließen oder
- Seiten, die sie selbst oder andere Anwender der gleichen Gruppe wiederholt anfordern, nicht jedes Mal neu laden, sondern aus einem Zwischenspeicher abrufen.

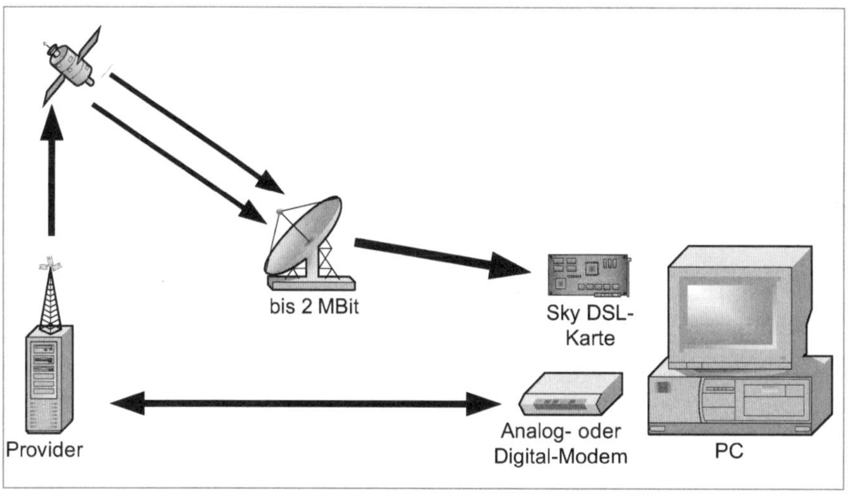

Abbildung 11.1: Hohe Bandbreite, z. B. durch satellitenbasiertes DSL

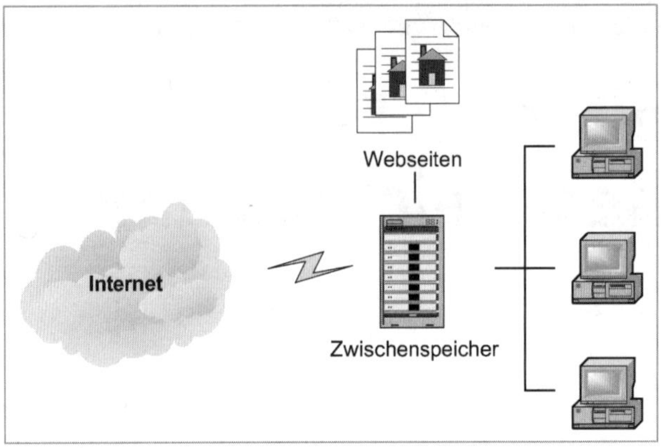

Abbildung 11.2: Webseiten im Proxy-Cache

Werden Internetseiten in geschützten Umgebungen wie Betrieben, Schulen, Internet-Cafes, zu denen auch minderjährige Besucher Zugang haben, oder Familien abgerufen, sind Systemverantwortliche gefordert, neben schnellem Seitenabruf auch Filter und Inhaltskontrollen einzurichten.

Webzugriffe lassen sich durch verschiedene Zwischenspeicher beschleunigen und filtern:

- durch lokale Speicher und Filter beim Anwender und
- zentrale Speicher und Filter zwischen Internet und Clients im Intranet.

Fast alle Anwender nutzen lokale Zwischenspeicher für Internetseiten, Cache genannt. Anfänger tun dies sogar ohne es zu wissen, weil Webbrowser diese Funktion schon in ihrer Grundausstattung bieten. Löschen Anwender den Verlauf ihrer Websitzungen beim Verlassen des Surfplatzes nicht, können Dritte ausspionieren, welche Websites sie besucht haben.

Diese lokalen Zwischenspeicher legen bereits geladene Internetseiten im Hauptspeicher oder auf der Festplatte ab, so dass bei einem erneuten Zugriff auf die Seite kein weiteres Laden aus dem Internet erforderlich ist, es sei denn, die Seite hätte sich geändert.

Im Browser Mozilla Firefox finden Sie die Cache-Einstellungen unter *Bearbeiten • Einstellungen • Erweitert • Netzwerk*.

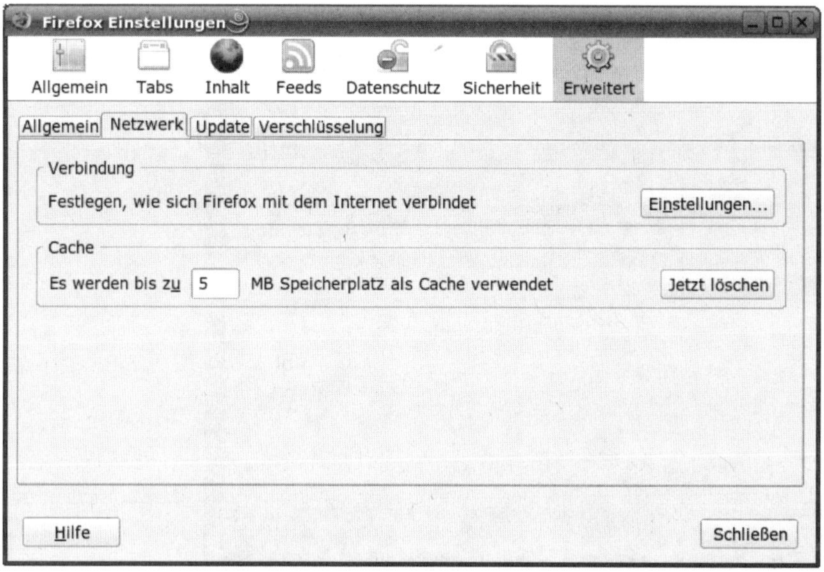

Abbildung 11.3: Cache-Einstellungen in Mozilla

Das entsprechende Menü finden Sie beim Internet Explorer unter *Extras* • *Internetoptionen* • *Temporäre Internetdateien* • *Einstellungen.*

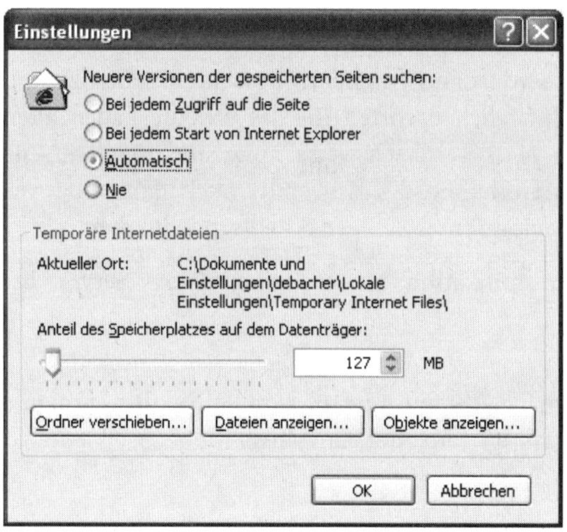

Abbildung 11.4: Cache-Einstellungen im Internet Explorer

Bei Opera finden Sie die Cache-Einstellungen unter *Extras* • *Einstellungen* • *Erweitert* • *Verlauf.*

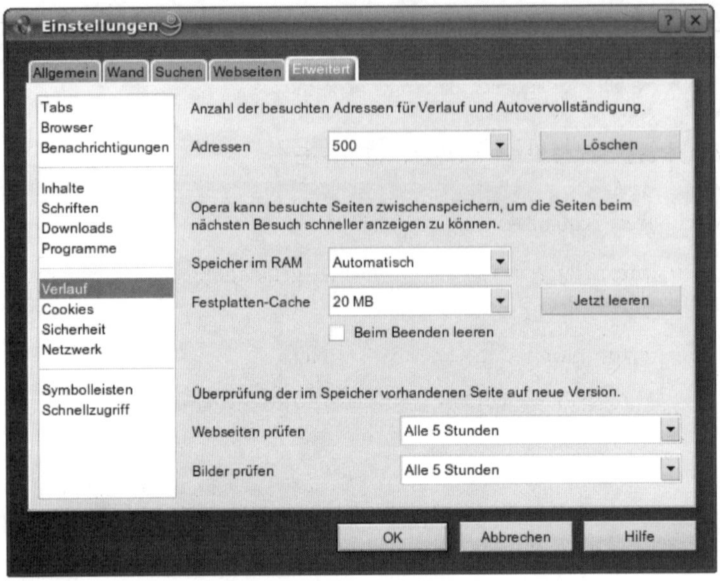

Abbildung 11.5: Cache-Einstellungen bei Opera

Um in Unternehmen, Bildungseinrichtungen und sonstigen Organisationen im Interesse des Jugendschutzes Seiten zu filtern, benötigt man Zusatzprogramme, die Seiten mit unerwünschten Inhalten wie bestimmten Text- oder Grafikobjekten und von einschlägigen Websites ignorieren.

Hierzu kann man in lokalen Netzen die von den Anwendern besuchten Seiten zentral speichern. Einerseits kommt der Geschwindigkeitsvorteil für das erneute Laden allen zugute, da die Ladezeiten im lokalen Netz vergleichsweise kurz sind. Andererseits können Systemverwalter damit das Surfverhalten der Anwender auch dann überwachen, wenn diese die lokalen Speicher nach ihrem jeweiligen Arbeitsende löschen.

Für diesen Zweck setzt man auf Kommunikations-Servern einen Proxy-Server, bei Linux meist Squid, ein.

Hinweis: Wenn Sie einen Proxy-Server wie Squid nutzen, können Sie den lokalen Cache im Browser entweder ganz deaktivieren oder auf einen möglichst kleinen Wert reduzieren.

Zusätzlich zu der Cache-Funktion verfügt Squid über eine Stellvertreterfunktion (Proxy). Bei der Einwahl ins Internet stellt der Provider eine einzige offizielle IP-Adresse zur Verfügung, die der Linux-Server bekommt. Die anderen Rechner im Netz verfügen nur über lokale IP-Adressen, an die Webserver keine Antworten schicken können. Diese lokalen Rechner fordern WWW-Seiten indirekt von Squid an. Dieser ruft sie mit der IP-Adresse des Linux-Routers aus dem Internet ab, sofern er sie nicht schon lokal gespeichert hat.

11.1 Wann lohnt sich ein Proxy-Cache?

Ein Proxy-Cache hat mehrere Aufgaben und Vorteile:

- er beschleunigt den Internetzugriff, da schon einmal geladene Seiten nicht erneut übertragen werden,
- er hat eine Stellvertreterfunktion für die Rechner im Netz;
- er kann kontrollieren, welche Inhalte die Benutzer im lokalen Netz anfordern dürfen und
- er dokumentiert, wer wann von welchem Endgerät welche Webseiten angefordert hat.

Wie sehr der Proxy-Server das Laden von Webseiten beschleunigt, indem er mehrfach angeforderte Seiten aus dem lokalen Netz statt aus dem Internet bereitstellt, hängt in der Praxis davon ab, wie viele Nutzer die gleichen Seiten anfordern und sich eine – vielleicht nur schmalbandige – Internetanbindung teilen müssen.

Die Proxy-Funktion ist die einfachste Möglichkeit, beliebig vielen Rechnern im Intranet den Zugriff auf WWW-Seiten zu ermöglichen. Da hier nur der Proxy Anfragen ans Internet richtet, kommt man mit einer einzigen offiziellen IP-Adresse aus.

Will man den lokalen Rechnern erlauben, unter Umgehung des Proxy direkt auf Webserver zuzugreifen, muss der Server die lokalen IP-Adressen jeweils durch seine eigene ersetzen (IP-Masquerading). Um auch dann noch Sperr- und Kontrollmöglichkeiten zu garantieren, muss man jedoch eine Firewall einrichten und betreiben (siehe dazu Kapitel 12).

Proxies können gezielt einzelne Seiten oder ganze Internet-Domains sperren, damit kein Browser, der sie anfordert, solche Seiten überhaupt sehen oder laden kann.

Da ein Proxy alle Zugriffe protokollieren kann, lässt sich überwachen, wer welche Seiten aufgerufen hat.

11.2 So funktioniert ein Proxy-Cache

Anfragen von Client-Browsern gehen nicht mehr direkt ins Internet, sondern zum Proxy-Server. Dieser prüft, ob er eine aktuelle Version der angeforderten Seite gespeichert hat. Wenn die Seite vorliegt und noch aktuell ist, liefert er sie direkt aus dem lokalen System heraus an den Browser.

Hat er die Seite nicht im Speicher oder ist sie nicht mehr aktuell, so lädt der Proxy sie aus dem Internet, speichert sie im lokalen Netz und stellt sie dann den Browsern der Clients zur Verfügung.

11.3 Squid installieren und konfigurieren

Da alle Linux-Distributionen Squid enthalten, lässt er sich einfach durch Auswahl des zugehörigen Pakets einrichten. Bei OpenSUSE befindet sich die aktuelle Version 3 unter dem Namen `squid3` in der Paketgruppe `Netzwerk`. Die bisherige Version des Squid steht in dieser Paketgruppe ebenfalls noch zur Auswahl. Installieren Sie das Paket `squid3` von Ihrer Installationsquelle.

Datei	*Bedeutung*
`/usr/sbin/squid`	**Binärdatei des Squid-Servers**
`/etc/init.d/squid`	**Start/Stop-Skript für Squid**
`/etc/squid/squid.conf`	**Squid-Konfigurationsdatei**

Tabelle 11.1: Die Dateien zu Squid

Nach der Installation muss man dafür sorgen, dass Squid automatisch startet. Dazu rufen Sie im YaST-Kontrollzentrum unter *System* den *Runlevel-Editor* auf. Dort markieren Sie in der Liste die Zeile für den Squid und aktivieren die Runlevel *3* und *5*. Anschließend können Sie YaST wieder beenden.

Diese Änderung wird erst beim nächsten Neustart des Netzwerks bzw. des Rechners wirksam. Von Hand starten Sie Squid mit

```
rcsquid start
```

Die für den laufenden Betrieb benötigten Ordner und Dateien legt Squid beim ersten Start selbstständig an.

Squid konfiguriert man über die 4.600 Zeilen große Datei `squid.conf`, die überwiegend aus Kommentaren und Dokumentation besteht. Jeder Schalter ist zuerst ausführlich dokumentiert, dabei ist auch immer die Standardeinstellung angegeben.

`/etc/squid/squid.conf` (Auszug ab Zeile 1912)

```
#  TAG: emulate_httpd_log        on|off
#       The Cache can emulate the log file format which many 'httpd'
#       programs use.  To disable/enable this emulation, set
#       emulate_httpd_log to 'off' or 'on'.  The default
#       is to use the native log format since it includes useful
#       information that Squid-specific log analyzers use.
#
#Default:
# emulate_httpd_log off
```

Die ersten acht Zeilen sind reiner Kommentartext, erkennbar an dem einleitenden #-Zeichen. Der Kommentar erklärt die Schalter. Der Schalter selber ist hier durch ein # deaktiviert, wodurch die Vorgabe `emulate_httpd_log off` gilt. Will man die Vorgabe ändern, so muss man den Schalter durch Entfernen des Kommentarzeichens aktivieren und `off` durch `on` ersetzen.

Um die Vorgaben individuell einzustellen, sollte man die Konfigurationsdatei sorgfältig bearbeiten. Insbesondere sollte man

- die Größe des Cache im laufenden Betrieb beobachten (siehe Log-Dateien des Squid) und
- den tatsächlichen Bedürfnissen anpassen (s. u.).

In der aktuellen OpenSUSE-Distribution ist Squid zum Glück nicht mehr so stark auf Sicherheit getrimmt, dass er auch Webzugriffe aus dem lokalen Netz ablehnt. Dies stellte in früheren Versionen zum Teil ein Problem dar.

`/etc/squid/squid.conf` (Auszug ab Zeile 566)

```
#Recommended minimum configuration:
acl manager proto cache_object
acl localhost src 127.0.0.1/32
acl to_localhost dst 127.0.0.0/8
#
# Example rule allowing access from your local networks.
# Adapt to list your (internal) IP networks from where browsing
# should be allowed
acl localnet src 10.0.0.0/8     # RFC1918 internal network
acl localnet src 172.16.0.0/12  # RFC1918 internal network
acl localnet src 192.168.0.0/16 # RFC1918 internal network
#
acl SSL_ports port 443
acl Safe_ports port 80          # http
acl Safe_ports port 21          # ftp
acl Safe_ports port 443         # https
acl Safe_ports port 70          # gopher
acl Safe_ports port 210         # wais
acl Safe_ports port 1025-65535  # unregistered ports
acl Safe_ports port 280         # http-mgmt
acl Safe_ports port 488         # gss-http
acl Safe_ports port 591         # filemaker
acl Safe_ports port 777         # multiling http
acl CONNECT method CONNECT

#  TAG: http_access
#    Allowing or Denying access based on defined access lists
#
#    Access to the HTTP port:
```

```
#    http_access allow|deny [!]aclname ...
#
#    NOTE on default values:
#
#    If there are no "access" lines present, the default is to
#    deny the request.
#
#    If none of the "access" lines cause a match, the default
#    is the opposite of the last line in the list.  If the
#    last line was deny, the default is allow.  Conversely, if
#    the last line is allow, the default will be deny.  For
#    these reasons, it is a good idea to have an "deny all"
#    or "allow all" entry at the end
#    of your access lists to avoid potential confusion.
#
#Default:
# http_access deny all
#
```

Was zu tun ist, wenn eine der Regeln zutrifft, legen Sie im folgenden Abschnitt fest:

`/etc/squid/squid.conf` (Auszug ab Zeile 612)

```
#Recommended minimum configuration:
#
# Only allow cachemgr access from localhost
http_access allow manager localhost
http_access deny manager
# Deny requests to unknown ports
http_access deny !Safe_ports
# Deny CONNECT to other than SSL ports
http_access deny CONNECT !SSL_ports
#
# We strongly recommend the following be uncommented to protect innocent
# web applications running on the proxy server who think the only
# one who can access services on "localhost" is a local user
#http_access deny to_localhost
#
# INSERT YOUR OWN RULE(S) HERE TO ALLOW ACCESS FROM YOUR CLIENTS

# Example rule allowing access from your local networks.
# Adapt localnet in the ACL section to list your (internal) IP networks
# from where browsing should be allowed
http_access allow localnet

# allow localhost always proxy functionality
http_access allow localhost

# And finally deny all other access to this proxy
http_access deny all
```

Die Regel in der letzten Zeile aus diesem Ausschnitt verbietet jeglichen Zugriff per HTTP, wenn ihn bis dahin nicht eine andere Regel erlaubt hat.

Sofern Sie in Ihrem Netz einen der freien IP-Bereiche wie `192.168.1.x` einsetzen, sollten die Rechner in Ihrem Netz den Squid ohne weitere Änderungen der Konfiguration nutzen können. Sollten Sie einen anderen Netzbereich gebrauchen, so fügen Sie eine Zeile nach folgendem Muster an Nummer `577` an:

```
acl localnet src xxx.yyy.zzz.0/24
```

und veranlassen Sie den Squid, seine Konfigurationsdatei neu einzulesen:

```
rcsquid reload
```

Nach dieser Änderung stellt Squid seine Dienste im lokalen Netz zur Verfügung.

11.4 Zugriffskontrolle durch den Proxy-Cache

Squid kann jeglichen Zugriff auf Internetadressen ausschließen, die Systembetreiber als unerwünscht einstufen:

Um einzelne Server, hier unsere Server `www.mues.li` und `www.wapbu.ch` vollständig zu sperren, richtet man in `squid.conf` eine Zugriffsregel (`Access List=acl`) ein:

```
acl  heutegesperrt  dstdomain  www.mues.li  www.wapbu.ch
```

Hinter dem Schlüsselwort `acl` folgt erst ein frei definierbarer Name für diese Regel, dann deren Gültigkeitstyp und danach eine Aufzählung der zu sperrenden Adressen.

Den in `squid.conf` bereits voreingestellten `acl`-Zeilen fügt man eigene einfach hinzu.

Die so definierte Regel muss man noch aktivieren:

```
http_access deny  heutegesperrt
```

Dadurch verweigert Squid den Zugriff auf alle Seiten, auf die diese Regel zutrifft. Diese Zeile muss vor der Zeile

```
http_access allow localnet
```

stehen.

Nach diesen Änderungen muss der Squid mit

```
rcsquid reload
```

seine Konfigurationsdatei neu einlesen.

Sobald die Sperren aktiv sind, zeigt der Browser des Clients beim Versuch, gesperrte Seiten aufzurufen, eine Fehlermeldung.

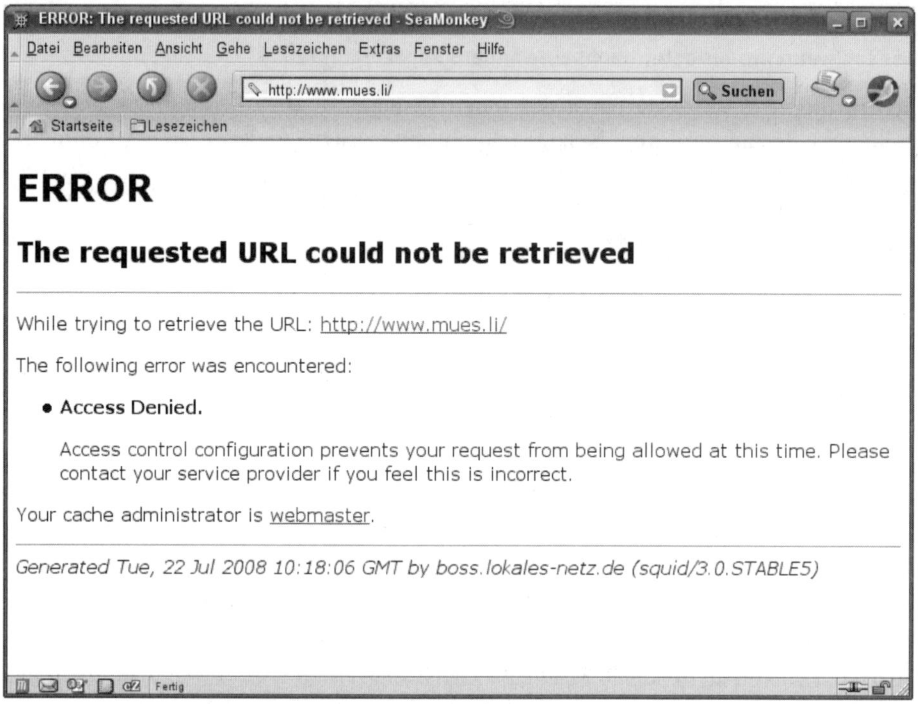

Abbildung 11.6: Zugriffsverweigerung bei gesperrten Seiten

Sie sollten auf alle Fälle in den Log-Dateien überprüfen, ob die Sperren auch wie geplant arbeiten. Hinweise zur Auswertung der Log-Dateien finden Sie im Abschnitt 11.6.

11.5 Browser der (Windows-)Clients einstellen

Damit Client-Browser den Proxy-Cache nutzen können, müssen Sie ihn aktivieren. Dazu muss man im jeweiligen Browser die IP-Adresse des Proxy-Servers und seine Portnummer (voreingestellt `3128`) eintragen.

Den Browser Mozilla Firefox konfiguriert man unter *Extras* • *Einstellungen* • *Erweitert* • *Netzwerk* • *Verbindung* • *Einstellungen...*

Er öffnet ein Formular, in dem Sie Parameter für verschiedene Protokolle einstellen können.

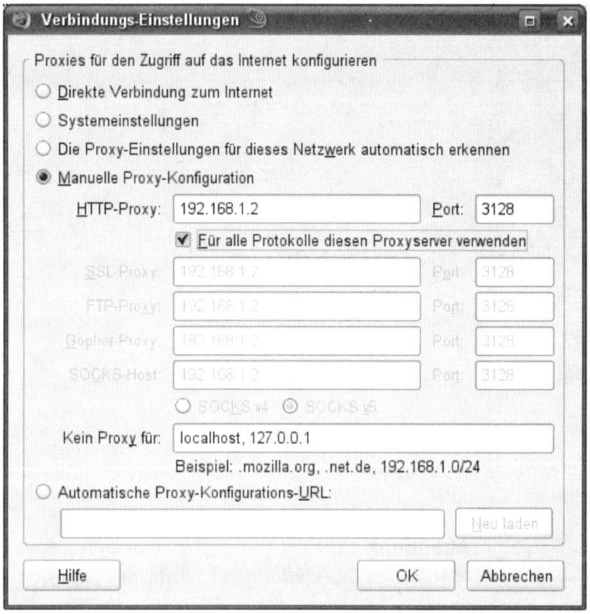

Abbildung 11.7: Proxy-Konfiguration in Mozilla

Für HTTP, HTTPS (Sicherheit) und FTP gibt man die IP-Nummer oder den Namen des Kommunikationsservers und den Port 3128, die Voreinstellung von Squid, an.

Die restlichen Zeilen bleiben wie voreingestellt. In dem großen Eingabefeld kann man Adressen (im lokalen Netz) angeben, für die der Browser den Proxy nicht benutzen soll.

Bei Microsofts Internet Explorer finden sich die gleichen Einstellmöglichkeiten unter *Extras • Internetoptionen • Verbindungen • LAN-Einstellungen.*

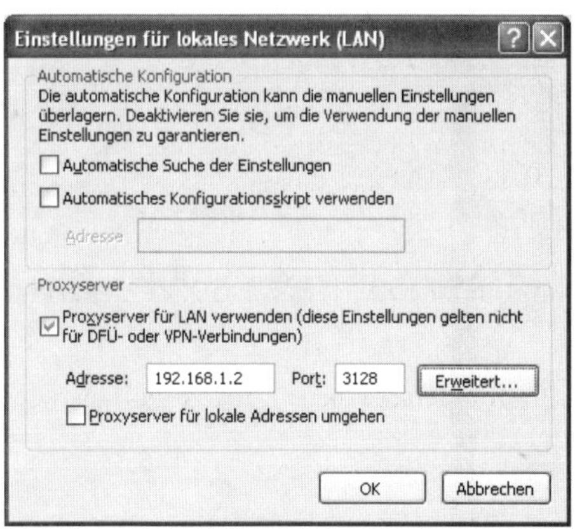

Abbildung 11.8:
Menü *Verbindung* im Internet Explorer

Geht man hier auf *Erweitert*, so öffnet der Explorer einen weiteren Dialog mit der praktischen Einstellmöglichkeit *Für alle Protokolle denselben Server verwenden.*

Ähnlich wie beim Mozilla Firefox gibt es auch hier ein weiteres Formular für die verschiedenen Protokolle.

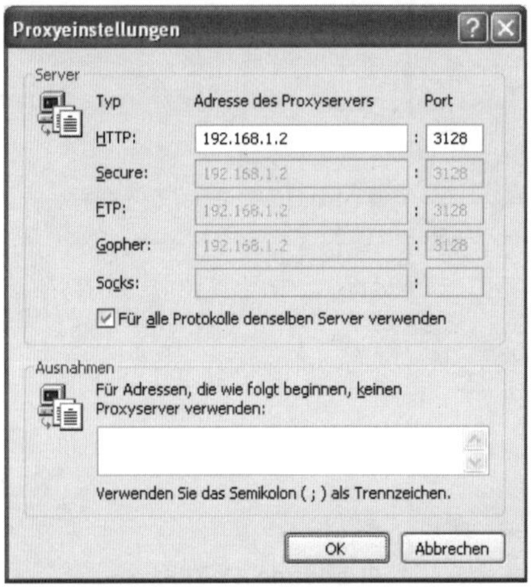

Abbildung 11.9: Menü *Proxyeinstellungen* im Internet Explorer

Auch hier kann man wieder die lokalen Adressen ausnehmen. Bei Opera finden Sie die entsprechenden Einstellungen in einem einzigen Formular unter *Extras* • *Einstellungen* • *Erweitert* • *Netzwerk* • *Proxyserver.*

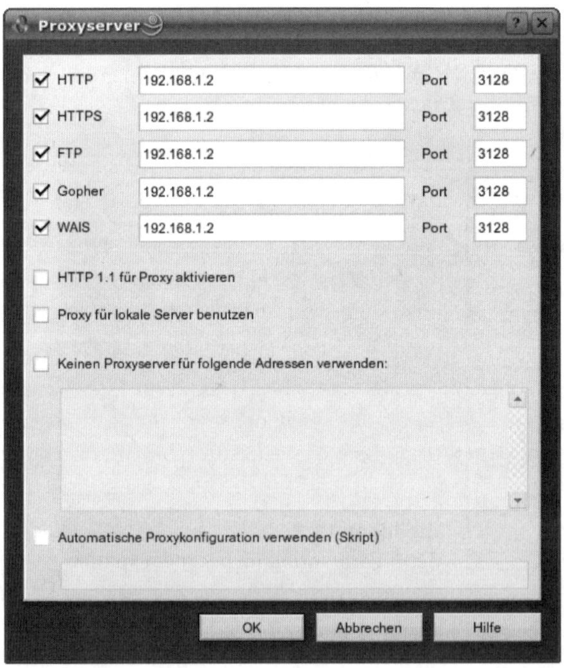

Abbildung 11.10: Menü *Proxyserver* bei Opera

Achtung: Wenn auf dem Kommunikationsserver IP-Masquerading aktiviert ist, können Anwender den Proxy umgehen, indem sie im Browser die Proxy-Einstellungen deaktivieren.

11.6 Die Log-Dateien des Squid

Die folgenden Log-Dateien helfen Systembetreuern, Squid zu überwachen. Die angegebenen Pfade beziehen sich auf OpenSUSE 11 und können bei anderen Linux-Distributionen abweichen.

Datei	*Bedeutung*
`/var/log/squid/rcsquid.log`	Eventuelle Startmeldungen.
`/var/run/squid.pid`	Prozess-ID.
`/var/logs/squid/cache.log`	Sehr ausführliche Meldungen und Statistik-Informationen des Squid.
`/var/log/squid/access.log`	Hier protokolliert Squid jeden einzelnen Zugriff auf den Proxy. Das Format der Datei ähnelt dem der HTTP-Log-Datei.
`/var/log/squid/store.log`	Verzeichnis der gespeicherten Dateien mit Speicherort und Web-Quelle.
`/var/cache/squid/*`	Vielzahl nummerierter Verzeichnisse, die den eigentlichen Cache bilden.

Tabelle 11.2: Log-Dateien des Squid

Normalerweise interessiert es nicht so sehr, wo der Squid welche Datei abgelegt hat. Um aber bestimmten Zugriffen nachzugehen, will man feststellen können, wer welche Internetseiten aufgerufen hat. Dazu braucht man sich nur die Datei `access.log` anzuschauen. Eine typische Zeile sieht folgendermaßen aus:

```
1167322665.280    301 192.168.1.56 TCP_MISS/200 1619 GET
http://www.linuxbu.ch/ - DIRECT/193.239.104.29 text/html
```

In der ersten Spalte stecken Datum und Uhrzeit, leider nicht in einem menschenlesbaren Format, sondern als Unix-Zeit, d. h. als Sekunden seit der Geburt der Programmiersprache C (dem 1.1.1970). In der dritten Spalte steckt die Information, von welchem Rechner aus die Seite aufgerufen wurde, und in der sechsten Spalte die URL. Will man diese Datei häufiger kontrollieren, sollte man das Logfile-Format für die Zeitangabe ändern. Hierzu aktiviert man in der `squid.conf` (Zeile 1920) den Schalter

```
emulate_httpd_log on
```

und in der Zeile 1834 entfernt man am Ende den Parameter `squid`, der das Logging-Format festlegt:

```
access_log /var/log/squid/access.log
```

Startet man dann den Squid neu, so legt er die Zeitangaben lesbar ab. Achten Sie darauf, dass Ihr Server seine eigene Zeit richtig synchronisiert (siehe Kapitel 10.9).

```
192.168.1.56 - - [28/Dec/2006:17:40:55 +0100] "GET
http://www.linuxbu.ch/ HTTP/1.1" 200 1618
TCP_CLIENT_REFRESH_MISS:DIRECT
```

Über die Datei `access.log` können Sie alle über den Proxy vermittelten Webzugriffe aus Ihrem Netz heraus nachvollziehen. In der ersten Spalte eines Eintrages steht immer die IP-Adresse des Rechners, der eine Seite aufgerufen hat. Danach folgen Datum und Uhrzeit sowie die URL des angeforderten Dokuments. Zuletzt kommen noch der Statuscode des Webservers, die Dateigröße und ob Squid das Dokument bereits im Cache vorgefunden hat oder nicht. Im Abschnitt 11.8 lesen Sie, wie Sie das Auswerten der Protokolle mit dem Programm Webalizer automatisieren.

Bei den umfangreichen Möglichkeiten der Überwachung darf man die geltenden Gesetze, Vorschriften und Vereinbarungen nicht aus dem Auge verlieren. Dazu gehören:

- Bundesdatenschutzgesetz (`www.datenschutz.de/recht/gesetze/`),
- Landesdatenschutzgesetz des jeweiligen Bundeslandes,
- Betriebsverfassungsgesetz und
- Telekommunikationsgesetz sowie
- eventuelle Betriebsvereinbarungen.

Daher ist es zwingend erforderlich, mit allen Benutzern genaue Regelungen für die Internetnutzung und die mögliche Überwachung der Einhaltung dieser Regeln zu vereinbaren. Unternehmen sollten in Arbeitsverträgen klar regeln, welche privaten Nutzungen des Internet sie ihren Mitarbeitern erlauben. Dies ist ein sehr problematischer Bereich, da Unternehmen damit in die Rolle von Internet-Providern schlüpfen. Wenn Betriebe hingegen ihren Mitarbeitern jegliche private Nutzung des Internet vom Firmen-Arbeitsplatz/Account aus untersagen, sparen sie sich viele rechtliche Risiken.

11.7 Cache-Dateien überwachen

In sehr aktiven Umgebungen kann es gelegentlich zu Problemen bei vielen gleichzeitig offenen Dateien kommen. Voreingestellt sind 8 MB Hauptspeicher und etwa 100 MB Festplattenspeicher für den Squid. Wird der Festplattenplatz ganz ausgenutzt, kommt der Squid gelegentlich mit der maximalen Zahl gleichzeitig offener Dateien in Schwierigkeiten. Bei überlasteten Verbindungen ins Internet kann es auch dazu kommen, dass Squid unvollständig geladene Dateien im Cache speichert.

Sollte einer dieser Effekte auftreten, oder finden sich in der Datei /var/log/warn vermehrt Fehlermeldungen des Squid, so kann man einfach den kompletten Cache löschen. Dazu geht man folgendermaßen vor:

```
rcsquid stop
```

beendet den Squid. Man sollte ihm aber zum Beenden mindestens 30 Sekunden Zeit lassen, bevor man weitermacht. Die Zeile

```
rm -r /var/cache/squid/*
```

löscht vollständig alle Cache-Ordner.

Sie müssen darauf achten, als Benutzer squid angemeldet zu sein, wenn Sie die Cache-Dateien neu einrichten. Vom *root*-Account aus richtet man die Cache-Ordner neu ein mit:

```
su squid
/usr/sbin/squid -z
exit
```

Danach kann man Squid wieder starten:

```
rcsquid start
```

11.8 Auswertung mit Webalizer

Im Abschnitt 11.6 haben Sie gelesen, wie die Log-Datei des Squid aufgebaut ist und wie Sie sie analysieren können. Manchmal ist man aber an statistischen Aussagen über die Squid-Nutzung interessiert. Es kann z. B. interessant sein festzustellen, welche Internetseiten die Nutzer am häufigsten aufrufen, eine Auswertung ähnlich wie die Auswertung der Zugriffe auf den Webserver Apache.

Die Datei /var/log/squid/access.log ähnelt in ihrem Aufbau der Log-Datei des Webservers Apache, vor allem wenn Sie wie beschrieben die http-Emulation aktivieren.

Daher können Sie auch diese Datei mit dem Programm Webalizer auswerten. Webalizer haben Sie bereits im Kapitel 6 (»Informationen per Webserver verteilen«) kennengelernt und vermutlich auch installiert.

Die folgende Beschreibung geht davon aus, dass Sie die Squid-Auswertung zusätzlich zu einer eventuell vorhandenen Webserver-Auswertung nutzen wollen.

Sie müssen ein Verzeichnis einrichten, in das Webalizer die Squid-Statistik ablegen kann. Eine Möglichkeit wäre /srv/www/htdocs/squidalizer:

```
mkdir /srv/www/htdocs/squidalizer
```

Squid und Apache speichern ihre Log-Dateien an verschiedenen Orten. Daher müssen Sie für die Squid-Auswertung auch eine spezielle Konfigurationsdatei erstellen.

Zum Erzeugen dieser zweiten Konfigurationsdatei sollten Sie einfach die vorhandene Datei kopieren, z. B. als `squidalizer.conf`:

```
cp /etc/webalizer.conf /etc/squidalizer.conf
```

Nun müssen Sie diese Datei für die Pfade des Squid anpassen, damit der Webalizer die richtige Log-Datei bearbeitet.

`/etc/squidalizer.conf` (Auszug ab Zeile 23)

```
# LogFile defines the web server log file to use.  If not
# specified here or on on the command line, input will default
# to STDIN.  If the log filename ends in '.gz' (ie: a gzip
# compressed file), it will be decompressed on the fly as it
# is being read.

LogFile         /var/log/squid/access.log

# LogType defines the log type being processed.  Normally, the
# Webalizer expects a CLF or Combined web server log as input.
# Using this option, you can process ftp logs as well (xferlog
# as produced by wu-ftp and others), or Squid native logs.
# Values can be 'clf', 'ftp' or 'squid', with 'clf' the
#default. LogType clf

# OutputDir is where you want to put the output files.  This
# should be a full path name, however relative ones might work
# as well.
# If no output directory is specified, the current directory
# will be used.

OutputDir       /srv/www/htdocs/squidalizer
```

Damit ist die Konfiguration bereits funktionsfähig und Sie können den Webalizer mit dieser Konfigurationsdatei starten

```
webalizer -c /etc/squidalizer.conf
```

Natürlich können Sie auch diese Squid-Daten automatisch auswerten, indem Sie den Programmaufruf in die Crontab von `root` aufnehmen.

11.9 Benutzer authentifizieren

Im vorigen Abschnitt haben Sie erfahren, wie Sie die Log-Dateien des Squid statistisch auswerten können. Manchmal kann es aber auch wichtig sein, zu überprüfen, welche Seiten einzelne Nutzer aufrufen.

Speziell bei der Nutzung in Betrieben, Schulen oder Jugendeinrichtungen lässt sich so feststellen, ob jemand (und wer) strafbare oder jugendgefährdende Seiten aufruft.

Achtung: Bevor Sie beginnen, Log-Dateien personenbezogen auszuwerten, sollten Sie diese Schritte rechtlich absichern. Dazu kann eine Vereinbarung mit den Nutzern bzw. dem Betriebs- oder Personalrat über die Nutzung des Internet und über die Auswertung solcher Nutzungen erforderlich sein.

Die Zuordnung zwischen einer aufgerufenen Seite und dem Nutzer, der sie aufgerufen hat, ist auch mit der bisherigen Konfiguration möglich, aber aufwendig. Die Datei `access.log` enthält für jede aufgerufene Seite die IP-Adresse des Rechners, von dem aus jemand die Seite aufgerufen hat. In der Datei `lastlog` bzw. den Log-Dateien von Samba können Sie dann feststellen, welcher Benutzer sich zu diesem Zeitpunkt an dem Rechner angemeldet hatte.

Das ist mühsam und funktioniert auch nur dann, wenn Sie eine Benutzeranmeldung am Netzwerk erzwingen.

Mit der eigenen Benutzerauthentifizierung von Squid kann man erreichen, dass Anwender nur nach Angabe ihres Benutzernamens und ihres Passworts auf Webseiten zugreifen können. Squid trägt dann in die Datei `access.log` auch den Benutzernamen ein, was die Zuordnung und Auswertung der Aufrufe sehr erleichtert.

Im folgenden Auszug aus der Datei `access.log` ist die Benutzerauthentifizierung aktiviert:

```
192.168.1.56 - - [30/Jul/2006:19:14:15 +0200] "GET
  ➥ http://www.linuxbu.ch/ HTTP/1.0" 407 1764 TCP_DENIED:NONE
192.168.1.56 - debacher [30/Jul/2006:19:14:21 +0200] "GET
  ➥ http://www.linuxbu.ch/ HTTP/1.0" 200 1610 TCP_SWAPFAIL_MISS:DIRECT
192.168.1.56 - debacher [30/Jul/2006:19:14:21 +0200] "GET
  ➥ http://www.linuxbu.ch/links.htm HTTP/1.0" 200 2313 TCP_HIT:NONE
```

Beim ersten Zugriff auf das Internet blockt Squid und erzwingt eine Benutzeranmeldung. Nach erfolgreicher Anmeldung liefert er die ursprünglich angeforderte Seite, im vorliegenden Fall sogar aus seinem Speicher. In jeder Zeile steht nun hinter der IP-Adresse des Rechners auch der Name des angemeldeten Benutzers.

Um die Authentifizierung zu aktivieren, benötigen Sie ein externes Modul, das für den Squid Benutzernamen und Passwort überprüft. Außerdem müssen Sie die Konfigurationsdatei `squid.conf` ein wenig bearbeiten.

Die externen Module funktionieren recht einfach. Nach dem Start erwarten sie ständig die Angabe von Benutzernamen und Passwort und liefern dann `OK` oder `ERR` zurück. Ein derartiges Modul können Sie daher auch leicht selber schreiben; die folgenden Abschnitte beschreiben die Module `smb_auth`, `ncsa_auth`, `pam_auth` und `squid_ldapauth`. Alle vier Module sind Bestandteil des Pakets `squid`.

Sie sollten sich je nach Ihrer Situation für eines der Module entscheiden. Wenn in Ihrem Netz Squid auf dem gleichen Rechner läuft, auf dem Sie Ihre Benutzer verwalten, sollten Sie `ncsa_auth` oder `pam_auth` benutzen, da beide sehr schnell arbeiten. Läuft Squid nicht auf Ihrem Anmeldeserver, so müssen Sie `smb_auth` benutzen, da dieses auf einen beliebigen Samba-Server im Netz zugreifen kann. Sie benötigen dann keine Passwortdatei auf Ihrem Squid-Rechner und authentifizieren Benutzer über das Netz.

11.9.1 Das Modul smb_auth

Mit diesem Modul können Sie die Benutzeranmeldung von einem Samba-Server bestätigen lassen. Nutzen Sie dort ältere SUSE-Versionen als 6.4, so müssen Sie Samba auf dem Anmeldeserver gegebenenfalls aktualisieren. Das Modul `smb_auth` haben Sie bereits zusammen mit dem Paket `squid` installiert. Es steht Ihnen unter `/usr/sbin/smb_auth` zur Verfügung.

Bevor Sie das Modul testen können, müssen Sie auf Ihrem Anmeldeserver noch eine Datei `proxyauth` erstellen, die nur das Wort `allow` enthält. Diese Datei muss über die Freigabe `netlogon` erreichbar sein. Gemäß der Beschreibung aus Kapitel 9 wäre dies das Verzeichnis `/home/netlogon/`; schauen Sie in der Samba-Konfigurationsdatei Ihres Netzwerks nach, was Sie eingestellt haben.

Sie können das Modul ohne Squid testen. Sie müssen nur die Arbeitsgruppe kennen, für die die Anmeldung erfolgen soll. Gemäß der Beschreibung aus Kapitel 9 heißt diese einfach *ARBEITSGRUPPE*. Damit ergibt sich folgender Aufruf:

```
/usr/sbin/smb_auth  -W  ARBEITSGRUPPE
```

Der Eingabe-Prompt erscheint nicht wieder, weil das Programm auf eine Eingabe wartet.

Wenn Sie nun Ihren Benutzernamen und nach einem Leerzeichen Ihr Passwort eingeben, antwortet das Modul mit `OK` beziehungsweise bei einem falschen Benutzernamen oder einem falschen Passwort mit `ERR`.

Wenn das so klappt, ist Ihr Prüfmodul einsatzbereit. Falls es Probleme gibt, können Sie `smb_auth` mit dem zusätzlichen Parameter `-d` (für debug) aufrufen.

```
root@boss:~ > /usr/sbin/smb_auth  -W  ARBEITSGRUPPE  -d

gast gast
Domain name: ARBEITSGRUPPE
Pass-through authentication: no
Query address options:
Domain controller IP address: 192.168.1.2
Domain controller NETBIOS name: BOSS
Contents of //BOSS/NETLOGON/proxyauth: allow
OK
```

Beenden können Sie den Dialog mit dem Modul per Tastendruck auf `Strg-D`.

Falls Sie auf dem Rechner das Paket samba-client nicht installiert haben, so erscheint beim Test die Fehlermeldung:

```
/usr/sbin/smb_auth.sh: line 51: /usr/bin/nmblookup: Datei oder
  ➥ Verzeichnis nicht gefunden
```

Installieren Sie in diesem Fall das Paket einfach nach. Sie finden es in der Paketgruppe *Netzwerk*.

11.9.2 Das Modul ncsa_auth

Das Modul ncsa_auth ist deutlich schneller als smb_auth, kann aber nicht über das Netz arbeiten. Das Modul gehört zu Squid und wird mit ihm zusammen installiert.

Auch bei diesem Modul können Sie die Funktionsfähigkeit ohne Squid testen. Das Modul erwartet als Aufrufparameter den Namen der Passwortdatei, gegen die es prüfen soll.

```
/usr/sbin/ncsa_auth   /etc/httpd/passwort
```

Sie können hierbei Passwortdateien angeben, die Sie mit dem htpasswd-Programm des Apache erzeugt haben (siehe Kapitel 6, »Informationen per Webserver verteilen«). Damit können Sie ausgewählten Nutzern den Internetzugriff erlauben. Wenn Sie allen Benutzern die Anmeldung erlauben wollen, dann sollten Sie besser das Modul pam_auth verwenden.

Auch dieses Modul erwartet wieder in einer Eingabezeile einen Benutzernamen sowie das dazugehörige Passwort, getrennt durch ein Leerzeichen, und liefert OK bzw. ERR zurück.

11.9.3 Das Modul pam_auth

Am sichersten ist das Modul pam_auth. Es braucht keinen direkten Zugriff auf die Passwortdatei, sondern versucht mit den übergebenen Benutzerdaten ein Login. Wenn das Login klappt, sind die übergebenen Daten in Ordnung und das Modul liefert OK zurück. Wenn das Login nicht klappt, dann liefert es ERR zurück.

Sie können auch dieses Modul von der Eingabezeile aus testen mit:

```
/usr/sbin/pam_auth
```

11.9.4 Das Modul squid_ldapauth

Wenn Sie in Ihrem System LDAP zur Benutzerverwaltung einsetzen (siehe Kapitel 3.5, »Benutzerverwaltung in großen Netzen«), so finden Sie auch dafür ein Authentifizierungsmodul. Das Modul squid_ldapauth gehört ebenfalls zum Inhalt des Squid-Paketes.

Beim Aufruf dieses Moduls müssen Sie zumindest die Base-DN angeben, den allgemeinen Bezeichner für Ihre LDAP-Objekte.

```
/usr/sbin/squid_ldap_auth -b "ou=people,dc=your,dc=domain" boss
```

Die Angabe des LDAP-Servers kann entfallen, wenn Squid auf dem gleichen Rechner läuft.

11.9.5 squid.conf anpassen

Nachdem Sie eines der Authentifizierungsmodule installiert haben, können Sie es in den Squid einbinden. Dazu müssen Sie ein paar Zeilen der `squid.conf` verändern, teilweise einfach durch Auskommentieren. Zuerst geben Sie das Authentifizierungsprogramm an.

`/etc/squid/squid.conf` (Auszug ab Zeile 260)

```
#Recommended minimum configuration per scheme:
#auth_param negotiate program <uncomment and complete this line to
  ➥ activate>
#auth_param negotiate children 5
#auth_param negotiate keep_alive on
#auth_param ntlm program <uncomment and complete this line to
  ➥ activate>
#auth_param ntlm children 5
#auth_param ntlm keep_alive on
#auth_param digest program <uncomment and complete this line>
#auth_param digest children 5
#auth_param digest realm Squid proxy-caching web server
#auth_param digest nonce_garbage_interval 5 minutes
#auth_param digest nonce_max_duration 30 minutes
#auth_param digest nonce_max_count 50
#auth_param basic program <uncomment and complete this line>
#auth_param basic children 5
#auth_param basic realm Squid proxy-caching web server
#auth_param basic credentialsttl 2 hours


auth_param basic program /usr/sbin/pam_auth
#auth_param basic program /usr/sbin/ncsa_auth  /etc/shadow
#auth_param basic program /usr/sbin/smb_auth -W ARBEITSGRUPPE
#auth_param basic program /usr/sbin/squid_ldap_auth -b
  ➥ "ou=people,dc=your,dc=domain" boss
```

In der hier gedruckten Erweiterung finden Sie die Einträge für alle vier Module, es darf aber immer nur eine der Zeilen aktiviert sein.

Nun müssen Sie noch Zugriffsregeln einfügen, die nur autorisierten Benutzern einen Zugriff erlauben. Dazu gehören je eine zusätzliche `acl`-Zeile (im Listing hervorgehoben) und je eine `http_access`-Zeile:

`/etc/squid/squid.conf` (Auszug ab Zeile 625)

```
# INSERT YOUR OWN RULE(S) HERE TO ALLOW ACCESS FROM YOUR CLIENTS

# Example rule allowing access from your local networks. Adapt
# to list your (internal) IP networks from where browsing should
# be allowed
acl   heutegesperrt  dstdomain  www.mues.li   www.wapbu.ch

http_access  deny  heutegesperrt

acl  domainuser  proxy_auth  REQUIRED
http_access deny  !domainuser

http_access allow localnet
http_access allow localhost

# And finally deny all other access to this proxy
http_access deny all
```

Nach einem Neustart des Squid ist Ihre Benutzerauthentifizierung aktiviert und Ihre Benutzer müssen sich beim ersten Zugriff auf eine Internetseite beim Squid anmelden.

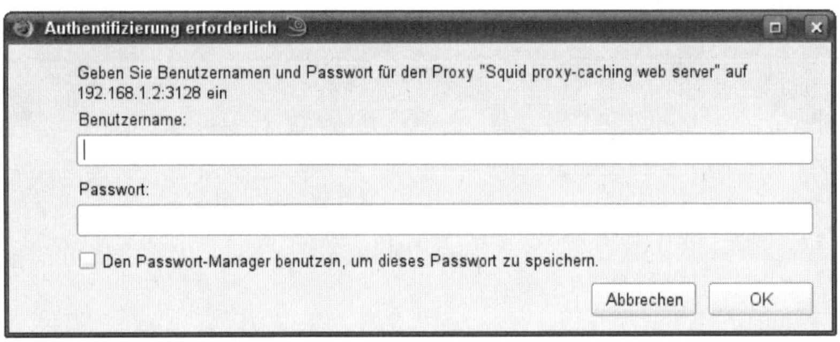

Abbildung 11.11: Authentifizierung für Squid

11.9.6 Feintuning

Das hier beschriebene Verfahren der Benutzeranmeldung am Squid hat einen Haken: Programme wie der Real Player, die einen Proxy benutzen, aber keine Passwörter speichern können, bekommen keinen Internetzugriff mehr.

Hier können Sie über Firewall-Regeln (siehe Kapitel 12) den Zugriff auf den zugehörigen Port gezielt freigeben.

```
/usr/sbin/iptables  -I FORWARD --dport rtsp -p tcp -j ACCEPT
/usr/sbin/iptables  -I FORWARD --dport rtsp -p udp -j ACCEPT
```

Hiermit bekommt der Real Player einen direkten Internetzugriff und muss nicht mehr über Squid aufs Internet zugreifen.

Sollte Ihnen der Ausgabetext *Squid proxy-caching web server* im Anmeldefenster nicht gefallen, so können Sie auch einen selbstdefinierten Text vorgeben, z. B. *Internet-Zugriff*.

`/etc/squid.conf` (Auszug ab Zeile 280)

```
auth_param basic program /usr/sbin/pam_auth
#auth_param basic program /usr/sbin/ncsa_auth /etc/shadow
#auth_param basic program /usr/sbin/smb_auth -W ARBEITSGRUPPE
#auth_param basic program /usr/sbin/squid_ldap_auth -b
  ➥ "ou=people,dc=your,dc=domain" boss

auth_param basic children 5
auth_param basic realm Internet Zugriff
auth_param basic credentialsttl 2 hours
```

Sie können diesen Text natürlich nach Ihren Vorstellungen gestalten.

12 Firewalling und Masquerading

In der Grundkonfiguration bildet der Linux-Server eine recht extreme Firewall (Brandmauer), die keinerlei direkte Verbindung zwischen einem Rechner im Intranet und einem Rechner im Internet gestattet. Das ist die strengste Form einer Firewall.

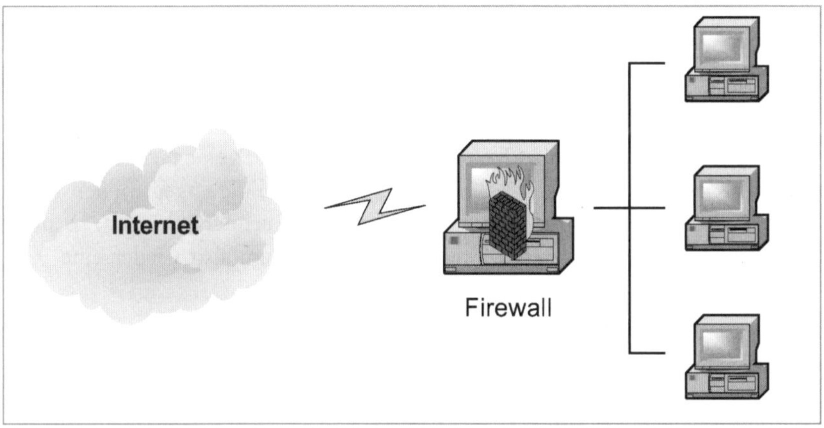

Abbildung 12.1: Firewall

Da Sie den Linux-Server immer als Stellvertreter benutzt haben, können Sie an den Arbeitsplatzrechnern trotzdem Internetdienste nutzen. Mails haben Sie zum Beispiel nur zwischen dem Client und dem Server ausgetauscht. Der Server wiederum hat dann die Mail mit dem Internetrechner des Providers ausgetauscht. Webseiten haben Sie über den Proxy-Cache Squid, also wieder vom Server, bezogen. Squid holte dabei die Seiten aus dem Internet. In den bisherigen Beispielen tauchte nie eine direkte Internetverbindung der Clients auf.

In diesem Kapitel lesen Sie, wie man den lokalen Clients unter Berücksichtigung von Sicherheitsaspekten einen direkten Zugriff auf das Internet ermöglichen kann.

Dazu erfahren Sie zuerst im Abschnitt 12.1 etwas über die Grundlagen des Routing, Forwarding und Masquerading (Abschnitt 12.2) und dann über das Konfigurieren eines internettauglichen Routers.

12.1 Grundlagen

12.1.1 Kontaktformen

Haben Sie für die Rechner im lokalen Netz offizielle IP-Adressen (siehe weiter unten), so müssen Sie nur erreichen, dass der Linux-Server Datenpakete vom Device für das lokale Netzwerk (`eth0`) auf das Device für die Internetanbindung (`ippp0` oder `ppp0`) weiterleitet. Diese Weiterleitung bezeichnet man als *IP-Forwarding*.

Nutzen Sie für die Rechner im lokalen Netz private Adressen, so hilft IP-Forwarding Ihnen nicht viel weiter, weil der erste Router im Internet die Anfragen Ihrer lokalen Rechner sofort verwerfen würde. Router im Internet sind so konfiguriert, dass sie Anfragen von oder an private Netzadressen nicht weiterleiten. In diesem Fall müsste der Server in der Anfrage die lokale IP des Clients durch seine offizielle, bei der Anwahl übermittelte IP ersetzen. Trifft die Antwort ein, so muss er die Server-IP wieder durch die Client-IP ersetzen, damit er die Daten lokal zustellen kann. Diese IP-Ersetzung bezeichnet man als *Masquerading*.

Direkter Kontakt mit dem Internet ist für einen Rechner immer gefährlich. Im Internet versuchen zahllose Benutzer, fremde Rechner anzugreifen und die angegriffenen Rechner für weitere Angriffe zu missbrauchen. Will man seine Rechner schützen, so muss man alle Datenpakete filtern und verdächtige Pakete entfernen, also wieder eine Firewall aufbauen.

Wer auf Sicherheit bedacht ist, wird Forwarding und Masquerading möglichst vermeiden, da die Client-Rechner im lokalen Netz ohne diese beiden Funktionen von außen nicht direkt zu erreichen und damit auch nicht gezielt angreifbar sind. Dafür können die lokalen Rechner auch nicht selbst direkt auf Rechner im Internet zugreifen.

Manche Dienste wie etwa Voice over IP oder manche Dateitauschdienste benötigen allerdings einen direkten Internetzugang. Will man solche Dienste zulassen, so muss man zumindest einzelnen Rechnern einen direkten Internetzugang ermöglichen.

Will man erlauben, dass Nutzer direkt mit fremden Rechnern kommunizieren, sich also mit einem fremden Mailserver (z. B. `mail.gmx.de`) oder mit einem fremden News-Server verbinden, so muss der Linux-Server in der einen oder anderen Form Datenpakete weiterleiten.

12.1.2 Forwarding

Will man ein Netz mit offiziellen IP-Adressen über eine Leitung an das Internet anbinden, so muss der Gateway-Rechner sowohl eine Verbindung mit dem lokalen Netz (`eth0`) als auch mit dem Internet (`eth1`, `ippp0` oder `ppp0`) besitzen und Pakete zwischen diesen beiden Geräten weiterleiten.

Tipp: Provider können offizielle IP-Adressen fest vergeben. Zwei der Adressen (die niedrigste und die höchste) des Adressraums gehen für die Netzwerkadresse und die Broadcast-Adresse ab. Hat man z. B. acht solcher Adressen, so kann man damit sechs Rechner versorgen. 256 Adressen reichen somit für 254 Geräte.

Um diese Weiterleitung zu aktivieren, müssen Sie auf Ihrem Linux-Server das nach Voreinstellung abgeschaltete IP-Forwarding aktivieren. Dazu geben Sie in einem IPv4-Netz folgenden Befehl an der Konsole ein:

```
echo "1" > /proc/sys/net/ipv4/ip_forward
```

Damit schreiben Sie eine `"1"` an die Speicherstelle, die den Kernel anweist, das Forwarding zu aktivieren. Deaktivieren können Sie das Forwarding dann mit:

```
echo "0" > /proc/sys/net/ipv4/ip_forward
```

Abfragen können Sie den Schalterzustand mittels:

```
cat /proc/sys/net/ipv4/ip_forward
```

Sollten Sie hierbei Fehlermeldungen erhalten, unterstützt der Kernel Ihres Linux-Servers kein Forwarding. In diesem Fall müssen Sie dessen Kernel neu kompilieren. Zum Glück richten die verbreiteten Distributionen die Standardkernel passend ein.

Um das Forwarding dauerhaft zu aktivieren, müssen Sie den angegebenen Befehl in Ihr Boot-Skript aufnehmen. Bei OpenSUSE gehen Sie dazu im YaST-Kontrollzentrum auf *System* • *Editor für /etc/sysconfig-Daten* • *Network* • *General* und suchen in der Parameterliste den Schalter `IP_FORWARD` und setzen ihn auf `yes`.

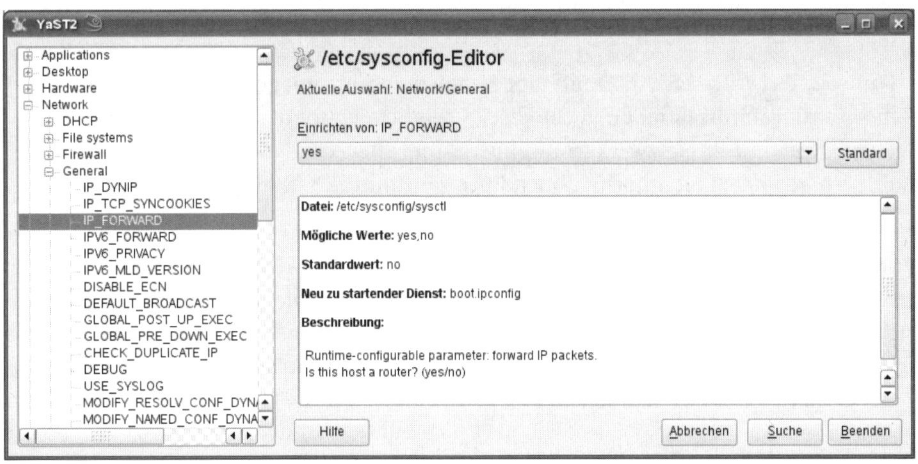

Abbildung 12.2: YaST: IP_FORWARD

Damit das Skript `/etc/init.d/boot` diesen Schalter auswerten kann, sollte man den Linux-Server rebooten.

Wenn die Routen richtig gesetzt sind, besteht danach eine direkte Verbindung zwischen allen Rechnern im lokalen Netz und dem Internet.

Man kann das z. B. mit einem `ping` von einem Client-Rechner im Netz testen:

```
ping  www.linuxbu.ch
```

Hier meldet der angesprochene Rechner www.linuxbu.ch (`193.239.104.29`) den korrekten Empfang der Datenpakete zurück:

```
PING www.linuxbu.ch (193.239.104.29) 56(84) bytes of data.
64 bytes from mail.linuxbu.ch (193.239.104.29): icmp_seq=1
  ➥ ttl=57 time=73.3 ms
64 bytes from mail.linuxbu.ch (193.239.104.29): icmp_seq=2
  ➥ ttl=57 time=74.9 ms
64 bytes from mail.linuxbu.ch (193.239.104.29): icmp_seq=3
  ➥ ttl=57 time=94.6 ms
64 bytes from mail.linuxbu.ch (193.239.104.29): icmp_seq=4
  ➥ ttl=57 time=85.2 ms

--- www.linuxbu.ch ping statistics ---
4 packets transmitted, 4 received, 0% packet loss, time 3002ms
rtt min/avg/max/mdev = 73.374/82.041/94.601/8.583 ms
```

12.1.3 Grundlagen zum Routing

Router ermöglichen den Datenaustausch zwischen zwei Netzwerken (Subnetzen). Dabei dürfen die Subnetze eine unterschiedliche Hardwarebasis besitzen, wie das etwa bei Ethernet und Telefonleitungen der Fall ist. Wichtig ist nur, dass beide Netze mit dem gleichen Protokoll TCP/IP arbeiten.

Hinweis: Der folgende Abschnitt gibt Hintergrundinformationen. Meist werden Sie die Routing-Informationen nicht direkt bearbeiten, sondern dies YaST und den Startskripten der Netzwerkgeräte überlassen. Bei der Suche nach eventuellen Fehlern benötigen Sie Informationen über das Routing.

Für einen Datentransport zwischen Subnetzen benötigt der Linux-Kernel Informationen über die IP-Adressen und die zugehörigen Net-Devices. Die statischen Informationen stehen in der Datei `/etc/sysconfig/network/routes`. Diese Datei können Sie direkt mit einem Texteditor oder besser über das YaST-Kontrollzentrum unter *Netzwerkgreäte* • *Netzwerkkarte* • *Routing* bearbeiten.

`/etc/sysconfig/network/routes`

```
# Destination      Dummy/Gateway  Netmask          Device
#
192.168.1.0        0.0.0.0        255.255.255.0    eth0
194.95.238.253     0.0.0.0        255.255.255.255  ippp0
```

Die erste Zeile legt fest, dass alle IP-Adressen von 192.168.1.0 bis 192.168.1.255 über das Device eth0 erreichbar sind (255 Adressen, da die letzte Stelle der Netmask 0 ist). Gibt man kein Gateway an (Dummy 0.0.0.0), ist der Server selbst das Gateway.

Die zweite Zeile beschreibt eine ISDN-Verbindung mit fester IP. Die vom Provider angegebene Adresse (Remote IP) ist 194.95.238.253. Die Netzmaske 255.255.255.255 gibt an, dass zu diesem Device nur eine einzige IP gehört. Hätte man vom Provider 255 IP-Adressen bekommen, so müsste die zweite Zeile lauten:

```
194.95.238.0       0.0.0.0          255.255.255.0     ippp0
```

Als Gateway dient hier wieder der Linux-Server selbst.

Damit ist definiert, wie Datenpakete die IP-Adressen 192.168.1.1 bis 192.168.1.254 (eth0) und 194.95.238.253 (ippp0) erreichen können.

Nirgends ist aber festgelegt, wohin Anfragen an z. B. 193.239.104.29 (www.linuxbu.ch) gehen sollen.

Eine Möglichkeit wäre, dies konkret festzulegen:

```
#Host            Gateway (Provider IP)  Netmask          Device
193.239.104.29   194.95.238.253         255.255.255.255  ippp0
```

Statt für alle Ziele, die man erreichen möchte, Adressen einzutragen, definiert man einfacher ein Default-Gateway:

```
# default                    Provider IP
default          194.95.238.253    0.0.0.0     ippp0
```

Nun leitet der Linux-Router alle Anfragen, für die kein Routing festgelegt ist, an die angegebene IP weiter.

Diese Datei konfiguriert die immer vorhandenen statischen Routen. Das Startskript /etc/init.d/network wertet die Eintragungen beim Start des Systems aus und übergibt sie an das Programm /sbin/route.

Routen lassen sich auch im laufenden Betrieb setzen und löschen.

Beim Einrichten von Routen muss man unterscheiden zwischen

- solchen, die ein Device definieren; diese kann man mit /sbin/ifconfig (Interface konfigurieren) bearbeiten und
- solchen, die nur einen Weg definieren; diese kann man mit /sbin/route (Weg) verändern.

Ruft man die beiden Befehle ohne Parameter auf, zeigen sie die aktuellen Definitionen an, normalerweise die Netzwerkkarte für das lokale Netz (meist eth0), das Gerät für den Internetzugriff (hier ippp0) und das Loopback-Device (lo):

Ausgabe von /sbin/ifconfig:

```
eth0      Link encap:Ethernet  Hardware Adresse 00:50:BF:55:8D:46
          inet Adresse:192.168.1.2  Bcast:192.168.1.255
          ➥ Maske:255.255.255.0
          inet6 Adresse: fe80::250:bfff:fe55:8d46/64
          ➥ Gültigkeitsbereich:Verbindung
          UP BROADCAST RUNNING MULTICAST  MTU:1500  Metric:1
          RX packets:488 errors:0 dropped:0 overruns:0 frame:0
          TX packets:285 errors:0 dropped:0 overruns:0 carrier:0
          Kollisionen:0 Sendewarteschlangenlänge:100
          RX bytes:42368 (41.3 Kb)  TX bytes:29573 (28.8 Kb)
          Interrupt:11 Basisadresse:0xe000

ippp0     Link encap:Punkt-zu-Punkt Verbindung
          UP PUNKTZUPUNKT RUNNING NOARP DYNAMIC  MTU:1500  Metric:1
          RX packets:0 errors:0 dropped:0 overruns:0 frame:0
          TX packets:0 errors:0 dropped:0 overruns:0 carrier:0
          Kollisionen:0 Sendewarteschlangenlänge:30
          RX bytes:0 (0.0 b)  TX bytes:0 (0.0 b)

lo        Link encap:Lokale Schleife
          inet Adresse:127.0.0.1  Maske:255.0.0.0
          inet6 Adresse: ::1/128 Gültigkeitsbereich:Maschine
          UP LOOPBACK RUNNING  MTU:16436  Metric:1
          RX packets:790 errors:0 dropped:0 overruns:0 frame:0
          TX packets:790 errors:0 dropped:0 overruns:0 carrier:0
          Kollisionen:0 Sendewarteschlangenlänge:0
          RX bytes:55860 (54.5 Kb)  TX bytes:55860 (54.5 Kb)
```

Zusätzlich zu den Devices eth0 und ipp0 gibt es noch ein Device lo, ohne dass man es irgendwo definiert hätte. Dieses *Loopback-Device* ist ein Pseudogerät; es zeigt auf den aktuellen Rechner selbst und stellt damit sicher, dass die Netzfunktionen lokal funktionieren.

Mit ifconfig müssen Sie in der Regel nicht selbst arbeiten. Die umfangreiche Liste der Parameter finden Sie in der Manpage zu ifconfig.

Nachdem die Interfaces konfiguriert sind, können Sie sich um die Wege im Netzwerk kümmern.

Ausgabe von /sbin/route:

```
Kernel IP Routentabelle
Ziel            Router      Genmask         Flags Metric Ref    Use Iface
192.168.1.0     *        255.255.255.0    U     0      0      0  eth0
194.95.238.25   *      255.255.255.255  UH     0      0      0  ippp0
link-local      *        255.255.0.0      U     0      0        0 eth0
loopback        *        255.0.0.0        U     0      0        0 lo
```

Die IP-Adressen für `ippp0` werden bei Ihnen abweichen.

Routen, die nicht an ein Gerät gebunden sind, sondern einen Weg beschreiben, müssen Sie schon eher einmal setzen. Am häufigsten wird es darum gehen, eine Default-Route auf das `ippp0`- oder `ppp0`-Device zu setzen oder sie zu löschen. Nur wenn Sie eine Default-Route für die Wählverbindung eingerichtet haben, kann Ihr Linux-Server diese Internetverbindung nutzen und auch den Clients im Netz zur Verfügung stellen.

Eine Default-Route auf `ippp0` wird mit

```
/sbin/route add default dev ippp0
```

gesetzt und gelöscht mit

```
/sbin/route del default
```

Die Default-Route muss man sehr gezielt setzen, da alle Anfragen, für die kein Weg definiert ist, über diesen Pfad gehen. Das löst dann eventuell eine Anwahl beim Provider aus. Sie müssen daher sicherstellen, dass alle lokalen Ziele über konkrete Routen erreichbar sind.

12.1.4 Internettauglichen Router konfigurieren

Ein internettauglicher Router muss also auf alle Fälle

- Routing-Informationen für das lokale Netz (meist `eth0`) und
- das Internet (`ppp0` oder `ippp0`) und
- eine Default-Route auf das Internet-Device

kennen.

Da die Dämonen bzw. die Start-Skripte die Routen für `ppp0` bzw. `ippp0` einrichten, muss man nur darauf achten, dass diese eine Default-Route setzen, damit man die Verbindung auch vernünftig nutzen kann.

12.2 Masquerading

Masquerading versteckt ein ganzes lokales Netzwerk hinter einer einzigen IP-Adresse. Der Server fängt alle Datenpakete ab, die vom lokalen Netz ins Internet weitergeleitet werden sollen, ersetzt die private IP des Absenders durch seine eigene offizielle IP und schickt das Paket weiter ins Internet.

Eingehende Pakete sind immer an die gültige IP-Adresse des Servers gerichtet. Da er alle weitergegebenen Anfragen in einer Tabelle vermerkt, kann er feststellen, welcher Rechner im Netz die Daten erwartet. Nun ersetzt er die Server-IP durch die lokale IP des Empfängers und stellt diesem das Paket zu.

Der Client merkt von dieser doppelten Umsetzung nichts. Alle Internetdienste sind vom Client aus vollkommen transparent nutzbar, wenn man generell maskiert.

Für die konkrete Umsetzung des Masquerading benötigen Sie eine Unterstützung im Kernel, Module für spezielle Funktionen und zum Steuern das Programm `iptables`. Die Standardkernel von OpenSUSE enthalten diese Unterstützung.

12.2.1 Masquerading mit iptables

Die Standardinstallation von OpenSUSE installiert normalerweise das Programm `iptables`. Ansonsten finden Sie dieses in der Paketgruppe *Netzwerk* im Paket `iptables`.

`Iptables` steuert bzw. kontrolliert die Paketfilter im Kernel. Der Kernel kennt drei Arten von Regeln (Chains):

- `Input` wendet er an, wenn ein Paket an einem Interface ankommt;
- `Output` wendet er an, bevor ein Datenpaket ein Interface verlässt;
- `Forward` benutzt er, wenn er ein Datenpaket von einem Interface zu einem anderen weiterleitet.

Jede Chain besteht aus einer Liste von Regeln, mit denen der Kernel jedes Datenpaket überprüft. Die Regeln geben jeweils an, was zu tun ist, wenn der Header des Pakets einen bestimmten Aufbau besitzt. Wenn das Paket nicht den beschriebenen Aufbau hat, wendet der Kernel die nächste Regel an.

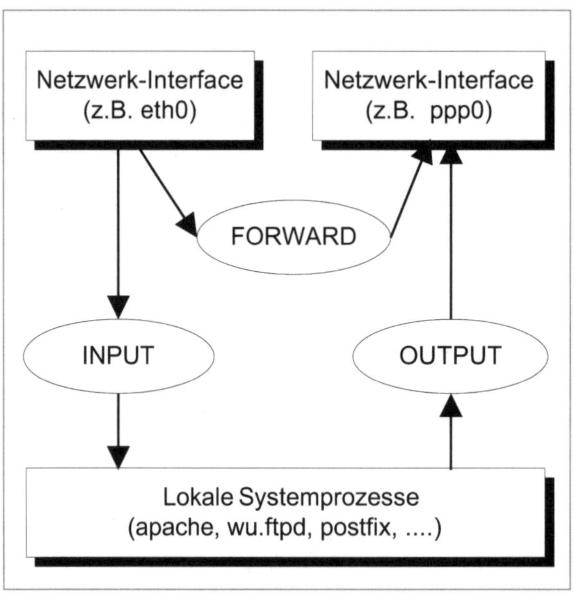

Abbildung 12.3:
iptables: die Chains

Als Ergebnis dieser Überprüfung ergibt sich für jedes Datenpaket eine der folgenden Möglichkeiten:

- ACCEPT, der Kernel transportiert das Paket weiter;
- DROP, er verwirft das Paket ohne Rückmeldung;
- REJECT, er verwirft das Paket, informiert aber den Absender per ICMP.

Eine wichtige Eigenschaft von iptables besteht darin, dass Forwarding-Pakete, also solche, die nicht für den Rechner selber bestimmt sind, nur die Forward-Chain durchlaufen. Die Input- und Output-Regeln spielen für diese Pakete keine Rolle.

Im Paket-Header kann iptables u. a. folgende Informationen mit Regeln überprüfen:

- Absender-IP und -Port (-s Source),
- Ziel-IP und -Port (-d Destination),
- Protokoll (-p Protocol).

Fragt man die eingestellten Regeln mit iptables mit dem Parameter -L ab, so gibt dieses Programm die aktuellen Einstellungen für Input, Forward und Output aus.

Ausgabe von iptables -L

```
Chain INPUT (policy ACCEPT)
target     prot opt source               destination

Chain FORWARD (policy ACCEPT)
target     prot opt source               destination

Chain OUTPUT (policy ACCEPT)
target     prot opt source               destination
```

Für alle drei Chains liegt die Default-Policy auf ACCEPT. Der Kernel wendet die Default-Policy an, wenn er ansonsten keine passende Regel findet.

Interessant ist vor allem die Forward-Chain. Hier leitet der Kernel momentan nur weiter. Das ist für ein privates Netz unpraktisch, da der erste Router im Internet die Datenpakete aufgrund ihrer privaten IP-Adressen verwirft.

Hier müssen Sie noch erreichen, dass der Kernel bei Datenpaketen aus dem lokalen Netz die private IP-Adresse des Absenders durch seine gültige IP-Adresse ersetzt. Dazu gibt es bei iptables neben den bisher angesprochenen Chains die zwei zusätzlichen Bereiche PREROUTING und POSTROUTING.

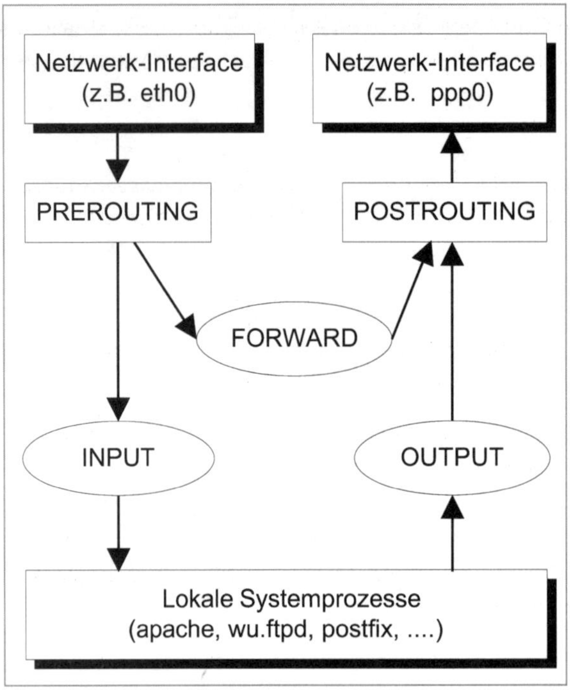

Abbildung 12.4: iptables: die Chains mit PREROUTING und POSTROUTING

Wenn ein Datenpaket erfolgreich die `Forward`-Chain durchlaufen hat, danach also z. B. über `ppp0` ins Internet gehen würde, muss der Kernel die Absenderadresse ändern, also quasi maskieren.

Die bisher angesprochenen Chains `Input`, `Output` und `Forward` gehören zur Default-Table `filter`, während `PREROUTING` und `POSTROUTING` zur Table `nat` (network address translation) gehören. Die Table `filter` müssen Sie in Ihren Regeln nicht explizit angeben, wohl aber die Table `nat`, die für alle Veränderungen der Adressinformationen, also auch das Masquerading, zuständig ist.

Fügen Sie die Masquerading-Regel (`-A`) für das `Output`-Device (`-o ppp0`) folgendermaßen an die `POSTROUTING`-Chain der Table `nat` (`-t nat`) an:

```
iptables -t nat -A POSTROUTING -o ppp0 -j MASQUERADE
```

Sollten Sie beim Eingeben dieser Regel eine Fehlermeldung erhalten, ist vermutlich das Kernel-Modul für `nat` nicht geladen; geben Sie in diesem Fall

```
modprobe iptable_nat
```

ein und wiederholen Sie danach die `nat`-Regel.

Falls Sie sich beim Eintippen der Regeln verschreiben sollten, müssen Sie die Regeln auch wieder loswerden können. Alle von Ihnen eingegebenen Regeln können Sie auf einen Schlag löschen. Mit

```
iptables -F
```

löschen Sie alle Regeln der Default-Table `filter` und mit

```
iptables -t nat -F
```

alle Regeln der Table `nat`.

Mit der oben angegebenen `nat`-Regel haben alle Rechner im Netz fast vollen Internetzugriff. Nur ein paar Dienste machen noch Probleme. Dazu gehört FTP, da dieser Dienst mit zwei verschiedenen Ports arbeitet. Über den Datenkanal empfängt man per FTP Pakete, die man über den Kommandokanal angefordert hat. Darauf ist die hier beschriebene Firewall bisher nicht eingestellt.

Inzwischen können bestimmte Module für die meisten problematischen Dienste diese Probleme überwinden. Diese Module müssen Sie noch laden.

Eine Lösung besteht darin, das folgende Startskript zu erstellen, welches die Default-Policy auf Masquerading stellt und die benötigten Module lädt. Das Skript kann dann zukünftig bei jedem Rechnerstart automatisch ausgeführt werden. Das Skript beruht auf dem in Kapitel 4 beschriebenen Musterskript `skeleton`:

`/etc/init.d/maske`

```
#! /bin/sh
#
# /etc/init.d/maske
#
#   and its symbolic link
#
# /sbin/rcmaske
#
# System startup script for Masquerading
#
### BEGIN INIT INFO
# Provides: maske
# Required-Start: $network
# Required-Stop:
# Default-Start:  2 3 4 5
# Default-Stop:
# Description:    Start simple Firewall- Skript
### END INIT INFO

IPTABLES=/usr/sbin/iptables
MODPROBE=/sbin/modprobe
test -x $IPTABLES || exit 5
```

```
test -x $MODPROBE || exit 5

. /etc/rc.status

rc_reset

fw_dev="ppp0"

case "$1" in
    start)
        echo -n "Starting Maske Firewall Skript"
        $MODPROBE iptable_nat
        $MODPROBE ip_nat_ftp
        $MODPROBE ip_conntrack
        $MODPROBE ip_conntrack_ftp
        $IPTABLES -F
        $IPTABLES -t nat -F
        $IPTABLES -t nat -A POSTROUTING -o $fw_dev -j
          ➥ MASQUERADE
        # Remember status and be verbose
        rc_status -v
        ;;
    stop)
        echo -n "Shutting down Maske Skript"
        $IPTABLES -F
        $IPTABLES -t nat -F

        # Remember status and be verbose
        rc_status -v
        ;;
*)
        echo "Usage: $0 {start|stop}"
        exit 1
        ;;
esac
rc_exit
```

Eine ausführlichere Version dieses Skripts finden Sie auf `www.linuxbu.ch`.

Sie müssen das Skript nun noch mit

```
chmod  u+x  /etc/init.d/maske
```

ausführbar machen

Sie können das Maske-Skript gut als Grundlage für eigene Experimente benutzen. Wenn Sie es beim Systemstart automatisch aktivieren wollen, müssen Sie mit

```
insserv  maske
```

die entsprechenden Links setzen lassen (Siehe Kapitel 4, »Vorgänge automatisch starten«).

Damit ist das Masquerading vollständig funktionsfähig. Weitere Konfigurationsmöglichkeiten finden Sie in den folgenden Beispielen.

12.2.2 Firewalling

Die bisherigen Informationen über Paketfilterung reichen aus, um das Masquerading zu aktivieren. Will man die Pakete genauer kontrollieren, muss man tiefer in den Umgang mit `iptables` einsteigen.

Bezogen auf eine gesamte Chain kann man:

- die Policy für eine eingebaute Chain ändern (`-P`);
- alle Regeln in einer Chain listen (`-L`);
- alle Regeln in einer Chain löschen (`-F`).

Bezogen auf einzelne Regeln kann man:

- eine Regel an eine Chain anfügen (`append`) (`-A`);
- eine Regel in eine Chain einfügen (`insert`) (`-I`);
- eine Regel in einer Chain ersetzen (`replace`) (`-R`);
- eine Regel in einer Chain löschen (`delete`) (`-D`);
- die erste Regel in einer Chain, die zutrifft, löschen (`-D`).

Dabei ist die Reihenfolge wichtig. Da der Kernel stets die erste zutreffende Regel abarbeitet, spielen spätere Regeln keine Rolle.

Neben den drei vorgegebenen Chains kann man auch eigene Chains (Benutzer-Chains) einrichten, um aufwendigere Regelwerke besser zu strukturieren.

Für eigene Chains gibt es folgende Regeln:

- Eine Benutzer-Chain definieren und benennen (`-N`);
- Eine (leere) Benutzer-Chain löschen (`-X`).

Sie werden im weiteren Verlauf des Kapitels, im Abschnitt 12.2.4, ein Beispiel mit einer Benutzer-Chain kennenlernen.

Der erste Parameter von `iptables` gibt üblicherweise an, was man machen möchte (`append`, `insert`, ...). Danach nennt man die Chains, auf die sich die Regel beziehen soll, und zuletzt die eigentliche Regel. Bitte betrachten Sie die folgenden Beispiele:

```
iptables -P FORWARD DROP
```

Dies setzt die Policy für die `Forward`-Chain auf `DROP`. Alle Pakete zwischen den Interfaces würde der Kernel also abweisen, wenn er nicht noch eine passende positive Regel in der Chain findet.

```
iptables  -A FORWARD -s  192.168.1.51  -j DROP
```

Diese Regel verbietet das Weiterleiten aller Datenpakete vom Rechner mit der IP-Adresse `192.168.1.51`. Dieser Rechner kann noch auf lokale Serverdienste wie z. B. Squid und Apache zugreifen, aber nicht direkt aufs Internet.

Für die Regel überprüft der Kernel hier den Absender (`-s`). Trägt das Datenpaket die angegebene IP-Adresse als Absender, springt die Regel zu `DROP` ein (`-j`) und verwirft das Paket.

Absender- und Zieladresse eines Pakets bestehen aus der Angabe von Adresse und Port:

```
192.168.1.2 80 (WWW-Port des Servers).
```

Statt der IP-Adresse kann man auch den Namen angeben. Gleichbedeutend wäre also

```
boss.lokales-netz.de 80
```

Da man oft mehrere ähnliche Adressen ansprechen will, kann man Gruppen angeben. Bei `192.168.1.0/24` fällt die IP unter unsere Regel, wenn die ersten 24 Bit der IP diesem Muster entsprechen. Meinen Sie alle Adressen, können Sie auf die IP verzichten oder `0/0` schreiben.

Wenn Sie keine Angabe über Ports gemacht haben, bezieht sich das Muster auf alle Ports. Sie können jedoch wie oben einen Port einzeln angeben oder mit `von:bis` einen Bereich von Ports. Mit `30:144` würden Sie alle Ports von 30 bis 144 erreichen, mit `:144` alle Ports von 0 bis 144, da die erste Angabe fehlt. Entsprechend wäre eine fehlende zweite Angabe mit der höchsten Portnummer identisch. Ports können Sie nicht nur über ihre Nummern angeben, sondern auch über ihre Bezeichnung wie:

```
boss.lokales-netz.de www
```

Bisher haben Sie kein Protokoll angegeben, also gilt die Regel für alle Protokolle. Im folgenden Beispiel (aus dem `iptables-howto`) unterbindet man einen `ping` auf `127.0.0.1` (Loopback-Device). `ping` benutzt das Protokoll ICMP. Vor Anwendung der Regel sollte man sich mit

```
ping -c 1 127.0.0.1
```

überzeugen, dass man in der Grundeinstellung hier ein einzelnes (`-c 1`) Paket erfolgreich übertragen kann.

```
iptables -I INPUT -s 127.0.0.1 -p icmp -j DROP
```

Damit wird der nächste `ping` von dieser Adresse aus nicht mehr funktionieren, da das Antwortpaket nicht mehr durch die Firewall kommt. `ping` wartet übrigens sehr lange, bevor er mit einer Fehlermeldung aufgibt. Ungeduldige brechen vorher mit `Strg - C` den Befehl ab.

Bleibt zu klären, wie man diese Regel wieder löschen kann. Da Sie wissen, dass die Regel die einzige bzw. erste Regel in der Chain `INPUT` ist, können Sie sie mit

```
iptables -D INPUT 1
```

löschen. Das `-D` steht hier für *Delete* und erwartet die Angabe der Chain und die Nummer der Regel. Bei vielen Regeln ist dieser Weg unübersichtlich; dann ist es einfacher, die Regel mit dem Parameter `-D` noch einmal anzugeben:

```
iptables -D INPUT -s 127.0.0.1 -p icmp -j DROP
```

Bei den Regel-Parametern gibt es folgende Angaben:

- `-s` Adresse(n) inklusive Port (Source),
- `-d` Adresse(n) inklusive Port (Destination),
- `-i` Device (Interface) + als Wildcard erlaubt,
- `-p` Protokoll,
- `-j` Aktion (Target).

12.2.3 Sicherheitsphilosophien

Bei der Arbeit mit `iptables` gibt es zwei grundsätzliche Strategien:

- Vertrauen: Alles ist erlaubt, was Sie nicht explizit verbieten. Die Default-Policies stellen Sie bei diesem Ansatz auf `ACCEPT`.
- Misstrauen: Alles ist verboten, was Sie nicht explizit erlauben. Die Default-Policies stellen Sie dann auf `DENY` oder `DROP`.

Die größere Sicherheit bietet der misstrauische Ansatz. Er macht aber auch viel Arbeit, wenn Sie mehrere Dienste oder Protokolle freischalten müssen. Sie sollten sich hier sehr genau überlegen, welche sinnvollen Anforderungen die Anwender in Ihrem Netz haben und welche Anwendungen tatsächlich eine Rolle spielen. Erst dann können Sie entscheiden, mit welcher Strategie Sie an Ihre Firewall herangehen.

12.2.4 Ein praktisches Beispiel

Für ein kleines lokales Netz sollten Sie das Forwarding nur für die Rechner im lokalen Netz ermöglichen. Neue Anfragen von außen sollten Sie normalerweise verwerfen. Die folgenden Regeln (frei nach dem Filtering HOWTO) zeigen das exemplarisch:

```
# definierten Zustand erstellen und alle Regeln löschen
iptables -F
iptables -t nat -F
# Ein Router sollte Pakete vom Typ destination-unreachable
# bearbeiten
iptables -A INPUT -i ppp0 -p icmp --icmp-type
  ➥ destination-unreachable -j ACCEPT
# Kette erstellen, die neue Verbindung blockt, es sei denn,
# sie kommen von innen
iptables -N block
```

```
iptables -A block -m state --state ESTABLISHED,RELATED
  ➥ -j ACCEPT
iptables -A block -m state --state NEW -i ! ppp0 -j ACCEPT
iptables -A block -j DROP
# Von INPUT und FORWARD Ketten zu dieser Kette springen
iptables -A INPUT -j block
iptables -A FORWARD -j block
# Maskieren der lokalen Rechner
iptables -t nat -A POSTROUTING -o ppp0  -j MASQUERADE
```

In den ersten Zeilen werden erst einmal alle Regeln der Tabelle `filter` und der Tabelle `nat` gelöscht. Dann legen Sie eine Benutzer-Chain `block` an, die einerseits Pakete durchlässt, die Antwortpakete sind (Status `ESTABLISHED`, ...) oder neue Pakete, die nicht über `ppp0`, also das Internet, hereinkommen. Diese Regeln binden Sie dann in die `INPUT`- und die `FORWARD`-Chain ein.

Zuletzt aktivieren Sie noch das Masquerading, das dann auf die Pakete wirkt, die die `FORWARD`-Chain erfolgreich passiert haben.

Ihr Rechner antwortet damit auf keinerlei Anforderungen aus dem Internet, nicht einmal auf einen Ping. Aus dem lokalen Netz heraus und vom Server selbst aus haben Sie aber vollen Zugriff auf das Internet. Soll Ihr Server auf `ping` reagieren, dann müssen Sie am Anfang des Listings folgende Zeile ergänzen.

```
iptables -A INPUT -i ppp0 -p icmp --icmp-type echo-request
  ➥ -j ACCEPT
```

Wollen Sie auf Ihrem Server auch öffentliche Dienste anbieten, so müssen Sie diese explizit freischalten, beispielsweise den Port 80 für einen Webserver:

```
iptables -A INPUT -i ppp0 -p tcp --dport 80 -j ACCEPT
```

Diese Regel muss aber vor der Definition der Benutzer-Chain `block` stehen, da sie sonst nicht mehr berücksichtigt wird.

12.2.5 Accounting Rule

Der Kernel zählt für jede Regel mit, wie viele Datenpakete er der Regel unterworfen hat. Bezogen auf das vorangegangene Beispiel liefert

```
iptables  -L block  -v
```

die folgende Ausgabe (nach erfolgter Nutzung):

```
Chain block (2 references)
 pkts bytes target   prot opt in    out   source     destination
  184  9388 ACCEPT   all  --  any   any   anywhere   anywhere
                                                ➥ state
RELATED,ESTABLISHED
   22  1824 DROP     all  --  any   any   anywhere   anywhere
```

Der Kernel hat über die erste Regel 184 Pakete akzeptiert und über die zweite Regel 22 Pakete abgelehnt.

Will man generell zählen, wie viele Daten ein bestimmter Rechner ins Internet übertragen hat, so ist die einfachste Regel eine ohne Ziel. Eine derartige Regel nennt man auch *accounting rule*, weil sie nur zum Zählen von Paketen, dem Accounting, geeignet ist:

```
iptables -I INPUT  -s  192.168.1.1
```

Diese Regel zählt alle Pakete vom Host `192.168.1.1`. Über den Schalter `-I` statt `-A` fügen Sie diese Regel am Anfang der Chain ein. Am Ende hätte sie keinen Effekt. Der Befehl

```
iptables -L INPUT -v
```

zeigt die Summe von Bytes und Paketen an, die das Interface passiert haben, nachdem die Regel zutreffend war, um das Datenaufkommen in einem Netz sehr differenziert auszuwerten.

Zurücksetzen können Sie die Zähler generell über `iptables -Z`, konkret für das letzte Beispiel mit

```
iptables -Z INPUT
```

12.2.6 Logging Rule

Mit `iptables` kann man nicht nur Pakete zählen, sondern auch Zugriffe gezielt protokollieren.

Wenn Sie Zugriffe auf den Telnet-Port 23 nicht nur sperren wollen, sondern auch protokollieren möchten, wer wann versucht, auf diesen Port zuzugreifen, fügen Sie folgende Regel ein:

```
iptables -I INPUT -p tcp --dport 23 -j LOG --log-prefix
  ➥ "Telnet-Zugriff: "
```

Das neue Sprungziel `LOG` protokolliert Zugriffe in den Dateien `/var/log/messages` und `/var/log/warn`. Im Gegensatz zu anderen Sprungzielen beendet `LOG` den Ablauf nicht. Die weiteren Regeln arbeitet der Kernel also ganz normal ab. Um das Auswerten der Logdateien zu erleichtern, können Sie optional mit `--log-prefix` einen individuellen Text angeben.

Jeder versuchte Telnet-Zugriff auf Ihren Server hinterlässt folgende Einträge in Ihrer Log-Datei:

```
Jan  4 14:58:22 boss kernel: Telnet-Zugriff: IN=eth0 OUT=
➥ MAC=00:50:bf:55:8d:46:00:50:bf:58:56:fd:08:00
➥ SRC=192.168.1.56 DST=192.168.1.2 LEN=48 TOS=0x00 PREC=0x00
➥ TTL=128 ID=19228 DF PROTO=TCP SPT=1092 DPT=23 WINDOW=8192
➥ RES=0x00 SYN URGP=0
```

Diese hält Datum, Uhrzeit sowie die IP- und die MAC-Adresse der beteiligten Rechner fest. Etwas irritierend mag die Tatsache sein, dass hinter MAC eine Zahl mit 14 Byte angegeben ist. Diese Zahl setzt sich zusammen aus den MAC-Adressen von Ziel- (`00:50:bf:55:8d:46`) und Ausgangsrechner (`00:50:bf:58:56:fd`) sowie zwei Bytes am Ende (`08:00`) für den Pakettyp, hier IPv4 Ethernet.

12.2.7 Limits

Zu den neuen Funktionen von `iptables` gehört die Möglichkeit, die Häufigkeit von Zugriffen zu beschränken. Rechner können lahmgelegt werden, wenn viele Angreifer sie mit einem Ping belasten, im schlimmsten Fall mit dem Parameter `-f` (*flood*):

```
ping -f www.bei-mir-nicht.de
```

Damit schickt der `ping`-Befehl seine Datenpakete so oft wie irgend möglich an den Zielrechner. Wenn das mehrere Angreifer gleichzeitig machen, kann der Zielrechner unter der Last zusammenbrechen.

Mit der Limit-Option (`-m limit`) und deren Parameter `--limit 1/sec` können Sie einen derartigen Angriff abwehren:

```
iptables -A INPUT -i ppp0 -p icmp --icmp-type echo-request -m
  ➥ limit --limit 1/sec -j ACCEPT
```

Ihr Rechner beantwortet jetzt nur noch einen Ping pro Sekunde. Auch bei anderen Diensten sollten Sie die Anzahl der Zugriffe beschränken. Da es in der Vergangenheit zahlreiche Angriffe auf den SSH-Dämon gab, sollten Sie diesen entsprechend schützen. Sie dürfen aber nicht alle Pakete zum SSH-Port limitieren, da dies Ihre Arbeitsgeschwindigkeit beschränken würde, sondern nur Pakete für den Verbindungsaufbau.

```
iptables -A INPUT -p tcp --dport 22 -m limit --limit 1/sec -m state
  ➥ --state NEW -j ACCEPT
```

Mit dieser Regel können Sie pro Sekunde nur eine Verbindung per SSH aufbauen. Nach dem Verbindungsaufbau ist der Status der Pakete nicht mehr `NEW`, die Regel stört dann also nicht während der Verbindung.

12.2.8 SUSE-Firewall

OpenSUSE liefert im Paket `SuSEfirewall2` ein sehr umfangreiches Skript für eine Firewall mit, das mehr als einhundert Regeln für `iptables` erstellt. Wer möchte, kann das Paket aktivieren und damit sein System abschotten. Das ist aber ein zweischneidiges Schwert, da man an einem derart komplexen System nur schwer etwas ändern kann. Bei Sicherheitsfragen ist es letztlich notwendig, dass man genau weiß, was man tut. Daher ist ein eigenes Skript, wie hier vorgestellt, leichter zu warten.

`SuSEfirewall2` konfigurieren Sie auf mehrere Arten. Am einfachsten ist die Konfiguration, wenn Sie im YaST-Kontrollzentrum auf *Sicherheit und Benutzer* gehen und dort den Punkt *Firewall* auswählen.

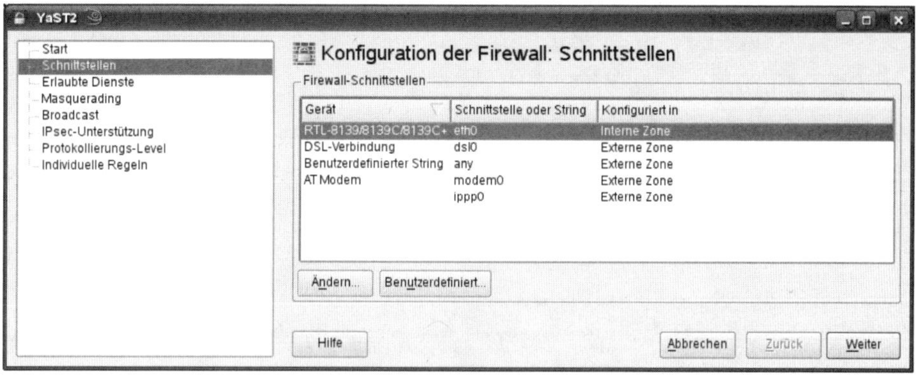

Abbildung 12.5: Firewall-Konfiguration mit YaST

Wichtig ist es, die einzelnen Schnittstellen den Zonen jeweils richtig zuzuordnen:

- Intern – für Schnittstellen, die nur Verbindung zum privaten Netz besitzen und
- Extern – für Schnittstellen mit Verbindung zum Internet.

Über den Punkt *Erlaubte Dienste* können Sie die Firewall sehr selektiv für einzelne Dienste öffnen oder sperren.

Eine umfangreichere Konfigurationsmöglichkeit erreichen Sie über das YaST-Kontrollzentrum unter *System* • *Editor für /etc/sysconfig-Daten* • *Network* • *Firewall* • *SuSEfirewall2*.

Der Editor bietet Ihnen mehr als siebzig Variablen an, über die Sie die Firewall steuern können. Viele Konfigurations-Tools von YaST nehmen hier selbstständig Veränderungen vor. Wenn Sie z. B. den Apache-Webserver installieren (siehe Kapitel 6), dann trägt YaST den zugehörigen Port 80 automatisch in die Variable `FW_SERVICES_EXT_TCP` ein, damit der Webserver auch von außen zugänglich wird.

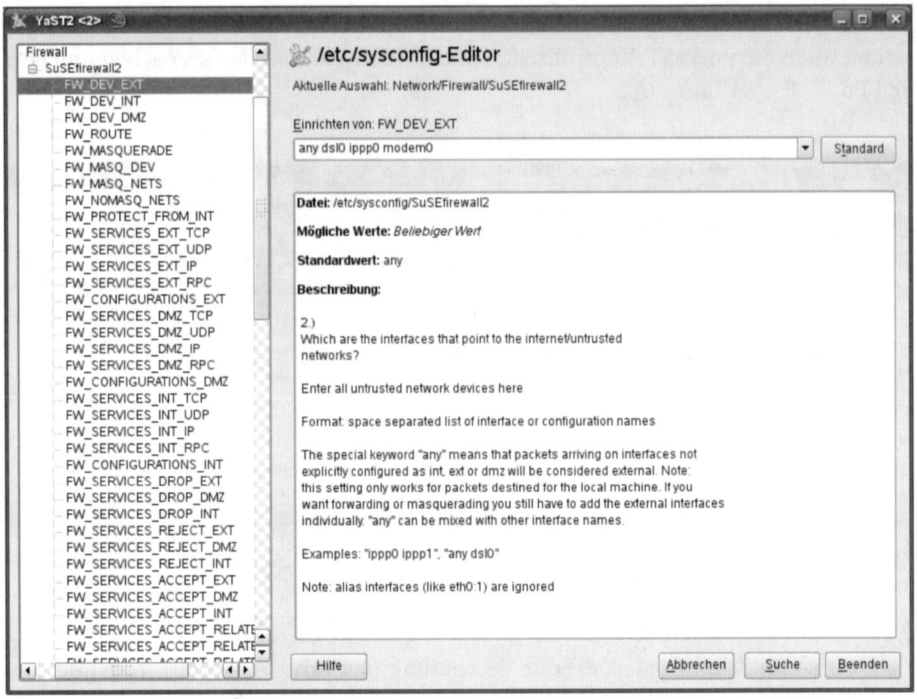

Abbildung 12.6: SuSEfirewall2: Konfiguration über die Variablen

Mit einem Editor kann man die Datei `/etc/sysconfig/SuSEfirewall2` auch direkt bearbeiten. Der folgende Ausschnitt aus der Konfigurationsdatei ordnet die Schnittstellen den Zonen zu:

```
# 2.)
# Which are the interfaces that point to the internet/untrusted
# networks?
#
# Enter all untrusted network devices here
#
# Format: space separated list of interface or configuration names
#
# The special keyword "any" means that packets arriving on interfaces
# not explicitly configured as int, ext or dmz will be considered
# external. Note:this setting only works for packets destined for the
# local machine. If you want forwarding or masquerading you still
# have to add the external interfaces individually. "any" can be
# mixed with other interface names.
#
# Examples: "ippp0 ippp1", "any dsl0"
#
# Note: alias interfaces (like eth0:1) are ignored
#
```

```
FW_DEV_EXT="any dsl0 ippp0 modem0"

## Type:          string
#
# 3.)
# Which are the interfaces that point to the internal network?
#
# Enter all trusted network interfaces here. If you are not
# connected to a trusted network (e.g. you have just a dialup) leave
# this empty.
#
# Format: space separated list of interface or configuration names
#
# Examples: "tr0", "eth0 eth1"
#
FW_DEV_INT="eth0"
...
```

Entscheidend ist, dass dort die Netzwerk-Interfaces richtig eingetragen sind. Bei unseren Tests traten gerade hier mehrfach Probleme auf. Wenn die interne Netzwerkkarte nicht richtig eingetragen ist (FW_DEV_INT), können Sie Ihren Server auch im lokalen Netz nicht vernünftig erreichen.

Falls das Netzwerk-Interface für das Internet (FW_DEV_EXT) nicht richtig eingestellt ist, kann die Firewall Ihren Rechner nicht richtig vor Angriffen aus dem Internet schützen.

12.3 Portscanner

Im vorigen Abschnitt konnten Sie lesen, wie Sie einzelne Ports gezielt für den Zugriff aus dem Internet sperren können. Je weniger Dienste Sie anbieten – je weniger Ports also offen sind –, desto geringer ist die Chance für Angreifer, in Ihr System einzudringen.

Sie sollten sich nicht darauf verlassen, dass Ihr Firewall-System wie gewünscht funktioniert, sondern es gezielt kontrollieren. Dazu kann ein *Portscanner* den Zustand aller Ports ermitteln.

Ein sehr weit verbreiteter Portscanner ist das Programm nmap, das Sie bei OpenSUSE in der Paketgruppe Netzwerk im Paket *nmap* finden. Installieren Sie dieses Programm nach.

Um Ihren eigenen Rechner testen zu können, brauchen Sie ein anderes Gerät, von dem aus Sie nmap nutzen können. Wenn Sie mit den Voreinstellungen arbeiten wollen, reicht nmap die Angabe der Rechneradresse als Name oder als IP-Nummer.

```
nmap 192.168.1.2
```

Nun ist das Programm eine Weile beschäftigt. Je stärker ein System abgeschottet ist, desto länger benötigt nmap für seine Untersuchungen. Sie bekommen dann eine Ausgabe der folgenden Art:

```
Starting Nmap 4.60 ( http://nmap.org ) at 2008-07-26 15:24 CEST
Interesting ports on boss.lokales-netz.de (192.168.1.2):
Not shown: 1705 closed ports
PORT     STATE SERVICE
21/tcp   open  ftp
22/tcp   open  ssh
25/tcp   open  smtp
53/tcp   open  domain
80/tcp   open  http
110/tcp  open  pop3
111/tcp  open  rpcbind
443/tcp  open  https
1020/tcp open  unknown
2049/tcp open  nfs

Nmap done: 1 IP address (1 host up) scanned in 0.169 seconds
```

Hier im Beispiel liegen recht viele Ports offen. Das ist zunächst nicht weiter tragisch, da der Scan innerhalb des lokalen Netzes erfolgte.

Ein Scan über das Internet dürfte aber auf keinen Fall derart viele offene Ports zeigen. Im Idealfall zeigt der Scan, dass alle Ports geschlossen sind, zumindest wenn Sie keinerlei Dienste nach außen anbieten wollen. Ansonsten dürfen nur genau die Ports offen sein, die zu benötigten Diensten gehören.

```
 (The 1657 ports scanned but not shown below are in state: filtered)
Port         State        Service
22/tcp       open         ssh
80/tcp       open         http

Nmap done: 1 IP address (1 host up) scanned in 1.690 seconds
```

Bei diesem System sind nur der Webserver und der SSH-Zugang erreichbar.

Speziell bei Konfigurationsarbeiten am Firewall-System sollten Sie Ihren Rechner regelmäßig von einem anderen System aus scannen.

Hinweis: Portscans auf fremde Rechner gelten zumindest als unfreundliche Aktionen. Manche Provider ahnden übermäßige Scan-Aktivitäten mit dem Trennen der Verbindung.

13 Domain Name-Server einrichten

IP-Adressen identifizieren Rechner im Internet eindeutig. Diese Art der Adressierung ist für Maschinen praktisch, aber nicht für Menschen. Diesen kommt das hierarchische System von Domain-Namen in der Form `www.linuxbu.ch` oder auch allgemeiner `Host.ServerDomain.TopLevelDomain` entgegen.

Mehr zum Aufbau von Domain-Namen finden Sie in Internet-Büchern wie *Linux-Wegweiser für Netzwerker* von Olaf Kirch und im Internet bei jedem NIC (s. u.).

Ruft jemand eine Webseite des Servers `www.linuxbu.ch` auf, so muss der Browser die IP-Nummer von `www.linuxbu.ch` herausfinden. Diese Aufgabe überlässt er dem Domain Name Service (DNS).

Jedes Programm, das einen Host-Namen mitgeteilt bekommt, versucht sofort, diesen in eine IP-Adresse aufzulösen. Dazu benutzen Internet-Clients folgendes Verfahren:

Zuerst suchen sie eine Datei `hosts`, bei Windows 9x im Windows-Verzeichnis (meist `c:\windows`), bei Windows XP/Vista unter `Windows\system32\drivers\etc`, bei Linux im Verzeichnis `/etc`. Dort prüfen sie, ob in der Datei zu dem Domain-Namen eine IP-Adresse steht. Wenn nicht, nehmen sie mit den DNS-Servern Kontakt auf, die auf dem Client in den Eigenschaften von IP als DNS-Server eingetragen sind.

Host-Dateien auf Clients lokal zu pflegen ist sehr aufwendig. Daher nimmt man gern die Dienste von DNS-Servern in Anspruch.

13.1 Wann Sie einen eigenen Name-Server brauchen

Eigene Name-Server sollte man immer dann einrichten, wenn man ein lokales Netz an das Internet anbindet. Lokale Name-Server haben folgende Aufgaben:

- Verwalten der Namen für das lokale Netz (Hosting genannt),
- Weiterleiten der DNS-Anfragen an den DNS-Server des Providers (Caching).

13.2 So funktionieren das Domain Name System und die Internet-Domains

Bis 1984 pflegte das Network Information Center (NIC) diese Zuordnung in Form einer großen Tabelle. Als diese Liste zu groß wurde, hat die Netzgemeinde den hierarchischen Domain Name Service eingeführt.

Bisher gab es hauptsächlich zwei Arten von Top-Level-Domains: die nationalen, die mit zwei Buchstaben ein Land identifizieren, und die ursprünglichen, die jeweils aus drei Buchstaben bestehen.

Die beiden Arten von Top-Level-Domains werden verschieden verwaltet: nationale NICs – Network Information Centers (`www.nic.de`, `www.nic.at`, `www.nic.ch`, `www.nic.fr`) – verwalten die Landesdomains wie `de` (Deutschland), `at` (Österreich), `ch` (Schweiz) und `fr` (Frankreich).

Die Drei-Buchstaben-Domains aus der Anfangszeit des Internet (`com`, `edu`, `gov`, `mil`, `net`, `org`, `int`) verwalten inzwischen zahlreiche konkurrierende Firmen. Dadurch kommt es immer häufiger zu Pannen wie etwa der Doppelvergabe von Domänen.

Für die neuen Top-Level-Domains `biz`, `info` etc. konnten sich Firmen um die Domain-Verwaltung bewerben. Auch wenn die Vergabe nicht immer ganz transparent wurde, ist die eindeutige Zuständigkeit inzwischen geklärt.

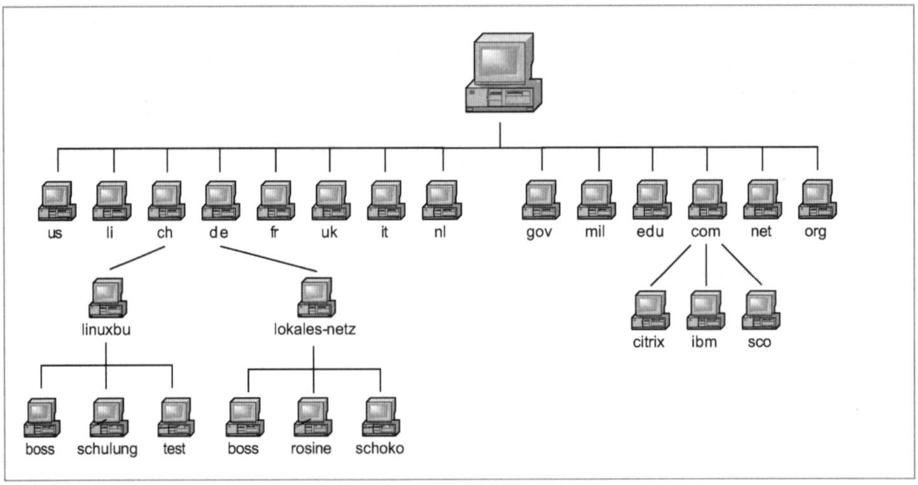

Abbildung 13.1: Baumstruktur

Der Ablauf einer Namensanfrage ist folgendermaßen:

1. Ruft jemand in den USA die Webadresse `www.linuxbu.ch` auf, so landet dessen Name-Server-Anfrage über Zwischenschritte beim zentralen Name-Server des NIC, dem *root*-Server.

2. Dieser übergibt die Anfrage an den Name-Server des Ch-NIC, der sie dann an den für `linuxbu.ch` zuständigen Name-Server (`nameserv.deltaweb.de`) weitergibt, von wo er nun endgültig die IP-Adresse (`193.239.104.29`) bekommt.
3. Diese IP-Adresse geht dann auf dem langen Weg über die beteiligten Name-Server an den anfragenden Rechner weiter.

Da sich die meisten Name-Server Adressen in einem Cache merken, nehmen Anfragen nur selten diesen langen Weg. Dieser Cache hat aber auch den Nachteil, dass es je nach Konfiguration ein paar Tage dauern kann, bis der letzte Name-Server einen neuen Eintrag oder eine Änderung mitbekommen hat.

Zusätzlich zu diesen Anfragen, die zu einem Namen eine IP-Adresse ermitteln, muss ein Name-Server auch umgekehrt den Namen, der zu einer IP-Adresse gehört, ermitteln. (Reverse Lookup).

Auch die Zuordnung eines zuständigen Mail-Servers für einen Adressbereich erfolgt über den Name-Server. Hierfür sind die *mx-records* (Mail Exchanger-Einträge) zuständig.

13.2.1 Die Hosts-Datei

In kleineren Netzen ist ein eigener Name-Server nicht notwendig. Hier kann man die vorhandenen Rechner einfach in die `Hosts`-Datei eines jeden Rechners eintragen. Das Format dieser Datei ist für Linux und Windows identisch.

Bearbeiten können Sie die Datei entweder direkt mit einem Texteditor oder der Funktion im YaST-Kontrollzentrum, die Sie unter *Netzwerkdienste • Hostnamen* finden.

`/etc/hosts`

```
#
# hosts         This file describes a number of hostname-to-address
#               mappings for the TCP/IP subsystem.  It is mostly
#               used at boot time, when no name servers are running.
#               On small systems, this file can be used instead of a
#               "named" name server.
# Syntax:
#
# IP-Address  Full-Qualified-Hostname  Short-Hostname
#

127.0.0.1       localhost

# special IPv6 addresses
::1             localhost ipv6-localhost ipv6-loopback

fe00::0         ipv6-localnet
```

```
ff00::0         ipv6-mcastprefix
ff02::1         ipv6-allnodes
ff02::2         ipv6-allrouters
ff02::3         ipv6-allhosts


192.168.1.2     boss.lokales-netz.de     boss
```

Zumindest die Zeilen, die den lokalen Rechner beschreiben – hier die beiden hervorgehobenen Zeilen –, müssen sich immer in der `Hosts`-Datei finden. So kann der Server zumindest seine eigenen Adressen immer auflösen.

Einen großen Teil der Datei können Sie ignorieren, er ist für die Erweiterung des IP-Adressformates auf 16 Byte bedeutsam.

13.2.2 Name-Server installieren und konfigurieren

Der Name-Server befindet sich bei OpenSUSE im Paket `bind` der Paketgruppe `Netzwerk`. Die Standardinstallation richtet das Paket nicht ein. Man muss dies also nachholen, bevor man den DNS konfiguriert.

Folgende Dateien sind für die beschriebene Konfiguration wichtig:

Datei	*Bedeutung*
`/usr/sbin/named`	Die Binärdatei, die den Name-Server bildet.
`/etc/hosts`	Liste mit IP-Adressen und zugehörigen Rechnernamen.
`/etc/host.conf`	Bestimmt die Art der Namensauflösung.
`/etc/resolv.conf`	Konfiguration für den Name Resolver (Namensauflöser).
`/etc/named.conf`	Hauptkonfigurationsdatei.
`/var/lib/named/root.hint`	Datei mit den *root*-Name-Servern (Standard-Nameserver).
`/var/lib/named/privat.zone`	Datei für die Namenszuordnung im lokalen Netz, der Dateiname ist frei wählbar, hier im Beispiel *privat*.
`/var/lib/named/localhost.zone`	Namenszuordnung für `localhost` im lokalen Netz.
`/var/lib/named/tavirp.zone`	Umgekehrte Zuordnung von IP zu Name, der Name ist frei wählbar, hier `privat` in umgekehrter Reihenfolge.
`/var/lib/named/127.0.0.zone`	Umgekehrte Zuordnung `127.0.0.1` zu `localhost`.

Tabelle 13.1: Konfigurationsdateien des Name-Servers

Hinweis: Sie können den Name-Server erst starten, wenn Sie alle Konfigurationsdateien angelegt haben.

Damit der Rechner selber später auch auf den Name-Server zugreifen kann, sollte man zuerst das YaST-Kontrollzentrum starten und dort unter *Netzwerkgeräte • Netzwerkeinstellungen • Hostname/DNS* die notwendigen Angaben machen. Hier gibt man die IP-Adresse (`192.168.1.2`) bzw. die IP-Adressen für den oder die Name-Server sowie den Domainnamen (`lokales-netz.de`) an. Wichtig ist, dass die Checkboxen für DHCP deaktiviert sind, da der Rechner seine Daten ja nicht von einem anderen System dynamisch beziehen soll.

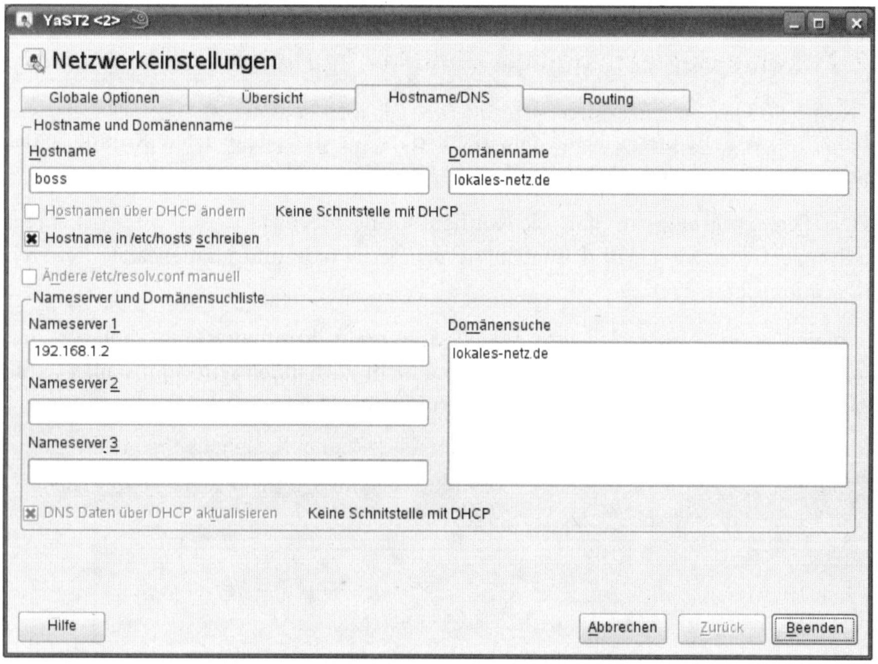

Abbildung 13.2: Konfiguration des Name-Servers

YaST erzeugt bzw. verändert dann die Dateien `/etc/host.conf` und `/etc/resolv.conf`.

`/etc/host.conf`

```
#
# /etc/host.conf - resolver configuration file
#
# Please read the manual page host.conf(5) for more information.
#
#
# The following option is only used by binaries linked against
```

```
# libc4 or libc5. This line should be in sync with the "hosts"
# option in /etc/nsswitch.conf.
#
order hosts, bind
#
# The following options are used by the resolver library:
#
multi on
```

Dies legt fest, wie Namen aufgelöst werden. Zuerst sehen die Dienste in der Datei `/etc/hosts` nach. Falls sie die gesuchte Adresse dort nicht finden, fragen sie den Name-Server `bind`. Der Eintrag `multi on` bewirkt, dass man zu einem Rechnernamen in der `/etc/hosts` mehrere IP-Adressen angeben darf.

`/etc/resolv.conf`

```
search lokales-netz.de
nameserver 192.168.1.2
```

Die beiden Zeilen in dieser Datei bewirken, dass für die Suche nach Rechnern der Domain `lokales-netz.de` der Name-Server `192.168.1.2` befragt wird.

Der DNS-Server wertet beim Start die Konfigurationsdatei `named.conf` aus. Mit einem Texteditor legt man sie an und trägt in sie u. a. die Pfade und Namen aller weiteren Konfigurationsdateien ein.

YaST bietet unter *Netzwerkdienste* • *DNS-Server* ein Konfigurations-Tool für den Nameserver an. Sollte das Konfigurations-Tool nicht vorhanden sein, so installieren Sie das Paket `yast2-dns-server` aus der Paketgruppe `System` nach.

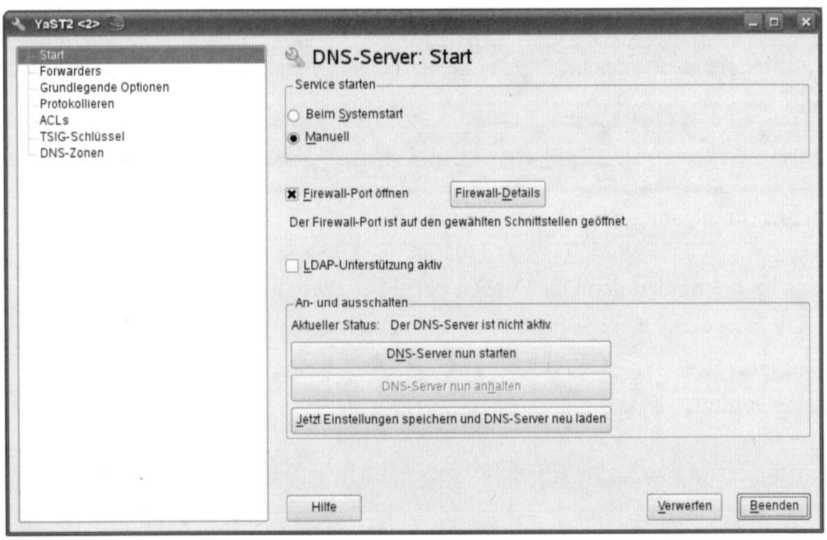

Abbildung 13.3: YaST: Name-Server

Wenn Ihr Name-Server auch übers Internet zugänglich sein soll, können Sie hier den zugehörigen Firewall-Port öffnen. Den Firewall-Port sollten Sie aber aus Sicherheitsgründen nur dann öffnen, wenn Ihr Name-Server unbedingt zugänglich sein muss.

Das YaST-Tool stellt nicht alle Funktionen zur Verfügung und andere Werkzeuge sind hier aufwendiger zu bedienen als der Texteditor. Für kleinere Netze kann der Einsatz von YaST sinnvoll sein, aber in größeren Netzen ist Handarbeit effektiver. Sie bildet auch die Grundlage für die folgende Beschreibung. Entscheiden Sie selbst, inwieweit der Einsatz dieses YaST-Tools für Ihre Einsatzumgebung sinnvoll ist.

Die von OpenSUSE installierten Musterdateien können Sie für Ihre Bedürfnisse anpassen. Eine kurze Dokumentation zum Name-Server `Bind` findet sich im Ordner `/usr/share/doc/packages/bind`.

`/etc/named.conf` (gekürzt und bereits angepasst für Linuxbu.ch)

```
# Copyright (c) 2001-2004 SuSE Linux AG, Nuernberg, Germany.
# All rights reserved.
#
# Author: Frank Bodammer, Lars Mueller <lmuelle@suse.de>
#
# /etc/named.conf
#
# Copyright (c) 2001-2004 SuSE Linux AG, Nuernberg, Germany.
# All rights reserved.
#
# Author: Frank Bodammer, Lars Mueller <lmuelle@suse.de>
#
# /etc/named.conf
#
# This is a sample configuration file for the name server BIND 9.  It
# works as a caching only name server without modification.
#
# A sample configuration for setting up your own domain can be found in
# /usr/share/doc/packages/bind/sample-config.
#
# A description of all available options can be found in
# /usr/share/doc/packages/bind/misc/options.

options {

    # The directory statement defines the name server's working
      ➥ directory

    directory "/var/lib/named";

    # Write dump and statistics file to the log subdirectory.  The
    # pathenames are relative to the chroot jail.
```

```
    dump-file "/var/log/named_dump.db";
    statistics-file "/var/log/named.stats";

    # The forwarders record contains a list of servers to which
      ➥ queries
    # should be forwarded.  Enable this line and modify the IP
      ➥ address to
    # your provider's name server.  Up to three servers may be
      ➥ listed.

    #forwarders { 192.0.2.1; 192.0.2.2; };

…
    # The allow-query record contains a list of networks or IP
      ➥ addresses
    # to accept and deny queries from. The default is to allow
      ➥ queries
    # from all hosts.

    #allow-query { 127.0.0.1; };

    # If notify is set to yes (default), notify messages are sent to
      ➥ other
    # name servers when the the zone data is changed.  Instead of
      ➥ setting
    # a global 'notify' statement in the 'options' section, a
      ➥ separate
    # 'notify' can be added to each zone definition.

    notify no;
    include "/etc/named.d/forwarders.conf";
};


zone "." in {
        type hint;
        file "root.hint";
};

zone "localhost" in {
        type master;
        file "localhost.zone";
};

zone "0.0.127.in-addr.arpa" in {
        type master;
```

```
        file "127.0.0.zone";
};

# Include the meta include file generated by createNamedConfInclude.
      ➥ This
# includes all files as configured in NAMED_CONF_INCLUDE_FILES from
# /etc/sysconfig/named

include "/etc/named.conf.include";

# You can insert further zone records for your own domains below or
# create single files in /etc/named.d/ and add the file names to
# NAMED_CONF_INCLUDE_FILES.
# See /usr/share/doc/packages/bind/README.SUSE for more details.

zone "lokales-netz.de" in {
        file "master/lokales-netz.de";
        type master;
};

zone "1.168.192.in-addr.arpa" in {
        type master;
        file "master/1.168.192.in-addr.arpa";
};
```

Zu den einzelnen Abschnitten dieser Datei:

```
# Copyright (c) 2001-2004 SuSE Linux AG, Nuernberg, Germany
#
# Author: Frank Bodammer, Lars Mueller <lmuelle@suse.de>
#
# /etc/named.conf
#
# This is a sample configuration file for the name server BIND 9.
```

Zeilen, die mit dem Lattenzaun # beginnen, sind Kommentare. Hier betonen die Autoren, dass es sich um eine Konfigurationsdatei für das aktuelle `Bind9` und nicht für ältere Versionen handelt.

```
options {

    # The directory statement defines the name server's
    # working directory

    directory "/var/lib/named";

    # The forwarders record contains a list of servers to
    # which queries should be forwarded. Enable this line and
    # modify the IP-address to your provider's name server.
    # Up to three servers may be listed.
```

```
    #forwarders { 192.0.2.1; 192.0.2.2; };
...
    # The allow-query record contains a list of networks or
    # IP-addresses to accept and deny queries from. The
    # default is to allow queries from all hosts.

    allow-query { 127.0/16; 192.168.1/24; };
```

Das Options-Statement gibt zuerst den Pfad zu den weiteren Konfigurationsdateien an. Dieser Pfad hat sich gegenüber den Vorgängerversionen leicht verändert. Unterhalb von `/var/lib/named` finden Sie bei aktuellen Installationen noch die Verzeichnisse `master`, `slave` und `dyn`. Im Verzeichnis `master` liegen die Zonendateien, für die der Server als Master zuständig ist. Im Verzeichnis `slave` befinden sich Kopien von Dateien, die von anderen Name-Servern bezogen wurden, und im Verzeichnis `dyn` Zonendateien, die der Dienst DHCPD verändern darf.

Anfragen, die der Name-Server nicht beantworten kann, gibt er an den oder die Name-Server weiter, die im `forwarders`-Statement aufgeführt sind. Als `forwarders` sollten Sie hier den Name-Server Ihres Providers eintragen. Als Beispiel angegeben ist hier ein Name-Server der Telekom.

Später folgt dann eine Angabe, von wo aus auf den Name-Server zugegriffen werden darf. Hier ist ein Zugriff nur aus dem lokalen Netz heraus und vom Server selber zugelassen.

Die `forwarders` können Sie auch mit dem bereits erwähnten Konfigurations-Tool von YaST eingeben. Bei Einwahlverbindungen können Sie hier auch die Einstellung *PPP-Daemon legt Forwarders fest* aktivieren, dann werden die entsprechenden Adressen bei erfolgreicher Interneteinwahl automatisch eingetragen.

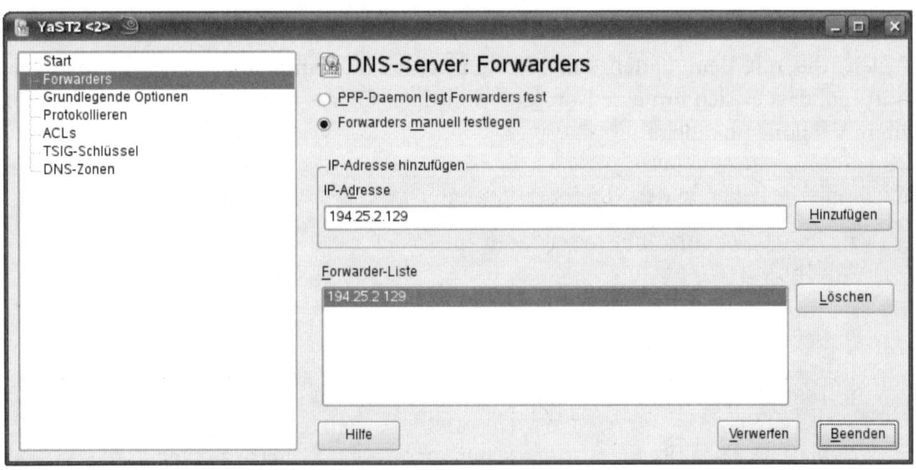

Abbildung 13.4: YaST: DNS-Forwarders

YaST übernimmt diese Einstellungen aber nicht direkt in die `named.conf`, sondern fügt dort nur die Zeile

```
include "/etc/named.d/forwarders.conf";
```

ein.

Diese Datei enthält die Zeilen zur Angabe der Name-Server für die Weiterleitung.

```
# Copyright (c) 2001-2004 SuSE Linux AG, Nuernberg, Germany.
# All rights reserved.
# Forwarders file for PPPD updates (only)
#
# /etc/named.d/forwarders.conf

forwarders { 194.25.2.129; };
```

Sehr wichtig sind die Zone-Statemens an Ende der Hauptkonfigurationsdatei.

```
zone "lokales-netz.de" in {
   type master;
   file "master/lokales-netz.de";
};
```

Mit dem Zone-Statement bekommt der Name-Server die Zuständigkeit für `lokales-netz.de`. Er ist *primärer Name-Server* (*master*) für diese Domain. Neben einem primären Name-Server könnten Sie auch einen *Slave Name-Server* einrichten, der beim Ausfall des Masters dessen Aufgabe übernehmen kann. Die eigentlichen Adressen finden sich in der Datei `/var/lib/named/master/lokales-netz.de` (s. u.). Der gewählte Dateiname ist beliebig, stimmt hier aber mit dem Namen der Zone überein, was die Vorgabe des Konfigurations-Tools von YaST ist. Dadurch kann man die Grundlagen der Zonendatei mit YaST erstellen und dann im Texteditor erweitern.

```
zone "localhost" in {
   type master;
   file "localhost.zone";
};
```

Dieses Zone-Statement ist notwendig, damit der Server auch den Namen `localhost` zu `127.0.0.1` auflösen kann, der nichts mit `lokales-netz.de` zu tun hat. Die Zonendatei und die Zeilen in der Konfigurationsdatei hat OpenSUSE schon mit angelegt.

```
zone "1.168.192.in-addr.arpa" in {
   type master;
   file "master/1.168.192.in-addr.arpa";
};
```

Im vorliegenden Beispiel hat `boss.lokales-netz.de` die IP-Adresse `192.168.1.2`. Diese Zuordnung ergibt sich aus der Zonendatei `192.168.1.zone`. Für die Rückwärtsauflösung von `192.168.1.2` zu `boss.lokales-netz.de` ist diese Datei zuständig. Die Rückwärtsauflösung soll auch die IP-Angabe im Dateinamen andeuten.

```
zone "0.0.127.in-addr.arpa" in {
   type master;
   file "127.0.0.zone";
};
```

Für die Rückwärtsauflösung `127.0.0.1` zu `localhost` ist wieder eine eigene Zonendatei notwendig.

```
zone "." in {
   type hint;
   file "root.hint";
};
```

Diese fünfte Zonendatei enthält die IP-Adressen der *Root*-Name-Server. Die mitgelieferte Datei braucht normalerweise nicht geändert zu werden.

13.2.3 DNS-Zonen konfigurieren

Wichtigster Inhalt der Zonendateien (*Master Files*) sind die *Resource Records*, welche den Namen die IP-Adressen zuordnen bzw. umgekehrt den IP-Adressen die Namen. Die Dateien haben folgende Grundstruktur:

Sie beginnen mit Direktiven, die jeweils mit dem `$`-Zeichen anfangen:

- `$ORIGIN` legt fest, welche Domain an unvollständige Adressangaben angehängt werden soll. Fehlt diese Angabe, so benutzt `bind` den Zonennamen aus der `/etc/named.conf`. In den folgenden Beispielen findet sich diese Direktive daher nicht.
- `$TTL` (Time To Live) gibt eine Standardgültigkeitsdauer für die Resource Records vor, hier zwei Tage (`2D`).
- `$GENERATE` ist eine `Bind8/Bind9`-spezifische, nicht standardisierte Direktive, mit der man viele gleichartige Resource Records erzeugen kann. Eine genauere Beschreibung findet sich im Beispiel `privat.zone`.

Alle weiteren Zeilen sind dann Resource Records mit folgendem Aufbau:

```
<Name> IN <Typ> <Beschreibung>
```

Der erste Record ist am aufwendigsten, er ist vom Typ `SOA` (Start Of Authority) und beinhaltet Grundeinstellungen für die Zone. Dazu gehören die Angabe des Name-Servers und der E-Mail-Adresse der Kontaktperson. Bei dieser Mail-Adresse ersetzt man das `@`-Zeichen durch einen Punkt.

Danach kommen in Klammern eine Seriennummer und Zeitangaben für das Caching. Die Zeitangaben kann man einfach übernehmen, `3H` steht für 3 Stunden, `15M` für 15 Minuten, `1W` für eine Woche und `1D` für einen Tag.

Hat man auch Slave-Name-Server (sekundäre Name-Server) im Netz, so muss man die Seriennummer bei jeder Änderung erhöhen, damit die anderen Server Änderungen übernehmen. Baut das Nummernsystem auf dem Kalenderdatum auf, sollte man stets eine mehrstellige Nummer anfügen, z. B. `2008031203`, für die dritte Version vom 12. März 2008.

Nun folgen einige Adressangaben. Vollständige DNS-Namen bekommen noch einen Punkt angehängt, an alle Namen ohne Punkt am Ende wird der betreffende Domain-Name angekoppelt.

Für die Datei `lokales-netz.de` ist es also gleichbedeutend, ob man

- `boss.lokales-netz.de.` (beachten Sie den Punkt am Ende) oder
- `boss` (kein Punkt am Ende) schreibt.

Die meisten Records sind vom Typ `A` und dienen der Adresszuordnung. Vor dem `IN` steht der Name des Rechners und nach dem `A` seine IP-Adresse.

Ein Record vom Typ `CNAME` vergibt einen weiteren Namen (Alias) für einen Rechner. Meist werden so `www`, `ftp`, `mail` und `news` definiert. Links von `IN` steht wieder der zu definierende Name und rechts vom `CNAME` der offizielle Name.

Ein Record vom Typ `NS` definiert Name-Server. Ein Netz mit ständiger Internetverbindung muss zwei Name-Server besitzen, damit beim Ausfall eines Name-Servers der andere einspringen kann.

Für den Austausch von Mail sind die `MX`-Records (Mail-Exchange) wichtig. Diese geben nach dem Schlüsselwort `MX` noch eine Priorität für den Rechner an, um eine Rangfolge festzulegen, wenn mehrere Mailserver eingetragen sind. Je kleiner die Zahl, desto höher ist die Priorität. Null entspricht also der höchsten Stufe. Man kann z. B. 10 weitere Rechner mit niedrigerer Priorität angeben, die notfalls eingehende Mails annehmen, falls der primäre Rechner ausfällt.

`/var/lib/named/master/lokales-netz.de`

```
$TTL 2d
$GENERATE 20-127  client-$ A 192.168.1.$
@               IN SOA          boss.lokales-netz.de.
root.boss.lokales-netz.de. (
                                2008072500      ; serial
                                3h              ; refresh
                                1h              ; retry
                                1w              ; expiry
                                1d )            ; minimum

                IN NS           boss
                IN MX 0         boss

boss            IN A            192.168.1.2
www             IN CNAME        boss
www2            IN CNAME        boss
mail            IN CNAME        boss
ns              IN CNAME        boss
```

```
ftp                IN CNAME       boss
news               IN CNAME       boss

rosine             IN A           192.168.1.10
nuss               IN A           192.168.1.11
flocke             IN A           192.168.1.12
schoko             IN A           192.168.1.13
```

`boss` ist Name-Server und Mail-Server mit höchster Priorität für die Domain `lokales-netz.de`. Weiter bestimmt die Datei die IP-Adressen für `boss`, `rosine`, `nuss`, `flocke` und `schoko`. Mit einem Record vom Typ `A` kann man die IP-Adressen für beliebig viele Rechner angeben.

Manche Betreiber geben sich bei den Rechnernamen sehr viel Mühe und überlegen sich ein System. Namen von Bäumen (Bonsai, Erle, ...), Planeten (Mars, Venus, ...) oder Müsli-Bestandteilen (Flocke, Rosine, Nuss, ...).

Praktischer baut man aber die Namen systematisch auf. Dann kann man die Datei von einem Konfigurationsprogramm erzeugen lassen und gleich für alle 255 möglichen IP-Adressen verschiedene Namen generieren lassen, z. B. nach dem folgenden System:

```
client-20  IN A        192.168.1.20
client-21  IN A        192.168.1.21
client-22  IN A        192.168.1.22
...
client-127 IN A        192.168.1.127
```

Geht man so vor, braucht man bei späteren Erweiterungen des Netzes keine Einträge im Name-Server zu ändern. Genau diese Zeilen erzeugt die `$GENERATE`-Direktive.

```
$GENERATE 20-127  client-$ A 192.168.1.$
```

Für die Werte von 20 bis 127 (die Werte sind willkürlich gewählt) erzeugt der Eintrag Resource Records nach dem Muster

```
client-$   IN A        192.168.1.$
```

wobei `generate` das `$`-Zeichen jeweils durch den aktuellen Wert ersetzt.

Als Alias für `Boss` sind `www`, `mail`, `ns`, `ftp` und `news` eingetragen. In einem lokalen Netz ist das praktisch. Für Rechner, die ständig mit dem Internet verbunden sind, gilt aber:

> **Warnung:** Wenn Rechnernamen über Rechnerfunktionen informieren, freuen sich Eindringlinge. Eine einfache Verteidigungsstrategie lautet daher, keine auf die Funktion hinweisenden Namen zu vergeben.

Viele Programme adressieren den Rechner, auf dem sie laufen, über `localhost` und nicht über `boss.lokales-netz.de`. Daher gibt es für `localhost` auch `127.0.0.1` als allgemeingültige IP-Adresse.

`localhost` ordnet man `127.0.0.1` in einer eigenen Zonendatei zu.

Diese Datei hat den gleichen Aufbau wie die `privat.zone`, definiert aber nur den einzigen Namen `localhost` mit der zugehörigen IP `127.0.0.1`. Dargestellt ist hier die mitgelieferte Datei, die etwas unübersichtlich wirkt, weil OpenSUSE hier mit Platzhaltern arbeitet, um die Datei allgemeingültig zu halten.

`/var/lib/named/localhost.zone`

```
$TTL 1W
@              IN SOA  @    root (
                            42               ; serial (d. adams)
                            2D               ; refresh
                            4H               ; retry
                            6W               ; expiry
                            1W )             ; minimum

                IN NS            @
                IN A             127.0.0.1
```

Der Platzhalter `@` steht hier für den Rechner selber, also `boss.lokales-netz.de`. Die Seriennummer 42 soll an das Kultbuch »Per Anhalter durch die Galaxis« von Douglas Adams erinnern. Eine derartige Seriennummer ist aber nur für Zonendateien sinnvoll, bei denen Sie keinerlei Änderungen erwarten.

13.2.4 Von der IP-Nummer zum Hostnamen: Reverse Name Server Lookup

Die bisher beschriebenen Dateien `privat.zone` und `localhost.zone` sollen dem Rechnernamen je eine IP-Adresse zuordnen. Reverse Lookup hingegen ermittelt umgekehrt zu einer IP-Adresse den Rechnernamen. Bei dieser Namensauflösung über Zonendateien wendet man den Record-Typ PTR (Pointer) an.

Für das Reverse Lookup dient eine spezielle Domain, `in-addr.arpa`, vor die man die IP-Adressen in verdrehter Reihenfolge setzt. Für die Suche nach dem Namen zu `192.168.1.2` geht man mit `2.1.168.192.in-addr.arpa` an eine geeignete Zonendatei und sucht dort den zugehörigen Namen.

`/var/lib/named/master/1.168.192.in-addr.arpa`

```
$TTL 2d
$GENERATE  20-127  $  PTR client-$.lokales-netz.de.
@   IN SOA   boss.lokales-netz.de. root.boss.lokales-netz.de. (
                                 2008072501       ; serial
                                 3h               ; refresh
                                 1h               ; retry
                                 1w               ; expiry
                                 1d )             ; minimum
```

```
                IN NS               boss.lokales-netz.de.
2               IN PTR              boss.lokales-netz.de.
10              IN PTR              rosine.lokales-netz.de.
11              IN PTR              nuss.lokales-netz.de.
12              IN PTR              flocke.lokales-netz.de.
13              IN PTR              schoko.lokales-netz.de.
```

Als Name ist hier nur jeweils die letzte Zahl der IP-Adresse angegeben, da `Bind` `1.168.192.in-addr.arpa` ergänzt. Auch in dieser Datei erzeugt die Direktive `$GENERATE` einen großen Teil der Resource Records. Die Zuordnung `127.0.0.1` zu `localhost` nutzt eine eigene Pseudoadresse `1.0.0.127.in-addr.arpa` und damit auch eine eigene Zonendatei.

`/var/lib/named/127.0.0.zone`

```
$TTL 1W
@               IN SOA              localhost.    root.localhost. (
                          42                ; serial (d. adams)
                          2D                ; refresh
                          4H                ; retry
                          6W                ; expiry
                          1W )              ; minimum

                IN NS               localhost.
1               IN PTR              localhost.
```

Auch die Zonendateien können Sie mit dem Konfigurations-Tool von YaST erstellen und bearbeiten.

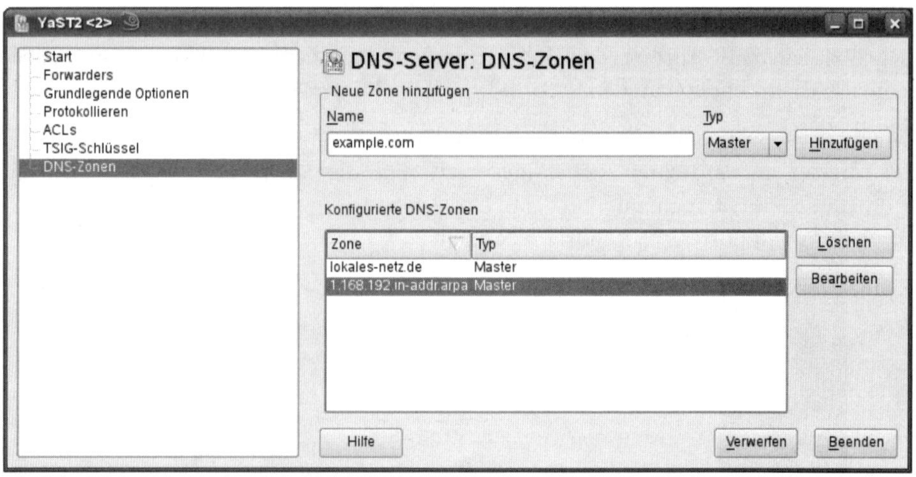

Abbildung 13.5: YaST: DNS-Zonen

Sie sehen hier alle im unteren Teil der Konfigurationsdatei eingetragenen Zonendateien. Die Zonen für `localhost` und die zugehörige rückwärtige Auflösung bietet YaST Ihnen hier nicht an, weil sie in der Konfigurationsdatei weiter oben stehen. Sie können eine Zone bearbeiten, indem Sie sie auswählen und auf *Zone bearbeiten* klicken.

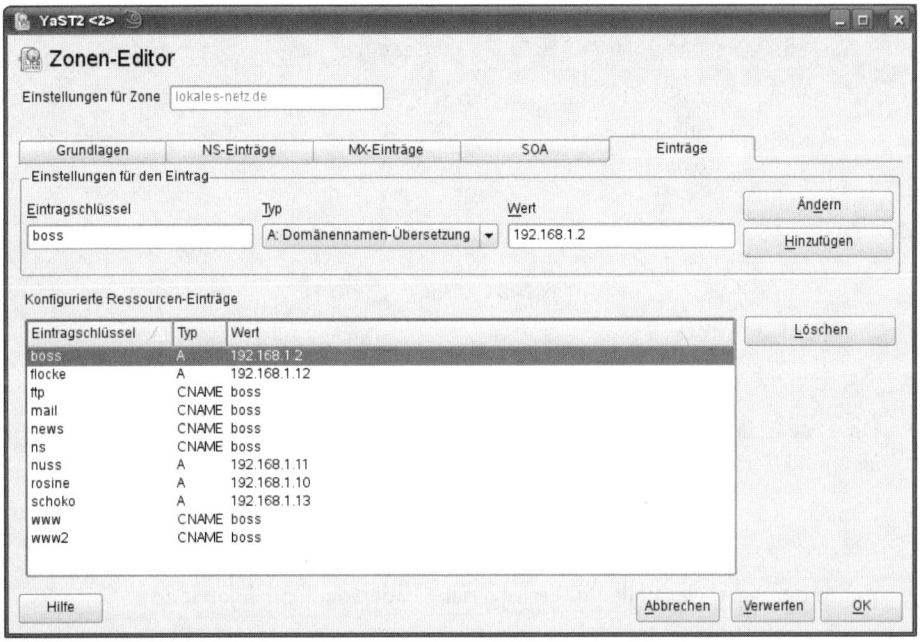

Abbildung 13.6: YaST: DNS-Zone editieren

Der Editor ist im Prinzip auch ganz nützlich, nur kennt er die `$GENERATE`-Direktive nicht, er löscht sie sogar. Wenn Sie diese hilfreiche Direktive benutzen wollen, müssen Sie auf das Konfigurations-Tool von YaST leider verzichten.

13.3 Erster Start des Name-Servers

Nach dem Start des Name-Servers mit

```
rcnamed start
```

finden Sie in der Datei `/var/log/messages` Meldungen wie:

```
Jul 25 13:17:12 boss named[15796]: starting BIND 9.4.2-P1 -t
  ➥ /var/lib/named -u named
Jul 25 13:17:12 boss named[15796]: found 1 CPU, using 1 worker thread
Jul 25 13:17:12 boss named[15796]: loading configuration from
  ➥ '/etc/named.conf'
Jul 25 13:17:12 boss named[15796]: listening on IPv6 interfaces, port 53
```

```
Jul 25 13:17:12 boss named[15796]: listening on IPv4 interface lo,
  ➥ 127.0.0.1#53
Jul 25 13:17:13 boss named[15796]: listening on IPv4 interface lo,
  ➥ 127.0.0.2#53
Jul 25 13:17:13 boss named[15796]: listening on IPv4 interface eth0,
  ➥ 192.168.1.2#53
...
Jul 25 13:17:13 boss named[15796]: command channel listening on
  ➥ 127.0.0.1#953
Jul 25 13:17:13 boss named[15796]: command channel listening on
  ➥ ::1#953
Jul 25 13:17:13 boss named[15796]: zone 0.0.127.in-addr.arpa/IN:
  ➥ loaded serial 42
Jul 25 13:17:13 boss named[15796]: zone 1.168.192.in-addr.arpa/IN:
  ➥ loaded serial 2008072501
Jul 25 13:17:13 boss named[15796]: zone lokales-netz.de/IN: loaded
  ➥ serial 2008072500
Jul 25 13:17:13 boss named[15796]: zone localhost/IN: loaded serial 42
Jul 25 13:17:13 boss named[15796]: running
```

- Die erste Zeile ist eine allgemeine Startmeldung des Name-Servers, aus der sich vor allem die Versionsnummer, hier `9.4.2`, ergibt.
- Danach listet die Datei die IP-Adressen, auf die der Name-Server anspricht, `192.168.1.2` und `127.0.0.1` sowie jeweils `Port 53`.
- Am Ende zeigen vier Zeilen das erfolgreiche Laden der Zonendateien an.
- Die besonders wichtige letzte Zeile informiert, dass der Name-Server jetzt Anfragen beantworten kann.

13.3.1 Test und Diagnose

Wenn der Name-Server erfolgreich gestartet ist (*running*), kann man mit `host`-Anfragen auf dem Linux-Server testen, ob er

- lokale Anfragen und
- weltweite Anfragen

richtig beantwortet.

Zum Testen prüft man systematisch Beispiele, die alle Zonendateien benötigen.

Der Test beginnt mit der Zone `lokales-netz.de`: Die Anfrage

```
host  www
```

sollte folgende Antwort ergeben:

```
www.lokales-netz.de is an alias for boss.lokales-netz.de.
boss.lokales-netz.de has address 192.168.1.2
```

Der Nameserver antwortet mit dem Namen des Rechners, seiner IP sowie dem vollständigen Alias.

Als Zweites ist `localhost.zone` dran:

```
host  localhost
```

muss ergeben:

```
localhost has address 127.0.0.1
```

Dann folgt die Auflösung gemäß Zone `1.168.192.in-addr.arpa`:

```
host  192.168.1.12
```

löst der Name-Server auf zu:

```
12.1.168.192.in-addr.arpa domain name pointer flocke.lokales-netz.de.
```

Abschließend folgt `127.0.0.zone`:

```
host  127.0.0.1
```

löst er auf zu:

```
1.0.0.127.in-addr.arpa domain name pointer localhost.
```

Wenn die bisherigen Tests erfolgreich verlaufen sind und eine Verbindung ins Internet besteht, sollte man auch externe Adressen abfragen können:

```
host  ns.suse.de
```

Hier sucht `host` den Name-Server von SUSE. Als Antwort erhält man

```
ns.suse.de has address 195.135.220.2
```

Diese Antwort hat der eigene Name-Server natürlich nicht selber geben können, er hat sich aber eine Auskunft bei den unter `forwarders` eingetragenen Name-Servern besorgt.

Mit

```
host  www.suse.de ns.suse.de
```

kann man direkt einen bestimmten Name-Server, hier den immer noch existierenden SUSE-Name-Server, abfragen:

```
Using domain server:
Name: ns.suse.de
Address: 195.135.220.2#53
Aliases:

www.suse.de is an alias for turing.suse.de.
turing.suse.de has address 195.135.220.3
```

Die Antwort ist etwas umfangreicher, da auch Informationen über den befragten Name-Server auftauchen.

Wenn alle Tests erfolgreich verlaufen sind, braucht man nur noch zu veranlassen, dass der Name-Server zukünftig beim Hochfahren des Systems automatisch startet. Dazu geht man im YaST-Kontrollzentrum unter *System • Runlevel-Editor* auf *Runlevel-Eigenschaften* und sucht in der Liste die Zeile für den *named*.

Bringen Sie den Rollbalken auf diese Zeile und klicken Sie dann nacheinander auf die mit *3* bzw. *5* beschrifteten Checkboxen unterhalb der Auswahlliste. Der Nameserver startet dann zukünftig in diesen Runleveln automatisch.

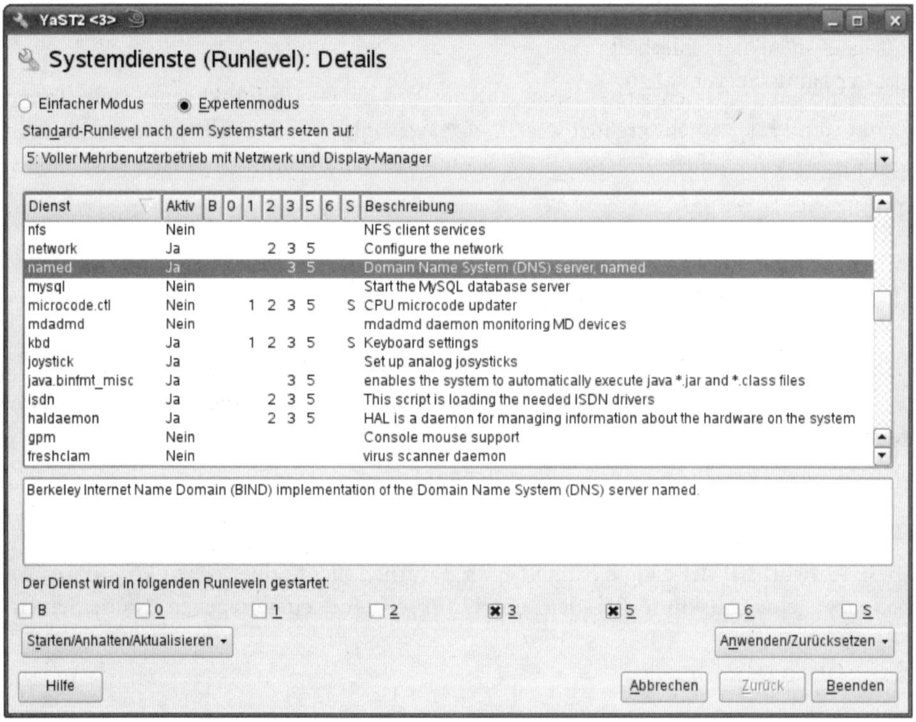

Abbildung 13.7: Runlevel-Editor: named

13.3.2 Troubleshooting

Die Konfiguration des Name-Servers ist eine der wenigen Konfigurationen, bei denen OpenSUSE bzw. YaST wenig helfen bzw. vorkonfigurieren können.

Sollte der Name-Server nicht richtig starten, so gibt er seine Fehlermeldungen in der Datei `/var/log/messages` aus.

Syntaxfehler in der Datei `/etc/named.conf` gibt `Bind` mit der zugehörigen Zeilennummer an. Diese Fehler führen meist dazu, dass der Name-Server überhaupt nicht startet.

Der Name-Server vermerkt außerdem Fehler in einer der Zonendateien. Diese führen zu einer Teilfunktion des Name-Servers, er arbeitet dann nur mit den Informationen aus den fehlerfreien Dateien.

Der Name-Server muss alle Anfragen der Art

```
host  boss
host 192.168.1.2
host  localhost
host 127.0.0.1
```

erfolgreich auflösen können. Sollten einzelne dieser Anfragen fehlschlagen, ist die zugehörige Zonendatei fehlerhaft.

Bei fehlerhaften Zonendateien spielt oft der abschließende Punkt eine Rolle. Immer dann, wenn nichts mehr ergänzt werden darf, weil eine Adresse vollständig ist, muss am Ende ein Punkt stehen. Bei unvollständigen Angaben, die noch ergänzt werden sollen, darf am Ende jedoch kein Punkt stehen.

13.4 Dynamische Updates

Wenn Sie in Ihrem Netz mit Windows-Clients arbeiten, haben Sie das Problem zweier unterschiedlicher Namensauflösungen. Sie haben einerseits die Wins-Namen und andererseits einen Namen innerhalb der lokalen Domain. Bisher war es kaum möglich, beide Namensräume zu vereinheitlichen.

Im Zusammenspiel mit dem DHCP-Server (siehe Kapitel 2.6) können Sie eine interessante Funktionalität erreichen. Wenn sich ein Windows-Client im Netz anmeldet, versucht er per DHCP eine IP-Adresse zu bekommen. Dazu übermittelt er dem DHCP-Server seine MAC-Adresse und seinen Wins-Namen.

```
Jan  4 17:42:55 boss dhcpd: DHCPDISCOVER from 00:50:bf:58:56:fd
  ➥ (OEMComputer) via eth0
```

Mit diesem Namen kann der DHCPD den Name-Server aktualisieren, wenn Sie die Konfigurationen entsprechend anpassen.

In der Datei `/etc/named.conf` müssen Sie die Zonen-Statements etwas erweitern, um das Update zu erlauben. Außerdem müssen die Zonen-Dateien im Verzeichnis `dyn` abgelegt sein und nicht mehr im Verzeichnis `master`.

```
# You can insert further zone records for your own domains below.


zone "lokales-netz.de" in {
   type master;
   file "dyn/lokales-netz.de";
   allow-update  {127.0/16; 192.168/16; };
```

```
};

zone "1.168.192.in-addr.arpa" in {
   type master;
   file "dyn/1.168.192.in-addr.arpa ";
   allow-update  {127.0/16; 192.168/16; };
};
```

Mit der Zeile

```
allow-update  {127.0/16; 192.168/16; };
```

erlauben Sie dem Server selbst und den Rechnern in Ihrem lokalen Netz, die Zonendateien zu aktualisieren.

Nun müssen Sie noch die `dhcpd.conf` Ihres Linux-Servers so ändern, dass der DHCPD die Zonendateien auch tatsächlich ändert.

```
# dhcpd.conf
#
# a minimal /etc/dhcpd.conf example
# modified for www.linuxbu.ch

# this statement is needed by dhcpd-3 needs at least this statement.
# you have to delete it for dhcpd-2, because it does not know it.
ddns-update-style ad-hoc; ddns-updates on;
```

In der Beispieldatei aus Kapitel 2 stand an dieser Stelle

```
ddns-update-style  none; ddns-updates off;
```

was das Aktualisieren unterbunden hatte. Die Aktualisierung ist ja auch erst sinnvoll, wenn Sie einen eigenen Name-Server eingerichtet haben und betreiben.

Der DHCPD ändert Zonendateien des Name-Servers nicht nur virtuell, sondern dauerhaft. Dabei setzt er z. B. auch die Generate-Zeile in die entsprechenden einzelnen Zeilen um, was die Dateien erheblich vergrößert.

Sie sollten daher zuvor Kopien aller Zonendateien anfertigen, um sie leichter ändern zu können.

14 Linux als E-Mail-Server

Viele Generationen haben zeitversetzt Briefpost ausgetauscht. So war einerseits jeder erreichbar und andererseits wurde niemand bei der Arbeit und beim Feierabend gestört.

Eben diese Vorteile zeichnen auch die elektronischen Kommunikationstechniken Fax, E-Mail, Sprachnachrichten (Voice-Mail) und SMS-Nachrichten aus, solange man sich nicht beim Eingang jeder Nachricht durch ein Audiosignal benachrichtigen lässt.

Diese einzelnen Messaging-Dienste wachsen langsam durch Kommunikationsserver zusammen, welche die Unterschiede zwischen diesen Formen des Nachrichtenaustauschs überbrücken.

Leider ist die Freude über die elektronischen Kommunikationstechniken nicht ungetrübt: Versender von Massennachrichten (Spammer) nutzen diese, um unsere Eingangspost um Kinder- Porno-, Nigeria-, Lotterie-, Schufa-, Penis-Verlängerungs- oder Viagra-Spam zu »bereichern« und unseren Rechnern Schadprogramme unterzujubeln, die sie für ferngesteuerte Netze (sogenannte Botnetze) missbrauchen. Noch schlimmer sind gezielte Angriffe, die uns und unsere Betriebe ausspionieren.

Dieses Kapitel befasst sich mit der elektronischen Post (E-Mail), der meistgenutzten zeitversetzten Kommunikation zwischen Personen in Internet und Intranet.

Mail besteht traditionell aus einfachem Text im ASCII-Code. Inzwischen kann man auch nationale Zeichensätze, wie etwa den ISO-8859-1 für Deutschland, nutzen und Texte im HTML-Format gestalten. An E-Mails kann man zudem beliebige Dateien wie Word-Dokumente, Grafik-, Sound- oder Videodateien anhängen.

Tipp: Nur weil diese Extras technisch möglich sind, sollte man sie nicht unbedingt nutzen. Es widerspricht der Etikette vieler Mailinglisten, mehr als reinen ASCII-Text zu versenden. So spart man Bandbreite und schließt Leser mit Uralt-ASCII-Zeichen-Terminals oder offenen Linux-Systemen nicht aus.

Obwohl heute auch Textverarbeitungsprogramme E-Mails erstellen können, benutzen die meisten Anwender auf ihren Arbeitsplatzrechnern Webmail per Browser, verbreitete Mail-Clients wie Microsoft Outlook, Windows Mail (bis XP Microsoft Outlook Express), Mozilla Thunderbird und seltener die Client-Programme Pine, Kmail, Ximian Evolution oder Pegasus Mail.

Für den Transport der Nachrichten gibt es in der Linux-Welt die Programme `smail` bzw. `qmail`, das weit verbreitete `sendmail` oder `postfix`.

Jeder auf auf einem Linux-Server eingetragene Benutzer verfügt automatisch über ein Postfach. Lokal verteilt oft das Programm `procmail` die Mail in die Postfächer.

Will ein Empfänger eine Nachricht auf einem Client-Rechner im Netz lesen, so kommuniziert sein Mail-Client mit dem POP-Dämon (Post Office Protocol Daemon), der die Nachrichten aus seinem Postfach auf dem Mail-Server holt.

In vielen städtischen Wohngebieten sind Internetnutzer inzwischen über DSL ständig online und können dank Flatrate bequem und kostengünstig Webmail nutzen. In einigen ländlichen Regionen schließen die Zugangs-Provider ihre Kunden aber nur über langsamere Wählverbindungen ans Internet an. Dabei sind die Anwender nicht immer online. Internet-Provider müssen für diese Nutzer eingehende Post zwischenspeichern, damit diese sie bei der nächsten Einwahl abholen und lokal zustellen können. Nachrichten holt man beim Provider entweder per *UUCP*-Protokoll oder mit Client-Programmen wie `fetchmail` ab.

Die aktuelle Version der Distribution OpenSUSE installiert das Programm `postfix` anstatt wie früher das Programm `sendmail`. Ersteres soll sicherer und einfacher zu konfigurieren sein als `sendmail`. Trotzdem ist es zu Letzterem so kompatibel, dass es sogar einen Softlink *sendmail* gibt, über den Sie `postfix` aufrufen können. Im folgenden allgemeinen Teil finden Sie daher oft den Begriff *Sendmail*, wenn ganz allgemein vom Mail-Transporteur die Rede ist. Nur wenn es um das konkrete Programm geht, benutzen wir den Programmnamen *Postfix*.

14.1 Grundlagen

So funktioniert die Mail-Verteilung im Internet mit Mail-Clients und Transportprogrammen

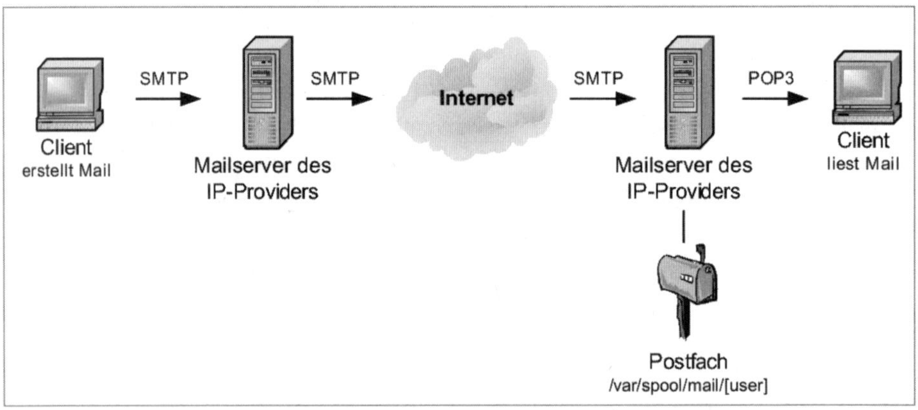

Abbildung 14.1: Mailverteilung im Internet mit Client und Transportprogramm

Der Mailversand läuft prinzipiell so ab:

- Anwender erstellen E-Mails mit einem Mail-Client wie Kmail, Pegasus Mail oder Mozilla Thunderbird;
- das Mailprogramm gibt die Mail an ein Transportprogramm weiter, z. B. das Programm `postfix oder sendmail`;
- `sendmail` wertet in der Adresse rechts vom @-Zeichen den Namen des Zielrechners aus und leitet die Mail an das Transportprogramm des Zielrechners weiter;
- `Sendmail` auf dem Zielrechner übergibt die Nachricht an ein Programm wie `procmail`, das den Adressteil links vom @-Zeichen auswertet und die Mail in das zugehörige Postfach legt.
- Die Empfänger benutzen ihre Mail-Clients, um ihre Post zu lesen.

Mailverteilung über Wählleitungen

Ursprünglich mussten die beteiligten Rechner (Sender und Empfänger) für den Postaustausch gleichzeitig im Netz sein. Sind Internetnutzer nur zeitweise über Wählverbindungen ans Internet angebunden, müssen Internet-Provider die Mails als Stellvertreter annehmen und bis zur nächsten Einwahl ihrer Kunden zwischenspeichern.

Dazu stellen Provider virtuelle Postfächer zur Verfügung, aus denen die Mail-Clients die Eingangspost bei der nächsten Einwahl entnehmen.

Mail-Clients holen ihre Eingangspost mit dem Programm `fetchmail` oder per *UUCP* vom Provider ab.

- Der Postabholer `fetchmail` holt Mails vom Provider ab und lässt sie vom Postzusteller `postfix` bzw. dessen Hilfszusteller `procmail` in die lokalen Postfächer der Benutzer legen;
- Beim Protokoll *UUCP* (Unix to Unix CoPy) kommuniziert das Programm `uucico` mit dem gleichen Programm beim Provider und tauscht die Post in beiden Richtungen aus. Beim Provider gibt UUCP die Mails an `sendmail` weiter. Entsprechend werden die eingegangenen Mails an das lokale `sendmail` weitergereicht.

Im ersten Fall legt der Provider ein Postfach für Sie an. Eingehende Mails gelten damit als zugestellt, wenn sie in diesem Postfach ankommen. Die Empfänger-Informationen sind nun nicht mehr wichtig und werden vom `sendmail` des Providers entfernt. Wenn Sie dann mit `fetchmail` die Post beim Provider abholen, stehen Ihnen diese Informationen nicht zur Verfügung. Das erschwert die Verteilung in die lokalen Postfächer Ihrer Benutzer.

Bei UUCP stellt der Provider kein Postfach zur Verfügung, sondern lagert die Nachrichten nur zwischen. Sobald Sie eine UUCP-Verbindung zum Provider aufbauen, übergibt dieser die gespeicherten Nachrichten dem `sendmail` Ihres Servers, fast so, als ob es nur eine Leitungsstörung gegeben hätte. Beim Zustellen der Mail auf Ihrem Server stehen die kompletten Adressinformationen zur Verfügung, was lokales Verteilen ermöglicht.

Für das Nutzen von UUCP müssen Sie mit Ihrem Provider vereinbaren, dass er Ihr Postfach auf seinem Rechner stilllegt und die Nachrichten für UUCP zwischenspeichert. Weitere Informationen über UUCP finden Sie im gleichnamigen Abschnitt 14.6 dieses Kapitels.

Das Protokoll für den Mailtransport

Das *Simple Mail Transfer Protocol* (SMTP) leitet Mails weiter. Da es völlig unkritisch voreingestellt ist und jede eingehende Mail ohne Filter weiterleitet, erleichtert es das Verteilen unerwünschter Mail (*Spam*). Absender von Spam-Post suchen sich ein möglichst leistungsfähiges System aus und liefern dort ihre Mails zum Weiterverteilen ab, eventuell mit einer ungültigen Absenderadresse, und missbrauchen den betroffenen Rechner, der weder Empfänger noch Absender der Nachrichten ist, so als Mittler (Relay).

Um nur für eigene Kunden als Relay zu dienen, nehmen viele SMTP-Dienste nur noch Mails bekannter Absender oder an bekannte Empfänger an.

Eine weitere Möglichkeit, den Missbrauch von Mailsystemen zu verhindern, heißt *SMTP nach POP*. Diesen Weg nutzen Anbieter wie *GMX*, die kostenlose Postfächer anbieten, aber nicht unbedingt auch die Interneteinwahl. Hier verbindet sich also jeder Nutzer mit einer *fremden* IP-Adresse mit dem Dienst.

SMTP nach POP erlaubt Anwendern, auch von fremden IPs aus ihre Post abzuholen: Das Post Office Protocol (POP) übergibt Benutzername und Passwort, so dass die Benutzer und die zugehörigen IP-Adressen danach bekannt sind und eine gewisse Zeit, meistens für fünfzehn Minuten, auch Mails abliefern dürfen.

Aktuell für viele Provider ist *SMTP-AUTH*, eine SMTP-Variante, bei der sich Absender mit Benutzernamen und Passwort am SMTP-Server anmelden müssen. Dies erlaubt eine sichere Mailzustellung, ohne vorher Post abholen zu müssen.

Um diese Probleme zu umgehen, bieten viele Provider ihren Kunden nur noch Webmail-Accounts an, bei denen sich Benutzer über den Webserver authentifizieren.

14.2 Postfix

`Postfix` ist ein recht aktuelles und gut konfigurierbares Transportprogramm auf Linux-Systemen. Daher ist es inzwischen in vielen Distributionen enthalten. Die Standardinstallation von OpenSUSE richtet `postfix` ein. Sie finden es zusammen mit `fetchmail` in der Paketgruppe *Netzwerk*.

Die relativ übersichtliche und gut kommentierte Konfigurationsdatei von `postfix` brauchen Sie normalerweise nicht direkt zu bearbeiten.

Einen Eindruck von dieser Datei vermittelt ein Auszug mit den Einstellungen eines lokalen Systems. Im ersten Teil finden Sie die Informationen zu den Pfaden, mit denen Postfix arbeitet.

`/etc/postfix/main.cf` (Dateianfang):

```
#
# -----------------------------------------------------------
# NOTE: Many parameters have already been added to the end of this file
#       by SuSEconfig.postfix. So take care that you don't uncomment
#       and set a parameter without checking whether it has been added
#       to the end of this file.
# -----------------------------------------------------------
#
# Global Postfix configuration file. This file lists only a subset
# of all parameters. For the syntax, and for a complete parameter
# list, see the postconf(5) manual page (command: "man 5 postconf").
#
# For common configuration examples, see BASIC_CONFIGURATION_README
# and STANDARD_CONFIGURATION_README. To find these documents, use
# the command "postconf html_directory readme_directory", or go to
# http://www.postfix.org/.
#
# For best results, change no more than 2-3 parameters at a time,
# and test if Postfix still works after every change.
…
# LOCAL PATHNAME INFORMATION
#
# The queue_directory specifies the location of the Postfix queue.
# This is also the root directory of Postfix daemons that run chrooted.
# See the files in examples/chroot-setup for setting up Postfix chroot
# environments on different UNIX systems.
#
queue_directory = /var/spool/postfix

# The command_directory parameter specifies the location of all
# postXXX commands.
#
command_directory = /usr/sbin

# The daemon_directory parameter specifies the location of all Postfix
# daemon programs (i.e. programs listed in the master.cf file). This
# directory must be owned by root.
#
daemon_directory = /usr/lib/postfix

# The data_directory parameter specifies the location of Postfix-
writable
```

```
# data files (caches, random numbers). This directory must be owned
# by the mail_owner account (see below).
#
data_directory = /var/lib/postfix
```

Jeder Schalter ist hier kommentiert, bevor er einen Wert bekommt. Etwas aufpassen müssen Sie nur, weil YaST diese Datei verändert und dabei seine eigenen Einstellungen am Ende der Datei einträgt.

`/etc/postfix/main.cf` (Dateiende):

```
# readme_directory: The location of the Postfix README files.
#
readme_directory = /usr/share/doc/packages/postfix/README_FILES
inet_protocols = all
biff = no
mail_spool_directory = /var/mail
canonical_maps = hash:/etc/postfix/canonical
virtual_alias_maps = hash:/etc/postfix/virtual
virtual_alias_domains = hash:/etc/postfix/virtual
relocated_maps = hash:/etc/postfix/relocated
transport_maps = hash:/etc/postfix/transport
sender_canonical_maps = hash:/etc/postfix/sender_canonical
masquerade_exceptions = root
masquerade_classes = envelope_sender, header_sender, header_recipient
myhostname = boss.lokales-netz.de
program_directory = /usr/lib/postfix
inet_interfaces = localhost
masquerade_domains =
mydestination = $myhostname, localhost.$mydomain
defer_transports =
mynetworks_style = subnet
disable_dns_lookups = no
relayhost =
mailbox_command =
mailbox_transport =
strict_8bitmime = no
disable_mime_output_conversion = no
smtpd_sender_restrictions = hash:/etc/postfix/access
smtpd_client_restrictions =
smtpd_helo_required = no
smtpd_helo_restrictions =
strict_rfc821_envelopes = no
smtpd_recipient_restrictions =
permit_mynetworks,reject_unauth_destination
smtp_sasl_auth_enable = no
smtpd_sasl_auth_enable = no
smtpd_use_tls = no
smtp_use_tls = no
```

```
alias_maps = hash:/etc/aliases
mailbox_size_limit = 0
message_size_limit = 10240000
```

Normalerweise brauchen Sie diese Datei nicht direkt zu bearbeiten, da OpenSUSE die Konfiguration des Mailsystems in das YaST-Kontrollzentrum integriert hat. Gehen Sie dort unter *Netzwerkdienste* auf *Mail Transfer Agent* und starten Sie das Konfigurieren. Es kann etwas dauern, bis das erste Formular erscheint, da YaST dafür etliche Einstellungen heraussucht.

Im ersten Dialogfenster fragt YaST Sie, ob Sie eine Konfiguration vom Typ *Standard* oder eine vom Typ *Erweitert* vornehmen wollen. Solange Sie nicht mit LDAP (siehe Kapitel 3.5) arbeiten, ist *Standard* die richtige Wahl. Über diesen Punkt kommen Sie zum klassischen Dialog für die Mail-Konfiguration.

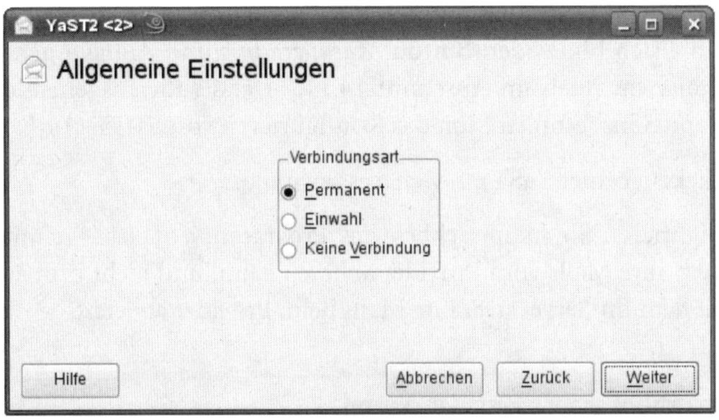

Abbildung 14.2: Verbindungsart

Zuerst müssen Sie angeben, wie Ihr Linux-Server an das Internet angebunden ist. Falls Sie über eine Standleitung verfügen (*Permanent*) oder ggf. auch über eine Einwahlverbindung mit Flatrate, kann `postfix` jede Mail sofort weiterleiten. Falls Sie sich ins Internet per Modem, ISDN oder DSL mit zeitabhängigen Gebühren einwählen müssen (*Einwahl*), sammelt `postfix` die Mails lokal und versendet sie erst, wenn Sie den Befehl

```
sendmail -q
```

eingeben. Das spart unnötige Verbindungsaufnahmen und Kosten. Diesen Befehl können Sie auch gut in Ihre Datei `ip-up.local` einbauen, so dass Sie wartende Mails bei jedem Verbindungsaufbau beim Provider abliefern. Ohne Internetzugang (*Keine Verbindung*) können Sie Mails natürlich nur lokal verteilen.

Informationen zur *Virusüberprüfung* finden Sie im Abschnitt 14.9. Sie können die entsprechende Checkbox vorerst leer lassen.

Wenn Sie nun auf *Weiter* klicken, öffnet YaST ein erstes Formular für die Mail-Einstellungen.

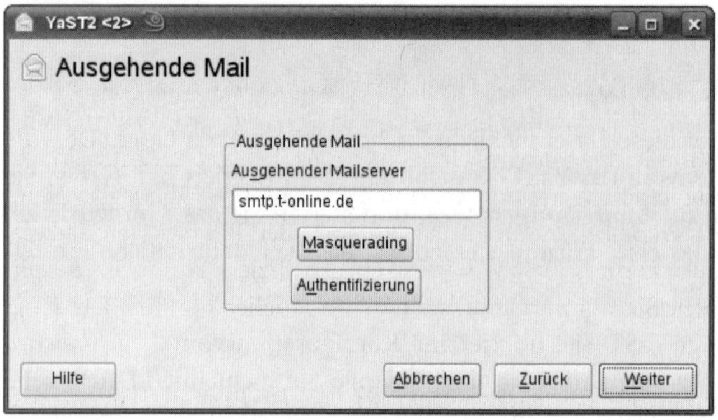

Abbildung 14.3: Einstellungen für *Ausgehende Mail*

Für die ausgehenden Mails müssen Sie zumeist nur den *SMTP-Server* Ihres Providers eintragen. Bei T-Online ist dies ganz einfach `smtp.t-online.de`. Informationen zu den Einstellmöglichkeiten, die sich hinter den Button *Masquerading* und *Authentifikation* verstecken, finden Sie hier im Buch im Abschnitt 14.11, »Details für ausgehende Mails«. Es geht in diesem Kapitel insbesondere um das Konfigurieren von *SMTP-Auth.*

Wenn Sie nun auf *Weiter* klicken, öffnet YaST ein weiteres Formular.

Mit diesem Formular konfigurieren Sie hauptsächlich das Programm `fetchmail`, mit dem Ihr Server unter anderem Ihre Mails vom Provider abholen kann, und nicht primär das Programm `postfix`, mit dem Ihr Server u. a. Ihre Mails beim Provider abliefert.

Abbildung 14.4: Einstellungen für *Eingehende Mail*

Die Beispielangaben beziehen sich auf den Provider T-Online.

Für die eingehenden Mails benötigen Sie den Namen des zugehörigen Servers; bei T-Online ist dies `pop.t-online.de`. Zusätzlich müssen Sie das richtige *Protokoll* auswählen, zumeist *POP3*. Die ebenfalls angebotene Möglichkeit *AUTO*, die eigentlich eine konkrete Angabe überflüssig machen sollte, funktioniert nicht bei jedem Provider. Danach folgen noch *Entfernter Benutzername* und *Passwort*. Bei T-Online sind diese Angaben beliebig, da Sie durch die Einwahl bereits authentifiziert sind. Die Felder dürfen aber nicht leer bleiben, Sie können jeweils einfach ein beliebiges Zeichen, z. B. einen Punkt, eingeben.

Den eingehenden Mails muss über das nächste Feld ein *lokaler Benutzer* zugeordnet sein. YaST bietet Ihnen alle auf dem System bekannten Benutzer zur Auswahl an, Sie können aber auch beliebige Benutzer eintragen.

Wenn Sie das Feld *Entfernte SMTP-Verbindungen akzeptieren* aktivieren, nimmt `postfix` Mails direkt von anderen Systemen an. Sie brauchen diese Funktion, wenn Ihr System Mail von Client-Rechnern aus dem lokalen Netz annehmen soll.

Soll der Rechner auch Mails aus dem Internet annehmen, so können Sie hier auch gleich die Firewall passend öffnen. Dies sollten Sie aber nur dann tun, wenn es unbedingt notwendig ist, da Spammer gern schlecht konfigurierte Mail-Server missbrauchen.

Mails und Systemmeldungen an den Superuser *root* können Sie an einen normalen Benutzer weiterleiten lassen.

Wenn Sie hier auf *Beenden* klicken, ändert YaST die Konfigurationsdateien. Ihr Mailsystem wird einsatzbereit, sobald Sie das Linux-System mit

```
postfix reload
```

auf die Veränderung der Konfiguration aufmerksam gemacht haben.

14.2.1 Postfix-Konfigurationsdateien

Für die Konfiguration und den Betrieb von `postfix` spielen u. a. die folgenden Dateien und Verzeichnisse eine Rolle:

Datei	*Bedeutung*
`/usr/sbin/postfix`	**Binär-File, welches die eigentliche Arbeit leistet**
`/usr/sbin/postmap`	**Hilfsprogramm zum Erzeugen von Mapdateien wie** `access.db`
`/var/log/mail`	**Logdatei mit den Meldungen des Mailsystems**

Datei	*Bedeutung*
`/etc/aliases`	**Lesbare Version der Datenbank für Mailumleitungen und Mailweiterleitungen. Wird mittels `newaliases` in die interne Datenbank `/etc/aliases.db` übersetzt.**
`/etc/postfix/main.cf`	**Die umfangreiche und gut dokumentierte Konfigurationsdatei**
`/etc/postfix/master.cf`	**Konfigurationsdatei zur Steuerung der `postfix`-Programmkomponenten**
`/sbin/conf.d/SuSEconfig.postfix`	**Dieses Teilprogramm von SUSEconfig erstellt `postfix`-Konfigurationsdateien**
`/etc/postfix/transport`	**Tabelle mit speziellen Transportwegen für einzelne oder alle Zieladressen, z. B. im Zusammenhang mit UUCP**
`/etc/postfix/access`	**Tabelle für die Zugriffskontrolle zum Mailsystem. Für hier aufgeführte Systeme leitet `postfix` Nachrichten weiter, bzw. blockiert sie.**
`/etc/postfix/sender_canonical`	**Zuordnungstabelle für die Ersetzung von Adressen in ausgehenden Mails**
`/etc/postfix/virtual`	**Zuordnungstabelle für die Ersetzung von Adressen in eingehenden Mails**
`/etc/postfix/sasl_passwd`	**Tabelle mit Benutzerdaten für Verbindungen mit Authentisierung**
`/var/spool/postfix/*`	**Verzeichnisse mit den auf Zustellung wartenden Mails**

Tabelle 14.1: Konfiguration von postfix

14.2.2 Schalter für die Postfix-Konfiguration mit YaST

In der Distribution OpenSUSE spielen die folgenden Variablen in `/etc/sysconfig` eine wichtige Rolle. Mit der Konfiguration des *Netzwerkdienstes Mail Transfer Agent* haben Sie diesen im Hintergrund schon Werte zugeordnet. Für spezielle Konfigurationen kann es notwendig sei sein, diese Variablen direkt zu bearbeiten. Die Konfiguration teilt sich u. a. in die Bereiche *General* und *Postfix.*

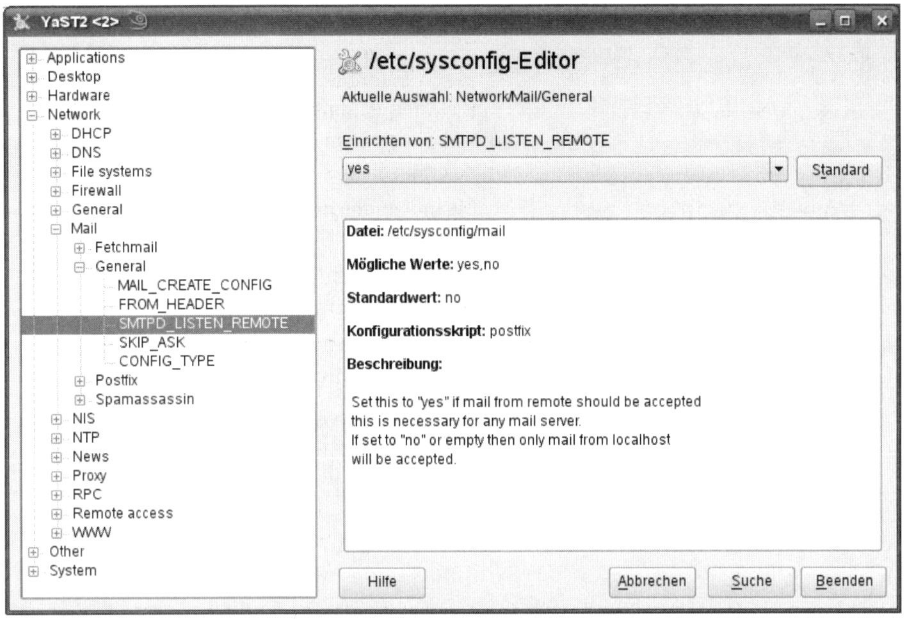

Abbildung 14.5: Sysconfig Network/Mail/General

Dieser Bereich enthält nur drei Variablen mit grundsätzlicherer Bedeutung.

Vorhanden:

Schalter	*Wert*	*Bedeutung*
`FROM_HEADER`		Ersetzt die Absenderdomain ausgehender Mails.
`MAIL_CREATE_CONFIG`	`yes`	Soll YaST die Mail-Konfiguration bearbeiten?
`SMTP_LISTEN_REMOTE`	`yes`	Soll Postfix Mails von anderen Rechnern annehmen?

Tabelle 14.2: Postfix-Konfiguration Network/Mail/General

Die direkt auf Postfix bezogenen Variablen finden Sie im nächsten Abschnitt der `Sysconfig`.

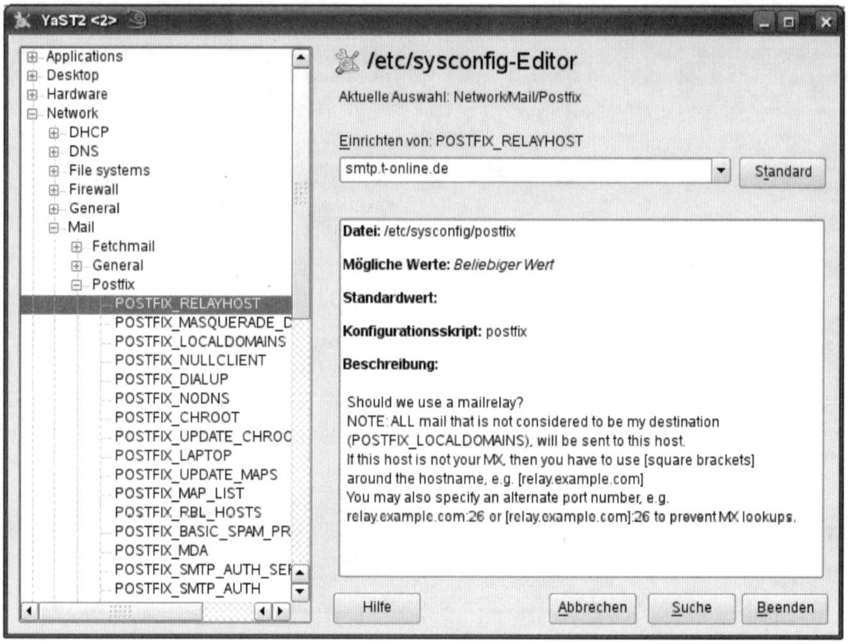

Abbildung 14.6: Sysconfig Network/Mail/Postfix

Die hier aufgeführten dreiunddreißig Variablen steuern viele Spezialfunktionen. Das Zeichen * bei einzelnen Schaltern zeigt an, dass die Beschreibung hier mehrere zusammengehörige Schalter gemeinsam erfasst.

Schalter	*Wert*	*Bedeutung*
`POSTFIX_RELAYHOST`	`smtp.t-online.de`	**Hier steht, an welchen Rechner** `postfix` **die ausgehende Post liefern soll.**
`POSTFIX_MASQUERADE_DOMAIN`		**Bei den hier angegebenen Domains entfernt** `postfix` **die Rechneradressen. Aus** `@boss.lokales-netz.de` **wird dann** `@lokales-netz.de`**.**
`POSTFIX_LOCALDOMAINS`		**Die hier angegebenen Domains betrachtet** `postfix` **als lokal.**
`POSTFIX_NULLCLIENT`	`no`	**Steht dieser Schalter auf** `yes`**, nimmt** `postfix` **keine Mails an.**
`POSTFIX_DIALUP`	`no`	**Liegt eine Einwahlverbindung vor?**
`POSTFIX_NODNS`	`no`	**Soll** `postfix` **auf DNS-Anfragen verzichten?**

Schalter	*Wert*	*Bedeutung*
POSTFIX_CHROOT	no	**Sollen die** postfix**-Programme in einer Changed-Root Umgebung ablaufen?**
POSTFIX_LAPTOP	no	**Läuft** postfix **auf einem Laptop, muss es dessen Sleep-Funktionen berücksichtigen.**
POSTFIX_UPDATE_MAPS	yes	**Soll YaST die Map-Dateien automatisch aktualisieren?**
POSTFIX_RBL_HOSTS	Liste	**Liste mit Rechnern, deren Datenbanken bei der Abwehr von Spam helfen.**
POSTFIX_BASIC_SPAM_PREVENTION	off	**Soll die Spamabwehr aktiviert werden? Mögliche Werte** off**,** medium **und** hard**.**
POSTFIX_MDA	local	Postfix **verteilt die Mails selber auf die lokalen Mailboxen.**
POSTFIX_SMTP_AUTH*		**Einstellungen für SMTP-AUTH, die Anmeldung am fernen System.**
POSTFIX_SMTP_TLS_SERVER	no	**Soll** postfix **verschlüsselte Verbindungen nutzen?**
POSTFIX_SSL*		**Einstellungen für verschlüsselte Mailkommunikation.**
POSTFIX_ADD_MAILBOX_SIZE_LIMIT	0	**Beschränkt die Größe der lokalen Mailboxen (unbegrenzt).**
POSTFIX_ADD_MESSAGE_SIZE_LIMIT	10240000	**Beschränkt die Größe einer einzelnen Mail (10 MB).**

Tabelle 14.3: Postfix-Konfiguration Network/Mail/Postfix

Sie können die Mailkonfiguration über die Datei /etcsysconfig/postfix jederzeit um zusätzliche Schalter erweitern; ein Beispiel dazu finden Sie hier im Buch im Abschnitt 14.6 für UUCP.

14.2.3 Wartende Mails löschen

Wenn man mit postfix experimentiert, entstehen immer wieder Mails, die man gern löschen möchte, bevor sie den Rechner verlassen. Postfix speichert ausgehende Mails, die es noch nicht zustellen konnte, im Verzeichnis /var/spool/postfix in verschiedenen Unterverzeichnissen. Dort kann man sie mit dem Programm postsuper löschen.

```
postsuper -d ALL
```

Sie können auch nur eine einzelne Mail löschen, dazu benötigen Sie deren ID. Die Mail-ID können Sie mit einem Aufruf von `mailq` ermitteln. Sie erhalten eine Ausgabe wie:

```
-Queue ID- --Size-- ----Arrival Time---- -Sender/Recipient-------
52DBF19F51*      594 Mon Aug 11 15:15:07  root@boss.lokales-netz.de
                                          debacher@linuxbu.ch
```

Die Angabe `52DBF19F51` benötigen Sie in diesem Beispiel zum Löschen dieser Mail mittels

```
postsuper -d 52DBF19F51
```

Nach diesem Aufruf hat Postfix die Mail aus der Warteschlange entfernt.

14.2.4 Mail-Alias

Mail-Adressen beachten die Schreibweise

```
<username>@<servername>.
```

Aus alter Tradition sind Benutzernamen bei Linux in Mailadressen zunächst auf höchstens acht Zeichen beschränkt. Will man für einzelne User mehrere oder längere E-Mail-Adressen zulassen, muss man diese in der Datei `/etc/aliases` den Usernamen zuordnen.

In dieser einfach aufgebauten Datei steht jeweils eine E-Mail-Adresse und dann folgen die zugeordneten Usernamen:

```
U.Debacher:  debacher
postmaster:  root
autorenlinuximwindowsnetz: burre, debacher, kretschmer, thalheimer,
  ➥ vsuchodoletz
...
```

Groß-/Kleinschreibung spielt bei Mailadressen meist keine Rolle. Folgende in der Datei schon vorhandene Einträge sollten Sie auf keinen Fall löschen, da sie teilweise für das System wichtig sind.

`/etc/aliases`

```
# This is the aliases file - it says who gets mail for whom.
#
# >>>>>>>>>>      The program "newaliases" will need to be run
# >> NOTE >>      after this file is updated for any changes
# >>>>>>>>>>      to show through to sendmail.
#
# It is probably best to not work as user root and redirect all
# email to "root" to the address of a HUMAN who deals with this
# system's problems. Then you don't have to check for important
# email too often on the root account.
```

```
# The "\root" will make sure that email is also delivered to the
# root-account, but also forwared to the user "joe".
#root:          joe, \root

# Basic system aliases that MUST be present.
postmaster:     root
mailer-daemon:  postmaster
# amavis
virusalert:     root
# General redirections for pseudo accounts in /etc/passwd.
administrator:  root
daemon: root
lp:     root
news:   root
uucp:   root
games:  root
man:    root
at:     root
postgres:       root
mdom:   root
amanda: root
ftp:    root
wwwrun: root
squid:  root
msql:   root
gnats:  root
nobody: root
# "bin" used to be in /etc/passwd
bin:    root
# Further well-known aliases for dns/news/ftp/mail/fax/web/gnats.
newsadm:        news
newsadmin:      news
usenet: news
ftpadm: ftp
ftpadmin:       ftp
ftp-adm:        ftp
ftp-admin:      ftp
hostmaster:     root
mail:   postmaster
postman:        postmaster
post_office:    postmaster
# "abuse" is often used to fight against spam email
abuse:  postmaster
spam:   postmaster
faxadm: root
faxmaster:      root
webmaster:      root
```

```
gnats-admin:    root
mailman:        root
mailman-owner:  mailman
...
```

In der Grundeinstellung landen Mails bei den angegebenen Adressen, also alle beim Benutzer *root.* Sie können diese Mails aber auch an Ihren eigenen Account weiterleiten lassen.

Wichtig: Mailsysteme werten nicht die Datei `/etc/aliases`, sondern die Datei `/etc/aliases.db` aus. Das Kommando `newaliases` trägt dazu die neuen Werte von `/etc/aliases` in `/etc/aliases.db` ein. Erst das Ausführen dieses Kommandos ändert den Inhalt der `aliases`-Datei für das Mailsystem.

14.2.5 Urlaub auf Hawaii: Mail weiterleiten

Viele Anwender wollen auf das Lesen ihrer elektronischen Eingangspost nicht verzichten, wenn sie vorübergehend nicht in der Nähe ihres Arbeitsplatzrechners sind. Um alle Mails, die in das eigene Postfach eingehen, an eine andere Mailadresse weiterzuleiten, gibt es mindestens zwei Möglichkeiten:

- Systemverwalter *(root)* können in die Datei `/etc/aliases` eine Ersatzadresse eintragen; dadurch wird diese Datei aber lang und unübersichtlich.
- Jeder Benutzer kann in seinem Home-Verzeichnis eine Datei `.forward` anlegen, die nur die Zieladresse enthält, um alle eingehenden Mails an diese Adresse weiterzuleiten.

14.2.6 Urlaub auf Hawaii: Absender informieren

Nicht jeder Benutzer möchte seine Mails an den Urlaubsort weiterleiten. In diesem Fall kann es sinnvoll sein, den Absender einer Mail darüber zu informieren, dass man sich im Urlaub befindet und erst später auf die Mail antworten kann.

Dazu dient das Programm `vacation`, das sich bei OpenSUSE im Paket `vacation` der Paketgruppe *Netzwerk* zu finden ist. Installieren Sie dieses Paket gegebenenfalls nach.

Datei	*Bedeutung*
`/usr/bin/vacation`	**Das Binärprogramm** `vacation`
`$HOME/.vacation.msg`	**Die** `vacation`**-Mail an den Absender**
`$HOME/.forward`	**Die persönliche Datei für Mail-Weiterleitungen.**

Tabelle 14.4: Installationsprogramme für vacation

Nach der Installation melden sich Benutzer mit ihrem eigenen Benutzernamen, also nicht als *root*, am System an und rufen das Programm auf:

```
/usr/bin/vacation
```

Rufen Benutzer das Programm ohne weitere Parameter auf, so startet es den Standardeditor, um das Erstellen einer Abwesenheitsmitteilung zu ermöglichen. Deren vorgegebene Struktur sollten Sie anpassen. Eine derartige Nachricht kann folgendermaßen aussehen:

```
Subject: Gruss aus Hawaii

Ich bin zur Zeit im wohlverdienten Urlaub
und kann Ihre Mail mit dem Betreff "$SUBJECT"
nicht sofort lesen.
Aloha aus Hawaii
```

Legen Sie diese Datei unter dem Namen `.vacation` in Ihr Home-Verzeichnis.

Den Platzhalter `$SUBJECT` ersetzt `vacation` durch den jeweiligen Betreff der Nachricht.

Nun müssen die Benutzer noch die `.forward`-Datei in ihrem Home-Verzeichnis anpassen, damit eingehende Mails das Programm `vacation` aktivieren. Die Datei `$HOME/.forward` (hier für den Benutzer `debacher`) muss nur eine einzige Zeile mit folgendem Inhalt enthalten:

```
\debacher, "| /usr/bin/vacation debacher"
```

Diese Zeile bewirkt, dass `sendmail` eingehende Mails an `vacation` weiterleitet, vorher aber eine Kopie ins lokale Postfach des Benutzers `debacher` ablegt. Wenn Benutzer ihren Namenseintrag, hier im Beispiel `\debacher`, vergessen, bleibt ihr eigenes Postfach leer und sie müssen die Absender darüber informieren und sie bitten, ihre Mails nach dem Urlaub erneut zu versenden.

14.3 Fetchmail installieren und konfigurieren

`Fetchmail` holt Mail aus einem Postfach beim Provider ab. Das Programm befindet sich bei OpenSUSE in der Paketgruppe *Netzwerk* im Paket `fetchmail`. Bei der Standardinstallation richtet YaST das Paket automatisch ein.

Datei	*Bedeutung*
`/usr/bin/fetchmail`	Das Binärprogramm `fetchmail`.
`.fetchmailrc`	Konfigurationsdatei im Home-Verzeichnis.
`/etc/fetchmailrc`	Globale Konfigurationsdatei, die YaST verwaltet. Um sie zu nutzen, muss fetchmail mit dem Schalter `-f /etc/fetchmailrc` starten.

Tabelle 14.5: Fetchmail-Dateien

Konfigurieren Sie `fetchmail` über die Datei `.fetchmailrc` im Home-Verzeichnis des Benutzers, der `fetchmail` aufruft.

Falls Ihr Linux-Server die Eingangspost über einen Cronjob oder einen Eintrag in der `/etc/ppp/ip-up.local` abholen soll, ist *root* ein möglicher Nutzer.

Die Konfigurationsdatei hat folgenden Aufbau:

```
poll mail.linuxbu.ch protocol POP3 no dns
   user ud1003 password geheim is debacher here
```

`Fetchmail` fragt mit diesen Parametern für den User `ud1003` mit dem Passwort `geheim` beim Provider `linuxbu.ch` nach neuer Mail. Es fragt den Name-Server nicht und legt Eingangspost in das lokale Postfach des Users `debacher`.

Legt der Provider Mails für mehrere Empfänger in die gleiche Mailbox und gibt es für die Empfänger ein gleichnamiges Postfach auf dem lokalen System, könnte man auch eintragen:

```
poll mail.linuxbu.ch protocol POP3 no dns
   user ud1003 password geheim is * here
```

Um mehrere Postfächer nacheinander abzufragen, erstellt man für jedes Postfach eine passende Zeile in der Konfigurationsdatei. Liegen die Postfächer beim gleichen Provider, so kann man die Konfiguration verkürzen:

```
poll mail.linuxbu.ch protocol POP3 no dns
  user ud1003 password geheim is debacher here
  user bb1004 password geheim is burre here
  user bk1005 password geheim is kretschmer here
  user ct1006 password geheim is thalheimer here
  user vs1007 password geheim is vsuchodoletz here
```

Das Abrufen der Mails startet man von der Konsole aus durch:

```
fetchmail  -v  -a
```

Der Schalter `-a` veranlasst, dass alle Mails geladen und aus dem Postfach gelöscht werden sollen. In der Voreinstellung lädt `fetchmail` nur ungelesene Mails.

Der Schalter `-v` (`verbose`) bewirkt, dass `fetchmail` ausführliche Meldungen ausgibt. Das ist vor allem für Kontrollzwecke nützlich.

Beim Testen hilft ein Aufruf der Form:

```
fetchmail -v -a -k
```

Dabei verhindert der Schalter `-k` (`keep`), dass `fetchmail` Mails aus dem Postfach löscht. Falls die Konfiguration noch nicht fehlerfrei war, kann man alle Nachrichten nochmals abrufen. Wenn alles funktioniert, sollte man diesen Schalter schleunigst entfernen, da sonst die Mail beim Provider enorm anwachsen kann.

YaST hat für Sie bei der Mailkonfiguration bereits eine Konfigurationsdatei für `fetchmail` erzeugt. Es legt diese Datei aber unter `/etc/fetchmailrc` ab. Die von YaST erzeugte Datei hat folgenden Inhalt:

/etc/fetchmailrc

```
# Edit carefully, see /usr/share/doc/packages/yast2-mail/
  ➥ fetchmailrc.txt
poll "pop.t-online.de" protocol POP3 : user "." there with password
  ➥ "." is "debacher" here ;
```

Wenn Sie diese Datei für den Mailbezug nutzen wollen, dann müssen Sie `fetchmail` die Konfigurationsdatei mit angeben.

```
fetchmail  -v  -a  -f  /etc/fetchmailrc
```

Die in Kapitel 12 beschriebene Datei `poll.tcpip` ruft `fetchmail` in dieser Form auf, so dass `fetchmail` bereits beim Verbindungsaufbau Post abholt.

14.4 Mail-Austausch bei Wählverbindungen automatisieren

Bei einem Rechner mit fester Internetanbindung stellt `postfix` Mail immer sofort zu. Bei Wählverbindungen muss man den Postaustausch bewusst anstoßen. Das kann man auf mindestens drei Wegen automatisieren:

- Über einen Eintrag in der `ip-up.local`.
- Durch Aktivieren der `poll.tcpip`.
- Über einen Cronjob.

Wie bereits im Kapitel 10 (»Über den Linux-Router ins Internet«) beschrieben, arbeitet der PPP-Dämon nach erfolgreicher Einwahl zum Provider die Datei `/etc/ppp/ip-up` und die lokale Erweiterungsmöglichkeit `/etc/ppp/ip-up.local` ab. Die darin enthaltenen notwendigen Einträge sind zunächst noch auskommentiert.

Erstellen oder erweitern Sie die Datei folgendermaßen:

/etc/ppp/ip-up.local:

```
...
/usr/bin/fetchmail -a -v -f /etc/fetchmailrc >> /var/log/fetchmail 2>&1 &
/usr/sbin/sendmail -q &
...
```

`Fetchmail` fragt dann beim Provider die Mails aus dem Postfach des Providers ab (`fetchmail -a -v`) und protokolliert seine Tätigkeit in der Datei `/var/log/fetchmail`.

Anschließend verschickt `sendmail -q` bei jedem erfolgreichen Verbindungsaufbau die bisher angesammelten Mails.

Die Zeichen `&` am Ende der beiden Zeilen bewirken, dass `ip-up.local` nicht wartet, bis die Programme beendet sind, sondern sie im Hintergrund arbeiten lässt.

Ansonsten könnte es passieren, dass es geraume Zeit dauert, bis die Leitung zum Browsen im Internet zur Verfügung steht.

Bei diesem Verfahren tauschen beide Server Post aus, sobald zwischen ihnen eine Verbindung besteht. Dies kann der hier eingerichtete Server auf Wunsch zu festgelegten Zeitpunkten tun.

Der Cron-Dämon läuft ständig im Hintergrund und führt Cronjobs zu anwenderdefinierten Zeitpunkten aus. Anwender tragen ihre Aufträge dazu in Tabellen ein, die Crontabs. Um die eigene Tabelle zu bearbeiten, gibt man ein:

```
crontab -e
```

Das `-e` steht hier für `edit` (Editieren). Der Inhalt könnte dann so aussehen:

```
##########################################################################
SHELL=/bin/sh
PATH=/bin:/usr/bin:/usr/local/bin:/usr/lib/news/bin
MAILTO=root
# roots crontab
#
# min hour day month dayofweek (1=Mo,7=Su) command
10 22 * * * /usr/sbin/sendmail -q &
11 22 * * * /usr/bin/fetchmail -a -v -f /etc/fetchmailrc
➥ >>/var/log/fetchmail 2>&1 &
```

Mit diesem Eintrag führt `cron` die Programme `sendmail` und `fetchmail` täglich um 22:10 Uhr bzw. 22:11 Uhr aus. Informationen zu Cron konnten Sie bereits in Kapitel 4 (»Vorgänge automatisch starten«) lesen.

Vorausgesetzt ist hier, dass die Internetverbindung automatisch aufgebaut wird.

14.5 So tauschen Windows-PCs Post mit dem Linux-Server aus

Auf Windows-PCs mailen Anwender mit Webmail oder, wie hier beschrieben, mit Mail-Clients wie Microsoft Outlook/Outlook Express, Windows Mail, Mozilla Thunderbird oder seltener mit Eudora oder Pegasus Mail. Diese können direkt mit einem hier beschriebenen Linux-Server kommunizieren.

Das Konfigurieren dieser Mail-Client-Programme haben Sie bereits im Kapitel 5 kennengelernt.

Falls beim Nutzen der Mail-Clients Fehler auftauchen, lässt sich oft nur mühsam eingrenzen, auf welcher Ebene diese entstehen. Da können Ihnen die folgenden Ausführungen weiterhelfen.

Zum Testen kann man auch ohne Mail-Client-Programm per Telnet-Verbindung den für POP3 zuständigen Port 110 des Mail-Servers direkt ansprechen.

Das folgende Listing zeigt einen Dialog mit dem POP3-Server über Telnet. Die Autoren haben hier am Anfang jeder Zeile dem eigentlichen Dialog ein Zeichen vorangestellt; das Zeichen > soll anzeigen, dass der Client die Zeile gesendet und das Zeichen <, dass er sie empfangen hat:

```
> telnet 192.168.1.2 110
< Trying 192.168.1.2...
< Connected to 192.168.1.2.
< Escape character is '^]'.
< +OK ready  <11972.1104328504@boss.lokales-netz.de>
> user debacher
< +OK Password required for debacher.
> pass geheim
< +OK debacher has 1 visible message (0 hidden) in 641 octets.
> retr 1
< +OK 641 octets
< Return-Path: <burre@linuxbu.ch>
< X-Original-To: debacher
< Delivered-To: debacher@boss.lokales-netz.de
< Received: from linuxbu.ch (boss.lokales-netz.de
<    [192.168.1.2])
<    by boss.lokales-netz.de (Postfix) with SMTP id 4DE43EA98
<    for <debacher>; Wed, 29 Dec 2004 14:48:32 +0100 (CET)
< Subject: Ein kleiner Test
< Message-Id: <20041229134832.4DE43EA98@boss.lokales-netz.de>
< Date: Wed, 29 Dec 2004 14:48:32 +0100 (CET)
< From: burre@linuxbu.ch
< To: undisclosed-recipients:;
< X-IMAPbase: 1104328475 2
< X-UIDL: (9c!!mI/"!LSY!!n?G!!
< Status: 0
< X-Status:
< X-Keywords:
< X-UID: 2
<
< Hallo Uwe,
< ein kleiner Test.
< Gruss
< Bernd
<
< .
```

```
> dele 1
< +OK Message 1 has been deleted.
> quit
< +OK Pop server at boss.lokales-netz.de signing off.
< Connection closed by foreign host.
```

Benutzt werden hier die Befehle:

Befehl	*Bedeutung*
`user`	**Danach folgt ein gültiger Benutzername.**
`pass`	**Das Passwort des Benutzers.**
`retr`	**Lädt die Mail mit der angegebenen Nummer.**
`dele`	**Löscht die Mail mit der angegebenen Nummer.**
`quit`	**Beendet den Dialog.**

Tabelle 14.6: Befehle im Quelltext (POP3-Server)

Sehr hilfreich kann diese Vorgehensweise sein, wenn Sie über eine Wählleitung ans Internet angebunden sind und eine übergroße Mail Ihr Postfach blockiert. Die Windows-Clients erlauben es normalerweise nicht, eine Mail zu löschen, ohne sie zu übertragen. Bei der direkten Kommunikation mit dem Mail-Server des Providers können Sie eine derartige Mail löschen, ohne sie übertragen zu müssen.

Auch zum Senden einer Nachricht lässt sich dieses Verfahren benutzen.

Dabei benötigen Sie die folgenden Kommandos:

Kommando	*Bedeutung*
`helo`	**Anmeldung/Vorstellung des absendenden Rechners.**
`mail from:`	**Danach nennt man den Absender.**
`rcpt to:`	**Danach folgt der Empfänger.**
`data`	**Hier folgt der eigentliche Text. Beenden Sie die Eingabe durch eine Zeile, die einen einzelnen Punkt enthält.**
`quit`	**Beendet den Dialog.**

Tabelle 14.7: Kommandos für einen Dialog mit dem SMTP-Server

Das folgende Beispiel zeigt einen Telnet-Dialog mit einem SMTP-Server, wobei das *SMTP* (Simple Mail Transfer Protocol) mit dem Port 25 arbeitet.

```
> telnet 192.168.1.2 25
< Trying 192.168.1.2...
< Connected to 192.168.1.2.
< Escape character is '^]'.
< 220 boss.lokales-netz.de ESMTP Postfix
> helo linuxbu.ch
< 250 boss.lokales-netz.de
```

```
> mail from: <burre@linuxbu.ch>
< 250 2.1.0 Ok
> rcpt to: <debacher>
< 250 2.1.5 Ok
> data
< 354 End data with <CR><LF>.<CR><LF>
> Subject: Ein kleiner Test
>
> Hallo Uwe,
> ein kleiner Test.
> Gruss
> Bernd
> .
< 250 2.0.0 Ok: queued as 4DE43EA98
> quit
< 221 2.0.0 Bye
< Connection closed by foreign host.
```

Liegt die Empfänger-Mailbox nicht auf dem gleichen Rechner, so leitet Postfix die Nachricht zum Zielrechner weiter.

Die Mail wird hier zeilenweise im Quelltext übertragen. Zwischen der Betreffzeile (bzw. den Headerzeilen) und dem eigentlichen Text muss dabei eine Leerzeile stehen. Die nachträglich per Hand eingefügten Zeichen < beziehungsweise > am Anfang jeder Zeile sollen anzeigen, ob der Benutzer hier die Zeile empfängt oder sendet.

14.6 Mailaustausch mit UUCP

Die Entwickler David A. Nowitz und Michael E. Lesk der Bell Laboratories erfanden bereits 1978 ein System, um Dateien, Mails und News über Wählleitungen auszutauschen. Es bekam den Namen UUCP – (*Unix to Unix File CoPy*). Eine der vielen im Laufe der Zeit darauf aufbauenden Versionen ist das Taylor-UUCP, das auch OpenSUSE in seiner Distribution liefert.

Heutzutage setzt man UUCP hauptsächlich zum Austausch von Mails und News ein, wenn keine Standleitung zwischen dem lokalen Netz und dem Internet besteht.

Die Möglichkeit von UUCP, eine Wählverbindung zu einem anderen Rechner aufzubauen, wird heute nur noch selten genutzt. Zumeist setzt man eine TCP/IP-Verbindung als gegeben voraus, über die dann man dann per UUCP Mails und News austauscht. Auf dieses UUCP über TCP/IP bezieht sich das vorliegende Kapitel.

Zum Mailaustausch gehören:

- Post für einzelnen User abholen,
- Post für einzelnen User verschicken,

- Post innerhalb eines Netzes userbezogen vermitteln und
- Post zwischen zwei Netzwerken austauschen.

Die ersten drei Fälle sind im Abschnitt 14.3 beschrieben. In diesem Abschnitt geht es um den Postaustausch zwischen Netzwerken.

Traditionelle Unix-Transportprogramme für Mail und News wie `postfix`, `sendmail` und `leafnode` gehen davon aus, dass die Zielrechner durch Festverbindungen für Nachrichten allzeit erreichbar sind.

Da heute immer noch manche Netze über Wählverbindungen ans Internet angebunden sind, kann diese Voraussetzung nicht überall erfüllt werden. Dann muss der Provider einspringen und auf einem seiner Rechner ein Postfach für den Kunden zur Verfügung stellen. Beim Einstellen der Nachricht in das Postfach verwirft der Provider den Umschlag (Envelope), der die Zustelladresse enthält, denn er ist ja aus Sicht des Providers nicht mehr notwendig.

Das ist immer dann unkritisch, wenn man nur für einzelne Adressen Post abholt. Bekommt man aber Mails für mehrere Empfänger bzw. eine ganze Domain, so fehlen diese Zustellinformationen für das lokale Verteilen der Nachrichten.

In diesem Fall ist ein Verfahren vorteilhaft, bei dem der Provider zwar die Nachrichten sammelt, aber nicht in ein Postfach zustellt. Eine Möglichkeit hierfür ist UUCP.

Ein weiterer Vorteil von UUCP besteht darin, dass es die Nachrichten komprimiert übertragen kann und weniger Verwaltungsdaten überträgt, als dies beim Einzelbezug über Postfächer der Fall ist.

14.6.1 Wer braucht UUCP?

UUCP ist immer dann sinnvoll, wenn der eigene Mail-Server über Wählleitungen mit dem Internet verbunden ist und Mails für mehrere Adressen oder gar eine ganze Domain beziehen soll.

Dieses Verfahren überträgt den Umschlag mit; die Mail gilt erst dann als zugestellt, wenn sie im lokalen Postfach liegt.

Leider bieten nicht alle Provider UUCP an. Da auch die Provider, die UUCP anbieten, Mail standardmäßig mit POP/SMTP übertragen, müssen Sie sich mit Ihrem Provider in Verbindung setzen, um die Umstellung auf UUCP zu veranlassen.

14.6.2 UUCP installieren und konfigurieren

Bevor UUCP eingerichtet werden kann, muss man mit seinem Provider über die Umstellung sprechen und einen Benutzernamen und ein Passwort für UUCP erfragen. Der Benutzername kann mit dem Namen für die Einwahl übereinstimmen, das Passwort sollte aus Sicherheitsgründen anders lauten.

Die Software finden Sie im Paket `uucp` der Paketgruppe *Netzwerk*. OpenSUSE installiert es in der Voreinstellung nicht.

Für den Betrieb sind die folgenden Dateien wichtig:

Datei	*Bedeutung*
`/usr/lib/uucp/uucico`	Die Binärdatei, die für den Mailaustausch zuständig ist.
`/etc/uucp/config`	Konfigurationsdatei
`/etc/uucp/sys`	Informationen über Kommunikationspartner
`/etc/uucp/call`	Loginnamen und Passwörter
`/etc/postfix/main.cf` `/etc/postfix/transport`	Eine dieser `postfix`-Konfigurationsdateien muss angepasst werden.

Tabelle 14.8: Wichtige Dateien für den Betrieb von UUCP

Da man UUCP bei OpenSUSE nicht mit YaST konfigurieren kann, sind die Konfigurationsdateien direkt zu bearbeiten.

Das Paket Taylor-UUCP konfigurieren Sie mit folgenden Dateien:

`/etc/uucp/config`

```
#
# config - Haupt UUCP-Konfigurations-Datei
#

# UUCP-Name des Rechners
nodename ud1002
```

In diese Datei müssen Sie den Benutzernamen eintragen, den Sie mit Ihrem Provider abgesprochen haben:

`/etc/uucp/sys`

Hier beschreiben Sie die Systeme, mit denen Sie per UUCP kommunizieren wollen, und die Art und Weise des Verbindungsaufbaus. Das folgende Beispiel geht von einer Übertragung über eine PPP-Wählverbindung aus:

```
#
# sys - Beschreibung der bekannten Systeme
#

# GLobale Einstellungen fuer alle Systeme

# Loginnamen und Passwort aus der Datei 'call' lesen
call-login      *
call-password   *

# keine Einschränkung der Zugriffszeit
```

```
time            any

# Systemspezifische Einstellungen

# System 'linuxbuch'
system          linuxbuch
address         mail.linuxbu.ch
commands        rmail rnews
command-path    /usr/lib/news/bin /usr/bin

# Portdefinition, die genommen werden soll
port            type tcp
```

Hinter dem Schlüsselwort `call-login` erwartet `uucico` den Benutzernamen. Steht dort ein *, so entnimmt es den Namen der Datei `call`.

In der Zeile `call-password` folgt das Passwort für diese UUCP-Verbindung. Wenn hier ein * folgt, dann entnimmt `uucico` das Passwort ebenfalls der Datei `call`.

Das Schlüsselwort `time` legt fest, zu welcher Zeit UUCP Verbindungen aufbauen darf. Hier könnte man Wochentage und Uhrzeiten eingeben, im einfachsten Fall erlaubt `any` den Verbindungsaufbau zu jeder Zeit.

Über das Schlüsselwort `port` legen Sie fest, auf welchem Weg `uucp` die Verbindung aufbauen soll. Da Sie eine bestehende TCP/IP-Verbindung nutzen wollen, geben Sie `type tcp` an.

Die weiteren Einstellungen sind spezifisch für das System, mit dem man kommunizieren will, wie das Schlüsselwort `system` angibt. Alle weiteren Zeilen beziehen sich auf dieses System, bis eine erneute `system`-Zeile folgt.

Hinter `address` folgt die Adresse des entfernten UUCP-Systems. Die letzte Zeile zählt hinter dem Schlüsselwort `commands` die erlaubten Kommandos auf.

`/etc/uucp/call`

Hier trägt man die bekannten Systeme und die zugehörigen Benutzernamen und Passwörter ein:

```
#
# call - Logininformationen
#

#
# Loginname und Passwort fuer die Systeme, die angerufen werden
# sollen
#
# <system> <login> <passwd>
linuxbuch ud1001 geheim
```

14.6.3 Anpassen der Postfix-Konfiguration

Nun müssen Sie das UUCP-System noch mit `postfix` verbinden, damit dieses ausgehende Mails nicht mehr selber zustellt, sondern an UUCP übergibt. Dazu gibt es mehrere Möglichkeiten.

UUCP über die Hauptkonfigurationsdatei main.cf aktivieren

Am einfachsten ändern Sie die Datei `main.cf` an zwei Stellen:

`/etc/postfix/main.cf:`

```
relayhost = linuxbuch
default_transport = uucp
```

Der Nachteil dieser Möglichkeit besteht darin, dass YaST nun Probleme damit hat, diese Datei zu pflegen. Entweder überschreibt es bei nächster Gelegenheit diese Änderungen, oder es kann die Datei nicht mehr selber pflegen. Beide Möglichkeiten können problematisch sein.

Ein Ausweg aus dem Dilemma besteht darin, die YaST-Konfiguration für Postfix über die Datei `/etc/sysconfig/postfix` selbst zu erweitern.

Dabei können Sie jeden Schalter benutzen, der in der Konfigurationsdatei von `postfix` auftauchen kann. So brauchen Sie die Konfigurationsdatei nicht direkt zu bearbeiten.

Die Schalter zur Konfiguration und ihre aktuellen Werte können Sie mit dem Kommando

```
/usr/sbin/postconf
```

abfragen. `Postconf` gibt dann eine Liste aller knapp dreihundert Schalter für `postfix` aus; das ist deutlich mehr als die rund 30 Variablen aus `/etc/sysconfig/postfix`.

Für den Postfix-Konfigurationsschalter `relayhost` ist in der Datei `/etc/sysconfig/postfix` die Variable `POSTFIX_RELAYHOST` zuständig. Noch fehlt eine Variable für den Schalter `default_transport`, der normalerweise auf `smtp` steht. Ergänzen Sie die Datei `/etc/sysconfig/postfix` um die hervorgehobenen Zeilen.

`/etc/sysconfig/postfix (Dateiende)`

```
#
# POSTFIX_ADD_*
# You may add any existing postfix parameter here. Just execute the
# postconf command to get a complete list. You then have to uppercase
# the parameter and prepend POSTFIX_ADD_.
# Example:
# Let's say you want to add the postfix parameter mailbox_size_limit.
# Then just add
# POSTFIX_ADD_MAILBOX_SIZE_LIMIT=0
# POSTFIX_ADD_MESSAGE_SIZE_LIMIT=30000000
```

```
## Type:          string
## Default:       0
POSTFIX_ADD_MAILBOX_SIZE_LIMIT="0"

## Type:          string
## Default:       10240000
POSTFIX_ADD_MESSAGE_SIZE_LIMIT="10240000"

## Type:          yesno
## Default:       yes
## Config:        postfix
#
# Automatically register to slpd, if running?
#
POSTFIX_REGISTER_SLP="yes"

# Eigene Erweiterung von www.linuxbu.ch
# zur Aktivierung von UUCP
# Mögliche Werte: smtp uucp

## Type:          string(uucp,smtp)
## Default:       uucp
POSTFIX_ADD_DEFAULT_TRANSPORT="uucp"
```

Wie Sie dem OpenSUSE-Hilfetext entnehmen können, müssen Sie den Postfix-Schalter in Grossbuchstaben eingeben und `POSTFIX_ADD_` voranstellen. Dann kann `suseconfig` die Einträge richtig auswerten.

Nun können Sie die beiden benötigten Variablen über den Sysconfig-Editor im YaST-Kontrollzentrum bearbeiten, wie die Abbildung zeigt.

Vergessen Sie nicht, auch den Schalter `POSTFIX_RELAYHOST` zu ändern; hier muss statt wie bisher `smtp.t-online.de` für UUCP der Wert `linuxbuch` bzw. der Name Ihres eigenen Systems stehen.

Beim Beenden des Sysconfig-Editors erstellt YaST nun die `Postfix`-Konfiguration mit den benötigten Werten.

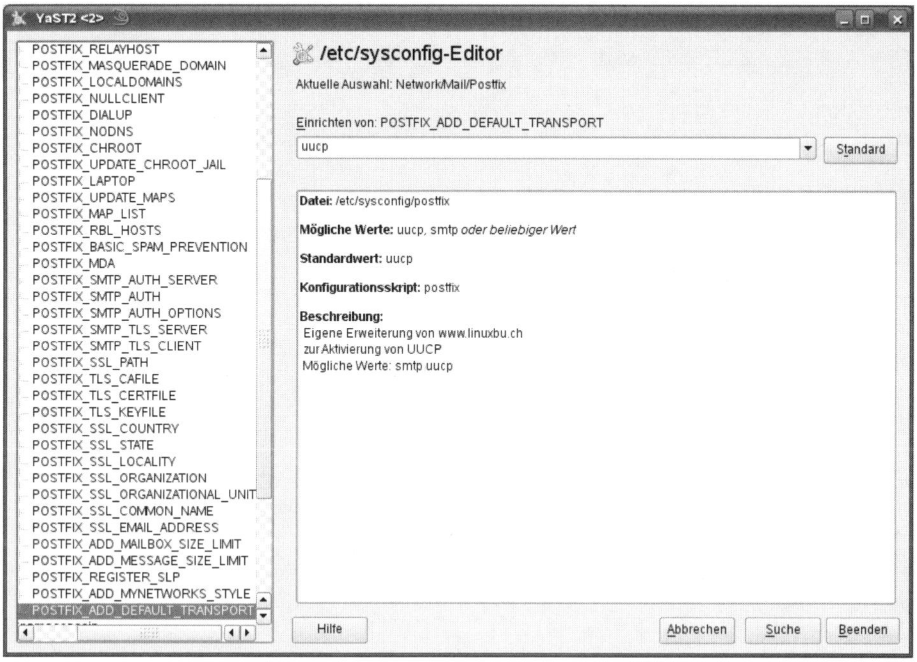

Abbildung 14.7: Sysconfig mit eigenem Schalter

UUCP über die Konfigurationsdatei transport aktivieren

Alternativ können Sie die Datei `/etc/postfix/transport` anpassen. Sie besteht normalerweise nur aus Kommentarzeilen. Im Bereich `Examples` finden sich zwei kommentierte Beispiele, die man für UUCP gut kombinieren kann.

`/etc/postfix/transport` (Ausschnitt)

```
# TRANSPORT(5)                                          TRANSPORT(5)
#
# NAME
#        transport - format of Postfix transport table
#
# SYNOPSIS
#        postmap /etc/postfix/transport
#
#        postmap -q "string" /etc/postfix/transport
#
#        postmap -q - /etc/postfix/transport <inputfile
#
# DESCRIPTION
#        The  optional  transport  table  specifies  a mapping from
#        email addresses  to  message  delivery  transports  and/or
#        relay hosts. The mapping is used by the trivial-rewrite(8)
```

```
#         daemon.
#
...
# EXAMPLES
#         In  order to deliver internal mail directly, while using a
#         mail relay for all other mail, specify a  null  entry  for
#         internal  destinations  (do not change the delivery trans-
#         port or the nexthop information) and  specify  a  wildcard
#         for all other destinations.
#
#              my.domain    :
#              .my.domain   :
#              *            smtp:outbound-relay.my.domain
#
#         In  order  to send mail for example.com and its subdomains
#         via the uucp transport to the UUCP host named example:
#
#              example.com      uucp:example
#              .example.com     uucp:example
#
lokales-netz.de         :
.lokales-netz.de        :
*     uucp:linuxbuch
```

Zum Aktivieren der Änderung müssen Sie mit dem Befehl

```
postmap /etc/postfix/transport
```

die zugehörige Datenbankdatei erzeugen.

Nun gehen alle Mails über das UUCP-System ins Internet.

14.6.4 Test der Konfiguration

Sobald Ihr Provider die Mail auf UUCP umgestellt hat, können Sie bei beiden Möglichkeiten die Konfiguration nach einem Neustart von `postfix`, z. B. mittels

```
postfix  reload
```

erproben. Bauen Sie zuerst eine Internetverbindung auf und geben Sie nach erfolgreichem Aufbau der Verbindung Folgendes ein:

```
/usr/lib/uucp/uucico  -s  linuxbuch
```

Der Mailaustausch benötigt einige Zeit. Den Ablauf können Sie kontrollieren, indem Sie sich die Datei `/var/spool/uucp/Log` ansehen.

Falls alles geklappt hat und Mail angekommen ist, liegt diese nun in der Mail-Queue (diese kann man mit `mailq -v` kontrollieren). Um die eingetroffene Mail zu verteilen, geben Sie `sendmail -q` ein.

Falls es nicht geklappt hat, sollte man `uucico` mit eingeschaltetem *Debug* aufrufen:

```
/usr/lib/uucp/uucico -S linuxbuch -x all
```

Der Schalter `-S` zwingt `uucico` dazu, einen neuen Verbindungsaufbau zu versuchen, auch wenn die Wartezeit noch nicht abgelaufen ist. Der Schalter `-x all` bringt `uucico` dazu, vollständige Debug-Informationen in die Datei `Debug` zu schreiben.

Nun sollten Sie die Dateien

`/var/log/uucp/Log` und

`/var/log/uucp/Debug`

ansehen.

Die Datei `Debug` müssen Sie anschließend löschen, da ihr Benutzername und Ihr Passwort hier im Klartext stehen.

14.7 Mailinglisten mit majordomo

Mailinglisten können Sie dazu nutzen, um eingehende Nachrichten an viele Empfänger weiterzuverteilen. Sie bauen so eine Art Kopierstation für Mails auf. Ist die Zahl der Empfänger klein und übersichtlich, genügt es, wenn Sie alle Empfänger in der Datei `/etc/aliases` aufführen, wie in folgendem Beispiel:

```
autorenlinuximwindowsnetz: burre, debacher, kretschmer, thalheimer,
  ➥ vsuchodoletz
```

Hier leitet Postfix alle Mails an `autorenlinuximwindowsnetz` an die Benutzer `burre`, `debacher`, `kretschmer`, `thalheimer` und `vsuchodoletz` weiter.

14.7.1 Installation von majordomo

Wächst eine Liste auf mehr ein halbes Dutzend Empfänger, wird dieses Verfahren schnell unübersichtlich, weil man für jede Änderung des Verteilers die Datei `/etc/aliases` bearbeiten muss. Hier spart das Programm `majordomo` Arbeit. Sie finden es im Paket `majordomo` in der Paketgruppe *Netzwerk*. Installieren Sie dieses Paket nach.

Zum Aktivieren von `majordomo` müssen Sie in der Datei `/etc/aliases` die von OpenSUSE vorbereiteten Einträge aktivieren, indem Sie die Kommentarzeichen am Zeilenanfang entfernen.

`/etc/aliases` (Auszug ab Zeile 61):

```
# Majordomo can be used to have mailinglists on your site.
majordomo: "|/usr/lib/majordomo/wrapper majordomo"
owner-majordomo: root,
majordomo-owner: root,
```

Wirksam machen Sie diese Änderung mit

```
newaliases
```

Damit ist die Installation von majordomo schon abgeschlossen, und Sie können darangehen, eine oder mehrere Mailinglisten einzurichten.

14.7.2 Einrichten einer Mailingliste

Wollen Sie eine Mailingliste für interne Diskussionen einrichten, die unter der Adresse diskussion@boss.lokales-netz.de läuft, empfiehlt sich das folgende Verfahren.

Legen Sie eine Datei für die Liste an, und übergeben Sie diese an majordomo:

```
cd /var/lib/majordomo/lists
touch diskussion
chown mdom.mdom diskussion
```

Erstellen Sie die Datei mit dem Master-Passwort und übereignen Sie diese an den Benutzer mdom und die Gruppe mdom, mit denen Majordomo arbeitet:

```
echo "geheim" > diskussion.passwd
chown mdom.mdom diskussion.passwd
chmod 660 diskussion.passwd
```

Statt geheim geben Sie natürlich ein von Ihnen gewähltes Passwort an.

Einträge für die Liste in der Datei /etc/aliases

Am Ende der aliases-Datei finden Sie einen Beispieleintrag von OpenSUSE, an den Sie die Einträge für Ihre Liste anhängen. Es sind jeweils Zeilen mit Mailweiterleitungen an die Programmkomponenten von majordomo und den Eigentümer der Liste.

```
# sample entry for a majordomo mailing-list called "test"
# read /usr/doc/packages/majordomo/README.linux for
# more information
# replace "test" with a new name and put the
# administrator into
# the "owner-test" alias instead of "root".
#
#test: "|/usr/lib/majordomo/wrapper resend -l
# test test-outgoing"
#test-outgoing: :include:/var/lib/majordomo/lists/test
#test-request: "|/usr/lib/majordomo/wrapper majordomo -l test"
#test-approval: owner-test,
#owner-test-outgoing: owner-test,
#owner-test-request: owner-test,
#owner-test: root,
#
```

```
diskussion: "|/usr/lib/majordomo/wrapper resend -l
➥ diskussion diskussion-outgoing"
diskussion-outgoing: :include:/var/lib/majordomo/lists/diskussion
diskussion-request: "|/usr/lib/majordomo/wrapper
➥ majordomo -l diskussion"
diskussion-approval: owner-diskussion,
owner-diskussion-outgoing: owner-diskussion,
owner-diskussion-request: owner-diskussion,
owner-diskussion: debacher,
```

Aliases-Datenbank aktualisieren

Mit dem Aufruf von

```
newaliases
```

aktivieren Sie die Änderungen aus der `/etc/aliases`.

Abonnieren der Liste

Für jede Mailingliste existiert eine Konfigurationsdatei, die `majordomo` beim Eintreffen der ersten Mail erstellt. Schicken Sie also eine Mail an

```
majordomo@boss.lokales-netz.de
```

die nur die folgende Zeile enthält:

```
subscribe diskussion
```

Wenn Sie nicht warten wollen, bis `sendmail` die Nachricht von sich aus verteilt, dann rufen Sie einfach als *root* zweimal `sendmail -q` auf.

Die Konfigurationsdatei und Aufforderung zur Bestätigung

`Majordomo` erstellt beim Empfang der ersten Nachricht eine Konfigurationsdatei `/var/lib/majordomo/lists/diskussion.config`.

Außerdem schickt das Programm eine Nachricht an Sie als Abonnenten und teilt Ihnen mit, dass Sie Ihre Anforderung bestätigen müssen. Hiermit stellt `majordomo` sicher, dass Sie die Liste wirklich abonnieren wollen.

```
Someone (possibly you) has requested that your email address be added
to or deleted from the mailing list "diskussion@boss.lokales-netz.de".

If you really want this action to be taken, please send the following
commands (exactly as shown) back to "Majordomo@boss.lokales-netz.de":

        auth ae81594d subscribe diskussion
        ➥ debacher@boss.lokales-netz.de
```

```
If you do not want this action to be taken, simply ignore this
message and the request will be disregarded.

If your mailer will not allow you to send the entire command as a
single line, you may split it using backslashes, like so:
        auth ae81594d subscribe diskussion \
        debacher@boss.lokales-netz.de

If you have any questions about the policy of the list owner, please
contact "diskussion-approval@boss.lokales-netz.de".

Thanks!

Majordomo@boss.lokales-netz.de
```

Sie müssen jetzt eine Bestätigungsnachricht mit dem angegebenen Kennwort an `majordomo` schicken, am einfachsten über die Reply-Funktion Ihres Mail-Programms.

```
auth ae81594d subscribe diskussion
➥ debacher@boss.lokales-netz.de
```

Zur Beschleunigung können Sie als *root* zweimal `sendmail -q` aufrufen.

Sie erhalten nun drei Nachrichten. Eine informiert Sie als Eigentümer der Liste über den neuen Abonnenten. Die zweite bestätigt Ihnen als Benutzer, dass Ihre Listenanmeldung erfolgreich verlaufen ist. Die dritte Nachricht, an Sie als Benutzer, begrüßt Sie mit Informationen über die Liste.

Weitere Benutzer können sich nun bei Ihrer Liste anmelden und wieder abmelden.

In der Grundeinstellung erfordert das Anmelden bei der Liste eine Bestätigung durch den Abonnenten, das Abmelden ist ohne Bestätigung möglich. Dies können Sie in der Konfigurationsdatei ändern:

```
# subscribe_policy
# [enum] (open+confirm) <majordomo> /open;closed
  # One of three values: open, closed, auto; plus an optional
  # modifier: '+confirm'.  Open allows people to
  # subscribe themselves to the list. Auto allows anybody to
  # subscribe anybody to the list
  # without maintainer approval. Closed requires
  # maintainer approval
  # for all subscribe requests to the list.
  # Adding '+confirm', ie,
  # 'open+confirm', will cause majordomo to send a
  # reply back to the subscriber which includes a
  # authentication number which must be sent back in with
  # another subscribe command.
subscribe_policy    =   open+confirm
```

```
...
  # unsubscribe_policy
  # [enum] (open) <majordomo> /open;closed;auto;op
  # One of three values: open, closed, auto; plus an optional
  # modifier: '+confirm'.  Open allows people to unsubscribe
  # themselves from the list.
  # Auto allows anybody to unsubscribe
  # anybody to the list without maintainer approval.
  # The existence of the file <listname>.auto is the same
  # as specifying the value auto.  Closed requires
  # maintainer approval for all unsubscribe
  # requests to the list. In addition to the keyword,
  # if the file <listname>.closed exists, it is the
  # same as specifying the value
  # closed. Adding '+confirm', ie, 'auto+confirm', will cause
  # majordomo to send a reply back to the subscriber
  # if the request didn't come from the subscriber.
  # The reply includes a authentication number which
  # must be sent back in with another
  # subscribe command.  The value of this keyword overrides
  # the value supplied by any existent files.
unsubscribe_policy  =   open
```

Wenn Sie das `+confirm` löschen, dann entfällt die Bestätigungs-Mail. Dies vereinfacht das Abonnieren Ihrer Liste.

Ausführliche Informationen über den Aufbau der Konfigurationsdatei und die weiteren Möglichkeiten von `majordomo` finden Sie im Verzeichnis `/usr/share/doc/packages/majordomo`.

Das Anlegen von Mailinglisten können Sie mit dem folgenden Skript vereinfachen, das Sie auch auf dem Server `http://www.linuxbu.ch` finden. Das Skript erledigt die Konfigurationsvorgänge für Sie, die Sie im vorangegangenen Abschnitt selbst ausführen mussten.

`createlist`

```
#!/usr/bin/perl

print "Majordomo Mailinglist Creator, v1.1\n";
if(@ARGV eq 0) {
  print "Aufruf mit:   createlist name passwort owner\n";
  print "Beispiel:     createlist diskussions-l !hallo!
  ➥ olaf\@linuxbu.ch\n\n";
  print "Achtung: ändern Sie ggf. die Einstellungen in
  ➥ createlist\n";
  exit;
}
```

```
$LUSER="mdom";
$LGROUP="mdom";
$LPATH="/var/lib/majordomo";
$LLIST=@ARGV[0];
$LPASSWD=@ARGV[1];
$LOWNER=@ARGV[2];
$LHOST=`hostname -f`;
# eventuell nur Domainname mit
# $LHOST=`hostname -d`;
chop($LHOST);

print "Erzeuge Liste: $LLIST mit Passwort $LPASSWD und
      ➥ List-Owner $LOWNER\n";
print "Bitte machen Sie noch die nötigen Änderungen in\n";
print "$LLIST.info und $LLIST.config
      ➥ (wird nach der ersten Mail erzeugt)!\n\n";

print "Wenn Sie die Liste löschen wollen,
      ➥ dann löschen Sie die Dateien:\n";
print "cd $LPATH\n";
print "rm $LLIST $LLIST.* \n";
print "rm -R $LLIST.archive\n";
print "und machen Sie die Änderungen in
      ➥ /etc/aliases rückgängig.\n";

($name,$passwd,$uid,$gid,$quoata,$comment,$gcos,$dir,$shell)
➥ =getpwnam($LUSER);

open OUT,">".$LPATH."/lists/".$LLIST; close OUT;
chown($uid, $gid, $LPATH."/lists/".$LLIST);

#open OUT,">".$LPATH."/lists/".$LLIST.".auto"; close OUT;
#chown($uid, $gid, $LPATH."/lists/".$LLIST.".auto");

open OUT,">".$LPATH."/lists/".$LLIST.".info"; close OUT;
chown($uid, $gid, $LPATH."/lists/".$LLIST.".info");
open OUT,">".$LPATH."/lists/".$LLIST.".passwd";
print OUT "$LPASSWD\n";
close OUT;
chown($uid, $gid, $LPATH."/lists/".$LLIST.".passwd");
chmod(0660,$LPATH."/lists/".$LLIST.".passwd");

open OUT,">".$LPATH."/lists/".$LLIST.".resend";
print OUT "-p bulk -l $LLIST -f $LLIST-owner ";
print OUT "-R -h $LHOST -s -M 20000 -r $LLIST\@$LHOST\n";
close OUT;
chown($uid, $gid, $LPATH."/lists/".$LLIST.".resend");
```

```
mkdir($LPATH."/lists/".$LLIST.".archive/", 0777);
chown($uid, $gid, $LPATH."/lists/".$LLIST.".archive/");

open OUT,">>/etc/aliases";
print OUT <<EOF;
$LLIST: "|/usr/lib/majordomo/wrapper resend -l $LLIST -f
       ➥ $LLIST-owner -R -h $LHOST -s $LLIST-outgoing"
$LLIST-outgoing: :include:/var/lib/majordomo/lists/$LLIST,
                ➥ $LLIST-archive
$LLIST-archive: "|/usr/lib/majordomo/wrapper archive2.pl -a -m
                ➥ -f $LPATH/lists/$LLIST.archive/$LLIST"
$LLIST-request: "|/usr/lib/majordomo/wrapper request-answer
                ➥ $LLIST"
$LLIST-approval: $LLIST-owner,
owner-$LLIST: $LLIST-owner,
$LLIST-owner: $LOWNER,

EOF
close OUT;
```

14.7.3 Die Mailingliste zum Buch

Die Mailingliste zu diesem Buch hat die Adresse `diskussion@linuxbu.ch`. Sie ist gedacht für alle Fragen und Anregungen, die Sie im Zusammenhang mit diesem Buch haben. Am praktischen Beispiel dieser Liste werden hier die wichtigsten Kommandos für den `majordomo` erläutert.

Generell müssen Sie bei `majordomo` zwei Adressen unterscheiden. Einerseits die Adresse, an die Sie Nachrichten schicken, in diesem Fall

```
diskussion@linuxbu.ch
```

Davon zu trennen ist die Adresse für die Verwaltung der Liste bzw. der Listen. Das ist die Adresse

```
majordomo@linuxbu.ch
```

Nachrichten an `diskussion` verteilt der `majordomo`, bei Nachrichten an `majordomo` führt er den Inhalt der Nachricht als Kommando aus. Der Betreff spielt bei Nachrichten an `majordomo` keine Rolle. In den folgenden Beispielen ist also immer der Text der Nachricht an `majordomo` angegeben.

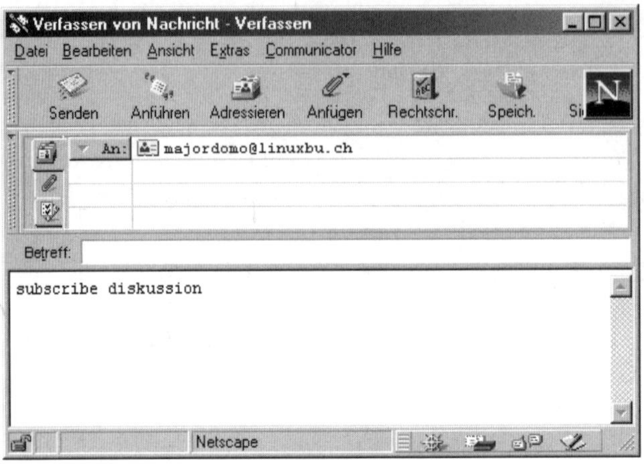

Abbildung 14.8: Abonnieren von diskussion@linuxbu.ch

Wichtige majordomo-Befehle

Befehl	*Bedeutung*
`Subscribe diskussion`	**Der Absender der Mail möchte die Liste abonnieren.**
`Unsubscribe diskussion`	**Der Absender möchte die Liste abbestellen.**
`Who diskussion`	**Fordert eine Liste der Abonnenten von `diskussion` an.**
`Help`	**Fordert einen Hilfetext an.**
`List`	**Fordert die Liste aller Mailinglisten auf dem Rechner an.**

Tabelle 14.9: Wichtige majordomo-Befehle

14.7.4 Verhalten in Mailinglisten

Als Mailnutzer sollten Sie immer bedenken, dass E-Mail eine schriftliche Kommunikationsform darstellt. Das gesprochene Wort ist schnell vergessen, auch wenn es einmal nicht angemessen war. Eine E-Mail hat eine lange Lebensdauer; Robots und manche Nutzer archivieren die gesamte Kommunikation in Mailinglisten.

Sie sollten also E-Mails generell sorgfältig formulieren und vor dem Absenden noch einmal kritisch lesen. Besonders wichtig ist eine gewisse Sorgfalt dann, wenn Sie an eine Mailingliste schreiben. Die Mailingliste `diskussion@linuxbu.ch` z. B. hat mehr als dreihundert Listenmitglieder, da können Sie schnell sehr viele Menschen verärgern.

Sie sollten generell beim Nutzen von Mailinglisten die folgenden Punkte beachten (ohne Anspruch auf Vollständigkeit).

1. Eine Mailingliste ist kein Chat-Brett. Falls die Information oder Antworten nur für eine Person gedacht ist, dann sollte die Mail direkt an diese gehen und nicht über die Liste.

2. In Mailinglisten sind HTML-Mails nicht erwünscht. Eine HTML-Mail kann nicht von jedem Programm genutzt werden und bläht das Datenvolumen um mehr als 100 % auf.
3. Die Nutzung von Dateianhängen ist in Mailinglisten selten sinnvoll. Bei dreihundert Listenteilnehmern macht ein Anhang von 1MB schon ein Datenvolumen von 300 MByte aus. Die Gesamtgröße für eine einzelne Mail ist daher meist auf 40 KByte beschränkt.
4. Viele Mail-Programme beherrschen das Zitieren aus älteren Mails (Quoten). Damit sollte man aber sinnvoll umgehen. Zitieren Sie nur, worauf Sie sich in der eigenen Mail beziehen. Der Footer einer Mailingliste dürfte in Quotes eigentlich nicht auftauchen. Der unsinnigste Gebrauch von Quotes ist *TOFU* (Text oben, Fullquote unten), wie ihn Outlook-Nutzer gern senden.
5. E-Mail ist ein schriftliches Medium und sollte daher nicht auf Umgangssprache basieren.
6. Reine Großschrift in Mails interpretieren viele Nutzer als Schreien/Anschreien, was sicherlich kein angemessenes Benehmen ist.
7. Geben Sie in Ihren Postings nicht nur einen Nick-Namen an, sondern auch Ihren Realnamen, das erleichtert die Ansprache untereinander.
8. Eine Mail ohne Betreff ist absolut peinlich. Solche Nachrichten gehen bei manchen Mail-Filtern gleich in den elektronischen Papierkorb *Trash*.
9. Aktivieren Sie niemals Lesebestätigungen oder andere automatisierte Mitteilungen für die Accounts, für die Sie Mailinglisten abonniert haben.
10. Achten Sie darauf, dass Ihre Mailbox groß genug ist, wenn Sie in Urlaub fahren, oder melden Sie sich vor Ihrem Urlaub von der Liste ab und danach wieder an. Sonst kommen alle Fehlermeldungen, dass Ihre Mailbox voll ist, beim Listenverwalter an.
11. Stellen Sie Fragen möglichst klar und für alle Listenteilnehmer verständlich. Wenn sich die Frage auf ein unbekannteres Programm bezieht, dann ist es für die Mitleser hilfreich, wenn eine kurze Erläuterung zu diesem Programm und seinem Einsatz erfolgt.
12. Falls Sie mehrere Mail-Accounts haben, achten Sie darauf, dass Sie die Mails an die Liste immer mit der Mail-Adresse schicken, mit der Sie sich angemeldet haben. Die Listenverwalter müssen sonst Ihre Mail erst weiterleiten.

14.8 Ein Mail-Relay mit Postfix

In diesem Kapitel haben Sie bereits lesen können, dass man normalerweise das Weiterleiten von E-Mails (Relay) ablehnt, die weder von lokalen Rechnern stammen, noch an lokale Rechner adressiert sind. Gelegentlich kann es aber sinnvoll sein, ein Mail-Relay aufzubauen. Falls z. B. Ihr Mail-Server im lokalen Netz liegt und durch einen Router geschützt ist, dann muss dieser Router Ihre Mails aus dem Internet entgegennehmen und an den inneren Rechner weiterleiten. Dieses Szenario ist durchaus sinnvoll, da ein Mail-Server ja auch eine Benutzerverwaltung benötigt, ein Router aber aus Sicherheitsgründen möglichst wenige Benutzer kennen sollte.

Der folgende Text geht davon aus, dass Ihr Router mit dem Namen `rosine.lokales-netz.de` die Mails annimmt und an den Mail-Server `schoko.lokales-netz.de` weiterreicht. Auf dem Mail-Server `schoko` brauchen Sie nichts zu verändern. Wenn er seine Mails aus dem Internet annehmen kann, dann auch vom Router `rosine`.

Sie müssen also nur auf `rosine` die folgenden Konfigurationsdateien anpassen:

In der Datei `/etc/postfix/transport` können Sie für bestimmte Ziele den Weg festlegen. Das ist deshalb wichtig, weil `rosine` ja von jedem Name-Server die Information bekommen würde, für die Mails selber zuständig zu sein.

Wenn der Router Mail an `schoko` weiterleiten soll, so muss man das hier festlegen. Den Zielrechner gibt man besser als IP und nicht als Namen an, das geht schneller. Erweitern Sie die Datei um die hervorgehobenen Zeilen.

`/etc/postfix/transport` (ab Zeile 188)

```
#        When no transport is specified, Postfix uses the transport
#        that  matches  the  address  domain class (see DESCRIPTION
#        above).  The following sends all mail for example.com  and
#        its subdomains to host gateway.example.com:
#
#             example.com      :[gateway.example.com]
#             .example.com     :[gateway.example.com]
#
#        In  the  above  example, the [] suppress MX lookups.  This
#        prevents mail routing loops when your machine  is  primary
#        MX host for example.com.
#
#        In  the  case  of delivery via SMTP, one may specify host-
#        name:service instead of just a host:
#
#             example.com      smtp:bar.example:2025
#
#        This directs mail for user@example.com to host bar.example
#        port 2025. Instead of a numerical port a symbolic name may
#        be used. Specify [] around the hostname if MX lookups must
#        be disabled.
localhost.lokales-netz.de   :
rosine.lokales-netz.de      :
lokales-netz.de                   smtp:[192.168.1.13]
.lokales-netz.de               smtp:[192.168.1.13]
```

Alle Mails an `localhost.lokales-netz.de` und `rosine.lokales-netz.de` verbleiben damit auf dem lokalen Rechner (Ziel :), alle anderen Nachrichten an `lokales-netz.de` und `*.lokales-netz.de` gehen an den Rechner `192.168.1.13` weiter.

Damit der Rechner `rosine` die Mails überhaupt annimmt, müssen Sie die Domain noch in die Variable `relay_domains` der Postfix-Konfigurationsdatei eintragen. OpenSUSE hat diese Konfiguration nicht direkt vorgesehen, Sie müssen daher die Datei `/etc/sysconfig/postfix`, analog zur Beschreibung im Abschnitt 14.6.3, um einige Zeilen erweitern:

```
## Type:          string
## Default:       ""
POSTFIX_ADD_RELAY_DOMAINS=localhost.lokales-netz.de,rosine.lokales-
  ➥ netz.de,lokales-netz.de
```

Gleichzeitig müssen Sie diese Einträge in der Sysconfig-Variablen `POSTFIX_LOCALDOMAINS` entfernen.

Damit nimmt `rosine` Mails für sich und auch die gesamte Domain an, betrachtet aber nur die Adressen, die in `POSTFIX_LOCALDOMAINS` stehen, als lokal. Wenn dieser Eintrag leer ist, dann übernimmt `SUSEconfig` automatisch `localhost.lokales-netz.de` und `rosine.lokales-netz.de` in die zugehörige Postfix-Variable `mydestination`.

Sobald Sie irgendwelche Einträge in `POSTFIX_LOCALDOMAINS` vornehmen, müssen Sie auch diese Standardadressen zusätzlich aufführen, wenn `rosine` zusätzlich auch lokale Mails wie Fehlermeldungen verwalten soll.

In YaST sollte sich jetzt folgendes Bild ergeben:

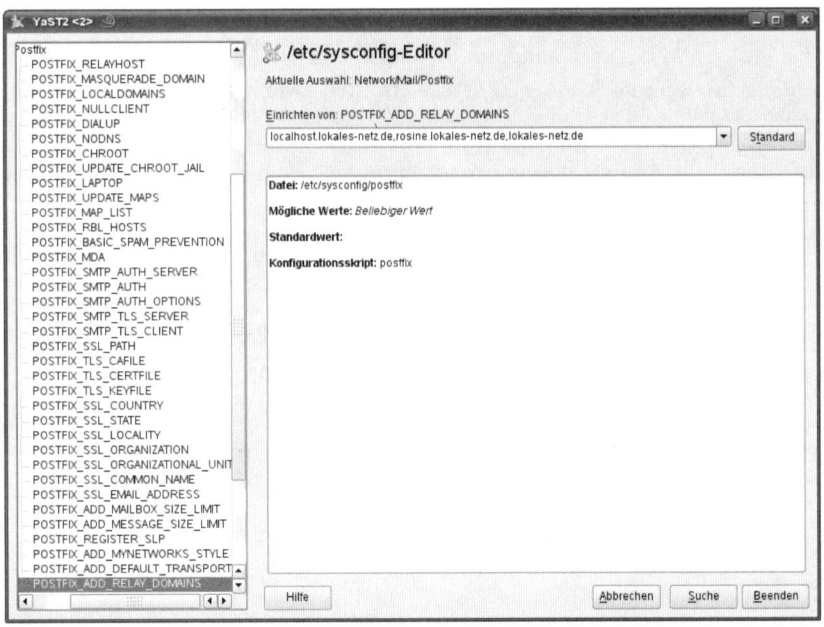

Abbildung 14.9: Domains für das Relay

Wenn Sie nun, am einfachsten per `SuSEconfig`, noch `postfix` veranlassen, seine Datenbanken (*Maps*) zu erneuern und die neuen Konfigurations-Daten einzulesen, ist Ihr Relay einsatzbereit.

```
SuSEconfig --module postfix
```

Um das Relay zu testen, können Sie jetzt eine Telnet-Verbindung zu Port 25 des Rechners `rosine` aufbauen und eine Mail per Hand erstellen. Wenn alles klappt, sollten Sie in der Datei `/var/log/mail` von `rosine` einen Eintrag der folgenden Art finden:

```
Jan  4 20:00:59 rosine sendmail[7018]: g04J00W07016:
to=debacher@lokales-netz.de, delay=00:00:19, xdelay=00:00:02,
mailer=smtp, pri=120024, relay=[192.168.1.13] [192.168.1.13],
dsn=2.0.0, stat=Sent (g04J11T04051 Message accepted for delivery)
```

Auf dem Zielrechner sollte diese Mail nun auch angekommen sein.

14.9 Virenvorsorge im Mail-System

Die Zahl der Viren, die sich per E-Mail verbreiten, wächst täglich. Der größte Teil dieser Viren befällt Outlook-Systeme. Wenn Sie den Anwendern in Ihrem lokalen Netz das Nutzen von Outlook untersagen, können Sie die Virenschäden bereits erheblich reduzieren.

Noch sicherer ist es, alle ein- und ausgehenden Mails auf Viren zu scannen.

OpenSUSE-Linux enthält zur Konfiguration eines solchen Mail-Systems das Paket `amavisd-new` (A Mail Virus Scanner). Dieses vermittelt zwischen `postfix` und einem Virenscanner:

- Amavis nimmt alle Mails entgegen, packt eventuelle Anhänge aus und legt diese Dateien einem Virenscanner vor.
- Wenn alles in Ordnung ist, stellt es die Mail wieder zusammen und übergibt sie an `postfix`.
- Falls der Virenscanner fündig wird, erzeugt Amavis eine Warn-Mail an den Absender und an den Postmaster und stellt die Mail in Quarantäne.

Amavis können Sie mit YaST sehr einfach einrichten, Sie finden es in der Paketgruppe *Netzwerk*. Die Installation kann etwas dauern, da es sich um mehrere Pakete handelt:

- `amavisd-new`,
- den freien Virenscanner `clamav` und
- mehrere Perl-Module für Amavis.
- Wenn das Paket vorhanden oder installiert ist, dann gelangen Sie im YaST-Kontrollzentrum unter *Netzwerkdienste* auf *Mail Transfer Agent* und starten die

Konfiguration. Das Startformular dieser Konfiguration enthält dann die Checkbox *Virusüberprüfung (AMaViS) aktivieren.* Danach landen Sie im normalen Konfigurationsformular für das Mailsystem. Weitere Änderungen sind nicht notwendig.

Damit ist die Installation schon abgeschlossen, vor allem, wenn Sie `clamav` als Scanner benutzen. Einen anderen Scanner müssten Sie eventuell erst in der Datei `/etc/amavisd.conf` aktivieren, die eine Reihe von bekannten und auch weniger bekannten Virenscannern vorkonfiguriert.

`/etc/amavisd.conf` (ab Zeile 344)

```
@av_scanners = (

# ### http://www.clanfield.info/sophie/
     ➥ (http://www.vanja.com/tools/sophie/)
# ['Sophie',
#   \&ask_daemon, ["{}/\n", '/var/run/sophie'],
#   qr/(?x)^ 0+ ( : | [\000\r\n]* $)/,  qr/(?x)^ 1 ( : | [\000\r\n]* $)/,
#   qr/(?x)^ [-+]? \d+ : (.*?) [\000\r\n]* $/ ],

# ### http://www.csupomona.edu/~henson/www/projects/SAVI-Perl/
# ['Sophos SAVI', \&sophos_savi ],

# ### http://www.clamav.net/
# ['ClamAV-clamd',
#   \&ask_daemon, ["CONTSCAN {}\n", "/var/run/clamav/clamd"],
#   qr/\bOK$/, qr/\bFOUND$/,
#   qr/^.*?: (?!Infected Archive)(.*) FOUND$/ ],
# # NOTE: run clamd under the same user as amavisd, or run it under
# #   its own uid such as clamav, add user clamav to the amavis
# #   group, and then add AllowSupplementaryGroups to clamd.conf;
# # NOTE: match socket name (LocalSocket) in clamav.conf to the
    ➥ socket name in
# #   this entry; when running chrooted one may prefer socket
    ➥ "$MYHOME/clamd".

# ### http://www.clamav.net/ and CPAN  (memory-hungry! clamd is
     ➥ preferred)
# # note that Mail::ClamAV requires perl to be build with threading!
# ['Mail::ClamAV', \&ask_clamav, "*", [0], [1], qr/^INFECTED: (.+)/],

# ### http://www.openantivirus.org/
# ['OpenAntiVirus ScannerDaemon (OAV)',
#   \&ask_daemon, ["SCAN {}\n", '127.0.0.1:8127'],
#   qr/^OK/, qr/^FOUND: /, qr/^FOUND: (.+)/ ],
...
```

Amavis kennt dadurch die meisten Virenscanner und bindet sie automatisch ein, sofern sie installiert sind.

Nach den Änderungen sollten Sie `postfix` neu starten:

```
postfix reload
```

Benutzer werden beim Abliefern von Mail bei ihrem Mail-Server jetzt eine deutliche Verzögerung bemerken. Ihr Server nimmt die Mail erst nach dem Scannen tatsächlich ab. In der Datei `/var/log/mail` finden die Anwender dann einen Eintrag der folgenden Art, der den Durchlauf einer Mail von der Einlieferung am Rechner über den Virenscan bis zur Auslieferung dokumentiert:

```
Dec 29 16:32:21 boss postfix/smtpd[14420]: connect from
unknown[192.168.1.1]
Dec 29 16:32:51 boss postfix/smtpd[14420]: AF5E9EA94:
client=unknown[192.168.1.1]
Dec 29 16:33:12 boss postfix/cleanup[14423]: AF5E9EA94: message-
id=<20041229153244.AF5E9EA94@boss.lokales-netz.de>
Dec 29 16:33:12 boss postfix/qmgr[14372]: AF5E9EA94:
from=<burre@linuxbu.ch>, size=371, nrcpt=1 (queue active)
Dec 29 16:33:12 boss postfix/qmgr[14372]: AF5E9EA94:
to=<debacher@boss.lokales-netz.de>, orig_to=<debacher>, relay=none,
delay=28, status=deferred (delivery temporarily suspended: deferred
transport)
Dec 29 16:33:18 boss postfix/smtpd[14420]: disconnect from
unknown[192.168.1.1]
Dec 29 16:33:39 boss postfix/qmgr[14372]: AF5E9EA94:
from=<burre@linuxbu.ch>, size=371, nrcpt=1 (queue active)
Dec 29 16:33:40 boss postfix/smtpd[14433]: connect from
localhost[127.0.0.1]
Dec 29 16:33:40 boss postfix/smtpd[14433]: 25D60EAC8:
client=localhost[127.0.0.1]
Dec 29 16:33:40 boss postfix/cleanup[14423]: 25D60EAC8: message-
id=<20041229153244.AF5E9EA94@boss.lokales-netz.de>
Dec 29 16:33:40 boss postfix/qmgr[14372]: 25D60EAC8:
from=<burre@linuxbu.ch>, size=824, nrcpt=1 (queue active)
Dec 29 16:33:40 boss postfix/smtpd[14433]: disconnect from
localhost[127.0.0.1]
Dec 29 16:33:40 boss amavis[14283]: (14283-01) Passed CLEAN,
[192.168.1.1] <burre@linuxbu.ch> -> <debacher@boss.lokales-netz.de>,
Message-ID: <20041229153244.AF5E9EA94@boss.lokales-netz.de>, Hits: -
1.251
Dec 29 16:33:40 boss postfix/local[14434]: 25D60EAC8:
to=<debacher@boss.lokales-netz.de>, relay=local, delay=0, status=sent
(delivered to mailbox)
Dec 29 16:33:40 boss postfix/qmgr[14372]: 25D60EAC8: removed
Dec 29 16:33:40 boss postfix/smtp[14430]: AF5E9EA94:
to=<debacher@boss.lokales-netz.de>, orig_to=<debacher>,
relay=127.0.0.1[127.0.0.1], delay=56, status=sent (250 2.6.0 Ok,
id=14283-01, from MTA: 250 Ok: queued as 25D60EAC8)
Dec 29 16:33:40 boss postfix/qmgr[14372]: AF5E9EA94: removed
```

Im Quelltext Ihrer Mails finden Sie von nun an die neue Headerzeile:

```
X-Virus-Scanned: by amavisd-new at lokales-netz.de
```

Damit ist der Virenscanner für jede Mail aktiv.

Hinweis: Sie müssen unbedingt darauf achten, dass Ihr Virenscanner immer aktuell ist. Ansonsten ist der Schutz durch Amavis trügerisch! Recht einfach ist die Aktualisierung bei `clamav`. Den Aktualisierungsdämon `freshclam` für diesen Scanner aktivieren Sie mit `rcfreshclam start`.

14.10 Details für eingehende Mails

Zum Konfigurieren des Mailsystems gibt es mehrere Schaltflächen mit weiteren Funktionen, auf die dieses Buch bisher nicht eingegangen ist.

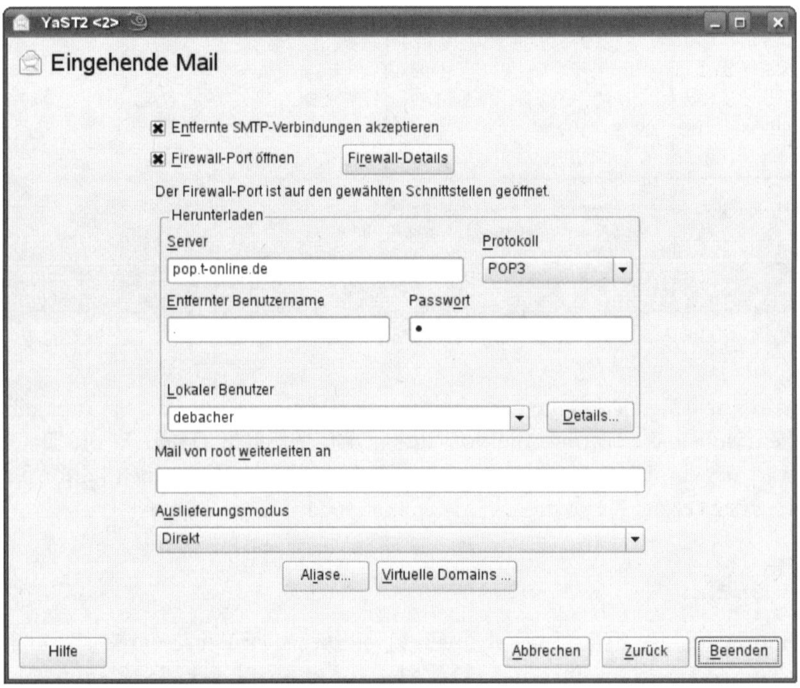

Abbildung 14.10: Mailsystem, *Eingehende Mail*

Sie finden hier drei spezialisierte Editoren für bestimmte Konfigurationsdateien, die speziellere Konfigurationsschritte erleichtern können.

14.10.1 Details...

Wenn Sie den Punkt *Details...* auswählen, gelangen Sie zu einem Formular, in dem nur die bisher definierte POP-Verbindung zu sehen ist. Falls Sie Mails von mehr als einem Provider beziehen wollen, also z. B. von *T-Online* und *GMX* gleichzeitig, dann klicken Sie hier auf *Hinzufügen*.

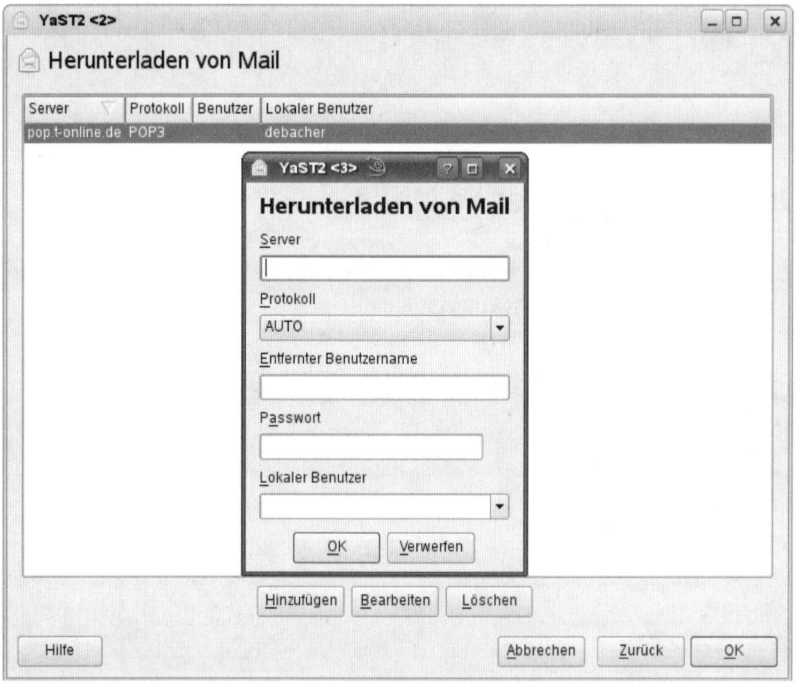

Abbildung 14.11: Mailsystem, *Herunterladen von Mail*

Sie können dann beliebig viele weitere Verbindungen definieren, über die Sie ebenfalls Mails beziehen wollen. YaST trägt die von Ihnen eingegebenen Daten in die Datei `/etc/fetchmailrc` ein. Diese Funktion stellt also mehr oder weniger einen Editor für die `/etc/fetchmailrc` zur Verfügung.

14.10.2 Aliase...

Der zweite Button *Aliase...* stellt Ihnen ebenfalls einen speziellen Editor zur Verfügung, in diesem Fall einen Editor für die Datei `/etc/aliases`, die Sie bereits in einem früheren Abschnitt dieses Kapitels kennengelernt haben.

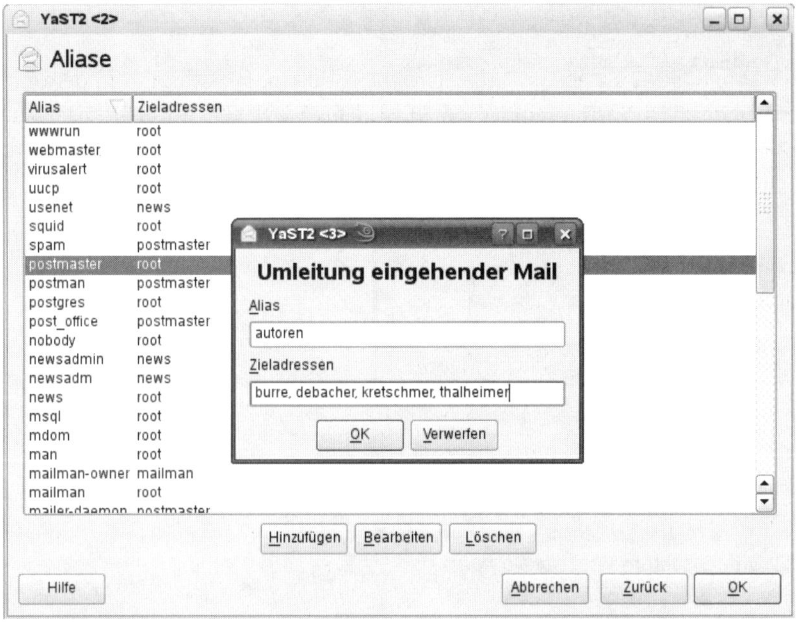

Abbildung 14.12: Mailsystem *Aliase*

Beim Start dieser Funktion sehen Sie eine Liste der in der Datei vorhandenen Einträge, sofern diese nicht auskommentiert sind.

Sie können hier die vorhandenen Einträge komfortabel bearbeiten oder auch löschen. Über den Button *Hinzufügen* gelangen Sie zu einem weiteren Formular, über das Sie neue Alias-Einträge definieren können. YaST hängt diese Einträge dann am Ende der Datei `/etc/aliases` an.

14.10.3 Virtuelle Domains

Der dritte Punkt in der Auswahl heißt *Virtuelle Domains*.

Es handelt sich dabei wieder um einen Editor, und zwar für die Datei `/etc/postfix/virtual`.

Abbildung 14.13: Mailsystem *Virtuelle Domains*

Normalerweise dürften hier keine Einträge vorhanden sein. Ein Eintrag hier bzw. in der Datei `/etc/postfix/virtual` hat eine ähnliche Bedeutung wie ein Eintrag in der Datei `/etc/aliases`, nur dass hier die Domain zusätzlich eine Rolle spielt. Wenn Sie z. B. die Maildomains `linuxbu.ch` und `palmbu.ch` auf Ihrem Rechner verwalten, dann könnten Sie die Adressen `info@linuxbu.ch` und `info@palmbu.ch` über die Datei `/etc/aliases` nicht unterschiedlichen Benutzern zuordnen, da der lokale Teil gleich ist. Über diese Funktion können Sie die Mailadresse `info@linuxbu.ch` dem lokalen Benutzer `debacher` zuordnen und `info@palmbu.ch` dem Benutzer `roderjan`.

14.11 Details für ausgehende Mails

Die zwei Menüpunkte des Formulars *Ausgehende Mail* enthalten komplexe Funktionalitäten.

Über den Menüpunkt *Masquerading* können Sie einstellen, wie `postfix` Mailadressen von ausgehenden Mail verändern (maskieren) soll.

Über Authentifikation können Sie Postfix dazu bringen, sich beim Abliefern von E-Mails beim Empfängersystem zu authentifizieren. Dieses *SMTP-Auth* genannte Verfahren ist deutlich moderner als *SMTP nach POP*. Beide Verfahren sollen Spam verhindern, da nur bekannte Nutzer Mails beim Provider abliefern dürfen. Sie sollten sich also freuen, wenn Ihr Provider dieses Verfahren erwartet.

14.11.1 Masquerading

Hinter dem Punkt *Masquerading* steckt ein komplexes dreiteiliges Formular.

Abbildung 14.14: Mailsystem *Masquerading*

Im ersten Teil können Sie in einem Eingabefeld *Domain für den Header von* einen Wert für die *sysconfig*-Variablen `FROM_HEADER` erfassen. `Postfix` glättet anhand dieser Angabe die Absenderadressen: Statt eines vollen Rechnernamens in der Mailadresse, also z. B. `debacher@boss.lokales-netz.de`, kann es hier den Domain-Teil setzen, also `debacher@lokales-netz.de` oder `debacher@mues.li` – oder was immer Sie in diesem Feld angeben.

Im mittleren Teil können Sie im Feld *Domain-Namen für lokale Mailzustellung* weitere Domain-Adressen angeben, die als lokal gelten sollen. Damit können Sie auf dem gleichen Rechner z. B. die Domains `linuxbu.ch` und `mues.li` benutzen.

Hinweis: Sowie Sie im Feld *Domain-Namen für lokale Mailzustellung* etwas eintragen, müssen Sie auch die normalen Adressen hinzufügen, also `boss.lokales-netz.de` und `localhost.lokales-netz.de`, wozu YaST die Variablen selbstständig vorgibt.

Im Feld *Domains, auf die Masquerading angewendet werden soll* können Sie die Domains angeben, bei denen `Postfix` den Rechnernamen aus der Mailadresse entfernen soll.

Der dritte Teil beschäftigt sich mit dem Ersetzen ausgehender Adressen. In einem der vorangegangenen Abschnitte konnten Sie lesen, wie Sie über die Datei `/etc/postfix/virtual` die Adressen `info@linuxbu.ch` und `info@palmbu.ch` unterschiedlichen lokalen

Benutzern zuordnen. Hier finden Sie nun das Gegenstück. Damit können Sie erreichen, dass die gesamte elektronische Ausgangspost, die der lokale Benutzer `debacher` absendet, mit dem Absender `info@linuxbu.ch` ins Internet geht. Entsprechend könnten Sie die Absenderadresse für den Benutzer `roderjan` auf `info@palmbu.ch` einstellen. Diese Einstellungen überträgt YaST direkt in die Datei `/etc/postfix/sender_canonical`.

14.11.2 Authentifikation

Im Abschnitt »Grundlagen« dieses Kapitels konnten Sie bereits lesen, dass viele Provider Mails nur nach einer Authentifizierung des Absenders annehmen, um Spam zu vermeiden.

Das eleganteste System für die Authentifizierung stellt *SMTP-Auth* dar. Beim Verbindungsaufbau mit dem Mail-Server des Providers muss sich der Mail-Server des Absenders authentifizieren und kann dann seine Mails übermitteln.

Dieses Verfahren ist über `postfix` recht einfach einzurichten und über die Funktion *Authentifikation* auch über YaST konfigurierbar.

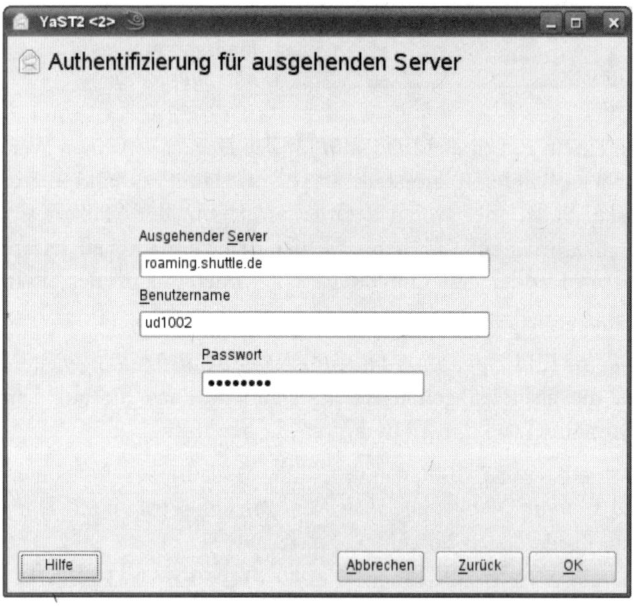

Abbildung 14.15: Mail-System *Authentifikation*

Da T-Online seine Mail-Benutzer über die Einwahl authentifiziert, dient hier als Beispiel der Provider *WinShuttle*, der in Deutschland vor allem Kunden im Bildungsbereich sowie Journalisten versorgt. Viele Schulen wählen sich über T-Online ins Internet ein, versenden und empfangen aber ihre Mails über WinShuttle.

Die Konfiguration ist recht einfach gehalten. Sie müssen nur den Mail-Server des Providers und Ihre Benutzerdaten angeben. Wenn Sie dann die Konfiguration abschließen, gehen die Mails zukünftig authentifiziert an den Provider.

14.12 Spamabwehr

Unerwünschte Werbemail (*Spam*) nimmt immer mehr zu. Gerade Menschen, die ihre E-Mail-Adresse intensiv nutzen, geraten leicht auf die Adresslisten der Spammer. Nach kurzer Zeit kann dann das Aufkommen von Spam das Aufkommen von ordentlicher Mail um mehrere Größenordnungen übersteigen. Die Spammer reagieren auch nicht auf Fehlermeldungen, so dass noch nach Jahren Mails für Benutzer eintreffen, die schon nicht mehr vorhanden sind.

Zur Abwehr beziehungsweise zur Verringerung von Spam gibt es ein paar Möglichkeiten:

- Eigene Mailadresse verschleiern,
- Absender lokal sperren, um den Empfang von E-Mail von bestimmten Absendern zu verhindern,
- Aktivieren der Spam-Schutzfunktion im `Postfix`-Programm.

Das Sperren der Absender und die Schutzfunktion von `postfix` sind aber nur dann sinnvoll, wenn der eigene Mail-Server über eine feste IP-Adresse verfügt und seine Mails direkt empfängt. Falls man elektronische Eingangspost per UUCP oder `Fetchmail` vom Provider bezieht, ist sie ja schon auf das eigene System übertragen, bevor man sie ablehnen könnte. Damit würde man sich dann nur noch das Löschen per Hand ersparen.

14.12.1 Eigene Mail-Adresse verschleiern

Spammer durchsuchen die Webseiten nach E-Mail-Adressen und nehmen diese automatisch in ihre Datenbanken auf. E-Mail-Adressen finden sich als Kontaktadressen auf vielen Websites, vor allem aber in Mail-Archiven. Viele Archive verzichten inzwischen darauf, die Absenderadressen mit aufzunehmen, filtern aber Mailadressen im Footer der Nachricht nicht heraus.

Sie sollten also auf Mail-Adressen im Footer Ihrer Ausgangspost und Postings verzichten. Die Mail-Adressen auf Websites kann man versuchen so zu verschleiern, dass Programme mit der Information nichts anfangen können, wohl aber Menschen. Im einfachsten Fall schreibt man dann seine Mailadresse in der Form:

```
Uwe_at_Linuxbu.ch
```

Damit sollte nahezu jeder Surfer etwas anfangen können. Leider geht damit die Möglichkeit verloren, die Mail-Adresse auf der Website einfach anklicken zu können.

Einen benutzerfreundlicheren Weg gehen wir auf diesen Seiten. Wir ersetzen alle Mailto-Links durch folgenden Aufruf:

```
http://www.linuxbu.ch/maillink.php?mailto=u+.+d+e+b+a+c+h+e+r@l+i+n+u
➥ +x-b+u.c+h
```

Deutlich sieht man hier die verschleierte Mail-Adresse. Das damit angesprochene PHP-Skript macht aus der angegebenen Adresse einen ordentlichen Mailto-Aufruf, wodurch der Mail-Client des Benutzers startet. Das PHP-Skript können Sie von der Website `www.linuxbu.ch` laden.

14.12.2 Absender lokal sperren

Einzelne Absender, z. B. Mailinglisten, lassen sich auf dem eigenen System gezielt sperren. Hierfür eignet sich die Datei `/etc/postfix/access` besonders gut. Die folgende Zeile kann soll hier als Beispiel dienen:

```
windowsbuch.de          REJECT We don't accept mail from spammers
```

Damit lehnt Postfix alle Mails mit der Absender-Domain `windowsbuch.de` ab, der Absender sieht dann die hinter `REJECT` angegebene Fehlermeldung. Es lassen sich nicht nur ganze Domains, sondern auch einzelne Absenderadressen sperren:

```
newsletter@wapbu.ch               REJECT We don't accept mail from
                                  ➥ newsletters
```

Damit blockieren Sie nur diese Mail-Adresse, alle anderen Mail-Adressen von `wapbu.ch` bleiben frei. Den Text der Fehlermeldung, die `postfix` an den Absender schickt, können Sie frei gestalten.

Nach jeder Änderung der Datei `/etc/postfix/access` müssen Sie die zugehörige Map-Datei neu erzeugen lassen, damit `postfix` nur die komprimierten Map-Dateien auswertet und nicht die Textdateien, auf denen sie basieren. Das machen Sie am einfachsten als *root* von einer Linux-Konsole aus mit:

```
postmap  /etc/postfix/access
```

Damit sind die neuen Einträge aktiv und blocken unerwünschte Post von den dort genannten Absenderadressen.

14.12.3 Aktivieren der Spam-Schutzfunktion in Postfix

Sehr viele Spammer fälschen die Absenderadressen. Daher ist ein System, welches auf der Absenderadresse aufbaut, nicht ideal. Spammer versenden ihre Mails nämlich gern über fremde Systeme. Sie nutzen dazu oft unzureichend konfigurierte Mail-Server, die als offene Relays dienen. Ein solcher Mail-Server nimmt Mails von irgendeinem Absender für irgendeinen Empfänger an.

Sie können Ihre Benutzer vor Spam schützen, indem Sie die Fähigkeit aktueller Versionen von `Sendmail` und `Postfix` nutzen, die es erlauben, von solchen offenen Relays keinerlei Mails anzunehmen.

Im Internet listen sogenannte *Directory Name Server Blocking Listen* (DNSBL-Systeme) erkannte offene Relays in schwarzen Listen (Black-Lists). Dazu gehören u. a. die DNSBL-Systeme:

- spamcop.net
- MAPS
- Spamhaus
- Distributed Server Boycott List

Da die Datenbanken dieser Systeme unterschiedliche Listen enthalten, kann es sinnvoll sein, mehrere Datenbanken zu befragen.

Dazu kann `Postfix` für jede eingehende Mail eine oder mehrere dieser Datenbanken befragen, ob die Adresse des abliefernden Rechners dort einschlägig bekannt ist. Wenn ja, lehnt `Postfix` die Mail ab, wenn nicht, nimmt es sie an.

Die Datenbankabfrage haben diese DNSBL-Systeme genial einfach gelöst. Das eigene Mailsystem schickt eine spezielle Name-Server-Anfrage an die Systeme. Wenn es eine positive Antwort bekommt, ist die IP-Adresse dort bekannt. DNSBL-Systeme beantworten solche DNS-Anfragen normalerweise sehr schnell.

Eine normale DNS-Anfrage könnte folgendermaßen aussehen:

```
boss:~ # host 62.134.48.35
35.48.134.62.in-addr.arpa domain name pointer mail.linuxbu.ch.
```

Mit dem `host`-Befehl können Sie den Name-Server nach einer IP befragen. Als Antwort bekommen Sie den zugehörigen Name-Servereintrag, hier den vom `mail.linuxbu.ch`, den die Firma Deltaweb hostet.

Über eine solche Anfrage können Sie auch die Black-List-Systeme befragen. Die IP-Adresse z. B. `62.134.48.35` muss dazu in umgekehrter Darstellung, also als `35.48.134.62` vor den Namen des Listenbetreibers gesetzt werden:

```
boss:~ # host 35.48.134.63.spamcop.net
Host 35.48.134.63.spamcop.net not found: 3(NXDOMAIN)
```

Der Server von *Linuxbu.ch* ist `spamcop.net` also nicht bekannt.

Wenn Sie eine IP-Adresse zurückbekommen, ist die Adresse gelistet. Die zurückgelieferte IP-Adresse, z. B. `127.0.0.2`, sagt aus, in welcher Liste das DNSBL-System den Eintrag gefunden hat.

14.12.4 Blacklist aktivieren in Postfix

Auf OpenSUSE-Systemen können Sie die Spam-Abwehr relativ komfortabel über den Sysconfig-Editor aktivieren.

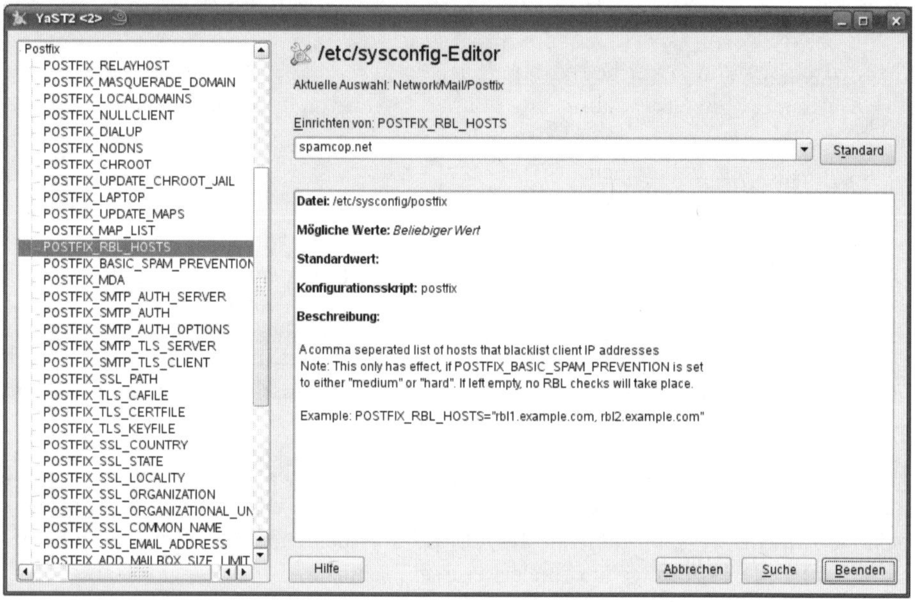

Abbildung 14.16: YaST: Sperrliste aktivieren

Bei der Variablen `POSTFIX_RBL_HOSTS` geben Sie die Adresse bzw. die Adressen von Blacklist-Systemen ein.

Zusätzlich müssen Sie in der Variablen `POSTFIX_BASIC_SPAM_PREVENTION` einen anderen Wert als `off` angeben, also z. B. `medium`. Damit ist die Konfiguration beendet und Sie können den Editor verlassen.

Hinweis: Wenn Sie die Spam-Prävention auf `hard` setzen, führt Postfix zusätzliche Tests durch und lehnt einen großen Teil des Spams ab. Leider können dieser Einstellung auch Mails schlecht konfigurierte Mail-Server zum Opfer fallen.

Kontrollieren Sie nun die Logdatei `/var/log/mail` einige Zeit sehr intensiv. Sie werden hier Meldungen des Blacklist-Dienstes finden. Falls Sie Ablehnungen finden, die Ihnen nicht plausibel vorkommen, dann sollten Sie den zugehörigen Dienst wieder aus der Konfiguration herausnehmen.

14.12.5 Weitere Informationen im Web

Viele Anbieter von Spam-Listen bieten auch Informationen im Web an. Teilweise können Sie Server online darauf testen, ob sie offene Relays darstellen:

spamcop (http://www.spamcop.net)

Spamcop bietet umfangreiche Informationen, z. B. wie das System arbeitet und wie Sie Ihren eigenen Mail-Server absichern können. Sie können online offene Mail-Server melden, die Spamcop dann überprüfen wird. Außerdem können Sie die Datenbank über eine konkrete IP befragen.

SORBS (http://www.sorbs.net/)

Das Spam and Open Relay Blocking System (SORBS) besteht aus einer Vielzahl von Zonendateien mit unterschiedlichen Einsatzgebieten. Interessant ist hier `dul.dnsbl.sorbs.net`, eine Liste der dynamischen Adressbereiche. `dnsbl.sorbs.net` fasst alle Listen zusammen.

Sam Spade (http://www.samspade.org)

Hier finden Sie mehrere Online-Tools, mit denen Sie sich Informationen über einzelne Server verschaffen können.

MAPS (http://www.mail-abuse.com)

Das *Mail Abuse Prevention System* ist ein weiterer renommierter Anbieter für Spam-Listen, dessen Datenbank Sie per Webformular abfragen können. MAPS bietet auch Informationen zum Absichern des eigenen Systems.

14.13 IMAP statt POP

Rufen Anwender ihre Mail mit dem Protokoll *POP3* ab, liegen die Nachrichten auf dem Arbeitsplatzrechner, der sie abgerufen hat. Arbeiten Anwender an mehreren Arbeitsplatzrechnern, können sie auf Nachrichten, die sie von einem PC abgerufen haben, von keinem weiteren PC aus mehr zugreifen.

Für diese Anwender wäre es besser, die Nachrichten auf dem Server zu belassen, damit sie von jedem ihrer Arbeitsplätze darauf zugreifen können. Genau dies ist die Idee des Internet Message Access Protocol (IMAP).

IMAP belässt alle Nachrichten auf dem zentralen Mail-Server. Sie können dort Ordner für Nachrichten anlegen und Nachrichten von einem Ordner in den anderen verschieben, wohlgemerkt: immer auf dem Server. Dadurch stehen diese Nachrichten auch von jedem Arbeitsplatz aus in der gleichen Struktur zur Verfügung.

Der größte Nachteil von IMAP besteht darin, dass Ihr jeweiliger Arbeitsplatzrechner zum Bearbeiten von E-Mail ständig eine Verbindung zum Mail-Server benötigt.

Manche Nutzer beklagen noch den Nachteil, dass sie die Mails zum Erfüllen von Archivierungspflichten schließlich doch auf einen lokalen Rechner bzw. ein Dokumentenarchivsystem holen müssen. Andererseits sichern die Systemadministratoren des Mail-Servers die Nachrichten vermutlich sowieso regelmäßig.

14.13.1 Maildir und mbox

Ein weiterer Unterschied spielt bei den meisten IMAP-Installationen eine Rolle. Traditionell speichern Unix-Systeme Nachrichten im `mbox`-Format ab, d. h. in einer einzigen Datei, in der alle Nachrichten hintereinander abgelegt sind. Viele IMAP-Server benutzen das `Maildir`-Format, bei dem jede Nachricht eine eigene Datei bildet. Beide Systeme haben Vor- bzw. Nachteile.

Als Nachteil beim `mbox`-Format gilt, dass eine Beschädigung dieser Datei zu einem Totalverlust der Mails führt. Dafür verläuft das Durchsuchen einer Datei meist schneller als das Durchsuchen mehrer Dateien. Dafür belegt eine große Datei im Dateisystem weniger Inodes als viele kleine.

Ein weiteres Problem beim `mbox`-Format ist das Locking: Es dürfen nicht mehrere Anwendungen gleichzeitig auf diese Datei schreibend zugreifen, sonst droht Datenverlust. Der Benutzer darf also nicht Nachrichten bearbeiten, während gleichzeitig neue Nachrichten eingehen. Das Locking ist natürlich bei einem System mit `Maildir` deutlich unproblematischer. Hier können problemlos neue Nachrichten eingehen, während der Benutzer die vorhandenen bearbeitet.

Gerade aus dem letzten Grund benutzen die meisten IMAP-Server das `Maildir`-Format.

Maildir-Format in Postfix aktivieren

Der Mail-Delivery Agent (in der Regel Postfix), der die eingehenden Mails an der richtigen Stelle und im richtigen Format ablegt, muss das richtige Format kennen.

Dazu dient in der Datei `main.cf` die Zeile:

```
home_mailbox = Maildir/
```

Damit speichert Postfix alle eingehenden Mails in das Verzeichnis `Maildir` im Home-Verzeichnis des Benutzers. Der abschließende Slash macht dabei deutlich, dass es sich um ein Verzeichnis handelt, also um Mail im `Maildir`-Format. Fehlt der abschließende Slash, handelt es sich um eine Datei im `mbox`-Format, die Sie so in das Home-Verzeichnis verschieben können. Der Name des Mail-Verzeichnisses ist frei wählbar, Sie können hier auch einen relativen Pfad angeben (relativ zum Homeverzeichnis des Benutzers), wie z. B. `Mail/inbox/`.

Unabhängig von Ihrer Wahl des Verzeichnisses und des Formats müssen Sie die Datei `/etc/sysconfig/postfix` am Ende erweitern, da OpenSUSE die Konfiguration nicht direkt vorgesehen hat.

```
## Type:          string
## Default:       ""
POSTFIX_ADD_HOME_MAILBOX="Maildir/”
```

Nach einem Aufruf von

```
SuSEconfig --module postfix
```

ist Ihr neues Mailbox-Format aktiviert.

Sie sollten die erfolgreiche Umstellung testen, indem Sie an einen lokalen Benutzer eine Mail schreiben. `Postfix` muss dann in dessen Homeverzeichnis einen Ordner *Maildir* mit weiteren Unterordnern angelegt haben.

Auch in der Datei `/var/log/mail` sollten Sie einen Hinweis auf die Umstellung finden:

```
Dec 30 14:29:31 boss postfix/local[11021]: 11C65EAD1:
to=<debacher@boss.lokales-netz.de>, orig_to=<debacher>, relay=loc
al, delay=0, status=sent (delivered to maildir)
```

Hier sollte jetzt stehen: *delivered to maildir* und nicht mehr *delivered to mailbox*.

14.13.2 Welchen IMAP-Server nehmen?

Die Standardinstallation von OpenSUSE installiert keinen der vier mitgelieferten IMAP-Server. Die meisten dieser IMAP-Server bringen übrigens auch ihren eigenen POP3-Server mit.

Die Auswahl des richtigen Servers ist nicht ganz einfach, da die meisten eine deutliche Umstellung des Mailsystems erzwingen, vor allem die Umstellung auf das Maildir-Format.

Seit einiger Zeit liefern SUSE bzw. OpenSUSE einen Server aus, dessen Entwicklung die Redaktion gespannt verfolgt. Dieser Server heißt Dovecot (`http://dovecot.org/`) und gilt als sehr sicher. Dovecot ist sehr leicht zu installieren und kann sowohl mit dem `mbox`- als auch mit dem `Maildir`-Format umgehen. Natürlich liefert auch Dovecot einen eigenen POP3-Server mit.

14.13.3 Installation von Dovecot

Die Installation von Dovecot ist denkbar einfach. Zuerst sollten Sie Ihren bisherigen POP3-Server stoppen und sicherstellen, dass Linux ihn nicht wieder startet. Dazu müssen Sie den Dienst im `xinetd` deaktivieren (siehe auch Kapitel 2.7).

Nun installieren Sie das Paket `dovecot` nach. Sie finden es in der Paketgruppe *Netzwerk*. Der Server ist ohne weitere Konfigurationsschritte sofort funktionsfähig, Sie müssen ihn nur mit

```
rcdovecot start
```

oder über den Runlevel-Editor starten.

Damit stehen Ihnen auf Port 110 der POP3-Server und auf Port 143 der IMAP-Server zur Verfügung.

14.13.4 Konfiguration von Dovecot

Zur Konfiguration dient die Datei `/etc/dovecot/dovecot.conf` (Dateianfang):

```
## Dovecot configuration file

# If you're in a hurry, see http://wiki.dovecot.org/QuickConfiguration

# "dovecot -n" command gives a clean output of the changed settings.
# Use it instead of copy&pasting this file when posting to the
  ➥ Dovecot mailing list.

# '#' character and everything after it is treated as comments. Extra
# spaces and tabs are ignored. If you want to use either of these
# explicitly, put the value inside quotes, eg.: key = "# char and
  ➥ trailing whitespace  "

# Default values are shown for each setting, it's not required to
# uncomment any of the lines. Exception to this are paths, they're
# just examples with the real defaults being based on configure
# options. The paths listed here are for configure --prefix=/usr
# --sysconfdir=/etc --localstatedir=/var --with-ssldir=/etc/ssl

# Base directory where to store runtime data.
#base_dir = /var/run/dovecot/

# Protocols we want to be serving: imap imaps pop3 pop3s
# If you only want to use dovecot-auth, you can set this to "none".
#protocols = imap imaps
...
```

Wenn Dovecot auch POP3 unterstützen soll, müssen Sie die Zeile mit der Protokollaufzählung aktivieren und anpassen:

```
# Protocols we want to be serving: imap imaps pop3 pop3s
# If you only want to use dovecot-auth, you can set this to "none".
protocols = imap imaps pop3
```

Wie Sie an der Aufzählung sehen, beherrscht Dovecot grundsätzlich auch verschlüsselte Verbindungen.

Verschlüsselung

Die Protokolle POP3S und IMAPS sind im Auslieferungszustand nicht aktiviert, da Sie erst Zertifikate für Ihren Server erzeugen müssen. Das Paket enthält daher auch ein Skript zum Erzeugen dieser Zertifikate. Falls Sie verschlüsselte Verbindungen ermöglichen wollen, starten Sie dieses Skript mit:

```
cd /usr/share/doc/packages/dovecot/
./mkcert.sh
```

Danach sollten die beiden Dateien `/etc/ssl/certs/dovecot.pem` und `/etc/ssl/private/dovecot.pem` vorhanden sein. Nun können Sie auch die verschlüsselten Protokolle aktivieren.

Das Zertifikat wird mit Dummy-Daten gefüllt. Wollen Sie es mit sinnvollen Daten versehen, so müssen Sie die Datei `dovecot-openssl.conf` entsprechend anpassen, die im Verzeichnis `/usr/share/doc/packages/dovecot/` zu finden ist.

Mail-Verzeichnisse

Dovecot findet selbst schnell heraus, wo und wie `Postfix` Ihre Mails abgelegt hat. Daher wird der Bezug der Mails normalerweise sofort nach der Installation funktionieren.

Dovecot sucht nach bestimmten Verzeichnissen und entnimmt deren Namen Informationen zum Format der Mailbox.

Verzeichnis	*Angenommenes Format*
`~/Maildir`	`Maildir`
`~/mail`	`Mbox`
`~/Mail`	`Maildir`

Tabelle 14.10: Mail-Verzeichnisse

Die Erkennung durch Dovecot ist nicht immer ganz einfach, da viele Mail-Klienten ihre Daten ebenfalls in gleichnamigen Verzeichnissen ablegen.

Wenn Sie ganz sichergehen wollen, sollten Sie Dovecot in der Konfigurationsdatei mitteilen, wo die Nachrichten zu finden sind:

`/etc/dovecot/dovecot.conf` (ab Zeile 187)

```
# Location for users' mailboxes. This is the same as the old default_
# mail_env setting. The default is empty, which means that Dovecot
# tries to find the mailboxes automatically. This won't work if the
```

```
# user doesn't have any mail yet, so you should explicitly tell
  ➥ Dovecot the full location.
#
# If you're using mbox, giving a path to the INBOX file (eg.
# /var/mail/%u)isn't enough. You'll also need to tell Dovecot where
# the other mailboxes are kept. This is called the "root mail
# directory", and it must be the first path given in the
# mail_location setting.
#
# There are a few special variables you can use, eg.:
#
#   %u - username
#   %n - user part in user@domain, same as %u if there's no domain
#   %d - domain part in user@domain, empty if there's no domain
#   %h - home directory
#
# See doc/wiki/Variables.txt for full list. Some examples:
#
#   mail_location = maildir:~/Maildir
#   mail_location = mbox:~/mail:INBOX=/var/mail/%u
#   mail_location = mbox:/var/mail/%d/%1n/%n:INDEX=/var/indexes/%d/%1n/%n
#
# <doc/wiki/MailLocation.txt>
#
#mail_location =
```

An den Beispielen sehen Sie, wie flexibel die Konfigurationsmöglichkeiten sind. Bei einer Konfiguration von `Postfix` wie im Abschnitt 14.13.1 passt hier die folgende Einstellung:

```
mail_location = maildir:~/Maildir
```

Damit ist Dovecot fertig konfiguriert.

14.13.5 Dovecot und LDAP

Bereits im Kapitel 3 haben Sie das LDAP-Protokoll zur Benutzerverwaltung in großen Netzen kennengelernt. Dovecot unterstützt dieses Protokoll und enthält eine Beispielkonfiguration:

`/etc/dovecot/dovecot-ldap-example.conf` (Dateianfang)

```
# This file is opened as root, so it should be owned by root and mode
  ➥ 0600.
#
# http://wiki.dovecot.org/AuthDatabase/LDAP
#
# NOTE: If you're not using authentication binds, you'll need to give
# dovecot-auth read access to userPassword field in the LDAP server.
```

```
# With OpenLDAP this is done by modifying /etc/ldap/slapd.conf. There
# should already be something like this:

# access to attribute=userPassword
#        by dn="<dovecot's dn>" read # add this
#        by anonymous auth
#        by self write
#        by * none

# Space separated list of LDAP hosts to use. host:port is allowed too.
#hosts =

# LDAP URIs to use. You can use this instead of hosts list. Note that
# this setting isn't supported by all LDAP libraries.
#uris =

# Distinguished Name - the username used to login to the LDAP server
#dn =

# Password for LDAP server
#dnpass =

# Use SASL binding instead of the simple binding. Note that this
  ➥ changes
# ldap_version automatically to be 3 if it's lower. Also note that
  ➥ SASL binds
# and auth_bind=yes don't work together.
#sasl_bind = no
# SASL mechanism name to use.
#sasl_mech =
# SASL realm to use.
#sasl_realm =
# SASL authorization ID, ie. the dnpass is for this "master user",
# but the dn is still the logged in user. Normally you want to keep
  ➥ this empty.
#sasl_authz_id =
...
```

Sie brauchen nur die bisherige Konfigurationsdatei durch diese Datei zu ersetzen und sie an Ihre Gegebenheiten anzupassen.

14.13.6 Weitere Informationen

Die Entwickler von Dovecot entwickeln das Programm ständig weiter. Die Versionsnummer 1.1.x ist unter `http://dovecot.org/` bereits verfügbar, daher kann es sinnvoll sein, nach neueren Versionen Ausschau zu halten.

Weitere Informationen finden Sie auf der Dovecot-Homepage oder im zugehörigen Wiki unter `http://wiki.dovecot.org/`.

15 Virtualisierung

Heutige Rechner haben eine sehr hohe Rechenleistung und ihre CPU verbringt viel Zeit im Leerlauf. Diese Rechenleistung können Sie besser nutzen, indem Sie mehrere virtuelle Maschinen auf einem Server installieren.

Dies erlaubt, Betriebssysteme nicht direkt auf der Hardware, sondern in einer virtuellen Umgebung ablaufen zu lassen.

Beliebt sind hierfür u. a. folgende Anwendungen:

- Systemadministratoren benötigen oft eine weitere Testmaschine, um Updates oder Patches auszuprobieren. Virtuelle Umgebungen machen ihnen das Leben leichter und billiger.
- Der Einsatz virtueller Maschinen kann die Sicherheit Ihrer Netzwerkserver verbessern. Installiert man verschiedene Serverdienste jeweils in eigenen virtuellen Maschinen, lassen sich die Serverdienste gegeneinander abschotten. Dann können Sicherheitslücken eines Dienstes nicht auf das Hauptsystem oder die anderen Serverdienste übergreifen. Dies ist gerade beim Einsatz von Windows wichtig.
- Ebenfalls bei Windows laufen verschiedene Anwendungen oder verschiedene Versionen einer Windows-Anwendung nicht problemlos auf einem Betriebssystem nebeneinander. Virtualisierung verteilt sie auf eigene Instanzen, ohne dafür neue Hardware zu benötigen.
- Virtuelle Arbeitsplatzrechner können zentral bereitgestellt und verwaltet werden und Anwendern über ein Netz zur Verfügung gestellt werden.

15.1 Konzepte

X86-Prozessoren waren anfangs zu leistungsarm und verfügten nicht über die notwendigen Eigenschaften, um mehrere Betriebssysteme parallel ablaufen zu lassen. Das änderte sich mit den immer leistungsfähiger werdenden CPUs zum Ende des letzten Jahrzehnts und der Gründung der Firma VMware.

X86-Virtualisierer arbeiten nach dem gleichen Prinzip: Sie emulieren eine Reihe populärer Peripheriegeräte oder Schnittstellen und virtualisieren lediglich die CPU. So besitzen die emulierten Grafikkarten, SCSI-Busse oder IDE-Schnittstellen, BIOSe, Netzwerkkarten und Audioadapter reale Pendants. Virtualisierer laufen als normale Anwendungen auf dem Host-System. Damit dieses funktioniert, muss die Beschränkung der X86-Architektur, die nur ein Betriebssystem im höchsten Privilegien-Level der

CPU erlaubt, aufgehoben werden. Der ältere Ansatz arbeitet mit speziellen Kernel-Treibern, die es erlauben, bestimmte privilegierte CPU-Operationen am darunter liegenden Betriebssystem vorbei auszuführen oder zu modifizieren. Hierzu wird typischerweise Binary Translation angewandt: Diese übersetzt privilegierte Befehle des Gastsystems, also dem Betriebssystem in der virtuellen Maschine, in Befehle, die ein Virtual Machine Monitor (VMM) behandeln kann.

Um diesen Aufwand zu verringern, spendieren AMD und Intel den meisten ihrer aktuellen CPUs Erweiterungen für eine Hardware-Virtualisierung: Während es seit dem 386er-Prozessor vier Privilegienstufen (sogenannte Ringe) der Prozessausführung gab, teilen die neuen Techniken den höchsten Ring 0 in zwei Unterstufen. Durch die Anwendung der Hardware-Virtualisierungstechniken VTx oder VTi sowie SVM und AMD-V gelingt es, den Betriebssystemkern in die sogenannte VMX-Non-Root zu verschieben. Der Virtualisierungs-Controller, Hypervisor genannt, läuft im privilegierten VMX-Root.

Um virtuelle Maschinen in sich abzuschließen, führen Virtualisierungslösungen eine logische Schicht zwischen Nutzer und Ressource ein, um die physischen Gegebenheiten der Hardware vor den virtualisiert laufenden Gastbetriebssystemen zu verbergen. So kann der Virtualisierer jedem Gastsystem vorgaukeln, dass es der alleinige Nutzer einer bestimmten Ressource ist. Das Verwalten der jeweiligen Ressource obliegt dabei weiterhin dem Host-Betriebssystem.

15.2 Produktüberblick

Der Markt der X86-Virtualisierung wird inzwischen nicht mehr nur durch VMware beherrscht. Eine weit gefächerte Palette von Closed-Source-Software von einfachen Desktop-Produkten bis zu Serverlösungen gibt es von kommerziellen Anbietern wie Microsoft, SWsoft und VMware. Diese versuchen in jüngster Zeit vermehrt, Anwender mit Gratis-Einstiegsversionen ihrer kommerziellen Software vom Einsatz ebenfalls leistungsfähiger Open-Source-Lösungen wie Virtual Box (die Entwicklerfirma Innotek wurde im Februar 2008 von Sun erworben) oder dem freien Xen (die Entwicklerfirma XenSource wurde im Oktober 2007 von Citrix, den Entwicklern der Multiwin-Technologie für Windows Terminaldienste, aufgekauft) abzuhalten.

15.3 VMware Server, Player und Workstation

Die VMware Produkte Server, Player und Workstation teilen sich eine gemeinsame technologische Plattform. Deshalb sind die virtuelle Hardware, die Konfigurationsdateien und die virtuellen Festplatten zwischen den Produkten weitgehend identisch und damit in gewissem Umfang austauschbar.

Alle drei Produkte gestatten es, sehr einfach und unterstützt durch eine komfortable grafische Benutzeroberfläche mehrere Betriebssysteme gleichzeitig auszuführen. Die Ausgabe des Gastbetriebssystems erfolgt direkt auf den Desktop des gerade angemeldeten Benutzers. Das kommt besonders Anwendern entgegen, die auf ihrem Hauptdesktop ein weiteres Betriebssystem ausführen wollen und dabei direkten Zugang zu ihren Wechseldatenträgern, USB-Schnittstellen oder der Soundkarte wünschen. Dieses unterstützt Softwareentwickler und -tester in ihrer Arbeit oder erlaubt es, Windows Anwendungen einzusetzen, die für Linux-Desktops nicht zur Verfügung stehen.

Die Workstation 6.5 und der Player 2.5 sind Desktop-Produkte, welche sich an Endbenutzer wie Softwareentwickler und Privatleute wenden. Die Workstation ist nach einer 30-tägigen Testperiode kostenpflichtig, der Player ist funktionell eingeschränkt. Im Workstation-Paket ist der Player enthalten.

15.3.1 Die Serverlösung

Der VMware Server ist aus dem ursprünglich als GSX-Server vermarktetem Produkt hervorgegangen. Anders als sein Vorgänger erfordert seine Nutzung keine kostenpflichtige Lizenz mehr. Der VMware Server lässt sich zwischen den Desktop-Produkten wie dem Player oder der Workstation auf der einen und dem auf große Rechenzentren ausgelegten ESX-Server auf der anderen Seite einordnen. Er erlaubt es, virtuelle Maschinen von ihrer grafischen Benutzeroberfläche zu trennen. Typischerweise laufen auf einer geeigneten X86-Server-Maschine mehrere Nutzungsumgebungen nebeneinander, die sich die verfügbaren Hardwareressourcen teilen. Den Server kann man weitgehend über ein Webinterface verwalten. Neben der Remote-Steuerung steht `vmrun` als Kommandozeilenprogramm zur Bedienung einzelner virtueller Maschinen zur Verfügung. Über das Webinterface können auch die Anfänger unter den Endanwendern sehr einfach eigene virtuelle Maschinen erstellen, konfigurieren und steuern.

Der VMware Server 2.0 verfügt wie die Workstation über eine umfangreiche grafische Schnittstelle, die sich auch komplett losgelöst von der Host-Maschine auf weiteren Rechnern über das Netzwerk nutzen lässt. Entfernte Benutzer können per Tastatur und Maus etwas eingeben und Bildschirmausgaben betrachten, jedoch weder akustische Ein- und Ausgaben noch lokale Wechseldatenträger nutzen.

Der Server bietet sich an, wenn mehrere verschiedene Betriebssysteme auf einer Serverhardware gemeinsam dauernd ausgeführt werden sollen: Sie können damit mehrere Windows-Server auf einem einzigen physikalischen Rechner in Ihrem Netzwerk anbieten oder verschiedene Windows-Desktops bereitstellen, auf die Benutzer von verschiedenen Orten über das lokale Netz oder Weitverkehrsnetze zugreifen können.

15.3.2 Die virtuelle Hardware

Alle drei genannten Produktvarianten bieten eine identische virtuelle Hardwareausstattung. Administratoren können daher einmal erstellte virtuelle Festplatten untereinander

ander austauschen. Der Basis-Chipsatz des virtuellen Mainboards stammt von Intel (der 440BX/ZX), als BIOS kommt Phoenix zum Einsatz. Die Audiokarte basiert auf der Ensoniq/Soundblaster 64 mit dem verbreiteten Audioprozessor ES1371. Als Netzwerkadapter wird standardmäßig Intels Gigabit-Netzwerkkarte PRO/1000 MT verwendet. Alle VMware-Produkte nutzen als Grafikadapter den proprietären SVGA II, der seit neuestem sogar 3-D-Fähigkeiten (DirectX 9.0c) besitzt. Die Workstation unterstützt inzwischen Mehrschirmausgaben. Alle Varianten können USB 1.1- und 2.0-Geräte einbinden, die am Host-System angeschlossen sind. Folgendes Bildschirmfoto des Gerätemanagers von Windows Vista zeigt alle Hardwarekomponenten auf einen Blick:

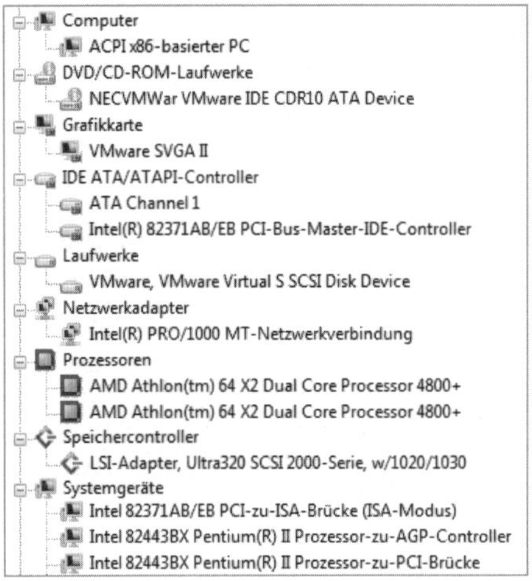

Abbildung 15.1: Virtuelle Hardware im Vista-Gerätemanager

15.3.3 System für die Installation vorbereiten

Für die Installation der VMware-Produkte empfiehlt es sich, zuerst das Betriebssystem anzupassen. Damit die Installation und Konfiguration später reibungslos ablaufen, müssen Sie überprüfen, ob die OpenSUSE-Pakete mit den Programmen `make` und `gcc` sowie der Kernel-Quellcode (`kernel-source`) installiert sind. Dies fragen Sie mit folgendem Befehl in der RPM-Datenbank ab:

```
linux:~ > su
Passwort:
linux:~ # rpm -qa make gcc kernel-source
```

Werden nicht alle drei Pakete gelistet, installieren Sie sie über die grafische Oberfläche von YaST nach. Noch schneller geht es über die Konsole:

```
linux:~ # yast -i make gcc kernel-source
```

Das Paket `gcc` wird dabei aller Voraussicht nach noch weitere Programme und Bibliotheken installieren. Die Liste sollte dann in etwa so aussehen:

```
linux:~ # rpm -qa make gcc* kernel*
kernel-source-2.6.25.16-0.1
gcc43-4.3.1_20080507-6.1
gcc-c++-4.3-39.1
gcc-4.3-39.1
gcc43-c++-4.3.1_20080507-6.1
make-3.81-103.1
kernel-pae-2.6.25.16-0.1
```

Wichtig ist, dass auch die Kernel-Quellen zum laufenden bzw. installierten Kernel auf Ihrer Maschine vorliegen. Die GCC-Version muss mit der Version übereinstimmen, mit welcher der Kernel kompiliert wurde. Diese Informationen erhalten Sie durch:

```
linux:~ # cat /proc/version
Linux version 2.6.25.16-0.1-pae (geeko@buildhost) (gcc version 4.3.1
20080507 (prerelease) [gcc-4_3-branch revision 135036] (SUSE Linux) )
#1 SMP 2008-08-21 00:34:25 +0200
```

Diese hier ausgegebenen Versionsnummern müssen mit der Version des installierten `gcc` beziehungsweise den Kernel-Quellen übereinstimmen. Andernfalls müssen Sie mit Problemen bei der Konfiguration und Kernel-Modulerstellung rechnen, die Sie nur mit einem Update des gesamten Systems lösen können. Generell empfiehlt es sich, das Gesamtsystem vor jeder neuen Installation zu aktualisieren, um eventuelle Versionsprobleme zu vermeiden. Bevor Sie jedoch Kernel-Module kompilieren können, müssen Sie noch die Kernel-Sourcen vorbereiten. Dies geschieht über:

```
linux:~ # cd /usr/src/linux
linux:~ # make cloneconfig && make prepare
```

Jetzt ist das System für eine Installation von VMware vorbereitet.

15.3.4 Installation VMware Workstation und Player

Wenn Sie erste Erfahrungen mit Virtualisierungstools von VMware sammeln wollen, sollten Sie vielleicht mit der VMware Workstation beginnen, die Sie 30 Tage lang kostenlos testen dürfen. Sie ist schneller eingerichtet als der VMware Server und bietet einen leicht bedienbaren Assistenten zum Einrichten von virtuellen Maschinen. Der Player ist nur für die Ausführung bereits vorbereiteter Gastsysteme mit vorliegender Konfiguration vorgesehen. Er wird ähnlich wie die Workstation installiert.

Zunächst müssen Sie sich für eine der beiden Produktvarianten entscheiden (Workstation/Player), da Sie diese nicht parallel installieren können. Jedoch enthält das VMware-Workstation-Paket auch den Player, welcher automatisch mitinstalliert wird. Um eines der Programme zu installieren, müssen Sie es zuerst von der VMware-Seite (`http://www.vmware.com`) laden. Als erstes wird der Bezug der Workstation erklärt, der Bezug des Players steht weiter unten.

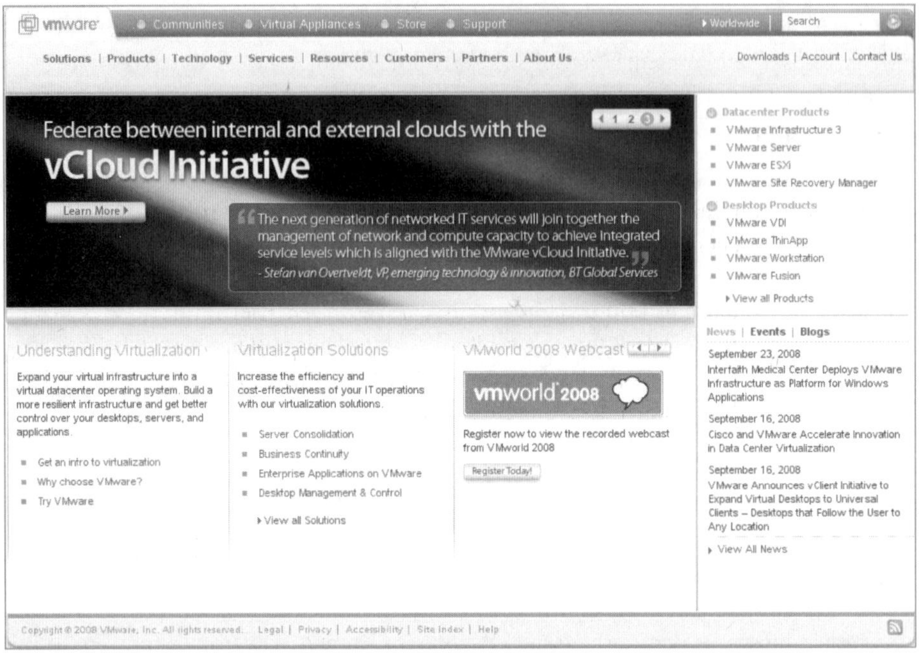

Abbildung 15.2: VMware-Startseite

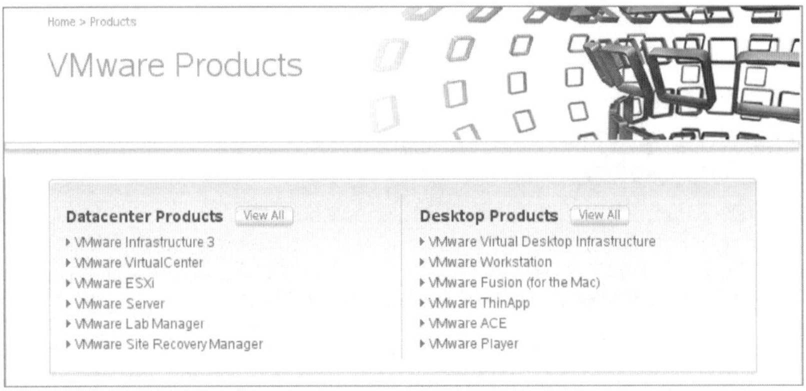

Abbildung 15.3: VMware-Produktseite

Für den Download von VMware Workstation gehen Sie auf der Seite im oberen Dialogfeld auf *Products*. Auf der daraufhin ladenden Seite wählen Sie V*Mware Workstation* in der Spalte *Desktop Products*. Es öffnet sich die VMware-Workstation-Seite. Wollen Sie die Workstation zuerst nur 30 Tage testen, gehen Sie auf *Evaluate*.

Hinweis: Der mitinstallierte Player, mit welchem Sie Ihre virtuellen Maschinen weiterhin starten können, funktioniert auch noch nach 30 Tagen. Die Workstation kann dann weiterhin zur Konfiguration von virtuellen Maschinen verwendet werden.

Anschließend durchlaufen Sie mehrere Schritte: Wählen Sie im Schritt 1 auf der linken Seite die Linux-Version aus. Im Schritt 2 registrieren Sie sich auf der rechten Seite. Wenn Sie auf *Continue* gehen, gelangen Sie auf die Anmeldeseite. Füllen Sie im 3. Schritt das Formular aus und gehen Sie weiter mit *Register*. Hier müssen Sie bei einer 32-Bit-Installation die *Workstation for Linux 32-bit* wählen. Bei einem 64-Bit-SUSE-System treffen Sie entsprechend die Auswahl für 64 Bit. Wählen Sie jeweils *RPM*. Den Aktivierungslink für den Schlüssel erhalten Sie per E-Mail.

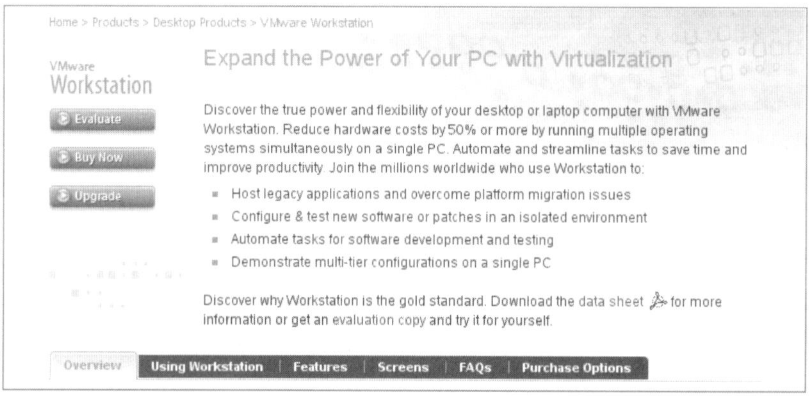

Abbildung 15.4: VMware Workstation – Hauptseite

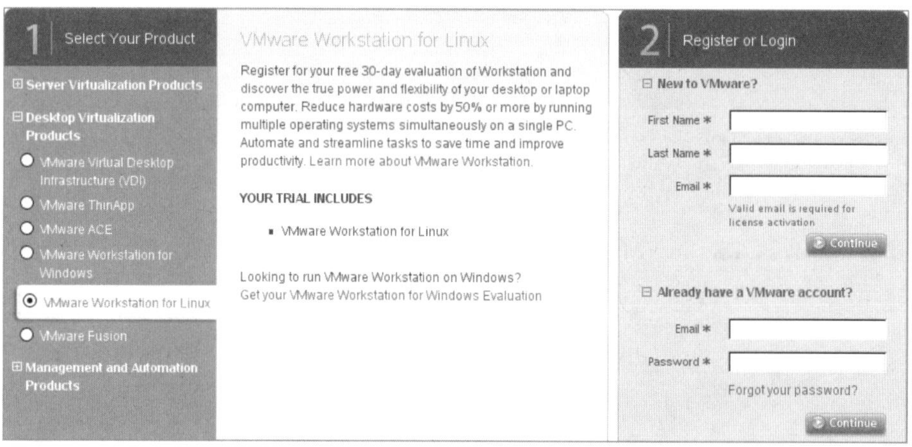

Abbildung 15.5: VMware Workstation – Produktwahl und Login

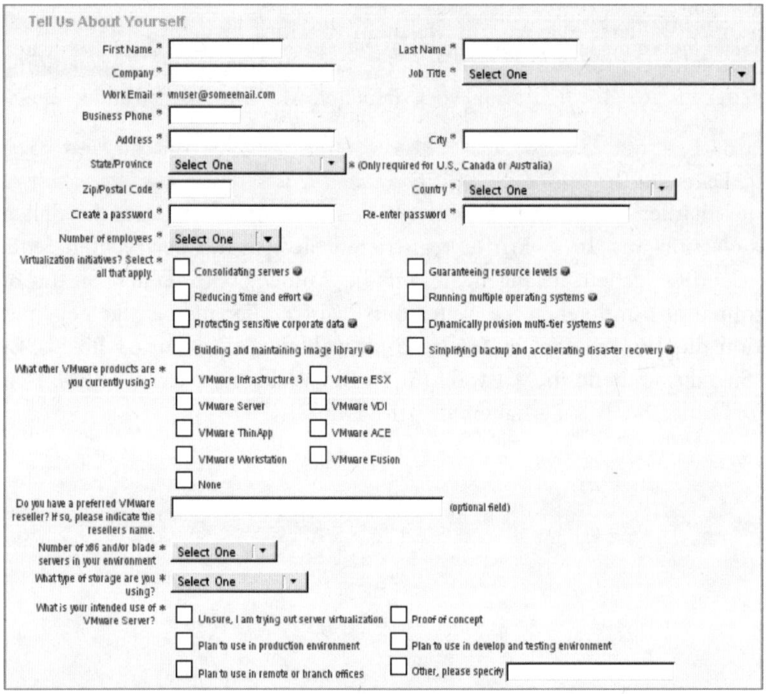

Abbildung 15.6: VMware Workstation – Registrierung

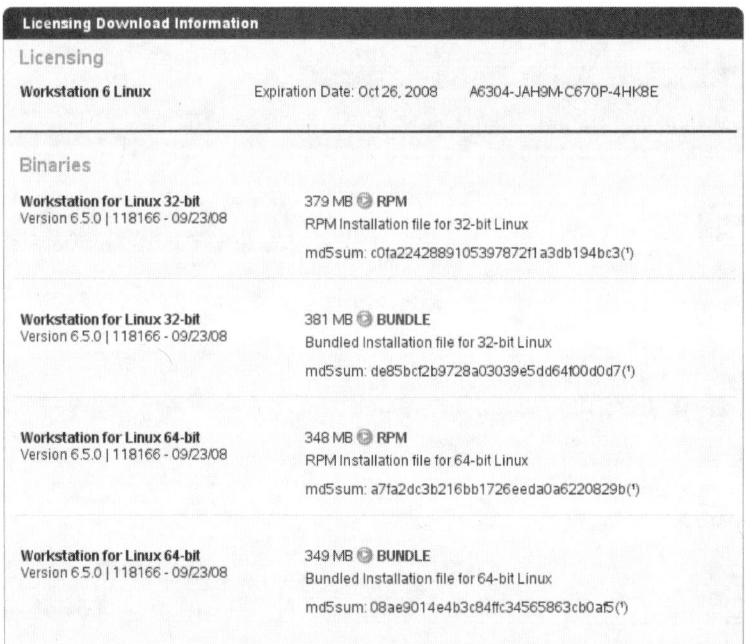

Abbildung 15.7: VMware Workstation – Download-Seite

Der Download des Players verläuft ein wenig anders: Unter *Products • VMware Player* gehen Sie mit *Download Now* weiter. Die ebenfalls erforderliche Registrierung schließen Sie mit *Submit* ab. Durch ein weiteres *Download Now* gelangen Sie zur Lizenzbestimmung, die Sie lesen und dann mit *Accept* bestätigen sollten. Auch hier können Sie zwischen einer 64-Bit- und einer 32-Bit-Version wählen. Laden Sie die mit `.rpm` gekennzeichnete Datei auf Ihren OpenSUSE-PC.

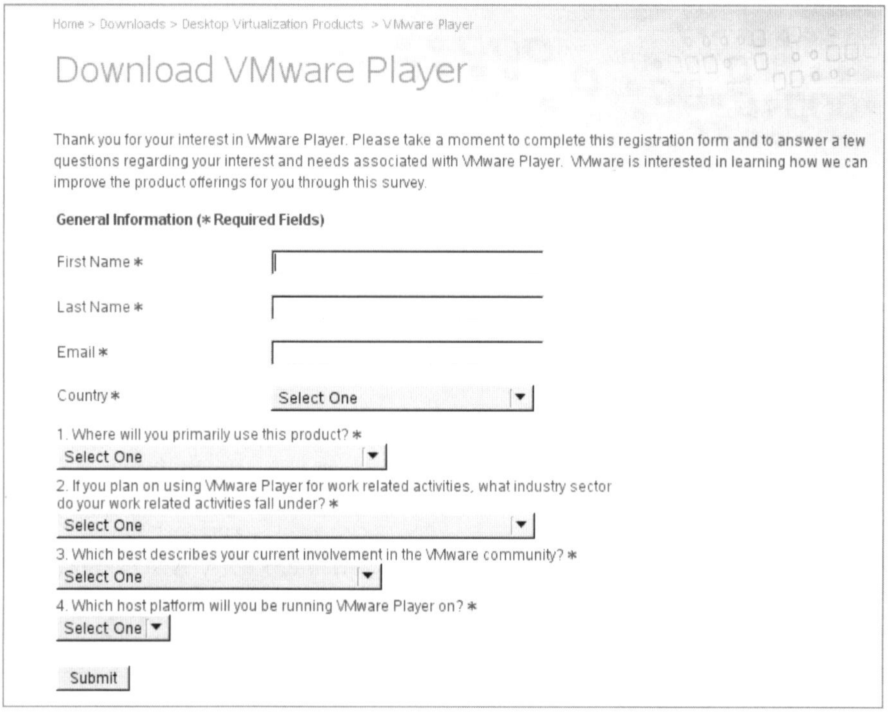

Abbildung 15.8: VMware Workstation – Registrierung

Abbildung 15.9: VMware Workstation – Download-Seite

Die folgende Installation ist nun wieder für beide Varianten gleich. Hierzu öffnen Sie zunächst eine beliebige Konsole. Geben Sie sich mit dem Befehl `su` die erforderlichen *root*-Rechte. Als nächstes installieren Sie die Workstation oder den Player. Achten Sie darauf, dass Sie die Bestimmungen der EULA mit *yes* bestätigen:

```
linux:~ > su
Passwort:
linux:~ # rpm -ivh VMware-*.rpm
Preparing...                ########################################### [100%]
   1:VMware-Workstation     ########################################### [100%]
Extracting VMware Installer...done.
You must accept the EULA to continue.  Press enter to proceed.
Do you agree? [yes/no]: yes
Installing VMware Installer 1.0
Copying files...
Configuring...
Installing VMware Player 2.5.0
Copying files...
Configuring...
Installing VMware VIX API 1.6.1
Copying files...
```

```
Configuring...
Installing VMware Player 2.5.0
Copying files...
Configuring...
Installing VMware Player 2.5.0
Copying files...
Configuring...
Installing VMware Workstation 6.5.0
Copying files...
Configuring...
Installation was successful
```

Sollten Sie die Workstation oder den Player bereits installiert haben, können Sie mit `rpm -Uhv VMware-*.rpm` auf die neue Version aktualisieren. Anders als in früheren Versionen müssen Sie keine weitere Konfiguration durchführen. Sollten Sie dennoch damit konfrontiert werden, richten Sie sich nach den Installationsschritten des VMware Servers. In der Kommandozeile können Workstation und Player über `vmware` bzw. `vmplayer` gestartet werden. Sie werden erneut aufgefordert, die EULA zu bestätigen. Mit *Accept* geht es weiter. Bei VMware Workstation ist noch der Lizenzschlüssel erforderlich, wenn Sie eine virtuelle Maschine starten möchten. Virtuelle Maschinen können Sie jedoch auch ohne Schlüssel generieren. Tragen Sie dazu den von VMware zugeschickten Schlüssel in das dafür vorgesehene Feld in *Help • Enter Serial Number*.

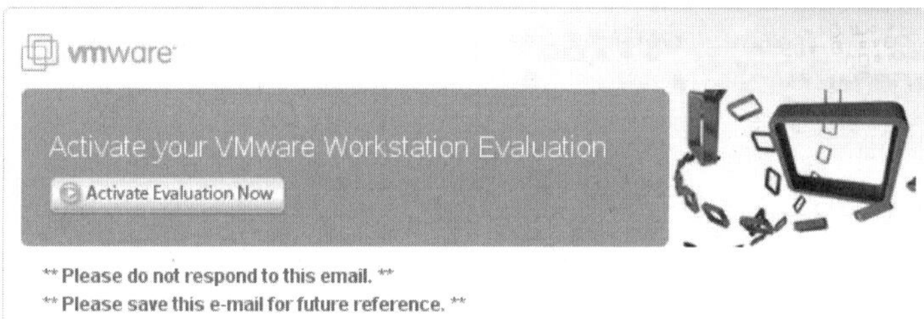

Abbildung 15.10: VMware Workstation – Aktivierung des Lizenzschlüssels

15.3.5 Installation VMware Server

Da der VMware Server eine exklusive Installation verlangt, müssen Sie eventuell vorher installiere Workstation- oder Player-Pakete von Ihrem System entfernen. Beim Bezug von VMware Server von der VMware-Seite können Sie sich nach den Schritten zum Laden der Workstation richten. Nur die letzte Seite mit der Softwareauswahl sieht ein wenig anders aus. Hier suchen Sie unter *The core application needed to run VMware Server* die Auswahl *RPM image* aus.

Abbildung 15.11: VMware Server – Download-Seite

Die Installation verläuft ein wenig anders als bei Workstation/Player. Zuerst installieren Sie das Paket:

```
linux:~ > su
Passwort:
linux:~ # rpm -ivh VMware-*.rpm
Preparing...                ########################################### [100%]
   1:VMware-server          ########################################### [100%]
The installation of VMware Server 2.0.0 for Linux completed
successfully. You can decide to remove this software from your system
at any time by invoking the following command: "rpm -e VMware-server".
Before running VMware Server for the first time, you need to
configure it for your running kernel by invoking the
following command: "/usr/bin/vmware-config.pl".
Enjoy,
    --the VMware team
```

Sie werden aufgefordert, folgendes Kommando auszuführen: `/usr/bin/vmware-config.pl`. Dieses Konfigurationsskript von VMware erzeugt auch die nötigen Kernel-Module. Das Skript fragt einige Informationen ab. Es genügt hier, die Standardwerte zu bestätigen. Nur bei OpenSUSE 11.0 ist die Information über die genaue `gcc`-Version nicht korrekt, so dass Sie mit *yes* bestätigen müssen, dass Sie trotzdem fortfahren möchten:

```
linux:~ > /usr/bin/vmware-config.pl
...
You must read and accept the End User License Agreement to continue.
Press enter to display it.
Do you accept? (yes/no) yes
...
Your kernel was built with "gcc" version "4.3.1", while you are
trying to use "/usr/bin/gcc" version "4.3". This configuration is not
recommended and VMware Server may crash if you'll continue. Please
try to use exactly same compiler as
```

```
one used for building your kernel. Do you want to go with compiler
"/usr/bin/gcc" version "4.3" anyway? [no] yes
...
Building the vmmon module...
Building the vmci module...
Building the vsock module...
...
Do you want networking for your virtual machines? (yes/no/help) [yes]
Configuring a bridged network for vmnet0.
Please specify a name for this network. [Bridged]
Do you want to be able to use NAT networking in your virtual
machines? (yes/no) [yes]
Configuring a NAT network for vmnet8.
Please specify a name for this network. [NAT]
Do you want this program to probe for an unused private subnet?
(yes/no/help) [yes]
Do you want to be able to use host-only networking in your virtual
machines? [yes]
Configuring a host-only network for vmnet1.
Please specify a name for this network. [HostOnly]
Do you want this program to probe for an unused private subnet?
(yes/no/help) [yes]
...
Building the vmnet module...
...
Please specify a port for remote connections to use [902]
Please specify a port for standard http connections to use [8222]
Please specify a port for secure http (https) connections to use [8333]
The current administrative user for VMware Server  is ''.  Would you
like to specify a different administrator? [no]
Using root as the VMware Server administrator.
...
In which directory do you want to keep your virtual machine files?
[/var/lib/vmware/Virtual Machines]
...
Do you want to enter a serial number now? (yes/no/help) [yes]
Please enter your 20-character serial number. Type XXXXX-XXXXX-XXXXX-
XXXXX or 'Enter' to cancel:
Installing VMware VIX API...
...
Enjoy,
--the VMware team
Starting VMware services:
...
The configuration of VMware Server 2.0.0 build-116503 for Linux for
this running kernel completed successfully.
```

Damit ist die Basisversion des Servers installiert. Haben Sie den Lizenzschlüssel nicht während der Konfiguration eingegeben, können Sie dies auch später in der grafischen Oberfläche nachholen. In die grafische Oberfläche gelangen Sie über die Kommandozeile. Beim VMware Server startet der Befehl `vmware` jedoch nicht wie bei der Workstation eine grafische Oberfläche, sondern nur einen Webbrowser mit der IP `https://127.0.0.1:8333/ui`. Unter OpenSUSE 11 ist dies der Konqueror, welcher jedoch Probleme hatte, diese Seite aufzurufen. Starten Sie dagegen den Firefox 3 und geben Sie die Adresse `https://localhost:8333` ein, so startet die Login-Maske für den VMware Server. Die Adresse `localhost` steht für die IP `127.0.0.1` und kann anstatt dieser verwendet werden. Diese sollten Sie verwenden, wenn bei der Eingabe der IP nicht die Login-Maske geladen wird. Beim ersten Aufruf der Weboberfläche werden Sie zunächst aufgefordert, das Zertifikat für die sichere Verbindung zu akzeptieren. Bei Firefox 3 müssen Sie dazu eine Ausnahme hinzufügen. Dies müssen Sie bei jedem Browser durchführen, mit dem Sie zum ersten Mal auf diese Oberfläche zugreifen. Somit ist der Server von überall aus erreichbar, wenn Sie die Server-IP mit Port 8333 in einen Browser eingeben (s. Abb. 15.14).

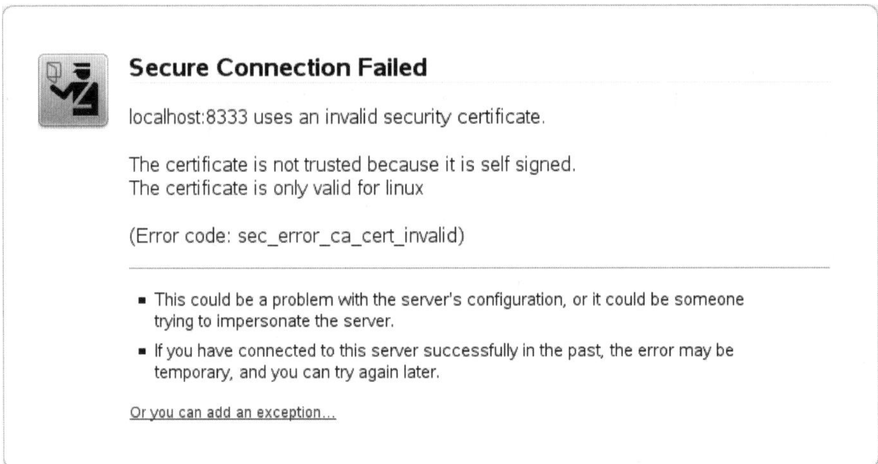

Abbildung 15.12: Sicherheitsausnahme hinzufügen

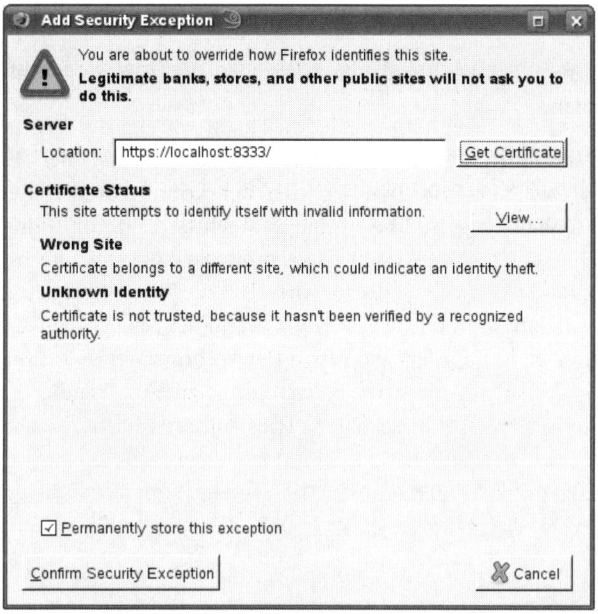

Abbildung 15.13: VMware-Server-Zertifikat importieren

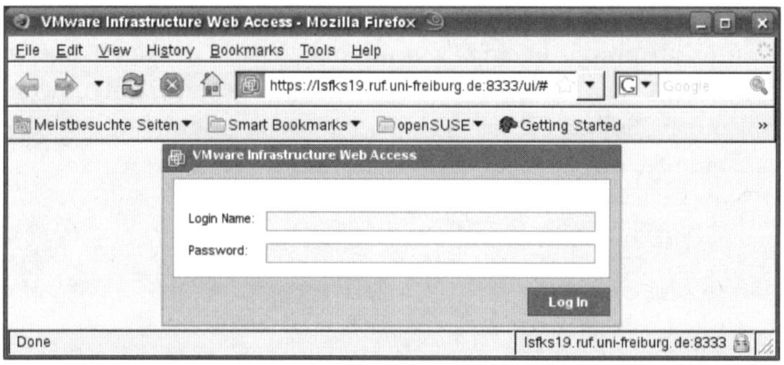

Abbildung 15.14: Remote-Login auf VMware Server

VMware Server und neuerdings VMware Workstation können jedoch auch ohne grafische Oberfläche gestartet werden. Hierzu verwenden Sie das Programm `vmrun`. Wenn Sie diesen Befehl in die Konsole eingeben, wird eine ausführliche Hilfe ausgegeben:

```
linux:~ > vmrun
vmrun version 2.0.0 build-116503
Usage: vmrun [AUTHENTICATION-FLAGS] COMMAND [PARAMETERS]
...
Examples:
...
Stopping a virtual machine with Server on a linux host
   vmrun -T server -h https://myHost.com/sdk -u hostUser -p
    ➥ hostPassword stop "[storage1] vm/myVM.vmx"
...
```

15.3.6 Troubleshooting

Bei der Installation können mehrere Probleme auftreten. Hier werden einige aufgezählt und mögliche Lösungen angeboten.

Haben Sie die Programme `gcc` und `make` beziehungsweise die Kernel-Quellen nicht zu Beginn der Installation von VMware Server installiert, sehen Sie bei der Konfiguration unter Umständen eine der folgenden Meldungen. Diese liefern Ihnen Informationen, welche Pakete noch fehlen:

```
# Paket "make" fehlt:
Setup is unable to find the "make" program on your machine.  Please
make sure it is installed.  Do you want to specify the location of
this program by hand? [yes]

# Paket "gcc" fehlt:
Setup is unable to find the "gcc" program on your machine.  Please
make sure it is installed.  Do you want to specify the location of
this program by hand? [yes]

# Die Kernel-Sourcen fehlen:
What is the location of the directory of C header files that match
your running kernel? [/usr/src/linux/include]
```

Stimmt die `gcc`-Version nicht mit der überein, mit der der Kernel kompiliert wurde, erhalten Sie folgenden Fehler. Unter SUSE kommt manchmal diese Nachricht, obwohl die Versionen übereinstimmen. Sollten Sie sich sicher sein, dass Sie die richtigen Versionen installiert haben, fahren Sie mit *yes* fort (s. Installation VMware Server):

```
Your kernel was built with "gcc" version "x.x.x", while you are
trying to use "/usr/bin/gcc" version "x.x.x". This configuration is
not recommended and VMware Workstation may crash if you'll continue.
Please try to use exactly same compiler as one used for building your
kernel. Do you want to go with compiler "/usr/bin/gcc" version
"x.x.x" anyway? [no]
```

Sollte das Erstellen der Kernel-Module trotzdem fehlschlagen, ist wahrscheinlich Ihre Kernel-Version zu aktuell. Für dieses Problem existieren drei Lösungen:

- eine aktuellere Version von VMware Workstation oder Player installieren
- das `vmware-config.pl`-Skript selbst anpassen oder
- eine angepasste Version des Konfigurationsskripts laden.

In diesem Fall kann Punkt 1 nicht zutreffen. Falls Sie nicht die aktuellste Version geladen hatten, können Sie dies jetzt nachholen. Punkt 2 ist sehr speziell und dürfte für jede Kernel-Version anders aussehen. Für Punkt 3 existiert ein Patch namens `vmware-any-any-update` (`http://knihovny.cvut.cz/ftp/pub/vmware`). Jedoch scheint dieses Projekt nicht mehr sonderlich gepflegt zu werden. Die letzte Version ist `vmware-any-any-update115.tar.gz` vom 28.11.2007 12:31 Uhr. Die Versionen 116 und neuer werden inzwischen von einer Google-Gruppe angeboten, die sich »vmkernelnewbies« nennt (`http://groups.google.com/group/vmkernelnewbies`). Meist reicht es hier, das Skript `./runme.sh` als *root* zu starten. Dieses führt dann alle notwendigen Änderungen aus. Diese Patches sind jedoch sehr speziell und funktionieren nur bei bestimmten Versionen.

15.3.7 Aufbau der Konfigurationsdatei *vmx

Zur Nachbildung eines Rechners gehören Informationen über seine Hardware und über die Software, die mit der Hardware kommuniziert. Die VMware-Produkte konfigurieren den kompletten Rechner in der Konfigurationsdatei mit der Endung `*.vmx`. Dazu legen sie die Basiskomponenten wie die Zahl der CPUs und die Größe des Arbeitsspeichers, aber auch IDE- und SCSI-Geräte, Netzwerkkarten, Audio, USB sowie serielle und parallele Schnittstellen, fest. Die Reihenfolge der Konfigurationsoptionen ist dabei nicht definiert.

Das virtuelle BIOS ist ein Derivat der Firma Phoenix. Es liegt als Datei im Ordner der VM. In dieser Datei werden auch alle BIOS-Änderungen gespeichert. Die Datei wird über die Variable `nvram` definiert. Sie können generell für jeden Gast eine eigene BIOS-Konfiguration anlegen. Die VM kann von klassischen Geräten wie der Festplatte und CD-ROM oder per virtueller Netzwerkkarte booten.

```
#!/usr/bin/vmware
.encoding = "UTF-8"
config.version = "8"
virtualHW.version = "7"
memsize = "1024"
MemAllowAutoScaleDown = "FALSE"
displayName = "Windows Vista"
guestOS = "winvista"
nvram = "Windows Vista.nvram"
tools.upgrade.policy = "useGlobal"
extendedConfigFile = "Windows Vista.vmxf"
uuid.location = "56 4d d8 0b 92 03 93 1f-3b 80 ae c7 c5 d9 cc 0d"
uuid.bios = "56 4d d8 0b 92 03 93 1f-3b 80 ae c7 c5 d9 cc 0d"
```

`Memsize` definiert den dem Gastbetriebssystem zur Verfügung gestellten Arbeitsspeicher. Die Speicherzuteilung kann man nur in Schritten von 4 MByte ändern. Die Variable `guestOS` gibt das Gastbetriebssystem an. Typische Belegungen sind hier `winxppro`, `winme`, `win98`, `win2000pro` für Windows-Betriebssysteme und `suse`, `ubuntu`, `other24xlinux`, `other26xlinux` für Linux-Betriebsysteme. Darüber hinaus gibt es noch für andere Betriebssysteme Belegungen wie `freebsd` oder aber auch `other`, falls nichts zutreffen sollte. Das obere Beispiel zeigt ein Beispiel für diese Einstellungen mit `VMwareconfig.version` und `virtualHW.version`, der Revision der Konfiguration und der virtuellen Hardware. `displayName` gibt der Kopfzeile des Fensters auf dem Linux-Desktop einen Namen. Die Bezeichner `uuid.location` und `uuid.bios` ordnen einer virtuellen Maschine eine Festplatte eindeutig zu.

```
ide0:0.present = "TRUE"
ide0:0.fileName = "Windows Vista.vmdk"
ide1:0.present = "TRUE"
ide1:0.autodetect = "TRUE"
ide1:0.deviceType = "cdrom-raw"
scsi0.present = "TRUE"
pciBridge0.pciSlotNumber = "17"
scsi0.pciSlotNumber = "16"
floppy0.startConnected = "FALSE"
floppy0.autodetect = "TRUE"
floppy0.fileName = "/dev/fd0"
```

Eine der zentralen Aufgabe des Players ist es, reale und virtuelle Disketten-, Festplatten- und CD-ROM-Laufwerke zuzuordnen. Dies wird innerhalb der Hardware-Konfigurationsdatei eingestellt und muss passend im virtuellen BIOS nachvollzogen werden, damit die Laufwerke für das Gastbetriebssystem auch sichtbar sind.

Als erstes kommen die Laufwerkseinstellungen, einmal für IDE-, einmal für SCSI-Geräte. Mit `ideX:X.present` können Sie definieren, ob dieses Laufwerk verwendet werden soll. Ist dies ein Image, muss der Name des Images der Variablen `ideX:X.filename` zugeordnet werden. Dieses Image können Sie dann auf nicht-beschreibbar stellen, indem Sie folgende Zeile in Ihre Konfiguration aufnehmen: `ideX:X.mode = "independent-nonpersistent"`.

Falls das CD-ROM-Laufwerk ein Image ist, müssen Sie zudem den `ideX:X.deviceType` auf `"cdrom-image"` stellen. Handelt es sich beim CD-ROM-Laufwerk hingegen um ein reales Laufwerk, verschwinden `ideX:X.filename` und `ideX:X.deviceType`. An ihre Stelle tritt `ide1:0.deviceType = "cdrom-raw"`. Das Gleiche gilt im Grunde auch für SCSI-Geräte. Hier muss aber noch bei Verwendung zusätzlich der ganze Bus, `scsiX.present`, auf `TRUE` gesetzt werden. Außerdem muss der zum Bus gehörige Treiber mit `scsiX.virtualDev` definiert werden. Der unten aufgeführte `lsilogic`-Treiber sollte bei Windows XP keine Probleme bereiten. Sein Gegenstück `buslogic` benötigt zusätzliche Treiber für Windows, die Sie von der VMware-Homepage beziehen können.

Für Festplatten stehen die Modi `independent-nonpersistent`, wie im Beispiel gezeigt, und `independent-persistent` zur Verfügung. Diese Modi gibt es für IDE- und SCSI-Festplatten. Im Modus `independent-persistent` verhalten sich Festplatten wie gewohnt, alle Schreib- und Löschzugriffe werden direkt auf dem Medium ausgeführt und können nur mit Mitteln des Betriebssystems rückgängig gemacht werden. Nonpersistente Festplatten verhalten sich wie Read-Only-Medien aus Sicht des Player-Benutzers. Das Gastbetriebssystem bekommt davon jedoch nichts mit, da alle Schreibzugriffe in eine spezielle Cache-Datei umgeleitet werden. Bei Lesezugriffen überprüft VMware auf eventuell erfolgte Schreibzugriffe und beantwortet solche Anfragen nicht vom Medium, sondern aus dem Cache. Diese Datei wird als *Redo-Protokoll* bezeichnet und üblicherweise im Home-Verzeichnis des Benutzers abgelegt. VMware Workstation kann von beschreibbar eingebundenen Festplatten Snapshots ziehen. Dieses sind

Momentaufnahmen eines Maschinenzustands, der auch nach dem Beenden von VMware zu einem beliebigen späteren Zeitpunkt wiederhergestellt werden kann. Snapshots empfehlen sich vor allem dann, wenn Sie etwas ausprobieren wollen und sich nicht sicher sind, ob das System danach noch so funktioniert, wie Sie es möchten.

Die Nummerierung der IDE- bzw. SCSI-Busse und Anschlüsse erfolgt durch Zahlen, welche mit Doppelpunkt voneinander getrennt werden: `Bus-Nummer:Device-Nummer`. Die nicht kommentierten IDE-Einträge bezeichnen das Master-Gerät, in diesem Falle eine virtuelle Festplatte, am ersten IDE-Bus. Die weiteren nicht kommentierten IDE-Zeilen definieren ein DVD- oder CD-ROM-Laufwerk, welches als Secondary-Master angeschlossen ist. Ein optisches Laufwerk kann ein physisches Laufwerk oder eine ISO-Image-Datei sein.

Die SCSI-Devices liegen auf dem Bus 0 und können von 0 – 6 nummeriert werden. Diskettenlaufwerke werden etwas anders angesprochen und kennen die Modi `Device` oder `File`. Dateien müssen in ihrer Größe zu der jeweiligen Nettokapazität des eingestellten Diskettenlaufwerks im BIOS passen. Auf Devices wird im `raw`-Modus zugegriffen, wobei die virtuelle Maschine das Gerät dann exklusiv verwendet. Es ist jedoch möglich, über das Player-Menü virtuelle und reale Disketten ein- und auszuschalten.

```
ethernet0.present = "TRUE"
ethernet0.connectionType = "nat"
ethernet0.wakeOnPcktRcv = "FALSE"
usb.present = "TRUE"
ehci.present = "TRUE"
sound.present = "TRUE"
sound.fileName = "-1"
sound.autodetect = "TRUE"
svga.autodetect = "TRUE"
pciBridge0.present = "TRUE"
virtualHW.productCompatibility = "hosted"
RemoteDisplay.vnc.port = "0"
ethernet0.addressType = "generated"
ethernet0.pciSlotNumber = "32"
sound.pciSlotNumber = "33"
ehci.pciSlotNumber = "34"
ethernet0.generatedAddress = "00:0c:29:d9:cc:0d"
ethernet0.generatedAddressOffset = "0"
tools.remindInstall = "TRUE"
```

USB reicht der Player vom Host an den Gast weiter. Der Anschluss von USB-Geräten ist dabei nicht auf bestimmte Ports des Hosts beschränkt. Die Soundausgabe wird in den darauf folgenden Zeilen konfiguriert. Das Audio-Device, an welches die Ausgaben des Gastes weitergeleitet werden, ist üblicherweise `/dev/dsp`. Die Verfügbarkeit wird mit der Variablen `sound.present` markiert.

Die mit `ethernet0.*` beginnenden Zeilen zeigen die möglichen Einstellungen für das erste virtuelle Ethernet-Interface. In der Beispielkonfiguration hat die Netzwerkkarte eine automatisch generierte Adresse erhalten. Möchten Sie die MAC-Adresse fest eintragen, sollten Sie `ethernet0.addressType` auf `static` stellen und `ethernet0.address` eine MAC-Adresse zuordnen. Diese Einstellungen ersetzen alle Einträge, die mit `ethernet0.generated` anfangen. Die bis zu drei Netzwerkkarten pro virtueller Maschine sind Ethernet-Karten der Intel-Pro/1000 MT-Familie. Das Gerät kann ein- und ausgeschaltet werden und kennt die Modi `bridged`, `hostonly` oder `nat`.

Die klassischen Peripherieschnittstellen wie serielle und parallele Ports stehen ebenfalls zur Verfügung. Die Aus- und Eingaben können jeweils an ihre physikalisch real vorhandenen Entsprechungen in der Host-Maschine oder in Dateien des Host-Betriebssystems erfolgen. Serielle Schnittstellen erlauben zusätzlich Named Pipes. Sie sind im Beispiel nicht weiter aufgeführt.

15.3.8 Shared Folders

Die Shared Folders erlauben Ihnen in neueren Windows-Gastsystemen, über eine virtuelle Netzwerkumgebung direkt auf das darunter liegende Linux-Dateisystem zuzugreifen. Somit können Sie auf dem Windows-Gast Ihr Heimverzeichnis einbinden und Dateien zwischen Wirt und Gast übertragen. Einstellen können Sie diese bei den Einstellungen zur VM. Unter *Optionen* finden Sie dann die Eingaben zu *Shared Folders* (s. Abb. 15.15). Mit + *Add...* fügen Sie Shared Folders hinzu. Es können mehrere Shared Folders angegeben werden.

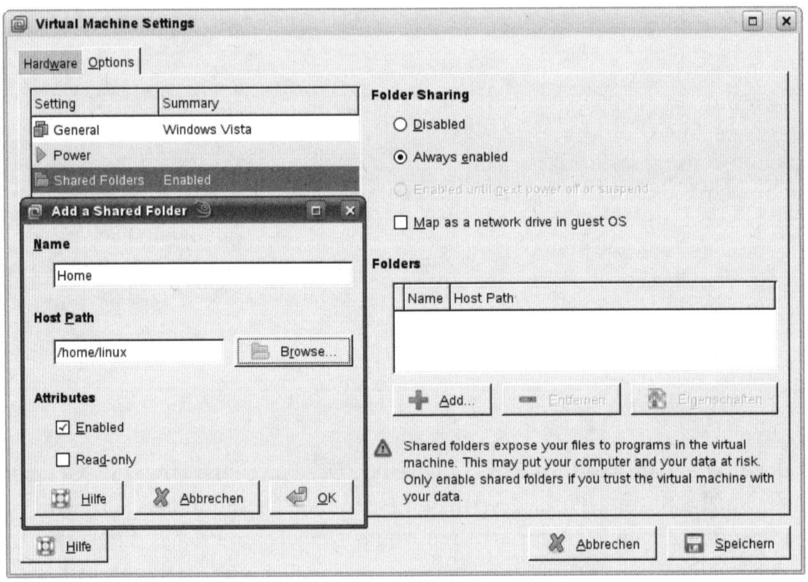

Abbildung 15.15: Shared Folders unter VMware Workstation

Danach können Sie die VM starten. Um unter Vista Shared Folders einzurichten, müssen Sie Vista zunächst starten. Danach gelangen Sie über *Start • Computer* in den *Win-*

dows Explorer. Hier gelangen Sie über den Reiter *Netzlaufwerk zuordnen* in die Eingabemaske zum Verbinden von Netzlaufwerken. In das Feld *Ordner* geben Sie `\\.host\SharedFolders` ein, um sich mit dem Shared Folder von VMware zu verbinden (s. auch Abb. 15.16 und Abb. 15.17).

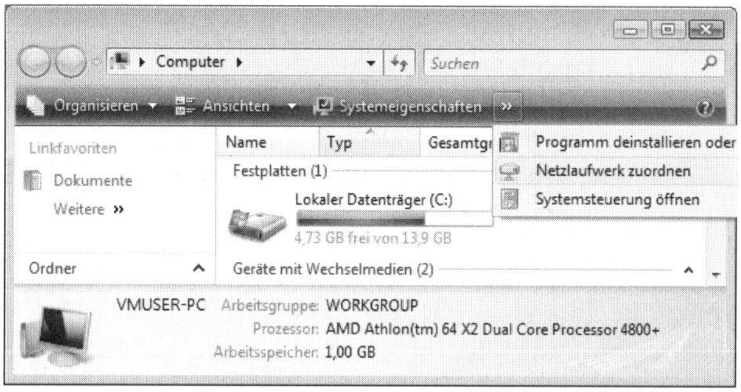

Abbildung 15.16: Shared Folders unter Vista einbinden

Abbildung 15.17: Lokaler Netzwerkpfad zu Shared Folders

Diese Einstellungen können auch über die Konfigurationsdatei (`*.vmx`) verändert werden:

```
sharedFolder0.present = "TRUE"
sharedFolder0.enabled = "TRUE"
sharedFolder0.readAccess = "TRUE"
sharedFolder0.writeAccess = "TRUE"
sharedFolder0.hostPath = "/home/linux"
sharedFolder0.guestName = "Home"
sharedFolder0.expiration = "never"
sharedFolder.maxNum = "1"
```

15.4 Xen 3

Xen wurde vor einigen Jahren an der Universität von Cambridge entwickelt. Die Entwickler gingen mit ihrer sogenannten Paravirtualisierung einen anderen Weg als VMware. Bei dieser Technik werden sowohl der Kernel der Wirts als auch der Kernel des Gasts modifiziert, um kritische Instruktionen abzufangen. Der Nachteil dieser Technik war zu Beginn, dass nur Open-Source-Produkte als Gastsysteme dienen konnten. Deshalb engagierte sich Xen auch für die Einführung der Virtualisierungserweiterung in die Hardware. Seit deren Einführung vor wenigen Jahren können nun auch Gäste mit unveränderten Kerneln gestartet werden. Windows-Gäste sind somit möglich. Die Kernel des Wirts und der Gäste laufen bei dieser Virtualisierung nicht auf Ring 0, sondern jeweils auf Ring 1. Auf Ring 0 startet der Hypervisor, welcher von hier aus über die virtuellen Maschinen wacht. Somit ist der Wirt bereits eine virtuelle Maschine, welche auch Domain-0 genannt wird. Jedoch werden von hier aus die Gäste (Domain-U) über die Xen-Tools erstellt und gesteuert.

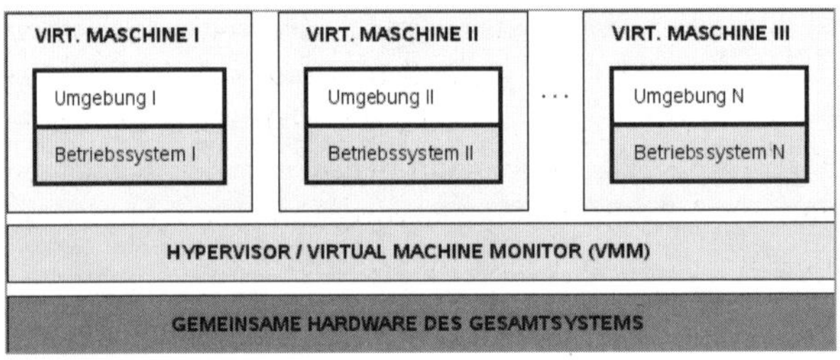

Abbildung 15.18: Virtualisierung als Diagramm

15.4.1 Installation

Xen lässt sich bei OpenSUSE 11 recht einfach mit YaST einrichten. Gehen Sie dort in das Untermenü *Virtualisierung*. Unter KDE sieht das folgendermaßen aus:

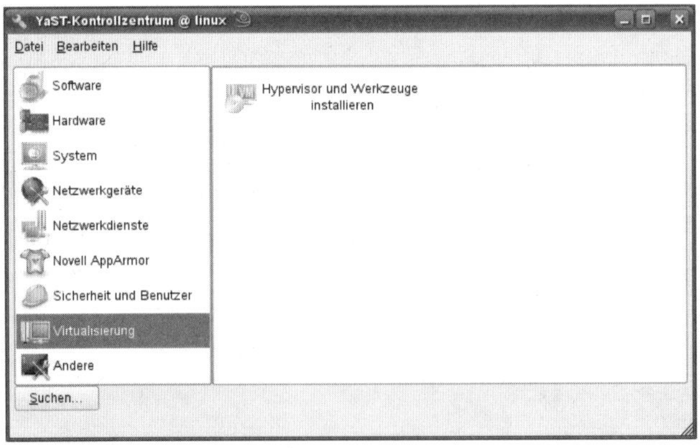

Abbildung 15.19: Xen-Installation über Yast

Wenn Sie hier auf den Punkt *Hypervisor und Werkzeuge installieren* gehen, öffnet sich ein Fenster, welches die benötigte Software nachinstallieren will.

Abbildung 15.20: Erforderliche Software wird installiert

Führen Sie diese Anweisung aus. Nach erfolgreicher Installation fordert YaST Sie auf, Ihren Rechner neu zu starten.

Da der Hypervisor in Ring 0 geladen werden muss, ist ein Neustart notwendig. Über den Bootloader *Grub* kann diese Einstellung angepasst werden. Hier muss im Kernel-Feld der Xen-Kernel eingetragen werden. Der Wirtssystemkern und das Initial-RamFS werden als Parameter an den Xen-Kernel übergeben, welcher diese lädt. Über die Felder `module` werden diese definiert. OpenSUSE 11 stellt dies automatisch bei der Installation ein. Sie sollten jedoch überprüfen, ob diese Einstellungen vorgenommen wurden und ob sie richtig sind. Ein Xen-Menüeintrag kann folgendermaßen aussehen:

```
linux:~ > su
Passwort:
linux:~ > cat /boot/grub/menu.lst
...
title XEN -- openSUSE 11
    root (hd0,1)
    kernel /boot/xen.gz
    module /boot/vmlinuz-xen root=/dev/sda2 resume=/dev/sda1
    module /boot/initrd-xen
```

Im Beispiel sieht man, dass der Xen-Kernel im `kernel`-Feld definiert wird, während der Betriebssystemkern und das Initial-RamFS über die Felder `module` übergeben werden. Hierbei werden der Kernel und die Command-Line-Options im ersten `module`-Feld definiert und das Initial-RamFS im zweiten. Einstellungen wie `vga=0x317` und `splash=silent`, welche zum Start des Bootsplashs benötigt werden, haben keine Auswirkung, da dieser beim Xen-Start nicht funktioniert. Sollte ein solcher Eintrag fehlen, generieren Sie nochmals das Initial-RamFS für Xen und passen Sie den Xen-Boot-Menüeintrag an. Dies erfolgt über YaST im Menü *System • Konfiguration des Bootloaders*. Das Initial-RamFS generieren Sie über `mkinitrd`. Nach dem Start des Hypervisors können Sie bereits Ihren ersten Gast erstellen.

```
linux:~ > su
Passwort:
linux:~ > mkinitrd
```

```
...
Kernel image:     /boot/vmlinuz-2.6.25.16-0.1-xen
Initrd image:     /boot/initrd-2.6.25.16-0.1-xen
Kernel Modules:   xennet xenblk dock scsi_mod libata ahci sd_mod
                  ➥ usbcore ohci-hcd uhci-hcd ehci-hcd ff-memless hid
                  ➥ usbhid mbcache jbd ext3
Features:         block usb resume.userspace resume.kernel
Bootsplash:       No bootsplash for kernel flavor xen
```

15.5 Virtual Box von Innotek/SUN

Die Firma Innotek, inzwischen von Sun Microsystems übernommen, sammelte bereits Erfahrungen auf dem Gebiet der Virtualisierung bei der Portierung und Programmierung von Virtual PC für Microsoft. Sie kam Anfang 2007 mit einer Open-Source-Version eines Virtualisierers auf den Markt. Das grafische Benutzer-Interface orientiert sich klar am Gewohnten für den Desktop und den Bereich der Softwareentwicklung. Ebenso wie die VMware-Produkte kann Virtual Box in einem Vollbild- und Fenstermodus ausgeführt werden. Eine Parallelinstallation mit anderen Virtualisierern wie VMware Workstation, Player oder Server ist möglich.

Virtual Box verwendet ein eigenes, inkompatibles Format für seine Festplattendateien. In der bei OpenSUSE 11 installierbaren Version kann es mit VMware VMDK-Containern umgehen. Die virtuelle Hardware bietet das gewohnte Bild aus Intel-Mainboard, AC97-Soundkarte und AMD-PCnet32-Netzwerkkarte. Es setzt wie VMware auf eine eigene VGA-Implementierung.

Wie die vorgestellten Varianten von VMware kennt Virtual Box *Shared Folders*: Damit können sich Host- und Gastsysteme gegenseitig Ordner freigeben, was einen einfacheren Datenaustausch erlaubt. Diese Fähigkeit können Sie beispielsweise mit der aktuellen Windows-Version nutzen.

Für die Steuerung der virtuellen Maschine stellt das Virtual Box-Paket mehrere Benutzerschnittstellen bereit:

- Ein Konsolenprogramm mit dem Namen `VBoxManage`, welches Sie über Optionen und Parameter steuern können. Dieses eignet sich daher zum Einbinden in automatisierte Umgebungen.
- Eine grafische Benutzerschnittstelle – `VirtualBox`, die sich am Gewohnten dieser Softwareklasse orientiert und auf der Grafikbibliothek *Qt* basiert. Diese Schnittstelle realisiert noch nicht alle Optionen, die mit dem Konsolenprogramm umgesetzt sind.
- Ein Programm (`VBoxSDL`), welches die SDL-Bibliothek nutzt.
- Ein Remote-Desktop-Protocol-Server (`VBoxVRDP`), der in der Konsole abläuft. Auf diesen können Sie wegen des Session-Shadowings von mehreren Clients aus gleichzeitig zugreifen.

16 Remote Desktops für Network-Computing

Anwender können lokal an einem Computer arbeiten (lokales Computing) oder ihr Endgerät über ein Netz mit einem Computer verbinden, auf dem ihre Anwendungen ablaufen (Network Computing).

Bei lokalem Computing sind die Anwender-Peripheriegeräte Bildschirm, Maus, Tastatur, Lautsprecher, Drucker, Scanner usw. direkt an den Computer angeschlossen, der die Anwendungen ausführt.

Beim Network Computing sind die Peripheriegeräte an ein weiteres Endgerät (ein Terminal) angeschlossen, das seinerseits seine Benutzerein- und -ausgaben über ein Netz mit einem anderen Computer austauscht, auf dem die Anwendungen laufen.

Damit Computer, auf denen Anwendungen laufen, und die Endgeräte der Benutzer ihre Ein- und Ausgabedaten austauschen können, verwenden sie ein Übertragungsprotokoll. Hier finden Sie Informationen

- über freie, standardisierte und frei zugänglich dokumentierte Protokolle aus der Unix/Linux-Welt und
- proprietäre, durch Urheberrecht geschützte und erst seit kurzem öffentlich dokumentierte Protokolle von Microsoft sowie
- über das plattformunabhängige Virtual Network Computing (VNC).

Bei Unix/Linux ist es seit Mitte der 90er Jahre des letzten Jahrhunderts selbstverständlich, dass man von einem beliebigen Rechner aus eine Desktop-Sitzung auf einem anderen PC nutzen kann. Das Massachusetts Institute of Technology (MIT) hatte schon damals auf der Basis der Vorgängerprojekte »V« und »W« das X-Window-System als grafische Benutzeroberfläche für Unix-Systeme entwickelt. Der Anwendungsserver und das Benutzer-Endgerät kommunizieren dabei über das X.11-Protokoll. Dabei sind die Begriffe Server und Client anders als gewohnt definiert, da sie den Blickwinkel der Anwenders und nicht des Rechenzentrums verwenden:

- Am Benutzer-Endgerät läuft ein X-Server, der Benutzereingaben (Maus, Tastatur) entgegennimmt und Ausgaben auf seinem Bildschirm darstellt.

- Anwendungen, sogenannte X-Clients wie Textverarbeitung, Mail etc., nutzen diese grafische Oberfläche, indem sie von ihr die Benutzereingaben erhalten und ihr Daten zur Ausgabe auf deren Grafikbildschirm schicken.

Den Datenverkehr zwischen X-Server und X-Client reduziert das Protokoll NX (s. unten) von NoMachine, einem Unternehmen des italienischen Softwarehauses Medialogic.

Microsoft machte Ende des letzten Jahrhunderts sein Serverbetriebssystem Windows NT 4 Server Terminal Server Edition mit Hilfe von Citrix transportfähig und pflegt diese Eigenschaft bei seinen Serverbetriebssystemen Windows 2000 Server, Windows 2003 Server und Windows Server 2008. Zudem hat Microsoft seine Desktop-Betriebssysteme Windows XP und Vista für je eine einzelne Sitzung ein wenig nach außen geöffnet, damit Anwender von zu Hause auf ihren XP- und Vista-Bürorechnern weiterarbeiten können, ohne dafür zusätzliche freie oder kommerzielle Software zu benötigen.

Für den Datenaustausch zwischen eigenen Terminalservern sowie nach außen geöffneten XP/Vista-Desktop-Sitzungen einerseits und den Benutzer-Endgeräten andererseits setzt Microsoft sein proprietäres Remote Desktop Protocol (RDP) ein. Dieses unterscheidet sich von dem Citrix-Protokoll Independent Computing Architecture (ICA) für die Kommunikation zwischen dessen Terminalservern (Citrix Presentation Server, heute Citrix Xen App) und Benutzer-Endgeräten.

Die Schnittstellen für X.11 und NX für Benutzer-Endgeräte sind öffentlich dokumentiert. Microsoft hat die Spezifikationen für sein RDP inzwischen auf seinem MSDN (Microsoft Developer Network) veröffentlicht.

Auch schon eine relativ lange Tradition hat das plattformunabhängige Virtual Network Computing (VNC). Diese (ursprünglich von Olivetti und dem Oracle Research Laboratory entwickelte und inzwischen quelloffene) Lösung zeigt den Bildschirm des Rechners, auf dem die VNC-Serversoftware läuft, auf einem Computer, auf dem die VNC-Viewer-Software arbeitet, an und sendet Maus- und Tastatureingaben an den VNC-Server. Es ist immerhin so schnell, dass man damit auf Windows-PCs das Fernsehbild und den Ton einer mit Linux gepatchten Satellitenfernseh-D-Box genießen kann.

16.1 Überblick

Lesen Sie im Abschnitt 16.2, wie X-Anwendungen ihre Dialoge auf entfernte Endgeräte zaubern, und im Abschnitt 16.3, wie das mit Nomachine NX noch etwas schneller geht. Probefahrten mit Nomachine NX können Sie über die Adresse `http://www.nomachine.com/testdrive.php` starten. Erfahren Sie dann im Abschnitt 16.4 mehr über den Einsatz des Remote Desktop Protocol (RDP) von Microsoft und wie man damit entfernte Desktops nutzen kann. Microsoft arbeitet stetig an seinem Remote Desktop Protocol weiter. Mit Windows Vista wurden die Versionen RDP 6.0 und 6.1

eingeführt. Diese bieten mehr Farbtiefe und mehr Funktionen als ihre Vorgänger und verschlüsseln den Datenverkehr anders als diese. Bei Redaktionsschluss unterstützten nur Client-Programme für Windows XP und Vista alle Funktionen dieser Version des RDP-Protokolls.

Schließlich vermittelt Abschnitt 16.5 eine Idee vom plattformunabhängigen Virtual Network Computing (VNC).

16.2 X.11-Programme im Remote-Betrieb

Theoretisch ist es X-Programmen völlig egal, ob sie ihre Daten lokal oder remote über ein Netz übertragen, also ob der X-Server auf dem gleichen PC läuft oder auf einem weit entfernten. Bei X-Programmen tauschen der X-Client und der X-Server über das Protokoll X.11 Fragen und Antworten miteinander aus und warten dabei stets höflich auf alle Antworten auf jede Frage. So eine Frage mit Antwort heißt auch Roundtrip.

Ein- und Ausgaben können dabei viele oder wenige Dialoge erfordern. So kann der X-Client für ein animiert aufklappendes Menü

- den X-Server jeweils eine Pixelzeile schreiben lassen und ihn dann fragen, ob er das auch wirklich getan hat, und dann auf die positive Antwort warten, bevor er ihm die nächste Pixelzeile schickt oder
- den X-Server pro 500stel Sekunde oder in noch kürzeren Abständen eine Zeile schreiben lassen und nach dem Aufbau des gesamten Menüs fragen, ob er damit fertig ist. Das erfordert nur einen Roundtrip.

Führt man diese beiden Menüvarianten lokal auf einem PC aus, wird man kaum Unterschiede feststellen, da hier die Unix Domain Sockets die Wege zwischen X-Client und X-Server überbrücken. Über ein schmalbandiges WAN (Wide Area Network) werden Benutzer hingegen bei der ersten Version unnötig lange auf die Übertragung der vielen Frage-Antwort-Spielchen zwischen X-Client und X-Server warten müssen. Testen Programmierer ihre Anwendungen nur lokal, merken sie nicht, wenn ein X-Programm viele solcher Roundtrips enthält. Dabei sind die Programmierer daran nicht allein schuld, da viele dieser Roundtrips eine Folge der Verwendung von Programmbibliotheken sind, die für lokale Anwendungen optimiert sind und sich nicht darum scheren, wenn bei Ausführung über ein WAN der Mauszeiger zuckelt und die Animationen ruckeln. Durch das sinnlose Warten schrecken sie leider Anwender ab.

Die folgenden Abschnitte zeigen Linux-Einsteigern und Administratoren, dass sie keinen zweiten Bildschirm brauchen, um mehrere Desktops gleichzeitig zu sehen, und wie sie zeitraubende Administration und Betreuung von Servern und Desktops vor Ort reduzieren können.

16.2.1 Remote X.11

Dieser Abschnitt vermittelt Ihnen einen Überblick zu X.11-Anwendungen im LAN und WAN. Das an der Eliteuniversität Massachusetts Institute of Technology (MIT) Ende der 1980er Jahre entwickelte X.11-Protokoll zielte von Anfang an auf Netzwerktransparenz: Es sollte die grafischen Ausgaben entfernter Anwendungen im Netz auf der eigenen grafischen Konsole darstellen können. X.11 kann hierzu Daten über sogenannte Unix Domain Sockets lokal oder entfernt über ein Netzwerk ausgeben.

X-Programme kommunizieren über das flexible X.11-Protokoll mit einem X-Server, um ihre grafische Ausgabe auf einem Bildschirm darzustellen und von ihm die Maus- und Tastatureingaben der jeweiligen Nutzer entgegenzunehmen. Der X-Server übernimmt die Kommunikation mit der Hardware der darstellenden Maschine.

Es gibt zwei Methoden, um X.11 über ein Netz zu nutzen:

- Sie stellen einzelne Anwendungen einer entfernten Maschine auf Ihrem X.11-Desktop lokal dar. Dieses gelingt auf zwei Wegen: Einerseits durch das direkte Ansprechen Ihres lokalen X-Servers und durch das Setzen der `DISPLAY`-Variablen in der Shell-Umgebung auf der entfernten Maschine, an der Sie angemeldet sind. Alternativ übertragen Sie die Aufgabe an die Secure Shell SSH, mit der Sie sich entfernt angemeldet haben. Diese baut beim Setzen der `-X` oder `-Y` Option einen gesicherten Tunnel auf.
- Der Hintergrunddienst *Displaymanager* übernimmt den Export eines kompletten grafischen Unix-Desktops. Unter SUSE stehen hierzu die Programme `kdm`, `gdm` oder `xdm` bereit.

16.2.2 Einzelne Applikationen exportieren

Die klassische Methode besteht darin, dass eine entfernte Applikation direkt ihren ersten X-Server anspricht, der hierzu auf Port TCP 6000 lauscht und Verbindungen entgegennimmt. Dies erfordert jedoch, wie im nächsten Abschnitt gezeigt, eine gewisse Vorbereitung. Auf einer Firewall muss der genannte Port offen sein. Ein Beispiel könnte so aussehen, dass Sie zuerst die Maschine freigeben, von der grafische Applikationen kommen. Anschließend loggen Sie sich auf dieser ein und setzen die Umgebungsvariable `DISPLAY`, damit jede nun gestartete Applikation ihre Ausgabe umlenkt:

```
alkalde@lokale_maschine:~> xhost entfernte_maschine
alkalde@lokale_maschine:~> ssh debacher@entfernte_maschine
Last login: Sat Oct  4 19:41:02 2008 from
lokale_maschine.mydomain.site
Have a lot of fun...
debacher@entfernte_maschine:~> export DISPLAY=lokale_maschine:0.0
debacher@entfernte_maschine:~> xterm &
```

Für eine gesicherte SSH-Verbindung brauchen Sie keine Freigabe für Port 6000. Sie melden sich einfach mit der Option `-X` auf der entfernten Maschine an und starten das gewünschte Programm:

```
alkalde@lokale_maschine:~ > ssh -X -l root entfernte_maschine
Password:
Last login: Wed Oct  1 16:00:08 2008 from lokale_maschine.mydomain.site
Have a lot of fun...
entfernte_maschine:~ # yast2 &
```

Diese kleine Befehlsabfolge können Sie nutzen, um sich als Systemadministrator mit einem entfernten Linux-PC zu verbinden und auf ihm YaST2 zu starten. Als Ergebnis zeigt Ihr lokaler Desktop die grafische Oberfläche dieses Programms als normales Fenster an. Sie können nun mit dem Programm YaST2 auf `entfernte_maschine` genauso arbeiten, als würden Sie direkt vor diesem PC sitzen. So können Sie diesen Rechner bequem grafisch administrieren, auch wenn er beispielsweise in einem gesicherten Serverraum steht.

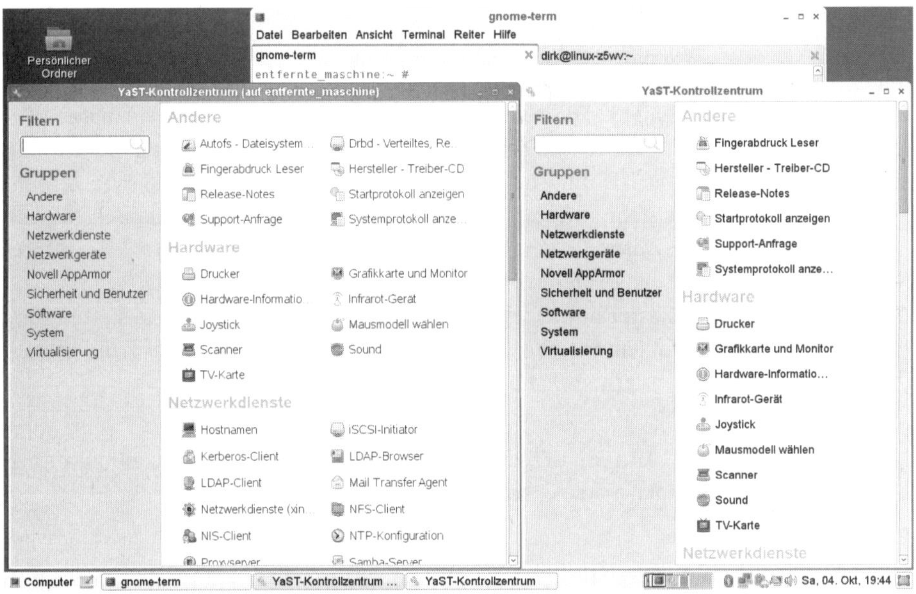

Abbildung 15.21: Das entfernt aufgerufene YaST erkennen Sie an der Titelzeile.

Hinweis: Nutzen Sie den ungesicherten X.11-Export nur in vertrauenswürdigen Netzen und vergessen Sie nicht die Freigabe in der Firewall.

16.2.3 Displaymanager nutzen

Sie können nicht nur die grafische Ausgabe einzelner Applikationen von der entfernten auf Ihre Maschine exportieren, sondern ebenso komplette Desktops. Hierzu müssen Sie einige Details vorbereiten, wenn noch kein PC in Ihrem Netzwerk einen Displaymanager offen anbietet. Andernfalls laufen die Kontaktversuche Ihres X-Servers ins Leere. Unter OpenSUSE 11.0 konfigurieren Sie das Verhalten des Displaymanagers in der Datei `/etc/sysconfig/displaymanager`:

```
...
DISPLAYMANAGER="gdm"
...
DISPLAYMANAGER_REMOTE_ACCESS="no"
...
DISPLAYMANAGER_ROOT_LOGIN_REMOTE="no"
...
DISPLAYMANAGER_XSERVER_TCP_PORT_6000_OPEN="no"
...
```

Die erste gezeigte Variable bestimmt, welcher Displaymanager durch das Startskript `/etc/init.d/xdm` aufgerufen wird. Sinnvolle Werte sind hier `gdm`, `kdm`, `xdm`. Sie sollten sicherstellen, dass Sie für `gdm` die Gnome-Basispakete und für `kdm` die KDE-Basispakete installiert haben. Die folgende Zeile bestimmt, ob Displaymanager entfernte Anfragen für den Export von X.11-Sessions zulassen. Dieses benötigen Sie, wenn Sie für X-Terminals unter LTSP (siehe Kapitel 17) den Zugriff auf Ihren Server einrichten wollen. Der Default steht auf `no`, um Exporte zu erlauben, tragen Sie hier `yes` ein. Damit öffnet der Displaymanager den Port 177 UDP, den Sie deshalb ebenfalls in Ihrer Firewall freigeben müssen. In der vorletzten gezeigten Zeile können Sie festlegen, ob sich der Systemadministrator anmelden darf. Wenn nur eine ungesicherte Verbindung zur Verfügung steht, sollten Sie von einer Freigabe absehen. Die letzte Zeile erlaubt Ihnen den Import von entfernten X.11-Ausgaben auf Ihrem Desktop.

Hinweis: Nach dem Ändern dieser Datei müssen Sie die SUSE-Konfiguration erneuern und den Displaymanager neu starten: `SuSEconfig; rcxdm restart`

Nach der Freigabe für den entfernten Displaymanager-Zugriff können Sie dieses nun ausprobieren. Hierzu eignet sich das Programm `Xnest`:

```
Xnest :1 -query localhost
```

Dieses ist ein spezieller X-Server, der als Fenster Ihres grafischen Desktops läuft. Da Ihr Hauptserver bereits auf `:0` aktiv ist, geben Sie als Option zusätzlich `:1` an.

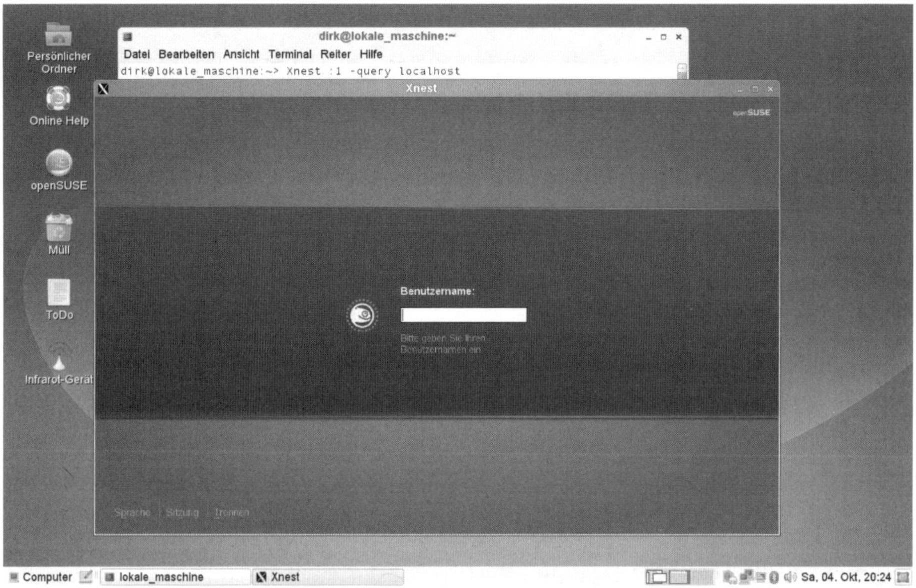

Abbildung 16.1: Xnest auf einem Linux-Desktop im Einsatz

Auf einem anderen Gerät, auf dem Sie die Grafikausgabe sehen wollen – beispielsweise einem X-Terminal –, starten Sie den X-Server in eben dieser Weise, nur dass Sie statt `localhost` den Namen des entfernten Servers eintragen:

```
X -query ihr_server
```

Wenn Sie den ersten antwortenden Server ohne eine Präferenz ansprechen möchten, können Sie auch einfach `X -broadcast` aufrufen. Möchten Sie Ihren Usern eine Auswahlliste anbieten, kann Ihnen dieses der Server mittels:

```
X -indirect ihr_server
```

anbieten.

16.3 Nomachine NX

Bei X-Programmen tauschen der X-Client und X-Server über das Protokoll X.11 Fragen und Antworten miteinander aus und warten dabei auf alle Antworten auf jede Frage. So eine Frage mit Antwort heißt auch Roundtrip. Bereits oben wurde am Beispiel eines animiert aufklappenden Menüs erklärt, dass ein- und dieselbe Ausgabe viele oder wenige Dialoge erfordern kann.

X-Programme wissen bei ihrer Ausführung auf einem X-Client nicht, wo sich der zugehörige X-Server befindet. Sie können bei einem über ein WAN erreichbaren X-Server nicht selbständig Roundtrips zwischen X-Server und X-Client einsparen. Auf dieses

Problem zielt die Erweiterung NX des X.11-Protokolls der Division Nomachine von Medialogic S.p.A.

NX beschleunigt den Aufbau von X-Bildschirmen durch

- Cachen (Speichern und aus dem Speicher wieder verwenden) bereits einmal übertragener Daten und differentielle Übertragung,
- Einsparen der meisten X-Roundtrips sowie
- Verdichten der verbleibenden X-Kommunikation.

Durch diese Effizienzverbesserung können Nutzer mit Network-Computing zufriedener sein als bei Technologien wie reinem X.11. Nomachine NX unterstützt Linux-, Solaris- und Windows-Anwendungsserver sowie Windows-, Solaris-, Linux- und MacOS/X- Clients.

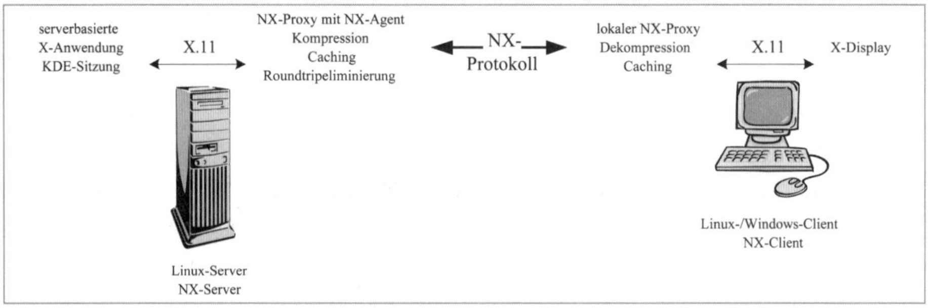

Abbildung 16.2: Komponenten von NX am Anwendungsserver und am Benutzerarbeitsplatz

Nomachine setzt auf dem in der Unix-Welt bewährten Protokoll X.11 auf. Es schaltet je einen Stellvertreter (Proxy) zwischen das X-Programm auf dem X-Client und den X-Server auf dem Benutzer-Endgerät. Es spart in mehreren Schritten überflüssigen X-Verkehr:

- Mit dem X-Programm auf dem Linux-Anwendungsserver (X-Client) spricht der NX-Proxy die Sprache von X.11 und täuscht ihm so vor, er sei der zuständige X-Server. Das Programm *nxagent* übersetzt auf dem NX-Proxy des Anwendungsservers als bildschirmloser Schatten-X-Server das X-Protokoll in das NX-Protokoll.
- Der NX-Proxy speichert alle Nachrichten zwischen (Caching) und überträgt nur Unterschiede. Er eliminiert unnötige Frage-Antwort-Spiele und komprimiert den restlichen Datenverkehr. Der NX-Proxy auf dem Linux-Anwendungsserver leitet dann alle empfangenen Daten des X-Programms per NX-Protokoll an den NX-Proxy auf dem Endbenutzer-PC weiter. Auf dem Verbindungsabschnitt vom NX-Proxy auf dem Linux-Terminalserver zum NX-Proxy auf dem Benutzer-Endgerät braucht NX durch die drei Sparmaßnahmen sehr wenig Bandbreite.

- Der NX-Proxy auf dem Benutzer-Endgerät benimmt sich gegenüber dem dort laufenden X-Server wie eine ganz normale X.11-Anwendung: Der NX-Proxy und der X-Server sprechen wieder das ganz normale X-Protokoll über schnelle Unix Domain Sockets. Der X-Server stellt Benutzern die Ausgaben des X-Programms auf dem Bildschirm des Client-PCs dar und nimmt Eingaben entgegen.

16.4 Microsofts Remote Desktop Protocol

Microsoft verwendet sein Remote Desktop Protocol (RDP) für Remote Desktop Connections (RDC) sowohl bei den Terminaldiensten seiner Terminalserver als auch beim Fernzugriff auf XP-und Vista-Arbeitsplatzrechner. Die IT-Industrie nutzt letzteren Fernzugriff auf Arbeitsplatzrechner, um Anwendersitzungen auf Desktop-Rechnern zentral und automatisiert aus Rechenzentren bereitzustellen.

16.4.1 Einsatzgebiete von RDP/RDC

Mit dem Remote Desktop Protocol liefert Microsoft seit Ende des letzten Jahrtausends seine Terminaldienst-Sitzungen von den Terminalserver-Versionen seines Serverbetriebssystems an Benutzer-Endgeräte. Um von einem Server aus mehrere Benutzer-Sitzungen bereitstellen zu können, hatte Microsoft dazu die sogenannte Multiwin-Technologie von Citrix lizenziert, nicht aber deren Übertragungsprotokoll Independent Computing Architecture (ICA).

Die Multiwin-Technologie erlaubt es, auf Windows-Servern getrennte Benutzersitzungen ablaufen zu lassen und deren Benutzerdialoge aufzusplitten.

Microsoft bietet die Terminaldienste seiner Windows-Server für drei Anforderungen von Unternehmen an:

- Fernwartung der Windows-Server,
- mit wenig Aufwand zu wartende und sicherere Anwendersitzungen als Antwort auf die ausufernden Gesamtkosten von Anwender-PCs und dabei
- Benutzerbetreuung durch gleichzeitiges Darstellen und Steuern der Anwendersitzungen auf einem Endgerät im Helpdesk.

Die Terminaldienste erlauben, viele populäre Windows-Programme auf Windows-Servern ablaufen zu lassen und über das RDP-Protokoll an Benutzer-Endgeräte zur Darstellung zu übermitteln. Da Windows-Anwendungen aber als Ein-Benutzer-Programme entwickelt sind und teils direkt auf PC-Hardware zugreifen wollen, lassen sich etliche Windows-Programme selbst mit erheblichem Programmier-Aufwand nicht über Terminaldienste bereitstellen. Als Alternative zu Terminaldiensten bietet sich inzwischen der Fernzugriff auf XP/Vista-Rechner an.

Seit Windows XP verwendet Microsoft sein Remote Desktop Protocol auch für den Fernzugriff (Remote Desktop Connection – RDC) auf Anwender-PCs. Damit können Anwender aus ihrem Home Office oder von unterwegs auf offene Sitzungen ihres Büro-PCs zugreifen, ohne wegen der Einschränkungen von Terminaldiensten auf eine Auswahl der auf Terminalservern lauffähigen Windows-Programme angewiesen zu sein. Dieser Fernzugang wird inzwischen mehr und mehr genutzt, um Desktops mit XP und Vista zentral aus Rechenzentren bereitzustellen.

16.4.2 Technik von RDP

RDP basiert auf dem Protokoll ITU-T T.128 der International Telecommunications Union (ITU) für Echtzeit-Datenverbindungen, auch T-Share genannt. Es verwendet den Port 3389 des Netzwerk-Transportprotokolls Transmission Control Protocol/Internet Protocol (TCP/IP) für das Übermitteln von Daten. Im Open Systems Interconnection Reference Model (OSI-Schichtenmodell) deckt es die Ebenen 4 (Transportschicht), 5 (Sitzungsschicht), 6 (Darstellungsschicht) und 7 (Anwendungsschicht) ab.

Die Version 6.0 von RDP hat Microsoft im Jahr 2007 mit Windows Vista eingeführt, die Vorgänger 5.2 mit dem Service Pack 2 von Windows XP und 5.1 zuvor mit dem Service Pack 1 von Windows XP. Bei Redaktionsschluss aktuell ist RDP 6.1. Gegenüber der Fünfer-Version hat Microsoft u. a. die Farbtiefe des Bildschirms erhöht und das Verschlüsselungsverfahren geändert.

16.4.3 RDC-Clients für RDP

Den vollen Funktionsumfang von RDP nutzen die Client-Programme von Microsoft für ihre eigenen Desktop-Betriebssysteme Windows XP und Windows Vista sowie deren funktional leicht eingeschränkte Embedded-Versionen für Terminals, nämlich XP Pro und Vista Business/Ultimate für Embedded Systems:

- Die Windows XP Remote Desktop Connection-Software `msrdpcli.exe` mit dem Funktionsumfang von RDP 5.2 unterstützt Clients ab Windows 95.
- Terminal Services Clients 6.1 für Windows XP laufen auf Clients mit den Service Packs 2 oder 3 von Windows XP.
- Im Service Pack 1 für Vista ist ein Terminal Services Client 6.1 für RDC enthalten.

Freie Entwickler (wie von *rdesktop*) und Softwarehäuser, die Client-Software für RDP entwickeln (wie HOB), können inzwischen dank der massiven Intervention durch die Europäische Union auf eine Dokumentation des Protokolls von Microsoft zugreifen und arbeiten daran, möglichst viele Merkmale dieses ausgesprochen komplexen Protokolls zu unterstützen. Für Linux–Server bietet HOB auch einen Formatwandler von X.11 auf RDP.

16.4.4 Remote-Desktop-Verbindung

Erste Erfahrungen mit Remote-Verbindungen können Sie mit Windows-Terminaldiensten von Windows-Servern oder mit XP- oder Vista-Desktops sammeln.

Microsoft nennt den Fernzugriff von einem anderen Arbeitsplatz auf einen Windows-Desktop-PC eine Remote-Desktop-Verbindung.

Microsoft gestattet solche Remote-Desktop-Verbindungen nur auf die teureren Versionen seiner Desktop-Betriebssysteme Windows XP Professional und Windows Vista Ultimate und Enterprise.

Lesen Sie hier zuerst, was Sie auf dem Windows-PC mit Vista Ultimate tun müssen, um eine Remote-Verbindung auf ihn zuzulassen und dann, wie Sie aus der Ferne mit einem Windows-Endgerät eine Remote-Sitzung darauf ausführen.

16.4.5 Einrichten des Remotezugang auf den Windows-Desktop

Um einen Remote-Zugang zu einem Vista-Ultimate-PC einzurichten, muss man

- sicherstellen, dass dieser PC eingeschaltet bleibt und sich nicht in einen Stromsparmodus schlafen legt, während jemand darauf aus der Ferne zugreifen will,
- Remote-Desktop-Verbindungen zulassen,
- festlegen, welche Benutzer die Verbindung verwenden können und
- gegebenenfalls in einer Brandmauer einen TCP-Port freischalten.

Zunächst geht es mit einer nur sechsschrittigen Befehlsfolge zu den Dialogen für die Remote-Einstellungen:

Start • Einstellungen • Systemsteuerung • System und Wartung • System • Remoteeinstellungen

Auf dem Weg dahin müssen Sie bei der Benutzerkontensteuerung die Option *Fortsetzen* wählen. Schließlich kommen Sie zum Dialogfenster *Systemeigenschaften.* Hier interessiert nur der Reiter *Remote.*

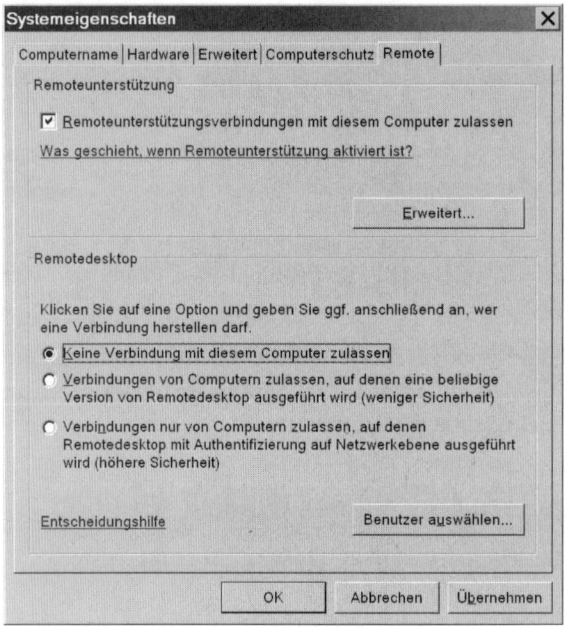

Abbildung 16.3:
Dialog zum Freigeben von Remoteverbindungen

Im Reiter *Remote* geht es um zwei ganz verschiedene Remote-Verbindungen: Die *Remoteunterstützung* erlaubt gegenseitigen Support und der *Remotedesktop* das Arbeiten an diesem Computer aus der Ferne.

In der Voreinstellung ist die Option *Remoteunterstützungsverbindungen mit diesem Computer zulassen* aktiv; *Remotedesktop-Verbindungen* sind nicht zugelassen.

Um Letzeres freizugeben, müssen Sie sich entscheiden, ob Sie die Remote-Verbindung

- nur mit Endgeräten, auf denen eine aktuelle Version von Microsofts Remote Desktop Connection für Windows XP oder Windows Vista läuft oder
- auch mit freien RDP-Clients wie *rdesktop*, mit RDP-Clients anderer Hersteller oder mit RDP-Clients für ältere Windows-Versionen

nutzen wollen.

Im ersten Fall wählen Sie im Reiterfeld *Remotedesktop* den dritten Radioknopf und im zweiten Fall den zweiten Radioknopf *Verbindungen von Computern zulassen, auf denen eine beliebige Version von Remotedesktop ausgeführt wird.*

Wenn Sie auf dem Desktop-PC, auf dem Sie eine Remote-Verbindung zulassen wollen, eine Energiesparoption erlaubt haben, warnt Sie Vista jetzt in einem neuen Dialogfenster *Remotedesktop* und zeigt Ihnen gleich den Weg, um das zu ändern.

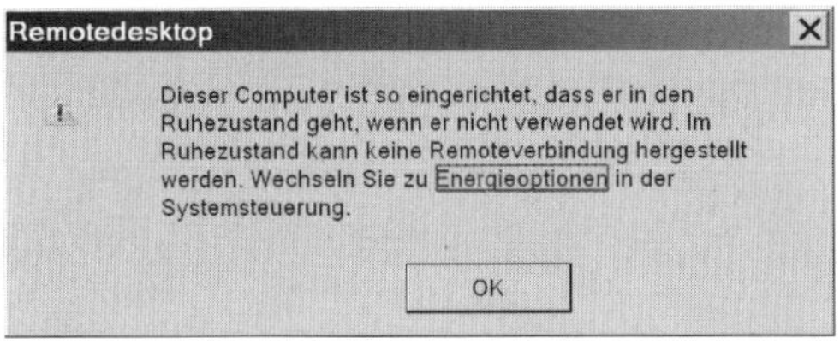

Abbildung 16.4:
Vista warnt vorm Energiesparen

Klicken Sie hier auf die Schaltfläche *Energieoptionen*, um direkt in das Dialogfenster *Systemsteuerung\Hardware* und *Sound\Energieoptionen* zu kommen.

Entscheiden Sie sich hier links für die Option *Energiesparmodus ändern.* Dies bringt Sie in das Dialogfenster *Energiesparplaneinstellungen bearbeiten.* Klappen Sie hier die Liste von *Energiesparmodus nach* auf und entscheiden Sie sich für die Option *Niemals* und klicken Sie die Schaltfläche *Änderungen speichern.* Jetzt sollte Ihr Vista Ultimate-PC immer für Remote-Sitzungen bereit sein und ungehindert weiter an Ihrem Hauptarbeitsplatz Strom ziehen, egal ob jemand daran direkt oder aus der Ferne arbeitet oder nicht.

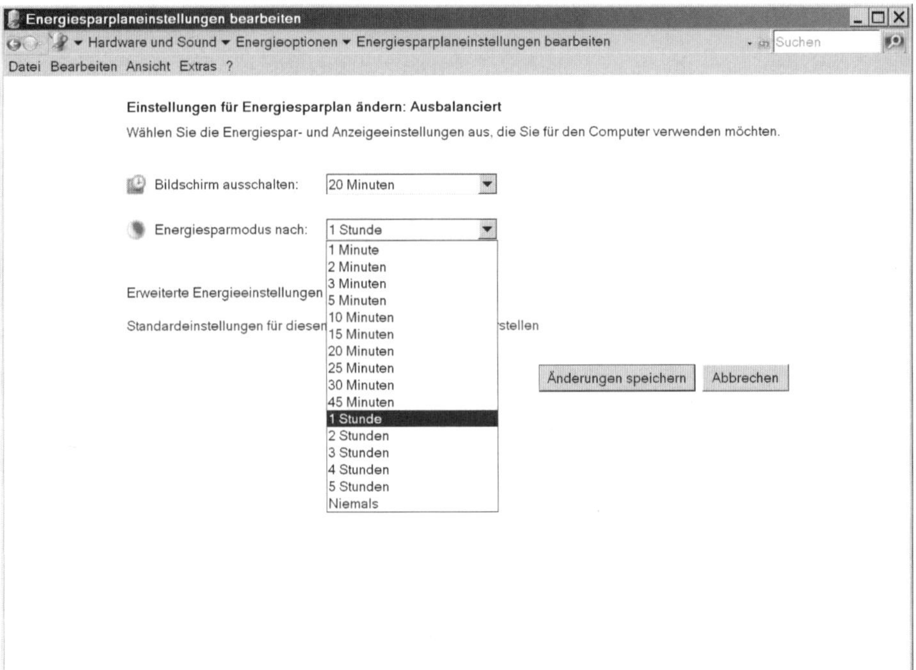

Abbildung 16.5: Für Remotezugang darf der Vista-Desktop nicht schlafen oder Strom sparen

Um jetzt Benutzern den Remote-Zugriff auf den Vista Ultimate-Desktop zu erlauben, müssen Sie zurück in den Reiter *Remote* der *Systemeigenschaften* und dort im Bereich *Remotedesktop* zur Schaltfläche *Benutzer auswählen ....* Das bringt Sie in das Fenster

Remotedesktopbenutzer. Dieses zeigt, wer schon Remote-Verbindungen nutzen darf und erlaubt Ihnen, weitere Benutzer dafür freizuschalten..

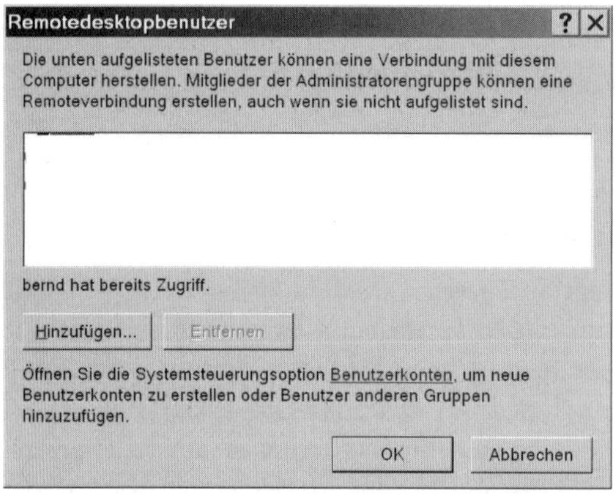

Abbildung 16.6:
Hier eingetragene Benutzer dürfen aus der Ferne zugreifen

Über die Schaltfläche *Hinzufügen...* können Sie weiteren Benutzern den Remote-Zugriff auf diesen PC erlauben. Aus diesem Fenster heraus können Sie auch einen Ausflug zur Benutzerverwaltung unternehmen und dort weitere Benutzer anlegen, bevor Sie ihnen den Remote-Zugriff erlauben. Dieser Ausflug ist auch sinnvoll, wenn die Remote-Benutzer noch kein Passwort haben sollten. Das sollten Sie unbedingt einrichten. Zurück im Reiter *Remote* des Dialogs *Systemeigenschaften* bestätigen Sie mit den Schaltflächen *Übernehmen* und dann mit *OK* Ihre Entscheidungen.

Bevor Sie den Remote-Zugang testen, sollten Sie die Bildschirmauflösung des PCs, auf den Sie gleich zugreifen wollen, so niedrig einstellen, dass sie nicht größer ist als die des zugreifenden Geräts, da Sie sonst den Desktop nicht immer richtig sehen und steuern können.

16.4.6 Auf Remote-Sitzung zugreifen

Wenn Sie das alles eingerichtet haben, können Sie den Remote-Zugriff in Ihrem lokalen Netz von einem anderen Gerät, sei es einem Thin Client (siehe nächstes Kapitel) oder einem Windows- oder Linux-PC testen.

Für den Test ist es unerheblich, was für ein Endgerät mit welchem Betriebssystem Sie verwenden, so lange es eine Client-Software für das Remote Desktop Protocol mitbringt. Haben Sie allerdings zuvor den Zugriff auf XP/Vista beschränkt, müssen Sie bei einem XP-Endgerät eventuell noch die aktuelle Remote Desktop Connection-Software von Microsofts Webseite laden und einrichten. Mit anderen Endgeräte-Clients wird mit dieser Beschränkung der Zugriff nicht klappen.

Um mit einem Endgerät mit Windows XP auf eine Remote-Verbindung zuzugreifen, hangeln Sie sich in drei Schritten durch den XP-Befehlsbaum mit

Start • Zubehör • Remotedesktopverbindung.

Windows XP öffnet dann das kleine Fenster *Remotedesktopverbindung*. Hier können Sie den Namen oder die IP-Adresse des Remote-Computers angeben, mit dem Sie Ihren lokalen PC verbinden wollen.

Abbildung 16.7:
Remote-Computer angeben

Ein Klick auf die Schaltfläche *Optionen* rechts unten im Fenster vergrößert das Fenster und zeigt sechs Reiter, in denen Sie viele Verbindungsdaten erfassen und gestalten können.

Abbildung 16.8:
Anmeldereiter des Dialogfensters
Remotedesktopverbindung

Unter anderem können Sie im Reiter *Erweitert* die aktuelle Übertragungsrate einstellen.

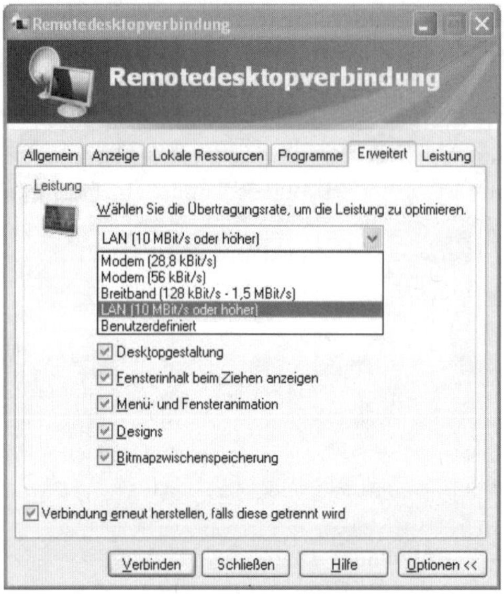

Abbildung 16.9: Einstellen der aktuellen Übertragungsrate

Sobald Sie die Rechner- und Benutzernamen richtig erfasst und die Schaltfläche *Verbinden* angeklickt haben, kommen Sie in den Anmeldebildschirm des Remote-Computers. Oben sehen Sie mittig in einem in die Titelleiste gequetschten Bereich den Namen des Remote-Rechners und rechts Schaltflächen zum Steuern der Fenstergröße und zum Ausloggen.

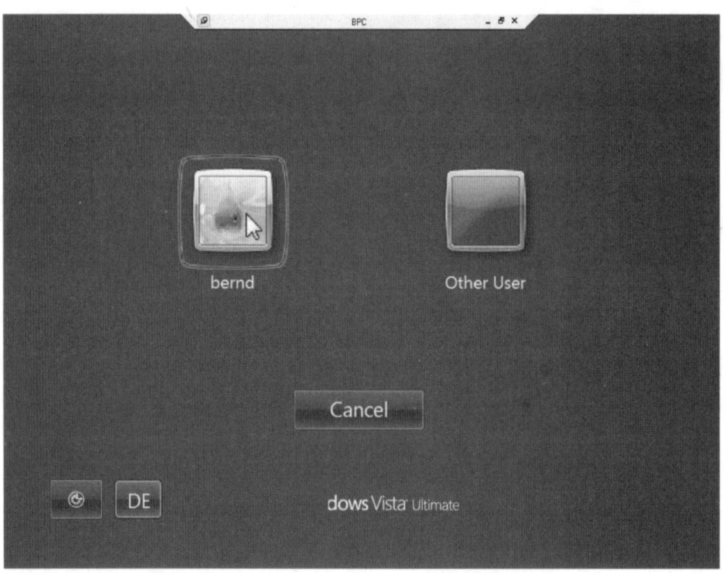

Abbildung 16.10: Anmeldefenster für Remote-Verbindung

Wenn Sie wie hier im Beispiel mit einem Windows-Client mit einer Bildschirmauflösung von 1024 * 786 Punkten auf einen Remote-Rechner mit einer Auflösung von 1920 * 1200 Bildpunkten zugreifen, müssen Sie mit Darstellungsfehlern wie im obigen Bild rechnen.

Wählen Sie den Benutzernamen aus, rollen Sie dann, falls nötig, mit dem rechten Rollbalken ein wenig nach unten, damit Sie den Passwortdialog sehen und geben Sie Ihr Passwort für den Remote-Computer ein. Wenn das alles geklappt haben sollte, sehen Sie wie hier ein Vollbild des Windows Vista Remote-Computers auf dem Bildschirm Ihres darauf zugreifenden Windows XP-Rechners.

Abbildung 16.11: Remote-Vollbild

Mit den hinein gequetschten Schaltflächen oben rechts steuern Sie die Größe des Remote-Bildschirms. Die linke Schaltfläche verkleinert ihn zum Icon und die mittlere verkleinert sein Fenster.

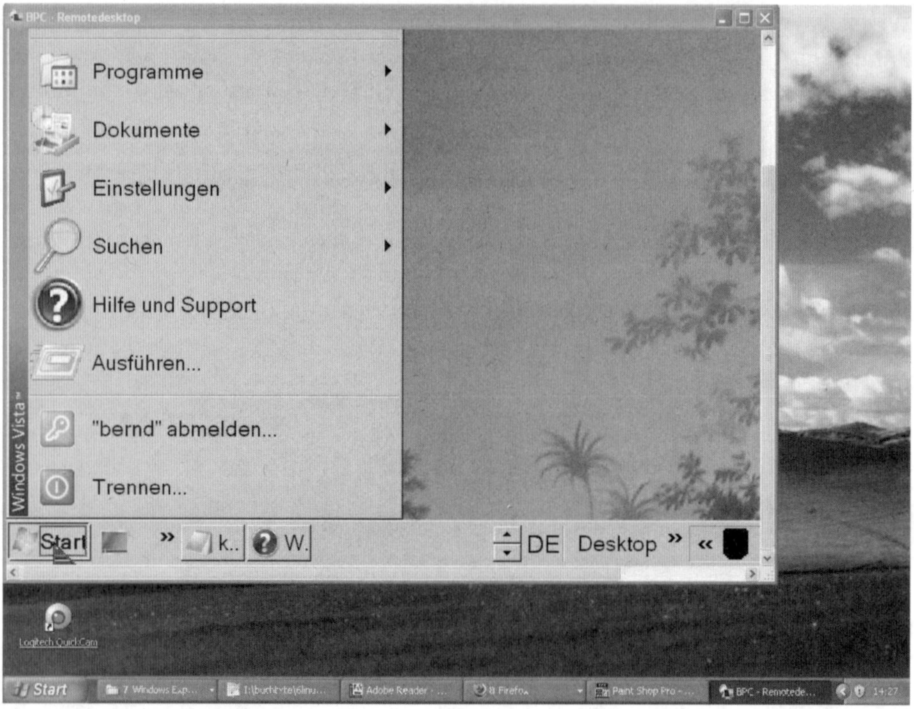

Abbildung 16.12: Remotebildschirmfenster im XP-Desktop

Die Remote-Sitzung schließen Sie wieder, indem Sie oben rechts bei den in das Remote-Fenster hinein gequetschten Schaltflächen *Schließen* anklicken und dann im Fenster *Terminaldienstesitzung trennen* mit der Schaltfläche *OK* Ihre Absicht bestätigen.

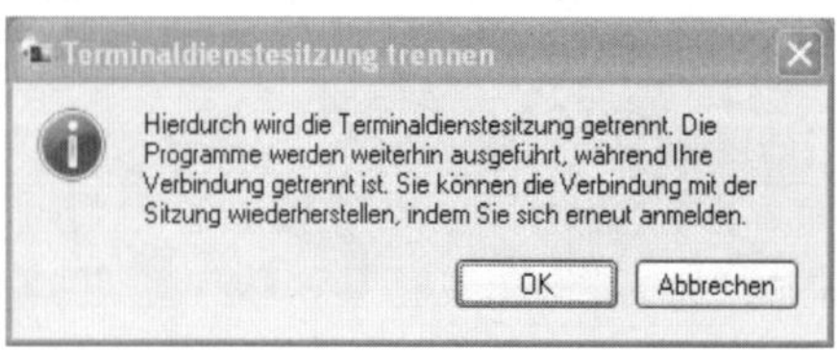

Abbildung 16.13: Verbindung wirklich trennen

Das Gleiche erreichen Sie, wenn Sie sich wieder direkt am Remote-Computer anmelden. Hier sehen Sie bei dem remote eingeloggten Benutzer im Anmeldebildschirm den Hinweis *logged in.*

Hat sich auf dem Remote-Computer jemand während einer Remote-Sitzung angemeldet, erfahren Sie dies auf dem aus der Ferne zugreifenden Endgerät durch das Dialogfenster *Remotedesktop getrennt.*

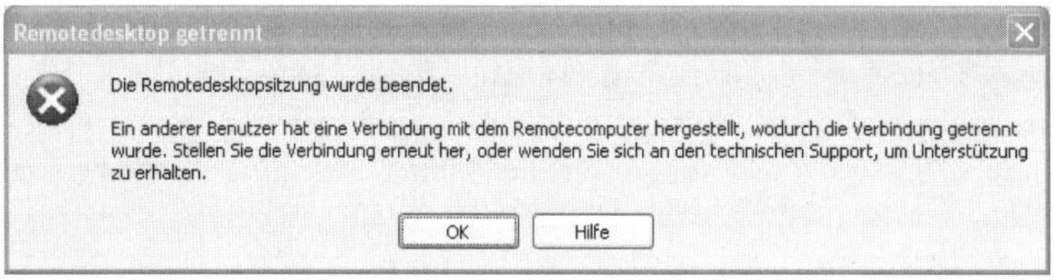

Abbildung 16.14: Die Remotedesktopsitzung wurde durch ein Login auf dem Remotecomputer beendet.

Wollen Sie solche Remote-Sitzungen nicht nur gelegentlich verwenden, sondern zum automatischen Ausrollen und Managen von Windows-Sitzungen aus gehosteten virtuellen XP- oder Vista-PCs einsetzen, können Sie inzwischen vielfältige kommerzielle Angebote, u. a. der Virtual Desktop Infrastructure Alliance, nutzen.

16.5 Virtual Network Computing (VNC)

Das plattformunabhängige Protokoll Virtual Network Computing (VNC) lässt sich für viele Anwendungen nutzen:

- Benutzer bitten Sie aus der Ferne um Hilfe an ihren Desktops.
- Sie wollen einen Windows-Desktop zusätzlich auf Ihrem Linux-PC nutzen oder umgekehrt.
- Sie wollen das Fernsehbild und den Ton Ihrer mit Linux gepatchten Nokia-D-Box auf Ihrem Windows- oder Linux-Desktop sehen und hören.

Virtual Network Computing stammt aus dem Jahre 1998. Ursprünglich wurde es an den AT&T Laboratories in Cambridge entwickelt und 2002 in ein ausgegründetes Unternehmen namens RealVNC eingebracht. Neben der kommerziellen Variante, die sich beispielsweise in Fernsteuerlösungen für Serverhardware (Keyboard, Video, Maus) findet, existieren einige freie Weiterentwicklungen und Verbesserungen, wie UltraVNC oder TightVNC. Letzteres ist in der Linux-Welt verbreiteter Standard und steht unter der GPL-Lizenz für freie Software.

VNC erlaubt den Zugriff auf einen gemeinsamen Desktop von verschiedenen Rechnern, die unterschiedliche Betriebssysteme verwenden können. VNC löst das Problem anders als X.11. Es stellt den kompletten Desktop des einen Rechners in einem Fenster auf einem weiteren Rechner dar. VNC ist auf die optimale Nutzung schmaler Bandbreiten getrimmt und hat damit dem einfachen Remote-X.11 einiges voraus. Die benötigte Bandbreite für flüssiges Arbeiten hängt von der CPU (ein etwas älterer Pentium-III reicht aus), von der Bildauflösung sowie der Farbtiefe ab. Passiert nichts, fallen keine Daten an. Je größer jedoch das zu transportierende Bild und je besser die Farbtiefe, desto mehr Daten müssen bei jeder Änderung des Desktop-Inhalts übermittelt werden. Ganz extrem sind Videosequenzen.

Das VNC-Paket besteht aus zwei Komponenten, dem Server und dem Client, in der VNC-Sprache *Viewer*. Der Server greift die Daten vom laufenden Desktop ab und kann diese an einen oder mehrere Clients über das Netzwerk weiterreichen. Clients verbinden sich auf laufende VNC-Server und sorgen für die lokale Darstellung des entfernten Desktops in einem Fenster der grafischen Oberfläche, von der sie gestartet wurden.

Während unter Windows genau eine Möglichkeit zur Verfügung steht, gibt es bei Linux zwei Varianten, um einen VNC-Server zu betreiben:

- Entweder Sie starten den Server als eigenen Prozess mit dem Kommando `vncserver`. Dieser Server öffnet keinen grafischen Desktop auf der Maschine, auf der er gestartet wurde. Damit können Sie mehr als einen VNC-Export anbieten. Es bedeutet aber auch, dass eine aktive X.11-Session auf diesem Wege nicht exportiert werden kann.
- Oder Sie schalten das `x11vnc`-Modul in Ihrer X-Server-Konfiguration ein und erlauben damit den entfernten Zugriff auf einen lokal laufenden Desktop. Dieses entspricht dem von Windows gewohnten Verhalten.

Wenn Sie eine dieser VNC-Betriebsvarianten auf Ihrem Linux-Server betreiben wollen, installieren Sie bitte mit YaST die Pakete `tightvnc`, `xorg-x11-Xvnc` und `x11vnc`.

Im Gegensatz zu einer X.11-Sitzung, die mit dem Abschalten des Remote-Displays automatisch alle darin gestarteten Prozesse beendet, kann eine VNC-Sitzung ewig weiterleben. Der Client hängt sich lediglich vom Server ab, veranlasst jedoch nicht dessen Herunterfahren. Damit bleibt der VNC-Server aktiv, auch wenn sich alle VNC-Clients abgemeldet haben und alle in der Session gestarteten Programme laufen weiter. So kommt man bei der erneuten Verbindung zu exakt dem Zustand zurück, an dem der Client beendet wurde. Trotzdem sollten aus Sicherheitsgründen alle offenen Dateien gesichert werden, bevor der Client geschlossen wird.

Einen Nachteil kann das Konzept jedoch haben: Bieten Sie Ihren Nutzern einen gemeinsamen VNC-Login-Server an – eine Maschine, die viele VNC-Server hostet –, benötigt die Maschine unter Umständen sehr viel Speicher und einiges an Ressourcen. Beenden Ihre Benutzer ihre grafischen Sitzungen nicht, liegen durchaus etliche Megabyte wartend im Speicher und einige offene Applikationen verbrauchen sogar noch Rechenzeit.

16.5.1 Unabhängiger VNC-Server

Nach der Installation der oben genannten Pakete können Sie sofort loslegen. Hierzu starten Sie als erstes `vncserver`. `vncserver` ist ein sogenanntes Wrapper-Skript, das im Hintergrund den eigentlichen Server `Xvnc` aufruft:

```
linux:~ #  vncserver
You will require a password to access your desktops.
```

```
Password:
Verify:
Would you like to enter a view-only password (y/n)? y
Password:
Verify:

New 'X' desktop is linux:1

Creating default startup script /root/.vnc/xstartup
Starting applications specified in /root/.vnc/xstartup
Log file is /root/.vnc/linux:1.log
```

Diese Kommandos zum Start eines VNC-Servers können nicht nur System-Administratoren, sondern alle Benutzer ausführen, da VNC keine privilegierten Ports belegt. Einen VNC-Server für Desktop 1 beenden Sie mit `vncserver -kill :1`, für weitere Server zählen Sie die Desktop-Nummer entsprechend hoch. Das funktioniert als Nicht-Systemadministrator natürlich nur für die eigenen Sessions. Wollen Sie alle aktuell laufenden VNC-Server auf einmal beenden, hilft ein `killall Xvnc`.

Der Aufruf von `vncserver` legt im Heimatverzeichnis des Benutzers, der ihn gestartet hat, im versteckten Verzeichnis `.vnc/xstartup` eine Standardkonfiguration für die im VNC laufende X-Session an:

```
#!/bin/sh
xrdb $HOME/.Xresources
xsetroot -solid grey
xterm -geometry 80x24+10+10 -ls -title "$VNCDESKTOP Desktop" &
twm &
```

Diese Vorgabe werden Sie in den meisten Fällen wegen des voreingestellten `twm` ändern wollen. Der Tab Window Manager (TWM) ist zwar sehr kompakt, schnell und beim X.11-Paket immer dabei, aber alles andere als benutzerfreundlich.

Nach dem erfolgreichen Start steht auf dem Linux-Server ein VNC-Server in seiner Voreinstellung zur Verfügung. Dabei beachten Sie bei jedem Start die Ausgabe des `vncserver: linux:1`. Das Skript wirft eine Display-Nummer aus (`:1`, `:2`, ...), die für den späteren Zugriff auf den Server benötigt wird. Auf einem Linux-PC mit laufender grafischer Oberfläche beginnt die Zählung mit 1; läuft kein X.11, stünde hier eine 0. Die Portnummerierungen der VNC-Server selbst beginnen mit 5800 für den Browser-Java-Applet-Zugriff und bei 5900 für den Zugriff per `vncviewer`. Zu dieser Basiszahl zählen Sie jeweils die Display-Nummer hinzu. Damit können Sie sehr einfach von fast überall eine Desktop-Sitzung auf einer entfernten Maschine einleiten bzw. wiederaufnehmen. Unter Windows steht ein gestarteter VNC-Server üblicherweise unter Port 5900 zur Verfügung.

Haben Sie keine DNS-Namensauflösung konfiguriert, kann statt des Rechnernamens auch die IP angesprochen werden. Aus Sicherheitsgründen sollten Sie immer ein Passwort für den Zugriff festlegen: Beim Erststart fragt Sie `vncserver` selbst nach dem

Passwort. Später können Sie zum Ändern und Neusetzen das Kommando `vncpasswd` verwenden. Das VNC-Passwort ist dabei komplett unabhängig von irgendwelchen System- oder Login-Passwörtern. Es wird verschlüsselt in der Datei `.vnc/passwd` im jeweiligen Heimatverzeichnis des aufrufenden Benutzers abgelegt.

Die Netzwerkanforderungen des klassischen VNC sind recht hoch, Implementierungen wie Ultra- oder TightVNC arbeiten aber mit Kompression und können damit auch über sehr geringe Bandbreiten (wie ISDN-Verbindungen) noch akzeptabel funktionieren.

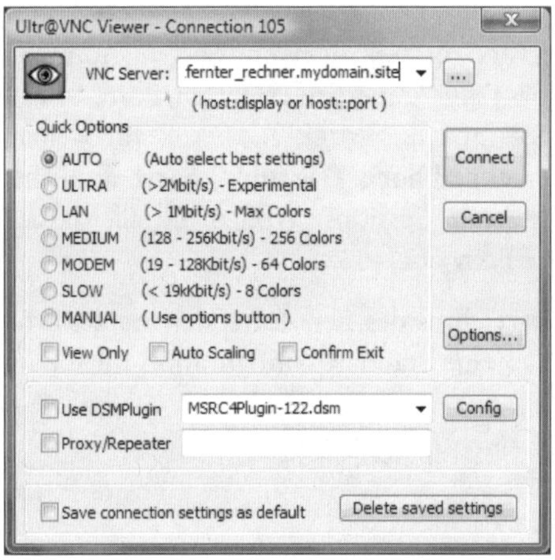

Abbildung 16.15: Konfiguration der Kompression des Windows-UVNC-Clients

Sind die Reaktionszeiten nicht akzeptabel, können Sie durch die Verwendung eines sehr kleinen Desktops (etwa 600x400 Punkte) und nur 8 Bit Farbtiefe die notwendige Bandbreite stark reduzieren. Als Voreinstellung benutzt der Tight-VNC-Viewer die Kompressions- und Übertragungstechniken, die mit `copyrect tight hextile zlib corre rre raw` benannt sind. Die letzte Methode ist eine Fallback-Option ohne jegliche Kompression. Nicht alle VNC-Server unterstützen alle Kodierungs- und Kompressionsarten. Eine weitere Option ist `-compresslevel N`, der von 0 bis 9 reicht. Dabei steht die 1 für schwache Kompression bei geringer CPU-Belastung und 9 für die stärkste bei hoher CPU-Last. Bei einem schnellen LAN lohnt es sich nicht, die CPUs der beteiligten Maschinen viel rechnen zu lassen. Für ISDN-Verbindungen hingegen opfert man lieber Rechenzeit, um einen flüssigeren Desktop-Aufbau zu erhalten. Ebenfalls möglich ist die Verbindung mit JPEG-Kompression. Dieses stellt `-quality N` ein. Level 0 erreicht beachtliche Kompression bei schlechterer Bildqualität. Mit 9 erreicht man nur noch schwache Kompression, aber eine gute Qualität der Darstellung. Die Option `-nojpeg` schaltet die JPEG-Kompression völlig ab. Die Hilfeseiten (`man vncviewer`) nennen weitere Optionen und erklären die verschiedenen Kodierungsverfahren.

16.5.2 X.11-VNC-Erweiterung

Der traditionelle VNC-Server unter Linux setzt auf seinen eigenen, lokal nicht sichtbaren X-Server. Das ist sinnvoll für die Remote-Administration von Linux-Servern oder für VNC-Login-Server, die irgendwo ohne Monitor im Rack montiert sind. Das gilt ebenfalls für Benutzer von Windows-Maschinen, die einen Linux-Desktop nicht missen wollen und sich diesen von einem Zweitrechner holen.

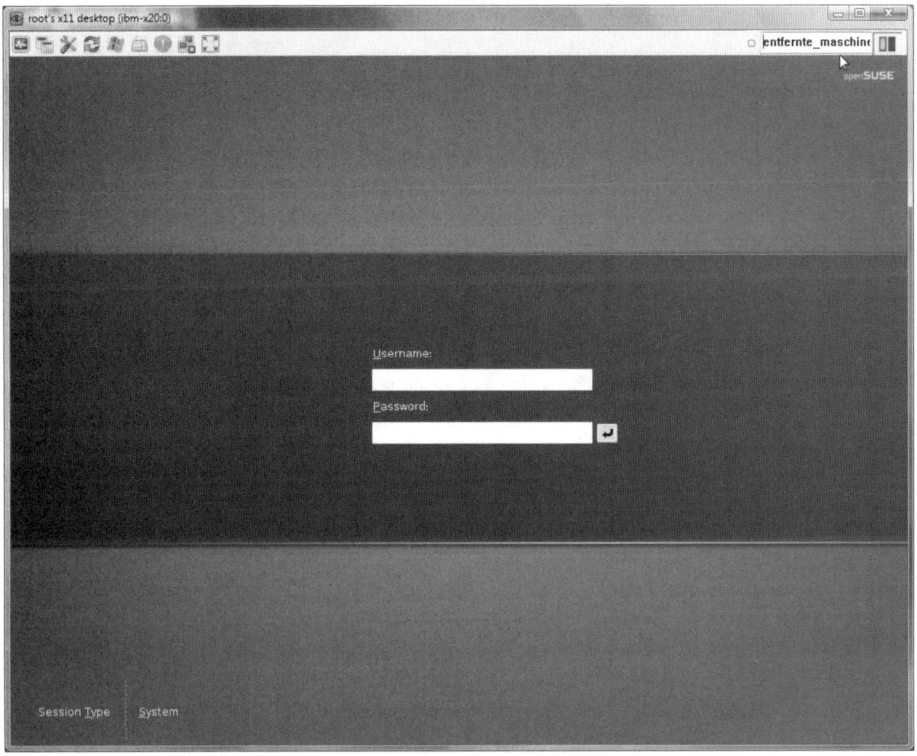

Abbildung 16.16: Zugriff von Windows auf den X.11-VNC-Server unter Linux

Wollen Sie aber PCs gemeinsam mit lokalen Benutzern administrieren oder diesen Benutzern helfen, brauchen Sie eine Möglichkeit, den laufenden Linux-Desktop zu klonen. Diese Fähigkeit von X.11 stellt das Modul `vnc.so` zur Verfügung. Sie passen hierzu die `/etc/X11/xorg.conf` an und tragen eine weitere Zeile in der `Module`-Section hinzu:

```
Section "Module"
  Load     "vnc"
  ...
Section "Device"
  # This tells X where to locate the VNC password file
```

```
Option      "usevnc"
Option      "rfbauth"      "/etc/X11/vncpasswd"
...
```

Der X-Server lädt so das zusätzliche Modul `vnc`. In der `Device`-Section sagen Sie dem VNC-Modul, dass es den VNC-Server einschalten soll und wo es seine Datei mit den Passwörtern für den entfernten Zugriff findet. Diese Datei füllen Sie mit `vncpasswd /etc/X11/vncpasswd`. Diese Erweiterung können Sie bei OpenSLX-Clients (lesen Sie hierzu Kapitel 17) durch das Plugin `x11vnc` bequem hinzufügen. Das Plugin richtet dann alle benötigten Komponenten ein.

16.5.3 VNC unter Windows

Für Windows sind verschiedene VNC-Lösungen im Angebot: Sehr gut ist das kostenlose UltraVNC (`http://www.uvnc.com`), das unter der GPL steht. Sie laden das Paket aus dem Bereich *Download* und installieren es anschließend per Doppelklick. Der Installer legt sowohl für den VNC-Server als auch den Client ein Desktop-Icon an, sofern Sie ihm dies nicht untersagen. Ein Doppelklick auf das Server-Icon startet einen Konfigurationsdialog, in dem Sie das Zugriffspasswort festlegen.

Abbildung 16.17: Legen Sie hier das Passwort für Ihren Windows-VNC-Server fest

Nun können Sie von einer anderen Maschine aus mit einem beliebigen VNC-Client auf den Windows-Desktop zugreifen. Sie sehen dann den Abzug des aktuellen Desktops.

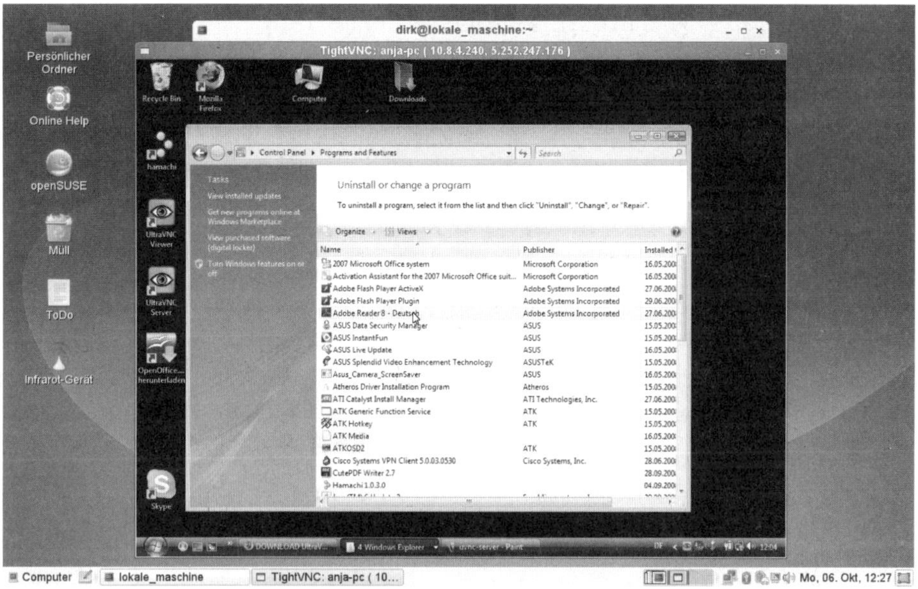

Abbildung 16.18: Zugriff mit einem VNC-Client auf den Windows-Desktop

16.5.4 Client-Zugriffe

Für einen ersten Test des Client-Zugriffs unter Linux greifen Sie am besten lokal auf die soeben gestartete VNC-Sitzung zu: Dazu setzen Sie an der Konsole das Kommando `vncviewer localhost:1` ab, wobei Sie `:1` eventuell durch eine andere Display-Nummer ersetzen müssen. Dann erscheint nach korrekter Eingabe des gesetzten VNC-Passworts der neue Desktop in einem eigenen Fenster. Der VNC-Client steht zusätzlich als Java-Applet zur Verfügung, das im Browserfenster ablaufen kann. Sie können Ihren Browser auf eine URL `http://localhost:5800` richten und bekommen dann die Ausgabe, wie im VNC-Viewer im Browser-Fenster angezeigt.

Im Gegensatz zu X11 kann VNC mehrere Clients auf einen Server zulassen. Am einfachsten erreichen Sie dieses, indem Sie den Server in der Betriebsart *always shared* starten. Diese geben Sie beim Kommandoaufruf an, da sonst automatisch ein anderer Client beim Start des neuen beendet werden würde: `vnc server -geometry 1200x1000 -depth 16 -alwaysshared`. Dieser Aufruf richtet eine Auflösung des Serverdesktops von 1200x1000 Bildpunkten ein sowie eine Farbtiefe von 16 Bit und die Möglichkeit, dass sich mehrere Clients gleichzeitig verbinden können. Soll sich immer nur ein Client verbinden, erreicht dieses die Option `nevershared`. Sie sehen hier, dass Sie sich an keine typische Bildschirmauflösung halten müssen, wenn Sie einen VNC-Server starten. Die gewählte Bildauflösung kann völlig flexibel gewählt werden. Wenn Sie auf dem Zielsystem mit dem `vncclient` zwei nebeneinander liegende Bildschirme von 1280x1024er Auflösung füllen wollen, können Sie den Server auch mit `-geometry 2400x1000` starten.

Sie können VNC zwar durch ein Passwort vor unberechtigtem Verbindungsaufbau schützen, jedoch überträgt VNC seine Daten unverschlüsselt. Da dies für die meisten Netze nicht akzeptabel ist, sollte man geschützte Tunnel verwenden.

Hierzu wird der VNC-Server mit der zusätzlichen Option `-localhost` gestartet, welche verhindert, dass Verbindungen von anderen Rechnern aufgebaut werden dürfen. Damit nun ein Zugriff von einem entfernten Rechner erfolgen kann, wird der VNC-Port über die Secure Shell (`ssh`) getunnelt. Hierzu benötigen Sie die Portnummer des VNC-Servers, wie im vorherigen Abschnitt erklärt. Der Verbindungsport auf Ihrer Seite darf dabei noch nicht belegt sein. Wenn der VNC-Server `entfernte_maschine` heißt, lautet das notwendige SSH-Kommando auf dem Client wie folgt:

```
ssh -l user -L 5901:localhost:5901 entfernte_maschine
vncserver :1 -localhost
```

SSH fragt Sie wie üblich nach dem Passwort des Benutzers (`-l user`). Dieser kann nach dem Login den VNC-Server starten. Anschließend starten Sie lokal den VNC-Viewer durch `vncviewer localhost:1`, der sich an das Tunnelende auf dem Client hängt. Der Viewer sieht dieses Tunnelende als lokal laufenden VNC-Server und spricht dazu Port 5901 an. Das Ganze geht auch einfacher durch den Aufruf von: `vncviewer -via [user@]entfernter_rechner :1`

```
lokale_maschine # vncviewer -via alkalde@entfernte_maschine :1
Password:
Connected to RFB server, using protocol version 3.7

Enabling TightVNC protocol extensions
Performing standard VNC authentication
Password:
Authentication successful
Desktop name "alkalde's X desktop (linux:1)"
VNC server default format:
  32 bits per pixel.
  Least significant byte first in each pixel.
  True colour: max red 255 green 255 blue 255, shift red 16 green 8 blue 0
Using default colormap which is TrueColor.  Pixel format:
  32 bits per pixel.
  Least significant byte first in each pixel.
  True colour: max red 255 green 255 blue 255, shift red 16 green 8 blue 0
ShmCleanup called
Using shared memory PutImage
Tunneling active: preferring tight encoding
```

Hierbei sollten Sie jedoch beachten, dass erst die Nachfrage nach dem SSH-Passwort des Users und dann die Abfrage des VNC-Passwortes erfolgt. Alles Weitere verläuft dann wieder wie gewohnt, wobei die Performance wegen der zwischengeschalteten Verschlüsselung auf schwächeren Maschinen etwas niedriger liegen kann.

17 Schlanke Endgeräte

Unternehmen und andere Einrichtungen klagen, dass sie ihre Server- und Anwender-PCs nicht genug auslasten, nur aufwendig verwalten und sichern und zu viel Energie für Speisung und Kühlung verbrauchen.

Gegen diese Probleme helfen u. a. folgende technische Entwicklungen:

- Der Ausbau der weltweiten IP-Netze erlaubt es, IT-Strukturen an beliebigen Orten unserer Welt einzurichten und an beliebigen anderen Orten zu nutzen. Dieses Überall-Computing heißt auch Ubiquitous Computing.
- Durch Virtualisierung (s. Kapitel 15) kann man Server und Desktops von der Hardware entkoppeln, Rechner besser ausnutzen und zentral betreuen. Damit kommen wir zur grünen Seite der Entwicklung.
- Verwaltungssoftware kann virtuelle Server und Anwender-PCs automatisch bereitstellen.
- Um überall auf virtuelle Anwender-PCs zugreifen zu können, braucht man Übertragungsprotokolle. Lesen Sie dazu mehr in Kapitel 16.
- Schließlich brauchen Anwender noch schlanke Geräte, mit denen sie auf zentral betriebene Betriebssysteme und Anwendungen zugreifen. Diese stellen zwar weniger Rechenleistung zur Verfügung, sparen aber im Vergleich zu gewöhnlichen PCs Energie. Das ist Thema dieses leicht grün angehauchten Kapitels.

17.1 Konzepte für schlanke Endgeräte

Lesen Sie hier über Lösungen mit schlanken Endgeräten, die entweder nur Arbeitssitzungen auf Terminal-Servern und exportierten Desktops darstellen oder selbst lokal Anwendungen ausführen:

- PCs für Terminal-Sitzungen (Abschnitt 17.2),
- PCs als X-Terminals (Abschnitt 17.3),
- Flash-ROM-Terminals (Abschnitt 17.4),
- Grundlagen des Netzwerk-Bootens (Abschnitt 17.5),
- LTSP-Terminals (Abschnitt 17.6) und
- OpenSLX-Diskless Workstations (Abschnitt 17.7),

17.2 PCs für Terminal-Sitzungen

Exportierte Desktop- und Terminaldienst-Sitzungen von Windows- oder Linux-Terminalservern oder Desktops sowie von Mainframes kann man auf traditionell mit Festplatten ausgestatteten PCs mit Windows- oder Linux/Unix-Betriebssystemen nutzen, indem man diese mit Clients für die verschiedenen Transportprotokolle wie

- Remote Desktop Protocol (RDP) von Microsoft für Terminaldienste und entfernte Desktops,
- Independent Computing Architecture (ICA) von Citrix für Microsoft Server,
- X.11 für Linux/Unix,
- Nomachine NX von Nomachine für Microsoft-Terminaldienste und für Linux/Unix,
- 3270 für IBM-Mainframes
- oder Webclients

ausrüstet.

Damit behalten Mitarbeiter ihre bisherigen Endgeräte und merken es vielleicht gar nicht, wenn sie exportierte Desktops oder serverbasierte Anwendungen statt lokaler Programme nutzen.

Technische Herausforderungen wie das Einbinden lokaler Geräte (Drucker, Laufwerke, Messgeräte etc.) sind inzwischen weitgehend gelöst.

Bereits dieses Weiterverwenden fetter PCs als Endgeräte für zentralisierte Datenverarbeitung löst viele Sicherheits- und Administrationsprobleme. Weniger Strom verbrauchen dagegen die weiter unten genannten Lösungen.

17.3 PCs als X-Terminals

In vielen Organisationen und Kleinbüros gibt es noch unzählige ältere Pentium-Computer mit stabiler Hardware, die für die Anforderungen der aktuellen ressourcenhungrigen Windows-Versionen zu behäbig sind und zu wenig Arbeitsspeicher bieten.

Viele dieser Geräte kann man noch viele Jahre lang hervorragend an Benutzerarbeitsplätzen als X-Terminals einsetzen, um darauf serverbasierte Linux- und Windows-Anwendungen darzustellen. Wenn die eingebaute Grafikkarte weniger als 1024 * 786 Bildpunkte oder eine Farbtiefe von weniger als 16 Bit bietet, spendieren Sie den alten Pentiums vielleicht noch eine neue Grafikkarte, solange es noch Karten für den PCI- beziehungsweise AGP-Bus gibt.

Solche Geräte können Sie von ihrer lokalen Platte oder von einem CD-ROM-Laufwerk booten oder ohne lokale Laufwerke von Linux-Servern.

Im Kapitel 16 haben Sie gelesen, wie Sie von einem Linux-Rechner den X-Desktop exportieren. Lesen Sie hier, wie Sie die Festplatte von Uralt-Pentium-PCs vorbereiten müssen, um die bewährten Geräte als lokal bootende X-Terminals nutzen zu können:

- Auf dem Server konfigurieren Sie das X-System so, dass es Anfragen von anderen Rechnern zulässt (siehe Kapitel 16).
- Auf den Client-Rechnern installieren Sie ein minimales Linux-System mit X-System, welches eine Verbindung mit dem Linux-Server aufnehmen kann.

Bei der hier beschriebenen administratorfreundlichen Lösung arbeiten die Benutzer an Linux-Endgeräten, die nur Sitzungen auf dem Linux-Terminalserver darzustellen brauchen. Diese Linux-Endgeräte sollen von einem eigenen Laufwerk (Festplatte, Flash-Speicher oder CD-ROM) booten.

Um nur grafische Sitzungen darzustellen, sind die Anforderungen an so einen Linux-Client nicht sehr hoch. Er sollte aber über eine Grafikkarte verfügen, die eine Auflösung von 1024x768 Punkten bei 16 Bit Farbtiefe darstellen kann.

Auf dem Client-PC bzw. einem Muster eines Client-PCs sollten Sie eine minimale Version von Linux mit X und dem Paket `xdmsc` aus der Serie *System* • *X11* installieren. Die anderen Auswahlmöglichkeiten wie Büroanwendungen, Dokumentation und KDE sind nicht notwendig.

Tipp: Auf älteren Rechnern mit weniger als 64 MByte Hauptspeicher ist auch die Linux-Installation sehr langsam. Bauen Sie einfach die Festplatte dieses Computers in ein aktuelles Gerät und installieren sie dort. Nach der Installation bauen Sie die Festplatte zurück und vervollständigen die Konfiguration.

Das hier beschriebene Minimalsystem hat einen Umfang von ca. 350 MByte. Je nach Boot-Gerät können Sie über den Grundbedarf hinaus vorhandenen Speicher verschieden verwenden:

- Wenn Sie es von einer CD-ROM booten, ist noch Platz für kleine Linux-Anwendungen und
- Wenn Sie von einer Festplatte booten, steht der ganze darüber hinausgehende Platz für eine Swap-Partition oder Linux-Anwendungen zur Verfügung.

Bei X-Terminal-Clients müssen Sie damit rechnen, dass Benutzer diese einfach ausschalten, statt sie geordnet herunterzufahren. Statt Festplatten mit dem relativ robusten Dateisystem *reiserfs* können Sie inzwischen immer preisgünstigere Flash-Speicher verwenden.

Sobald X lokal läuft, können Sie Ihren Client in wenigen Schritten mit YaST zum X-Terminal machen.

Die notwendigen Schalter finden Sie im YaST-Kontrollzentrum unter *System* • *Editor für /etc/sysconfig Dateien* unter *Desktop* • *XDMSC*. Hier ändern Sie die folgenden Werte:

```
RX_RHOST="192.168.1.2"      die IP-Adresse Ihres X-Servers
RX_XDMCP="query"
START_RX="yes"
```

Um danach das System zu testen, rufen Sie die grafische Oberfläche auf:

```
/etc/init.d/rx  tty7
```

Damit starten Sie die grafische Oberfläche und binden sie an die Konsole 7 (`tty7`).

In ein etwas nüchternes Anmeldefenster können Sie bzw. Ihre Benutzer dann Ihren Benutzernamen und Ihr Kennwort eingeben. Wenn alles klappt, startet nach dieser Anmeldung die grafische Oberfläche mit KDE, die Programme laufen auf dem Linux-Server und Sie oder Ihre Benutzer arbeiten am Linux-Client.

Damit das Anmeldefenster beim Login weiterer Benutzer immer wieder erneut starten kann, müssen Sie noch die Datei `/etc/inittab` anpassen.

```
#
# /etc/inittab
#
# Copyright (c) 1996-2002 SuSE Linux AG, Nuernberg, Germany.  All
  ➥ rights reserve
d.
#
# Author: Florian La Roche <feedback@suse.de>, 1996
#
# This is the main configuration file of /etc/init, which
# is executed by the kernel on startup. It describes what
# scripts are used for the different run-levels.
#
# All scripts for runlevel changes are in /etc/init.d/.
#
# This file may be modified by SuSEconfig unless CHECK_INITTAB
# in /etc/sysconfig/suseconfig is set to "no"
#

# The default runlevel is defined here
id:5:initdefault:

....... (gekürzt)

# getty-programs for the normal runlevels
# <id>:<runlevels>:<action>:<process>
```

```
# The "id" field  MUST be the same as the last
# characters of the device (after "tty").
1:2345:respawn:/sbin/mingetty --noclear tty1
2:2345:respawn:/sbin/mingetty tty2
3:2345:respawn:/sbin/mingetty tty3
4:2345:respawn:/sbin/mingetty tty4
5:2345:respawn:/sbin/mingetty tty5
6:2345:respawn:/sbin/mingetty tty6
#
#S0:12345:respawn:/sbin/agetty -L 9600 ttyS0 vt102

#
#  Note: Do not use tty7 in runlevel 3, this virtual line
#  is occupied by the programm xdm.
#

#  This is for the package xdmsc, after installing and
#  and configuration you should remove the comment character
#  from the following line:
#7:3:respawn:+/etc/init.d/rx tty7


# modem getty.
# mo:235:respawn:/usr/sbin/mgetty -s 38400 modem

# fax getty (hylafax)
# mo:35:respawn:/usr/lib/fax/faxgetty /dev/modem

# vbox (voice box) getty
# I6:35:respawn:/usr/sbin/vboxgetty -d /dev/ttyI6
# I7:35:respawn:/usr/sbin/vboxgetty -d /dev/ttyI7

# end of /etc/inittab
```

Durch Entfernen des Kommentarzeichens # vor der im Listing fett hervorgehobenen Zeile aktivieren Sie den Eintrag für die siebte Konsole `tty7`. Diese Änderungen treten in Kraft, sobald Sie

```
telinit q
```

aufrufen. Danach sollte das grafische Anmeldefenster starten.

Wenn Sie Ihre Arbeitsplatz-PCs statt von lauten lokalen Festplatten über geräuschlose Boot-PROMs von Linux-Boot-Servern starten wollen, lesen Sie bitte im übernächsten Unterkapitel weiter. Lernen Sie zunächst Industrielösungen kennen, die – ähnlich wie hier für minimale Linux-Systeme beschrieben – ihr Betriebssystem und Kommunikations-Clients für X.11, RDP, ICA; Browser etc. aus einem Flash-Speicher laden.

17.4 Flash-ROM-Terminals

Flash-ROM-Terminals halten ihr Betriebssystem in lokalen Halbleiterspeichern statt auf Festplatten. Je nachdem, ob man Settop-Boxen für Media-Anwendungen mitzählt oder nicht, führen im Markt hier Linux-Geräte vor Windows-Geräten oder umgekehrt. Inzwischen bietet die Terminal-Industrie eine immer größere Auswahl von sogenannten Thin Clients, die überwiegend von lokalen Speichern, aber auch von Boot-Servern (siehe nächster Abschnitt) oder von benachbarten Terminals booten können.

Microsoft hat Windows-Terminals mit all ihren Varianten, angefangen mit Windows CE bis zu den aktuellsten .NET- und Embedded-Windows-Varianten, an Terminal-Hersteller lizenziert. Linux-Lösungen stecken u. a. weltweit in Millionen von Settop-Boxen für den Internetzugang und in Receivern für terrestrisches und Satellitenfernsehen beziehungsweise für Hörfunk.

Die Terminal-Hersteller sind bemüht, ihre Endgeräte immer mehr durch leistungsfähigere Hardware (schnellere Prozessoren, mehr Speicher, mehr Schnittstellen) und Software (mehr Client-Programme für mehr Übertragungsprotokolle, lokale Büroanwendungen) aufzuwerten, wodurch die Übergänge zu PCs fließender werden.

Solche Terminals sind einfach einzurichten und mit Fernverwaltungslösungen zentral administrierbar. Das Setup vieler solcher Terminals fragt nur nach allgemeinverständlichen Daten wie Adresse des Servers, IP-Adresse oder DHCP und Endbenutzer-Sprache. Übertroffen wird ihre Flexibiltät nur noch von Geräten mit Boot-PROM, die ganz darauf verzichten, lokal Programme vorzuhalten.

Browser-Appliances sind Endgeräte, die nur einen Browser als Benutzerschnittstelle für alle möglichen Programme bieten. Appliances können sich in Settop-Boxen für Fernseher, in Bildschirmtelefone, in Kiosksysteme und noch viele andere Geräteformen hüllen. Linux scheint sich immer mehr als Betriebssystem dieser Einfachst-Geräte durchzusetzen, zumal für das Open-Source-Betriebssystem Linux und den Open-Source-Browser Mozilla keine Lizenzgebühren anfallen. In vielen dieser Appliances steckt die hier beschriebene Flash-ROM-Technik.

Statt von einem lokalen Flash-Speicher kann man schlanke Endgeräte auch über das Netz von einem benachbarten Client oder von einem Server booten. Grundlagen dazu lesen Sie im nächsten Abschnitt. Dann geht es um vollständige Lösungen wie das Linux-Terminalserver-Projekt und Diskless Workstations.

17.5 Grundlagen des Netzwerk-Bootens

Dieser Abschnitt geht kurz auf grundlegende Konzepte und Protokolle für das Booten von Netz-PCs ein. Durchgesetzt hat sich hier die proprietäre BIOS-Erweiterung von Intel, das Preboot-eXtension-Environment (PXE). PXE ist inzwischen auf fast jedem

Mainboard oder Laptop verfügbar. Sie schalten diesen Service im BIOS Ihrer Clients ein und ändern die Boot-Reihenfolge.

Tipp: Hier spielt die im BIOS definierte Boot-Reihenfolge eine entscheidende Rolle: Steht die LAN-Option vielleicht erst an dritter Stelle nach dem Booten von CD-ROM oder Festplatte, bekommen Administratoren PXE gar nicht zu sehen, wenn der PC von einem anderen Datenträger erfolgreich starten konnte. Deshalb sollten Sie die LAN-Boot-Option stets an erster Stelle eintragen.

Bei Unklarheiten konsultieren Sie das Handbuch Ihrer Maschine.

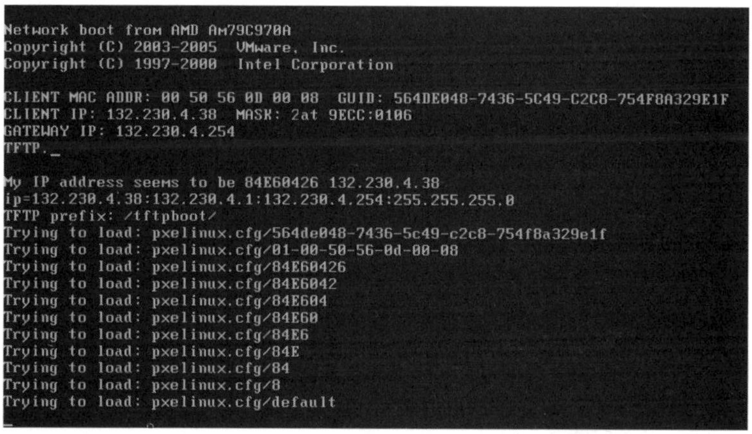

Abbildung 17.1: Das typische Aussehen eines PXE-Netzstarters

Auf der Client-Seite sind Sie nun fertig. Beide in späteren Abschnitten dieses Kapitels vorgestellten Netboot-Konzepte basieren auf DHCP (vgl. hierzu Kapitel 5) und TFTP zur Beschickung ihrer Clients mit den notwendigen Boot-Dateien und IP-Daten.

Ein Server für Netboot-Clients benötigt deshalb mindestens die beiden Dienste DHCP und TFTP. Der erste läuft vielleicht schon, der zweite ist eher selten bereits installiert. Für OpenSLX Stateless X Stations und LTSP benötigen Sie mindestens noch NFS. Letzteres ist Gegenstand von Kapitel 8.

Für Experimente mit OpenSLX-Clients überprüfen Sie am besten zuerst, ob die notwendigen Dienste bereits auf Ihrem Server installiert sind:

```
server:/root # rpm -q nfs-server atftp dhcp-server syslinux
package nfs-utils is not installed
package atftp is not installed
package dhcp-server is not installed
package syslinux is not installed
```

Sollte dieses nicht der Fall sein, installieren Sie diese mittels YaST2 nach.

17.5.1 DHCP- und TFTP-Service für Netboot-Clients

Bitte lesen Sie zunächst die allgemeine Einführung zu DHCP im Kapitel 5. In den meisten Fällen genügt es, für DHCP zwei Dateien anzupassen. Welche Clients der DHCP-Server mit welchen Informationen bedient, legt die Datei /etc/dhcpd.conf fest. Für einen ersten Test genügen die folgenden Eintragungen:

```
ddns-update-style none;
subnet 192.168.1.0 netmask 255.255.255.0 {
server-identifier 192.168.1.2;
filename pxelinux.0;
option routers 192.168.1.2;
host openslx-test {
  hardware ethernet 00:11:09:1D:64:E3;
  fixed-address 192.168.1.101;}
}
```

In der /etc/sysconfig/dhcpd bestimmen Sie, dass Ihr DHCP-Server auf dem passenden Interface, im Beispiel eth0, lauscht und zur Sicherheit in einer CHROOT-Umgebung läuft:

```
DHCPD_INTERFACE="eth0"
DHCPD_RUN_CHROOTED="yes"
[ ... ]
```

Die weiteren Einstellungen können Sie einfach übernehmen.

```
rcdhcpd start
```

wertet diese Datei beim Start des Dienstes aus.

Bei dem Advanced Trivial File Transfer Protocol (ATFTPD) müssen Sie noch weniger einrichten. Hier passen Sie die Datei /etc/sysconfig/atftpd durch den Eintrag

```
ATFTPD_OPTIONS="--daemon "
ATFTPD_USE_INETD="no"
ATFTPD_DIRECTORY="/tftpboot"
```

an. Dadurch dürfen die Clients beim Start dieses Dienstes unterhalb des eingetragenen Pfads Dateien vom Server laden. Damit der Client auch weiß, wo er suchen muss, teilt ihm der DHCP-Server dies vorher mit.

Diese Information tragen Sie in der Konfigurationsdatei des DHCP-Servers in der Option filename ein. PXE kann große Kernel von mehreren Megabyte Umfang nicht sofort laden. Für dieses Problem enthält das Syslinux-Paket von Peter Anwin eine PXE-Bootoption. PXE startet dabei pxelinux.0, ein kleines Binärprogramm, das seinerseits alle weiteren Schritte veranlasst. Dieses haben Sie mit dem Syslinux-Paket bereits installiert und finden es unterhalb von /usr/share/syslinux. Damit der ATFTPD diese Datei auch ausliefert, kopieren Sie pxelinux.0 in das vorher von Ihnen angelegte Verzeichnis /tftpboot. Nach allen Änderungen, denken Sie bitte daran die Dienste mit rcdhcpd restart und rcatftpd restart zu reinitialisieren.

Tipp: Wenn Sie die Dienste nicht neu starten, registrieren diese Ihre vorgenommenen Änderungen nicht.

17.5.2 Linux-Terminals mit Boot-Prom

Eine besonders sparsame Form von Linux-Endgeräten verzichtet ebenfalls auf Fest-Wechselplatten, Boot-CDs oder Flash-Speicher und bootet Linux übers lokale Netz von Boot-Servern. Hierfür gibt es kommerzielle Lösungen beispielsweise von Bootix (`http://www.bootix.com`) und zahlreichen freien Linux-Projekten, z. B. vom Linux-Terminalserver-Projekt (LTSP). Bei Boot-PROM-Lösungen veranlasst ein sehr kleines Programm im Boot-PROM der Netzwerkkarte in mehreren Schritten über einen Dialog mit einem Boot-Server – hier im Buch einem Linux-Boot-Server –, das Betriebssystem Linux von eben diesem Server zu laden. Die Grundidee und verschiedene Versionen dieser Technologie beschreiben die folgenden Abschnitte.

Sollen die Diskless-Endgeräte nur als Terminals arbeiten, reicht schon ein Pentium-PC ab 16 MB RAM mit passender Netzwerkkarte mit PXE/Boot-PROM. Zwar verbringen Systemverwalter zunächst mehr Zeit mit dem Einrichten, können aber später alle Installationen und Änderungen zentral auf dem Boot-Server pflegen. Während auch Endanwender ohne Computerkenntnisse die zuvor erwähnten Lösungen mit Flash-ROMs zum Laufen bringen, müssen hier erst Systemverwalter serverseitig fleißig sein. Sie haben zum Glück kaum mehr zu tun, um 100 Diskless PCs zu betreiben als um eine Handvoll herkömmlicher PCs einzurichten. Wenn alles läuft, ist es genauso für Endanwender geeignet wie Flash-ROM-Lösungen. Wer 486er PCs ansonsten entsorgen müsste oder welche geschenkt bekommt, zaubert mit weniger als 20 Euro Materialkosten funktionsfähige Endgeräte ohne Festplatte und Diskettenlaufwerk. Zu den 20 Euro kommen allerdings eventuell noch Kosten für neue Grafik- und Soundkarten hinzu.

17.6 LTSP-Terminals

Das LTSP-Projekt um Jim Mc Quillan ist ein seit Jahren bewährtes Thin-Client-Projekt, das über eine sehr starke Community verfügt, die die Lösung sehr liebevoll pflegt, erweitert und dokumentiert. Auch der Online-Suport ist sehr nett.

Dieser Teil des Kapitels beschreibt, wie Sie plattenlose PCs von einem Boot-Server starten, um sie dann ggf. an Terminalservern oder Mainframes als Terminal zu betreiben. Solche Endgeräte sollten Anwender von fortgeschrittenen Linux-Benutzern einrichten lassen. Die Installationsarbeit setzt u. a. Grundkenntnisse in NFS (Network File System) voraus, wie sie das Kapitel 8 dieses Buchs vermittelt.

Die aktuelle Version 5 des Projektes ist gegenüber den bisherigen Versionen sehr stark überarbeitet worden, so dass viele ältere Dokumentationen zu LTSP kaum noch helfen. Bei der aktuellen Version ist LTSP sehr stark in die jeweilige Distribution integriert, also auch in OpenSUSE 11.0. Die starke Integration macht sich auch darin bemerkbar, dass die Software nun nicht mehr von den Servern des LTSP-Projektes bezogen wird, sondern von OpenSUSE-Servern. Die Einstiegsseite findet sich unter `http://en.opensuse.org/LTSP`.

Das OpenSUSE-Projekt geht mit der LTSP-Integration noch einen Schritt weiter als andere Distributionen. Es integriert zusätzlich sein KIWI-Projekt. Das KIWI-Projekt erzeugt komplette Images von lauffähigen Linux-Systemen. Das KIWI-Image wird dann von den LTSP-Clients gebootet. Damit kann auf dem Client-System ebenfalls OpenSUSE 11.0 laufen, ohne dass eine aufwendige Installation notwendig wäre. Bei den vorherigen LTSP-Versionen musste man das von LTSP gelieferte Linux booten.

Da das KIWI-Projekt sehr intensiv an seiner Software arbeitet, darf man sich nicht wundern, dass die Dokumentation noch nicht so perfekt ist, wie man es von LTSP bisher gewohnt ist.

17.6.1 Überblick

Im Laufe dieses Abschnitts lesen Sie Schritt für Schritt, wie Sie X-Terminals (Clients) einrichten. Sobald Sie die X-Terminals eingerichtet haben, starten diese in folgenden Schritten:

- Das Boot-ROM initialisiert die Netzwerkkarte.
- Das Boot-ROM sendet eine `Bootp`-Anfrage an den DHCP-Server.
- Der DHCP-Server beantwortet die Anfrage und teilt dem Client eine IP-Adresse zu. Außerdem teilt er dem Client die Lage und den Pfad des zu ladenden Linux-Kernels mit.
- Der Client sendet eine TFTP-Anfrage an den Boot-Server (TFTP: Trivial File Transport Protocol).
- Der TFTP-Server beantwortet die Anfrage und sendet dem Client den Linux-Kernel.
- Der Client bootet jetzt Linux. Der Linux-Kernel sendet eine `Bootp`-Anfrage an den Server.
- Der Server beantwortet diese Anfrage. Mit diesen Daten konfiguriert der Linux-Kernel des Clients sein Netzwerk-Interface und setzt den Rechnernamen.
- Der Linux-Client versucht, sein *root*-Filesystem per NFS zu mounten.
- Der NFS-Server exportiert das angeforderte Verzeichnis an den Client.
- Der `init`-Prozess auf dem Client startet.
- Auf dem Client startet das Betriebssystem mit grafischer Oberfläche.
- Benutzer können sich auf dem Rechner einloggen, sofern sie auf dem Server über einen gültigen Account verfügen. Ihnen steht jetzt ihre X-Windows-Oberfläche zur Verfügung, und sie können damit auf dem lokalen Linux-System oder auf anderen Linux-Rechnern arbeiten.

Die beiden Projekte haben die für das Client-System notwendige Software und einige Installationsskripte zu einem leicht nutzbaren Softwarepaket zusammengestellt.

17.6.2 Vorbereitungen für LTSP

Für LTSP 5 müssen Sie die Netzwerkkarte, über die die Client-Rechner angebunden werden sollen, mit einer festen IP-Adresse konfigurieren.

Auf dem Linux-Server benötigt man für Terminals à la LTSP einen DHCP-Server, einen TFTP-Server, einen NFS-Server sowie ggf. einen XDM-Server. Wenn noch keine DHCP-Server und TFTP-Server eingerichtet sind, holt die LTSP-Installation dies nach.

17.6.3 LTSP-Software

Zur Installation muss das ursprüngliche Installationsmedium, meist die DVD, ebenfalls eingelegt sein, da einige zusätzliche Pakete auch von diesem Medium installiert werden. Für die Grundinstallation gibt es mehrere Möglichkeiten: Das reicht von einen *1-Click Install* ausgehend von der Website bis zum Download eines `.iso`-Images mit den notwendigen Paketen. Über das Image installieren Sie ältere Quellen als über das aktuelle Repository.

Lesen Sie hier, wie Sie LTSP an der Konsole mit dem Programm `zypper` installieren.

Der erste Schritt fügt die Repositories `ltsp` und `tools` hinzu.

```
boss:~ # zypper ar http://download.opensuse.org/repositories/
  ➥ server:ltsp/openSUSE_11.0 ltsp
Füge Repository 'ltsp' hinzu [fertig]
Repository 'ltsp' erfolgreich hinzugefügt
Aktiviert: Ja
Automatisch auffrischen: Nein
URI:
http://download.opensuse.org/repositories/server:ltsp/openSUSE_11.0

boss:~ # zypper ar
http://download.opensuse.org/repositories/openSUSE:/Tools/openSUSE_
  ➥ 11.0 tools
Füge Repository 'tools' hinzu [fertig]
Repository 'tools' erfolgreich hinzugefügt
Aktiviert: Ja
Automatisch auffrischen: Nein
URI: http://download.opensuse.org/repositories/openSUSE:/Tools/
  ➥ openSUSE_11.0
```

Wenn dieser Schritt erfolgreich verlaufen ist, kann die Installation des Pakets `kiwi-desc-ltsp` starten. Dabei muss auch das Installationsmedium zur Verfügung stehen, von dem aus der Server installiert wurde, da auch davon Pakete abgerufen werden.

```
boss:~ # zypper in kiwi-desc-ltsp
Lade Metadaten von Repository 'openSUSE-11.0-Updates' herunter [fertig]
```

```
Erzeuge Zwischenspeicher für Repository 'openSUSE-11.0-Updates' [fertig]
Möchten Sie diesem Schlüssel 85753AA5EEFEFDE9, openSUSE:Tools OBS
Project <openSUSE:Tools@build.opensuse.or                    g>,
Fingerabdruck 0A031153E2F5E9DB71510D8C85753AA5EEFEFDE9 vertrauen?
[ja/NEIN]: ja
Schlüssel 85753AA5EEFEFDE9 zu den vertrauenswürdigen Schlüsseln
hinzufügen? [ja/NEIN]: ja
Erzeuge Zwischenspeicher für Repository 'tools' [fertig]
Möchten Sie diesem Schlüssel 663A267061E1CF11, server:ltsp OBS
Project <server:ltsp@build.opensuse.org>, Fi
ngerabdruck 6C29A88EC9DA271129783D56663A267061E1CF11 vertrauen?
[ja/NEIN]: ja
Schlüssel 663A267061E1CF11 zu den vertrauenswürdigen Schlüsseln
hinzufügen? [ja/NEIN]: ja
Erzeuge Zwischenspeicher für Repository 'ltsp' [fertig]
Lese installierte Pakete...

Die folgenden NEUEN Pakete werden installiert:
  easy-ltsp kiwi-desc-ltsp ltsp-server ltspfs nbd kiwi-tools
  ➥ kiwi-pxeboot
kiwi-desc-usbboot kiwi-desc-netboot kiwi-desc-isoboot kiwi tftp
syslinux squashfs
rpm-python perl-XML-SAX perl-XML-NamespaceSupport perl-XML-LibXML-Common
perl-XML-LibXML perl-Config-IniFiles mtools libedit0 smart

Gesamtgröße des Herunterladens: 7,7 M. Nach der Operation werden
zusätzlich 14,2 M genutzt.
Fortfahren? [JA/nein]: ja
```

Nachdem Sie hier *Ja* eingegeben haben, beginnen der Download und die Installation der notwendigen Pakete von der Internetquelle und der Installations-DVD.

Das Laden und Installieren der ca. 30 Pakete kann etwas Zeit in Anspruch nehmen.

17.6.4 Konfigurieren der LTSP-Software

Nach dem Laden der Pakete konfiguriert das Skript `kiwi-ltsp-setup` den Server und verändert dessen installiertes System.

Bevor man das Installationsskript aufruft, sollte man die Voreinstellungen für die Installation in der Datei `/etc/sysconfig/kiwi-ltsp` prüfen:

```
## Path: System/Kiwi-ltsp
## Description: kiwi-ltsp setup - Part of KIWI-LTSP as created by
  ➥ CyberOrg
# Copyright (c) 2007 Cyberorg
# This program is free software; you can redistribute it and/or
# modify it under the terms of the GNU General Public License as
# published by the Free Software Foundation; either version 2 of the
# License, or (at your option) any later version.
```

```
#
...
## Type:         integer(0:1)
## Default:      0
#Set LTSP_DEBUG "0" logs to file and "1" to log KIWI activity to
  ➥ screen instead of log file
LTSP_DEBUG="1"

## Type:         list(NFS,NBD)
## Default:      NBD
#Set the image type, NFS and NBD supported, NBD is default
IMAGETYPE="NBD"

## Type:         string
## Default:      /mnt/10.3
#Set the installation source path or URL
SUSE_INSTALL_SOURCE="/mnt/11.0"

## Type:         string(yast2,rpm-dir)
## Default:      yast2
#Set the installation source type
SUSE_INSTALL_SOURCE_TYPE="yast2"

## Type:         list(10.3,11.0)
## Default:      11.0
#Set the openSUSE version to use for creating image
SUSE_VERSION="11.0"
```

Sehr wichtig ist hier die Zeile SUSE_INSTALL_SOURCE. An dem hier angegebenen Pfad muss die DVD oder ein .iso-Image der DVD der OpenSUSE-Installation liegen. Dazu hängt man entweder die DVD per Hand an diese Position ein oder gibt hier den Pfad an, an dem die DVD eingehängt ist.

Als Nächstes sollte man das Installationsskript einen Installations-Check durchführen lassen:

```
kiwi-ltsp-setup -p
```

Das Script sollte die folgenden Ausgaben erzeugen:

```
KIWI-LTSP: 2008-09-28-12:43:22: ====== Starting ======
KIWI-LTSP: 2008-09-28-12:43:22: Checking for mandatory packages.
KIWI-LTSP: 2008-09-28-12:43:23: All mandatory packages are installed
KIWI-LTSP: 2008-09-28-12:43:23: Backing up current configuration
/srv/tftpboot/KIWI/
/srv/tftpboot/KIWI/defkeymap.map
/srv/tftpboot/KIWI/lts.conf
/srv/tftpboot/KIWI/config.default
/srv/tftpboot/KIWI/clock
/srv/tftpboot/KIWI/defkeymap.name
/srv/tftpboot/KIWI/deployltspfiles
/srv/tftpboot/KIWI/ssh_known_hosts
```

```
/srv/tftpboot/KIWI/language
/srv/tftpboot/KIWI/keyboard
/etc/dhcpd.conf
/etc/sysconfig/dhcpd
/etc/exports
KIWI-LTSP: 2008-09-28-12:43:23: ====== Setup completed ======
```

Nun kann die eigentliche Konfiguration starten, die auch das KIWI-Image für die Client-Rechner erzeugt. Haben Sie dabei etwas Geduld.

Starten Sie diesen Schritt mit:

```
kiwi-ltsp-setup -p
```

Um das notwendige Image für den Client zu erzeugen, muss das Installationsskript einige Pakete vom Installationsmedium laden.

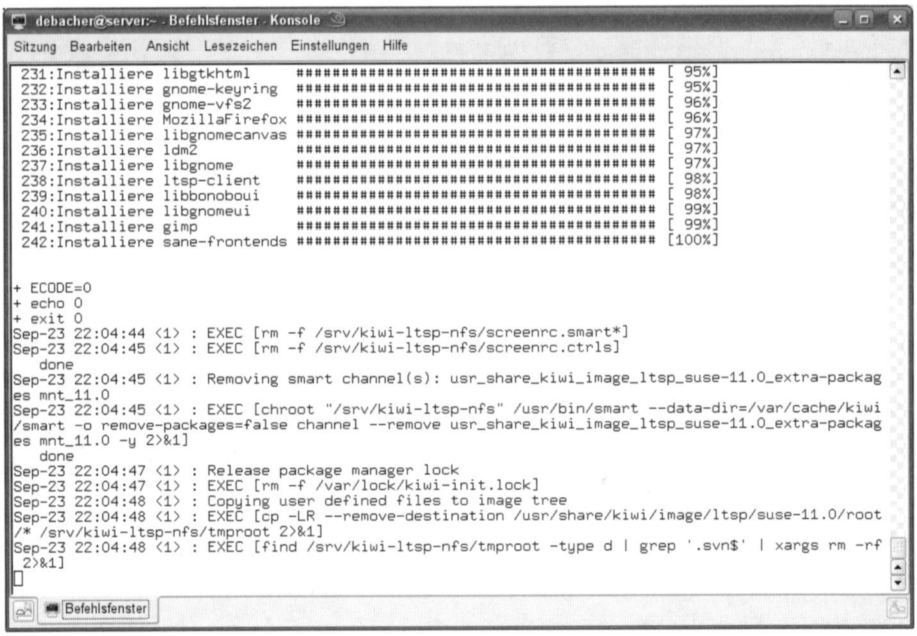

Abbildung 17.2: LTSP-Setup

Wegen der hohen Zahl der notwendigen Pakete dauert das eine Weile.

Am Ende erzeugt das Skript das Image und das notwendige Dateisystem. Die letzten Zeilen der Ausgabe des Installationsskripts sollten deutlich machen, dass hier ein Image der Größe von 500 MB erzeugt wurde.

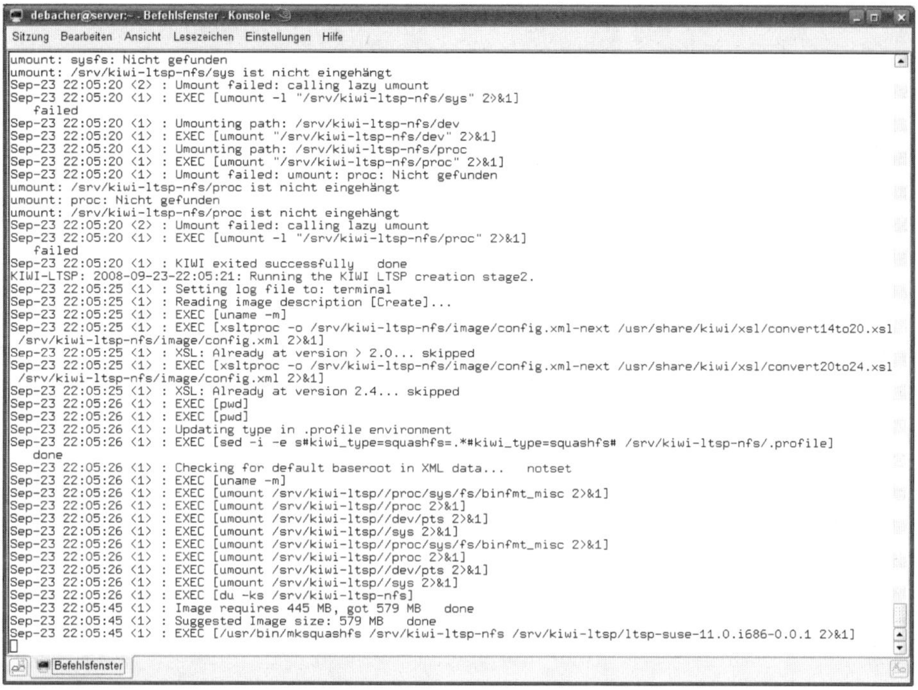

Abbildung 17.3: LTSP: Ende des Setup

Kontrollieren sollte man, dass bei der Installation im Verzeichnis `/srv/tftpboot/boot/` die Dateien `initrd-ltsp` und `linux-ltsp` erzeugt wurden. Bei den Installationen der Redaktion war das nicht immer der Fall. Hier muss man dann eventuell die Dateien mittels `kiwi-ltsp-setup -n` explizit erzeugen.

Das Setup-Skript erzeugt neben dem Image auch passende Konfigurationsdateien, wobei es vorhandene Originale vorher sichert.

17.6.5 Nachbesserungen

Nachdem das Konfigurationsprogramm von LTSP seine Arbeit abgeschlossen hat, sollten Sie die wichtigsten Konfigurationsdateien prüfen.

Kontrollieren Sie auf alle Fälle die Datei `/etc/exports`:

```
/home    *.lokales-netz.de(rw,no_subtree_check)
/media/cdrom     *(ro,no_subtree_check)
/windows         www.linuxbu.ch(ro,no_subtree_check)

/srv/kiwi-ltsp-nfs      192.168.1.0/255.255.255.0(ro,no_root_
                        ➥ squash,async,no_subtree_check)

/var/opt/ltsp/swapfiles 192.168.1.0/255.255.255.0(rw,no_root_
                        ➥ squash,async,no_subtree_check)
```

An dieser Datei können Sie sehen, dass das Konfigurationsprogramm seine Einstellungen an die vorhandenen Einträge angehängt hat.

Die angegebenen IP-Adressen müssen unbedingt zu Ihrer Netzwerkkonfiguration passen, damit Ihre Client-Systeme auf die Freigaben zugreifen.

In der Datei `/etc/dhcpd.conf` passen Sie LTSP an Ihre eigenen Gegebenheiten wie Netzadressen und Hardware-Adressen spezieller Netzwerkkarten an.

Hier folgt ein Muster dieser `/etc/dhcpd.conf`:

```
# dhcpd.conf.template - Part of KIWI-LTSP as created by Cyberorg
#
# Copyright (c) 2007 Cyberorg
# This program is free software; you can redistribute it and/or
# modify it under the terms of the GNU General Public License as
# published by the Free Software Foundation; either version 2 of the
# License, or (at your option) any later version.
#
# This program is distributed in the hope that it will be useful, but
# WITHOUT ANY WARRANTY; without even the implied warranty of
# MERCHANTABILITY or FITNESS FOR A PARTICULAR PURPOSE.  See the GNU
# General Public License for more details.
#
# You should have received a copy of the GNU General Public License
# along with this program; if not, write to the Free Software
# Foundation, Inc., 59 Temple Place, Suite 330, Boston, MA 02111-1307
USA
#
# Authors: Cyberorg Cyberorg <cyberorg@cyberorg.info>
#          Magnus Boman <captain.magnus@gmail.com>
#
# Version       Date            Changes
# 0.1           2007-08-25      Initial release

option domain-name "lokales-netz.de";
option domain-name-servers 192.168.1.2;
option routers 192.168.1.2;
default-lease-time 14400;
ddns-update-style none;
next-server 192.168.1.2;
subnet 192.168.1.0 netmask 255.255.255.0 {
  range 192.168.1.50 192.168.1.100;
  default-lease-time 14400;
  max-lease-time 172800;
  filename "pxelinux.0";
}
```

Die Dateien, die der Client im ersten Schritt laden soll, liegen im Verzeichnis /srv/tftpboot/pxelinux.cfg/ und werden vom Programm /srv/tftpboot/pxelinux.0 geladen. Den Pfad /srv/tftpboot/ muss man in der obigen Konfiguration weglassen, da er in der Konfiguration des TFTP-Servers voreingestellt ist.

Die Einträge in der Datei /opt/ltsp/i386/etc/lts.conf für die Workstation-Namen müssen mit den hier gesetzten Namen übereinstimmen. Rechner, die mit der Standardkonfiguration der lts.conf funktionieren, braucht man hier nicht einzutragen.

Bitte passen Sie danach die Datei /srv/tftpboot/KIWI/lts.conf an. Die Parameter sollten selbsterklärend sein. Die Datei /srv/tftpboot/KIWI/lts.conf ist die zentrale Konfigurationsdatei für die LTSP-Clients.

```
# This is the default lts.conf file for ltsp 5.
# For more information about valid options please see:
# /usr/share/doc/ltsp-client/examples/lts-parameters.txt.gz
# in the client environment

[default]
    SOUND=True
    LOCALDEV=True
    CONFIGURE_X=true
    SERVER=192.168.1.2
    SCREEN_07=ldm
    LOCAL_APPS=true
```

Um alle Änderungen wirksam zu machen, geben Sie nun ein:

```
init 1
```

und nach einem erneuten Einloggen als *root*:

```
init 5
```

17.6.6 Boot-Menü anpassen

Startet man den ersten Client mit dem LTSP-System, so erscheint auf dessen Bildschirm ein Boot-Menü.

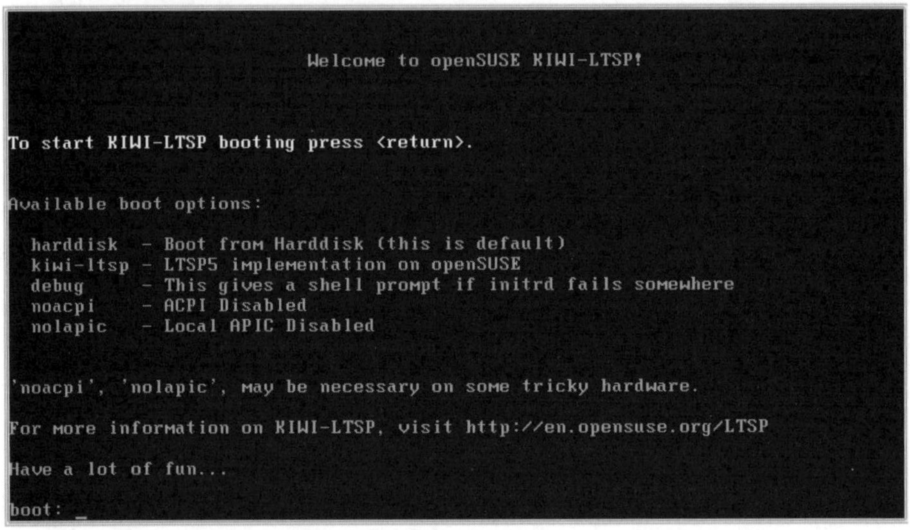

Abbildung 17.4: LTSP: Boot-Menü

Will man dieses Menü anpassen, so muss man auf dem Server die Datei `/srv/tftpboot/pxelinux.cfg/default` bearbeiten.

```
implicit        1
display         message-ltsp
prompt          1
timeout         100

DEFAULT kiwi-ltsp

LABEL kiwi-ltsp
        kernel boot/linux-ltsp
        append initrd=boot/initrd-ltsp vga=791 splash=silent showopts
        IPAPPEND 2

LABEL debug
        kernel boot/linux-ltsp
        append initrd=boot/initrd-ltsp vga=791 acpi=off kiwidebug=1
        IPAPPEND 2

LABEL noacpi
        kernel boot/linux-ltsp
        append initrd=boot/initrd-ltsp vga=791 acpi=off
        IPAPPEND 2

LABEL nolapic
        kernel boot/linux
        append initrd=boot/initrd-ltsp vga=791 nolapic
```

```
        IPAPPEND 2

LABEL Local-Boot
        localboot 0
```

Der einfache Aufbau der Datei erinnert an die Konfiguration des Bootmanagers *Grub*. Für jeden der fünf Einträge im Boot-Menü findet sich hier ein Abschnitt. Der Abschnitt `kiwi-ltsp` startet automatisch, wenn der Benutzer nicht innerhalb von ca. 10 Sekunden einen anderen Eintrag ausgewählt hat.

Um diese Boot-Menüs für jeden Rechner individuell anzulegen, muss man im Verzeichnis `/srv/tftpboot/pxelinux.cfg/` jeweils eine Konfigurationsdatei anlegen, deren Dateiname der MAC-Adresse des Rechners entspricht. Hat der Rechner die MAC-Adresse `00:0c:29:86:0c:ce`, so müsste diese Datei `000C29860CCE` heißen.

Hat man mehrere ähnliche Rechner, so sind in der Regel auch ihre MAC-Adressen ähnlich. Sie unterscheiden sich nur im hinteren Teil. Legt man eine Konfigurationsdatei mit dem Namen `000C29` an, so würde diese von allen Rechnern geladen werden, deren MAC-Adresse mit `00:0c:29` beginnt und für die es keine individuellere Konfigurationsdatei gibt.

Damit kann man die Boot-Einstellungen der Rechner sehr individuell konfigurieren.

17.6.7 Testen mit VMware

Am einfachsten fällt Ihnen das Testen, wenn auf Ihrem Server VMware zur Verfügung steht (siehe Kapitel 15). Die Software erlaubt auch das Booten per PXE.

Legen Sie also einfach einen neuen virtuellen Rechner an und booten diesen, ohne ihm eine Diskette oder eine CD/DVD anzubieten. Dann startet dieser virtuelle Rechner seinen PXE-Code.

Der Vorteil des Testens mit VMware liegt darin, dass Sie Probleme relativ leicht erkennen können, da alles auf dem gleichen Rechner abläuft.

Nach kurzer Zeit sollten Sie die Anmeldemaske Ihres Servers zu sehen bekommen.

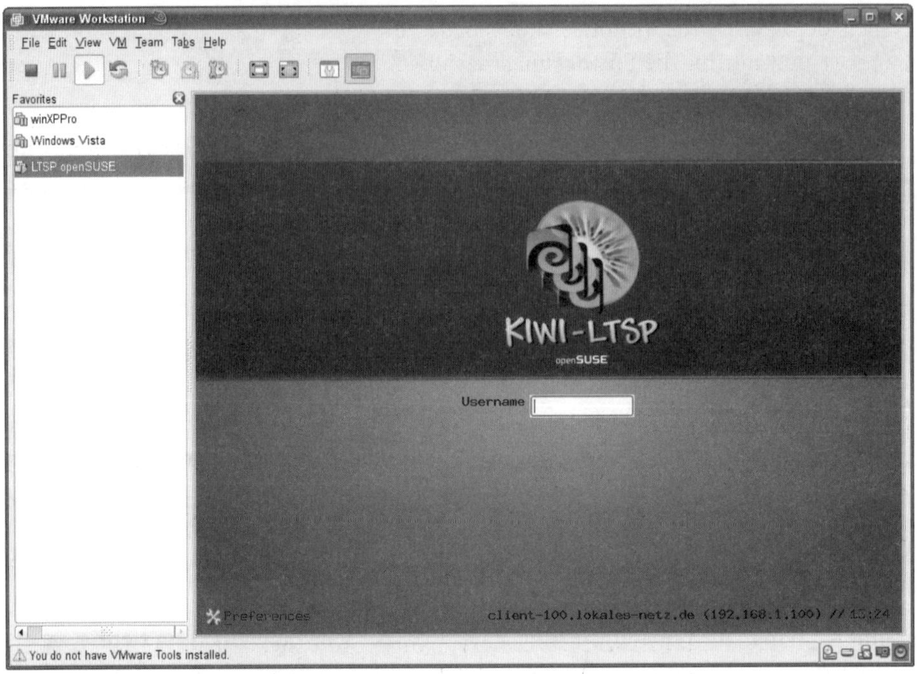

Abbildung 17.5: LTSP-Client in VMware

Tests der Redaktion mit VMware funktionierten immer sehr gut.

17.7 OpenSLX – Diskless Workstations

Statt plattenlose PCs nur als Remote-Terminals einzurichten, können Sie mit der GPL-Software OpenSLX vollständig lauffähige Linux-Arbeitsplatzrechner aufsetzen. Solche festplattenlosen Linux-Workstations sind einfach zu installieren und leicht zu administrieren.

OpenSLX ermöglicht auch große Installationen mit sehr vielen Clients. Durch Virtualisierungslösungen wie VMplayer können Sie auf einem OpenSXL-Client weitere Betriebssysteme effektiv verteilen und betreiben.

Das Paket OpenSLX ist, wie eigentlich jedes Open-Source-Paket, nicht fertig, sondern wird seit 1997 beständig weiter entwickelt. Aktuell ist derzeit die Version 5. Sie können diese von der Projekt-Homepage `www.openslx.org` als RPM- oder Debian-Paket herunterladen; für OpenSUSE 11.0 wählen Sie das RPM (die genaue Bezeichnung hängt von der jeweiligen Revision ab):

```
server:~ # wget http://openslx.org/common/packages/archive/
                ➥ openslx-5.0.M-N.i586.rpm
server:~ # rpm -i openslx-5.0.M-N.i586.rpm
```

Neben dem Basispaket benötigen Sie noch die Pakete perl-Clone, perl-Config-General und nur für die Entwicklungsversionen subversion, die Sie am bequemsten mittels YaST hinzufügen.

Für aktuelle Bugfixes oder neue Features wie weitere unterstützte Distributionen für Ihre Clients können Sie jederzeit anonym per Versionsverwaltung auf die Quellen im Entwicklungsbaum zugreifen:

```
server:~ # svn co http://svn.OpenSLX.org/svn/openslx/openslx
...
server:~ # Checked out revision 2NNN.
slx-server:~ # cd openslx/trunk
slx-server:~/openslx/trunk # make install
```

Nach der Installation auf dem einen oder anderen Weg stehen Ihnen OpenSLX-Administrationskommandos zur Verfügung, die mit dem Präfix slx beginnen. Mit

```
server:~ # slxsettings set private-path='/var/opt/openslx' set
  ➥ public-path='/'
setting private-path to '/var/opt/openslx'
setting public-path to '/'
```

bestimmen Sie, wo das Ausgangsdateisystem Ihrer SLX-Clients landet. Die Vorbereitungsdaten, Konfigurationen und die SLX-Datenbank werden unterhalb von /var/opt/openslx abgelegt. Sie umfassen den Umfang einer Distribution, so dass Sie für das Verzeichnis mindestens 10 GByte vorsehen sollten. Der spätere NFS-Export erfolgt aus /export und die TFTP-Dateien kommen unterhalb /tftpboot. Wählen Sie einen anderen public-path, steht dessen Präfix vor den beiden letztgenannten Verzeichnissen. Die aktuelle Version Ihres OpenSLX-Toolsets liefert:

```
slx-server:~ # slxversion
5.0.OrevNNNN
```

17.7.1 Funktionsweise

OpenSLX kümmert sich um die komplette Einrichtung von Netboot-Clients als Linux-Workstations. Dabei kann ein SLX-Server mehrere Systeme, die auch auf unterschiedlichen Linux-Distributionen basieren können, bereitstellen.

Für eine gute Übersichtlichkeit ist die Setup-Prozedur für die Netboot-Clients in mehrere Schritte aufgeteilt:

- *Stage0* bezeichnet ein laufendes Referenzsystem auf realer oder virtueller Hardware, von dem durch rsync ein Abzug auf den Server erzeugt wird. Dazu muss rsync auf dem System installiert sein. Dieses Stadium spielt lediglich für den Klonmodus eine Rolle.

- *Stage1* bezeichnet ein lauffähiges Clientsystem, welches unterhalb von `/var/opt/openslx/stage1/<name>` landet. Bei übereinstimmender Hardware-Architektur können Sie durch `slxos-setup shell <name>` direkt in dieses Verzeichnis hineinwechseln. Das System wird grundsätzlich eingerichtet und ggf. um bestimmte lokale Erweiterungen wie von der Distribution nicht angebotene externe Softwarepakete ergänzt. Ein *Stage1* können Sie durch direkte Installation aus den jeweiligen Paketquellen oder durch den Abzug von einem bestehenden System (Klon, *Stage0*) mit den SLX-Tools einrichten.

- *Stage2* – Aus dem *Stage1* lassen sich verschiedene Client-Root-Filesysteme erzeugen. Dazu dupliziert `slxos-export` das *Stage1* und lässt dabei nicht benötigte Verzeichnisse und Dateien, beispielsweise aus dem Verzeichnis `/var`, weg. `Slxos-export` erzeugt hierzu ein neues Unterverzeichnis im NFS-Export oder legt für Netzwerk-Blockdevices ein *SquashFS* an. *SquashFS* ist ein komprimiertes, nur lesbares Dateisystem. Es hilft, den Netzwerkdatenverkehr zu reduzieren. Dazu gehören mindestens ein passender Kernel (üblicherweise direkt aus der verwendeten Distribution), mindestens ein zum Kernel passendes InitialRamFS und eine Client-Konfiguration. Das InitialRamFS enthält alle zum Mounten des Rootfilesystems notwendigen Tools und führt die Vorbereitungsschritte aus. Die Client-Konfiguration kann Dateien enthalten, die im *Stage3* an die passende Stelle entpackt werden.

- *Stage3* – Während *Stage0-2* administrative Vorgänge auf dem SLX-Server umfasst, die Sie nur wenige Male ausführen müssen, findet *Stage3* auf jedem einzelnen Client bei jedem Neustart innerhalb des InitialRamFS statt. Hier setzen die Shell-Skripten `init` (SLX-Init), `hwautocfg` und `servconfig` den Client-PC individuell auf. Sie legen alle wichtigen Konfigurationsdateien des Clients in `/mnt/etc` an oder modifizieren diese. Lokale Erweiterungen (für alle Clients, die ein bestimmtes InitRamFS verwenden) sind mit `preinit.local`, ganz am Anfang von SLX-Init, und `postinit.local` ziemlich am Ende von SLX-Init möglich. `postinit.local` lässt sich individuell per Client in einem Paket aus Konfigurationsdaten (`ConfTGZ`) zur Verfügung stellen. Dieses Paket wird in *Stage3* beispielsweise per TFTP gezogen und anschließend entpackt. Die Vorlage hierzu liegt in `/var/opt/openslx/config/<system>`.

- *Stage4* konfiguriert aus SLX-Sicht nur noch Kleinigkeiten. Der Client hat ein komplettes Root-Filesystem, alle Programme und Dateien und kann jetzt seine Tastatur einstellen und sein grafisches Login starten.

- Je nach Art der Clients können Sie auf einem Server eine oder mehrere verschiedene Systemexporte bereitstellen. So können Sie ein *Stage1*-System in mehreren Varianten wie NFS und gleichzeitig NBD/SquashFS an die Clients ausliefern oder sehr unterschiedliche *Stage1* mit derselben Technologie aus unterschiedlichen Exporten bedienen. Das ist beispielsweise für Tests sinnvoll, wenn man neben dem aktuell benutzten System schon das neue System parallel anbieten möchte.

17.7.2 Programmnamen und globale Einstellungen

Die Konfigurations- und Setup-Programme liefern bei Angabe der Option `--help` eine Kurzhilfe. Das Handbuch zum Kommando gibt die hinten angestellte Option `--man` aus.

Nach der Installation können Sie mit dem Programm `slxsettings` globale Grundeinstellungen wie Pfade an Ihre Vorstellungen anpassen. Ohne Parameter aufgerufen, zeigt Ihnen `slxsettings` die Liste der aktuellen Einstellungen. Die Hilfe `slxsettings --man` listet die für alle SLX-Kommandos gemeinsamen Optionen auf:

```
NAME
       slxsettings - OpenSLX-script to show & change local settings
SYNOPSIS
       slxsettings [options] [action ...]
...
       General Options
             --help                        brief help message
             --man                         full documentation
             --quiet                       do not print anything
             --version                     show version
```

Für die meisten SLX-Umgebungen sollten die Voreinstellungen passen. Wenn Sie aber beispielsweise unter `/space` eine große leere Plattenpartition eingehängt haben und diese für OpenSLX nutzen möchten, können Sie die *Stage1*-Installationen auf diese umleiten:

```
slx-server:~ # slxsettings --private-path="/space"
setting private-path to '/space'
```

Ebenso können Sie die Art der Datenbank zur Verwaltung der mit OpenSLX exportierten Systeme und Ihrer Clients ändern. Der Standardtyp ist `SQLite`. Je nach installierten Perl-Komponenten können Sie alternativ auch MySQL als Backend einsetzen.

```
slx-server:~ # slxsettings --db-type=SQLite
setting db-type to 'SQLite'
```

Den Datenbanktyp können Sie im laufenden Betrieb später nicht mehr einfach ändern. Nach den Grundeinstellungen können Sie sich nun den Stadien 0 bzw. 1 widmen.

17.7.3 Stage1 aus Netzwerk-Quellen oder Referenzmaschine

Je nach Linux-Distribution auf den Clients stehen Ihnen ein oder zwei Wege des *Stage1*-Setups zur Verfügung: Entweder Sie installieren ein ganz frisches System aus den Paketquellen oder Sie klonen eine schon fertig eingerichtete Maschine, beispielsweise Ihre OpenSUSE 11.0-Maschine. Beides übernimmt das Kommando `slxos-setup`, welches den Aufbau `slxos-setup kommando <parameter>` hat. Auskunft gibt das Subkommando `list-supported`:

```
slx-server:~ # slxos-setup list-supported
List of supported distros:
        suse-11.0               (clone)
        suse-11.0_x86_64        (clone,install)
        ubuntu-8.04             (clone)
        ...
```

Eine Neuinstallation nimmt `slxos-setup` mit dem Subkommando `install` vor, gefolgt von der gewünschten Distribution:

```
slx-server:~ # slxos-setup install suse-11.0
[ ... lots of yum output ... ]
Total download size: 69 k
Downloading Packages:
(1/2): nbd-2.8.7-14.i586. 100% |=========================|  45 kB  00:00
(2/2): squashfs-kmp-defau 100% |=========================|  24 kB  00:00
Running Transaction Test
Finished Transaction Test
Transaction Test Succeeded
Running Transaction
  Installing: squashfs-kmp-default     ######################### [1/2]
  Installing: nbd                      ######################### [2/2]

Installed: nbd.i586 0:2.8.7-14 squashfs-kmp-default.i586
           ➥ 0:3.1_2.6.18.2_34-34
Complete!
Starting SuSEconfig, the SuSE Configuration Tool...
Running in full featured mode.
Reading /etc/sysconfig and updating the system...
Executing /sbin/conf.d/SuSEconfig.perl...
Executing /sbin/conf.d/SuSEconfig.permissions...
Finished.
Vendor-OS 'suse-11.0' installed succesfully.
Vendor-OS 'suse-11.0' has been added to DB (ID=1).
```

Je nach Bandbreite und Auslastung Ihres Netzwerks können Sie eine Kaffee- oder Mittagspause bis zum Abschluss dieses Schrittes einplanen. Jede so aufgesetzte Distribution können Sie später mit `slxos-setup update <distro>` auffrischen, was dann deutlich schneller als die Primärinstallation geht.

Wenn Sie schon ein fertig eingerichtetes System haben, weil Sie beispielsweise bestehende Fat-Clients in OpenSLX-Clients umwandeln wollen, kann ein Klon-Setup eine sinnvolle Option sein. Das Subkommando `clone` benötigt dazu die Ausgangsquelle. Um ein geklontes System von einer klassischen RPM-Installation unterscheiden zu können, geben Sie dem Klon am besten einen individuellen Namen. Alles, was Sie hinter dem Distributionsnamen und der Version angeben, im Beispiel `-mysystem`, wird Bestandteil des Namens.

Rsync klont im Hintergrund, so dass Sie am Anfang nach dem *root*-Passwort der Referenzmaschine gefragt werden. Auf einigen Referenzsystemen müssen Sie daher vorher dafür sorgen, dass `root` sich per SSH anmelden darf. Für einen schnellen Test können Sie einfach Ihren OpenSUSE 11.0-Server klonen:

```
slx-server:~ # slxos-setup clone localhost:/ suse-11.0-mysystem
Cloning vendor-OS from '11.00.4.50:/' to '/space/stage1/suse-11.0-
  ➥ mysystem'...
Password:
receiving file list ...
...
var/yp/
var/yp/nicknames
var/yp/binding/

sent 5765235 bytes  received 6044617832 bytes  5710602.23 bytes/sec
total size is 6025777602  speedup is 1.00
Vendor-OS 'suse-11.0-mysystem' has been cloned succesfully.
Vendor-OS 'suse-11.0-mysystem' has been added to DB (ID=2).
```

Das Subkommando `list-installed` zeigt Ihnen alle angelegten `Stage1`-Systeme an:

```
slx-server:~ # slxos-setup list-installed
List of installed vendor-OSes:
        suse-11.0-mysystem
        suse-11.0
```

17.7.4 Plugins – Modulare Erweiterungen des Basissetups

Die generelle Software-Architektur von OpenSLX zielt darauf, sämtliche über die Grundfunktionalität (die Bereitstellung und Verknüpfung der einzelnen Stages) hinausgehende Fähigkeiten des Systems mittels spezieller Erweiterungen, den *Plugins*, zu implementieren.

Die bisherigen Schritte genügten daher nur für ein bootfähiges Grundsystem, jedoch nicht für einen komfortablen grafischen Desktop. Diesen erstellen die beiden Plugins `xserver` und `desktop`. Das erste richtet X.org automatisch ein und bindet vielleicht gewünschte proprietäre OpenGL-Treiber von Nvidia oder ATI/AMD ein. Das zweite kümmert sich um das Setup des gewünschten Displaymanagers und der grafischen Default-Sitzung.

Das Kommando `slxos-plugin` installiert Plugins und deren vielleicht von den Voreinstellungen abweichende Einstellungen:

```
slx-server:~ # slxos-plugin install suse-11.0 desktop manager=kdm
Plugin desktop has been installed into vendor-OS 'suse-11.0'.
slx-server:~ # slxos-plugin install ubuntu-8.04-clone xserver

Plugin xserver has been installed into vendor-OS 'suse-11.0'.
```

Attribute, die wie beim desktop-Plugin die Einstellungen für den später laufenden Client beinhalten, schreibt slxos-plugin in die Datenbank. Dort können Sie diese jederzeit für einzelne Clients, ganze Gruppen oder OpenSUSE 11.0 ändern. Diese Feinheiten Ihrer Clients richten Sie mit dem im übernächsten Abschnitt vorgestellten Werkzeug slxconfig ein. Neben diesen Plugins stehen noch eine Reihe weiterer im Basispaket zur Verfügung:

- *Bootsplash* kann einen grafischen Startbildschirm anzeigen, der vor dem Erscheinen des grafischen Logins gezeigt wird. Hierzu setzt es *Splashy* ein, welches im Userspace läuft und somit das Patchen des Kernels überflüssig macht.
- Das Plugin x11vnc richtet den VNC-Server (siehe Kapitel 16) ein. Dieser erlaubt es, auf eine exakte Kopie des X.org-Bildschirms der lokalen Konsole zuzugreifen.
- Syslog richtet den Syslogger auf einem OpenSLX-Client ein.

Tipp: Vergessen Sie nach der Plugin-Installation nicht erneut zu exportieren und anschließend den slxconfig-demuxer laufen zu lassen.

17.7.5 Systeme exportieren

Nach diesen Vorarbeiten erzeugen Sie für Ihre Netboot-Clients ein Rootfile-System. slxos-export veranlasst dabei dem Übergang von der *Stage1*-Installation in *Stage2*-Exports. Rufen Sie slxos-export mit dem Parameter list-installed auf, präsentiert Ihnen dieser das identische Ergebnis wie slxos-setup list-installed und zeigt Ihnen damit exportierbare Installationen an:

```
slx-server:~ # slxos-export list-installed
List of installed vendor-OSes:
        suse-11.0-mysystem
```

Diese Systeme können Sie nun exportieren. Unterstützt sind bisher die Typen nfs und nbd-squash. Mit dem Unterkommando export legen Sie einen neuen Export an, beispielsweise:

```
slx-server:~ # slxos-export export suse-11.0 sqfs
```

Ein klassisches NFS-Root-Filesystem legen Sie durch einen ähnlichen Aufruf an:

```
slx-server:~ # slxos-export export suse-11.0-mysystem nfs
```

Anschließend können Sie sich durch slxos-export list-exported vergewissern, dass bis hierhin alles funktioniert hat.

Bis zu diesem Punkt haben Sie das Root-Filesystem (entweder das klassische NFS oder NBD mit SquashFS) vorbereitet und die Datenbank mit Basisdaten gefüllt. Die bisherigen Schritte erlauben Ihnen nach dem Abschluss der SLX-Einrichtung den Start Ihres festplattenlosen Clients bis zum Konsolen-Login. Möchten Sie Ihren Benutzern einen grafischen Desktop oder sogar weitere Systeme durch virtualisierte Maschinen anbieten, installieren Sie die im letzten Abschnitt eingeführten Plugins.

17.7.6 Die Datenbank und das Boot-Setup

Das Kommando `slxconfig-demuxer` stellt die jeweiligen Kernel mit dem dazu passenden InitialRamFS bereit und konfiguriert die Clients. Es arbeitet direkt mit den Einträgen der Datenbank und benötigt deshalb in den meisten Fällen keine Parameter. Mit den von OpenSLX erzeugten Basisdaten erreichen Sie bereits eine gültige Konfiguration, die für jeden anfragenden Client gilt. Feinheiten Ihrer Clients richten Sie mit dem Werkzeug `slxconfig` ein.

Sobald Sie mehr Systeme verwalten wollen oder die Clients unterschiedliche Einstellungen benutzen sollen, empfiehlt sich eine weitergehende Konfiguration per Datenbank. Mit der Datenbank, die `slxos-*` unterhalb von `/var/opt/openslx/db` oder in dem von Ihnen definierten Verzeichnis und Typ anlegt, unterhalten Sie sich mit dem Kommando `slxconfig`.

Die bisherigen Einträge in die Datenbank haben `slxos-setup` und `slxos-export` automatisch eingetragen:

```
slx-server:~ # slxconfig list-vendoros
List of the matching vendor-OSes:
      suse-10.1-mysystem
     suse-11.0
slx-server:~ # slxconfig list-export
List of the matching exports:
      suse-10.1-mysystem        (nfs)
  suse-11.0:sqfs-nbd         (sqfs-nbd)
```

Den letzten Schritt vollziehen Sie durch den Aufruf von `slxconfig-demuxer`. Dieses Kommando benötigt keine weiteren Subkommandos oder Parameter, da es alle Informationen direkt aus der Datenbank bezieht. Dieser Schritt erledigt alle wesentlichen Operationen zum Abschluss der *Stage2*-Phase.

Abbildung 17.6: Erfolgreicher Start eines OpenSLX-Clients mit Bootsplash-Plugin

Der `slxconfig-demuxer` baut dabei die Verzeichnisse `/tftpboot` und `/tftpboot/client-config` bei jedem Durchlauf komplett neu auf. Bisherige Änderungen in diesem Bereich gehen verloren. Die Quellen des Demuxers sind vielfältig:

- Der Kernel und seine Module stammen aus dem *Stage1*, dem jeweiligen Hersteller-OS, von dem ein Export erzeugt wurde.
- Die Basiskonfiguration, das `initramfs-setup`, für das erstellte InitRamFS wird komplett aus der Datenbank generiert. Einträge ändern Sie mit `slxconfig`.
- Das Paket der Konfigurationsdaten stammt aus `/var/opt/openslx/config/<system-name>`. Der Systemname wird beim Eintrag in die Datenbank durch `slxos-export` automatisch generiert.

17.7.7 Zugriff auf die Datenbank

Das Werkzeug `slxconfig` stellt die allgemeine Benutzerschnittstelle zur Datenbank dar. Damit können Sie sich alle Einstellungen anzeigen lassen und ändern. So zeigt `slxconfig list-system` alle aktivierten, für Clients potenziell bereitgestellten SLX-Systeme.

Die gesetzten Variablen der einzelnen Clients sehen Sie mit:

```
slx-server:~ # slxconfig --verbose list-system name="<system>"
```

Die meisten Einstellungen sind dabei nicht belegt und werden für das Erstellen des `machine-setup` vom Default-System `"<<<default>>>"` übernommen. Sie können sowohl Parameter Ihres Systems als auch des Default-Systems ändern:

```
slx-server:~ # slxconfig change-system "<<<default>>>" country=de
system '<<<default>>>' has been successfully changed.
```

Diese Konfiguration lokalisiert alle Ihre angelegten Systeme für Deutsch. Sie müssen diesen Eintrag daher nicht für jedes System wiederholen.

Um die Heimatverzeichnissse der User auf dem klassischen NFSv3-Weg bereitzustellen, tragen Sie in die Datenbank ein:

```
slx-server:~ # slxconfig change-system suse-11.0-mysystem:sqfs-nbd
attr_automnt_dir=/home
attr_automnt_src="nfs://192.168.1.2/home"
```

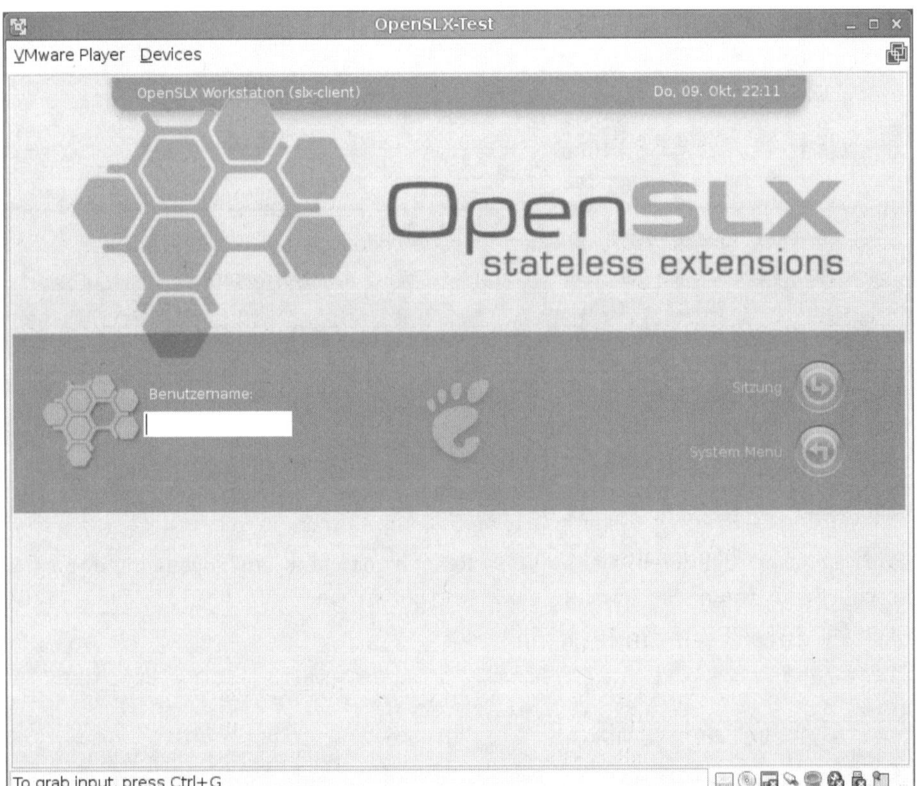

Abbildung 17.7: Grafisches Login eines OpenSLX-Clients im VMware-Player

Eine einfache Benutzerkonfiguration erhalten Sie, wenn Sie Ihre /etc/passwd und /etc/shadow in das Systemkonfigurations-Verzeichnis /var/opt/openslx/config/suse-11.0-mystem/default/rootfs/etc kopieren und anschließend den slxconfig-demuxer erneut starten. Hier können Sie weitere Konfigurationsdateien ablegen, die Sie angepasst auf Ihren OpenSLX-Clients bereitstellen wollen.

Tipp: Vergessen Sie nach Anpassungen der Konfigurationsdatenbank oder Änderungen von Dateien im Systemkonfigurationsverzeichnis nicht, den slxconfig-demuxer neu zu starten.

17.7.8 System-Update und Ergänzungen

In direkt aus den Paketquellen installierten *Stage1*-Installationen können Sie Updates auf dem Server vornehmen lassen. Dieses löst der update-Parameter des slxos-setup aus:

```
slx-server:~ # slxos-setup update suse-11.0
Setting up Update Process
Setting up repositories
base_non-oss             100% |=========================| 951 B    00:00
base                     100% |=========================| 951 B    00:00
base_update              100% |=========================| 1.2 kB   00:00
Reading repository metadata in from local files
primary.xml.gz           100% |=========================| 548 kB   00:00
###################################################### 1340/1340
Resolving Dependencies
[ ... etliche weitere Ausgaben ... ]
Starting SuSEconfig, the SuSE Configuration Tool...
Running in full featured mode.
Reading /etc/sysconfig and updating the system...
Executing /sbin/conf.d/SuSEconfig.perl...
Executing /sbin/conf.d/SuSEconfig.permissions...
Finished.
Vendor-OS 'suse-11.0' updated succesfully.
```

Klonsysteme aktualisieren Sie auf der Referenzmaschine im sogenannten *Stage0*. Anschließend rufen Sie erneut slxos-setup clone localhost:/ suse-11.0-mysystem auf:

```
slx-server:~ # slxos-setup clone localhost:/ suse-11.0-mysystem
building file list ...
[ ... etliche weitere Ausgaben ... ]
sent 434920 bytes  received 121491994 bytes  375737.79 bytes/sec
total size is 8644862874  speedup is 70.90
Vendor-OS 'suse-10.1-mysystem' has been recloned succesfully.
No need to change vendor-OS 'suse-11.0-mysystem' in OpenSLX-database.
```

Abschließend meldet `slxos-setup` seinen Erfolg. Für Systemklone gibt es keinen speziellen Update-Parameter, da das Update außerhalb des Servers auf der Referenzmaschine erfolgt und erst dann auf den Server kopiert wird.

18 Windows-Anwendungen auf Linux-PCs

Windows-Anwendungen gelten für viele Anwender und Entscheider als so populär, dass sie sich auch für Windows-Betriebssysteme als Arbeitsumgebung entscheiden. Doch ist diese Kopplung von Windows-Anwendungen und Arbeitsplatz-Betriebssystem nicht zwangsläufig. Auch Linux-Clients können durchaus Windows-Anwendungen darstellen oder gar laufen lassen. Es gibt mehrere Lösungsansätze, um Windows-Anwendungen auf Linux-Endgeräten darzustellen.

Dieses Kapitel vermittelt, wie Sie mit Codeweavers Crossover Linux, der kommerziellen Version der freien Software *wine*, Anwendern bestimmte Windows-Büroanwendungen wie Microsoft Office direkt auf Linux-Endgeräten bereitstellen können.

Unter Sicherheitsaspekten sollten Sie vorab prüfen, ob es vielleicht doch Linux-Anwendungen gibt, die den gleichen Zweck erfüllen wie die Windows-Programme, die Sie in Linux-Umgebungen verwenden können. Ist dies nicht der Fall, helfen Linux-Umgebungen für Windows-Anwendungen immerhin, einige gravierende Sicherheitsrisiken der Windows-Betriebssysteme zu vermeiden und erleichtern zentrales Verwalten mit frei verfügbaren Linux-Werkzeugen.

Im nächsten Kapitel (»Windows Desktops auf Linus bereitstellen«) lesen Sie dann, wie Sie vollständige Windows-Desktops auf Linux-PCs zur Verfügung stellen können.

18.1 Überblick

- Sowohl das freie `wine` (`http://www.winehq.com`) als auch seine kommerzielle Version Crossover Linux (`http://www.codeweavers.com`) emulieren die Programmierschnittstelle (API) von Windows.

Bei Wine und Crossover Linux sind keine Windows-Installation und auch keine Windows-Lizenz notwendig, um Windows-Programme nutzen zu können. Die einfache Installation mit einer grafischen Umgebung und die nahtlose Integration von Windows-Anwendungen in den Linux-Desktop bei Crossover Linux sollen es Anwendern schmackhaft machen, sich nicht der Mühe der Installation und Konfiguration von Wine unterziehen zu müssen.

Kann Crossover Linux auf eine Windows-Installation zugreifen, gibt es weniger Probleme mit Zeichensätzen. Beachten Sie, dass nicht alle Windows-Anwendungen in dieser Umgebung laufen. Codeweavers bietet eine Einbenutzer- und eine Mehrbenutzerversion von Crossover, diese heißen zur Zeit Crossover Linux Standard und Crossover Linux Professional sowie eine Version für Spieler (Crossover Games).

X-Windows und seine schnelle Variante Nomachine NX (siehe oben im Kapitel 16) erlauben es, Windows-Anwendungen sehr flexibel auf anderen PCs darzustellen, als auf denen es installiert ist.

Der Betrieb von Windows-Anwendungen auf Linux-Rechnern via Crossover Linux erscheint den Autoren weniger aufwendig, als das Verteilen von Windows-Anwendungen über Windows-Terminaldienste.

Dieses Kapitel zeigt daher, wie man mit Crossover Linux Windows-Anwendungen auf Linux-Servern einrichten und nutzen kann.

18.2 Crossover Linux

Crossover Linux emuliert die Programmierschnittstelle (API) von Windows. Leider hat Microsoft die Windows-API nicht vollständig dokumentiert. Außerdem sind nicht alle Anwendungen so sauber geschrieben, dass sie nur über die API auf Betriebssystem-Funktionen zugreifen. Dadurch ist nicht jedes Windows-Programms in diesem Emulator lauffähig.

Eine wachsende Teilmenge von Windows-Anwendungen wie die Textverarbeitung Word, die Tabellenkalkulation Excel und die Präsentation Powerpoint von Microsoft Office kann auf Linux-PCs mit installiertem Crossover Linux direkt ohne ein Windows laufen, als wären sie auf Windows nativ installiert. Crossover Linux integriert Microsofts Office- und Internet-Programme dabei sehr elegant in KDE.

Mit Codeweavers Crossover Linux hat die Redaktion dieses Buchs bisher gute Erfahrungen gemacht. Teile dieses Buchs sind mit Word in einer derartigen Umgebung entstanden.

Damit ist das Programm seine etwa 30 Euro für die einfache bzw. knapp 50 Euro für die Professional-Version wert. Die Version *Crossover Linux* reicht für einen normalen Desktop-Arbeitsplatz vollkommen aus. Will man auch Spiele wie *Half-Life2* oder *World of Warcraft* spielen können, so benötigt man die Version *Crossover Linux Games.* Die Version *Crossover Linux Professional* ist notwendig für Mehrbenutzer-Umgebungen. Man benötigt dabei für alle gleichzeitigen Benutzer jeweils eine Lizenz.

18.2.1 Installation von Crossover Linux

Die Installation von Crossover Linux ist denkbar einfach und in allen drei Versionen gleich: Sie legen einfach die gelieferte CD in das Laufwerk und starten von der grafischen Oberfläche aus das Programm `install.sh`.

Dazu klicken Sie entweder mit dem Konqueror auf die Datei oder geben in einer Shell den Befehl:

```
sh /media/cdrom/install.sh
```

ein.

Haben Sie die Software über das Internet geladen, so findet sich meistens die Versionsnummer im Dateinamen.

```
install-crossover-pro-7.0.2.sh
```

Der Installer fordert Sie zunächst auf, die Lizenzbedingungen zu akzeptieren. Wenn Sie das Programm nutzen wollen, bleibt Ihnen keine andere Wahl. Danach kommt dann die erste Konfigurationsmöglichkeit.

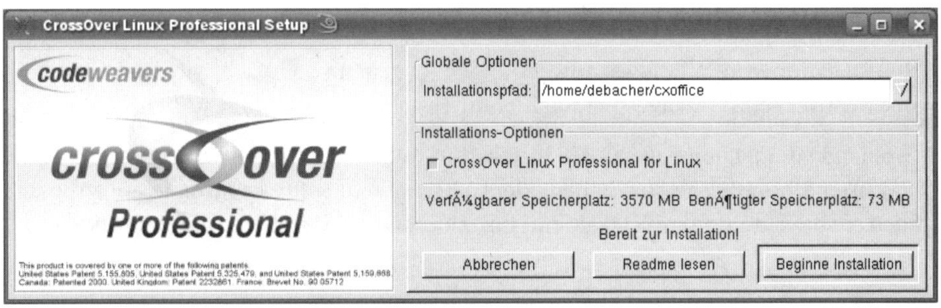

Abbildung 18.1: Crossover: globale Optionen

An kleinen Problemen bei der Darstellung von Umlauten dürfen Sie sich nicht stören, immerhin sind die Dialoge jetzt teilweise ins Deutsche übersetzt.

Crossover Linux installiert sich selbst in ein Verzeichnis `cxoffice` im Heimatverzeichnis des Benutzers, der es installiert. Dabei belegt es etwa 80 MByte Plattenspeicher.

Wollen Sie *Crossover Linux Professional* allen Benutzern zur Verfügung stellen, so müssen Sie es mit *root*-Rechten installieren. Es liegt dann im Verzeichnis `/opt/cxoffice`.

Die Anwendungsprogramme, die Sie in einem zweiten Schritt installieren, landen immer im Verzeichnis `.cxoffice`. Bei Bedarf können Sie alle Installationspfade verändern.

Nach einem Klick auf *Beginne Installation* startet dann die eigentliche Installation von Crossover. Ein Laufbalken informiert Sie dabei über den Stand der sehr schnellen Installation.

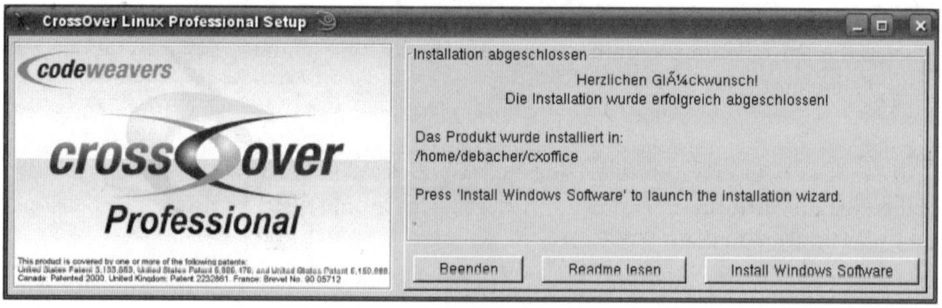

Abbildung 18.2: Crossover: Installation abgeschlossen

Zum Einrichten der Software klicken Sie auf die Schaltfläche Install Windows Software.

18.2.2 Installation von Windows-Anwendungen

Die Installation von Windows-Anwendungen ist genau so einfach wie die Installation von Crossover selbst. Als Beispiel soll hier die Installation von Microsoft Office dienen.

Ausgehend vom letzten Fenster der Installation wählen Sie die Software aus. Sollten Sie das Fenster schon geschlossen haben oder später weitere Software installieren wollen, so finden Sie die Funktion im KDE-Menü unter *Crossover • Windows-Software installieren.*

Abbildung 18.3: Crossover: Installation von Software

Sie sehen eine Liste der Programme, für deren Installation Crossover vorbereitet ist. Wählen Sie hier das zu installierende Programm aus und klicken Sie auf *Weiter...*, wobei

Sie das Installationsmedium der Software eingelegt haben sollten. Nach kurzer Zeit startet das Installationprogramm von Office, das erst einmal einige Systemdateien aktualisieren muss.

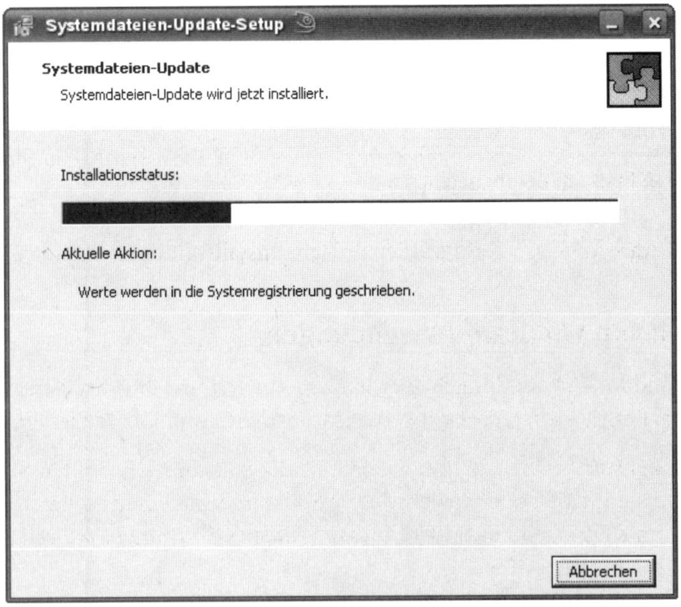

Abbildung 18.4: Crossover: Office Installer

Eine kleine Besonderheit folgt nach dem ersten Installationsschritt:

Abbildung 18.5: Crossover: Windows Reboot

Wenn das Installationsprogramm Ihnen mitteilt, dass es das Betriebssystem neu starten möchte, brauchen Sie sich keine Gedanken über Ihr Linux zu machen.

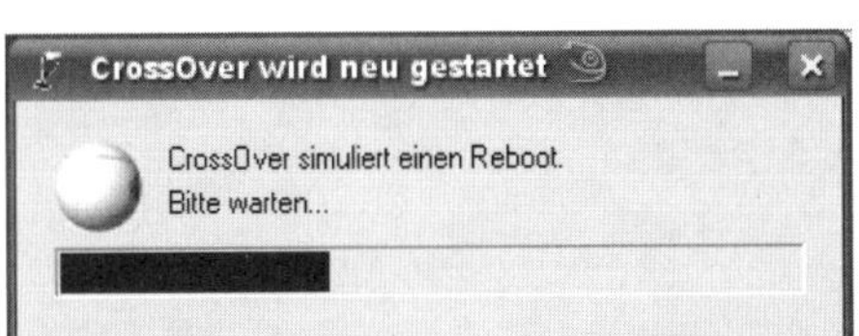

Abbildung 18.6: Crossover: Windows Reboot simuliert

Crossover simuliert den Windows-Neustart. Kurz danach geht die Installation ganz normal weiter, wie Sie es von einer Installation unter Windows gewohnt sind. Es folgt also die Abfrage der Lizenzinformationen und weiterer Angaben zur Installation.

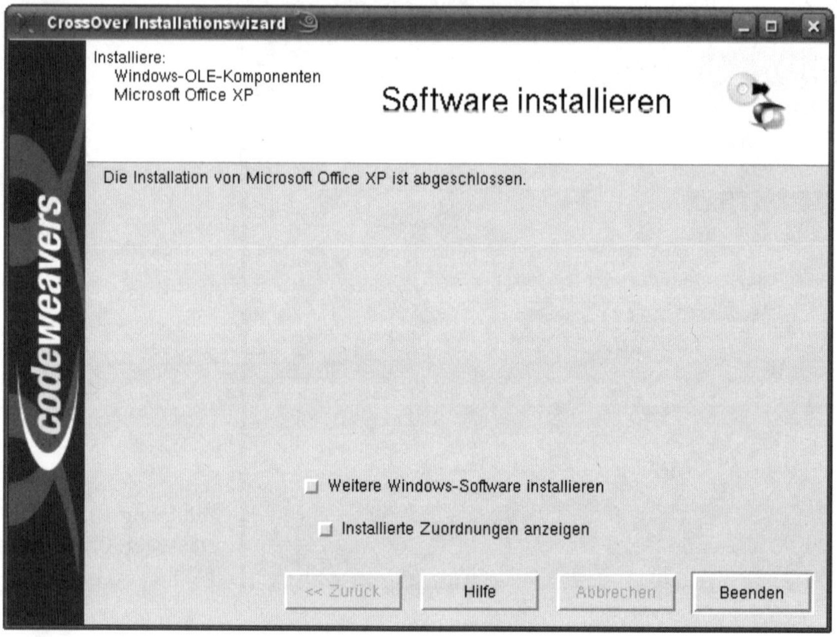

Abbildung 18.7: Crossover: Installation abgeschlossen

Am Ende der Installation beendet sich der Office-Installer und Crossover teilt Ihnen mit, dass die Installation abgeschlossen ist.

Nun können Sie z. B. Word aus dem KDE-Menü *Windows-Anwendungen* • *Word* heraus starten.

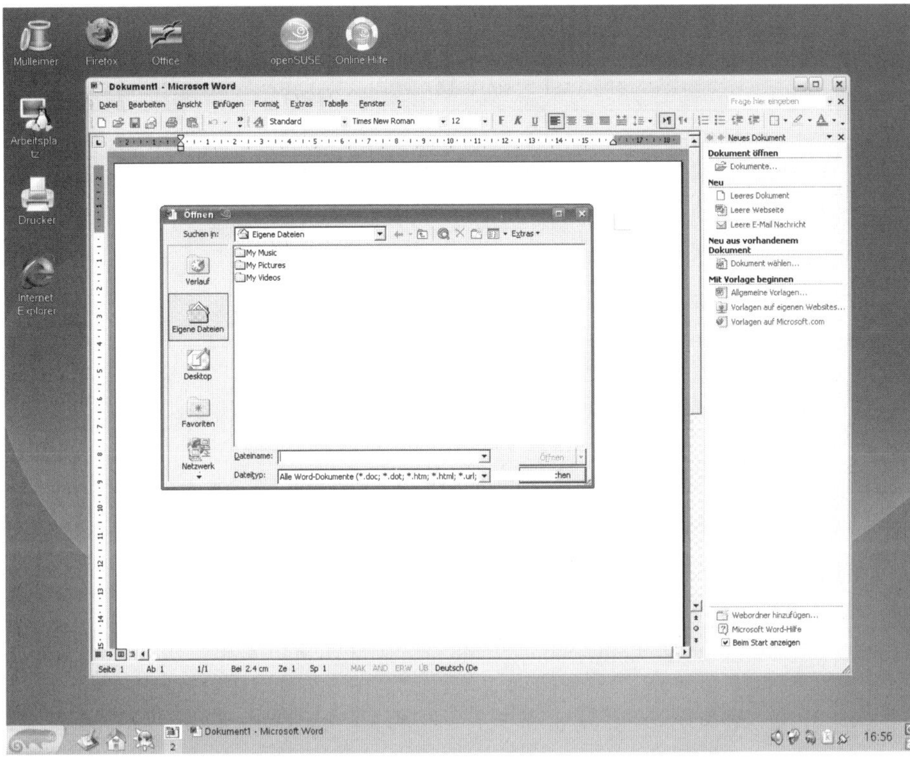

Abbildung 18.8: Crossover: Word auf dem KDE Desktop

Das Office-Installationsprogramm installiert Ihnen auch den Internet Explorer auf Ihrem System, wie Sie an dem entsprechenden Icon auf dem Desktop sehen können. Auch dieses Programm ist unter Crossover normal nutzbar.

18.2.3 Freigabe von Anwendungen bei Mehrbenutzersystemen

Haben Sie *Crossover Linux Professional* mit *root*-Rechten installiert, so würde eine Softwareinstallation nur für diesen Benutzer gelten. Soll die Installation allen Benutzern zur Verfügung stehen, so muss die Anwendungssoftware von einem nichtprivilegierten Benutzer installiert werden.

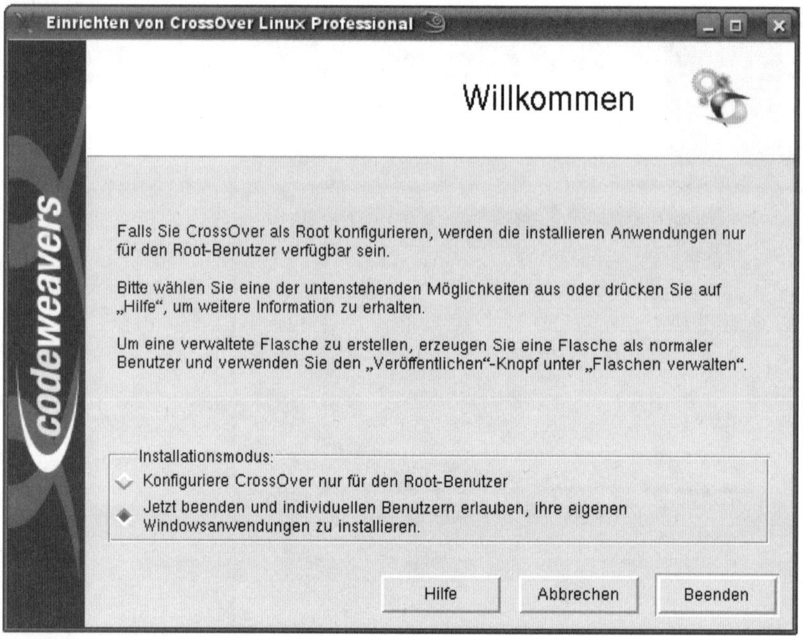

Abbildung 18.9: Crossover: Software-Installation nicht durch root

Jeder Benutzer auf dem Rechner kann nun wie oben beschrieben die Anwendungssoftware installieren. Crossover organisiert die Installationen in sogenannte Flaschen, die jeweils einer virtuellen Festplatte entsprechen.

Ruft man dann das Tool zur Softwareinstallation als normaler Benutzer auf, so findet man im Reiter *Flaschen verwalten* die installierten Systeme. Die Flasche *win98 (Standard)* beinhaltet normalerweise die Software. Wählt man diese Flasche aus und klickt auf *Veröffentlichen*, so fragt Crossover nach dem *root*-Passwort und macht dann die Flasche für alle Benutzer zugänglich, unter der Bezeichnung *Verwaltet_win98 (verwaltet)*. Diese Installation steht anschließend allen Benutzern auf dem Rechner zur Verfügung.

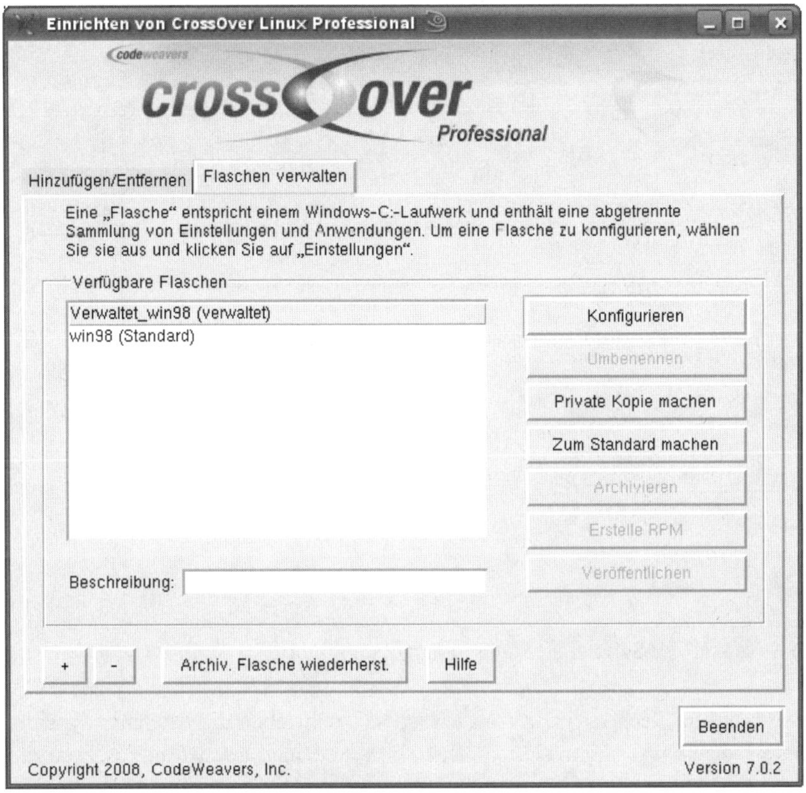

Abbildung 18.10: Crossover: Flaschen verwalten

18.2.4 Weitere Anwendungen

Mit Hilfe von Crossover ist eine große Zahl weiterer Programme unter Linux nutzbar. Dazu gehören u. a.:

- Adobe Photoshop
- Dreamweaver MX
- Lotus Notes
- Microsoft Project
- Microsoft Visio
- Quicken

Diese Liste wächst ständig, die aktuelle Version finden Sie immer auf den Webseiten von Codeweavers.

19 Windows-Desktops auf Linux

Linux-Rechner können einen oder mehrere Benutzer mit kompletten Windows-Desktops versorgen. Sie übernehmen dann die Rolle des Gastgebers (Host) für ihre Windows-Gäste (Guests). Schon im Kapitel 15 zur Virtualisierung konnten Sie lesen, wie man auf OpenSUSE kommerzielle und freie Virtualisierungssoftware einrichtet. Hier lesen Sie, wie man sie für Windows-Desktops nutzen kann, die Benutzer entweder direkt auf dem Linux-PC oder, wie im Kapitel 17 mit einem davon unabhängigen Endgerät beschrieben, nutzen.

Benutzer und Systembetreuer profitieren von der stabileren, leichter verwaltbaren Plattform. Da Linux von Haus aus ein Mehrbenutzer-Betriebssystem ist, ist es im Prinzip unerheblich, ob auf einem Linux-Rechner ein Windows-Gast für einen einzigen Benutzer da ist oder ein Linux-Rechner über ein lokales oder Weitverkehrsnetz viele Anwender mit Windows-Desktops versorgt.

19.1 Überblick

Dieses Kapitel beschreibt, wie man mit freien, quelloffenen Anwendungen und mit kommerziellen Produkten von Linux-Rechnern aus Windows-Desktops zur Verfügung stellen kann.

Virtual Bridges (bis 2006 als Netraverse und Win4Lin firmiert) bietet mit seiner kommerziell vermarkteten Produktfamilie *Win4Lin* schon seit vielen Jahren spezielle Gerätetreiber zur Installation von Windows auf Linux. Windows und Windows-Anwendungen laufen damit auf Linux-Plattformen ähnlich schnell wie bei einer Direktinstallation von Windows auf dem PC. Die Win4Lin-Lösungen basieren auf der virtuellen Maschine QEMU/KQEMU und gehen mit den Rechnerressourcen sehr effizient um. Die Geschichte der Produktfamilie reicht bis in das Jahr 1982 zurück. Damals diente das Produkt *Merge* dazu, DOS und später Windows 3.1 auf Unix-Systemen mit 80268-Prozessoren zu betreiben. Die Produktfamilie konkurriert mit kostenlosen Virtualisierungslösungen wie Xen, Virtual Box, VMware Server und VMware Player sowie kostenpflichtigen wie VMware Workstation.

Der Win4Lin Desktop (Abschnitt 19.2) unterstützt einen Benutzer mit Windows und der Win4Lin Virtual Desktop Server (Abschnitt 19.3) mehrere Benutzer. Für Remote-Sitzungen steht standardmäßig X.11 als Übertragungsprotokoll zu den Endgeräten bereit.

VMware, ein Unternehmen des Speicherspezialisten EMC, bietet Lösungen für Server und für Arbeitsplätze. Hier geht es um die kostenpflichtige VMware Workstation (Kapitel 19.3), den kostenlosen Server (Kapitel 19.4) und den ebenfalls kostenlosen Player (Kapitel 19.5). Diese schaffen Umgebungen, in der man auf einem Linux-PC praktisch alle Windows-Versionen installieren und ablaufen lassen kann. Sind die PCs reichlich mit Arbeitsspeicher ausgerüstet, kann man Windows auf ihnen auch mehrfach ablaufen lassen, allerdings schon bei einer Instanz nicht in der gleichen Geschwindigkeit wie bei einem nativ auf dem PC installiertem Windows. Bereits im Kapitel 15 konnten Sie über diese Virtualisierungsplattformen, ihre Installation und ihren Betrieb lesen. Hier geht es darum, wie man auf ihnen Windows-Betriebssysteme einrichtet und betreibt.

Noch zu Zeiten der fünften Auflage dieses Buchs waren die Windows-Terminaldienste von Microsofts Windows-Servern der populärste Weg, um über die Protokolle RDP von Microsoft und ICA von Citrix (siehe Kapitel 17.3) Windows-Desktops und Windows-Anwendungen auf nahezu beliebige Benutzer-Endgeräte zu bringen. Inzwischen gewinnt die Alternative, Remote-Sitzungen von Windows XP und Windows Vista automatisch massenhaft bereitzustellen, immer mehr Anhänger. Damit umgeht man Probleme mit inkompatiblen, unsauber geschriebenen Windows-Programmen und vermittelt Anwendern das Gefühl, an ihrem Endgerät über einen vollständigen Windows-PC zu herrschen, obwohl sie nur eine Remote-Sitzung nutzen. Der Abschnitt 3 des Kapitels 16 zeigt, wie man bei einem Arbeitsplatz-Windows wie XP bzw. Vista eine einzelne Remote-Sitzung einrichtet und nutzt. Interessieren Sie sich für Windows-Terminaldienste, laden Sie sich bitte von `www.linuxbu.ch` das Kapitel 19 der fünften Auflage dieses Buchs und lesen Sie dort die Abschnitte 4 bis 7. Bis auf die Produktnamen und einige neue Features hat sich in diesem Bereich nichts grundlegend geändert.

In größeren Arbeitsumgebungen reicht es aber nicht, einzelne Windows-Desktops auf diese Weise virtuell zu betreiben und, wie zuletzt erläutert, deren Remote-Sitzungen zu nutzen. Vielmehr geht es hier darum, ganz viele solcher Sitzungen automatisch bedarfsgerecht aufzusetzen und zu betreiben. Hierzu gibt es inzwischen mehrere kommerzielle Produkte, u. a. von VMware, Sun, Citrix, HP und IBM.

19.2 Win4Lin Desktop

Systemadministratoren, die Netze mit Windows-Arbeitsplätzen betreiben, klagen über instabile Windows-Installationen, begründet durch offenkundige Qualitätsmängel der Anwendungen und des Betriebssystems und die weit reichende Möglichkeit für Benutzer, die System- und Anwendungskonfiguration zu verändern.

Dies lässt sich bei PC-basierten Windows-Systemen nicht hinreichend mühelos durch Einschränkungen in den Systemeinstellungen verbessern.

Insbesondere wenn viele verschiedene Benutzer – wie in Bildungseinrichtungen oder Internet-Cafes – an einzelnen PCs arbeiten, hinterlassen alle Anwender irgendwelche Veränderungen.

Virtual Bridges' *Win4Lin* bietet Einzelplatz- und Mehrplatzlösungen (`http://www.vbridges.com/`) zum Versorgen von Linux-Arbeitsplätzen mit WindowsXP/2000 und darauf aufsetzenden Windows-Anwendungen. Die Redaktion hat verschiedene Versionen über mehrere Jahre erprobt und als sehr stabil und betriebssicher klassifiziert:

- Bei der Lösung für einzelne Arbeitsplätze setzt die Einzelplatz-Lösung *Win4Lin Desktop* auf Linux auf. Darauf kommen eine Windows-Installation und darauf wie bei nativem Windows die entsprechenden Anwendungen.
- Bei der Lösung für viele Arbeitsplätze setzt die Mehrplatzlösung *Win4VDI* (VDI steht für Virtual Desktop Infrastructure) auf einem Linux-Server auf. Darauf kommt für jeden Anwender oder Arbeitsplatz eine Windows-Installation und außerdem für jeden Anwender oder Arbeitsplatz wie bei nativem Windows klonbare Windows-Anwendungen.

Diese Lösungen von Win4Lin sind eine Weiterentwicklung der schon sehr lange im Unix-Umfeld eingesetzten stabilen Ablaufumgebungen für Windows auf Unix, ergrauenden Unix-Gurus auch bekannt unter dem Namen SCO Merge.

Der Vorteil von Win4Lin gegenüber anderen Lösungen besteht darin, dass es mit relativ geringen Ressourcen auskommt. Die Redaktion testete erfolgreich auf einem Rechner mit nur 256 MByte Hauptspeicher, der zwischen Linux und Windows geteilt wurde.

In den sehr ausführlichen Tests der Redaktion laufen Windows-Anwendungen stabiler als direkt auf Windows betriebene Anwendungen. Im Einzelplatzbetrieb sind sie obendrein kaum langsamer als auf baugleichen, direkt mit Windows betrieben PCs.

Die Einzelplatzlösung *Win4Lin* ermöglicht einem Benutzer Windows-Dienste auf einem Linux-PC und die Mehrplatz-Lösung *Win4VDI* vielen gleichzeitigen Benutzern, ihre Windows-Dienste und Anwendungen über Linux zu beziehen.

Der folgende Text bezieht sich auf die Einzelplatzlösung. In den meisten Punkten ist kein großer Unterschied zur Mehrplatzlösung vorhanden.

Lesen Sie hier, wie Sie Linux-Server und Linux-Clients konfigurieren, um Windows mit Win4Lin-Servern nutzen zu können.

Dazu sind folgende Schritte notwendig:

- Installation von Win4Lin bzw. Win4VDI,
- Individuelle Installation und Konfiguration von Windows und
- Installation und Konfiguration von Windows-Anwendungen.

19.2.1 Installation von Win4Lin

Die notwendige Software für die Installation auf dem Linux-Server können Sie von `http://www.win4lin.net` bzw. `http://www.win4vdi.com` laden oder auf CD beim deutschen Distributor IXSOFT (`http://www.ixsoft.de`) beziehen. In beiden Fällen bekommen Sie einen kostenlosen Lizenzschlüssel für eine Testperiode von 30 Tagen. Wenn Sie mit dem Produkt zufrieden sind, können Sie Lizenzen erwerben.

Falls die CD-Distribution nicht ganz aktuell ist, können Sie sie auf der jeweiligen Webseite aktualisieren.

Das Installieren von Win4Lin erfordert an den Linux-Kernel angepasste Treiber. Sie müssen daher vor der Installation den Compiler `gcc`, die Kernel-Quellen und die Kernel-Symboltabellen auf dem Server installieren. Es empfiehlt sich auch, vor dem nächsten Schritt eine Online-Aktualisierung durchzuführen und dann ggf. den Rechner neu zu starten.

Die Installation beginnt mit dem Einspielen der RPM-Datei, die Sie per CD oder Download bezogen haben.

```
rpm -ivh Win4LinPro-5.0-65034.i386.rpm
```

Sie sollten dann auch den Kernel passend konfigurieren. Dazu geben Sie an der Konsole ein:

```
cd /usr/src/linux
make cloneconfig
make prepare
```

19.2.2 Windows-Installation für die Benutzer

Wenn der Server über genügend Plattenkapazität und Ihre Organisation über genügend Lizenzen verfügt, können Sie für jeden Benutzer eine eigene Windows-Installation erstellen. Das können die Benutzer auch selbst machen, indem sie unter KDE in einer Shell

```
Win4console
```

eingeben, oder über das KDE-Menü *Dienstprogramme* • *Weitere Programme* • *Win4Lin Pro Console* aufrufen.

In einem noch relativ leeren Fenster können Sie den Knopf *Install New ...* klicken.

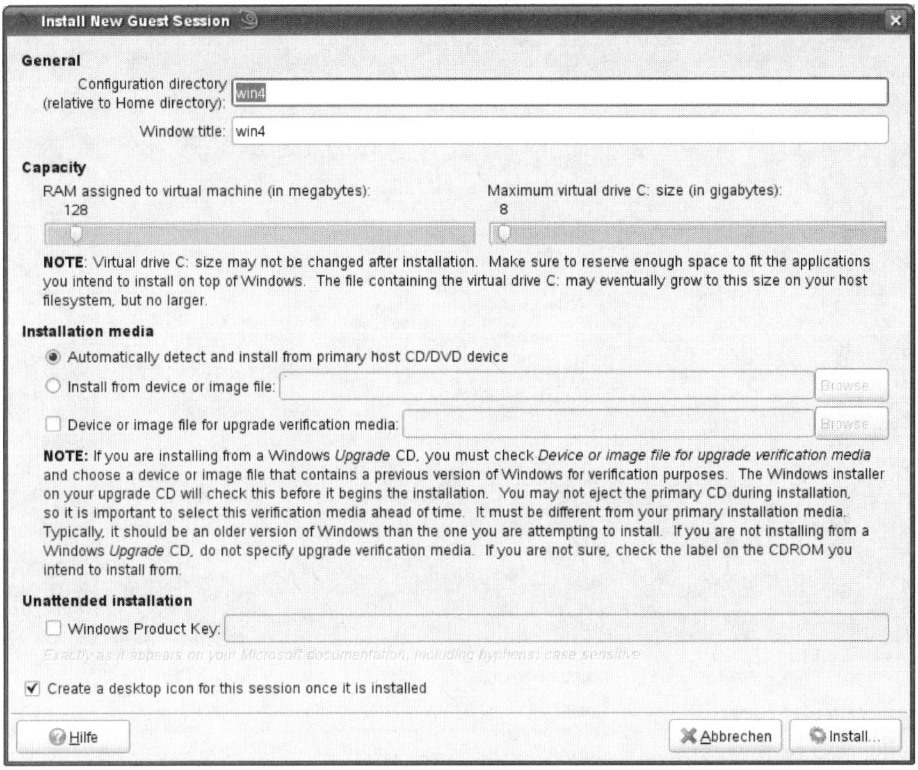

Abbildung 19.1: Win4Lin: New guest session

In diesem Fenster stellen Sie dann die Pfade ein und legen den Titel für das zu installierende Windows fest.

Wenn Sie nun auf *Install* klicken, erfragt das Programm Ihren Lizenzschlüssel für Win4Lin bzw. Win4VDI. An dieser Stelle entscheiden Sie, welche der beiden Versionen Sie nutzen, deren Software bis auf die Lizenzen identisch ist.

Sollte statt der Frage nach dem Lizenzschlüssel eine Fehlermeldung auftauchen, so konnte das Installationsprogramm die Gerätetreiber nicht erstellen. Dann waren entweder der Compiler oder die Kernel-Quellen nicht installiert. Die Fehlermeldung gibt weitere Hinweise auf das Problem.

Nach erfolgreicher Eingabe des Lizenzschlüssels beginnt die Installation des Windows-Systems im Home-Verzeichnis des Benutzers.

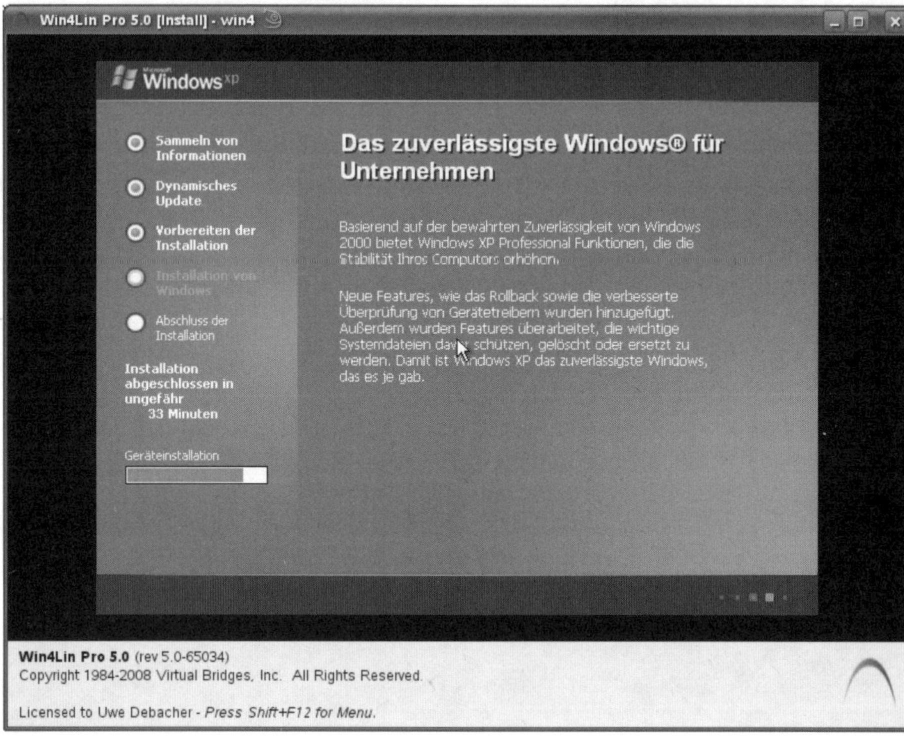

Abbildung 19.2: Win4Lin: Installation von Windows XP

Die Windows-Installation nimmt einige Zeit in Anspruch. Das hängt natürlich auch davon ab, wie schnell der Server ist und wie viel Speicher Windows zur Verfügung gestellt werden kann.

Über die Konsole von Win4Lin können Sie für die installierten Systeme etliche Parameter einstellen.

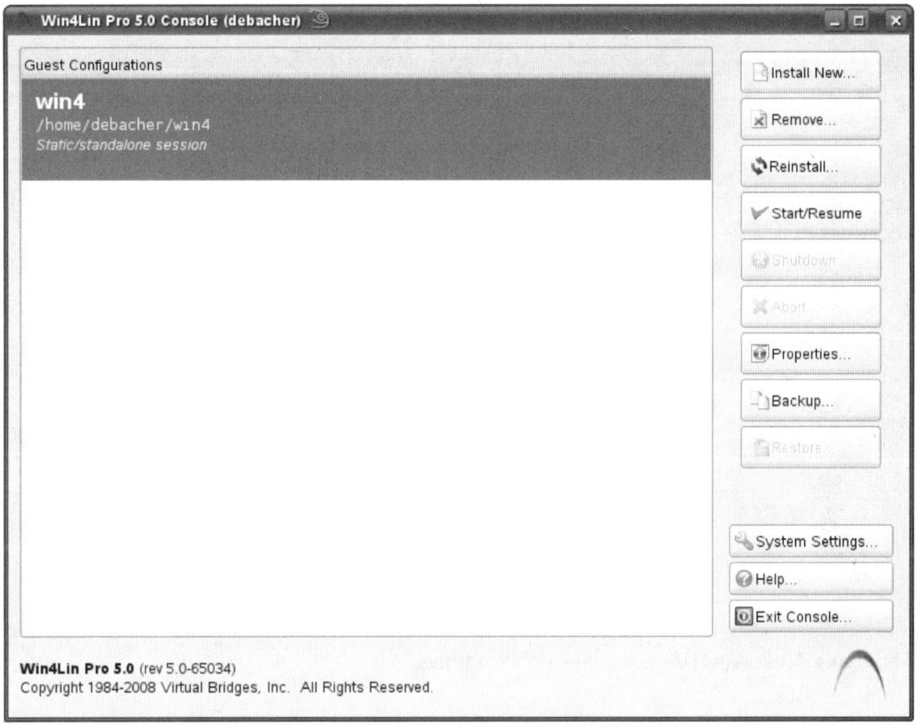

Abbildung 19.3: Win4Lin: Console

Sehr nützlich ist hier die Funktion *Backup*, über die Sie das installierte Windows-System als Ganzes sichern können. Diese Funktion sollten Sie gleich nach der Installation nutzen, damit Ihnen ein möglichst stabiles System zur Verfügung steht.

Das Menü *System Settings* bietet Ihnen mehrere Reiter für die Konfiguration der Windows-Umgebung.

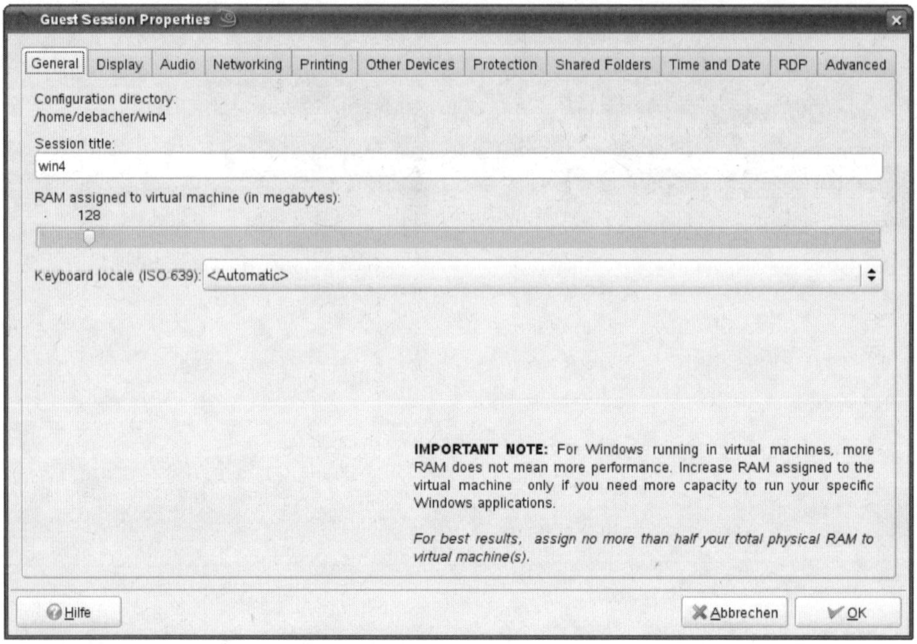

Abbildung 19.4: Win4Lin: Guest Session Properties

Die Beschreibung aller möglichen Funktionen geht aber weit über den Rahmen dieses Kapitels hinaus.

19.2.3 Start des virtuellen Windows

Die Installation legt ein Icon zum Starten des virtuellen Windows auf den Linux-Desktop. Zum Start an der Konsole geben Sie ein:

```
win4 win4
```

Die Zeile sieht etwas komisch aus: Das erste `win4` bezeichnet das Linux-Programm zum Starten der Anwendung Windows. Das zweite `win4` bezeichnet das soeben installierte Image.

Unabhängig davon, wie Sie die Anwendung starten, sollten Sie nach kurzer Zeit ein funktionsfähiges Windows auf Ihrem Linux-Desktop vorfinden.

Abbildung 19.5: Win4Lin: Windows XP gestartet

Insgesamt handelt es sich bei diesem Emulator um ein gut durchdachtes Stück Software. Man braucht aber einige Zeit, um sich komplett in alle Feinheiten, vor allem der VDI-Version, einzuarbeiten.

19.3 Windows-Desktops auf VMware Workstation

Im Kapitel 15.3 konnten Sie sich über VMware Workstation und seine Installation auf OpenSUSE 11.0 informieren. Dieser Abschnitt zeigt, wie Sie auf einer installierten VMware Workstation als Gastgeber ein Windows-Gastsystem einrichten und nutzen.

Mit VMware Workstation 6.5 ist eine neue VM schnell und einfach installiert. Starten Sie zunächst die Workstation. Im Fenster *Home* können Sie über das Feld *Create a new virtual machine* eine neue VM generieren.

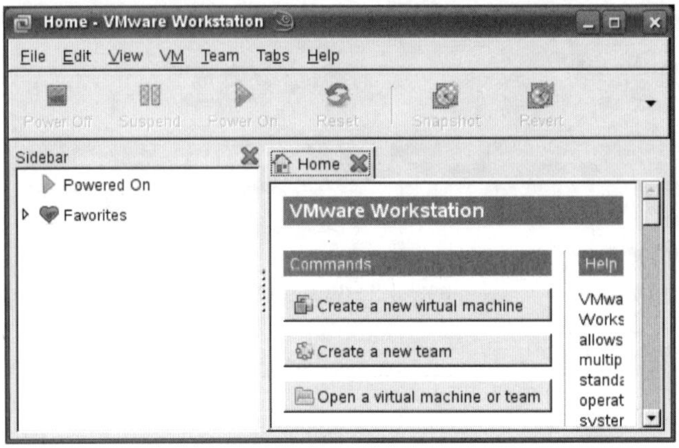

Abbildung 19.6: Eine neue VM mit VMware Workstation erstellen

Wählen Sie im ersten Fenster, das sich nun öffnet, zwischen einer typischen und einer erweiterten Installation. Letzteres erlaubt Ihnen, Ihre VM schon zu Beginn individueller zu konfigurieren. Die meisten Einstellungen lassen sich aber auch später über eine Änderungsmaske bearbeiten. Die Anleitung folgt dem erweiterten Zweig. Falls Sie den typischen Weg gehen, lassen Sie die wenigen Fenster aus, die bei Ihnen nicht angezeigt werden. Der nächste Schritt der erweiterten Installation bringt Sie in die Kompatibilitätsliste. Wenn Sie Ihr Vista-Image auch auf älteren Versionen von VMware starten wollen, ändern Sie dies hier. Ansonsten gehen Sie hier einfach weiter. Im nächsten Fenster geben Sie die Installationsquelle an. Legen Sie bei einer Installation über CD-ROM die Installations-CD ein. Bei einer Installation über ein ISO-Image geben Sie den Pfad zur ISO-Datei ein.

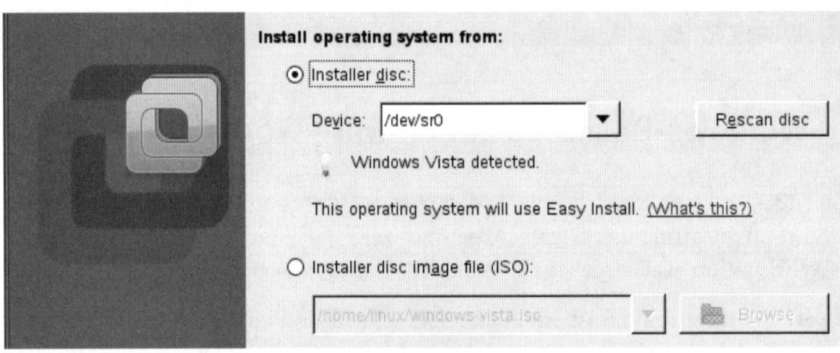

Abbildung 19.7: Auswahl des Installationsmediums

VMware Workstation untersucht die Installationsquellen nach dem zu installierenden System. Erkennt es Windows Vista, verwendet es *Easy Install.* Bei dieser Art der Installation fragt VMware im nächsten Fenster nach dem Windows-Produktschlüssel, dem Benutzernamen und dem Passwort für das Betriebssystem, so dass Sie diese Informationen bei der Installation nicht mehr in den von Microsoft vorgesehenen Dialogen eingeben müssen.

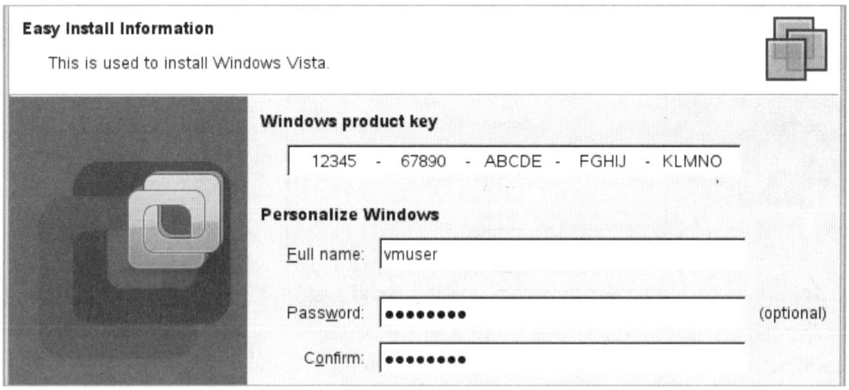

Abbildung 19.8: Easy Install von VMware Workstation

Die Voreinstellungen des nächsten Schritts zu Namen und Installationsort können Sie übernehmen.

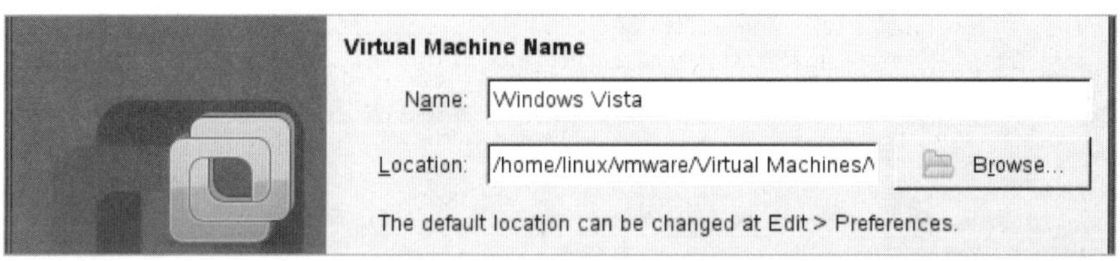

Abbildung 19.9: Speicherort und Name der VM

Die erweiterte Installation fragt Sie nach der Anzahl der Prozessoren. Wählen Sie hier *One*, können Sie die Einstellung später immer noch verändern. Für Vista sollten Sie mindestens 1024 MB Arbeitsspeicher wählen, wenn Ihrem Wirtssystem dann noch genügend Speicher bleibt. Arbeiten Sie mehr in der VM und nutzen Sie in der Zeit das Wirtssystem kaum, können Sie hier ruhig mehr RAM wählen.

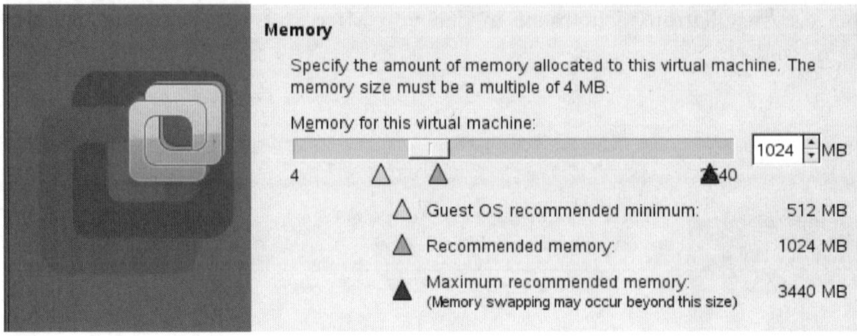

Abbildung 19.10: RAM-Einstellung für die VM

Beim Netzwerk stellen Sie im nächsten Schritt *Netzwerkadressübersetzung (NAT)* ein oder *Bridge*. Bei letzterem verhält sich die VM im Netzwerk wie ein richtiger Rechner im Netzwerk und muss auch eine eigene IP bekommen.

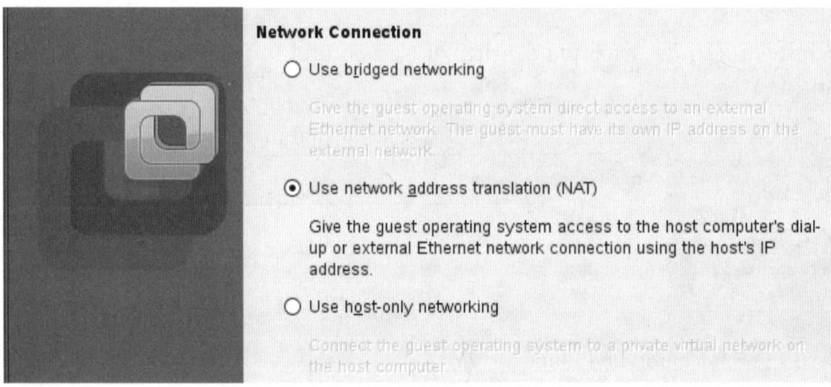

Abbildung 19.11: Netzwerkeinstellungen der VM

Den voreingestellten virtuellen SCSI-Adapter brauchen Sie nur zu ändern, wenn das zu installierende Betriebssystem Probleme mit einem dieser Busse hat. Im nächsten Schritt können Sie weiter gehen oder ein VMware-Festplatten-Image oder das Installieren von Windows in eine Festplattenpartition wählen. Für die letzte etwas komplexere Option bemühen Sie bitte die Hilfe von VMware.

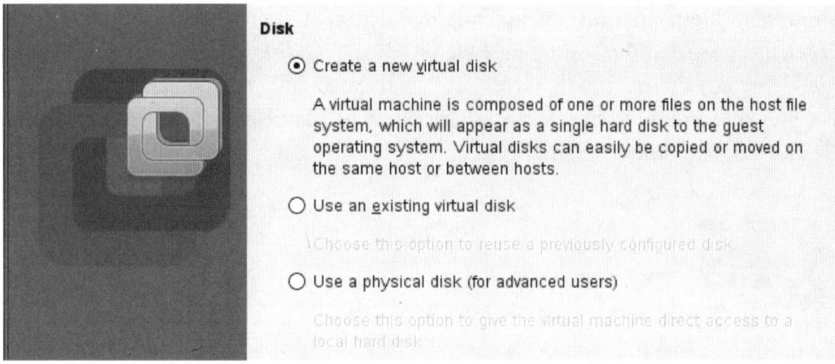

Abbildung 19.12: Ein neues Festplatten-Image erstellen

Weiter wählen Sie als Bus für das Festplatten-Image SCSI oder IDE. Bei älteren Systemen ist die Wahl des IDE-Busses von Vorteil. Der Modus *Independent* macht die Festplattenimages unabhängig von den Snapshots (siehe Kap. 15.3.7). Bei *Independent • Nonpersistent* schreibt VMware alle Änderungen zum Festplattenimage in eine separate Datei. Diese löscht VMware nach dem Beenden einer VM, sofern es sie nicht vorher mit dem Image vereinigt. Wählen Sie diese Einstellung, wenn Benutzer das Image nicht ändern sollen. Die Einstellung *Independent • Persistent* schreibt alle Änderungen sofort in das Image. Für die Installation sollten Sie diese Einstellungen aber noch nicht auswählen.

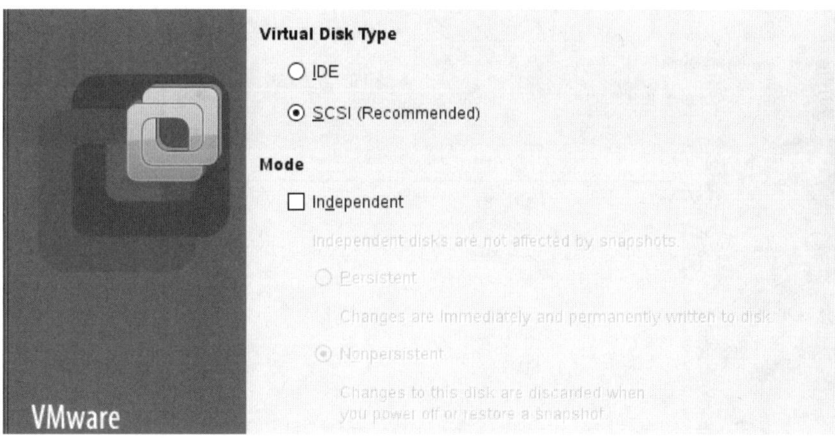

Abbildung 19.13: Einstellungen zum Festplatten-Image

Als Nächstes sollen Sie die maximale Größe des Festplatten-Images bestimmen. Wählen Sie hier mindestens 15 – 20 GB, da Vista nach der Installation und ein paar Updates schnell mehr als 10 GB braucht, ohne dass Sie Anwendungen installieren. Das Image können Sie später nur aufwendig vergrößern. Zu Beginn brauchen Sie den angegebenen Platz nicht einmal real auf den Festplatten des Wirts zur Verfügung zu stellen. Das

Image fängt sehr klein an und wächst mit den Installationen. Es kann später auch wieder verkleinert werden. Erst mit dem Befehl *Allocate all disk space now* bläst VMware das Image sofort auf die maximale Größe auf. Standardmäßig werden die Images in 2 GB große Stücke zerteilt. Wenn Sie nur eine einzige Festplattendatei haben wollen, stellen Sie *Store virtual disk as single file* ein.

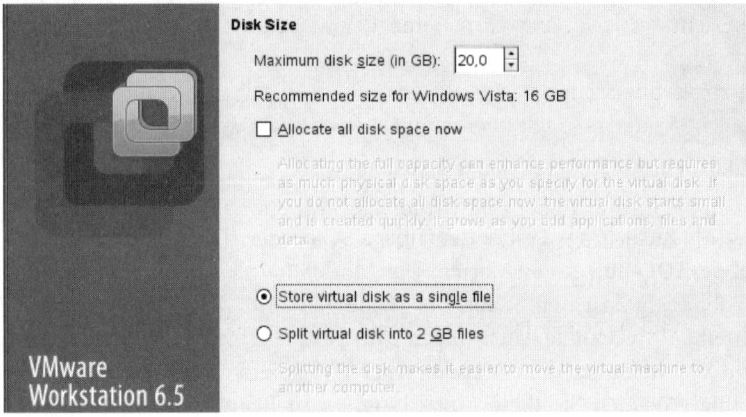

Abbildung 19.14: Größe und Beschaffenheit des Festplatten-Images einstellen

Taufen Sie das Image und gehen Sie mit *Finish* in die Installation von Windows Vista.

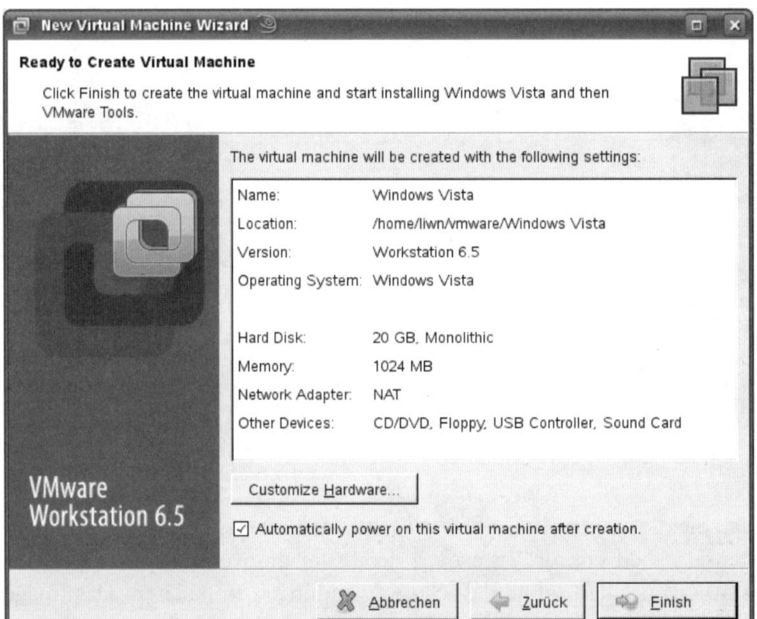

Abbildung 19.15: Übersichtsfenster zur Installation

Hinweis: Sollten Sie VMware Workstation noch nicht gekauft haben, können Sie Vista auch nach der Evaluationsphase über den VMware Player starten beziehungsweise installieren. Die Konfiguration können Sie auch nach der Evaluationsphase über die VMware Workstation bearbeiten. Ganz ohne die Hilfe der Workstation können Sie auch neue virtuelle Maschinen erstellen. Lesen Sie dazu den Abschnitt 19.5 dieses Kapitels.
Zum Starten beziehungsweise zum Installieren der VM rufen Sie in der Linux-Kommandozeile auf:

```
linux:~ # cd pfad-zu-windows-vista
linux:~/pfad-zu-windows-vista # vmplayer Windows\ Vista.vmx
```

Auch später können Sie Ihre VM über *Edit virtual machine settings* nachbearbeiten, z. B. Hardware ändern und spezielle Optionen einstellen.

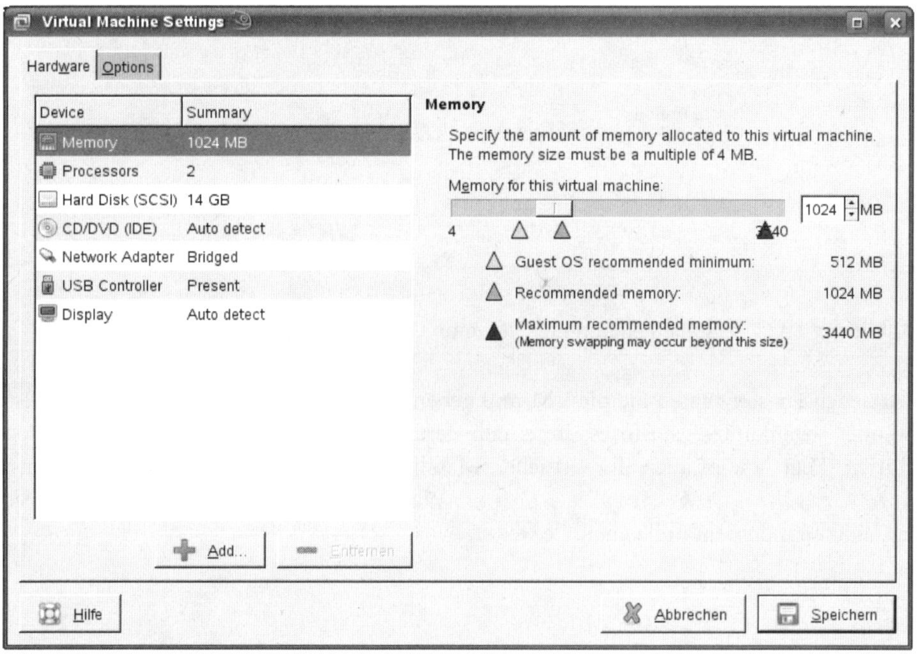

Abbildung 19.16: Einstellungen einer VM ändern

19.4 Windows-Desktops auf VMware Server

Im Kapitel 15.3 konnten Sie sich über VMware Server und seine Installation auf OpenSUSE 11.0 informieren. Dieser Abschnitt zeigt, wie Sie auf einem installierten VMware Server als Gastgeber einen Windows-Gast einrichten und nutzen.

Die Installation eines Gasts auf VMware Server ist bis auf die Ansicht einiger Fenster ähnlich wie die Installation auf VMware Workstation. Für eine detaillierte Installation von Vista auf VMware Server lesen Sie bitte auch im Kapitel 19.3 die Installation von Vista auf VMware Workstation. Dieser Abschnitt zeigt nur die Unterschiede bei der Installation auf.

Wollen Sie unter VMware Server eine neue VM erstellen, gehen Sie dazu rechts auf *Create Virtual Machine.*

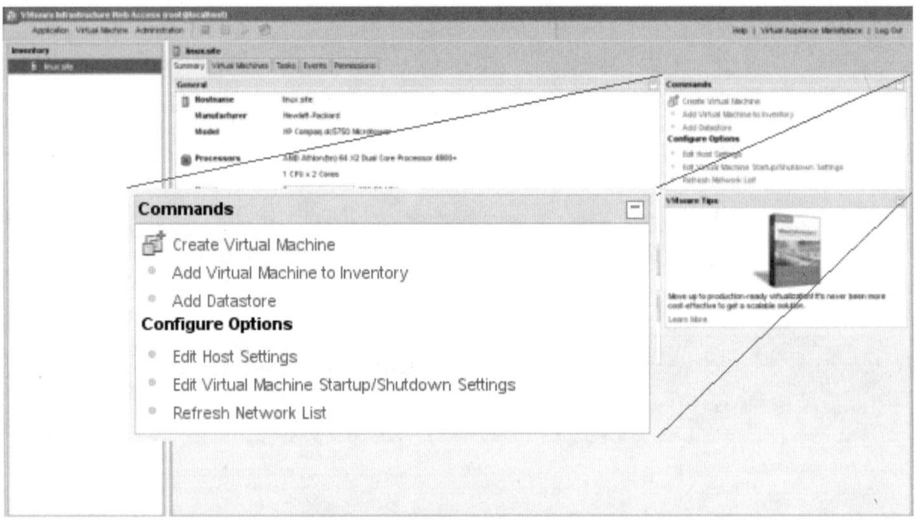

Abbildung 19.17: Erstellen einer neuen VM unter VMware Server

Im neuen Fenster taufen Sie die VM und geben ihr Speicherplatz. VMware Server verwendet sogenannte Datastores, innerhalb derer VMware Server schreiben und lesen dürfen. Hier landen auch die virtuellen Maschinen. Der Standard-Datastore verweist auf `/var/lib/vmware/Virtual Machines`. Wählen Sie den Datastore, in welchen Sie installieren möchten, und gehen Sie weiter.

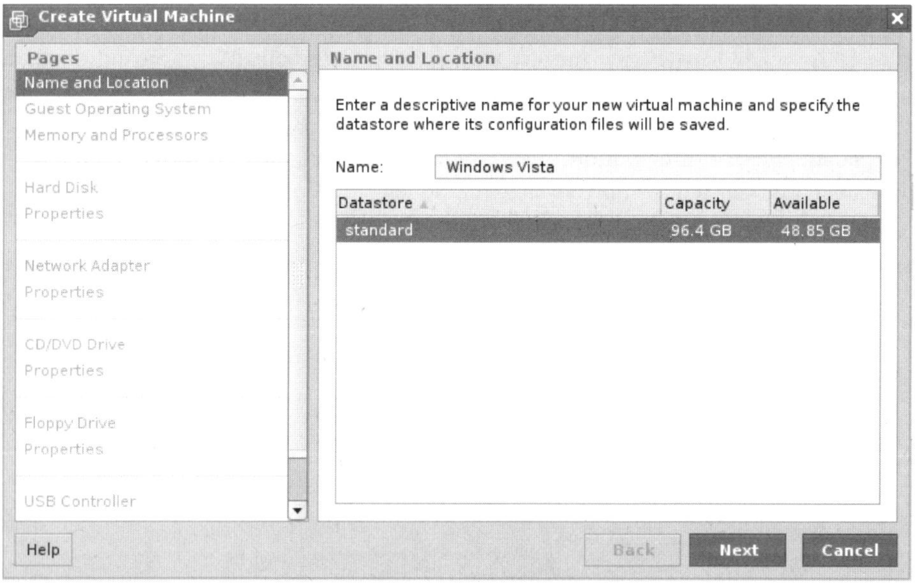

Abbildung 19.18: Namen und Speicherort der VM definieren

Entscheiden Sie sich dann für ein Betriebssystem, hier *Windows operating system* • *Microsoft Windows Vista (32-bit)*.

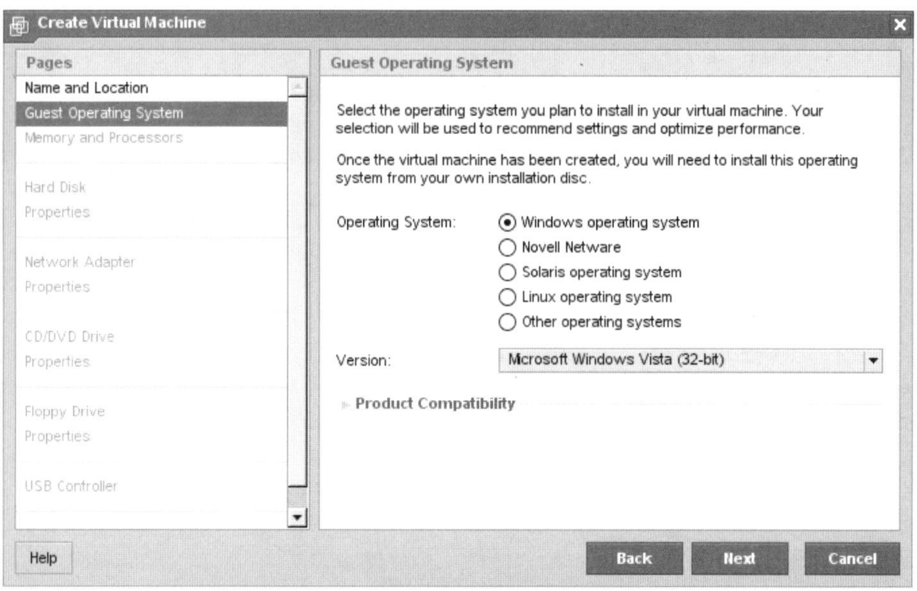

Abbildung 19.19: Auswahl des zu installierenden Betriebssystems

Die nächsten Schritte entsprechen wieder denen bei einer Installation auf der VMware Workstation. Die Fenster sind nur ein wenig anders aufgebaut. Wenn Sie auf die blau markierten Einträge gehen, sehen Sie die Optionen, die Sie ändern können. Diese sollten Sie an die Installation unter VMware Workstation erinnern. So ist die Festplatten-Image-Konfiguration innerhalb eines Fensters untergebracht. Klappen Sie die blauen Einträge auf, kommen weitere Optionen zum Vorschein (s. Abb. 19.20).

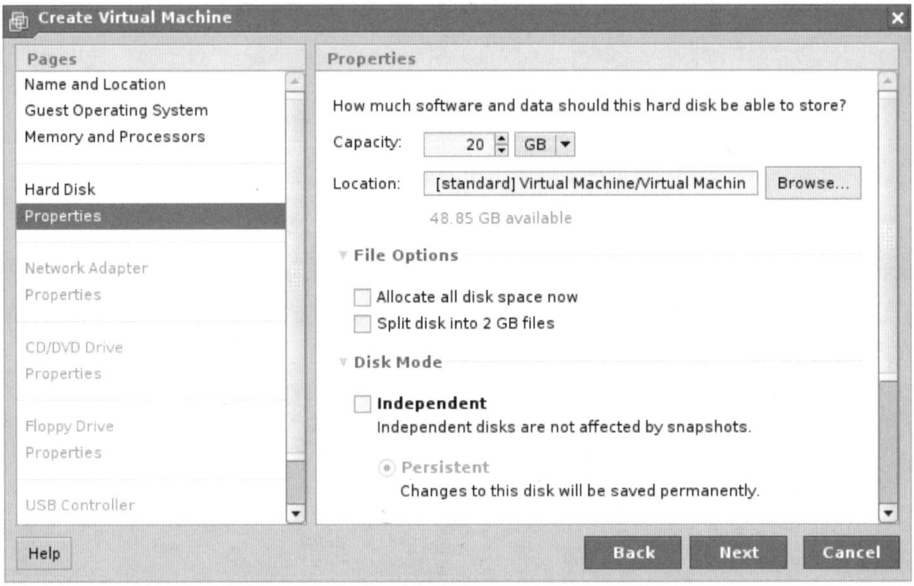

Abbildung 19.20: Festplatten-Image-Konfiguration bei VMware Server

Ein Übersichtsfenster listet Ihre Einstellungen. Mit *Finish* ist Ihre VM erstellt und Sie können darin Vista einrichten.

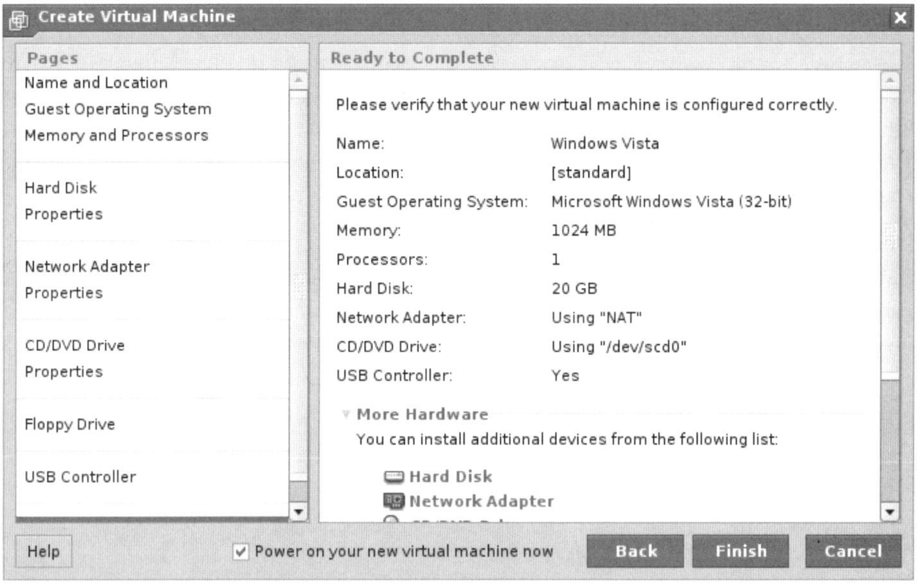

Abbildung 19.21: Übersichtsfenster zur Installation

Falls Sie vorher noch keine VM installiert haben, müssen Sie bei VMware Server zuerst die VMware-Konsole installieren. Dazu wählen Sie links die VM an und gehen dann auf den Reiter *Console* (s. Abb. 19.22).

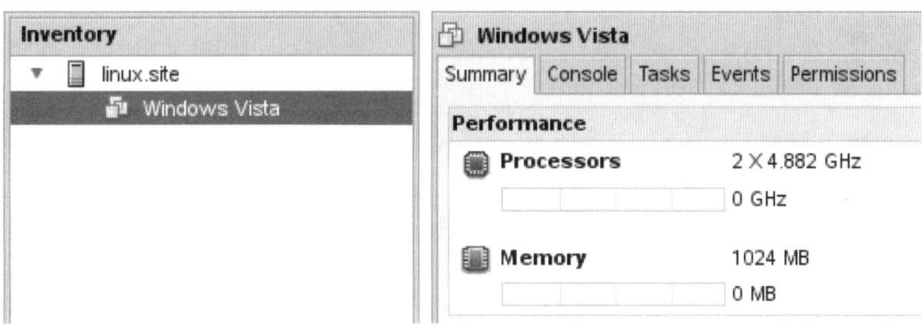

Abbildung 19.22: Installation der VMware Console

Dort lesen Sie, dass das »VMware Remote Console Plug-in« noch nicht installiert ist. Gehen Sie dazu auf *Install plug-in*. Bei Firefox 3 öffnet sich nun ein Fenster, in dem Sie die Installation bestätigen müssen. Danach möchte Firefox neu starten, um das Plugin vollständig zu installieren. Folgen Sie dieser Anweisung. Nun können Sie sich wieder auf dem VMware Server einloggen und dessen Konsole nutzen sowie mit der Installation fortfahren. Starten Sie dazu die VM und gehen Sie in die Konsole. Klicken Sie in das Fenster, um eine Konsole mit der startenden VM zu öffnen und richten Sie Vista wie auf einem physikalischen Rechner ein.

19.5 Windows-Desktops auf VMware Player

Im Kapitel 15.3 konnten Sie sich über VMware Player und seine Installation auf OpenSUSE 11.0 informieren. Dieser Abschnitt zeigt, wie Sie auf einem installierten VMware Player als Gastgeber (Host) ein Windows-Gast-System (Guest) einrichten und nutzen.

Da der VMware Player in erster Linie konzipiert wurde, um bereits fertige und konfigurierte Images abzuspielen, sieht das Fenster des Players spartanisch aus. Lediglich ein paar GUI- und Verhaltensoptionen sind unter *Preferences* einzustellen. Die wenigen Optionen für den Konsolenstart sehen Sie mit dem Befehl `vmplayer -help`.

> **Hinweis:** Haben Sie VMware Workstation installiert, nur keinen gültigen Registrierungschlüssel mehr? Kein Problem, VMware ist hier sehr großzügig. Sie können immer noch virtuelle Maschinen über die Oberfläche der VMware Workstation erstellen und konfigurieren. Zwar können Sie diese nicht mehr mit diesem Programm starten, jedoch mit VMware Player.

Sie können über die Player-Konsole aber auch neue virtuelle Maschinen einrichten. Zuerst müssen Sie ein leeres Festplatten-Image erstellen, in welches Sie eine Windows-Version, hier Windows Vista, installieren möchten. Zunächst legen Sie mit `mkdir -p` einen Ordner an, in welchem die neue VM liegen soll. Als Nächstes brauchen Sie das Programm `qemu-img` aus dem Paket *QEMU-Packet.* Dieses ist bei OpenSUSE 11 standardmäßig installiert. Andernfalls installieren Sie QEMU als Administrator mit `yast -i qemu` nach. Dann generieren Sie mit `qemu-img` ein leeres Festplattenimage. Das folgende Listing fasst die Befehlsfolge zusammen:

```
linux:~ # su
Passwort:
linux:~ # yast -i qemu
linux:~ # exit
exit
linux:~ # mkdir windows-vista
linux:~ # cd windows-vista
linux:~/windows-vista # qemu-img create -f vmdk windows-vista.vmdk 20G
Formating 'windows-vista.vmdk', fmt=vmdk, size=20971520 kB
```

Als Nächstes brauchen Sie eine Konfigurationsdatei für Ihre neue VM. Diese können Sie, wie im Kapitel 15.3.7 beschrieben, selbst zusammenstellen oder aus der folgenden minimalen Beispielkonfiguration `windows-vista.vmx` der Redaktion dieses Buchs anpassen:

```
#!/usr/bin/vmware
# Minimale Beispielkonfiguration windows-vista.vmx
.encoding = "UTF-8"
config.version = "8"
```

```
virtualHW.version = "7"
guestOS = "winvista"
displayName = "Windows Vista"
# Anzahl der virtuellen CPUs
# Sollte nicht die tatsächliche Anzahl übersteigen
numvcpus = "2"
# RAM für die VM
# Muss durch 4 teilbar sein
memsize = "1024"
# Wollen Sie Ihr Diskettenlaufwerk verwenden,
# tragen Sie hier TRUE ein
floppy0.present = "FALSE"
# Festplatte für die Installation
ide0:0.present = "TRUE"
# tragen Sie hier einen anderen Pfad ein, falls erforderlich
ide0:0.fileName = "windows-vista.vmdk"
ide0:0.writeThrough = "TRUE"
# CD-ROM-Laufwerk
ide1:0.present = "TRUE"
ide1:0.startConnected = "TRUE"
ide1:0.deviceType = "cdrom-raw"
ide1:0.autodetect = "TRUE"
# Wenn Sie ein ISO-Image zur Installation verwenden
# kommentieren Sie folgende Zeilen aus
#ide1:1.present = "TRUE"
#ide1:1.startConnected = "TRUE"
#ide1:1.fileName = "windows-vista.iso"
#ide1:1.deviceType = "cdrom-image"
# Netzwerkkonfiguration
ethernet0.present = "TRUE"
usb.present = "TRUE"
ehci.present = "TRUE"
```

Die restlichen Einträge schreibt der VMware Player in die Konfiguration. Die Konfiguration können Sie erweitern und ändern. Nun brauchen Sie nur noch den VMware Player mit dieser Konfiguration zu starten und schon legt die Vista-Installations-CD los.

```
linux:~/windows-vista # vmplayer windows-vista.vmx
```

Virtuelle Maschinen starten Sie wie hier gezeigt über die Linux-Konsole oder durch Auswahl in der grafischen Oberfläche des VMware Players.

19.6 VMware-Tools und Zusatz-Features

Die Grafikkarte unter VMware entspricht keiner realen Hardware. Sie bildet einen virtuellen Standard-PCI-Grafikadapter mit VGA- und SVGA-Unterstützung nach. VMware nennt die Grafikkarte einfach *VMware SVGA II*. Die erzielbare Auflösung hängt von der Auflösung der Hostmaschine ab. Einen geeigneten Treiber, der seit neuestem auch 3D (DirectX 9.0c) unter Windows unterstützt, bekommen Sie über die Installation der VMware-Tools. Dieses Paket stimmt spezielle Dienste wie die Grafik des Gastbetriebssystems mit VMware-Produkten ab. Da sich der Gast mit den Shared Folders (s. Kap. 15.3.8) verbinden muss, brauchen Sie auch diese. Zum Einrichten der VMware-Tools starten Sie Ihren Gast. Über den Menüpunkt *VM • Install VMware-Tools ...* können Sie Ihrem Gastsystem nun geeignete Treiber und Hilfsprogramme hinzufügen. Bei VMware Server befindet sich der Eintrag zur Installation der Tools auf der rechten Seite des Fensters. Von hier an erfolgt die Einrichtung im Gast. Unter Windows startet die Installation automatisch, sofern *Autorun* nicht deaktiviert ist.

Abbildung 19.23: Installation VMware-Tools

Ansonsten gehen Sie über *Start • Computer*. Hier öffnen Sie das CD-ROM-Laufwerk. Über *setup* starten Sie die Installation. Installieren Sie nun die VMware-Tools wie jedes andere Programm. Bei *Installationsart* können Sie die typische Installation wählen.

Abbildung 19.24: VMware-Tools – Installationsart

Nach der Installation sollen Sie das System neu starten. Nach dem Neustart können Sie die Auflösung beliebig anpassen.

Die verbesserten Grafiktreiber unterstützen bei Windows auch 3D. Dazu müssen Sie vor dem Start der VM unter *Edit virtual machine settings* • *Display* einen Haken bei *Accelerate 3D Graphics (DirectX 9.0c)* setzen. Nun können Sie die 3-D-Unterstützung in Ihrem Windows-Gast nutzen.

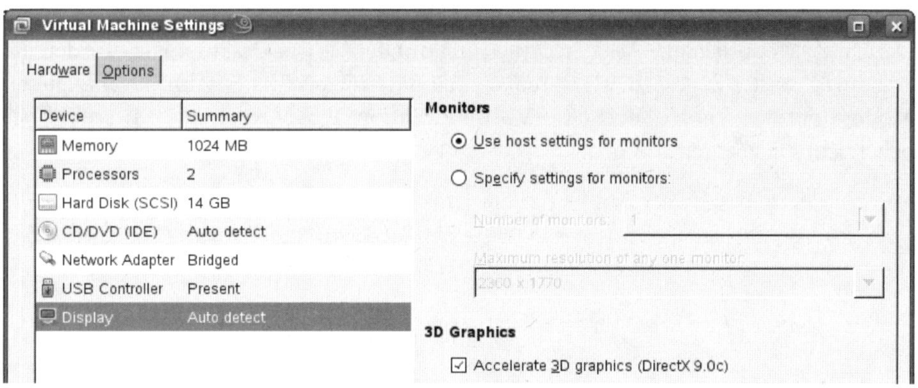

Abbildung 19.25: 3-D-Unterstützung aktivieren

Der Player kann leider keine VMware-Tools installieren. Haben Sie jedoch die Workstation installiert, können Sie die VMware-Tools der Workstation nutzen, um sie mit dem Player einzurichten. Die ISO-Dateien zu den Tools befinden sich in `/usr/lib/vmware/isoimages`. Das Windows-ISO-Image müssen Sie jetzt nur noch in Ihre Windows-VM einbinden. Beim Start von Windows erscheint das ISO-Image dann als CD-ROM-Laufwerk. Die Installationsdateien sind dann auf der virtuellen CD, welche sich in diesem Laufwerk befindet. Einbinden können Sie das ISO-Image folgendermaßen:

```
ide1:1.present = "TRUE"
ide1:1.startConnected = "TRUE"
ide1:1.fileName = "/usr/lib/vmware/isoimages/windows.iso"
ide1:1.deviceType = "cdrom-image"
```

Nach einer erfolgreichen Installation können Sie diese Zeilen entfernen. Um die 3-D-Unterstützung zu aktivieren, fügen Sie zu Ihrer Windows-Konfiguration hinzu:

```
# Für die 3D Beschleunigung
mks.enable3d = "TRUE"
```

Seit der Version 6.5 kann VMware Workstation sowohl im Hintergrund laufen als auch im Unity-Modus. Im Hintergrundmodus wird das VMware-Workstation-Fenster auf ein kleines Symbol (Tray Icon) in der Startleiste minimiert (s. Abb. 19.26). Sie können also das Fenster vom VMware Workstation schließen, ohne Ihre VM zu beenden oder in den Schlaf zu schicken.

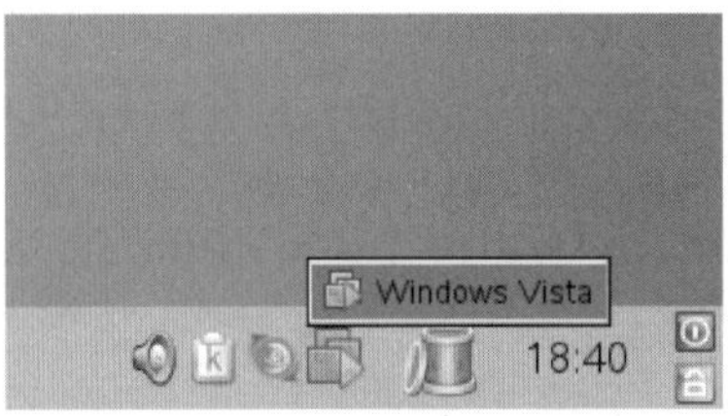

Abbildung 19.26: VMware Workstation im Hintergrund laufen lassen

Der Unity-Modus ist eine Art Verschmelzung mit dem Wirts-Desktop. Hier werden die Windows-Fenster angezeigt, als wären sie Teil des Linux-Wirts (s. Abb. 19.27). Diesen Modus gibt es schon länger für VMware Fusion für Mac. Der VMware Player beherrscht ihn ebenfalls.

Abbildung 19.27: Unity-Modus bei VMware

19.7 Windows Desktops auf Xen

Im Kapitel 15.4 konnten Sie sich über Xen und seine Installation auf OpenSUSE 11.0 informieren. Dieser Abschnitt zeigt, wie Sie auf einem installierten Xen als Gastgeber ein Windows-Gastsystem einrichten und nutzen.

Xen wählt mit Paravirtualisierung einen anderen Ansatz als die VMware Workstation. Während VMware Workstation den Maschinencode während der Laufzeit entschlüsselt, um kritische Instruktionen abzufangen, wird bei der Paravirtualisierung der Kernel angepasst. Der Grund hierfür liegt in der mangelnden Virtualisierbarkeit der X86-Architektur. Seit der Einführung der Virtualisierungserweiterungen in die X86-Architektur durch die Prozessorhersteller Intel und AMD kann Xen (ab Version 3) auch Betriebssysteme mit Closed-Source-Kerneln virtualisieren, etwa die Windows-Abarten von Microsoft. Bei einem Prozessor mit Virtualisierungserweiterungen können Sie die hier vorgestellte Installation von Windows Vista durchführen.

Ob der Prozessor Ihres Rechners Virtualisierung unterstützt, fragen Sie so in der Linux-Konsole ab:

```
linux:~ # cat /proc/cpuinfo | egrep -o '(svm|vmx)'
svm
svm
```

Die beiden Einträge bezeichnen Flags, welche die CPU liefert. Dabei steht `svm|vmx` dafür, dass die CPU die Virtualisierungserweiterungen von AMD oder Intel eingebaut hat. Im obigen Beispiel gibt die Anfrage zweimal `svm` aus, da im Beispielrechner eine Dual-Core-CPU von AMD arbeitet. Bei Intel-Chips würde dort `vmx` stehen. Bei nur einem Prozessorkern erscheint die Ausgabe nur einmal. Näheres dazu finden Sie im Kapitel 15.1 und 15.4.

Prüfen Sie vor der Installation, ob im BIOS Ihres PCs die Virtualisierung eingeschaltet ist. Je nach BIOS-Hersteller wird sich der Eintrag zur Aktivierung an einer anderen Stelle verbergen. Nach dem Start des Betriebssystems können Administratoren dies mit dem Tool `xm` überprüfen. Falls die Virtualisierungserweiterungen deaktiviert sind, erhalten Sie folgende Ausgabe.

```
linux:~ # su
Passwort:
linux:~ # xm dmesg | egrep -i '(svm|vmx)'
(XEN) AMD SVM Extension is disabled in BIOS.
(XEN) AMD SVM: ASIDs enabled.
```

Die Virtualisierungserweiterungen sind weiterhin im BIOS deaktiviert. Falls die Erweiterungen aktiviert sind, erhalten Sie folgende Ausgabe. Achten Sie wieder darauf, dass bei Intel `VMX` statt `SVM` steht:

```
linux:~ # su
Passwort:
linux:~ # xm dmesg | egrep -i '(svm|vmx)'
( XEN) AMD SVM: ASIDs enabled.
(XEN) HVM: SVM enabled
(XEN) AMD SVM: ASIDs enabled
```

Nun können Sie mit der Installation von Windows Vista beginnen. Gehen Sie dazu in YaST auf den Punkt *Virtualisierung*. Dort wählen Sie *Virtuelle Computer erstellen.*

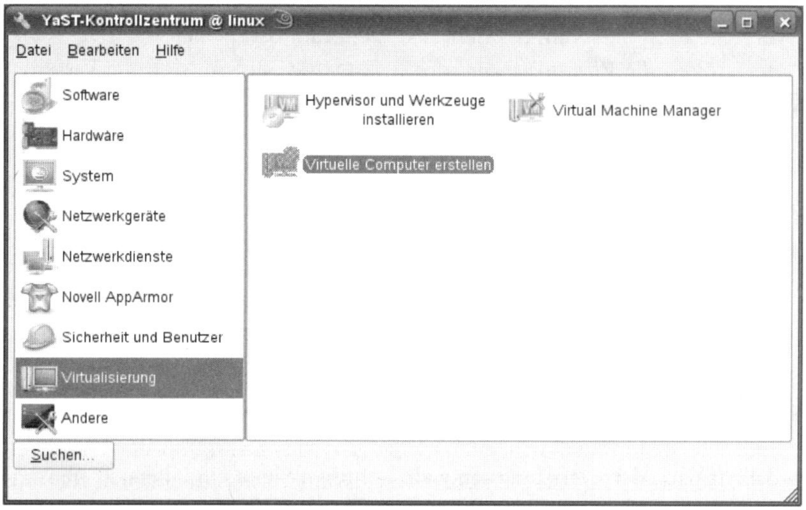

Abbildung 19.28: Installation einer neuen VM unter Xen 3

Im nächsten Fenster gehen Sie einfach weiter. Im nächsten Schritt wählen Sie *Es muss ein Betriebssystem neu installiert werden.* Wählen Sie dann den Betriebssystemtyp, hier Windows Vista.

Abbildung 19.29: Auswahl von Windows Vista als Gastbetriebssystem

Hinweis: Wenn Sie nach der Wahl des Betriebssystems auf den Fehler *»Der/Die Prozessor(en) unterstützen die Virtualisierung nicht vollständig«* stoßen, sind die Virtualisierungserweiterungen im BIOS deaktiviert. Führen Sie dann die Anweisungen zu Beginn der Installationsanleitung aus.

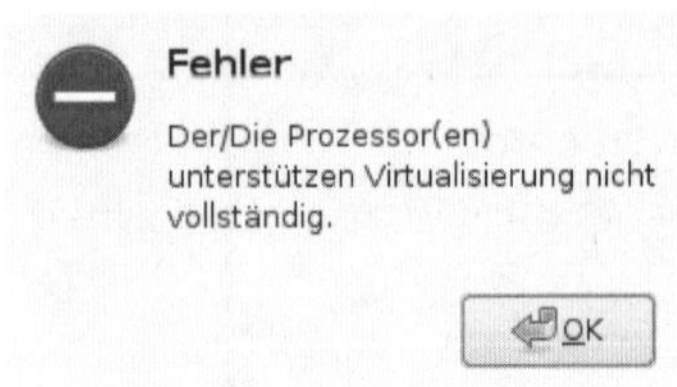

Abbildung 19.30: Fehler! Virtualisierungserweiterungen nicht vorhanden

Im nächsten Schritt nach der Betriebssystemwahl kommen Sie in ein Übersichtsfenster. Prüfen und korrigieren Sie hier die Einstellungen.

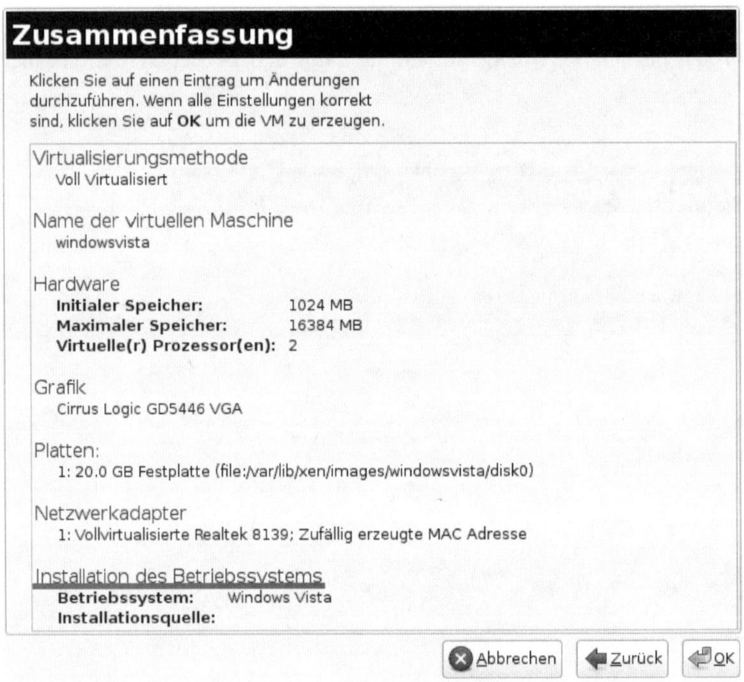

Abbildung 19.31: Übersichtsfenster zur Installation

Bei *Installation des Betriebssystems* fehlt noch die Installationsquelle. Gehen Sie auf diesen Punkt.

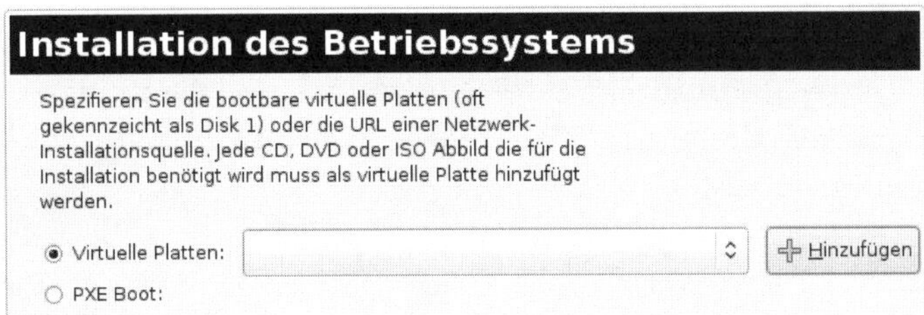

Abbildung 19.32: Auswahl der Installationsquelle

In einem weiteren Fenster wählen Sie physische Laufwerke oder ein ISO-Image als Installationsquelle. Dann landen Sie wieder in der Übersicht und starten die Installation mit einem Klick auf *OK*.

Abbildung 19.33: Auswahl der physischen CD-ROM-Laufwerks

Nach der Installation des Systems können Sie die VM über die grafische Oberfläche prüfen und bearbeiten.

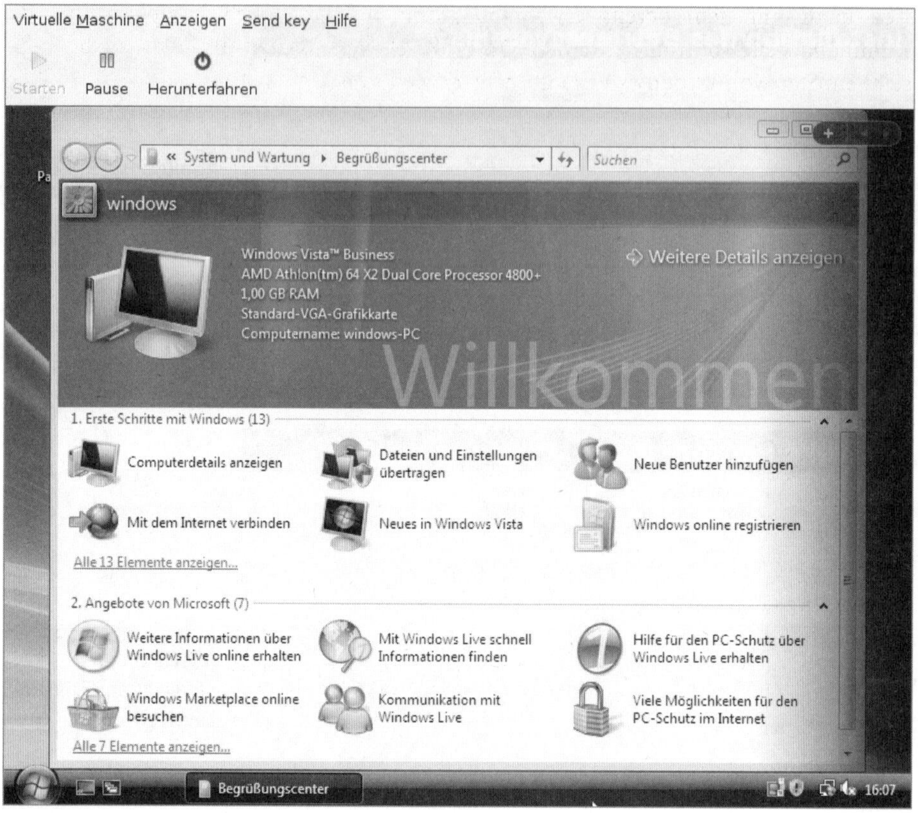

Abbildung 19.34: Erster Start von Vista unter Xen 3

Xen kann bequem über diese grafische Oberfläche bedient werden.

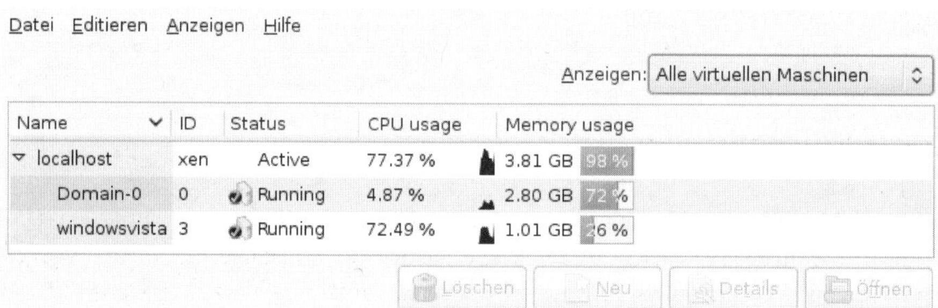

Abbildung 19.35: Übersicht über alle laufenden virtuellen Maschinen

Xen kann mit dem bereits erwähnten Kommando `xm` auch komplett über die Kommandozeile kontrolliert werden. Die Hilfe sehen Sie durch Aufruf von `xm help`. So sieht ein Start von Windows Vista über die Konsole aus:

```
linux:~ # su
Passwort:
linux:~ # xm create /etc/xen/vm/windowsvista
```

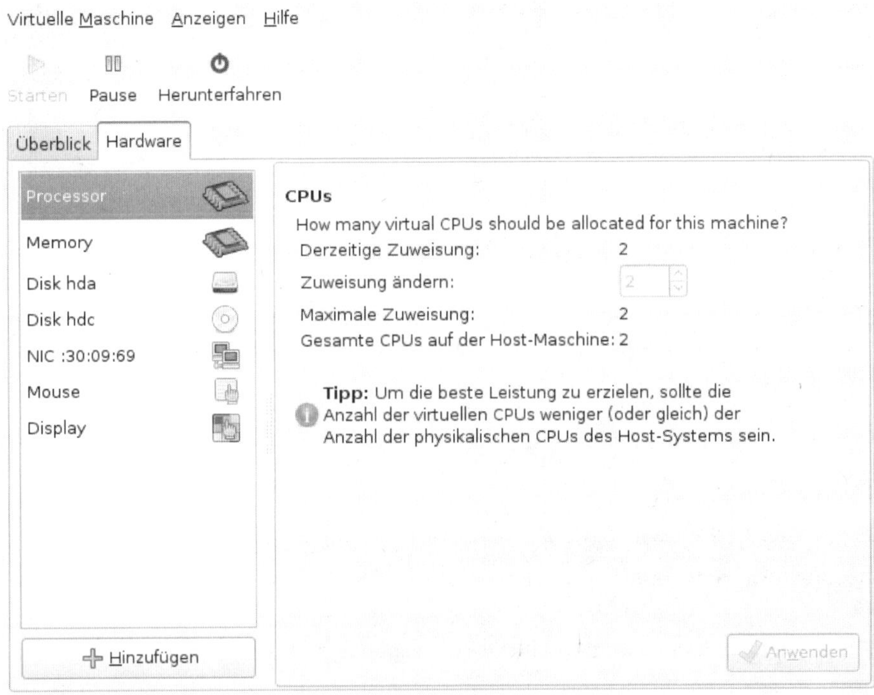

Abbildung 19.36: Einstellungen zur VM

19.8 Windows-Desktops auf Virtual Box

Im Kapitel 15.5 konnten Sie sich über Virtual Box und ihre Installation auf OpenSUSE 11.0 informieren. Dieser Abschnitt zeigt, wie Sie auf einer installierten Virtual Box als Gastgeber ein Windows-System einrichten und nutzen. Hierzu starten Sie das Kommando `VirtualBox`. Dazu benötigen Sie keine Administratorrechte, müssen aber Mitglied der Gruppe *vboxusers* sein.

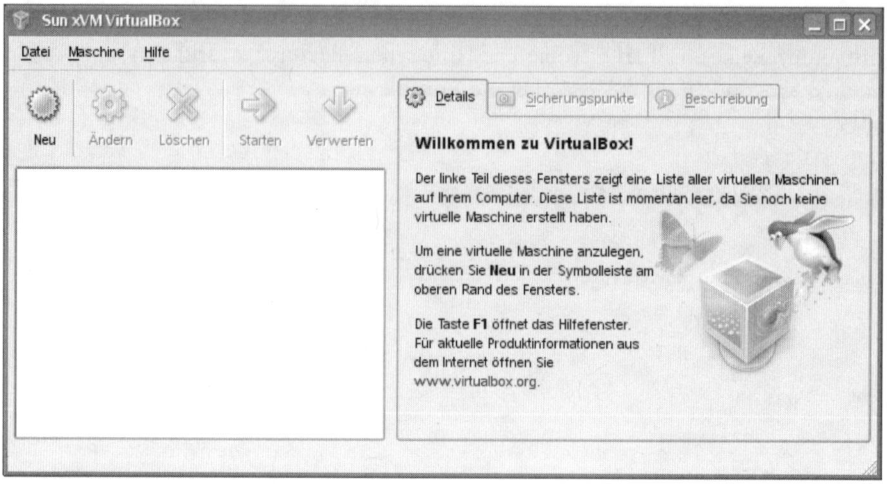

Abbildung 19.37: Der Startbildschirm von Virtual Box

Die Schaltfläche *Neu* lässt Sie nun ein frisches Gastsystem installieren. Hierzu startet Virtual Box einen Konfigurationsdialog. Die Hinweise in diesem Fenster können Sie mit *Weiter* überspringen.

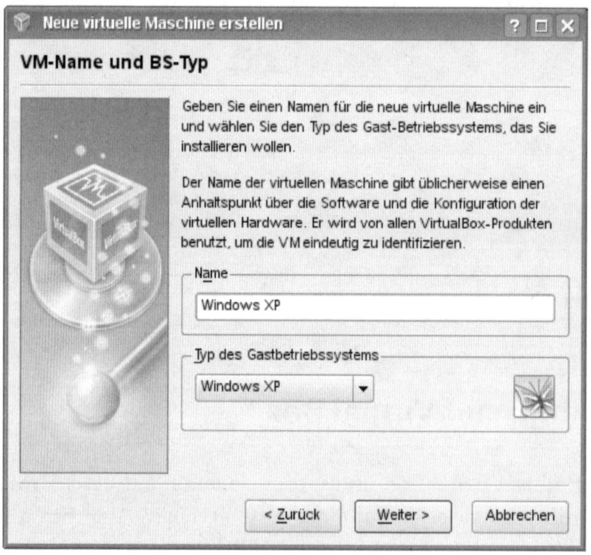

Abbildung 19.38: Benennen Sie Ihre virtuelle Maschine und legen Sie den Typ fest.

Taufen Sie Ihre neue virtuelle Maschine. Den Typ des Gastbetriebssystems sollten Sie korrekt angeben, damit Sie später keine Probleme bei der Installation der virtuellen Hardwaretreiber bekommen. Hier im Beispiel soll ein Windows XP eingerichtet werden. Anschließend fragt Sie Virtual Box, wie viel Hauptspeichers Sie Ihrem Gast zuweisen wollen.

Abbildung 19.39: Weisen Sie Ihrer virtuellen Maschine Hauptspeicher zu.

Sie können den Speicher mit dem Schieberegler oder im Eingabefeld in Ein-Megabyte-Schritten festlegen. Linux, Ihr grafischer Desktop und Virtual Box benötigen zusammen mindestens 256 MByte, während Windows XP unter 512 MByte nicht rund läuft.

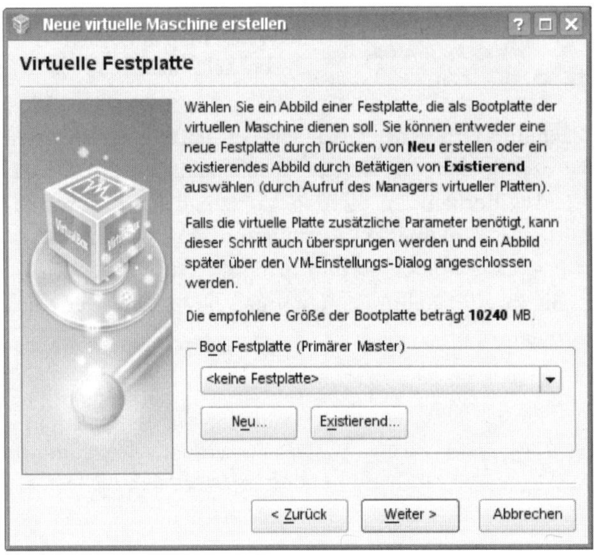

Abbildung 19.40: Wählen Sie die Art Ihrer primären Festplatte aus.

Anschließend versorgen Sie Ihre virtuelle Maschine mit einer primären Festplatte. Mit dem Knopf *Existierend* können Sie eine bereits existierende virtuelle Festplatte eintragen oder durch *Neu* eine frische anlegen. Geizen Sie nicht mit dem Speicherplatz, damit Sie die virtuelle Platte später nicht mühsam vergrößern müssen. Die virtuelle Maschine belegt nicht sofort den gesamten zugewiesenen Platz, sondern füllt ihn bei Bedarf bis zur angegebenen Größe. Der Klick auf *Neu* öffnet einen weiteren Assistenten. Nach einem einführenden Dialog fragt Sie ein zweiter nach dem Typ der Platte: *Dynamisch wachsend* spart Platz, kann Ihnen aber Probleme bereiten, wenn die virtuelle Maschine über den tatsächlich noch verfügbaren Platz in Ihrer realen Partition hinauswachsen möchte. *Feste Größe* reserviert den maximal benötigten Speicherplatz sofort, verschenkt jedoch unter Umständen viel Platz.

Abbildung 19.41: Legen Sie den Plattentyp am besten als *Dynamisch wachsend* fest.

Der folgende Dialog fragt nach Lage und Größe der virtuellen Festplatte. Legen Sie den Namen der Datei fest. Wenn Sie den Speicherort ändern wollen, klicken Sie auf das Icon rechts neben dem Eingabefeld. Übernehmen Sie den Vorschlag für die Abbildgröße, wenn Sie eine durchschnittliche Windows XP-Installation vornehmen wollen. Ein Klick auf *Fertig* schließt den Festplattendialog ab und bringt Sie zum Hauptdialog zurück. Der folgende Dialog lässt Sie Ihre Einstellungen nochmals bestätigen. Der Klick auf *Fertig* beendet Ihre Vorbereitungen.

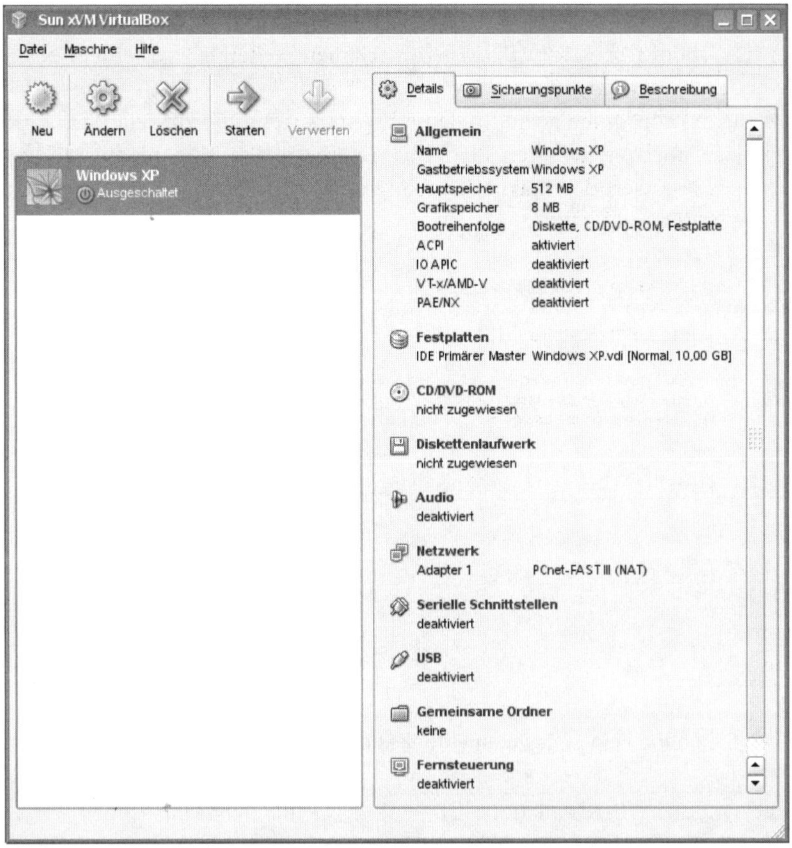

Abbildung 19.42: Nach Abschluss des Assistenten zeigt Ihnen Virtual Box den eingerichteten Gast.

Die Basiseinstellungen genügen noch nicht ganz. So benötigen Sie zur Installation noch ein optisches Laufwerk. Klicken Sie zum Einstellen im rechten Teil des Hauptfensters auf *CD/DVD-ROM*.

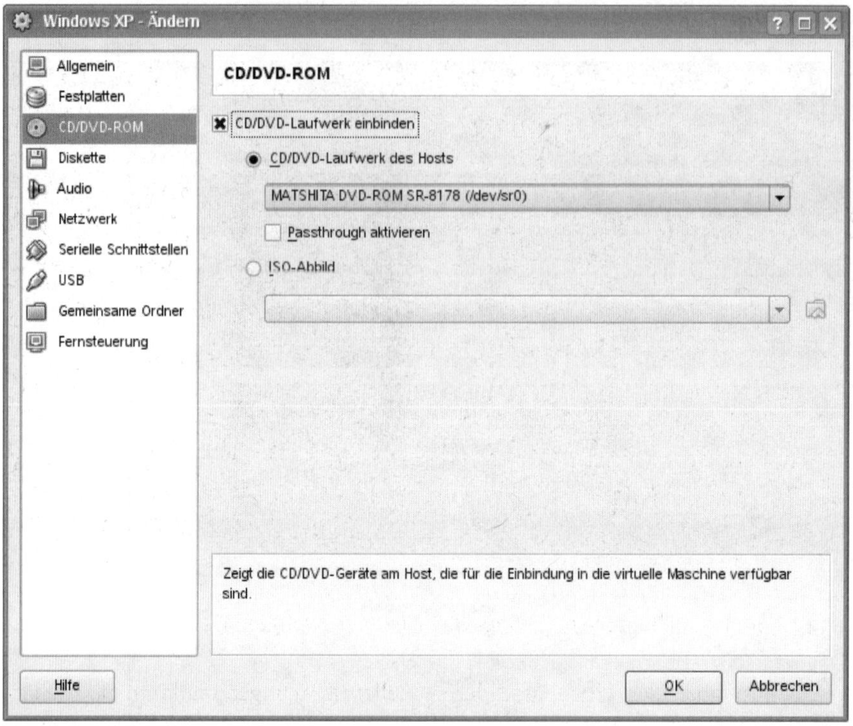

Abbildung 19.43: Sie können ein reales oder virtuelles optisches Laufwerk zuweisen

Legen Sie Ihre Windows XP-Installations-CD ein, da Virtual Box sehr schnell startet und auf das Installationslaufwerk zugreifen möchte. Nach diesen Vorarbeiten können Sie auf die mit einem grünen Pfeil gekennzeichnete Schaltfläche *Starten* klicken, um das XP-Gastsystem einzurichten. Die nun folgenden Schritte unterscheiden sich nicht mehr von einer Windows-Installation auf einem realen PC.

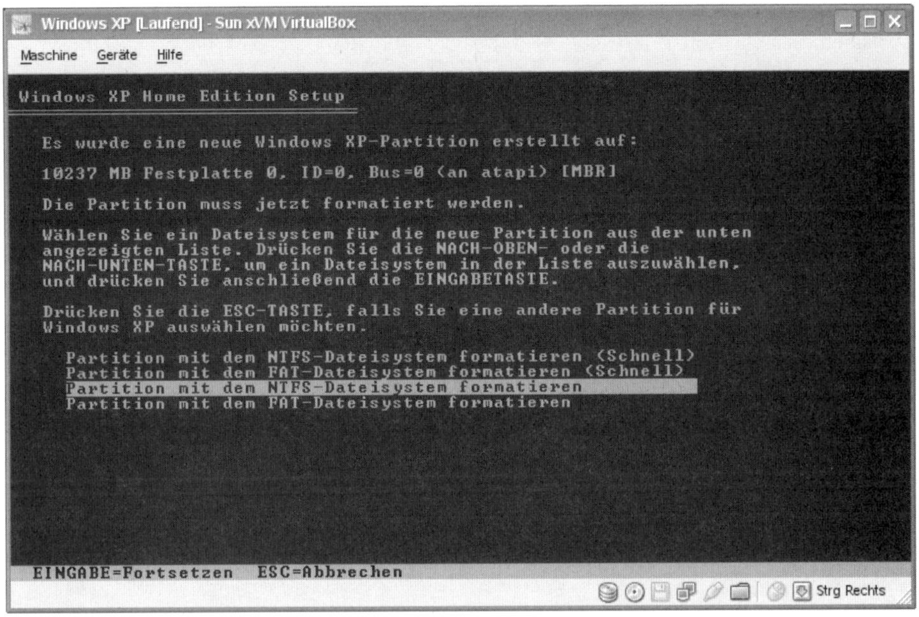

Abbildung 19.44: Installieren Sie nun Windows XP in der gewohnten Weise

Bei der Arbeit in der realen Linux- und der virtuellen XP-Umgebung können Sie leicht zwischen den beiden Welten wechseln. Um in der virtuellen XP-Maschine zu arbeiten, müssen Sie in ihr Fenster hinein klicken. Dieser Vorgang »fängt« Ihre Maus. Bei gedrückter STRG-Taste befreien Sie sich mit der rechten Maustaste aus diesem XP-Fenster und sind zurück in Linux.

19.9 Viele Remote-Sitzungen von Windows automatisch bereitstellen

In größeren Arbeitsumgebungen reicht es nicht, einzelne Windows-Desktops virtuell zu betreiben und deren Remote-Sitzungen zu nutzen. Vielmehr geht es hier darum, ganz viele solcher Sitzungen automatisch bedarfsgerecht aufzusetzen und zu betreiben.

Hier hat die Softwareindustrie inzwischen ausgefeilte kommerzielle Lösungen geschaffen. Die Entwicklung schreitet hier derart rasant fort, dass die Informationen eines Buchs bei Drucklegung schon überholt wären. Informieren Sie sich bei VMware, Sun, IBM, HP und anderen über den aktuellen Stand der Entwicklung.

Stichwortverzeichnis

Symbol

A

B

J

K

L

M

X

Y

Z

Sie müssten das folgende Bild sehen:

```
Eingabeaufforderung
Microsoft Windows [Version 6.0.6000]
Copyright (c) 2006 Microsoft Corporation. Alle Rechte vorbehalten.

C:\Users\debacher>ping 192.168.1.2

Ping wird ausgeführt für 192.168.1.2 mit 32 Bytes Daten:

Antwort von 192.168.1.2: Bytes=32 Zeit=10ms TTL=64
Antwort von 192.168.1.2: Bytes=32 Zeit<1ms TTL=64
Antwort von 192.168.1.2: Bytes=32 Zeit<1ms TTL=64
Antwort von 192.168.1.2: Bytes=32 Zeit<1ms TTL=64

Ping-Statistik für 192.168.1.2:
    Pakete: Gesendet = 4, Empfangen = 4, Verloren = 0 (0% Verlust),
Ca. Zeitangaben in Millisek.:
    Minimum = 0ms, Maximum = 10ms, Mittelwert = 2ms

C:\Users\debacher>
```

Abbildung 5.4: Ping auf den Server

Wenn `ping` eine Fehlermeldung wie *Zeitüberschreitung der Anforderung* ausgibt und den hundertprozentigen Paketverlust betrauert, funktioniert die Verbindung nicht. Falls Windows keine Fehler hinsichtlich der Netzwerkkarte moniert, dann sind häufig Fehler bei der Konfiguration der IP-Adresse die Ursache. Sie könnten sich aber auch einfach nur bei der Adresseingabe vertippt haben.

Kontrollieren Sie dann die Einstellungen unter *Systemsteuerung* • *Netzwerk* • *TCP/IP*, und überprüfen Sie auch, ob Sie bei den anderen Arbeitsplatzrechnern die gleichen Probleme haben.

Testen Sie, ob Sie einen der anderen Windows-Rechner mit `ping` erreichen können, und versuchen Sie, den Windows-Rechner vom Server aus zu erreichen.

Wenn Sie keinen Fehler finden und auch ein Neustart des Windows-Rechners die Probleme nicht löst, dann sollten Sie vielleicht die Verkabelung überprüfen.

5.2 IP-Adressen per DHCP beziehen

Um auf Windows-Rechnern dynamische Netzadressen per DHCP zu nutzen, muss man lediglich bei den *TCP/IP-Eigenschaften* die Voreinstellung *IP-Adresse automatisch beziehen* aktivieren. Alle weiteren Einstellungen können dann entfallen.

